中央民族大学“985工程”中国少数民族教育研究创新
基地教育人类学研究中心
中央民族大学自主科研项目（新兴与交叉学科研究）
“教育人类学的理论、方法与应用研究”
（项目编号：1112KYXJ03）课题成果

教育人类学通论

滕　星　主编

商務印書館
创于1897　The Commercial Press

图书在版编目(CIP)数据

教育人类学通论/滕星主编. —北京:商务印书馆,2017(2022.10 重印)
ISBN 978-7-100-13141-4

Ⅰ.①教… Ⅱ.①滕… Ⅲ.①教育人类学 Ⅳ.①G40-056

中国版本图书馆 CIP 数据核字(2017)第 061388 号

教育人类学通论

滕 星 主编

商 务 印 书 馆 出 版
(北京王府井大街 36 号 邮政编码 100710)
商 务 印 书 馆 发 行
北京中科印刷有限公司印刷
ISBN 978-7-100-13141-4

2017 年 6 月第 1 版 开本 710×1000 1/16
2022 年 10 月北京第 2 次印刷 印张 42¼

定价:138.00 元

目　录

第三篇 文化与教育

前　言

教育人类学（Anthropology of Education）是由教育学和人类学相互交叉而形成的开放性综合学科。作为一门新兴的综合学科，教育人类学吸收了哲学、人类学、教育学、语言学、心理学、生物学、社会学、政治学、历史学等学科的研究成果。

教育人类学又细分为德奥的哲学教育人类学和英美的文化教育人类学。德奥的哲学教育人类学渊源有二：一是德国特有的抽象思辨哲学；二是二战后，德国国民对教育和人性的反思。可以说，哲学教育人类学是在文化哲学的高度对人性与教育进行的分析与思考。英美的文化教育人类学起源于文化人类学对文化传承的研究与思考。文化人类学历史上产生各个理论流派对文化传承即教育都有不同的理解和阐释。另外，哲学教育人类学和文化教育人类学在研究方法上也大不相同：前者主要继承了德国传统的哲学思辨范式，后者主要继承了文化人类学的三个学科看家法宝——田野工作、民族志撰写与理论阐释的范式。

我 1990 年代初期曾作为富布赖特高访学者在美国加州大学伯克利校区人类学系与国际著名的教育人类学家奥格布（John U. Ogbu）教授在一个研究室工作，发现他那里也没有专门的教育人类学的学科教材。他的教育人类学的硕士、博士研究生的教学，主要用的是他自己编写的内部阅读材料；我那时也去斯坦福大学人类学系去拜访了美国教育人类学之父斯宾得勒（George D. Spindler）教授，并受其夫妇邀请去纳帕溪谷（Napa Valley）的家中餐叙。后来，我将我在美国收集的四箱英文资料托人运回中国，这些资料为我二十多年来科研与教学提供了重要的保障。据我的了解，美国教育人类学经过六十余年的发展，也没有编写专门供特定教学使用的教材。

中国的教育人类学经过三十多年的发展，先后出版了一些以“教育人类学”冠名的著作。人类学家庄孔韶教授对教育人类学的研究做了开创性的工作，其专著《教育人类学》（1989）开创了国内人类学研究教育的先河。稍后，教育学圈也开始了教育人类学的研究工作，出版了《教育人类学》（冯增俊，1991）一书。这一时期的教育人类学研究主要是介绍国外的研究成果。

从哲学视角来审视教育人类学的编著和专著主要有：詹栋梁教授撰写的《教育人类学》（1986）、李其龙翻译的博尔诺夫的《教育人类学》（1999）和茨达齐尔的《教育人类学原理》（2001）、张志坤翻译的伍尔夫的《教育人类学》（2009）。这几本书是国内目前了解教育人类学哲学研究取向最主要的参考书。

从文化视角来审视教育人类学的编著和专著中，具有基础性、并具一些教参性质的编著主要有：*Anthropologies of Education: a Global Guide to Ethnographic Studies of Learning and Schooling*（《教育人类学：学习与学校教育民族志研究全球指南》，K. M. Anderson-Levitt, 2012）、《教育人类学》（奥格布主编，石中英等译，2011）和周德祯教授撰写的《教育人类学导论——文化观点》（1999）。冯增俊主编的《教育人类学教程》（2005）和李政涛撰写的《教育人类学引论》（2009）两本书主要从教育学的视角来解读教育人类学。袁同凯教授的《教育人类学简论》（2013）为教育人类学抹上了更多的人类学的色彩。

随着中国教育人类学与国际合作的关系越来越密切，学科建设的推进、学术共同体的形成、本土化实践的深入和研究成果的增多，特别是在近20年来的中国教育人类学的本土化研究中，涌现出一大批优秀的学术著作，这就需要一本集国内外相关研究成果于一体，并按照教材体例来编写的教育人类学教科书，来将学科的知识传授给人类学、教育学、社会学等相关学科高年级的本科生和硕士、博士研究生，以及愿意了解这门学科的人。

教材是某一学科按照知识逻辑结构编写的集大成的成果。它应尽可能地反映该学科的知识体系。它应有下述的一些内容：一、学科本体论研究，包括学科的基本概念、性质、研究对象，以及与相关学科的关系等；二、学科发展史的叙述；三、学科的理论流派；四、学科的主要研究方法与技术；五、学科研究的主要内容等。每章后应有专有名词解释、若干课后问题及推荐的阅读书目等，以便学生掌握要点和复习方便之用。

本书就是在这样的背景下应运而生的。在编写体例上，我们尽可能地囊括哲学教育人类学和文化教育人类学的研究成果，从最终的内容来看，本书还是以文化教育人类学为主，哲学教育人类学为辅。

本书分五篇二十一章。

第一篇：学科本体论与学科发展史，含两章七节，其中第一章主要介绍教育人类学的基本概念和学科诸要素；第二章介绍了国内外教育人类学的发展历程。通过本篇的阅读，读者能够对教育人类学学科发展的一些基础性的概念有个较为系统和清晰的认知。

第二篇：理论和方法，含四章十六节。第三章主要介绍了文化人类学中的进化论学派、传播论学派、结构功能主义学派、文化相对论学派、文化与人格学派的主要代表人物和思想及其对教育的启示；第四章介绍了国外的哲学教育人类学流派、文化教育人类学流派和多元文化教育理论学派的主要代表人物和思想；第五章主要阐述了如何进行教育人类学的研究；第六章介绍了国内外学校教育研究中的宏观和微观研究。本篇的目的在于通过介绍学科基础理论、学科流派、学科研究方法和学科研究成果，让读者明了学科发展的厚度。

第三篇：文化和教育，含八章二十五节。第七章介绍了人的发展与教育，包括人的本质与教育、人类进化与教育的起源、人的全面发展与教育；第八章介绍社会文化变迁与教育，包含社会文化变迁及其相关理论和社会变迁中教育及其转变；第九章主要介绍多民族学校中的文化适应问题，包括文化适应的概念、内涵和功能，以及多民族学校中的文化适应问题；第十章从仪式的概念和内涵入手讨论仪式与教育，并重点介绍了学校教育中的仪式；第十一章介绍了经济文化类型、地方性知识与教育，包括经济文化类型和地方性知识的内涵与教育的联系，并重点介绍了生态学视角下的学校教育；第十二章介绍了人类学视角下的双语教育研究，重点在于民族志研究的介绍；第十三章重点对美国的多元文化教育进行了介绍；第十四章介绍了现代性与民族教育之间的关系，这也是教育人类学研究中重点关注的领域。

第四篇：族群与教育，含六章十九节，涉及社会分层、族群流动、族群差异、认同、低学业成就、原住民教育和流动人口教育等主题。第十五章介绍了教育在社会分层和族群流动中所扮演的角色；第十六章介绍了学校教育领域中的族群差异与教育公平的问题；第十七章介绍了教育领域中的族群、身分与认同问题，主要涉及身分认同、族群认同、地域认同、国家认同。第十八章介绍了西方少数族群低学业成就的若干归因理论，并就中国的少数民族个案进行了理论上的阐释；第十九章主要介绍了北美洲和大洋洲的原住民教育。第二十章介绍了国内外流动人口与移民的教育问题。

第三篇和第四篇的主题，是当下国内外教育人类学研究的主要领域。正是这些领域的深入研究不断夯实了教育人类学学科发展的厚度。

第五篇：教育人类学的实践，主要涉及教育领域中的人类学知识普及。首先阐述在学校教育中普及人类学知识的必要性，随后介绍了美国和中国教育领域中人类学知识普及的情况。

从五篇二十一章的谋篇布局来看，本书无论是在结构、体例，还是在内容上都会令国内外同行耳目一新。我相信，这部教材的出版必将对国内教育人类学的学科建设起到很大的推动作用。但是，作为编者，我们也认识到，虽然我们聚集了国内外众多著名高校长期致力于教育人类学和相关研究的学者，并涉及众多的学科领域，但是，我们的认识和研究领域也是有限的，这就需要今后不断修订。

具体来说，比如，由于编者精力有限，在教育人类学理论渊源中，我们仍然未能将解释人类学、象征主义、交换理论等人类学理论视角看教育的研究成果纳入到教材中来，这不得不留待今后的修订中加入这些理论。同时，在教育人类学理论流派中，我们仅仅介绍了国外的相关理论流派，对国内相关的研究成果并未提及，这就需要今后年轻的学者在认真总结中国教育人类学本土化过程中取得的成就的基础上进行归纳和书写。因此，虽然我们在编写体例和撰写内容上都追求尽善尽美，但是，遗憾总是会有。在此，我希望后来的学者能够弥补上述缺憾，使这本教材更加完善，让知识惠及更多的人。愿这本教材能够实现我的导师林耀华先生所畅想的“把种子埋在土里，将知识传给后人”的夙愿！这也是我们所有参编人员的期许。

滕　星

2016 年 6 月

中央民族大学独树斋

第一篇

学科本体论与学科发展史

第一章　绪论

人类学是一门全面研究人及其文化的学科。教育人类学是由教育学和人类学相互交叉而形成的开放性的综合学科。本章重点介绍教育人类学的基本概念、研究对象、学科性质、方法论、不同的研究取向和研究特点，同时介绍文化人类学与教育的融合，阐释教育人类学和教育社会学之间的关系。

第一节　教育人类学的基本概念

教育人类学是由教育学和人类学相互交叉而形成的开放性的综合学科。作为一门新兴的综合性学科，教育人类学吸收了哲学、人类学、教育学、语言学、心理学、生物学、社会学、政治学、历史学等学科的研究成果。要想知道教育人类学是什么，首先需要知道“人类学”的内涵。

一、“人类学”的三种内涵

从词源上来考证，“人类学”一词源自古希腊文，由“种内（人或与人有关的）”和“人或与人有关（学问或研究）”组成，意思是“与人有关的研究”或研究人的学问。[①]“人类学”这一术语的内涵在发展中不断丰富。目前，人类学至少包含以下三种内涵：哲学意义上的人类学、自然科学意义上的人类学和社会—文化意义上的人类学。人类学三种内涵的区分被哲学人类学家兰德曼称为哲学人类学、科学人类学和文化人类学。[②]因此，广义

---

① 庄孔韶主编:《人类学通论》，山西教育出版社 2002 年版，第 1 页。

② M. 兰德曼著、阎嘉译:《哲学人类学》，贵州人民出版社 2006 年版，第 3 页。

的人类学具有自然科学、社会科学和人文学科的特性。对人类身体形态和演化的研究属于自然科学，对社会的研究属于社会科学，综合了考古、语言、文化等方面的研究则更具有人文学科的色彩。

哲学人类学的历史可以划分为宇宙论、神本主义和人本主义三个阶段。古希腊思想从宇宙论的中心视角出发理解人，对他们来说，人只有按照自然法则行事时才能实现自我。基督教神学和中世纪思想从天主的中心视角出发理解人，认为人只有服从天主的律法并以天主为自己的神圣形象才能正确行事、实现自我。现代思想从人的视角理解人，认为人是最高的存在者，是万物的尺度，并因此涌现出一系列人的形象——痛苦的人（克尔凯郭尔）、经济人（马克思）、性欲的人（弗洛伊德）、存在的人（海德格尔）、符号的人（卡西尔）、乌托邦的人（布洛赫）、有问题的人（马塞尔）、文化人（格伦）、会犯错误的人（利科）等。[①]1920年代，马克斯·舍勒（Max Scheler，1874—1928）、赫尔穆特·普列斯纳（Helmuth Plessner，1892—1985）重建了哲学人类学，随后阿道夫·波特曼（Adolf Portmann，1897—1982）、埃里希·罗塔克（Erich Rothacker，1888—1965）和阿诺德·格伦（Arnold Gehlen，1904—1976）等人发展了这一学科。[②]哲学人类学主要有宗教哲学人类学、生物哲学人类学、心理哲学人类学和文化哲学人类学等分支学科。

哲学人类学家认为，任何一门科学学科都不能为"人是什么"提供一个完整的图景，而哲学人类学研究就是要综合哲学、生物学、文化人类学、社会学、经济学、生理学、医学、心理学、政治学等学科的研究成果，对人进行综合性的、完整的总体研究。现象学、新康德主义历史哲学、生命哲学、存在主义、解释学等哲学思想影响了现代哲学人类学的发展。意大利哲学家巴蒂斯塔·莫迪恩认为，哲学人类学研究分为两个阶段：现象学阶

① ［意］巴蒂斯塔·莫迪恩著，李树琴、段素革译：《哲学人类学》，黑龙江人民出版社2005年版，第7—11页。

② 同上书，第10—11页。

段，不仅包括客观的观察，也包括内省；超验阶段，“为人类的一切行为、一切活动、一切展示、一切文化成果找到一种最终的、结论性的、详尽的论证和解释，并对使之成为可能的各种条件进行讨论”。[①] 哲学人类学研究希望一方面吸取经验科学的成果，另一方面围绕人类学内容进行哲学思辨，企图在经验科学和形而上学之间架设联系的桥梁。

体质人类学（Physical Anthropology）也被称为生物人类学（Biological Anthropology），也曾被一度称为“人种测量学”“人种学”“民种学”“种族学”，等等，它是人类学最早的分支之一。16 世纪初期，德国学者就使用“人类学”泛指人体解剖学和人体生物学。[②] 体质人类学发展可分为三个主要阶段。第一阶段从 17 世纪到 18 世纪中叶，在此阶段，经验论代替了唯理论，科学的进步与新方法的出现使人们开始去了解人类体质的各种奥妙。第二阶段从《物种起源》的发表到 19 世纪末，这个阶段以进化观念为标志，开始有了名副其实的体质人类学。第三阶段，从 20 世纪初一直持续到第二次世界大战，这是体质人类学迅速发展的时期。[③] 这个学科注重人类的起源，人的体质特征，人类进化和变异的过程和机制，人种、种族的分布、差异及演化，以及人类体质与文化之间关系等方面的研究。体质人类学研究大致可以分为以下几个方面：人体形态学（含解剖、生理、生化和人体测量），生物进化论（含生物、古生物、遗传学和文化研究等），灵长类学（含社会生物学和生态学），古人类学（即人类起源），人种学（民族人类学），人的体质与文化的关系等。[④] 第二次世界大战之后，随着研究仪器、研究技术的不断改进，体质人类学研究越来越倾向于成为一门自然科学。

当前人类学界所说的“人类学”主要包括：生物或体质人类学、语言

---

① ［意］巴蒂斯塔·莫迪恩著，李树琴、段素革译：《哲学人类学》，黑龙江人民出版社 2005 年版，第 4—5 页。

② 庄孔韶主编：《人类学通论》，山西教育出版社 2002 年版，第 1 页。

③ 陈国强主编：《简明文化人类学词典》，浙江人民出版社 1990 年版，第 258 页。

④ 庄孔韶主编：《人类学通论》（修订版），山西教育出版社 2004 年版，第 76—77 页。

人类学、考古人类学和社会文化人类学（或民族学）四个核心领域。广义上，通常把后三者合并列为社会文化人类学，从而与体质人类学并列。社会—文化意义上的人类学是伴随地理大发现、资产阶级革命、殖民主义而逐步发展起来的。

社会文化人类学自19世纪中叶建立以来，形成了不同的理论流派。与人类学同时诞生的进化学派以泰勒（Edward Burnett Tylor，1832—1917）和摩尔根（Lewis Henry Morgan，1818—1881）为代表人物，开创了对文化的科学研究，着重从“时间序列”研究文化、社会的纵向发展。摩尔根将人类社会划分为蒙昧时代、野蛮时代、文明时代。《易洛魁联盟》（1851）和《古代社会》（1877）是摩尔根的代表作。传播学派19世纪末20世纪初形成于德国和奥地利。此学派重点研究文化移动、传播的空间序列，注意不同文化之间的横向联系。传播学派认为每一种文化现象都是在某一地区一次产生，然后向外传播，形成一定的“文化圈”。传播学派强调文化现象传播与借用的因素，反对文化进化的观点，积极主张世界文化是以埃及为中心传播开来的。

法国的涂尔干（Emile Durkheim，1858—1917）、美国的博厄斯（Franz Boas，1858—1942）和英国的马林诺夫斯基[①]（Bronislaw Malinowski，1884—1942）分别在本国开启了人类学经验研究。马林诺夫斯基是第一位亲身从事长期的实地调查并撰写客观民族志的现代人类学家，他还开创了英国的功能主义研究。以拉德克里夫-布朗（A. R. Radcliffe-Brown，1881—1965）为代表的结构—功能学派认为一个社会及其文化是一个统一的整体，各种社会制度和文化是整体的组成部分，各有其功能。法国社会学派主张对社会采取客观的态度，从理论上论证社会事实的作用和发展，并采用“社会形态共变法”对各种社会事实进行比较研究。他们推崇从社会的内部规则和整体进行研究。美国历史学派强调各个民族历史和文化的特殊性，在文化区、文化模式、文化与人格、文化变迁等领域建立了自己的理论。随着第二次世界大战的结束，殖民主义制度的终结，西方人

① Malinowski，学界有四种译法，即马林诺夫斯基、马林诺斯基、马凌诺夫斯基、马凌诺斯基，本书除引文尊重原文外，一般使用“马林诺夫斯基”。

类学出现了失去传统研究对象的危机。1960年代兴起的结构主义主张人类学应研究隐藏在社会背后的深层结构，以解释社会现象的无意识的模式。美国的新进化论学派则对传统的进化理论进行了批判和改良，提出了多线进化论、文化唯物主义、文化生态学等学说。同时，象征人类学、反思人类学也逐步兴盛起来。

二、教育人类学的三种取向

从世界范围看，教育人类学从一个模糊的研究领域发展成为一门独立的交叉学科经历了漫长的过程。如果我们将“教育人类学”视为“人类学”与教育相结合的产物，那么“教育人类学”这一专业术语从诞生到现在，至少包括三种不同的研究取向：从思辨的、形而上的角度阐释对人与教育的问题，从生理、心理的角度研究教育，从社会—文化的角度研究教育。第一种取向的研究历史最长，并且具有强烈的思辨色彩。第二种取向现在已发展成为“教育生物学”和“教育心理学”等学科，具有较强的自然科学的性质。第三种取向主要是运用社会文化人类学的理论、方法来研究教育问题，具有人文社会科学的性质。随着学科综合化的发展，目前，“教育人类学”的第一种和第三种取向已经表现出交叉、吸收和融合的发展趋势。

国外教育人类学学科萌芽于19世纪，形成于20世纪中期，1970年代形成了广泛的影响。教育人类学主要包括以英美为代表的文化取向的教育人类学和以德国、奥地利等国为代表的哲学取向的教育人类学。

美国的教育人类学注重田野工作，继承了社会文化人类学的理论框架、概念与田野工作方法，主要从文化角度分析研究教育的理论与实践问题，同时也受到其社会民族理论的影响。美国是一个有两百多年历史的移民国家，多种族、多民族的历史与现实形成了复杂的多元文化社会背景。为解决种族与民族文化上的各种矛盾与冲突，美国的各种社会民族理论研究应运而生。从早期的盎格鲁-撒克逊文化理论、熔炉理论到文化多元主义等理论，无不对美国的教育人类学的形成与发展产生深刻的影响。[①]

① 滕星：《国外教育人类学学科历史与现状》，《民族教育研究》1999年第4期。

在美国，大多数从事学校教育的人类学家得益于文化与人格的研究工作。文化与人格研究是由博厄斯、萨丕尔、本尼迪克特、米德、林顿、卡迪纳等人共同开创的。他们关注的议题主要有：一个社会如何通过各种途径使儿童学习、接受该社会的文化传统，不同社会的儿童教养方式如何影响其人格的形成，基本人格的构成如何趋合于文化典范，形成异常行为的文化心理因素及其过程，以及文化传递过程中变迁与改革的可能性等等。① 后来的教育人类学研究者还继承了文化与人格研究的跨文化比较的研究方法。在美国教育人类学研究中，文化被视作一个复杂的整体，教育系统只是文化系统的一部分。教育的过程就是文化传播和习得的过程，而学校教育只是文化传播和习得的一种形式，家庭、社区、宗教仪式等各种文化活动和社会活动中都蕴含着教育的因素。美国教育人类学的研究内容包括：少数族群的学业成就、儿童养育与儿童社会化发展、多元文化教育、教育的演变过程、学校教育的社会文化背景研究、教育与其他社会机构之间的关系、教育的连续性与非连续性、家庭 / 社区与学校之间的关系、教育与社会变迁等。

德国、奥地利等国的教育人类学主要侧重从人的本质、教育的本质、人接受教育的需求和可能性出发，从哲学的高度研究教育的理论与实践问题。本章主要讨论社会文化人类学立场下的教育人类学，因此在立论时更多地关注教育人类学的文化取向，另设立较少篇幅对哲学取向进行介绍。

第二节　社会文化人类学与教育研究

社会文化人类学与教育学的联姻具有必然性，因为它们都关注文化和社会中人的发展问题。社会文化人类学将教育视作文化传播、习得、变迁、涵化的重要手段之一，在人类学家眼里，教育系统是人类文化系统的重要组成部分，教育与社会文化的其他系统密切相连。社会文化人类学中“文化—个人—社会”互动的研究视角可以为教育研究提供新的视野和洞见。

---

① 陈国强主编：《简明文化人类学词典》，浙江人民出版社 1990 年版，第 71—72 页。

在社会文化人类学与教育的早期融合中，人类学家或具有人类学背景的研究者的作用更大，也更为积极，他们首先试图将人类学的理论和知识运用到教育研究和实践中。所以，社会文化人类学与教育的结合走的是一条从应用人类学到教育再到教育人类学理论化的道路。

一、人类学与教育的早期融合

从最广泛的意义来说，教育包括在每一个过程（除了单纯的生物遗传）中，这些过程帮助个体形成思维、性格或者体能。每一个人都要在一生中不断学习新的思考与行动的模式以应对生活中的变化。从狭义来看，教育是一代人通过学校等机构传授给下代人知识、技能、态度。教育还可以指一种学科，它包括教育心理学、教育社会学、教育史、教育哲学等。[①]

成人都知道，如果儿童不接受教育，他们就不会在文化上成熟起来。儿童也意识到，要从成人那里学习各种知识与技术。即使儿童不断地从他日常生活经验中学习文化知识，也不能保证他能够准确地收获他所处社会的全部文化。因此，为了能够使社会文化可以永远延续和继续更新，每一个社会都会管理、指导教育问题，以使这个社会的成员在特定的年龄开始接受教育，当然并不一定是在学校里。

按照人类学的观点，教育的过程就是濡化（Enculturation）的过程。社会中的个体接受其所处社会的文化规范，并在这些规范中接受教育和成长，文化人类学家把这种个体接受文化规范的过程称为濡化。濡化的过程通常是由社会成员通过观察、模仿，并在其他成员的指导下获得的。这种“习得”的过程从人一生下来就开始了。从婴儿出生之时起，人们就用他们那个家庭和社会的标准对儿童加以塑造。

美国早期教育人类学的发展在很大程度上是由于文化与人格学派的人类学家对不同社会儿童养育、教育方式与人格形成关系的研究。文化与人格学派的代表人物为萨丕尔（Edward Sapir）、本尼迪克特（Ruth Benedict）和米德（Margaret Mead）等。玛格丽特·米德曾经到南太平洋的萨摩亚社

---

① George F. Kneller, *Educational Anthropology: An Introduction.* John Wiley & Sons Inc., 1965: 11.

会中去研究那里的青春期问题，后来写成专著《萨摩亚人的青春期》。她指出，萨摩亚的年轻女子并没有成熟期的烦恼，更谈不上少年犯罪了。原因就在于萨摩亚的教养方式绝对不会导致压抑，那里的儿童受到很好的照顾，安心地吃奶到两三岁，一哭就得到大人的安慰，稍长大之后，就会由兄妹陪伴，不会去吵闹大人，当然也很少受到大人的责罚。除了必要的社会规则外，萨摩亚人很少受到限制。更重要的是他们从来不鼓励竞争，其理想是知足常乐而不是超过他人。后来，米德陆续地做了许多美国以外社会的研究，这些研究刺激了后来诸多心理人类学的研究。

本尼迪克特的《文化模式》也是文化与人格研究的经典之作。本尼迪克特以阿波罗型和狄奥尼索斯型这两个尼采惯用的术语来区分两种类型的文化，并相信文化不过是人格投射而放大的，不同的文化就会熏染出不同的人性。如阿波罗型的文化下的人表现出循规蹈矩、自律、合群，相反，狄奥尼索斯型文化下的人格特质是暴躁、狂野和个体主义。前者以北美印第安的祖尼人为最具特点，后者则以美拉尼西亚岛屿上的杜布人和北美西北海岸的夸克特人最为典型。后来，从文化视角窥视人格特质变异的研究，经卡迪纳（Abram Kardiner）的心理分析学而得到了推进。他提出"基本人格结构"这一概念，即指一社会成员因其早期的养育和训练而形成的共同的人格结构。在卡迪纳看来，基本人格结构是由于社会的初级制度（primary institutions），如家庭婚姻及儿童养育等所形成。

人类学的文化与人格学派对一个社会系统中文化传统的传递、持续与创新的心理过程与状况的研究，是20世纪二三十年代在心理学尤其是弗洛伊德的精神分析学影响下兴起的。该研究涉及的问题包括：一个社会如何通过各种途径使儿童学习、接受该社会的文化传统，不同社会的儿童教养方式如何影响其人格的形成，基本人格的构成如何趋合于文化典范，形成异常行为的文化心理因素及其过程，以及文化传递过程中变迁与改革的可能性，等等。1962年许烺光出版了《心理人类学》一书，标志着这个分支学科的初步确立。文化与人格学派的研究最终发展成人类学的一个新的分支——心理人类学。

文化与人格研究的理论主要有以下几种：[①]

（1）儿童教养影响人格形成的理论，即"童年决定论"。如米德在《萨摩亚人的成年》（1928）中把萨摩亚成年人对性关系的宽容态度，本尼迪克特在《菊与刀》（1946）中把日本人的双重人格，都归因于儿童时期的训练。

（2）文化形貌理论。本尼迪克特在《文化模式》一书中认为夸克特人和祖尼人的思想观念与行为模式属于两种不同的文化形貌，并把它们分别称为太阳神型与酒神型文化：前者守秩序，重仪礼，崇尚谦和与中庸之道；后者好暴力，放纵，崇尚个人主义与主动攻击。

（3）基本人格理论。新弗洛伊德派心理学大师卡迪纳提出基本人格类型，以表示社会中每个成员在人格方面所共有的特点，他认为一个社会的基本人格类型是由该社会的初级制度（生产方式、婚姻、家庭等）塑造的，又为次级制度（宗教信仰、神话传说）所反映。林顿同意卡迪纳的观点，只是主张用杜波依斯创立的"众趋人格"概念代替"基本人格类型"。

文化与人格学派的研究尽管仍存在许多争论，也受到不少批评，但这一学派的思想对于后来的美国教育人类学的发展产生了重大影响。1950年代之后的美国教育人类学的发展应该归功于斯宾德勒夫妇以及人类学家索伦·金博尔（Solon T. Kimball，1909—1982）、教育学家乔治·奈勒（George F. Kneller）等人的共同推动。

1950年，乔治·斯宾德勒同时担任斯坦福大学人类学部和教育学院的讲师，直到1978年退休。斯宾德勒倡导学者进行更多归纳性的教育研究。他认为，人类学能为教育作的主要贡献是将教育过程置于社会文化背景中去分析，从而积累大量证实的经验知识。[②]1953—1966年间，索伦·金博尔任职于哥伦比亚大学教师学院哲学与社会科学系，担任人类学

---

① 陈国强主编：《简明文化人类学词典》，浙江人民出版社1990年版，第71—72页。

② George D. Spindler, *Education and Culture: Anthropological Approaches*. New York: Holt, Rinehart and Winston, 1963: 11.

与教育研究的教授。[1]这两位学者一直致力于人类学与教育的研究与专业人才的培养工作，他们的工作对美国教育人类学的发展起了重要的推动作用。1965 年，加州大学洛杉矶校区的教育学家乔治·奈勒出版了第一本具有通论性质的《教育人类学导论》，并长期担任该校的教育与人类学教授席位。

伊丽莎白·埃迪（Elizabeth Eddy）、哈里·沃尔科特（Harry Wolcott）、戴维·费特曼（Dave Fetterman）、弗雷德里克·埃里克森（Frederick Erickson）、雪莉·希斯（Shirley Brice Heath）、考特尼·卡兹登（Courtney Cazden）、弗雷德·吉尔宁（Fred Gearing）、亨利·特鲁巴（Henry Trueba）、约翰·奇尔科特（John Chilcott）、雅克塔·希尔（Jacquetta B. Hill）、约翰·辛格顿（John Singleton）、默里·瓦克斯（Murray L. Wax）、雷蒙德·巴恩哈特（Raymond J. Barnhardt）、德尔加多-盖坦（Concha Delgado-Gaitan）、雷·麦克德莫特（Ray McDermott）、唐纳·道尔（Donna Deyhle）、约翰·奥格布（John Ogbu）、格洛丽亚·莱德森-比林斯（Gloria Ladson-Billings）、比阿特丽斯·麦迪森（Beatrice Medicine）、休·穆罕（Hugh Mehan）、米歇尔·福斯特（Michele Foster）、简·莱夫（Jean Lave）、道格拉斯·福利（Douglas Foley）、特雷莎·麦卡蒂（Teresa McCarty）则是美国当代教育人类学研究的代表人物。

二、中国教育人类学的发展

“教育人类学”在中国的出现可以追溯到 1905 年王国维编著的《教育学》，它在书中的含义指教育生理学和教育心理学的含义。20 世纪前半叶，中国的教育人类学主要围绕着少数民族教育（以及边疆教育）、民族性与教育，以及从德国引入的文化教育学等主题展开。1980 年代之后，中国教育人类学逐步从少数民族教育研究扩展到汉人社区的教育研究，研究主题不断扩展。80 年代初期，中国教育人类学的研究以少数民

---

① Alexander Moore, “Solon Toothaker Kimball (1909—1982),” *American Anthropologist*, New Series, Vol. 86, No. 2 (Jun, 1984), pp. 386—393.

族教育为主，研究重点是异文化和跨文化教育，直到80年代中后期才开始引介西方教育人类学的理论，传播教育人类学的基本思想和重要理念。90年代以后，中国教育人类学获得了初步发展，不少学者开始尝试结合西方教育人类学的理论研究中国的教育问题，或试图建构中国教育人类学的理论体系。

在中国，由于人类学与民族学之间的复杂关系，在1990年代以前，中国教育人类学经常以“民族教育学”或“少数民族教育学”的面貌出现。新中国政府历来十分关注少数民族，制定了多项有利于少数民族教育发展的政策，培养了一批少数民族教育专家，使得中国民族教育的发展具有良好的社会背景。到了90年代，随着中国各领域的全面发展，人们开始越来越多地关注少数民族和社会弱势群体；西部大开发和农村基础教育改革的实施，体现了国家对少数民族和农村教育的关注；一些国际组织如世界银行、亚洲开发银行、联合国教科文组织及其下属机构，也开始关注中国社会发展的不平等问题和中国教育的差异问题。中国政府和国际组织等多方面的支持，为中国教育人类学研究提供了广阔的田野，从而促进了中国教育人类学的发展。此时，一批到西方求学、访问的教育人类学学者也学成回国。当代中国教育人类学家开始对“现代性”的社会发展模式进行反思，关注少数民族语言和文化的传承与保护问题，积极开展教育人类学的研究工作，并取得了重要的研究成果。

第三节　教育人类学的学科诸要素

任何一个交叉学科，都会面临着学科性质和学科归属的争论。教育人类学作为一门交叉学科，从客观上说，它的学科性质取决于人类学与教育学的特点，要从这门学科的研究作品在研究对象、研究方法、价值追求等方面反映出来的具有一致性的特点进行分析和判断；从主观上说，还要分析不同研究主体的学科背景和学科认同。

一、教育人类学的学科性质

对教育人类学的学科性质，我们主要针对以下三个问题而展开。[①]

第一，教育人类学是人文学科，还是社会学科？我们认为，教育人类学是一门开放的综合的人文社会学科。人类学与教育学之所以能够联姻，在一定程度上是由于其共有的人文社会的学科性质所决定的。广义的人类学具有自然科学、社会科学和人文学科的特性。对人的身体形态及其演变的研究属于自然科学，对人的社会的研究属于社会科学，而综合了考古、语言、文化等方面的研究则更具有人文学科的色彩。社会—文化人类学作为人类学的分支学科之一，则兼具社会科学和人文学科的特点。社会科学取向的人类学研究一般研究可观察的文化，追求事物间的共性或规律，尝试通过归纳综合寻求因果关系的解释。人文学科取向的人类学研究一般观察不可观察的文化，偏向于对人们的思想、个人的内在意义与价值进行探寻，在方法上重视对内在意义与价值的诠释。[②]

人类学家埃里克·沃尔夫（Eric Wolf）认为，人类学作为一个学科，可以理解为人文学科中最具科学精神的学科，也是科学中最具人文精神的学科。[③]教育作为一种培养人的社会活动，需要教育者与被教育者之间的相互理解、意义领悟，教育学作为研究这种价值关涉活动的学问，因此具有人文科学的性质。从另一方面考虑，教育活动是一群人的社会活动，教育系统又是整个社会系统的一部分，因此，教育学研究又具备社会科学的性质。近年来，教育学作为一门人文社会学科，已经获得越来越多的认可。事实上，当前人文社会学科的交叉、综合的发展趋势非常明显，发展研究、区域研究已经成为一种新的时尚。因此，教育人类学是一门开放的综合的人文社会学科。

---

① 陈学金、滕星：《论中国教育人类学的几个根本问题》，《中南民族大学学报（人文社会科学版）》2013 年第 3 期。

② 李亦园：《人类学的视野》，上海文艺出版社 1996 年版，第 10—11 页。

③ ［英］奈杰尔·拉波特、乔安娜·奥弗林著，鲍雯妍、张亚辉译：《社会文化人类学的关键概念》（第二版）华夏出版社 2009 年版，第 158 页。

第二，教育人类学是应用学科，还是理论学科？很多教育学者以及部分人类学者视教育人类学为应用学科，另有一部分人类学者将教育人类学视为独立的理论学科，有建立宏大理论的雄心壮志，例如“教育的人类学分析模式”的理论模型及“少数族群学业成就归因理论”，就是较为成熟的宏大教育人类学理论的代表。并非所有人类学的理论、知识、方法都能直接应用于教育研究或者指导教育实践，因此，教育人类学不仅是一门应用学科，而且也在进行理论上的创新。教育人类学可以成为教育学和人类学的重要基础学科。

第三，教育人类学是人类学的分支学科，还是教育学的分支学科？任何一门交叉学科的归属之争，根本上是由于具有不同学术背景的研究者、不同研究旨趣、不同研究路径、不同学术群体归属等因素造成的。教育人类学既可作为人类学的分支学科，也可作为教育学的分支学科。但是，教育人类学的理论、方法主要借鉴于人类学，因此，笔者认为，做教育人类学研究必须具备人类学和教育学的双重知识背景，并且一定要接受严格、扎实的人类学理论、知识与方法的学习与训练。

教育人类学是由人类学和教育学相互交叉而形成的开放的综合学科，它主要应用人类学的理论框架、概念、思想观点、研究方法分析研究教育中的问题。教育人类学是一门综合性的人文社会学科，既是应用学科，又是创新性的理论学科；教育人类学既可作为人类学的分支学科，也可作为教育学的分支学科。

二、教育人类学的研究对象

从应然的角度出发，所有包含有文化、教育的时空，都可以作为教育人类学的研究对象。教育人类学研究把教育与人性、文化、社会、政治、经济、历史等因素广泛地联系在一起，重点分析文化中的教育因素、教育中的文化因素，在整个文化和社会系统中展现教育的面貌和意义。

在美国的教育人类学研究中，土著居民（原住民）、少数族群、移民文化群体的教育问题首先被列入教育人类学家的视野，教育人类学家将不同文化中儿童抚育的案例进行比较研究，以研究不同文化对成人性格和气质的影响。少数族群的非正式教育是美国教育人类学研究在创建之初的重点课题。20世纪60年代末至80年代，多元文化教育和少数族群的学业成就的归因研究成为了美国教育人类学的重点领域。90年代之后，随着文化人类学理论的推广以及质性研究的普及，教育人类学家越来越多地将人类学理论与研究技术运用到主流、正规的学校教育中，学校教育、课程、教师、儿童等成了反映宏观社会文化背景的新联结点。

在中国，经过最近几十年的发展，教育人类学研究已经取得突破性进展，涌现出一大批高质量的研究专著和论文，研究内容非常丰富，已经初步形成十多个有影响力的分支研究领域：（1）民族语言、文字的教育人类学研究；（2）少数民族宗教与学校教育问题的人类学研究；（3）族群、社区文化与学校教育关系的人类学研究；（4）少数民族文化、民间文化传承的教育功能（或价值）研究；（5）乡土教材与校本课程建构的研究；（6）流动人口子女、随迁子女、留守儿童的教育问题研究；（7）多民族国家的民族认同、国家认同与教育研究；（8）多元文化教育的理论、课程、教师研究；（9）多民族国家的民族教育理论与政策研究；（10）文化适应与少数族群学生学业成就研究；（11）族群、性别文化与教育研究；（12）汉族社会学校教育的民族志研究；（13）教育人类学、民族志研究方法的研究；（14）教育人类学的影视制作等。①

目前，在中国应用社会科学的理论、方法进行教育研究正在成为一股势不可挡的趋势，教育研究的"社会科学化"正在成为创生教育理论、引领教育实践的重要力量。教育人类学研究是这股浪潮的重要组成部分，中国教育人类学研究已经进入专业化的发展阶段，研究领域在不断地拓展、延伸。

三、教育人类学的方法论

教育人类学作为一门交叉学科，其认识论、方法论和具体的研究方法

---

① 陈学金、滕星：《论中国教育人类学的几个根本问题》，《中南民族大学学报（人文社会科学版）》2013年第3期。

主要来自人类学。尽管人类学者对文化发展和社会进化的观点不尽一致，但他们所秉承的研究方法是一致的。一般来说，基于田野调查的人类学研究是一种经验研究，它遵循从具体到抽象、从特殊到一般的逻辑，人类学家深入到生动、具体的社会生活中，通过参与式观察和访谈等方法搜集素材、撰写民族志，并进行理论上的阐释，或者形成相关的理论和假设。

偏爱个案研究是人类学家的一个显著特点。这与现代人类学获取第一手资料的田野工作的传统密切相关。人类学家要研究的对象是某个文化群体，以便亲身参与这群人的社会活动，体验他们的生活方式，这就在一定程度上限制了所要研究社区的人口规模，后来人类学家借助问卷调查等定量研究方法获取更大范围的资料以弥补这种不足。

（一）文化的视野

文化，作为一个西方社会科学中的概念，于19世纪末20世纪初逐步发展起来。文化有许多不同的含义，根据人类学家克鲁伯和克拉克洪在1952年的统计，在当时的社会科学文献和人类学研究领域中，文化有164种不同的定义。与“文化”相对的术语是“自然”。文化最初指人们改造自然条件的各种活动。[①] 泰勒认为，“文化或文明，就其广泛的民族学意义来说，是包括全部的知识、信仰、艺术、道德、法律、风俗以及作为社会成员的人所掌握和接受的其他的才能和习惯的复合体。”[②] 文化包含物质文化、精神文化和制度文化，等等。一般来说，人类学所理解的文化通常是指某个特定社会所持有的一组习得的、共享的信念、价值观和行为特征。每个人都诞生于某种复杂的文化之中，它将对我们日后的生活和行为产生巨大的影响。[③]

人类学家看待文化具有不同的理论观点。超有机体论（Super-Organic

---

① Bradley A. U. Levinson, and Mica Pollock, eds., *A Companion to the Anthropology of Education*, Wiley-Blackwell, 2011, p.25.

② 泰勒著、连树声译:《原始文化：神话、哲学、宗教、语言、艺术和习俗发展之研究》，上海文艺出版社1992年版，第1页。

③ C. 恩柏、M. 恩伯著，杜杉杉译:《文化的变异——现代文化人类学通论》，辽宁人民出版社1988年版，第29页。

View）的观点认为，文化是超越现实的存在，由一系列的个体组成整体，有机体有自身的逻辑，整体大于各部分之和。观念论的文化观点认为，文化全然不是一个实体，而是人类学家为了统整一系列分散的社会事实所使用的一个概念，它是被建构出来的。正如克拉克洪（Kluckhohn）所说，“文化好比一张地图。地图并不是真正的疆界，而是某一具体地域的抽象表征，文化就像地图那样，是对某一人群具有同质性的话语、行为和人工制品的一种抽象描述”。按照实在论的观点，文化是一个观念，也是一种经验的实体。[①]

文化人类学的一个传统就是要求人类学家力图不带偏见地对待他们的研究对象，就是说，文化人类学家力图防止由自身文化决定的价值观导致对其他文化的偏见。人类学中的文化相对论是以批判进化论的面目出现的。19世纪末期开始流行的进化论观点认为，文化和社会是按照自然选择、竞争的规律而实现优胜劣汰，文化和社会都会按照直线式进化的方式发展和进步。以博厄斯为首的美国历史批判学派则认为，衡量文化没有绝对的判别标准，每种文化都有其自身的逻辑和价值，一切价值标准都是相对的，判定一种文化制度比另一种文化制度更优越的根据是不存在的。他们认为，尤其重要的是要避免种族中心主义，要避免以观察者本人所处的社会标准对另一个社会的状况作概括和评价。

（二）整体的观点

人类学家采用一种综合的、整体式的视角关注文化。人类学的整体观要求人类学家在研究某种社会文化元素和人类行为时，必须考虑到社会文化和人类行为的各个方面和层次，把社会或文化当成一个完整的系统来研究。因此，文化人类学家非常重视田野工作和跨文化的比较分析。自现代人类学创立以来，实地调查的田野工作和撰写民族志成为人类学家区别于其他社会科学家的重要标志。

---

① George F. Kneller, *Educational Anthropology: An Introduction*, John Wiley & Sons Inc., 1965, pp. 17, 25.

民族志（Ethnography）[①] 一词源自希腊文*Ethnos*（民族）和*Graphein*（描述）的结合，意为“关于民族的描述”。民族志是民族学和文化人类学研究的基础。民族志作为一种研究方法是由20世纪早期的文化人类学家创立的。深入而持久的田野调查是对特定文化进行系统描述的前提条件。人类学的田野调查要求人类学家置身于研究对象的社区生活，通常是半年或一年，从其内部着手，通过长时间的现场参与观察，获得对研究对象的自然生态环境、语言、宗教、习俗、生产方式、社会组织、思想观念等较完整的了解，然后在调查的基础上进行描述性的文本写作。

人类学家通常使用主、客位研究法搜集研究资料，以避免对所研究文化形成片面、偏狭的认识。主位研究法即从被研究者的视角去看待被研究者的文化与社会生活。人类学家还使用三角验证（Methodological Triangulation）的方法搜集资料、解释社会文化现象。

1980年代初，美国著名教育人类学家约翰·奥格布在论及学校民族志时号召教育人类学研究应该将学校教育置于更广泛的社会、经济和政治背景中，必须探寻“结构性的问题”。实际上，奥格布所倡导的学校教育的文化生态学研究模式包含着如下四个潜在的假设：（1）正规的教育通过一些重要的方式与社会的其他特征（特别是企业经济、社会结构）联系起来，而这些社会特征影响着学校中人们的行为；（2）这种联系在本质上具有一种历史性，在一定程度上，这种历史影响着现在的学校教育过程；（3）学校中人们的行为被社会现实所影响，同时也被历史因素形塑；（4）一个完整的学校教育民族志不能被仅仅限制在学校和课堂中的学习事件。[②]

（三）跨文化的比较

跨文化比较的方法，是人类学者在对不同文化的“他者”经验材料进

① 目前，国内一些教育学者翻译为“人种志”或“俗民志”，这是不恰当的。从名称意义上来说，“人种”含有“种族”的意涵，并不符合某些研究自己文化的论文，而“俗民志”则具有“大众文化”色彩或“次文化”的贬义内涵，因此人类学界普遍将贬义内涵的“Ethnography”翻译为“民族志”。

② John Ogbu, “School ethnography: a multilevel approach,” *Anthropology and Education Quarterly*, 1981, 12（1）: 3—29.

行概括、比较的基础上，验证理论假设，以实现解释和理论建构的方法。比较之所以重要，是由于文化人类学家力图在尽可能广泛的意义上来理解人类的文化。文化人类学家不仅对狩猎和采集的族群文化感兴趣，也对现代工业化的文化感兴趣。在人类学家眼里，任何人类社会都是值得研究的。

文化人类学家主要着眼于对不同的文化类型和社会作比较研究，因此它有跨文化的性质，从而也就形成了对于自然和文化意义的独特观点。借用“他者的眼光”，以使研究者眼中的世界“熟悉陌生化”或者“陌生熟悉化”，经历“推己及人”和“推人及己”的过程，以实现研究者理解自身文化、批判常识，乃至达到文化自觉的目的。

四、教育人类学与教育社会学之关系

中国教育人类学和教育社会学各自秉承了人类学、社会学和教育学传统的影响，因而在研究对象、研究方法和研究范围等方面有着一些明显的区别。[①]

作为人类学和教育学交叉形成的教育人类学继承了人类学研究的三个法宝——田野工作、民族志撰写和理论构建。教育人类学在田野工作中注重小型个案研究，注重访谈，注重“参与观察”，注重体验，注重内省，注重“深描”。教育社会学则更多地注重量化研究，注重问卷，注重较大群体的“浅描”。教育人类学更多地关注异文化的教育，关注不同文化背景下的人的教育。教育社会学更多地关注同质文化的教育，如正规的学校教育。

在核心概念方面，教育人类学更多的是采用“文化”、“族群”、“濡化”、“涵化”等人类学的概念来阐释；而教育社会学更多的是用“社会”、“学校”、“课堂”等概念，从社会学的学术视角和眼光来审视教育问题。传统的人类学研究关注的重点是异民族的非正规教育。然而，随着二战之后

---

① 滕星：《回顾与展望：中国教育人类学发展历程——兼谈与教育社会学的比较》，《中南民族大学学报（人文社会科学版）》2006 年第 5 期。

现代人类学对当代社会的关注，人类学家也开始关注主流民族和学校教育，因而1950年代以后产生了教育人类学这一门学科。教育人类学把非正规的家庭教育、社会教育和正规的学校教育都纳入自己的研究视野，在研究对象和研究内容上与教育社会学出现重合，在研究方法上，教育人类学和教育社会学也互相借鉴。目前，教育社会学和教育人类学都顺从了跨学科的潮流，在理论上、方法上有相互融合、交叉的趋势。

从目前中国教育人类学和教育社会学的发展状况和影响来看，教育社会学的发展似乎更加普及，而教育人类学的发展则相对滞后。社会学从创立到发展、成熟，都是与剧烈的社会变迁相联系的。由于中国社会处在转型期，社会问题层出不穷，社会学研究范围和应用领域不断扩大，研究方法不断进步，因此社会学日益受到重视，学科地位不断上升（目前在社会科学领域是隶属于法学类的一级学科）。教育社会学是社会学的一个重要研究领域，是应用社会学的一个分支，它主要研究教育与社会的各种基本关系，探讨教育如何促进个人社会化，以及教育如何适应和促进社会迅速发展等问题。在中国，自1980年代以来，教育社会学随着改革开放逐渐成形，获得了较大发展，并取得了一大批研究成果，在教育研究领域产生了重大影响。

教育人类学是人类学的一门分支学科。但是，中国教育人类学从整体上说，在规模上、体制上、影响上还远不及教育社会学，其原因大致有如下几点：（1）1990年代以前，中国教育人类学经常以“民族教育学”或“少数民族教育学”的面貌出现，人们一度用民族教育学来取代教育人类学，忽视了对教育人类学学科体系的建构，导致了“教育人类学就是研究少数民族教育”的片面理解，使教育人类学在研究现代社会和主流民族教育方面的作用受到局限；（2）中国教育人类学研究的体制尚不健全，教育人类学研究各自为政，难以发挥整合的作用，甚至对教育人类学的一些基本概念的界定和应用，不同学者的认知和理解仍存在较大的差异；（3）八九十年代的教育人类学研究大多未进行科学的理论构建，多数停留在经验层面，缺乏学术化和规范化；（4）对西方教育人类学理论和经验的介绍不够全面，翻译的著作不多;（5）从事教育人类学研究的人员不多，规模不大;（6）教育人类学没有专门的刊物（包括内部刊物）或网页，缺乏一个交流和互动的平台;（7）有关教育人类学的论文和论著不多，特别是既有扎实的教育人类学理论根基，又有中国本土经验阐释的优秀教育人类学论著更少;（8）教育人类学的学科分野不十分明晰，目前仍处于跨学科、多学科研究的整合过程中，许多运用人类学的方法和视角分析教育问题的论著并没有被纳入教育人类学研究的范围之内。

西班牙比较教育学家何塞·加里多说:“比较研究者非常幸运，自己的工作将由于人类学家所完成的研究而变得容易起来。我认为比较教育研究者应该对文化人类学和教育人类学多作一些了解，直到自己觉得有点像一位人类学家。”[①] 人类学家可以通过对人类行为做出跨文化的理解并认识文化的性质而为教育作出贡献。

中国的教育缺少灵魂，从教育内部的传统和现状来看，中国教育缺少教育学的现代立场和观念;从教育的社会环境来看，中国缺少教育学的现代立场和观念容身的政治条件和社会环境。[②] 运用人类学的理论、方法和精神审视中国教育的理论与实践，一方面可以扩大教育的分析视角和解决问题的途径，另一方面可以使广大的教育理论研究者和实践者增加对人类学知识的普及，拓展文化教育人类学在中国的影响。

名词与术语

1. 人类学:人类学是一门全面研究人及其文化的学科。人类学一般有四个分支:文化（社会）人类学、考古人类学、体质人类学和语言人类学。

2. 哲学人类学:哲学人类学主要有宗教哲学人类学、生物哲学人类学、心理哲学人类学和文化哲学人类学等分支学科。哲学人类学认为，任何一门学科都不能为“人是什么”提供一个完整的图景，而哲学人类学研究就是要综合哲学、生物学、文化人类学、社会学、经济学、生理学、医学、

① 何塞·加里多著、万秀兰译:《比较教育概论》，人民教育出版社 2001 年版。

② 刘晓东:《中国教育的困局与出路》,《江苏研究（教育管理版）》2011 年第 10 期。

心理学、政治学等学科的研究成果，对人进行综合性的、完整的总体研究。

3. 文化人类学：研究人类社会和文化，描述、分析、阐释社会和文化异同。

4. 教育人类学：教育人类学是由教育学和人类学相互交叉而形成的开放性的综合学科。作为一门新兴的综合性学科，教育人类学吸收了哲学、人类学、教育学、心理学、生物学、社会学、政治学、历史学等学科的研究成果。

5. 教育人类学的哲学取向：主要侧重从人的本质、教育的本质、人接受教育的需要性和可能性出发，从哲学的高度研究教育的理论与实践问题。

6. 教育人类学的文化取向：运用社会文化人类学的理论、方法来研究教育问题，即侧重于从社会—文化的角度研究教育问题，具有人文社会科学的性质。

思考题

1. 人类学有哪些含义？ 对教育研究有何启发意义？
2. 教育人类学研究的三种取向是什么？
3. 简述中国教育人类学的发展历程。
4. 简述教育人类学的学科性质、研究对象和方法论。
5. 教育人类学与教育社会学研究有哪些联系和区别？

推荐阅读书目

1. 王铭铭：《人类学是什么》，北京大学出版社 2002 年版。

   本书是一本人类学的通识读本。作者从一般人类学出发，进入“他者的目光”，再从“他者的目光”进入生活方式的“常识”，进而进入社会构成的原理，最后阐述人类学的基本认识与价值。

2. 庄孔韶主编：《人类学通论》（修订版），山西教育出版社 2004 年版。

   本书由著名人类学家庄孔韶教授主编。书中吸收、借鉴了国内外最新的人类学研究成果，着重对文化概念予以介绍及解释，重新整理了以往中外人类学常见的理论述说模式，并探求人类学理论的时空轨迹及在今日社会变迁条件下的研究途径，从而阐明了人类学的理论架构及其内涵。本书不仅有对人类学学科总体的研究，而且分章专述人类学各分支学科的研究及其成果。

3. M. 兰德曼著、阎嘉译:《哲学人类学》，贵州人民出版社 2006 年版。

本书追溯了人类学的源流、哲学人类学的缘起，探讨了哲学人类学的方法、意义，分别介绍了哲学人类学的主要流派，较全面、系统地提出了作者的文化哲学人类学（亦简称为文化人类学）的观点。

4. T. 胡森、T. N. 波斯尔斯韦特主编，石中英等译:《教育大百科全书：教育人类学》，西南师范大学出版社 2011 年版。

教育人类学部分由美国加利福尼亚大学伯克利分校人类学系教授 John U. Ogbu 负责。该书集中关注教育人类学的历史和性质、方法和概念以及实质性问题三个方面。教育人类学历史的词条解释了这一新兴领域在人类学中的兴起及其性质，以及其在教育学中日益扩大的存在和影响。任何一个新兴的次级领域所面临的挑战之一，都是发展出一个适当的方法及概念框架，以让这一领域的知识能够为改善教育而服务。那些有关实质性问题的词条则丰富了这方面的研究。

5. 滕星:《教育人类学的理论与实践——本土经验与学科建构》，民族出版社 2009 年版。

该书是教育人类学中国本土化实践过程中的研究成果。全书按研究领域共分为: 理论篇、实践篇、访谈篇。理论篇，一方面是对西方教育人类学的学科发展、研究方法及重要理论作了较为详尽的阐述；另一方面是对中国教育特别是少数民族教育研究的重大问题进行了理论探索，并对中国教育人类学的发展历程进行了回顾和展望。实践篇，在对西方教育人类学理论与实践研究的基础上，结合作者在中国本土开展的教育人类学研究成果，就中国教育改革的若干重大理论与实践问题、教育学研究的若干问题展开了描述与阐释。访谈篇，主要收录了作者近几年来对教育人类学理论、方法和实践研究的思考，以及对中国少数民族教育研究的若干重要问题的探讨。

第二章　教育人类学的产生与发展

本章包括早期人类学与教育的融合、英美文化教育人类学的产生与发展、德奥哲学教育人类学的产生与发展、中国教育人类学的产生与发展等四节内容。教育人类学自古希腊雅典时代开始了漫长的萌芽发展期，直至19世纪中叶首次出现“教育人类学”的概念，再经过英美德奥等国家的哲学家、人类学家、教育人类学家的研究，逐步形成一个较为完备的学科体系。中国的教育人类学研究始于1980年代初期对少数民族教育的研究，受当时我国的社会现实和长期以来我国教育研究的学术环境影响，研究起步较晚，但发展迅速。

第一节　教育人类学的学科渊源

教育人类学有悠久的思想演进源流，其思想源起可上溯到古希腊时期。经过漫长的萌芽发展期，教育人类学从古希腊亚里士多德探索人的教育行为，到19世纪中叶俄罗斯教育学家乌申斯基（Константин Дмитриевич Ушинский）率先提出“教育人类学”概念，再到20世纪初美国教育家休伊特（Hewett）倡导用人类学方法研究教育，蒙台梭利（Montessori）率先出版《教育人类学》（1931）一书，学科流派逐步形成。1950年代起斯宾德勒（G. D. Spindler）力倡学校教育民族志研究，促使教育人类学迅速崛起，70年代创立起有独特学术特点和体系的新型学科。

一、"人类学"及其发展

人类学是研究人的科学，研究范围包括"人"与人类文化。[①] 人类学的理论形成，分为两个方面，一是欧洲大陆的哲学人类学研究，一是英美国家的文化人类学研究。

（一）欧洲大陆的人类学

人类学英文名为"anthropology"，该词由希腊语中的"*anthropos*"和"*logos*"两个词组合而成。该词最早由亚里士多德在《伦理学》一书中使用，在书中亚里士多德将人类学一词界定为"研究人的改变"。一直到 1501 年，神学家亨特（M. Hundt）将"人类学"的研究领域概括为两个部分，一部分探讨人的等级、地位、本质、本性等，另一部分研究人的身体。再后来，卡斯曼（O. Casmann）系统地阐释了人类学是研究心灵和人机体的学科。[②] 后来，以马克斯·舍勒（M. Scheler）为代表的哲学家开始从宇宙学、性格学、心理学的视角探讨人的本质的问题。欧洲人类学的话题逐渐转向哲学人类学。其理论依据如下：

1. 自然科学对于人的本质的讨论

欧洲人类学发端于自然科学，用自然科学的方法研究人的本质，最终超越了自然科学本身。人类学家费舍尔（E. Fisher）1923 年出版了人类学著作，将自然科学的人类学与其他相同的科学关联，提出了重大定义：人类学是关于人的科学。

2. 人类学与精神科学的融合

欧洲人类学家旨在通过回答"人是什么"的基本问题，指出人与动物的最大区别在于人性。人类学要关注人之所以为人的特性，与其在个人、社会和文化三方面的表现。在阐释个人人格和整体人类的历史演进的过程时，强调人性、自然和文化三种力量所形成的合力，形成"精神"的辉煌，呈现人性的一面。

3. 人类学从生命哲学汲取营养

人类学或哲学人类学与生命哲学有着密切的关系。狄尔泰（W. Dilthey）

---

① 李亦园:《人类学与现代社会》，水牛书局 1992 年版。

② 冯增俊主编:《教育人类学教程》，人民教育出版社 2005 年版。

1875年提出了“人的研究”及“人的科学”的理论，被学术界认为是影响深远的理论。[①]狄尔泰主张，人的生活过程与精神活动历史是相互配合的，因为精神活动是表现于生活之中的。人的行为是一种复杂的组合，包括游戏、情感、知觉、能力等。任何一种科学的研究，都要有方法与原则来引导，对人的研究也不例外，人是有历史和社会生活的，因此，道德、法律、政治、经济等方面的事实不容忽视。人具有认识的能力，其认识活动是经由外在的生理感官与内在的心理能力发生结合而形成的。[②]

欧洲教育人类学主张对教育的对象——人施加教育，必须先对人的本质加以了解。也正因为如此，教育需要借助哲学人类学的理论和方法，全面解读人的本质。[③]

（二）英美文化人类学

当欧洲大陆人类学致力于生物人类学研究的时候，英美学者开始整理他们所得到的有关不同民族风俗习惯的资料，讨论人类的社会生活、物质文明、文化现象等，逐渐形成了以“文化”为核心研究内容的社会—文化人类学。

在英美人类学家看来，人类学是对各种原始民族的描述、对其生理与文化的研究。人类学的研究就是希望能够了解与把握人类文明与文化的产物。[④]英美人类学家热衷于田野工作方法。该方法由英国人类学家马林诺夫斯基（B. Malinowski）首创。林惠祥认为，“人类学是用历史的眼光研究人类及其文化的科学。它包括人类的起源，种族的区分以及人类的物质生活、社会构造、心灵反应等的原始状况之研究。”[⑤]上述诸如此类现象的捕捉，经由“参与观察”方法可以实现。比较地看，英国人类学家主张社会人类学，对他者社会及其结构予以关注；美国人类学家则普遍主张属于文化人类学圈，往往关注美国内部族群及其文化现象。

---

① 詹栋梁：《教育人类学》，五南图书出版股份有限公司1986年版。
② 刘玉玲：《教育人类学》（第2版），扬智文化事业股份有限公司2006年。
③ 詹栋梁：《教育人类学》，五南图书出版股份有限公司1986年版。
④ J. G. 弗雷泽著、徐育新等译：《金枝》，中国民间文艺出版社1987年版。
⑤ 转引自杨堃：《杨堃民族研究文集》，民族出版社1991年版，第283页。

（三）人类学与教育学的联结

一般认为，人类学家较倾向于保留个人的价值判断，力求价值中立。然而，任何个体都无法避免价值涉入。从20世纪中叶开始，文化人类学与教育学在英美国家开始逐渐联结，尤其是诸多教育研究者开始用文化人类学的观点、立场和方法研究教育现象，从而促使了文化教育人类学的发展。

二、教育人类学思想的萌芽与初步发展

教育人类学的思想最早可以追溯到古希腊时期，在柏拉图（Plato）的相关著作中已经有了教育人类学的思想萌芽。后来的奥古斯丁（A. Augustinus）、阿奎那（T. Aquinas）进一步促进了人类学与教育的结合，17世纪的夸美纽斯（J. A. Comenius），18世纪的卢梭（J. Rousseau）和裴斯泰洛齐（J. H. Pestalozzi），以及后来的康德（I. Kant）、狄尔泰、乌申斯基等，他们对教育人类学的形成和发展都作出了重要的贡献。

（一）康德："研究人的学问"

康德对人类学的发展作出了巨大的贡献，被誉为"人类学之父"。他把人类学定义为"研究人的学问"，是一门对人的体质、心理、精神、理性、个体和整体、文化、习俗和种族的研究，尤其强调人的知识、感情、意欲等方面的研究。[①] 人类学的学科地位从此确立。康德在柯尼斯堡（Königsberg）大学同时开设人类学和教育学的课程，尝试将二者有机结合。康德的教育思想融入了诸多人类学的思想，如教育应该有独立的价值，注重教育对象的性格，不同类型教育之间的相互配合等。[②]

（二）狄尔泰学派："以人为主的教育学"

狄尔泰曾经提出了"人的研究"的理论，其学生诺尔（H. Nohl）则进一步提出以人为主的教育学。到了1938年，诺尔的名著《性格与命运》出版，其副标题就是"教育以人为主"，使得教育人类学的学科属性更加

---

① 冯增俊主编：《教育人类学教程》，人民教育出版社2005年版。

② 刘玉玲：《教育人类学》（第2版），扬智文化事业股份有限公司2006年。

突显。此后很多学者对此理论进一步发展，提出从教育的本质、教育的可能性去分析教育哲学，认为教育的功能在于促使人精神的改变。这为教育人类学的研究确定了新的解释方向。

（三）乌申斯基："人是教育的对象"

俄罗斯教育学家乌申斯基首次提出"教育人类学"概念。他认为，教育学应该是所有艺术中最复杂、最崇高和最重要的。教育学的研究对象是人，而不应是空洞乏味的规则和条文。因此，他主张，如果人们想全面地去教育人，那么首先必须全面地去了解人。基于这种认识，乌申斯基发表了代表作《人是教育的对象》，力图把教育学建立在人类学的基础上。他用"教育人类学初探"为该书的副标题，以表达对教育问题所进行的人类学思考。乌申斯基时代的俄国人类学与现代人类学在研究内涵上已明显不同，但是，他却是历史上第一个使用"教育人类学"术语的人。[①]

（四）蒙台梭利：教育人类学

意大利儿童教育家蒙台梭利 1908 年出版了《教育人类学》一书，成为有史以来第一本以"教育人类学"为正式书名的著作。[②]蒙台梭利积极探讨教育与人的机体发展，倡导体质教育人类学。她认为，教育者只有了解受教育者发展的全部第一手资料，才可能实施真实有效的教育。她不仅对学生体质的各项发展，如体重、身高、胸围、肤色、肌肉等均作了详细的记录，并据此研究儿童发育与学习的规律，制订教学措施和确定教育方案。其中，她也很注重文化及种族对教育过程的影响。[③]

三、教育人类学的学科建构

教育学的建立，是基于人所处的环境与实践之间的核心问题。这些问题在环境与实践中不断地产生交互作用。这些问题的解决，往往依赖于教

① 乌申斯基著、郑文樾等译：《人是教育的对象》，人民教育出版社 1989 年版。
② 李复新、瞿葆奎：《教育人类学：理论与问题》，《教育研究》2003 年第 10 期。
③ 钱雨：《儿童人类学的发展及其教育启示》，《全球教育展望》2011 年第 9 期。

育，因为教育被认为可以有限度地解决人类某些问题。人类学重视生活环境与生活实践之间的关系。因此，教育学与人类学的结合，旨在使人与环境、实践三者之间发生交互作用。[①]教育人类学的产生是人类社会文化发展的历史要求和教育学科发展过程的必然。文艺复兴以来关于人性解放思想的发展，促进了关于人类的研究，成为教育研究的转型和人类学产生的动力。

人类学和教育学从跨学科渗透、相互借鉴到相互合作研究某些共同问题，促成教育人类学的学科专业化发展。这一漫长曲折的历史进程催化了教育人类学的成熟，成长为现代教育科学中的重要基础学科，形成了以英美为代表的文化教育人类学和以德奥为代表的哲学教育人类学两大主要派系。根据美国教育人类学家奥格布的观点，1970 年代教育人类学的新发展被视作教育人类学学科地位发展的分界线，实现了从服务性阶段到学术性阶段的转向。[②]

第二节 英美文化教育人类学的产生与发展

文化教育人类学流派可以分为以人类学家为主的教育人类学理论学派和以教育学家为主的多元文化教育理论流派。文化教育人类学流派继承了英美文化人类学的理论框架、概念与田野工作方法，以研究教育的理论与实践问题；多元文化教育理论流派则继承了英美文化人类学“文化相对论”的观点，并与美国社会民族理论相结合来研究教育的理论与实践问题。文化教育人类学的研究范围主要包括少数民族教育和多元文化教育等方面。[③]

一、英国文化教育人类学的产生与发展

教育在多种族、多元文化社会中反映着文化变迁过程中的种种矛盾和

---

① 刘玉玲:《教育人类学》(第 2 版)，扬智文化事业股份有限公司 2006 年，第 3 页。

② J. U. Ogbu, “Anthropology of Education,” in T. Husen (ed.), *The International Encyclopedia of Education*, Vol. 1, 1985, pp. 276—297.

③ 滕星:《教育人类学的理论与实践——本土经验与学科建构》，民族出版社 2009 年版。

冲突，影响着学生学业和身心发展，并反过来制约国家经济和政治发展。文化教育人类学主要源于英美等国家，主张运用文化人类学原理从跨文化、跨种族的视角研究教育与人类社会发展的问题。[①]

（一）萌芽阶段：英国人类学的产生及其发展

英国人类学学会创始人詹姆士·亨特（J. Hunt）在1863年创建了英国人类学学会。英国文化人类学家泰勒率先开展比较文化研究，倡导民族志研究法，深入现场对真实文化情境中的人进行文化比较研究。他在1871年发表的《原始文化》（*Primitive Culture*）一书中接受达尔文（C. R. Darwin）进化论观点，开始研究人类文化的初始及演变。英国学者弗雷泽（J. Frazer）发表的重要著作《金枝》（*The Golden Bough*），把原始部落盛行的巫术看成是人类最初始的一种超自然行为，文明进步促使宗教信仰产生，而文明进一步发展催生了科学思想。他的研究对文化人类学发展也有重要贡献。[②]

20世纪初英国形成了以伦敦经济学院的马林诺夫斯基（Bronislaw Malinowski）和牛津的拉德克利夫-布朗（A. R. Radcliffe-Brown）为代表的"功能学派"，认为社会是一个有机整体，应当重视研究社会结构及其相互间的功能发挥。40年代，英国的柴尔德（V. G. Childe）积极推进"新进化论"，强调多元和动态进化来代替早期的单线进化。在新进化论的推动下，又涌现出强调文化因生态环境不同而产生不同演进路线的"文化生态学派"。至此，英国文化人类学开始逐步形成体系。这一阶段，马林诺夫斯基在英国人类学界乃至世界人类学界作出了两方面的贡献：一是确立并重新规定了人类学的田野工作方法；二是持续完善了文化功能主义理论。

（二）成熟阶段：文化教育人类学和多元文化教育两大学派的形成

1950年代以后，以英国的詹姆斯·林奇（J. Lynch）为代表的多元文

---

① 关于英国文化教育人类学的发展，参见张俊芳硕士学位论文《英国多元文化教育历史与现状研究》，中央民族大学，2012年。

② 钱雨：《儿童人类学的发展及其教育启示》，《全球教育展望》2011年第9期。

化教育学派逐渐在英国发展起来。自60年代以来，文化教育人类学家在积极批判传统教育观的同时，提升学科理论水平，形成研究群体，扩大了学科的影响力，使学科概念逐渐明确、清晰起来。70年代，英国的教育人类学进入成熟阶段，出现了一批以詹姆斯·林奇为代表的多元文化教育学者及其一批著作。林奇发表了多部关于多元文化教育的著作，例如《多元文化教育：原理与实践》（*Multicultural Education: Principles and Practice*, 1986）、《全球社会的多元文化教育》（*Multicultural Education in Global Society*, 1989）、《文化多样性与学校》（*Cultural Diversity and the Schools*, 1992）等，对英国及世界的多元文化教育理论的发展作出了巨大贡献。在这一阶段，英国文化教育人类学的研究重点逐渐转向多元文化教育的融合与协调，关注不同环境背景下儿童的成长与学习，解决种族间的教育机会公平问题，注重多元文化教育的应用性，使学术研究与社会发展相结合。

二、美国教育人类学的产生和发展

美国教育人类学的产生和发展可以分为三个阶段：教育问题作为人类学研究的附属品，作为专门的人类学研究对象，作为教育人类学研究对象。

（一）教育研究作为人类学研究的附属品

在美国人类学的研究领域中，有关教育问题的研究起初是人类学家在对社会文化问题的研究中，将教育问题作为一个侧面进行分析的结果。这种研究始于19世纪后半叶。例如，1898年范德沃克（N. C. Vandewalker）发表了《论教育对人类学的若干要求》（Some Demands of Education upon Anthropology）一文，成为用人类学观点和方法审视教育问题的代表。后来，人类学家休伊特（E. L. Hewett）1904年在《美国人类学家》（*American Anthropologist*）上发表了《人类学与教育》（Anthropology and Education）一文，指出要使教育研究成为一门科学，就需要运用人类学的方法。1905年，他在同一杂志上发表了《教育中的种族因素》（Ethnic Factors in Education）一文，从人类学的角度对当时教育中的种族问题进行了研究，认为美洲印第安人、移民子女教育问题的产生，是因为学校迫使他们学习美国的文化，而没有考虑到他们自己民族的文化。[①]

美国“人类学之父”博厄斯（F. Boas）的研究中也有很多涉及教育问题的著作，其名著《人类学与现代生活》（*Anthropology and Modern Life*, 1928）中有一章的标题即为“教育”，集中探讨了教育的文化作用、教育对心理自由的影响、教育对个人生活危机的影响、受教育阶级的文化状况等问题，认为人的发展与教育、文化与教育之间存在着紧密的关系。他的许多观点是以人类学的田野研究为基础的，例如，教育通过帮助人养成一定的行为方式和生活方式而对文化的稳定性产生影响的观点，就是他以对爱斯基摩人的分析为基础而得出的结论。[②]

博厄斯对教育的关注与观点对他的学生产生了很大的影响。其中，本尼迪克特（R. F. Benedict）对教育在国民性形成过程中的影响进行了广泛的研究。受美国情报局的委托，她在二战结束后对日本民族进行了人类学研究。她从文化对个体和民族的影响出发，根据有关日本的文化现象，对日本的国民性及其形成原因进行了细致的分析。例如，在关于日本儿童的教养方式及其对日本国民性形成的影响分析中，她指出，日本国民性中的强迫性特征，是由于日本的儿童很早就接受排泄训练，“他们只体验到每天必须如此，不能逃避……这种无情的训练为婴儿长大成人后服从日本文化中最繁琐的强制性作好了准备”[③]。通过研究个体在儿童时期的经验，例如承受了外界什么样的压力和期望，本尼迪克特认为可以更为深入地理解儿童的行为和性格。此外，本尼迪克特对教育对美国文化发展的三个功能进行了分析，这三个功能是传递、转变和改造。[④]

此外，博厄斯对教育的关注与理解也体现在他的另外一位学生米德（M. Mead）的研究中。博厄斯为了反对当时的种族主义遗传决定论，论证其文化相对主义的观点，便计划对当时美国青年人中普遍存在的青春期的

---

① http: //www.publicanthropology.org/Archive/Aa1905.htm.

② 博厄斯著、刘莎等译:《人类学与现代生活》，华夏出版社 1999 年版，第 118—119 页。

③ 本尼迪克特著、吕万和等译:《菊与刀》，商务印书馆 1990 年版，第 179—180 页。

④ R. J. 纳斯:《人类学与教育的联姻》，载冯增俊编译:《教育人类学》，海南人民出版社 1988 年版，第 75 页。

困境进行研究，以验证如下假说：青春期困境在很大程度上是文化影响的结果，而非是这个年龄阶段自身所具有的心理与生理发展的结果。于是，他于1925年委派米德去距离美国本土万里之遥的萨摩亚地区，对那里的年轻姑娘进行研究。基于此研究，米德出版了《萨摩亚人的成年》（*Coming of Age in Samoa*, 1928），系统地介绍了萨摩亚人的儿童养育方式，并与美国育儿方式进行了比较。[①]后来，米德又对新几内亚的马努斯儿童的教育与成长进行了研究，据此完成了专著《新几内亚儿童的成长》（*Growing up in New Guinea*, 1930）。此外，米德还在关于人类性别角色的形成与教育的研究方面提出了重要观点。她认为，男女两性在人格特征上的许多差异与性别差异本身无关，而是与两性受到教养的内容和方式方面的差异是紧密相关的，而这种差异又是与该社会中的文化相联系的。[②]

在这一阶段，其他一些产生较大影响的研究还有赫什科维茨（M. Herskovits）在西非达荷美开展的关于教育与文化变迁的研究、雷德菲尔德（R. Redfield）在危地马拉对所谓的本土教育对文化发展的作用的研究、怀廷（J. Whiting）对巴布亚新几内亚的社会化与教育的研究、沃纳（W. L. Warner）等人关于社会分层与教育的研究，等等。这一阶段人类学领域中的教育研究具有下面几个方面的特征：（1）教育研究是作为人类学研究的附带产品，几乎没有人类学家专门以教育问题为研究对象，或以教育问题的解决为研究目的；（2）主要是人类学理论中文化与人格学派的人类学家开展的，如博厄斯、本尼迪克特和米德等都属于文化与人格学派；（3）主要是对关于本土教育的研究；（4）很少有研究涉及学校教育，主要是关于学校之外的非正规教育的研究。

（二）教育问题作为专门的人类学研究对象

到了1950年代，关于教育问题的研究逐渐从人类学的研究中分化出来，人类学家开启了对教育的专门研究。其原因有：第一，随着人类学领域关于

---

① M. Mead, *Coming of Age in Samoa*. William Morrow, New York. 1961.

② 米德著、宋践译：《三个原始部落的性别与气质》，浙江人民出版社1988年版，第266页。

教育问题的研究日益增多，教育越来越引起人类学家的关注，并且得到更多的重视；第二，二战期间，很多人类学家被要求在政府机构中服务，二战结束后，则将重点转向人类学研究，因而有了更多时间与精力进行纯学科性的研究；第三，在1950年代之前，人类学家主要研究的是非西方社会，没有类似于西方社会中制度化的学校教育和专门性的教育机构，因而难以将教育从社会中分化出来进行研究；第四，1954年6月由斯宾德勒（G. D. Spindler）发起，美国人类学会、斯坦福大学人类学系与教育学院在斯坦福大学联合召开的人类学与教育学大会起了直接的推动作用。1953年，美国人类学协会主席克鲁伯（A. L. Kroeber）主编的《今日人类学》（*Anthropology Today*, 1953）中还没有“教育”这一条目，人类学界普遍没有有意识地认识到教育这一研究领域。而该大会的主题是：教育与人类学的联系问题、教育的社会文化背景问题、教育中的跨文化问题，这些主题将人类学与教育紧密地联系在一起，也将教育从人类学领域中突出出来。这次会议的召开对人类学领域中的教育研究具有里程碑的意义，大大地提高了教育问题在人类学领域的地位，使更多的人类学家对教育问题给予了越来越多的有意识的关注，继而开展了大量的专门性的研究。[①]

自从50年代教育开始成为人类学界专门的主题以后，人类学领域陆续开展了大量专门性的教育研究，如斯宾德勒关于学校教育行政人员的研究，亨利（J. Henry）编写的对教育进行跨文化研究的大纲，金博尔（S. T. Kimball）关于文化对儿童成长的影响的研究，等等。其中，部分研究成果收录在斯宾德勒主编的论文集《教育与文化：人类学的研究》（*Education and Culture: Anthropological Approaches*, 1963）中。

到了60年代，人类学领域关于教育的研究更为多样，而且许多是针对美国社会的教育问题的。这一时期，促进人类学家对教育问题进行专门研究的因素有三个方面：第一，人类学家在研究美国的社会和政治问题时，感

① 韩昭庆：《美国生态人类学研究述略》，《原生态民族文化学刊》2012年第4期。

到需要制定措施解决国家的教育问题，尤其是贫穷群体和少数群体[①]的教育问题。人类学家斯坦利（Stanley Diamond）1963年开展的“学校文化研究”的课题就是这样的情况。第二，对教育领域中有关文化的观点的回应。在当时的教育领域，把少数群体和低收入阶层学生学业失败问题解释为“文化剥夺”（Cultural Deprivation）的结果，即他们的学业失败是因为与中产阶级群体的文化特征相比可以发现，他们没有这样的文化特征，即被“文化剥夺”了。而人类学家根据人类学的有关研究，从概念、方法论和具体立场上对这种理论进行了驳斥，认为少数群体具有不同于中产阶级的可以自足存在的文化，他们的孩子在学业方面的失败是因为学校没有采用关于他们文化的内容进行教学和评估，也就是说学校教育中所涉及的文化与少数群体的文化是不同的。对于少数群体的孩子而言，学校教育中的文化与他们的文化是不连续的。因而，人类学家主张用“文化非连续性”（Cultural Discontinuity）理论替代“文化剥夺”（Cultural Deprivation）理论，来解释少数群体孩子的学业失败问题。这方面的具体研究如瓦伦丁（C. A. Valentine）对美国的非裔群体孩子的学业失败现象的研究。[②]第三，在公立学校教育中设置人类学课程的需要。为了促进公立学校中人类学课程的开设与教学，美国人类学协会设立了课程研究委员会，负责有关人类学课程的研究，为此促进了人类学家对学校课程的研究。例如，美国人类学协会（American Anthropological Association，AAA）与其他机构合作赞助了研究课题“人类学课程研究项目”。但是，人类学课程在学校教育中的设置带来的相关问题（如人类学对文化多样性的强调与促进美国统一民族文化

① Minority这个词在国内的相关学术领域多被译为“少数民族”，而本文在此将之译为“少数群体”。这是因为在美国的人类学或相关领域的研究中，这个词所指的对象包括来自于各个国家的移民、美国本土人民、有色人种群体、社会贫穷群体等，即与美国社会的主流群体而言处于非主流地位的群体，因而将之译为“少数民族”则缩小了其所指代的对象。本文根据其所指的群体是处于非主流的地位，认为将之译为“少数群体”比“少数民族”更为恰当（同样，下文的“多数群体”译自于majority，但是笔者感觉仍然不能准确地表达其原文的意思）。究竟如何译minority这个词，欢迎感兴趣的相关人士一起讨论。

② C. A. Valentine, “Deficit, Difference, and Bicultural Models of Afro-American Behavior,” *Harvard Educational Review*, 1971, 41（2）.

的形成和众所公认的民族自豪感这些目标之间的矛盾），引起了人类学家的关注，并促使人类学家对学校课程进行了研究。[①] 这一阶段的研究具有下面几个比较明显的特征。

第一，对美国的所谓现代社会的研究越来越多。其原因一方面是社会科学研究在理论上出现一些新趋向的影响，这些新趋向如社会学领域的城市社会学研究；另一方面是在二战后美国人口流动性较大，人口特征具有明显的变化，这引起了许多新的社会问题与教育问题，这些所谓现代社会的问题的解决促使人类学家的研究出现了转向，具体的研究成果有斯宾德勒的《转变的美国文化中的教育》（*Education in a Transforming American Culture*, 1955）、布鲁姆（B. S. Bloom）等人的《文化剥夺群体的补偿教育》（*Compensatory Education for Cultural Deprivation*, 1965）、赖斯（A. J. Reiss）编的《变迁社会中的学校教育》（*Schools in a Changing Society*, 1965）、李（D. Lee）《美国文化中的教学差异》（*Discrepancies in the Teaching of American Culture*, 1963）、罗森（B. C. Rosen）等主编的《美国社会中的成就》（*Achievement in American Society*, 1969），等等。

第二，60年代之后出现了大量的民族志研究。民族志是人类学领域中的一种方法论，是指在自然背景下参与观察一定人群的生活方式、行为和他们所制造的产品及所做的事情。运用这种方法开展的研究通常又被称为民族志研究。在人类学关于教育领域的研究中，民族志方法论的运用几乎与这种研究具有同样长的历史。如米德在萨摩亚开展的就是关于教育的民族志研究。但是，60年代运用这种方法的研究增加了许多，这与当时产生了大量的社会问题及缺乏解决措施有关。具体来说，人类学家在大量民族志研究的基础上用"文化非连续性"理论取代"文化剥夺"理论，就是对当时少数群体学生的学业失败问题的回应。这一阶段优秀的民族志研究有杰克逊（P. Jackson）的《课堂教学中的生活》（*Life in Classroom*, 1968）、史

---

① 此部分的部分内容参考了奥格布的有关分析。J. U. Ogbu, "Anthropology of Education: History and Overview," in Torsten Husén, T. Neville Postlethwaite (eds.), *International Encyclopedia of Education*, Kidlington: Elsevier Science Ltd, 1994.

密斯（L. M. Smith）和杰弗里（W. Geoffrey）的《城市课堂教学的复杂性》（*The Complexities of an Urban Classroom*, 1968）、史密斯（L. M. Smith）和基斯（P. M. Keith）《教育革新的剖析》（*Anatomy of Educational Innovation*, 1971），等等。

第三，研究的应用性较强。具体来说，很多研究是人类学家将人类学的有关研究成果运用到教育领域中，研究教育问题。这与当时主要接受人类学学术训练的研究者对解决教育问题的观念有关，即认为教育问题的解决可以应用人类学的有关研究成果，采用人类学的研究途径。例如，斯宾德勒在1955年出版的人类学与教育大会的论文集“导论”部分就指出，人类学对教育研究的意义在于能够解释教育背景中人的行为，正如解释工厂、医院、农村、空军基地、印第安人保留地、新英格兰的城镇和各种类型的原始社会中的行为一样……人类学领域中有一些（与教育）直接相关的具体领域的概念与资料，如人格与文化（心理人类学领域内）、文化动力（cultural dynamics），可以用于解决教育问题。[①]

（三）教育问题作为教育人类学的研究对象

在人类学领域中，教育成为一个独立研究领域的标志是教育人类学学科的诞生，是在1970年代之后。而当前的学术界普遍认为，教育人类学产生的标志则是1970年在人类学协会（AAA）中成立了人类学和教育委员会（Council on Anthropology and Education，CAE）。成立该委员会的目的是将越来越多的关注和开展教育研究的人类学家聚集在一起，共同探讨关于教育的研究，促进这个领域研究的发展。这个委员会出版了一份工作简讯，该简讯于1978年改为杂志——《人类学与教育季刊》（*Anthropology and Education Quarterly*）。关于教育研究的人类学专业性研究机构与研究刊物的出现大大地促进了将之作为一个独立领域来进行研究，也大大地提升了教育研究在人类学领域的地位。这一阶段的研究有几个重要方面的特征：

---

① G. D. Spindler (eds.), *Education and Anthropology*. Standford, California: Stanford University Press, 1955.

第一，一些研究者提出了研究的理论模式，其中影响较大的有斯宾德勒的工具性理论模式（Instrumental Model）。该理论模式是在对若干理论模式进行批判的基础上提出的，其基本假设是："只要社会接纳的行为常常产生能够预期的和符合人们愿望的结果，社会不接纳的行为产生能够预期的而不符合人们愿望的结果，那么文化系统就能够运行。"[①] 行为或活动是实现生活中各种目的的工具，行为或活动与目标之间的这种关系是"工具性关系"。教育可以培养儿童特定的行为，使儿童的行为能够产生某一文化所期望的结果，并且使儿童从中得到相应的回报，例如社会地位、金钱等。通过教育建立的这种工具性联系，社会文化得以运转起来。斯宾德勒用这一模式在北美、德国不同的群体中进行了试验研究。在德国，他将这个模式运用到关于农村学校里孩子的研究中，以了解城市化如何影响学校内和学校外的文化传播。他通过这种研究认为，尽管新课程的引入促进了当地城市化和现代化的进程，但是村民的态度仍然倾向于传统的思想和生活方式，因为原先的文化对他们具有保护作用，能给他们更多的回报。斯宾德勒还为这一模式的运用开发了一种专门的技术——工具活动调查表（IAI）。除了这一理论模式之外，还有研究者提出了其他理论模式，如交换理论、结构—功能主义理论、生态学理论等。

第二，出现一些主题相对集中的研究领域。尽管奥格布认为，根据对随机抽取的《人类学与教育季刊》的统计以及关于一些研究学者的调查表明，人类学领域关于教育研究的主题比较分散。[②] 但是，深入分析一下可以看出，相对而言，在研究的具体领域方面有几个主题是相对集中的。这里对双语教育、城市中社区与学校的关系和课堂教学三个方面作具体分析：

（1）双语教育。这方面的研究是由 1970 年代之后移民子女的教育问题所

---

① G. D. Spindler, "From Omnibus to Linkages: Cultural Transmission Models," *Anthropology and Education Quarterly*, 1974, 5（1）.

② J. U. Ogbu, "Anthropology of Education: History and Overview," in Torsten Husén, T. Neville Postlethwaite（eds.）, *International Encyclopedia of Education*, Kidlington: Elsevier Science Ltd, 1994.

引起的。人类学领域关于双语教育的研究具有明显的特征，主要表现为从不同参与者和不同背景的角度对双语教育进行了具体分析。例如，保尔斯顿（C. B. Paulston）在其较有影响的《双语教育：理论与议题》（*Bilingual Education: Theories and Issues*）一书中将双语教育实施的背景与政治、经济与文化状况联系起来进行研究，并据此提出，双语教育及双语教学的文化、政治、经济和历史背景对解释双语教育的结果是必不可少的。施佩勒（D. Spener）则详细分析了社会背景是如何决定双语教育发展的。例如，在对美国双语教育转型的研究中，他细致地分析了将双语教育看作使移民获取有限工作的合法化方式的政治和经济背景。[①] 另有一些研究者还对双语教育领域中的具体问题进行了研究，如皮斯·阿尔瓦瑞斯（L. Pease Alvarez），他分析了北加利福尼亚农村中说英语的社区如何开展以所有学生双语能力的提高为目标的教学，深入细致地探讨了导致多数群体和少数群体的孩子不同的双语能力的社会因素。[②]

（2）城市中社区与学校的关系。社区与学校关系的研究在20世纪五六十年代人类学开始关注教育时就已经出现过，如引起较大影响的人类学家刘易斯（O. Lewis）的研究。刘易斯在研究中提出，社区文化中的消极因素对学龄前儿童的学习与学业成就必定会产生影响。70年代这方面研究的一个重要特征是出现了大量关于城市中社区与学校关系的研究。但是，引起出现这种特征的一个重要原因是城市中有关的教育问题引起了人类学家的重视；另一重要原因是学校被认为是消除城市中的贫穷与种族隔离的重要因素，为此，人类学家被要求提供进行学校与外部社会关系的方面的研究。其中，影响较大的有奥格布等人的研究。奥格布指出，已有的有关研究主要限于学校与社区之间的互动层面。他本人的研究更为明确地分

---

① D. Spener, “Transitional Bilingual Education and the Socialization of Immigrants,” *Harvard Educational Review*, 1988, 58（2）.

② L. Pease Alvarez, “Case studies: United States（California）,” Working document for the Project on Education and Cultural and Linguistic Pluralism. Centre for Educational Research and Innovation, OECD, Paris, 1988. L. Pease Alvarez, “Bilingual Education: Anthropological Perspecitve,” in Torsten Husén, T. Neville Postlethwaite（eds.）, *International Encyclopedia of Education*, Kidlington: Elsevier Science Ltd, 1994.

析了影响社区—学校关系的政治、经济、文化方面的结构性因素。在关于加利福尼亚斯托克顿市布格斯德社区的研究中，他说明了关于黑人学生学业失败的解释为什么必须考虑诸如居住方面的隔离状况及其对学校中的种族隔离的影响等错综复杂的政治、经济因素。他认为，黑人形成了一种"理论"，这种理论不会使他们在学业上作出努力，或形成对学业的积极与乐观的态度，而只会导致他们将学校看做是对他们自己身分的威胁。这使黑人青年难以接受和遵守有助于他们学业成功的学校中的规范，使得他们寻求其他的基于个人的（通过卖淫等方法）或基于集体的（通过反抗或法律行动）实现成功的方法。[①] 斯坦福大学人类学教授希思（S. B. Heath）的研究涉及语言在学校教育与社区关系中的作用，在《词汇之路》（*Ways with Words*, 1983）一书中分析了白人工人阶层社区和黑人工人阶层社区中的孩子语言的社会化，以及这种社会化对他们在主流学校中所经历的学习困难的影响。[②]

80 年代以来，在城市中社区关系的研究方面出现了新的特征，如受到社会语言学理论的影响，在理论上这种研究变得更为复杂；同时，研究者参与课程开发和师资培训，服务性更强；另外，引入和借鉴了批判理论的一些研究成果，更为关注学校内外的行政人员、教师、家长和学生的态度与行为的政治、社会和教育意义。

（3）课堂教学。70 年代之后，人类学界出现了关于课堂教学的专门性研究，一个重要原因是众多人类学家认识到，要深入与全面地了解学校教育教学的状况，就需要对教育的重要背景（课堂）和过程（教学）进行研究。这种研究的出现表明人类学界对教育研究的进一步深化与专门化。

具体来说，人类学界关于课堂教学的研究有几个相对集中的方面，如

---

① J. U. Ogbu, "Cultural Boundaries and Minority Youth Orientation toward Work Preparation," in D. Stern, D. Eichhorn（eds.）, *Adolescence and Work: Influence of Social Structure, Labor Markets and Culture*. Erlbaum, Hillsdale, New Jersey, 1989.

② S. B. Heath, *Ways with Words: Language, Life and Work in Communities and Classrooms*. Cambridge: Cambridge University Press, 1983.

课堂结构、认知活动、学业成就等，在这些具体方面开展了较为深入的研究。人类学家开展课堂教学研究有多方面的原因，如学术思潮的影响、社会历史背景的影响、课堂本身的特征等。以课堂结构为例，这一方面的研究明显受到人类学领域的结构主义流派的影响。其中，比较有影响的研究成果有米恩（H. Mehan）提出的 I-R-E 结构。具体来说，课堂是由三个有先后次序的部分组成的，这三个部分是："教师启发"，即教师提出一个已知的问题；"学生反应"，即学生对问题的反应；"教师评价"，即老师对学生回答的评价。[①] 卡茨顿（C. B. Cazden）则指出，这种模式包含了丰富的内容，体现了学校教育的一种结构形式，也表现了学校教育中的权威关系；并且，由于这种结构的原因，使得这种结构形式和权威关系得以继续循环下去。[②]

第三，对作为研究方法论的教育民族志进行研究。70 年代以来，随着人类学领域中教育研究的进展，研究方法论（教育民族志）也得到了发展。在如何进一步改善这种研究方法论方面，一些研究者也进行了探讨。在胡森主编的《国际教育大百科全书》中就有一个词条专门介绍教育民族志，由奥格布等人撰写。该词条主要是概述了民族志定义、民族志应用于教育中的历史、教育民族志的类型、教育研究中运用民族志的优点与缺陷及其未来发展趋势等方面的内容。另有研究者则在一些方面进行了详实与专门性的研究。例如，有的研究探讨如何开展教育民族志研究，这方面的研究成果如斯宾德勒夫妇的《教与学：如何开展教育民族志研究》（*Teaching and Learning: How to Do the Ethnography of Education*, 1988）；有的研究分析如何将这种方法论运用于教育评价中，这方面的研究成果如费特曼（D. M.

① S. Florio Ruane, "Classroom Culture and Social Organization, Anthropological Study of (Education)", in Torsten Husén, T. Neville Postlethwaite（eds.）, *International Encyclopedia of Education*, Kidlington: Elsevier Science Ltd, 1994.

② C. B. Cazden, H. Mehan, "Principles from Sociology and Anthropology: Context, Code, Classroom and Culture," in Reynolds M（eds.）, *Knowledge Base for the Beginning Teacher*. Oxford: Pergamon Press, 1989.

Fetterman）主编的《教育评价中的民族志》（*Ethnography in Educational Evaluation*, 1984）；有的研究就完善这种方法论进行了探讨，如戈茨（J. Goetz）和勒孔特（M. LeCompte）的《教育研究中的民族志与质性研究设计》（*Ethnography and Qualitative Design in Educational Research*, 1984）；有的研究细致地分析了教育民族志研究的类型，如奥格布的《学校教育民族志：多层次的方法》（*School Ethnography: A Multilevel Approach*, 1981）；有的研究分析了新的学术思潮的影响，如安德森（G. Anderson）《教育研究中的批判民族志：起源、现状与新的方向》（*Critical Ethnography in Education: Origins, Current Status, and New Directions*, 1989）分析了受新马克思主义等影响而发展起来的批判民族志的历史、现状与未来发展方向；有的研究涉及美国之外的其他国家与地区教育民族志研究，如丹尼尔（A. Y. Daniel）的《教育民族志的历史概述》（*Highlights Overviews of the History of Educational Ethnography*, 2003），等等。

第四，出现了专门的研究组织和专业性的研究人员。1970 年美国人类学协会中人类学与教育研究委员会的成立，使得人类学领域的教育研究有了专门的组织，可以开展这一领域内的交流活动，就有关问题开展合作研究，大大地促进了研究的发展。同时，出现了专业的研究人员，有越来越多的学者专门对教育问题进行研究，开展关于教育的全面与系统的研究。

近些时期，人类学领域的教育研究出现了一些新的特征，例如受后现代主义、后结构主义、批判理论等社会理论的影响，出现了一些文化与政治学的分析；与相关的领域进行合作，例如，在人类学与教育委员会的会议中，经常邀请教育学领域的相关专家参与；出现了一些新的研究领域，如在教育政策、教育管理这些之前很少被人类学家关注的方面也出现了不少的研究成果；对本土教育的新视角的研究，等等。[①]

---

① 如 *Anthropology and Education Quarterly* 2005 年出版了主题为 Indigenous Epistemologies and Education 的专刊，见 *Anthropology and Education Quarterly*, 2005, 36（1）。

第三节 欧洲哲学教育人类学的产生和发展

欧洲哲学教育人类学学派主要注重从人的本质、教育的本质、人接受教育的可能性和必要性出发，从哲学的高度研究教育的理论与实践问题。哲学教育人类学在欧洲的发展有着较为悠久的历史，其具体发展脉络经历了以下几个时期：

一、萌芽时期

1939 年以前，欧洲哲学教育人类学处于长期的萌芽期，作为一种特定学科领域的教育人类学 19 世纪开始才初具规模。古代和中世纪的思想家都从教育方面定义解释人的本性。西欧现代哲学接受了古代和文艺复兴时期的人文主义教育的重点，也为欧洲哲学教育人类学的产生和发展提供了有利的条件。

捷克著名教育家夸美纽斯说过，人不接受教育就不可能成为真正的人。教育对人成长的作用由此可见一斑。夸美纽斯的论文后来成为教育人类学的主要来源，他认为，人类需要接受教育，并不是个人，或者几个甚至很多人，而是每个人都需要接受教育。

约翰·洛克（J. Locke, 1632—1704）是 17 世纪英国的哲学家、思想家和教育家，他认为教育不仅是一种理念，还是一种方法。“我敢说，平常的人之所以有好有坏，之所以有用或无用，十有八九都是教育造成的。人与人之间所以千差万别，都是出于教育的不同。”[①] 可以看出洛克对教育的重视，以及教育和哲学观点的融合。

康德（I. Kant, 1724—1804）投入了大量的精力关注教育学的发展问题，他的哲学观点与教育学的观点有着密切的联系。康德的人类学思想主要还是在其哲学框架内产生的，是其哲学思想的自然延伸和归宿。他

---

① 约翰·洛克著、傅任敢译：《教育漫话》，人民教育出版社 1985 年版，第 3 页。

说:“在纯粹哲学的领域中，我对自己提出的长期工作计划，就是要解决以下三个问题:（1）我能知道什么?（形而上学）（2）我应做什么?（道德学）（3）我可以希望什么?（宗教学）接着是第四个，最后一个问题：人是什么?（人类学）二十多年来我每年都要讲授一遍。”① 康德的人类学思想是从哲学角度出发的，以研究人为对象，获得关于人的知识。这就必然要关注教育问题。在关注人类学问题的同时，康德也撰写了《教育片论》，对人类学的认识由此进展到对教育的思考。这一思考就在一定程度上为教育人类学的兴起奠定了思想基础和认识基础。② 康德继而在柯尼斯堡大学同时开设人类学和教育学的课程。他将人类学与教育学有机地融为一体，他认为:“文化的进步，都是人所造成的，尤其是学校的设立，其贡献最大。”③

康德为教育人类学的兴起奠定了思想基础和认识基础，詹栋梁认为，“教育人类学的草创，应该是狄尔泰。因为狄尔泰在 1875 年提出了‘人的研究’的理论；到了他的学生诺尔（H. Nohl），于 1929 年提出以人为主的教育学。到了 1938 年，诺尔的名著《性格与命运》出版，其副标题就是‘教育以人为主’，成为研究教育人类学的先河。”④ 这种说法是侧重德国教育人类学的说法。

二、形成时期

1940—1960 年是欧洲哲学教育人类学的形成时期。众所周知，存在主义思想是在第一次世界大战后形成的。一战对西方社会造成了极大的破坏，战后经济萧条，人民生活艰难。这使当时流传下来的理想主义宇宙观受到了冲击。人们认识到社会动荡不安，对于生存产生了巨大的威胁。这种认识促使一些学者对有关人的本质、人的生存意义以及教育对人的帮助等问题逐渐重视起来。他们在克尔凯郭尔（S. A. Kierkegaard）唯意志论和生命

① 康德著、庞景仁译:《未来形而上学导论·附录（康德书信选）》，商务印书馆 1978 年版。

② 李政涛:《教育人类学引论》，上海教育出版社 2009 年版，第 2 页。

③ 詹栋梁:《教育人类学》，五南图书出版股份有限公司 1986 年版，第 78 页。

④ 同上。

哲学、尼采“自我扩张”学说和胡塞尔现象学的基础上发展形成了存在主义学说。而第二次世界大战使人类遭受到了比第一次世界大战还要恐怖、残忍的浩劫，恐惧、悲观、绝望笼罩了西方世界，由于人类的互相残杀，致使人性尊严丧失和人的价值低落，因此有必要重建人性尊严与人的价值。为了达到重建的目的，必须从对人的了解与道德的建立着手。德国社会对人类的思想意识与行为进行了彻底的反思，开始有针对性地讨论欧洲哲学教育人类学问题。二战对教育学所带来的冲击，促使教育学迈向了教育科学的发展途径。同时，许多教育学家在教育领域中研究人类学，促进了人类学导入教育学，教育人类学逐渐形成。许多教育学家在从事这门科学的研究基础上，开发新的研究领域。

裴斯泰洛齐（1746—1827）曾受到一些具有民主主义倾向的教授的思想影响，阅读了大量的书籍，其中包括卢梭（J. Rousseau）的《社会契约论》和《爱弥儿》，此外康德、莱布尼兹的哲学观点也对他产生了深刻的影响，他从一开始就有将教育和哲学观点进行统一的愿望，并由此构成他的和谐发展教育理论。

多普·福尔沃德（Dopp Vorwald）在1941年出版的《教育科学与教育哲学》一书中，提出教育的功能在于促进教育的引导，教育的力量在于发生精神的力量，为教育人类学研究确定了方针。博尔诺夫（O. F. Bollnow）在战前曾师从存在主义的创始人海德格尔，对存在主义颇有研究，而在二战后对此产生了更大的兴趣，进行了更深入的研究，出版《情绪的本质》一书，开始注重人的存在方式和生活方式与教育问题之间的关系，确定了他初步教育人类学的方向。

西德科隆体育高等学校教授迈因伯格（Eckhard Meinberg）曾指出：“教育人类学在第二次世界大战以后，已迈入了新纪元，教育学家对于人类学问题的探讨，常有着强烈的兴趣，并从事人类学的创建工作。这种努力在本世纪达到高峰，因为他们建立了教育人类学，并把它视为教育学的特殊原则。这种特殊原则有助于了解带有特殊人类学色彩的思想的发展。关于教育学的意义，可以看出教育学也接受了人类学的转变的概念。所谓人类学的转变的概念是在60年代有许多人类学问题的提出，理论与研究方法等也相继被探讨，它影响了教育学的发展。人类学的转变可以在教育人类学中发现。”①

三、发展成熟时期

1960年代欧洲教育人类学发展繁荣，出现了专门的刊物和著作。1970年，德国蒂宾根大学创办的《教育学》(*Education*)杂志，陆续发表德国、荷兰和奥地利等国的教育人类学的研究成果，成为欧洲教育人类学的学术园地。②德国哥廷根大学和蒂宾根大学随即成为哲学派教育人类学研究的中心，德国的埃森大学还专门设立了教育人类学系。

随着教育人类学的繁荣发展，也涌现了很多欧洲哲学教育人类学理论及代表人物。德国学者博尔诺夫、荷兰教育学家朗格威尔德(M. J. Langeveld)等人都试图从哲学人类学出发来研究教育问题，为教育人类学寻找哲学基础和“完整的人”的概念。博尔诺夫及其弟子对“教育人类学”和“人类教育学”概念的学科定位，对学科的发展具有促进作用；弗利特纳(A. Flitner)1963年邀请了生物、医学、社会学界对教育颇有研究的学者对教育人类学进行分学科的讨论，这对教育人类学学科的成熟提供了推力，使哲学教育人类学于60年代在欧洲大地形成了一个研究高潮。

70年代后期，哲学教育人类学学科基本确立，其标志是：(1)成立了教育人类学的教学与研究机构和学术团体；(2)形成了不同的学术流派和学科理论；(3)出版了大量的论文和学术专著；(4)学术观点与研究方法多样化；(5)教育人类学学科构建了学科体系与学科研究框架；(6)教育人类学分支学科的建立，如一些学者开始专门研究儿童人类学、青年人类学、成人人类学、老年人类学、学校人类学等。荷兰阿姆斯特丹大学教授朗格威尔德出版了《儿童人类学研究》，该书影响很大，被誉为教育人类学

---

① 詹栋梁：《教育人类学》，五南出版股份有限公司1986年版，第136页。

② 《教育学》(*Education*)杂志是由德国蒂宾根大学教育研究所创办的一份专业性的、学术性的英文理论刊物，创刊于1970年，每年出版两期，主要反映德国和其他德语语系学者对于教育研究的贡献，1999年因故停刊。

的名著。奥地利维也纳大学教授丹尼尔特（Karl Dienelt）对推进青年人类学作出了积极的贡献。维也纳大学另一位教育人类学家茨达齐尔（Herbert Zdarzil）开创了成人人类学研究的先河，并卓有成就。教育人类学家博克（Irmgard Bock）教授和罗特（Heinrich Roth, 1906—1983）教授均主张从发展人类学的观点出发，按年龄阶段划分进行教育人类学的发展研究。[①]

第四节　中国教育人类学的产生和发展

中国的教育人类学研究起步较晚，肇始于1980年代初的少数民族教育研究，当时研究的重点是异文化和跨文化教育。80年代中期以后，中国才开始系统引介西方教育人类学的学科知识，传播教育人类学的基本思想和理论方法。90年代以后，教育人类学获得了初步发展，不少学者开始尝试结合西方教育人类学的理论和方法研究本土的教育问题或建构本土教育人类学的理论体系。[②]经过30余年的引进和本土化实践，同时随着中国人类学民族学研究会教育人类学专业委员会的成立，中国教育人类学的发展正不断地走向专业化、组织化和学术化。

一、中国教育人类学的萌芽阶段

中国的教育人类学研究始于80年代初期对少数民族教育的研究，受当时我国的社会现实和长期以来我国教育研究的学术环境影响，研究的重点是异文化和跨文化教育，其研究起步较晚，但其发展迅速。

1986年，詹栋梁的《教育人类学》的出版带动了许多台湾学者纷纷展开相关研究，如今教育人类学已成为台湾大学的重要学科。80年代中后期，中国大陆才开始引入西方教育人类学的相关理论和研究。受学科发展和研究对象的影响，大陆的教育人类学萌芽阶段一直被冠名为“少数民族教育研究”，学界一般简称为“民族教育研究”，而学科的建构过程中也一直被

---

① 滕星：《国外教育人类学学科历史与现状》，《民族教育研究》1999年第4期。
② 滕星：《教育人类学的理论与实践——本土经验与学科建构》，民族出版社2009年版，总序。

冠名为“民族教育学”，当时学界相对较少提及“教育人类学”。这一时期对教育人类学进行系统性学术研究的学者当属我国首位人类学民族学博士庄孔韶。作为国内培养的第一位人类学民族学博士，其博士学位论文是我国教育人类学本土化历程中第一篇就教育人类学研究进行系统性学术研究的博士论文。

1986 年，冯增俊在华东师范大学《当代研究生》上发表了《教育人类学刍议》一文，该论文首次全面地介绍了国际教育人类学的发展脉络，并提出哲学教育人类学和文化教育人类学两大流派的概念以及中国教育人类学学科主题问题。[①] 这是教育人类学概念在我国大陆的首次“着陆”。同年，何萍在《国外社会科学》上发表了翻译自苏联 B. 库利科夫的《哲学—教育人类学：问题与趋势》。[②]1987 年，王川在《教育人类学》一文中详细介绍了西方教育人类学的产生和发展、研究范畴、研究目的以及研究方法和结构分析。[③] 洪川的《教育人类学述评》介绍了该学科在美国的发展概况、主要的研究对象以及研究方法和解释模式。[④] 在 1987 年到 1988 年的两年时间里，冯增俊先后发表了五篇以“西方教育人类学研究”为副标题的文章[⑤]。这一组文章系统介绍了哲学教育人类学和文化教育人类学的发展脉络、主要分析框架、研究目的和方法、研究领域；并在《哲学教育人类学概况及西方教育人类学对我们的启迪——西方教育人类学研究之五》一文中，对文化教育人类学与哲学教育人类学的研究方法与学科特点做了比较，提出建

---

① 王丹：《中国教育人类学的发展历程》，《滁州学院学报》2010 年第 3 期。

② B. 库利科夫著、何萍译：《哲学—教育人类学：问题与趋势》，《国外社会科学》1986 年第 8 期。

③ 王川：《教育人类学》，《外国教育研究》1987 年第 2 期。

④ 洪川：《教育人类学述评》，《西南师范大学学报》1987 年第 3 期。

⑤ 冯增俊：《文化教育人类学的历史发展概略——西方教育人类学研究之一》，《世界教育文摘》1987 年第 4 期；《教育人类学的研究目的和方法——西方教育人类学研究之二》，《世界教育文摘》1988 年第 1 期；《教育人类学的主要分析框架——西方教育人类学研究之三》，《世界教育文摘》1988 第 2 期；《教育人类学的研究领域——西方教育人类学研究之四》，《世界教育文摘》1988 第 3 期；《哲学教育人类学概况及西方教育人类学对我们的启迪——西方教育人类学研究之五》，《世界教育文摘》1988 年第 4 期。

立我国教育人类学的必然性。[①]1988年，冯增俊、何瑾等译编了介绍教育人类学的译文集——《教育人类学》。[②]沈煜峰将瑞典的胡森（Torsten Husen）和德国的波斯尔斯韦特（T. Neville Postlethwaite）合编的《教育大百科全书》中“教育人类学”部分予以编译，以《西方教育人类学简介》为题，从研究内容、研究方法以及研究模型三方面对西方教育人类学作了介绍。[③]

1988年第8期的《教育研究》刊载了两篇文章，一为冯增俊的《亟须建立我国的教育人类学》，一为李复新的《当代教育人类学述评》。两篇文章虽思路迥异，却有一个共同点，即“立意”的一致性，都认为“教育人类学的根本特征是立足于教育，把人放到广阔的社会背景中研究，又反过来用研究人的理论来研究教育，寻求在文化传递和社会变迁中使人获得和谐发展的教育”[④]，并由此发出“建立我国的教育人类学势在必行”、“亟须建立中国的教育人类学”的呼吁。[⑤]

1989年，郑文樾翻译的苏联教育家乌申斯基的《人是教育的对象——教育人类学初探》一书出版。[⑥]该书虽“充分论证了教育学的心理学和生理学的基础”，却非现代意义上的“以人类学知识与方法为学科基础”的教育人类学，但“教育人类学初探”的副标题赋予了其不同于一般教育论著的特点，更使其成为最早以“教育人类学”冠名的专著。虽教育人类学在这里的内涵与现时理解有差异，却正式确立了世界“教育人类学”的学科名称。[⑦]1999年和2001年，李其龙教授分别组织翻译了德国教育人类学家博尔诺夫的《教育人类学》[⑧]和奥地利教育人类学家赫勃尔

① 冯增俊：《哲学教育人类学概况及西方教育人类学对我们的启迪——西方教育人类学研究之五》，《世界教育文摘》1988年第4期。

② 冯增俊、何瑾等译：《教育人类学》，海南出版社1988年版。

③ 沈煜峰：《西方教育人类学简介》，《比较教育研究》1988年第6期。

④ 冯增俊：《亟须建立我国的教育人类学》，《教育研究》1988年第8期。

⑤ 吴晓蓉：《中国教育人类学研究述评》，《民族研究》2010年第2期。

⑥ 康·德·乌申斯基著、郑文樾译：《人是教育的对象：教育人类学初探》，人民教育出版社1989年版。

⑦ 吴晓蓉：《中国教育人类学研究述评》，《民族研究》2010年第2期。

⑧ O. F. 博尔诺夫著、李其龙等译：《教育人类学》，华东师范大学出版社1999年版。

特·茨达齐尔的《教育人类学原理》[①]，后者中对教育人类学学科局限性等进行了分析，也对我国教育人类学的发展提供了诸多启迪。2009 年，张志坤翻译了德国教育人类学家克里斯托夫·武尔夫（C. Wulf）的《教育人类学》。[②]

随着引进工作的开展，引进路径不再限于翻译原著，个别学术刊物直接向国外学者约稿，及时将国外研究成果及动态介绍给国内读者。1988 年，《华东师范大学学报》发表了美国教育人类学家斯宾德勒夫妇的《教育人类学综合研究的初步尝试》。该文作者将原本不太系统的教育人类学的过程与模型等观点予以聚合，梳理了若干文化背景中自我的各种建构方式和操作模式的种种关系。1989 年，《华东师范大学学报》又刊登了美国教育人类学家科米塔斯（Lambros Comitas）的《对美国教育人类学的思考》。该文讨论了美国教育人类学产生于人类学者对教育问题的关注与介入，人类学理论与研究方法应用于教育理论和实践研究的重要意义与价值，人类学家如何注意教育家的困惑和困境，并注意解决教育问题以及教育人类学专业人才的培养与成长等问题，从而系统介绍了美国教育人类学的发展历程及现状。作者对质的研究和跨文化研究价值的强调，对人类学如何与教育学有机结合的关注以及如何培养教育人类学专业人才的思考等，为促进我国教育人类学的学科发展提供了借鉴。[③]

西方教育人类学思想及其研究方法的相继译介，自然促进了国内学者教育人类学相关知识结构的更新换代、学术视野的拓展以及学术心态的调整；而多种流派、不同语种研究成果的引进，也促生了国内学者对西方教育人类学思想传统的发生、形成历史、流变过程、流派、研究对象和研究方法的比较与评析。1988 年，李复新的《当代教育人类学述评》一文分流派（哲学教育人类学和文化教育人类学）概述了教育人类学在西方的形成和发

① 赫勃尔特·茨达齐尔、李其龙译：《教育人类学原理》，上海教育出版社 2001 年版。

② 克里斯托夫·武尔夫著、张志坤译：《教育人类学》，教育科学出版社 2009 年版。

③ 吴晓蓉：《中国教育人类学研究述评》，《民族研究》2010 年第 2 期。

展背景、基本观点和研究领域。1990年，他在《西方教育人类学研究的历史透视》[①]一文中，以时间顺序为经，以理论和研究方法发展路线为纬，系统梳理了西方教育人类学，尤其是文化教育人类学的发展脉络及历史轨迹；此外，滕星教授的《国外教育人类学学科历史与现状》[②]详细梳理了西方不同教育人类学流派的形成、发展与理论研究特色。

二、中国教育人类学的发展阶段

相关译文、译著为教育人类学在中国的传播发挥了启蒙作用，让国内学者了解了西方教育人类学的产生背景、不同流派、相关理论及研究方法，更重要的是促使部分学者“洋为中用”，结合中国多元一体的社会文化实际，运用西方教育人类学理论和方法，审视我国的教育传统、学科发展与教育现实。[③]

90年代以后，中国教育人类学获得了初步发展。受国际教育研究的影响，国内教育界大力倡导实证研究方法，采用了国际上多种教育人类学研究方法。吴康宁、陈向明、金一鸣等多位教育学者都做了大量有影响的研究。另外，中央民族大学、西北师范大学西北民族研究中心和西南大学西南民族教育与心理研究中心都在积极推动中国各民族的教育研究，采用教育人类学的理论，关注异文化教育现象，提倡多元文化教育理念，寻求跨文化了解和对话，为研究民族问题和民族教育提供借鉴。[④]

用西方理论检视我国传统教育思想与学科发展，既引发了西方教育人类学理论与方法在中国的学理反馈与实践，又开启了以中国式语言或思维来解说或创生本土教育人类学的尝试。在系统审视与客观批判我国教育理论与实践的基础上，试图以对人、文化与教育关系的全面关照来诠释人性存在的多维内涵，从宏观和微观两个维度考量我国教育思想、教育研究以

① 李复新:《西方教育人类学研究的历史透视》,《华东师范大学学报》1990年第4期。
② 滕星:《国外教育人类学学科历史与现状》,《民族教育研究》1999年第4期。
③ 吴晓蓉:《中国教育人类学研究述评》,《民族研究》2010年第2期。
④ 王丹:《中国教育人类学的发展历程》,《滁州学院学报》2010年第3期。

及教育人类学的学科意义。如滕星的《回顾与展望：中国教育人类学发展历程——兼谈与教育社会学的比较》[①]在介绍中国教育人类学的理论建构、回顾我国教育人类学二十多年的发展历程、比较其与教育社会学的区别与联系的基础上，展望了我国教育人类学的未来发展。李燕的《中国民族教育借鉴教育人类学的思考》[②]、祁晓霜的《人类学与教育学的结合及其对我国教育的启示》[③]、崔延虎的《跨文化交际教育：民族教育若干问题探讨——教育人类学的认识》[④]、冯跃的《中国“教育人类学”与“民族教育学”学科发展之比较研究》[⑤]、刘晓芳和骆毅的《简评西方教育人类学及其对中国教育的启示》[⑥]等研究成果，意味着我国学者相关研究意识和方法意识的觉醒。而这些意识，既是教育人类学研究催生的结果，又是学界对教育人类学学科性质与存在意义的自觉在研究中的折射。[⑦]

对研究方法的具体介绍和反思，主要表现在对民族志与田野工作的介绍、学理探究与运用方面。庄孔韶在《教育人类学》一书中列举了包括民族志在内的十三种教育人类学研究方法。[⑧]周德祯指出：“民族志一词有双重意义。第一，它是人类学家在田野工作时所使用的方法；第二，它是人类学家根据田野工作，提炼出观察研究的菁华，撰写成的文章或书籍。”[⑨]刘玉玲也指出：“民族志方法从1920年马凌诺斯基首创到今天，其间经过许多学者在资料搜集、逻辑分析、诠释性解释理解各方面的强化深入，而发展出有

---

① 滕星：《回顾与展望：中国教育人类学发展历程——兼谈与教育社会学的比较》，《中南民族大学学报（人文社会科学版）》2006年第5期。

② 李燕：《中国民族教育借鉴教育人类学的思考》，《西南民族学院学报》1994年第4期。

③ 祁晓霜：《人类学与教育学的结合及其对我国教育的启示》，《安徽农学通报》2006年第12期。

④ 崔延虎：《跨文化交际教育：民族教育若干问题探讨——教育人类学的认识》，《新疆师范大学学报》2003年第2期。

⑤ 冯跃：《中国“教育人类学”与“民族教育学”学科发展之比较研究》，《内蒙古师范大学学报》2003年第1期。

⑥ 刘晓芳、骆毅：《简评西方教育人类学及其对中国教育的启示》，《南阳师范学院学报》2006年第2期。

⑦ 吴晓蓉：《中国教育人类学研究述评》，《民族研究》2010年第2期。

⑧ 庄孔韶：《教育人类学》，黑龙江教育出版社1989年版。

⑨ 周德祯：《教育人类学导论：文化观点》，五南图书出版公司1999年版，第44页。

系统的、实用的实证研究方法，并且不断地与主张仿效自然科学论述的量化方法对话，以形成周密的方法论。”[①] 王鉴指出，教育民族志是教育研究者对“民族志”这一研究方法的跨学科应用。[②]

21世纪初，庄孔韶在《人类学与中国教育的进程》中，以人类学为理论基础和观察视角，以学校为田野，以田野调查为取证途径，以我国育儿理念、育儿方式、学校教育中的师生关系以及我国正规教育与民俗教育和家庭教育等方面存在的问题为研究内容，系统、全面审视了中国传统与现代教育从形式到内容、从表象到实质的“起、承、转、接”过程，并指出，“中国式的约束性教育文化既有其思想的历史渊源，也同样有其延续的制度性条件”。[③] 可将这篇文章视为其专著《教育人类学》思想的进阶与延伸，即其理论与方法虽仍以西学借鉴为主，但他对中国教育与社会文化关联的追溯与审视，对中国教育传统的历时态与共时态考察，表明他从多角度对当前中国教育问题进行反思与质询。李亦园基于人类学立场，对知识分子、通识教育与人类前途关系问题的关照；[④] 徐杰舜访谈滕星教授对在田野中追寻教育的文化性格、新中国民族教育政策制定理论依据和现实依据的分析等，[⑤] 都在一定程度上丰富了我国教育人类学的研究主题与范畴。

基于异文化视角，强调关注我国多民族、多元文化背景，并主张多元文化教育的代表有张诗亚、滕星、万明钢、孙杰远、王鉴等。1994年，张诗亚在长期大量田野工作基础上，针对西南民族多样的教育形态、教育内容、教育方式与手段，出版了《西南民族教育文化溯源》。[⑥] 其后，滕星的《文化变迁与双语教育——凉山彝族社区教育人类学的田野工作与文本

① 刘玉玲:《教育人类学》(第2版)，扬智文化事业股份有限公司2006年，第57页。

② 王鉴:《教育民族志研究的理论与方法》,《民族研究》2008年第2期。

③ 庄孔韶:《人类学与中国教育的进程（上）》,《民族教育研究》2000年第2期。

④ 李亦园:《知识分子、通识教育与人类前途》,《中国大学教学》2007年第10期。

⑤ 徐杰舜:《在田野中追寻教育的文化性格——人类学学者访谈之二十七》,《广西民族学院学报》2004年第2期。

⑥ 张诗亚:《西南民族教育文化溯源》，上海教育出版社1994年版。

撰述》,[①] 哈经雄、滕星的《民族教育学通论》[②]，滕星主编的《教育人类学研究丛书》四辑近 50 种，万明刚主编的《西北少数民族教育研究丛书》[③]，张诗亚主编的《多元文化与民族教育文库》[④] 以及孙杰远主编的《三维教育研究丛书》[⑤] 等学术研究成果相继出版。这些涉及中国西南、西北乃至其他区域的研究成果表明，不同民族社会的发展类型，决定了教育发展类型的多样性。教育发展类型的多样性，决定了其现代化发展水平的参差。教育发展类型的多样性与现代化发展水平的参差，决定了这些教育发展的进程及促进其发展的方式、政策的多样性。这些都是人类社会发展的巨大试验场，是教育及其理论发展重大的资源宝库，充分认识其重要性，既是中国教育理论建设之需要，亦是整个人类社会发展理论建设的需要，更是中国教育人类学彰显本土意识，实践本土化发展的价值所在。[⑥]

三、中国教育人类学的组织化和专业化阶段

专业学术组织暨研究共同体的建立是一个学科形成的重要标志之一。2012 年 4 月 6 日，中国人类学民族学研究会批准筹备中国教育人类学专业委员会（China Council on Anthropology of Education，CCAE）。2013 年 6 月 19 日，中国教育人类学专业委员会正式通过民政部审批，成为中国人类学民族学研究会的二级分支机构，由中央民族大学教育学院滕星教授担任理事长。2014 年 3 月 29—30 日，中国教育人类学专业委员会在中央民族大学召开首届年会，主题为“教育与文化：教育人类学的理论、方法与应用研究”，吸引了国内外 50 余所院校和科研机构的 100 多位学者。学会固定办公地点为中央民族大学教育学院教育人类学专业委员会办公室，

① 滕星：《文化变迁与双语教育——凉山彝族社区教育人类学的田野工作与文本撰述》，教育科学出版社 2001 年版。

② 哈经雄、滕星：《民族教育学通论》，教育科学出版社 2001 年版。

③ 万明钢主编：《西北少数民族教育研究丛书》，甘肃教育出版社 2002 年。

④ 张诗亚主编：《多元文化与民族教育文库》，西南师范大学出版社 2003 年。

⑤ 孙杰远主编：《三维教育研究丛书》，广西师范大学出版社 2007 年。

⑥ 吴晓蓉：《中国教育人类学研究述评》，《民族研究》2010 年第 2 期。

公共的学术交流平台中国教育人类学学会官方博客：http: //blog.sina.com.cn/ccae2013；供学界同仁内部交流的学术刊物有《教育人类学研究通讯》（2014年11月创刊，滕星教授主编）。总之，在学界同仁的共同努力之下，教育人类学的发展不断地走向了组织化阶段。

中国教育人类学经过三十余年的发展，其学术发展阶段目前处于一个什么阶段？在教育人类学首届年会召开之前，教育人类学专业委员会首任理事长滕星教授在接受巴战龙等人的访谈时指出："中国教育人类学仍处于'初步学术化'阶段，正在向组织化和专业化发展的新阶段进军。"这个结论是通过"学术化"的六条标准推导出来的，即"一是有学术研究的基本队伍；二是有系列学术成果；三是有独特的研究领域；四是有学科体系和教材建设，学科体系包括目的和意义、内容和特点、理论和方法等，教材体系则是传递学科知识的保证；五是学科的研究范式、理论流派和研究方法；六是学科研究史"。滕星教授指出，"十年前我认为教育人类学还处于一个'初步学术化'阶段，但是十年后的今天，从这六个指标来看，我认为它还是处于这样一个阶段。第一，我们的研究队伍还不是很壮大；第二，相对于其它学科，研究成果还不是很多；第三，学科领域还不是很明确；第四，学科体系和教材建设正在初步形成中；第五，学科研究范式和理论流派刚形成，还没有发展起来形成独特的标志；第六，研究方法正在普及当中，还没有系统完整的教育人类学方法专著出版。所以说，我的基本判断是中国教育人类学仍处于'初步学术化'阶段，正在向组织化和专业化发展的新阶段进军。"①

名词与术语

1. 英美文化教育人类学流派：英美文化教育人类学流派可以分为以人类学家组成的教育人类学理论学派和以教育学家组成的多元文化教育理论流

① 巴战龙、海路、陈学金问，滕星答：《迈向组织化和专业化的中国教育人类学——访著名教育人类学家滕星教授》，《广西民族大学学报（哲学社会科学版）》2014年第2期。

派。文化教育人类学流派继承了英美文化人类学的理论框架、概念与田野工作方法，并用其研究教育的理论与实践问题；多元文化教育理论流派则继承了英美文化人类学“文化相对论”的观点，并将其与美国社会民族理论相结合来研究教育的理论与实践问题。文化教育人类学的研究范围主要包括少数民族教育和多元文化教育等方面。

2. 德奥哲学教育人类学流派：欧洲哲学教育人类学学派主要注重于从人的本质、教育的本质、人接受教育的可能性和必要性出发，从哲学的高度研究教育的理论与实践问题。

3. 中国教育人类学流派：中国大陆地区的教育人类学研究起步较晚，肇始于1980年代初的少数民族教育研究，当时研究的重点是异文化和跨文化教育。80年代中期以后，大陆才开始系统引介西方教育人类学的学科知识，传播教育人类学的基本思想和理论方法。90年代以后，教育人类学获得了初步发展，不少学者开始尝试结合西方教育人类学的理论和方法研究本土的教育问题或建构本土教育人类学的理论体系。

思考题

1. 如何理解英国文化教育人类学发生发展的时代背景？
2. 英国文化教育人类学经历了哪几个发展阶段？
3. 简述美国教育人类学的发展历程。
4. 简述欧洲哲学人类学的产生和发展历程。
5. 结合课文尝试以时间为轴勾画出中国教育人类学发展的脉络图。

推荐阅读书目

1. 詹栋梁：《教育人类学》，五南图书出版股份有限公司1986年版。

本书指出，教育人类学是从教育的个别现象研究所获得的概念，对人进行综合性了解、并根据教育的事实及不同的观点而建立以人为主的教育学，其理论探讨人的知识、情感与意志力，利用人的本质作用与教育条件，促使人的改变与人的形成，而达到研究的目的。

2. 刘玉玲：《教育人类学（第2版）》，扬智文化事业股份有限公司2006年版。

本书从论述人类学的形成、教育学与人类学的关系开始，系统阐述了教育人类学的理论和方法、文化视野中的教育、多元文化教育、乡土教育等内容。本书理论联系实际，是一部了解教育人类学起源和发展的重要著作。

3. O. F. 博尔诺夫著、李其龙等译：《教育人类学》，华东师范大学出版社1999年版。

博尔诺夫通过对于危机与遭遇的新的理解，指出了非连续性教育对于教育起着重大的作用，并对教育人类学进行新的阐释。

4. 赫勃尔特·茨达齐尔著、李其龙译：《教育人类学原理》，上海教育出版社2001年版。

赫勃尔特·茨达齐尔通过自己对教育人类学的见解，认为教育学始终把人类学作为基础，从而对人的本质有充分的认识。

5. 周德祯：《教育人类学导论——文化观点》，五南图书出版股份有限公司，1999年版。

以人类学为经，教育为纬，论述了人类学的理论和方法在教育上的应用。该书指出，新世纪的教育工作必须同时向全球性和地方性两端发展，培养学生应对文化的各种表现和论述，尊重其存在，包容其差异，并欣赏其独特性，使个人及其文化群体有能力开创新局。

第二篇

理论与方法

第三章 教育人类学的理论渊源

教育人类学是一门运用人类学（文化人类学）理论和方法来阐释和研究教育现象和问题的学科。因此，本章主要介绍文化人类学中的进化论学派、文化传播伦学派、结构功能主义学派、文化相对论学派、文化与人格学派对教育研究的启示。我们希望通过本章的阅读，读者能够对教育人类学的理论渊源有所了解，并用以反思生活中的教育现象和教育问题。

第一节 进化论学派

进化论学派分为古典进化论学派和新进化论学派。古典进化论学派是文化人类学史上的第一个理论流派，活跃于19世纪60年代至90年代，主要代表人物为泰勒和摩尔根，该学派主张人类的文化与各种动物一样，在经历了长时间发展后会产生变化，较“原始的”文化阶段往往会被“进步的”文化阶段所取代。新进化论与古典进化论的区别在于对社会进化的原因和方式问题提出了不同的观点，同时学派内部各学者之间的观点也各不相同，新进化论学派的主要代表人物为怀特、斯图尔德、塞维斯、萨林斯和哈里斯等人。

一、古典进化论学派

古典进化论思想实质上是单线进化论，他们主张社会进化过程中存在着一条支配性的进化线索。也就是说，所有社会的发展都经过同样的发展阶段。在人类文化的起源上，他们相信一元起源说，认为人类文化是彼此类似的，而且不同的文化将以相同的顺序发明事物，并经历相同的发展阶段。这一学派的主要代表人物和观点有斯宾塞（Herbert Spencer，1820—1903）的社会超有机体和社会进化论思想、巴斯蒂安（Adolf Bastian，1826—1905）的心理一致说和文化模式的概念，在此，我们将重点介绍泰勒和摩尔根的进化论思想。①

（一）泰勒

爱德华·伯内特·泰勒（Edward Burnett Tyler，1832—1917）是英国文化人类学的奠基人，主要代表作有《人类早期历史的研究》《原始文化》《人类学》等。泰勒广为人知的思想是他对文化的定义："文化或文明，就其广泛的民族学意义来讲，是一个复合整体，包括知识、信仰、艺术、道德、法律、习俗以及作为一个社会成员的人所习得的其他一切能力和习惯。"② 泰勒除了对文化下了一个比较经典的定义以外，他的思想还有：

第一，文化进化阶段论。"（首先，泰勒）用人类本质的一致性观念来阐释文化发展的单一性；其次，泰勒认为各族文化都循同一路线向前进化，目前各个社会发展的不同程度，实际上代表这条路线的各个阶段，各阶段在程序上是固定的，但在时间上并不一致，有快慢的差别，但是总会循序渐进。最后，整个世界是依照自然法则运行的，这无论对于分子或有机体的运动，还是对于社会的运行来讲都是如此。"③ 泰勒将文化进化划分为："原始未开化或狩猎阶段，野蛮的以动物驯化和种植植物为特征的阶段，文明开化的、以书写艺术为开端的阶段。"④

第二，人类学研究方法的系统化。泰勒首先提出了"残存"法，即通过研究当代生活中的古代文化遗存，探索历史发展的过程；其次，发展了类比法，即通过对民族志资料的跨文化比较研究，对各种文化特征进行了分类，理清了文化发展的基本脉络和发展阶段；最后，在文化现象的研究中采

---

① 巴纳德著、王建民等译：《人类学历史与理论》，华夏出版社 2006 年版。

② E. B. Tylor, *The Origins of Culture*, Harper and Brothers Publishers, New York, 1958, p.1.

③ 夏建中：《文化人类学理论学派——文化研究的历史》，中国人民大学出版社 1997 年版，第 21 页。

④ 同上书，第 23 页。

用了统计学的方法。这三个研究方法的使用，使得人类学的研究方法逐步走向了系统化，从而推动了人类学的规范和科学研究。

第三,万物有灵论。泰勒认为生物的灵魂在肉体死亡或消失之后能够继续存在，各种神灵可以影响和控制物质世界和人的来世今生，同时人的行为也可以引起神灵的高兴或不悦。

第四，宗教进化说。泰勒认为人类信仰经历了泛灵信仰—祖先崇拜（包括图腾崇拜）—精灵崇拜—多神崇拜——神崇拜的进化阶段。[①]

（二）摩尔根

路易斯·亨利·摩尔根（Lewis Henry Morgan，1818—1881）是美国文化人类学的奠基人，代表作有《易洛魁联盟》《人类家庭的血亲和姻亲制度》《古代社会》。作为古典进化论的主要代表人物之一，摩尔根进化论思想主要有：

第一，人类亲属制度进化说。摩尔根在研究许多民族、部落亲属制度的基础上，指出人类婚姻家庭进化的步骤是：杂交（血缘家庭）—普那路亚家庭（伙婚制家庭或一群男子和一群女子的群婚、亲密的朋友或亲密的伙伴婚姻）—不稳定的一夫一妻家庭（偶婚制家庭）——夫多妻制家庭（父权制家庭）—稳定的一夫一妻制家庭（专偶制家庭）。

第二，人类氏族进化说。摩尔根认为氏族是原始社会的基本单位，原始社会的组织结构是氏族、胞族、部落、部落联盟。在历史发展进程中，氏族、胞族、部落和部落联盟前后相承，部落联盟或部落联合的进一步发展就是民族的出现。也就是说，民族是由同一地域内的部落或部落联盟所组成。[②]

第三，原始社会分期理论。摩尔根将人类社会进步划分为蒙昧—野蛮—文明三个时代。蒙昧时代人类发明了取火技术和弓箭，生产方式为渔猎；野蛮时代人类发明和使用陶器与铜、铁器工具，生产方式是畜牧、农耕；文明

---

① 黄淑娉、龚佩华：《文化人类学理论方法研究》，广东高等教育出版社2004年版，第6页。

② 摩尔根著、杨东莼等译：《古代社会》，商务印书馆1981年版。

阶段是人类发展的高级阶段，以文字的发明为标志。摩尔根又将蒙昧和野蛮阶段细分为低中高三个阶段。

二、新进化论学派

古典进化论流派作为文化人类学史上的第一个理论流派先后遭到文化传播学派、历史特殊论学派和英国功能学派的批判，这种局面一直持续到二战之后才有所转变。在经历了历史批判之后，持进化论的学者在对古典进化论思想进行反思的基础上提出了单线进化论、普遍进化论和多线进化论的观点，从而发展了进化论思想。为区别于古典进化论学派，该学派被冠名为新进化论学派，主要的代表人物有怀特、斯图尔德、塞维斯、萨林斯、哈里斯等人。

（一）怀特

莱斯利·阿尔文·怀特（Leslie Alvin White，1900—1975），美国人类学家和民族学家，新进化论的主要代表人物，代表作有《文化的科学》《文化的进化》《文化体系的概念》等。怀特认为技术发展是整个文化进化的基础，反过来文化又决定发明和创新。同摩尔根的观点一样，他也认为人类文化是从低级向高级不断发展进步的，全世界的文化都必须经历几个相同的阶段，不同的是怀特强调能源的获取是文化进步的标志，而非事物和生产工具。后人为了将其思想和古典进化论思想相区别，将其进化论思想称为普遍进化论。怀特普遍进化论的主要内涵包括：

第一，文化的主要特征是符号。怀特将整个社会分为三个领域：物理领域、生物领域和文化领域。在文化领域，符号是文化的表达形式之一，语言是符号表达的最重要的形式。

第二，能量说。人类文化进步的标志是获取能量的增长。根据人类获取能量的不同，人类文化进化历程可以分为四个阶段：（1）依靠自身能量即自身体力的阶段；（2）太阳能转换为人类可以利用的能量资源阶段；（3）把地下资源（如石油、煤炭、天然气）作为能源阶段；（4）核能阶段。为了评估文化进化程度，怀特提出了计算文化发展的公式，即 C=ET 或

$E \times T \rightarrow C$。C 是代表文化（Culture），E 代表人均年利用能量（Energy），T 代表开发能源的工具与技术的效率（Technology）。

第三，技术决定论。怀特指出文化进化的基础是技术的发展，整个文化可以划分为三个亚系统，即技术系统、社会系统和思想意识系统。其中技术系统是基础，思想意识系统处于最上层，中间为社会系统。技术系统对文化进步起着决定性的作用，社会系统本质上受技术系统的决定。

第四，文化决定发明与创新。怀特指出文化是一个自我产生、自我运行、自我发展的独立体系。文化决定发明与创新，怀特指出，“在文化积累为新的综合提供各种物质与观念的必要因素之前，任何发明与发现都不可能产生；当必需的素材由于文化成长或文化传播而成为可能，并出现特定文化互动的标准条件时，发明与发现必然产生。”①

（二）斯图尔德

朱利安·斯图尔德（Juliar Haynes Steward，1902—1972），美国人类学家，代表作有《文化变迁理论》《进化和生态：社会变迁论文集》《传统社会的现代变迁》等。在《社会变迁理论》一书中，斯图尔德集中阐释了文化生态学理论。斯图尔德将文化进化论思想分为：单线进化论、普遍进化论和多线进化论。他的主要思想在于重点阐释文化的多线进化，即多线进化论思想。②斯图尔德进化论思想的主要内涵包括：

第一，多线进化论。他指出不同的文化处在各自特殊的环境中并朝着不同的方向发展。文化与生态环境相互影响、互为因果，相似的文化生态会产生相似的文化形态及发展线索，而不同的文化生态则造就各不相同的文化形态和发展路径。世界文化生态的多样性造就了多样的文化形态和进化路径。

第二，文化生态学理论。与传统文化生态学只研究生物与环境之间的关系不同，文化生态学注重研究生态环境、生物有机体与文化要素三者之

① 夏建中：《文化人类学理论学派——文化研究的历史》，中国人民大学出版社 1997 年版，第 24 页。

② 黄淑娉、龚佩华：《文化人类学理论方法研究》，广东高等教育出版社 2004 年版，第 6 页。

间的关系。就文化在人类与生态之间的地位，斯图尔德指出，人类通过文化认识到能源，同时又通过文化获取和利用能源。文化生态学研究范围主要包括：生产技术或工具与生态环境之间的关系、生产技术与人的行为方式的关系、行为方式对文化其他方面的影响。

第三，文化类型理论。文化类型是“基于共时的、功能的、生态的因素以及为一个特定的历时的或发展水平所代表的文化特征”。[①] 为了对不同文化类型进行描述、分析、比较，他创造了“社会文化整合水平”（Levels of Socio-Cultural Integration）这一概念来对家庭、群落（村落或社区）和国家三种不同层次的文化类型进行解释。

（三）塞维斯和萨林斯

艾尔曼·罗杰斯·塞维斯（Elman Rogers Service，1915—1996）先后师从怀特和斯图尔德，主要的代表作有《原始社会的进化》《文化进化论》《国家与文明的起源》《进化与文化》（同萨林斯合著）等。马歇尔·萨林斯（Marshall Sahlins，1930—）与塞维斯是同学，主要的代表作有《文化与实践理性》《历史隐喻与神话现实》《历史的群岛》等。塞维斯和萨林斯深受怀特和斯图尔德进化论思想的影响，将普遍进化论和多线进化论结合起来，从而推进了新进化论思想的进一步发展。[②] 作为怀特和斯图尔德思想的继承者，塞维斯和萨林斯进化论的思想主要表现在：

首先，他们认为，文化进化可以区分为一般进化和特殊进化两方面。一般进化认为有机体的发展以一系列全面进步的水平来分类，类似于怀特的普遍进化论；特殊进化则强调有机体的发展是沿着自身谱系来衍生和发展的，类似于斯图尔德的多线进化论思想。一般进化是由阶段到阶段的进化，发展顺序中各种形态表现为阶段的序列；特殊进化强调遗传变异，是一个形态的连贯和历史的序列。

其次，强调进化的“二律背反”。他们认为，生物和文化在适应过程中

① 黄淑娉、龚佩华：《文化人类学理论方法研究》，广东高等教育出版社 2004 年版，第 310 页。
② 夏建中：《文化人类学理论学派——文化研究的历史》，中国人民大学出版社 1997 年版。

同时产生创造和保守两种属性；文化进化是一种双向运动的进程，主要表现为不同文化类型同化而产生的文化同质性的不断增长和高级文化类型自身多样性的增长。

最后，强调进化潜力法则。塞维斯和萨林斯所谓的进化潜力法则就是："一个物种或文化系统在既定的进化过程中越是专化和适应，那么，其走向更高等级的潜力就越小。"[①] 也就是说，一般进化和特殊进化二者之间是一种逆反关系。此外，他们还就早期国家或政治组织的进化进行了阐释，他们认为政治组织进化的模式为：对群社会—部落社会—酋邦制社会—国家—工业社会。

（四）哈里斯

马尔文·哈里斯（Marvin Harris，1927—2001）是文化唯物主义的代表人物，师从怀特和斯图尔德。他主要的代表作有《文化事物的本质》《文化唯物主义：为创立文化的科学而斗争》《文化人类学》《文化的起源》等。

哈里斯进化论思想主要表现在理论和方法两个方面。理论上，哈里斯提出了文化唯物主义理论，其核心思想认为，"客位行为的生产方式和人口再生产方式，决定客位行为的家庭经济和政治经济，客位行为的家庭经济和政治经济又决定行为和思想的上层建筑。"[②] 也就是说，生态压力和人口压力决定着社会文化系统。他的思想实质上是一种技术生态或技术经济决定论。方法上，他主张主位和客位的研究方法。主位和客位的概念借自于语言学中的音位概念。主位研究方法强调参与者的地位，将本地人的报道作为最终的判断；客位研究方法强调旁观者的地位，将旁观者在描述和分析中使用的范畴和概念作为最终的判断。哈里斯指出对文化的研究应该坚持从"主位—客位"两个视角来进行阐释。

---

① 夏建中：《文化人类学理论学派——文化研究的历史》，中国人民大学出版社 1997 年版，第 243 页。

② 同上书，第 252 页。

二、进化论思想对教育的启示

（一）教育与文化

教育在不同的学科视角中扮演着不同的角色。从教育学的视角来看，教育具有历史性和永恒性，是人类知识传授给下一代的主要途径；从社会学视角来审视，教育是个体社会化的主要途径；从文化人类学的视角审视，教育既是文化传承的机制，也是文化的重要组成部分。文化人类学认为，任何教育都是某种文化的教育，任何文化必然是某个民族的文化。文化人类学家同时指出，人类文化传承的本质是一个文化过程，同时也是一个教育过程。因此，人类教育的开展和发展，本质上而言就是为了传承人类从古至今的文化。

那么，教育应该传承什么样的文化呢？从斯宾塞的文化达尔文主义、巴斯蒂安的人类社会心理一致说，到泰勒、摩尔根等早期进化论思想关于人类文化进化的论述，到新进化论提出的文化“普遍进化论”和“多线进化论”等思想，实质上都是在追问我们对人类文化的发展持一种什么样的观点。从文化进化论的视角来看，承认人类文化是进化的，而至于人类文化是单线进化、普遍进化，还是多线进化，由于人类各群体生存环境的不同，其文化进化的路径也是各有特色，但总体而言，人类文化是随着历史的向前发展而不断变迁。基于这样的文化理念，我们认为，教育在传承文化的时候，既要考虑人类文化的普适性价值，也要传承各个群体之间特有的文化。文化是教育的主要内容，教育是文化传承的主要途径，同时教育也是特定时期文化的表现形式之一。

（二）课程建构与教材开发

课程建构是学校教育传递知识的主要形式之一。在工业化社会和后工业社会里，学校课程主要开设的是现代社会所需的知识，或者说文化。从文化进化论的角度来审视，这样的课程建构符合社会发展对人力资源的需求。从社会达尔文主义的视角来看，人类历史发展到每个阶段都会有其独特的文化特点。学校教育作为文化传承的主要途径，就应该传承人类每个阶段的文化。但是，也应该看到由于社会经济文化背景的不同，人类文化发展的步伐和特点也是不一致的，因此，课程的建构过程中还应从各地的实际出发来建构相应的课程。

在学校教育中，教材作为主要的知识载体，在很大程度上直接反映了国家培养人才的需求和对文化的态度。在新课程改革的背景之下，国家鼓励和积极构建“国家—地方—校本”三级课程，鼓励地方和学校开发校本课程。这样从一定程度上弥补国家统一教材的不足，但是，也应该意识到，教材作为文化的载体，不仅仅停留在承载本国的知识和地方性的知识，更应该从人类文化的立场来看待今天的教材开发。教材的开发应该从人类文化的视角，将人类优秀文化有机地整合进教材之中，因此，我们应该体现理解人类文化差异，并秉持文化欣赏和在同一个星球和谐生活的态度。

（三）教育研究

文化进化学派中对教育研究影响较大的人类学家是泰勒和哈里斯。泰勒是人类学研究方法系统化的关键性人物，他提出的“文化残存法”对我们今天去反思不同经济文化类型背景下的家庭教育有着积极的作用。每个经济文化类型向前发展的历程中都会残存一些文化的遗迹，这也给学校教育里学生的异文化表现提供了很好的诠释。在多民族聚居区，针对学校教育里不同文化背景的学生的不同表现，乃至学生的学业成就等问题，若能够从跨文化比较的视角去审视这些问题，或许能够得出更有价值的结论。泰勒将统计学的方法引入到文化人类学的研究中，与此同时，统计学的方法在学校教育，或者教育的其它主题上也是常用的研究方法之一，因为只有通过统计，才能够对所研究的问题有个总体的把握。哈里斯的“主位—客位”研究法打破了研究陈述中研究者一个人扮演的角色，他将研究中的声音扩展到研究情境中的各方。运用到教育研究中，便突破了研究者一个人“自言自语”的范式，与之对应的则是行文中展现了研究过程中主客位之间的观点，让读者能够全面的把握研究中各种不同的声音。如果说泰勒提供了具体研究方法的启示，那么哈里斯则提供了阐释和呈现文本的主要方法，而这些方法对教育研究来说都有着积极的启示性意义。

第二节　文化传播论学派

文化传播论起源于对文化进化论思想的批判，兴起于19世纪末20世纪初，主要代表人物有拉采尔、弗罗贝纽斯、格雷布纳、史密斯等。文化传播论认为研究人类文化必须以文化的地理传播为使命。文化传播论学派把全部人类文化史归结为文化联系、借用、转移，人类文化之所以有共性，是由于文化的传播所致，传播是历史发展过程的主要内容，全部人类文化史归根结底是文化传播、借用的历史。这种传播包括三种不同类型的历史过程：一是基本传播，经由人的迁徙而进行的传播；二是次级传播，经由直接的采借而产生的传播；三是再次级传播，由新观念的刺激而在新地区产生类似的文化现象。

一、主要代表人物及其理论

文化传播论认为文化是由人类的迁徙和地理条件决定的。拉采尔立足于历史地理的事实，为文化研究提供了实证的研究方法，他坚信人的迁徙导致文化传播和文化接触。此后英国的里弗斯、史密斯和佩里，德国的弗罗贝纽斯、格雷布纳和施密特，美国的威斯勒、克鲁伯和哥登威塞分别代表传播学派的三个变体：德奥的文化圈理论、英国的埃及中心论和美国的文化区理论。[①]

（一）德奥的文化圈理论

文化圈理论认为文化或文明具有区域性，每个区域自有文化的创造和变体中心。文化圈理论有空间和时间两个维度，空间维度注重文化特质的分布动态，一个文化圈内的文化特质有中心和边缘，由于中心区文化容易变迁创新，所以边缘区的文化比中心区古老。时间角度则注重文化特质的叠压关系，即共处于一个文化中的不同特质在时间上的顺序后来居上，构

① 庄孔韶主编：《人类学通论》，山西教育出版社2003年版，第46页。

成地层分布那样的文化层。文化传播的强度和信度取决于“形”和“量”两个标准。①

这一学派的理论先驱是德国人类地理学的创立者拉采尔，他在19世纪后半叶提出的三个概念即迁移、借用和分布，为后来的传播派学者提供了理论基础。其追随者主要有三人，即弗罗贝纽斯、格雷布纳和施密特。

1. 拉采尔的人类地理学理论

拉采尔（F. Ratzel, 1844—1904）是慕尼黑大学和莱比锡大学的教授，他原是地理学家，后转而从事民族学研究。他强调地理环境决定人的生理、心理以及人类的分布、社会现象和其发展进程。

拉采尔相信，文化要素是伴随文化迁徙而扩散的，文化要素只有一个起源，其他支流都是由传播而来；世界上没有一个民族是孤立行动的，每个民族都会受到周围民族的种种影响；各民族间的联系，包括诸如战争、贸易、通婚、迁徙等，都能导致各种文化现象的转移，而民族迁徙又常常使民族面貌发生重大变化，影响到具体文化的形成。②

2. 弗罗贝纽斯的文化神话学理论

弗罗贝纽斯（Leo Frobenius, 1873—1938）是著名的非洲民族学专家，也是法兰克福大学教授和该校民族博物馆馆长。弗罗贝纽斯第一个提出了“文化圈”概念，他首先在非洲范围内划分文化圈，每一个文化圈都具有一系列的物质文化的特征。他特别研究了包括刚果河流域、几内亚河沿岸在内的“西非文化圈”，指出该文化圈包括以下四个文化层：马来亚格罗文化、印度文化、闪米特文化、尼格罗文化。尼格罗文化是非洲最古老的文化，而其他三种均是起源于非洲以外的文化。③

弗罗贝纽斯认为，文化是一种“活生生的有机体”，文化不是人们创造的，它是自身发展的，是从自然条件中诞生的，在地理条件相同的条件下

---

① 庄孔韶主编：《人类学通论》，山西教育出版社2003年版，第47页。

② 夏建中：《文化人类学理论学派——文化研究的历史》，中国人民大学出版社1997年版，第55—56页。

③ 同上书，第57页。

会产生相同的文化。人只是文化的体现者和搬运工，而不是文化的创造者。他认为，文化作为有机体是有性别的，并将文化分为阴性文化和阳性文化。同任何有机体一样，文化也需要营养，它的食物是人类的经济活动。[①]

3. 弗·格雷布纳的文化圈理论

格雷布纳（F. Graebner, 1877—1934）曾任德国科隆民族学博物馆馆长、波恩大学教授和科隆大学名誉教授。他认为，人类学研究的唯一主题就是文化现象的传播和借用。无论哪一种文化现象，都是在某一个地方，仅仅一次产生出来，并且只有少数几个地区的较优秀的民族才能创造和发展文化，其他民族的文化都是从这些优秀民族的文化中传播和借用而来的，整个人类文化史只是几个文化圈在地球上移动的历史。不管是相邻的民族还是远隔重洋的民族，只要发现类似的文化特质，就可以断定是文化传播和借用的结果，因而也都可以划归某一文化圈。[②]

为了确定文化圈的发源地和传播路线与区域、研究分散于世界各地的文化要素相互之间是否存在关系，格雷布内尔提出了鉴别“文化亲缘关系”的两条标准：第一，形式标准，指的是事物的形式相同；第二，数量标准，指的是相似事物的量的增加，不是一两件事物的相同，而是大量事物的相同。[③]

4. 威廉·施密特的文化圈进化论

施密特（W. Schmidt, 1868—1954）是奥地利天主教神甫、民族学家和语言学家。在格雷布纳的形式标准和数量标准的基础上，他进一步提出了性质标准、连续标准和关系程度标准作为补充。性质标准是形式标准的补充，指的是质的方面的相似性；连续标准指在相隔遥远或不接壤的两地，如果在其中间地区能找到相似文化要素的民族，那么这两地从前有相互传播

---

① 夏建中：《文化人类学理论学派——文化研究的历史》，中国人民大学出版社 1997 年版，第 57—58 页。

② 宋蜀华、白振声主编：《民族学理论与方法》，中央民族大学出版社 1998 年版，第 26 页。

③ 夏建中：《文化人类学理论学派——文化研究的历史》，中国人民大学出版社 1997 年版，第 59 页。

关系的极大可能，中间地区的民族是这两地从前在空间上相连的残存物或痕迹；关系程度标准指如果我们越接近那两个相互隔绝的主要地区，相似点在质与量两方面越增加，就可说明这些相似点并不是独立出现的，而是由于这两地曾有历史联系。[①]

与格雷布纳的文化圈理论不相同的是，施密特的文化圈理论强调文化圈的进化发展阶段，认为文化圈的顺序反映的已不是它们在这个或那个地理区域内出现的顺序，而是世界历史发展的依次阶段，从狩猎、采集到园艺种植、畜牧，再到农业文明，是一幅完整的进化论图式。[②]施密特将人类社会的发展分为四个阶段：（1）原始阶段或狩猎与采集阶段；（2）初级阶段或园艺种植和畜牧阶段；（3）第二阶段或较发达的农业阶段；（4）第三阶段，亚洲、欧洲和美洲最早的高级文明出现。

（二）英国传播学派的埃及中心论

在19—20世纪之交的西方民族学大调查中，英国传播学派代表人物里弗斯强调对文化传播现象的研究。他的两个后继者史密斯和佩里把他的文化传播论带向极端而形成泛埃及中心说。该理论认为人类文明和文化制度要素的起源地最终都可追溯到古埃及，不含有埃及因素的文化是退化的文化。

1. 威廉．里弗斯的文化传播论

里弗斯（W. H. R. Rivers, 1864—1922）早年是个进化论者，中年是文化传播论者，晚年是埃及中心说的极端文化传播论者。[③]里弗斯第一个提出从“系谱”的角度来研究家庭和氏族制度，主张依靠收集社会与生命统计的系谱法了解亲属制度、继嗣、婚姻规则等文化现象。他认为，有些文化要素是由于不同文化碰撞时才产生的，[④]文化的接触与混合在社会进化中有

---

① 夏建中：《文化人类学理论学派——文化研究的历史》，中国人民大学出版社1997年版，第60页。

② 宋蜀华、白振声主编：《民族学理论与方法》，中央民族大学出版社1998年版，第27—29页。

③ 同上书，第29页。

④ 夏建中：《文化人类学理论学派——文化研究的历史》，中国人民大学出版社1997年版，第65页。

相当重要的位置，各民族的联系及其文化的融合是发动各种导致人类进步的力量的主要推动力”。[①]

2. 埃里奥特·史密斯和威廉·詹姆斯·佩里的“极端文化传播论”

“极端文化传播论”亦称作“泛埃及主义”，即只承认一个将文化传播给世界的中心，这就是埃及。

（1）史密斯的“埃及中心论”

史密斯（G. Elliot Smith，1871—1937）出生于澳大利亚，是个颇具才华、学识渊博的解剖学家。他认为埃及是全世界最早出现文明的地方，世界所有文化的产生都起源于埃及，通过传播在世界各地建立了许多新的文化中心。他将埃及文明称作太阳文明或太阳石文化。[②]

（2）佩里的“太阳之子论”

佩里（W. J. Perry，1887—1949）是史密斯的学生，他是研究宗教史和印度尼西亚的学者，他把“泛埃及主义”理论推进到了荒谬的顶点，认为古埃及人是“太阳之子”，埃及人为了寻找贵金属和珍宝而四处航海，把他们的文化发明传播到世界各地，这些文化因素便与当地土著居民的文化混合起来，形成了世界上形形色色的各种新的文化，这些文化随着远离埃及中心的程度而逐渐贫乏。[③]

（三）美国的文化区理论

美国的文化区理论是在研究北美印第安文化中对德奥文化圈理论的改进。它更强调细腻的经验操作，把考察空间缩得更小，把文化要素分得更细，更加强调文化的整体关联性。[④]他们宣称人类学研究的主要目的是重建人类发展的历史，厘清历史现象的类型及其历程，探讨文化变迁的动力。因此该学派又被称为批评学派、历史特殊论和文化历史学派。其代表人物有博厄斯、威斯勒、克鲁伯、哥登威塞等。

---

① 黄淑聘、龚佩华:《文化人类学理论方法研究》，广东高等教育出版社 1997 年版，第 73 页。

② 夏建中:《文化人类学理论学派——文化研究的历史》，中国人民大学出版社 1997 年版，第 66 页。

③ 宋蜀华、白振声主编:《民族学理论与方法》，中央民族大学出版社 1998 年版，第 31 页。

④ 庄孔韶主编:《人类学通论》，山西教育出版社 2003 年版，第 47 页。

1. 弗朗兹·博厄斯

博厄斯（Franz Boas, 1858—1942）是美国著名的人类学家，他曾对爱斯基摩人、印第安人等多次进行过长期的实地调查。他认为，人类学的基本任务是研究社会生活现象的全部总和，这种研究构成包括一切民族在内的人类历史。

2. 威斯勒

威斯勒（C. Wissler, 1870—1947）认为，一个部落的文化通常自成一种“型式”，称作“文化型式”；同样的型式常集于同一地域，用文化型式的标准来区分就叫“文化区域”；一个文化区域按文化特质的多少划分为“文化带”。用文化区域概念来研究各地区、各民族就可了解其文化真相。若是边境的文化，便是由传播引起的；若是中心的文化，则是由自己独立发明的。

3. 阿尔弗雷德·克鲁伯

克鲁伯（Alfred Louis Kroeber, 1876—1960）认为，文化现象是超有机、超个人、超心理的，文化是自治的，历史事件有决定以后形势的能力，且是不可避免的，个人在历史上的地位无关紧要，甚至可以完全否认。

4. 哥登威塞

哥登威塞（A. Goldenweiser, 1880—1940）认为，文化区概念将成为研究文明民族的工具。他将文化区学派的研究方法概括为：（1）集中探索有限度的“地理、历史”地域，研究其在历史上经过的深度及其地理上和别的民族接触的广度；（2）应用客观的统计方法，以追溯文化特质及文化丛的传播，并用心理学的方法，以研究文化特质的联合、相侵和同化；（3）应用“型式”的概念以描述区域文化，尤其是在吸收本地的或外来的新文化特质；（4）分解文化丛的历史的及心理的成分。

二、文化传播论对教育的启示

学校教育是有目的地传播文化的社会活动，它通过向年轻一代传播文化传统中的价值规范、思想观念等内容而保存文化，维持文化系统，保证文化的延续和相对稳定，同时也通过各文化要素的重组、整理、融合，生成新的文化意义或要素，形成了文化传统的扩展和延伸，促使文化增殖。因此，学校教育与文化传播相互影响，相辅相成，文化传播给学校教育以存在基础和意义，学校教育给文化传播以发展契机和生机活力。学校教育是文化发展的根基，是文化延续和发展的重要内在机制和手段。

根据文化传播论的观点，文化是传播的产物，传播是社会互动的结果。学校是文化传播的中心，学校教育通过课程、课堂、教师以及各种活动，或隐性或显性地进行文化传播。在学校进行文化传播的过程中，课程是文化传播的载体，课堂是文化传播的主阵地，教师是文化传播的使者。

（一）学校：加强文化建设，体现兼容并蓄

文化传播是人们共享文化的过程，也是价值观念、道德规范不断被解读、强化并被人们接受的过程。文化传播论认为，文化或文明具有区域性，每个区域都有文化的创造和变体中心。学校是所处地域的文化中心，也是文化传播的中心。学校理应成为适合每个学生生命成长的文化场域，为其提供丰富多样的文化教育资源。因此，加强学校自身的文化建设对文化传播有着重要的意义。

学校文化建设要通过继承、创新和整合，使先进的、高品位的文化成为学校的强势文化和主导文化，要积极引导学生参与校园文化建设，以理想信念、价值观为核心建设学生的观念文化和活动文化，促使学生形成积极的人生观、世界观和社会观。

学校文化建设包括物质文化建设、精神文化建设和制度文化建设。学校的物质文化建设要力求构造具有完善的设施、合理的布局、各具特色的建筑和场所，以陶冶学生的情操，激发其开拓进取的精神。学校的精神文化建设，通过营造严谨的教风、进取的学风、积极的班风和良好的人际关系等，逐步形成集体成员协调的心理相容状态。在学校制度文化建设过程中，最主要的是要加强学校文化管理。基于文化传播论的精神内涵，学校文化管理应该更加开放和民主，体现文化的宽容性。学校管理制度要摒弃显性和隐性的排斥某些文化元素的行为，管理者在对学校人、财、物、时、信的管理中，要敏锐地觉察弱势的文化和濒临灭绝的文化元素，兼容并蓄。

（二）课程：关注地域文化，加强校本课程开发，避免选择性排除

学校教育是根据一定的社会需要对已有的文化进行淘汰和保持，并将已选择的文化在时空上加以延伸，以期所选择的文化将来在不同领域仍能得到保持和发展。[①] 学校教育对文化的选择，主要体现在教育内容上，特别是课程上。因此，课程是文化传播的主要载体。

课程是文化选择的结果，是在一定标准下通过对一定文化的选择和组织而承载、传递和延续着文化。一直以来，我国课程内容中的文化选择取向以主流文化为本位，选择权被限定在现实的主流文化框架内，少数民族和农村地区的本土文化在学校教育中很少得到体现，课程成为传播主流文化的工具。这样，课程在传承主流文化的同时也导致了一部分非主流文化群体的文化丧失。

文化传播论认为，文化是由人类的迁徙和地理条件决定的，人是文化的体现者和搬运工。学校是由每一个体现并搬运其本土文化因子的成员聚集起来的文化中心，因此，学校文化的构成呈现出多元化、多特质的特点，除了主流文化之外，还应该体现丰富多彩的地域文化。有学者主张学校教育中的课程内容选择“既要考虑共同文化，又要考虑亚文化”，要坚持多元文化观念。[②] 因此，学校教育中课程内容除了主流文化之外，还要纳入地域文化，避免造成课程内容的选择性排除。

涂尔干在《教育的性质与任务》一文中认为，教育的培养目标就是使个体具备作为社会成员与特定群体成员所必须具备的身心状况。因此，学校教育的内容选择除了使他们具有社会所有成员都必须具备的身体、智慧和道德发展水平之外，还必须根据每个儿童“注定的特殊环境”发展其所需的身体、智慧与道德的状况进行内容选择。在学校教育中，国家课程可

① 巴战龙、巴玉环：《简论 21 世纪裕固族教育的文化使命》，《民族教育研究》2008 年第 6 期。
② 吴永军：《课程社会学》，南京师范大学出版社 1999 年版，第 133 页。

以使学生具备作为社会成员应该具有的共同素质。校本课程是不同地方的学校根据特定地域或社区社会发展及其对学生发展的特殊要求和特定的课程资源设计等的课程，因而在适用范围上具有鲜明的地方性或地域性。[①]校本课程反映的地域文化可以使学生具备在其所处的特殊环境中生存和发展应该具备的素质。因此，学校教育要重视并落实校本课程的实施，促进本土地域文化传承、传播。

目前，国家的三级课程管理体制就是要放权，让地方及学校将本土的优秀文化融入学校课程中，促进地域文化的传承与传播。学校要积极组织校本课程开发，重视并落实校本课程的实施，使地域文化以校本课程为载体在年轻一代中得以传承。同时，课程评价同样应关注课程内容的文化多元性，并且应对其发挥导向作用。少数民族地区的校本课程应该强调和注重民族性，在课程内容上尽可能全面地呈现民族的悠久历史及其优秀文化，如语言、文字、风俗习惯、建筑艺术、生活方式、节日庆典等。

（三）课堂：为师生提供能够不断生成新文化的平台，发挥文化传播主阵地的作用

课堂教学是学校教育传播文化的主阵地，是师生共同创造、共同享受的相对封闭、独立的教育生活空间，也是“学生系统学习‘法定文化’的一种基本场所”。[②]课堂作为专门以传授和学习文化为主要目的的文化运作的主要场所，理所当然地成为文化传播的主体阵地。

文化为课堂教学提供了源源不断的丰富思想资源与基本的逻辑规则和范畴，同时课堂教学对文化也有着自身主体性的反思、批判和创新的职责和使命，对文化具有提炼和创生的发展作用。因此，课堂传播文化，不是一个消极被动的过程，而是一个积极主动的过程，是学习者与一定的文化在相互作用中完成和实现的。文化传播论认为，文化传播的主体和受体的文化结合会创造出新的文化。从这个意义上讲，课堂除了传递文化之外，

---

① 王德如：《地方课程文化自觉的实践策略》，《当代教育科学》2007年第19期。

② 吴康宁：《课堂教学社会学》，南京师范大学出版社1999年版，第1页。

还需要在文化传递中建构文化。在课堂教学中，学生只有用自己的视野理解和感受各种不同的文化，才能完成对文化的意义建构。因此，课堂教学应该是一个意义不断生成的、民主平等的师生交往的开放场所。在课堂教学中营造一种开放、合作、对话的情境，教师、学生和课程在开放的课堂教学中以文化主体身分平等地交流探究，积极发挥文化主体的能动性，在彼此不断交往交流中生成文化的新意义，获得新文化。

（四）教师：提升自身的文化素养，践行文化传播使者的使命

文化从课程承载到课堂传播，要经过教师的实践和教师的文化转换。因此，教师是文化传播的使者，文化只有通过教师的传递，学生才能了解其中的意义。

作为成熟的社会文化个体和群体，教师的文化使命在于重视通过教育发挥文化对学生的模塑和陶冶作用。教师在文化传播的实践和转换过程中，不可避免地会根据自己的经验、价值观和知识体系等对文化进行诠释、研究。因此，教师自觉地加强自身的文化建设，是完成其文化使命的重要途径。教师要通过大量阅读文化经典、研习民族文化历史、体验民族文化活动等来认识、理解、把握民族文化，提高自己的文化素养；同时要致力于以文化为切入点的课程资源开发，不断丰富文化知识储备并提升文化传授能力。在课堂教学中，教师要注重传授学科知识中的文化元素，培养学生的文化素养；同时，教师还要有强烈的文化责任感，除了用文化的眼光组织、加工那些能促进学生的健康成长、激发学生的灵性、唤起学生个体意识的觉醒、促进学生的精神成长的文本形式的教材之外，还要以开放的心态理解学生，从学生的文化背景出发理解学生，尊重学生的文化背景，并对多元文化进行分析、研究、批判，帮助学生处理在学校中遭遇到的文化冲突，拓展学生的文化交往。

第三节 结构功能学派

结构功能学派产生于1920年代，其基本观点则发源于19世纪的英法两国，许多古典社会学家（孔德、斯宾塞等）都对结构功能主义的形成起了重要作用。这一学派又可细分为功能主义、结构—功能主义、结构主义等。其主要代表人物为涂尔干（Emile Durkheim）、马林诺夫斯基（Bronislaw Malinowski）、拉德克利夫-布朗（A.R.Radcliffe-Brown）、列维-斯特劳斯（Claude Lévi-Strauss）等。他们主张把进化论和传播论中的历时因果关系转换成共时函数关系，把不同文化之间的要素比较变成各种文化体系之间的结构比较，把现存文化中的“化石”或“遗存”看成仍在文化体系中发挥功能的活制度，以结构功能观点研究社会文化，强调对现实的重视、分析与应用。

一、主要代表人物及其理论

（一）涂尔干

涂尔干（1858—1917），西方最著名的社会学家之一，同马克思、韦伯一起被称为社会学的三大奠基人。1887 年，涂尔干在波尔多赢得了一个大学教席，是法国社会科学界的第一人。1902—1917 年间，他一直在巴黎索邦大学教书，并在其周围聚拢了一大批社会科学学者。他在波尔多时，见证了《社会学年鉴》（*Année sociologique*）在 1896 年的创刊，这本期刊由于成为涂尔干新社会学学术的主要载体迅速产生了重大影响。发表在这本刊物上的文章或早或晚地影响了人类学的发展，其中的许多理论观点给人类学家以启迪和灵感，并在以后的岁月中不断得到回应。涂尔干的主要著作有：《社会分工论》（1893）、《社会学方法论》（1895）、《自杀论：社会学研究》（1897）、《宗教生活的基本形式》（1912）等。

涂尔干在社会学、人类学的许多领域进行了探索和思考，定义了社会事实、集体意识、宗教等概念，建立了社会科学研究的基本准则。他接受了孔德、斯宾塞等人有关社会有机体类比的阐释，认为：（1）社会自身可以被看作一个实体，它区别于并且不可被还原为各个组成部分；（2）虽然应该优先分析整体，但是各组成部分应该看作是完成整体基本功能、满足整体需要的必要条件；（3）社会处于“常态”或“病态”之中，因而有必要将社会系统概念化，并强化“功能需求”观念；（4）如果把系统看成常态的和病态的，并从功能方面进行考虑，就意味着系统包含着一些均衡点，正常的功能围绕这些均衡点而产生。[①] 他的研究更加强调共时性，强调研究当代社会。一个平稳地发挥功能的社会就像一个健康的有机体，由许许多多的部分整合在一起，每一部分都有自己的特定功能，为整个社会的正常发展提供必要的支持。哪一部分出现问题，都会影响到整个社会的正常运转，影响到基本功能的顺利进行。在此基础上，他提出了社会整体论，并探讨个人与社会的关系，认为每个社会在每一时期都有自己独特的约束力。涂尔干在《宗教生活的基本形式》中对宗教仪式的解释、在《原始分类》中对社会与自然的分类之间关系的探究，都充满了结构功能主义要素，关注部分与整体的关系，整体功能如何实现等。可以说，涂尔干的思想和学说是后来的结构功能学派最主要的理论来源。

（二）马林诺夫斯基

马林诺夫斯基（1884—1942）出生于波兰，1927年他成为伦敦政治经济学院人类学首席教授。1915—1918年，他曾两次深入英属新几内亚的特罗布里恩德群岛进行长期的田野工作。马林诺夫斯基的主要著作有：《西太平洋上的航海者》（1922）、《原始社会的犯罪与习俗》（1926）、《两性社会学——母系社会与父系社会之比较》（1927）、《野蛮人的性生活》（1929）、《科学的文化理论》（1944）、《文化动态论》（1945）等。

马林诺夫斯基的功能主义思想和方法完美地体现在其成名作《西太平洋上的航海者》中。他明确地陈述并论证了其开创性的人类学田野工作方法。他写道，没有人可以想象报告物理或化学研究时不描述实验细节，但那时的民族志叙述一般不提供那些使写作者得出推论的实际经验，也不区分直接观察、“土著”叙述和作者推论三者之间的差别。[②] 他在特罗布里恩德进行的田野工作主张参与式的局内观察法，即人类学家应该深入到土著

---

① 乔纳森·H. 特纳著、邱泽奇等译：《社会学理论的结构》，华夏出版社2001年版。

② 罗伯特·莱顿著，罗攀、苏敏译：《他者的眼光——人类学理论导论》（修订版），华夏出版社2008年版，第26页。

居民中去，和他们融为一体，学习他们的语言，观察他们生活中的真实观念、情感，从而能够像土著一样体验、思考，得到正确的结论。他反对把社会文化现象割裂为支离破碎、各自孤立的考察法，主张首先应该把握人类文化生活的整体，在完整的文化体系背景中再对各个文化事实及其相互关系加以考察和研究，以求最终把握其本质。这种全新的田野工作成为随后几代人类学家共享的奠基式原则，马林诺夫斯基成为这种新的民族志资料收集方式的设计者、代表者和宣传者。①

他对功能的定义从生理学借用而来，认为习俗的功能是通过文化媒介满足个体的原初生物需要。② 他的功能主义思想把整体内的各个部分视为有意义、有功能、有目的的元素。人类诸文化的各种习俗、制度、行为活动都是服务于整体的、有功能的事项，而不是割裂的、残缺的“遗存”。功能主义的文化理论将每一种文化都作为在功能上相互联系的系统，强调整体论的研究方法，并力图找出作为整体人类社会的功能的一般法则。他的需求理论是其文化功能理论的核心内容，即“文化的存在是为了满足个体基本的生理、心理和社会需求”③，因而文化是实用的、适应性的、功能整合的。

（三）拉德克利夫-布朗

拉德克利夫-布朗（1881—1955）生于英国伯明翰。1906—1908 年间，他在安达曼群岛进行田野工作，1910—1912 年开始研究澳洲土著部落。一战后，他在多所大学创建人类学系，后在牛津大学执教。1935 年秋天，应燕京大学社会学系邀请来华讲学。他的主要著作有：《安达曼岛人》（1922）、《澳洲部落的社会组织》（1931）、《社会的自然科学》（1948）、《原始社会的结构和功能》（1952）、《社会人类学方法》（1958）以及与福德合编的《非洲的亲属制度和婚姻制度》（1950）等。

---

① 弗雷德里克·巴特等著、高丙中等译：《人类学的四大传统——英国、德国、法国和美国》，商务印书馆 2008 年版，第 24 页。

② 罗伯特·莱顿著，罗攀、苏敏译：《他者的眼光——人类学理论导论》（修订版），华夏出版社 2008 年版，第 24 页。

③ 杰里·D. 穆尔著、欧阳敏等译：《人类学家的文化见解》，商务印书馆 2009 年版，第 155 页。

布朗在《安达曼岛人》一书中，用安达曼人的社会功能解释仪式，对“功能”的定义有别于马林诺夫斯基，是从涂尔干的理论中取得的，认为每个习俗都有维持社会体系完整性的功能。[①]布朗反对早期人类学家从历史中寻找某一现象的起源，强调研究的共时性，即一个社会体系中赋予制度以“功能”的方式，而不是去强调制度如何经历时间而变化。[②]他倡导用归纳法建立一套科学的理论体系，找到共有的“规律”。之所以有共同的规律，是基于这样一种假定：文化是一个整合的系统，在一个特定共同体的生活中，文化的每一个因素都扮演一个特定的角色，具有其特定的功能。[③]

布朗在对社会进行“具体化”方面秉承了涂尔干的主张，集中探讨社会关系的结构，并根据对维持结构的贡献而归纳制度的功能。[④]他研究亲属称谓，提出单系继嗣群（unilineal descent group）等一些简单而一般的结构，充分体现了结构功能主义方法对社会制度的重视。他认为大多数社会和文化现象都可以被认为是具有功能的，因为它们为维持整个社会结构作出了贡献。他将所有人类学民族志所涉及非西方社会划分成典型和非典型两种，并证明1930年所调查的130个澳大利亚土著部落的社会结构具有一定的相似性。他对图腾崇拜的研究更注重对结构的分析，表现出明显的结构主义倾向。

（四）列维-斯特劳斯

列维-斯特劳斯（1908—2009）生于一个法国犹太人艺术家庭。从1935起，参与圣保罗大学的一项教育计划，期间数次到巴西中部地区探险、调查。1959年，他成为法兰西学院的一员，直至退休。他的主要著作

---

① 罗伯特·莱顿著，罗攀、苏敏译：《他者的眼光——人类学理论导论》（修订版），华夏出版社2008年版，第25页。

② 艾伦·巴纳德著，王建民、刘源、许丹译：《人类学历史与理论》，华夏出版社2008年版，第77页。

③ 拉德克利夫-布朗著、夏建中译：《社会人类学方法》，华夏出版社。

④ 罗伯特·莱顿著，罗攀、苏敏译：《他者的眼光——人类学理论导论》（修订版），第32页。

有《亲属制度的基本结构》(1949)、《忧郁的热带》(1955)、《原始人的心智》(1962)、《图腾崇拜》(1962)、《野性的思维》(1966)、《生食与熟食》(1969)、《从蜂蜜到灰烬》(1973)、《餐桌礼仪的起源》(1978)、《裸人》(1981)、《结构人类学》(1973)、《嫉妒的陶工》(1988)等。

列维-斯特劳斯如之前的结构功能论者一样，希望找到一个简单的结构模型，来解释所有复杂多变的人类文化与社会。他希望发现第一眼看上去毫无关系的事物是如何成为一个相互作用的系统中的一部分的。整体比部分的总和大，同时整体可以按照二元对立或区别性特征划分成较小部分。他不仅关注布朗所重视的社会结构及其结构形式，而且关注人类观念的结构。他认为，结构建立在理性而不是经验的基础之上，人类学家应该先进行逻辑理性思考与推理。一个列维-斯特劳斯主义者是在想到一种逻辑可能后，才从田野民族志中找案例。①

列维-斯特劳斯对亲属制度基本结构的研究主要探讨了婚姻规则是如何影响社会结构的。通过对澳洲、亚洲、美洲等地亲属制度的综述，他发现不同的社会具有相似的婚姻制度，如交表婚、舅甥制度。在此基础上，他将亲属制度分为基本结构和复杂结构，认为亲属制度是关于女人交换的，规定了可能的配偶和禁止的配偶的范围。他用严格的结构化方式勾勒出血亲、姻亲、继嗣群中的基本关系。列维-斯特劳斯对神话的研究说明，在不同文化中发现的象征对立物之间有着惊人的相似之处，传统上认为完全不同的社会结构背后隐含着同类型的逻辑思维方式。例如在《野性的思维》一书中，他说明了图腾制和印度种姓虽然与完全不同的社会制度相连，但是二者的组织系统有着相似的逻辑结构；在对俄狄浦斯神话进行分析时，他试图用简单的图表来解释其中复杂的人物和情节。总而言之，列维-斯特劳斯建立在人类心智一致性基础上的方法，试图解读一切社会与文化，试图发现纷繁杂乱的社会与文化现象的深层结构。

---

① 艾伦·巴纳德著，王建民、刘源、许丹译：《人类学历史与理论》，华夏出版社 2008 年版，第 138 页。

结构功能学派把进化论和传播论中的历时因果关系转换成共时函数关系，把不同文化之间的要素比较变成各种文化体系之间的结构比较，把现存文化中的“化石”或“遗存”看成仍在文化体系中发挥功能的活制度，以结构功能观点研究社会文化，强调对现实的重视、分析与应用。结构功能学派强大的影响力使之在后世不断得到回应，先后出现了新结构功能主义、结构主义马克思主义、后结构主义等。

二、结构功能主义学派思想对教育的启示

（一）结构功能主义学派在理论层面对教育研究的影响

涂尔干最早将教育纳入“现代性工程”，围绕现代性与社会的主题，规定了教育的目的与功能，使得后来的社会学家在研究现代性与社会时都无法摆脱这种功能的分析倾向。[①] 毫无疑问，教育是社会整体中的一部分，一个子系统，具有维持社会正常运转的功能，同时，教育系统受到社会整体的影响，并反映在教育系统的方方面面。社会其他系统与教育系统之间也存在着相互作用。教育从来不都是与世隔绝的象牙塔。

二战以后，以帕森斯为代表的新结构功能主义学派以积极的社会功能为基轴来探讨教育现象。帕森斯运用 AGIL 模式（即任何一个社会系统都有外部适应、目标达成、模式维持、内部整合四要素，强调一个系统的运作是否正常，不仅取决于它是否具备满足四种功能需求的子系统，而且还取决于这些子系统之间的相互交流是否正常），对学校教育的基本单位——班级进行了经典的研究，阐述了班级的社会化功能和选择功能，即班级的社会系统理论。[②]

许多人类学家从不同的侧面对教育进行研究，如克拉克洪关于技术社会中的教育功能的研究，特纳关于升迁性社会流动对教育制度影响的研究，霍珀关于教育与社会成层、社会流动关系及教育制度类型学的研究等。这

---

① 钱民辉：《教育社会学——现代性的思考与建构》，北京大学出版社 2004 年版，第 78 页。

② 鲁洁主编：《教育社会学》，人民教育出版社 1990 年版，第 384 页。

些都是基于结构功能主义或在结构功能主义理论的启示下，对教育的社会功能的研究。

（二）结构功能主义学派在方法论方面对教育研究的影响

结构功能主义学派强调人类学研究的现实意义，重视文化现象的现实功能，由历时性研究转向共时性研究。教育研究对于教育的本质、教育的起源、教育的价值与功能的研究可以说是常青的主题，这种研究自然有意义，但是，教育研究中的现实问题同样需要重视，应该有更多的学者投身到对具体的现实的教育问题的解决。

教育理论与实践的脱节问题，是教育研究领域存在的老问题。但是现在的教育理论界在追逐时髦的后现代流行话语中，更多的是面对现实中的教育问题从一种抽象的、哲学的、宏观的、理论的角度进行的“宏大叙事”，是书斋式的研究。但教育本身的特性决定了教育理论的属性，它既不是思辨哲学，也不是经验哲学，而是实践哲学。教育实践是教育理论的生命之源。由马林诺夫斯基开创的人类学田野工作法对教育研究有着重要的借鉴意义。

马林诺夫斯基反对把社会文化现象割裂为支离破碎、各自孤立的碎片化考察法，而主张在完整的文化体系背景中对各个文化事实及其相互关系加以考察和研究；主张参与式的局内观察法，主体自觉介入，深入到生活中。教育作为重要的社会文化现象，对教育的研究同样需要置之于整个社会生活中，同时研究者要深入到学校生活中去。这些都是现实的教育研究中所缺乏的。马林诺夫斯基认为，“只将故事记下来是一件事，观察故事怎么千变万化地走到生活里面，观察故事所走到的广大文化和社会的实体而研究它的功能，是另一件事。”[①] 真正的教育理论，不应该只是看到发生在课堂上、教室中、学校内的事实，更要关注在这些事实后面的社会的和文化的内在逻辑。把学校、教室、社区、家庭当做教育研究的田野，把教师、

① 马林诺夫斯基著、李安宅译：《巫术、科学、宗教与神话》，中国民间文学出版社 1986 年版，第 95 页。

学生、家长当做教育民族志的主角，在此基础上发展和创新教育理论，马林诺夫斯基开创的人类学三部曲同样适用于教育研究。

结构功能主义学派变革了人类学研究方法，使人类学家从安乐椅走向宽广的现实世界，从博物馆走向活生生的人。我们的教育研究同样需要研究者走出研究所，走出大城市，进入学校、班级、社区、家庭，与一线的校长、老师、学生交朋友，倾听他们的真实声音、反映他们的真实想法、解决他们的真实问题。

第四节　文化相对论学派

文化相对论是在批判文化进化论和文化传播论学派的基础上兴起的学派，兴起于20世纪40年代末50年代初，其理论要点为：第一，每一种文化都有其独创性和价值；第二，解释不同文化的价值及所产生的文化背景应持相对的观点；第三，每个民族都有其“文化核心”，文化没有“落后—进步”、“原始—文明”之分，没有一种文化比其他文化更为优秀，也不存在一种超然标准能证明有理由将自我文化的标准强加于他者文化；第四，异文化间应承认差异，相互尊重，相互理解。其代表人物主要有：弗朗兹·博厄斯、赫斯科维茨、罗维、萨丕尔等人。

一、主要代表人物及其理论

（一）博厄斯

博厄斯（Franz Boas，1858—1942），1858年生于德国，先后在海德堡大学、波恩大学、基尔大学攻读学位，1881年获基尔大学物理学博士学位。1882年受拉采尔的影响，研究兴趣转向文化地理学。1887年加入美国国籍，此后一直在美国工作，直至1942年去世。博厄斯一生最大的成就是培养了一批学生，并确立了文化人类学在美国学术界的地位。其学生中成为著名人类学家的有：克鲁伯、罗维、萨丕尔、赫斯科维茨、本尼迪克特、米德等。博厄斯的代表作有《中部爱斯基摩人》《原始人的心灵》《人类学与现代生活》《普通人类学》《种族、语言和文化》等，其理论主要有：特殊论与相对论的文化观、文化区理论、古典物理学的归纳方法。[①]

1. 特殊论与相对论的文化观

历史特殊论是博厄斯全部理论的核心。他认为，全球各地的文化现象虽不能用传播论来进行全面的解释，但也没有表现出历史进化的统一性。要建构一个用于解释全部文化发展的模式是徒劳的，因为每一种文化是各个社会独特的产物，有着各自发展的历史线索。博厄斯的"历史特殊论"与其秉持的文化相对论息息相关。对人类文化的评价上，博厄斯主张没有一个普遍的标准来衡量人类文化，因为每一种文化都有其存在的价值，有其独特的文化特质。人类的文化没有优劣、高低之分，一切评价的标准都是相对的。

2. 文化区理论

文化区理论由博厄斯及其弟子提出。与文化圈强调文化上的历史传统不同，文化区理论强调文化特征上的相似性，基本上不涉及传播的过程或轨迹。在文化区理论中，博厄斯还提出了"文化中心"与"文化边区"的概念。文化中心指一个区域内表现其文化要素最浓的中心地区，文化边区指文化区内远离文化中心、表现其要素较淡疏的边缘地区。[②]

3. 古典物理学的归纳方法

博厄斯的学术背景是自然科学，因此，在人类学研究中主要遵循自然科学的研究方法，重视资料收集工作，强调用客观的态度对待研究对象和所收集的资料，反对演绎式的研究方法。"按照他的观点，人类学家应当是以经验现象本身的实际分布情形作分类，不能自身以既定的分类标准来强加于现象之上。"[③] 关于文化的研究中，博厄斯主张"应寻找特定文化的历史脉络；尽可能多地搜集资料，最好让历史和资料本身来说话"[④]。博厄斯倡导

① 夏建中：《文化人类学理论流派——文化研究的历史》，中国人民大学出版社 1997 年版。
② 同上书，第 74—76 页。
③ 同上书，第 76 页。
④ 同上书，第 77 页。

的研究方法促进了人类学的发展，同时也有其弊端，那就是过分注重数据的搜集而忽视了理论建构。

（二）赫斯科维茨

赫斯科维茨（Melville Jean Herskovits，1895—1963），美国人类学家，美国学术界非洲人及非洲裔美国人研究的奠基者，曾师从于博厄斯，并深受其思想的影响。1923年，他在西北大学创立人类学系。1948年，他对“濡化”一词进行了界定，即把人类和其他生物加以区别的学习经验，能使人类在生命的开始和延续中，借此种经验以获得在其文化中的能力。

在他的代表作《文化人类学》（1964）一书中，赫斯科维茨阐释了他的理论观点：“每一种文化都有其独创性和充分的价值。某一种文化特征，尽管在各民族中所表现的形式不同，但其本质是一致的，价值是相同的，都是为自己的群体服务。每一种文化都是孤立自在的体系，不会重复，不同文化的传统和价值体系无法比较，文化价值没有共同的一般等价物。对不同文化的价值及由其所产生的文化背景的评估应该是相对的；文化相对论的原则是基于经验下判断，而经验是由每个个人按照自己的文化传承来说明的；一切文化的价值都是相对的，对各该群体所起的作用都是相对的，因此文化谈不上进步或落后；文化相对论最核心之处是社会纪律来自对不同特点的尊重，来自互相尊重。”[①] 赫斯科维茨在书中阐释了文化相对论的六大内涵：认知相对论、逻辑相对论、历史相对论、语言相对论、道德相对论和发展相对论。

（三）罗维

罗维（Robert Harry Lowie，1883—1957），1883年生于维也纳，10岁时移居美国，1908年在哥伦比亚大学获得博士学位，师从博厄斯。其代表作有《文化与民族学》《原始宗教》《初民社会》等。罗维反对古典进化论、历史单线发展论，主张世界文化多线发展；文化可在不同地方独立地产生与

---

① 黄淑娉、龚佩华：《文化人类学理论方法研究》，广东高等教育出版社1996年版，第203—210页。

发明出来，也就是说世界文化的发展是多元性的；在解释文化的相同性上，他转向了传播论。在亲属制度的研究上，罗维将亲属制度分为四种类型，即辈分型、分枝合并型、分枝旁系型、直系型。[①]

（四）萨丕尔

萨丕尔（Edward Sapir，1884—1939），1884 年出生于波兰，5 岁移居美国，1907 年在哥伦比亚大学获博士学位，师从博厄斯。萨丕尔是博厄斯学生中研究语言现象最为出色的人类学家，也是美国描写语言学的主将和文化语言学的奠基人。其主要代表作为:《语言论》《文化、语言和个性：萨丕尔论文选》等。

萨丕尔在《语言论》一书中指出，语言是思想的符号表达，而不是单纯的形式。该思想经其学生沃尔夫发展，形成了“萨丕尔-沃尔夫假说”，其核心为：语言结构制约着思维模式，因而也决定着对外部世界的认知。此外，萨丕尔还指出，“一切语言都是由独立的单元或要素构筑而成的，在一定范围内，一种语言与另一种语言的差异是相当大的。而我们生活其中的世界是一个连续体，任一语言的所有要素不可能填满这个连续体，必然会出现断裂或分割。各种语言由于其结构上的差别，自然会导致对客观世界有不同的分割。”[②] 这就是语言学中的相对主义。

（五）克鲁伯

克鲁伯（Alfred Loues Kroeber，1876—1960），德裔犹太人，1876 年出生于纽约，师从博厄斯，是博厄斯年龄最长、著作最多的学生，被后人誉为 20 世纪最伟大的人类家之一，代表作有《人类学》《文化成长的面貌》《文化的性质》《类型与文明》等。克鲁伯关于文化的思想主要为：“超有机体”的文化观、文化的形貌、文化区理论等。克鲁伯关于文化的研究指出，文化是一个“超有机体”。整个文化系统可以分为基本形貌和次级形貌两部

---

① 夏建中:《文化人类学理论流派——文化研究的历史》，中国人民大学出版社 1997 年版，第 86—90 页。

② 同上书，第 93 页。

分。基本形貌指与生存、生计有关的文化事物；次级形貌指与创造力、艺术活动有关的文化活动。[①]

二、文化相对论对教育的启示

（一）文化多样性与教育

文化人类学认为，教育是文化传承的主要途径，而现代学校教育的主要目的是培养受教育者在现代社会中的生存能力，这就给教育提出了两难的命题：在现代社会中，受教育者需要什么样的知识？教育过程中作为教育者，应该传授什么样的知识或文化给受教育者？现代性冲击之下，全球社会正在不断走向同质化，与此同时，多样性的诉求也在不断抗争着同质化的冲击，那么作为教育者，面对同质化和多样性之间的矛盾，我们又该怎样处理二者之间的关系呢？以博厄斯、萨丕尔等人为代表的文化相对主义给出了较好的解释。

文化相对论认为，人类文化在不同的地区呈现出不同的特点，并沿着不同的路径发展。这启示我们，即便在全球现代性和同质化冲击之下，教育者也应该在同质性和多样性之间调适，并在教育的过程中处理好二者的关系。从赫斯科维茨"濡化"的概念来看，教育的本质是文化的传承，这就启示我们在同质化和多样化之间，教育传承的文化不仅有工业化的知识，更应该包括各个地方的地方性知识。那么怎么样处理他们的关系呢？中国教育人类学发展历程中的本土理论——"多元文化整合教育理论"是一条较为成功的经验启示。这一理论旨在探寻人类文化多样性与一体化进程中，文化间的"各美其美，美人之美，美美与共"的境界。[②]

（二）基础教育课程改革

重视多元文化教育是基础教育基本性质和特点的必然要求。它具有基础性、全民性和全面性的特征，是培养全体国民的基本素质的教育，是一

---

① 夏建中：《文化人类学理论流派——文化研究的历史》，中国人民大学出版社1997年版，第78—86页。

② 费孝通：《文化与文化自觉》，群言出版社2010年版，第8页。

项社会公共事业；另一方面，因为基础教育面向全民，社会中诸如族群、阶层、性别、地域等各方面的文化差异和碰撞，在这个阶段就相对表现得更加复杂和突出，[①]因此，基础教育本质上应该是多元文化教育。同时，重视多元文化教育也是回应世界教育改革大潮的必然要求。联合国教科文组织提出了21世纪教育的四大支柱——学会认知、学会做事、学会生存、学会共处，与此同时，世界各国的教育改革也纷纷将重点放在促进多元文化教育上。

在新课程改革中，建立三级课程管理体制、在课程理念中强调大众化、在课程目标中强调文化意识、提倡学习方式的多样化，等等，都在一定程度上反映了多元文化教育的思想。但是，整体的多元文教育的意识仍然体现得不明显、不充分。《基础教育课程改革纲要》所提出的"新课程培养目标"仍然没有脱离开对全国发展教育分解的传统框架，尚未上升到文化的高度和全球的视野上。今天的中小学生，是祖国未来社会主义建设和参与国际竞争的主力军，自信自强而又尊重差异、能平等交往是必备素质。因此，在我国的基础教育课程改革中提升多元文化教育，不仅必要，而且十分迫切。只有真正实施多元文化教育，才能使我国几千年的多民族多元一体的优秀文化不断延续，也才能在平等交流的基础上批判地吸收外来的先进文化，从而让中华民族的文化发扬光大。

（三）双语教育

双语教育在一个多民族国家承载的不仅仅是语言的传承，更多的是文化的传承。我国民族众多，地域辽阔，语言类型和双语教育类型南北差异较大，因此，双语教育要有针对性地开展，而重点应该放在教授学生学会语言的内在机制上，因为语言的结构制约着人的思维，也决定着对外界的认知。

（四）教育学科和教育研究

文化相对论促进了教育学科的理论建设。在全球化和本土化互动的新时代，各种教育类型和教育方式具有其独特的价值。文化相对论分析模式

---

① 邓艳红：《多元文化视野下的基础教育课程改革——兼谈多元文化教育的实质》，《教育研究》2004年第5期。

将教育置于宏观的社会背景下考察教育与诸多社会现象之间的关系的特质，启发人们在跨学科领域以多种视角透视教育。只有在更广阔的社会语境下，教育研究才能在教育和其它学科之间加强互动，以教育学科为内核，渗透到其它社会、人文学科的各个层次去探讨它们之间的相互影响关系，并且关注教育与其它学科互相促进的内在驱动力，从而为教育研究获得一个更广泛的研究空间。

第五节　文化与人格学派

文化与人格学派诞生于1920年代，二战后得到迅速发展，至今对文化人类学仍有一定的影响，其代表人物有卡迪纳（A. Kardiner, 1891—1981）、林顿（R. Linton, 1884—1953）、本尼迪克特（R. Benedict, 1887—1948）、米德（M. Mead, 1901—1978）等人。文化与人格学派称谓繁多，如文化与基本人格学派、心理人类学派、民族心理学派等。他们认为，人们都具有特定的人格特征，这些特征在其文化中占有支配地位；人格与个性受文化限制，文化传统对人格形成有相当大的影响。

一、文化与人格学派的产生与发展

对文化与人格关系的研究是与博厄斯的认识分不开的，他认为，决定人类行为习惯的不是遗传因素，而是文化因素。他在《原始人的心理》（1911）一书中，明确提出了文化决定论。他认为，人类之所以有各种不同的行为模式，不是由其生物特性决定的，而是由各自独特的文化背景决定的，文化对人格具有决定性影响。

（一）理论确立时期

20世纪二三十年代是文化与人格研究的兴盛时期。一些人类学者认为，人的行为个性在童年早期就形成了，因而很重视儿童教养方式的研究。弗洛伊德的精神分析理论为此时的研究提供了理论支持。它隐含着这样一种假设，即源于一定文化价值观的儿童教养模式对人格塑造起着重要作用，因此每种文化中都有相似的或模式化的人格特征。

由于受精神分析学的强烈影响，文化与人格学派的早期代表人物，如本尼迪克特和玛格丽特·米德等人的著作里，充满了对早期儿童教养资料的描绘和分析。对于这些人类学家来说，社会化是个人与文化传递的根本问题，它利用责罚与奖励，利用内化了的双亲偶像，利用升华的欲望，使社会成员都纳入文化所期望的正轨之中；就是因为同一社会的成员从幼年学习同样的东西，参与同样的文化体系，所以具有同样的人格结构，下一代人学习上一代的传统，而成为他们的复制品。[①]在这种情形下，社会文化形态可以说与人格的构成有机地联系着。他们都相信，一个社会成员除去极少的变态外，大部分都是划一的复制，至少都尽可能地趋向于理想划一的人格结构。

这一时期的文化与人格学派在方法论上深受弗洛伊德儿童性格形成论的影响，但与弗洛伊德不同的是，在人类学者看来，不同文化有不同的幼儿养育方式和习俗。

（二）理论突破发展时期

儿童教养方式或社会化方式对人格形成的影响到底达到什么程度，同样的社会化方式所产生的人格构成真是划一而无差异的吗？20世纪四五十年代，已有人类学者意识到，群体人格和儿童养育理论无法解释文化内部人格的差异。他们还看到，把人格形成全部归结于儿童养育模式，会导致人类学者对其他制度性因素的忽视。[②]

一些人类学家采用泛文化的比较方法进行研究，他们企图比较人类学家在不同地区搜集的民族志资料，求证上述问题。这类研究的先锋是怀亭（John Whiting）和柴尔德（Irving Child）。1953年，他们根据默多克（G. P. Murdock）等人所建立的“人类关系区域档案”里有关儿童教养的民族志材料，选出65个不同的文化，加上他们自己选出的当代10个民族志报告，利用泛文化比较的方法验证一些假说，寻求文化与人格的关系，以

---

① 马前锋、孔克勤：《文化与人格：心理人类学的解释》，《心理科学》2007年第6期。

② 章光洁：《“文化与人格”的研究及其教育意义》，《江西教育学院学报》2014年第1期。

及文化透过人格的媒介而整合的过程，最终合写了一部著作《儿童教养与人格》。1961 年，安东尼・华莱士（Wallace）出版《文化与人格》一书。华莱士认为社会化过程并不是简单的世代之间的复制，使个人全部承袭上一代的传统。人在社会化过程中的心理状态极为复杂，而且个人的差异非常大。背景不同的人生活在一起，他们的行为可以表现得相当一致，但其心理却千差万别，因为社会成员的行为和动机之间是有差距的。[①]

这一时期的学者突破了早期学者认为同样的社会化方式所产生的人格构成是同一的基本人格理论。

（三）转向心理人类学时期

文化与人格学派对文化与人格关系的成功研究和建立的理论，标志着文化人类学界对心理学的把握已经脱离了简单的引用和验证阶段，走向了独立发展的道路。[②]60 年代，文化与人格学派改称为心理人类学。

通过对文化与人格研究的假说进行考察，心理人类学家提出了新的见解：个人在行为上的差异仅仅是由场景决定的，而不能超越场景进行宽泛的概括。早期儿童养育实践本身对成年后的性格并没有预设性的重要意义；情境的比较能力与文化变量是负相关关系，因此不能用个人差异研究的方法来解释文化的差异。[③]

二、代表人物及其主要观点

（一）玛格丽特·米德

玛格丽特・米德（Margaret Mead, 1901—1978）是博厄斯的学生，多次深入南太平洋开展田野工作，代表作《萨摩亚人的成年》（1928）、《新几内亚儿童的成长》（1930）、《三个原始部落的性别与气质》（1935）都是从儿童教养方式着眼的研究。

西方社会一度认为“青春期危机”是生理因素造成的，无可避免。米德则在研究中发现，萨摩亚的少女没有成熟期的烦恼，更谈不上少年犯罪，

---

① 马前锋、孔克勤：《文化与人格：心理人类学的解释》，《心理科学》2007 年第 6 期。

② 韩忠太、张秀芬：《学科互动：心理学与文化人类学》，《云南社会科学》2002 年第 3 期。

③ Anthony Wallace, *Culture and Personality*（2nd Edition）, New York, Random House, 1970.

因为萨摩亚儿童的教养方式不会引起压抑，儿童从小就受到很好的照顾。萨摩亚之行使米德得出结论：以往我们归诸人类本性的东西，绝大多数不过是我们对生活于其中的文明施加给自己的各种限制的反应。

人们传统上习惯认为，男女两性不同的心理活动和行为举止是由不同的生理结构决定的。米德在《三个原始部落的性别与气质》中提出："两性人格特征的许多方面（虽不是全部方面）极少与性别差异本身有关，就像社会在一定时期所规定的男女的服饰、举止等与生理性别无关一样。"她认为，文化对个人气质或人格的影响首先是从婴儿开始的。

米德在《文化与承诺——一项有关代沟问题的研究》（1970）一书中，着眼于整个人类文化史的发展，认为代沟的主要根源是文化传承的差异。她认为，全部人类文化传承可划分为三种基本类型，即前喻文化（Pre-figurative）、同喻文化（Co-figurative）和后喻文化（Post-figurative）。前喻文化，是指后辈向前辈学习的文化；同喻文化，是指后辈与前辈的学习都发生在同辈人之间，或者说是同时学习的文化；后喻文化则是指前辈反过来向后辈学习的文化。它们具有各自的重要特征。

无论是对萨摩亚人的青春期研究、对马努人的儿童的成长和教育的观察、对新几内亚三个原始部落的性别与气质关系的探查，还是对代沟问题的研究，米德都充分证实了文化多样性对人格和心理塑造的决定性作用。

（二）本尼迪克特

儿童教养方式的研究在二战时期得到了巨大发展，最突出的是本尼迪克特（Ruth Fulton Benedict, 1887—1948）的《菊与刀》（1946），她用日本社会的阶层性及日本传统的儿童教养方式来说明日本国民性的两面性。该书是对现代国家的民族性研究，具有更多的新精神分析学的方法论色彩。

文化与人格学派学者力图说明人格的文化可比性，依文化之别的界限来衡量人类心理与行为的类型。这一点在本尼迪克特的文化形貌理论中表现得最为明显。她认为，每一种文化都有主旋律，使之具有一定模式或具有区别于其他文化的特点。一般来说，主旋律就是"民族精神"。在《文化模式》（1934）一书中，本尼迪克特认为不同文化有不同的形貌。她借鉴尼采所使用的两个概念——日神型（Apollonian）和酒神型（Dionysian）代表相反的两种文化形貌。多布文化（新几内亚群岛）不同于以上两种文化模式，她称之为妄想或偏执狂型文化。按照本尼迪克特的观点，人类都潜在地存在着一种大致相同的性情，而文化是按照自身的传统模式来选择这些性情的。她认为，自身的性格与他所生长的社会的文化性格正巧吻合的人是十分幸运的；而生长在酒神型文化中具有日神型性格的人，或生长在日神型文化中具有酒神型性格的人，则往往被视为越轨或异常。她断言，如何判定正常或异常是由文化性质决定的。

本尼迪克特从对未开化社会民族性的研究（《文化模式》），到对现代国家民族性的研究（《菊与刀》），可谓达到了国民性研究的巅峰，她对文化差异的理论至今仍影响到诸多国民性的研究。

（三）卡迪纳

为了克服、修正群体人格理论的缺陷，卡迪纳（Abram Kandiner, 1891—1981）提出了基本人格结构理论。他所说的“基本人格结构”，是指一个社会或文化中每个成员在人格方面所共同具有的元素。一个社会的基本人格结构是由于这个社会的生产方式、家庭、婚姻、儿童养育等“初级制度”所造成的。初级制度不仅为宗教信仰和神话传说等“次级制度”所反映，而且通过社会的再生产造就一定的人格结构。卡迪纳反对把一定人格类型归属于一定文化，力图通过对人类共通的基本制度的理解，寻找人格形成的共性，解脱文化决定论的影响。

（四）林顿

林顿（Ralph Linton，1893—1953）认为，我们只能谈及某一文化中的人具有大致趋同的“众趋人格”，而无法讨论单一的民族性；文化背景塑造了一个人民共同体中具有代表性的人格，而不是完全雷同的人格。

林顿曾参与成立了一个文化涵化（acculturation）特别委员会，着重研究两种不同文化的接触、碰撞过程中文化的移入或适应的特点，这种移入或适应亦可称作涵化。林顿认为，所有社会都会想方设法地恒久保持其自身的文化，但通常都是无意识的，并且是作为个体社会化正常过程的一部分。只有当一个社会意识到除了它自身的文化外还有其他文化，而且自身文化受到威胁时，才会出现恒久保持文化的有意识有组织的努力。①

（五）许烺光

许烺光（Francis L. K. Hsu, 1909—1999）1961年在他主编的《心理人类学：对文化与人格的探索》里，主张以“心理人类学”（Psychological Anthropology）取代“文化与人格”研究这个累赘且不合适的称谓，并将他开发的“心理社会均衡理论”（Psychosocial Homeostasis）引进这个领域，以其核心“基本人际状态”（Human Constant）取代人格在研究中的作用。

许烺光在与人合著的《文化与自我：亚洲人与西方人的视角》（1984）一书中，对传统的人格观进行了批评，指出以往研究人格的学者将其看成是与社会和文化相分离的东西，更多地偏重于从心灵最深处采用精神分析方法进行研究。因此，他主张建立一种从社会、文化角度研究人格的理论。在该书中，他将人格与社会、文化的关系勾勒成一种多层同心圆的模式。②

三、文化与人格学派对教育的启示

（一）重视家庭教育，养成孩子的健全人格

文化与人格学派的众多研究表明，文化多样性是造成人格差异的主要原因，家庭氛围及儿童教养方式对人格的形成起着重要的作用。因此营造良好的家庭教育环境与文化氛围至关重要。

培养孩子的健全人格首先要形成良好的家庭教育环境，注重家庭的民主氛围，鼓励孩子在成长过程中独立完成任务，培养孩子的独立意识。要努力营造健康和谐的家庭气氛。父母不仅要养育孩子，更要用健康的情感关爱孩子，让孩子在自由与关爱中成长，有安全感和归属感。正如本尼迪克特断言，对正常或异常的评判是由文化性质决定的。面对孩子在成长过程中可能出现的各种“异常”行为，家长要有足够的接纳和宽容，允

---

① 李宏岩：《全球化与英美文化的传播》，《新闻战线》2014年第6期。

② 夏建中：《文化人类学理论流派——文化研究的历史》，中国人民大学出版社1997年版。

许孩子可能会有偏离，接纳差异，不能一概否定打压，否则可能将孩子推向极端。家庭是最可能养成孩子健全人格的环境，父母则可能成为最好的教育者。

（二）开展性别教育，摆脱性别刻板印象的束缚

按照米德的观点，两性人格差异是由社会文化所致，所谓的“男子气”和“女人气”都是可以改变的。性别角色不是与生俱来的，而是在社会化的过程中逐渐习得的。随着孩子的成长，父母、教师等通过各种社会化方式让他 / 她顺应了社会对性别角色的期许。

教育者必须认识到性别角色差异是文化规范的结构，必须摆脱性别角色规范和性别刻板印象的束缚。在社会化过程中，父母和家长要鼓励孩子学习优秀的个性品质，如独立、坚强、勇敢、善良等，而不应过分强化社会对两性的性别标签，性别角色社会化既要实现孩子的性别认同，也要为个体自由的发展创造空间。

（三）引入科学的性教育，培养孩子正确的性观念

米德在萨摩亚的研究中发现，青少年没有性方面的顾忌，不感到性的压抑。萨摩亚人对性行为的宽松虽然不能照搬到文明社会，但他们用自然、平静、坦荡的正面态度对待性，不回避性的问题，使青少年心理发展平稳过渡，值得借鉴。

因此，在成长阶段对孩子进行适合其发育特点的性教育十分重要。性教育要走在青春期的前面，家长应从小破除孩子对性的神秘感，有意识地介绍一些生理知识，作好进入青春期的准备，比如帮助男孩和女孩认识自己的身体。面对成长过程中孩子产生“我从哪里来的”的好奇，勿用“捡来的”等言语敷衍。进入青春期的性教育，应遵循尊重、倾听、理解、关怀和引导的原则，让青少年了解男女在身体结构、生理特点和心理特点上的差异，使他们对性生理的变化有充足的心理准备，实现青春期心理的平稳过渡。

（四）利用新媒体，实现共同学习

21 世纪的社会已经进入了成人与青少年共同发展、平等相待的历史时期，即米德所说的同喻文化，并将继续向后喻文化发展。在这种文化转型的过程中，传统的互动关系发生了动摇，成人与孩子几乎面对的是同一起跑线。今天的孩子成长在一个开放的环境里，他们所接受的教育是多向的，获取信息的途径是多样的。数字报刊、数字广播、手机短信、移动电视、网络、触摸媒体等新媒体正在逐渐被更多青少年所掌握，也改变着青少年对文化传承的理解。教育活动不再是已知带动未知，而是共同创造的过程。可以说，新媒体实现了"所有人对所有人的传播"。

新媒体的出现使青少年掌握了更多获取新信息的途径，在他们身上蕴藏着新的创造力，也蕴藏着青少年影响成年人的趋势。当今社会已进入终身学习的时代。教育者应转变传统的单向传递角色，主动调整互动方式，和孩子一起学习，实现共同学习的新教育模式。

（五）关注个体成长中的亚文化

亚文化受到主流文化的制约和影响，但也有着不同于主流文化的独特之处。正如我们看到米德笔下的萨摩亚女孩在宽松自由的社区氛围里或有关系密切的同伴群体，或是参加村庄的礼仪组织，或是忙于恋爱。

当今青少年成长环境中的亚文化，既有传统的同伴亚文化，也有新生的网络亚文化等。网络的普及，使很多青少年开始习惯网络化生活，虚拟的网络正在形成一种新的亚文化，由此影响到个体外在的语言、服饰、交友圈，以及内在的思维方式、情感等。面对社会文化整体变迁的背景，以及成人社会的意义期待和规定，青少年往往通过构筑属于自己的亚文化圈来寄托独立的愿望和冲动，并从中缓解和释放他们内心对自我状态的某种焦虑。[①]这种文化需求和愿望可能以隐性的、温和的、符合主流文化的形式表达出来，有时也可能采取极端的表达方式，以一种"对抗"的形象出现，这是青少年在缺乏宽容和认同的文化境遇下所产生的消极心理防御机制。

教育者应关注个体成长中的亚文化，对于那些与主流文化价值背离但

---

① 周晓燕：《青少年"反学校文化"：问题、意义与对策》，《教育学报》2006 年第 2 期。

又被青少年所接受的，应持有接纳的态度去了解学生的亚文化，帮助和引导青少年建构良性的多种亚文化相互促进的亚文化圈。

名词解释

1. 文化进化论学派：分为古典进化论学派和新进化论学派。古典进化论学派是文化人类学史上的第一个理论流派，活跃于19世纪60年代至90年代，主要代表人物为泰勒和摩尔根，主张人类的文化与各种动物一样，在经历了长时间发展后会产生变化，较“原始的”文化阶段往往会被“进步的”文化阶段所取代。新进化论与古典进化论的区别在于对待社会进化的原因和方式问题上提出了不同的观点，同时学派内部各学者之间的观点也各不相同，主要代表人物为怀特、斯图尔德、塞维斯、萨林斯和哈里斯等人。

2. 文化传播论学派：文化传播论起源于对文化进化论思想的批判，兴起于19世纪末20世纪初，主要代表人物有拉采尔、弗罗贝纽斯、格雷布纳、史密斯等。文化传播论学派把全部人类文化史归结为文化联系、借用、转移的现象，并指出人类文化之所以有共性，是由于文化的传播所致，传播是历史发展过程的主要内容，全部人类文化史归根结底是文化传播、借用的历史。这种传播包括三种不同类型的历史过程：一是基本传播，经由人的迁移而进行的传播；二是次级传播，经由直接的采借而产生的传播；三是再次级传播，由新观念的刺激而在新地区产生类似的文化现象。

3. 结构功能主义学派：该学派产生于1920年代，理论渊源来自19世纪的英法两国古典社会学家孔德、斯宾塞等。该学派又可分为功能主义、结构—功能主义、结构主义等，代表人物有涂尔干、马林诺夫斯基、拉德克利夫-布朗、列维-斯特劳斯等。他们主张把进化论和传播论中的历时因果关系转换成共时函数关系，把不同文化之间的要素比较变成各种文化体系之间的结构比较，把现存文化中的“化石”或“遗存”看成仍在文化体系中发挥功能的活制度，以结构功能观点研究社会文化，强调对现实的重视、分析与应用。

4. 文化相对主义学派：文化相对论起源于对文化进化论和文化传播

论的批判，兴起于20世纪40年代末50年代初。主要代表人物为：弗朗兹·博厄斯、赫斯科维茨、罗维、萨丕尔等人。理论要点主要有：第一，每一种文化都有其独创性和价值；第二，解释不同文化的价值及所产生的文化背景应持相对的观点；第三，每个民族的文化都有其“文化核心”，文化没有“落后—进步”、“原始—文明”之分，没有一种文化比其他文化更为优秀，也不存在一种超然标准能证明有理由将自我文化的标准强加于他者文化；第四，异文化间应承认差异、相互尊重、相互理解。

5. 文化与人格学派：文化与人格学派诞生于1920年代，代表人物有卡迪纳、林顿、本尼迪克特、玛格丽特·米德等人。文化与人格学派称谓繁多，如文化与基本人格学派、心理人类学派、民族心理学派等。理论要点为：人们都具有特定的人格特征，这些特征在其文化中占有支配地位；人格与个性受文化限制，文化传统对人格形成有相当大的影响。

思考题

1. 简述文化进化论的两个阶段及其主要的代表人物和观点，以及对教育的启示。
2. 简述文化传播论学派的主要代表人物和思想及其对教育的启示。
3. 简述结构功能主义的主要代表人物和思想及其对教育的启示。
4. 简述文化相对主义流派主要代表人物和思想及其对教育的启示。
5. 简述文化与人格学派主要代表人物和思想及其对教育的启示。

推荐阅读书目：

1. 黄淑聘、龚佩华：《文化人类学理论方法研究》，广东高等教育出版社1997年版。

　　该书系统总结了文化人类学发展历程中各个学派的主要代表人物和思想，以及各个学派的方法论。编写体例上按照学科发展的历史脉络，就学科诞生至当代人类学的发展思潮，逐一作扼要的介绍，并加以评论。

书中引用中外文资料丰富，观点简明扼要，是一本了解文化人类学理论与方法的重要阅读书目。

2. 夏建中:《文化人类学理论学派——文化研究的历史》，中国人民大学出版社 1997 年版。

本书详细地介绍了文化人类学理论中的十大理论：古典进化论学派、传播论学派、历史特殊论学派、法国社会学学派、英国功能主义学派、文化与人格学派、新进化论学派、结构主义人类学、象征人类学、解释人类学，是了解文化人类学基本理论的重要参考书目。

3. 奈杰尔·拉波特（Nigel Rapport）、乔安娜·奥弗林（Joanna Overing）著，鲍雯妍、张亚辉译:《社会文化人类学的关键概念》，华夏出版社 2005 年版。

本书是人类学学科一本理想的指南，清晰而可信地界定并讨论了一些具有持久价值的核心概念，包括相异性、流言蜚语、控制、亲属制度、阴性书写、家与无家、人权、深描、叙事、暴力等。每一个关键概念的条目都配有相应的交叉参考说明和详细的参考书目。本书讲述了以往和当前以及未来可预见的讨论，将人类学置身于一个宽广而变化的人文视野之中加以审视，并汲取和借鉴了其他相关学科的大量资源，如哲学、心理学、社会学、文化学、文学批评以及语言学等。对于学习和教授人类学的人来说，这是一本极好的参考书，亦可为有兴趣了解“人类学智慧”的人提供一个问题式的研究性路标。

4. 弗雷德里克·巴特等著、高丙中等译:《人类学的四大传统》，商务印书馆 2008 年版。

本书详细介绍了人类学在英国、德国、法国和美国的传统，它是读者在了解人类学基本理论知识之后，对不同国家研究传统和研究特色进行详细了解的一本重要的参考书。正如美国人类学家乔治·马库斯所说：“它是第一本对欧美人类学的历史进行跨国研讨的著作。对任何想知道人类学如何在不同的背景中兴起、走过了怎样的历程又将向何处去的读者来说，本书是一个绝好的资源。”

5. 凯蒂·加德纳、大卫·刘易斯著，张有春译:《人类学、发展与后现代挑战》，中国人民大学出版社 2008 年版。

人类学与发展在很多方面有着共同的活动场景，然而，它们的关系一直不稳定。由于在前提、方法与目标方面彼此存在很大的矛盾，从事人类学与从事发展工作常常分离开来。本书通过探讨发展研究的基本要素，以及参与发展对人类学家而言意味着什么，缩小了发展与人类学的差距。作者认为，人类学与发展之间的双向对话是可能的，并提出了关于全球与地方、国家与社会、贫困与权力分界的重要问题。通过详细的个案研究与个案所提出的问题，作者概括了发展的主要社会问题，并指出人类学视角对发展政策的制定与发展实践能够起到积极的作用。同时，对教育也有着积极的启示意义。

第四章　教育人类学理论流派

国外教育人类学学科形成于20世纪中期，经过半个世纪的发展，形成了以德国、奥地利等国为代表的哲学教育人类学和以美国为代表的文化教育人类学两大流派。在文化教育人类学流派中，又可以划分为主要由人类学家组成的教育人类学理论学派和以教育学家组成的多元文化教育理论学派。本章主要介绍各个学派的代表人物及其理论观点，希望能够使读者对教育人类学有进一步的了解。

第一节　哲学教育人类学学派

一、博尔诺夫

（一）博尔诺夫生平综述

博尔诺夫（1903—1991）是现代德国教育哲学的重要代表人物，借日本学者冈田英明的话来说，他是“德国教育学的世界权威”。[①] 博尔诺夫出生在波莫瑞（Pomorze，现属波兰）地区的一个小城市。他从1921年起在柏林大学学习物理学、数学等，并在那里获得了博士学位。1927年，在跟随海德格尔学习期间接触到了狄尔泰的哲学思想，后潜心研究并写出了《狄尔泰——其哲学的入门》一书。不久，二战爆发，他着手探讨生命哲学，撰写了《情绪》与《敬畏》两本著作。博尔诺夫的著作除了前面提到的以外，还有《朴素道德》《生命哲学》《存在哲学与教育学》等。

博尔诺夫深受生命哲学、存在主义哲学和哲学人类学的影响，形成了

① 崔录、李玢:《现代教育思想精粹》，光明日报出版社1987年版。

自己的教育人类学理论，其创新之处在于把哲学人类学与教育学思想在某个程度上相互融合在一起。博尔诺夫曾说过，他最喜欢也最享受的过程就是研究哲学与教育学交叉领域中的问题，尤其关注人的存在、人的生命问题。他的教育人类学理论实际上是把哲学人类学的问题成功地应用到教育学领域。为了避免误解，博尔诺夫宁可不称其为教育人类学，而称其为教育学的人类学观察方式或者简称为人类学的教育学。[①]

（二）博尔诺夫的主要理论观点

1. 非连续性教育观点

从以往的教育学发展史中，我们可以发现有两种典型的教育过程的理念：一是教育的工艺学观点——“制作”的教育，二是教育的器官学观点——“顺其自然发展”的教育。不论是“制作”的教育还是“顺其自然发展”的教育观点，教育学派都具有一个相同的认识，即认为教育是一种塑造过程，是一种连续不断的活动，但是博尔诺夫却注意到了生命过程中更具有根本性意义的非连续性成分。所谓的非连续性教育通常认为，生命过程中的非连续性成分更具有根本性的意义，突发的非连续性事件也是一种具有影响意义的教育途径。

（1）危机

存在主义哲学对生存有如下定义：人只要生存着，任何时候都会处于危机之中。人们通常把突然出现的较大且令人担忧、导致可连续生活进程中断的事件称为危机。这类危机不仅会产生于个人的私生活中，也会出现于各种组织和社团的社会生活中。比如，人不仅在患病过程中会遇到生命危机，还会遭遇其他诸如精神领域的发展危机、成熟危机、信仰危机、家庭危机等，在社会领域也有经济危机、政府危机等，只要是由于无法摆脱的困难而中断了正常生活的都属于危机。[②]

博尔诺夫认为：“人只有通过危机——基本上没有其他途径——只有通过这种最大的威胁才能获得真正的自我，亦即获得一个稳定的、不受任

---

① O. F. 博尔诺夫著、李其龙等译：《教育人类学》，华东师范大学出版社 1999 年版，第 33 页。
② 同上书，第 62 页。

何影响的、对自己负责任的状态。只有这样，人才能成为真正合乎道德的人。……任何人除了坚定地度过困扰人的危机以外就不能获得内在的独立性。只有在危机中或经历过危机，我们才能成熟起来。”[①]所谓危机，可以说是危险和机遇伴生的，当一个人遇到危险的时候才能迫使自己进行反思，作出改变，更加努力地去寻找生存之道。“安而不忘危，治而不忘乱，存而不忘亡”——这是治国安邦之策，也是人的生存之道。让自己置身于危机感中，能激发人潜在的创造力、生命力和自信心。“这就是说，我们可以把危机理解为开创新起点的机会。危机越严重，度过危机的决心越大，危机后的一种重新开始的清新感就越酣畅。”[②]

当危机威胁到受教育者的正常生活时，教育者必须无条件地帮助受教育者摆脱危机，恢复正常生活。年轻人生理、心智都处于未成熟阶段，危机会在其心理、生理上产生影响，教育者一定要让他们了解危机的本质，帮助他们正视并顺利渡过危机。

（2）遭遇

博尔诺夫只把少数重大的特定的经验称作遭遇，“遭遇无论如何只是一种非连续的形式，它以粗暴的方式突然地中断通常是连续性的生活过程，并给其一个新的方向。”[③]我们往往可以从这些遭遇过程中了解一个人的内心，得出一些人生真谛。所以当遭遇某些重大事件时，教育工作者应该适时地引导和启发受教育者认识自我、改变自我、战胜自我；又因为遭遇是不以人的意识为转移的，而且也没有固定的有效措施进行补救，所以教育工作者能做的只有在遭遇发生之前，提醒受教育者做好准备，尤其是做好心理准备。

2. 可教育性观点

博尔诺夫认为，人类学的第一个基本问题就是人对教育的需要性问题。

---

① O. F. 博尔诺夫著、李其龙等译：《教育人类学》，华东师范大学出版社 1999 年版，第 63—64 页。

② 同上书，第 64—65 页。

③ 同上书，第 58 页。

他认为人初到世上是无能为力的，只有通过教育才能具备生活能力。人之所以具有接受教育的基本前提是人具有可塑性，这表现在人的生理机能和心理机能上是“未确定”的。不像其他动物生下来就能够站立、有皮毛的呵护、有先天的特殊能力，人生下来就存在着这样那样的缺陷，必须经历慢慢的成长过程，才能了解、适应环境，并达到自我实现的一种境界。这种自我实现的过程，恰恰体现了人的可塑性。

博尔诺夫认为，人是一种文化生物，有缺陷，相对于动物来说有很大的弱点，只有在人工创造的环境中，在某个文化中，才有生活能力。[①] 人是生物性和文化性综合的统一体，一生下来就进入了一个文化的世界，只要你有感觉、有思想，文化就会对你产生影响。你所认知的一切事物，都有雄厚的文化背景，只要你接触了某一类文化，就不可避免地会受到这种文化的影响。因为人具有缺陷性、未完成性，所以只有慢慢地学习才能够改变，从而适应环境生存下去。这是以人具有可塑性、可教育性为前提的。博尔诺夫认为，“正是由于通过较高的能力来弥补现存的缺陷这种必要性，人成了‘不断求新的生物’，成了虽不完美，但因此而能不断使自己完美起来的生物。”[②] 人的这种缺陷性的生物素质与人的文化性、可塑性相互补充，才成就了现在的人类文明。

3. 教育人类学的方法原则

（1）人类学还原原则

还原原则要求一切文化现象都要从人这个根源去认识，因为人是“产生文化的生产场所”，是一切文化现象的源泉。通过还原，我们可以观察作为一切人类本能作用的文化成就，从而限制其要求。还原意味着把交替出现的具体文化回归到人类的起源中去。人是创造文化的源泉，文化反过来又限制人的生活，要真正地认识文化必须还原到人本身去。

（2）工具原则

人类学的还原原则是通过创造者（人类）去考察文化，而工具原则就

---

① O. F. 博尔诺夫著、李其龙等译：《教育人类学》，华东师范大学出版社 1999 年版，第 36 页。

② 同上书，第 67 页。

通过人类创造的外部客观文化领域来了解人类本身。人不能通过反省而认识人类本身，只能通过客观文化来认识自己。把文化作为一种工具来认识人类自身，这就是“工具原则”的原理。

（3）人类学对个别现象的解释原则

这是最普遍的方法论原理。人类生活中并不只存在文化现象，还有很多诸如情绪、本能、情感等非文化现象。这些非文化现象并不是客观存在的，而是蕴含在人的生命之中的，它与个体生命是不可分离的。因为我们不能够通过这些非文化客观现象来理解人类本身，所以就需要通过个别现象来解释人类与这些现象之间的关系以及人类本身。

（4）开放问题的原则

这一原则强调，人会随着阅历的不同而改变，因而不可能对人进行全面完善的了解，这就要求我们以一种开放性的眼光去看待人类本身。不论是对人的本质的认识，还是用于了解人类本身的方法原则，都需要以一种开放性的眼光去接纳。

二、赫勃尔特·茨达齐尔

（一）茨达齐尔生平综述

赫勃尔特·茨达齐尔（1928—）是奥地利著名的教育人类学家。他1950年在维也纳大学通过高级中学教师资格考试，1953年获维也纳大学哲学博士学位，1960年获奥地利联邦教育部国民教育奖，1961年在维也纳大学从事成人教育教学工作，成为联邦德国波恩大学著名教授德博拉夫（J. Derbolav）的助教，1971年升为维也纳大学教育学副教授，1973年升为教授，1977—1979年为维也纳大学基础科学与综合科学学院院长，1981年起为奥地利科学院通信院士，1998年退休。茨达齐尔发表了大量的论文和著作，主要专著有《活的智力，成人教育目的与任务》《教育人类学》《成人人类学与心理学》《成人教育手册》（第三卷）等。其中，《教育人类学》已被译成多种文字。[①]

---

① 赫勃尔特·茨达齐尔著、李其龙译:《教育人类学原理》，上海教育出版社2001年版。

（二）茨达齐尔的主要理论观点

1. 论证教育人类学的两个问题

茨达齐尔认为教育人类学有两个问题：第一个问题是以人类学为目的的教育学，即教育人类学可以理解为教育学对一般人类学的论证，[①] 其研究对象是把人作为可教育和需要教育的生物，任务是“在说明人的本质角度上研究教育行动与情景”；第二个问题是以教育学为目的的人类学，即教育人类学是在教育领域中使用人类学观察方式有效地说明教育学问题。茨达齐尔认为，教育人类学并非对人的一般学说的理论，而是要在教育学范围内使用人类学观察方式有效地说明教育学问题。因此，教育人类学应该是一种以教育学为研究目的的人类学。[②]

2. 人的本质

茨达齐尔认为，教育人类学着重研究人的本质问题，要想了解教育人类学首先就要了解人的本质，并用人的观念概括教育的初步观念。（1）人是具有本能的生物。茨达齐尔认为人具有像动物一样的自然本能：维持生命和传宗接代。（2）人是有反思性的生物。茨达齐尔认为只有人才生活在对实际的思想传递和传递关系中；人通过自我意识，能够使自己采取相应的行为和态度；人通过反思，形成了有意义的语言、自我认识、自我意识以及自我调节等独有的特性。（3）人是自决的生物。人的自决是人通过有计划的预料和有意识的认识对结果所作的决定。（4）人是自我塑造的生物。茨达齐尔认为，人在反思和自决的过程中产生了各种态度、能力和才干，并完成着自我塑造的过程。（5）人是需要教育的生物。教育作为鼓励，促进受教育者的自我陶冶行为，其作用是对人的“自我实现”的帮助。人能通过反思对其行为进行自决，但是由于个体不同，采取的行为也有所不同，要使其行为能够适应社会发展，就必须接受教育。[③]

---

① 祁进玉：《中国教育人类学研究的现状与反思》，《湖南师范大学教育科学学报》2009年第4期。
② 祁进玉：《教育人类学研究：中国经验30年》，《民族教育研究》2009年第5期。
③ 赫勃尔特·茨达齐尔著、李其龙译：《教育人类学原理》，上海教育出版社2001年版。

3. 人的社会化教育

茨达齐尔开创了成人人类学研究的先河，成人人类学是通过成人教育学的研究实现对人的本质的了解。社会化教育是成人人类学理论的精髓。社会化就是一种塑造自我、影响自我和决定自我的过程。所谓社会化，其主要概念为：每一个社会都有固定的制度和各类型的社会关系，个人的行为、表象、观念等都力求与社会一致，这便是社会化。[①] 社会化过程有两种形式：一种是使受教育者取得学习结果的过程本身——激发机制，另一种是必须学习的内容——“设定”活动和对主体本身作出的学习活动的激励（这里的激励可以包括从提供内容直到要求或强制学习者掌握、顺应某种角色的行为之类）。[②]

社会化的途径可以分为三种：（1）家庭社会化。家庭对于个体而言，是出生后接触的第一个社会化情境，第一个接受教育的场所。家庭在社会化中位置独特、作用突出。人并没有与生俱来的知识、文化，而是通过家人的言传身教，在语言、情感、角色、经验、知识、技能与行为规范方面得到更好的学习和认识。父母是孩子的第一批老师，也是家庭社会化的主要推动者。（2）学校社会化。学校是有组织、有计划、有目的地向个体系统传授社会规范、价值观念、知识与技能的机构。到了一定的年纪，人就应该接受系统、固定的社会化教育，学校就成为社会化的重要场所。学校教育教会学生公共的常识、有系统的文化价值（如道德、责任、义务等），并为学生提供广泛的社会互动的空间和机会。学校就是一个小社会，是学生逐步了解社会、认识自己、塑造自己的重要场所。（3）职业社会化。职业社会化是成人社会化的重要手段，职业是成人接受社会化的重要因素。真正踏入社会后，人们学习技能，遵守规范，扮演角色，真正适应现实生活，职业就是连接社会的一个纽带。职业社会化就是随着他的职业训练、工作性质以及在工作岗位上的社会关系而确立的。职业可以促进个人对于团体

① 詹栋梁：《教育人类学》，五南图书出版股份有限公司 1993 年版，第 416 页。

② 赫勃尔特·茨达齐尔著、李其龙译：《教育人类学原理》，上海教育出版社 2001 年版，第 108 页。

的归属感，并可培养就业者的兴趣，可以安排生活、指导生活、提高工作的训练方式。[①]

4. 游戏的教育学含义

茨达齐尔认为游戏具有两种特点：能够使游戏者心情愉悦，能够使游戏者得到自我满足。也就是说，游戏者是带着使其心情愉悦或者能够达到自我满足的目的进行游戏的，并不带有其他过多的目的进行活动，但是这并不代表游戏者只能达到心情愉悦和自我满足的目的，还可以产生很多意想不到的效果和影响，如游戏者可以在游戏中得到身心的“休息”，对从事枯燥乏味的劳动负荷作“补偿”，在游戏中得到“学习”。如果游戏者在游戏中得到了学习，那么游戏也就存在着教育意义。

茨达齐尔指出，游戏具有多种多样的教育意义，但是并不代表教育者就可以毫无禁忌地通过游戏实现其教育目的，因为不管儿童还是成人，游戏并不是为了实现其教育目的，而是为了得到身心愉悦和自我满足。“如果教育学忘记了虽然自己应有助游戏的实现，人能学会游戏，但教育意图往往会与游戏冲突的这一点，那么教育学就成了游戏的首要破坏者。此外，如果教育学只有认知目的和在任何情况下只有社会心理目的，而忘记了人的其他方面，人的艺术、创造、想象，那么他也会成为游戏的最大破坏者”。[②]

第二节 文化教育人类学理论学派

不同于哲学教育人类学重人本哲理，文化教育人类学受命于特定文化范式，强调在研究中凸显文化背景，注重运用跨文化比较研究方法，以探究文化如何通过教育延续，以及教育与文化的关系。1950年代之后，文化教育人类学逐渐发展成为两个流派：一是教育人类学理论学派，主要以美国人类学家斯宾德勒和奥格布为代表，继承了英美文化人类学的理论框架、

---

① 詹栋梁：《教育人类学理论》，五南图书出版股份有限公司1993年版，第418页。

② 赫勃尔特·茨达齐尔著、李其龙译：《教育人类学原理》，上海教育出版社2001年版，第180页。

概念与田野工作方法，并运用到教育的理论与实践之中；二是多元文化教育学派，以美国的詹姆斯·班克斯（James A. Banks）和英国的詹姆斯·林奇为代表，继承了英美文化人类学文化相对论观点，并将其与美国社会民族理论相结合来研究教育的理论与实践问题。[①]本节主要对斯宾德勒和奥格布的学术思想脉络进行简要梳理，旨在呈现文化教育人类学的主要思想。

一、乔治·斯宾德勒

（一）生平与学术发展背景

斯宾德勒（1920—2014）出生于美国的一个新移民家庭，父亲是中威斯康星州立师范学院（Central State Teacher' s College in Wisconsin）的一名教授，主要教授哲学、伦理学等课程，常带着年幼的斯宾德勒习读古典名著、鉴赏希腊艺术，并教会他拉丁文和哲学。母亲任职过多个职位，是一位精力充沛且富有行动力的女性。由于从小就受到良好家庭教育的熏陶，斯宾德勒具有渊博的学识。1940 年获得理学学士头衔之后，他选择在威斯康星州担任高中教师，在那里他遇到了同为教师的女孩——露易丝（Louise Schaube），并于 1942 年结为伉俪。[②]此后的半个世纪，斯宾德勒夫妇也同样为人类学与教育学的联姻而奔走，最终促进教育人类学学科发展成为一门独立的学科。

1950 年代，美国正处于种族、政治问题凸显时期，因种族文化而产生的冲突投射在教育领域中，表现为主流社会文化中的弱势群体儿童学业失败等问题，这引起时任美国斯坦福大学人类学系主任的斯宾德勒的关注与思考。1954 年，斯宾德勒组织并主持召开教育人类学史上享有盛名的“斯坦福教育与人类学研讨会”（Stanford Conference on Education and Anthropology），会议主要突出教育问题在人类学领域的地位，探讨人类学家在教育中的角色，为未来教育与人类学的制度化关联拉开了学

---

① 滕星:《教育人类学的理论与实践——本土经验与学科建构》，总序第 1 页，民族出版社 2009 年版。

② George D. Spindler, Louise S. Spindler, “The Lives of George and Louise Spindler,” *The Psychoanalytic Study of Society*, 1992, XVIII, pp. 3—4.

术序幕。[1]会议成果是出版了由斯宾德勒主编的论文集《教育与人类学》（*Education and Anthropology*, 1995），倡导运用教育民族志的方法研究学校教育，从而开启了运用人类学的理论和方法研究学校教育的范式。在千禧之年出版的《人类学与教育学的五十年：1950—2000》（*Fifty Years of Anthropology and Education: 1950—2000*），汇集了他的代表性研究成果。可以说，斯宾德勒的学术生涯本身就是一部教育人类学的成长与发展史。因此，在学术界他被誉为"美国教育人类学之父"。

（二）理论观点

斯宾德勒的研究范式和理论都具有前沿性。在斯宾德勒之前，美国教育文化人类学还集中于对"他者"文化的研究，但是斯宾德勒成功地将研究对象从"他者"转向了"自身"，将研究场域从"异域"转向"当下"，将田野从"社会"转向"学校"，即将教育人类学的视野从村野、部落、族群引向学校教育的本土化研究。[2]他在教育人类学研究中建构的理论主要有：

1. 文化理疗理论（Cultural Therapy Theory）

斯宾德勒指出，学校文化代表的是一种主流文化，当非主流群体儿童脱离了原来传统文化情境进入到主流文化情境中学习时，会因文化非连续性或文化冲突而面临文化的断裂感。同时，教师的文化站位（主位／客位）和个人经历导致他们在与学生的教学互动过程中存在选择性偏见，他们往往偏爱那些与自己文化背景相似的儿童，而忽视异文化背景的儿童，结果是使有潜质的弱势群体儿童成为教育的牺牲品。为了克服因文化断裂和假定偏见引起的学业失败，斯宾德勒主张对学生和教师实施"文化理疗"。

文化理疗（Cultural Therapy）是指人们在对自身文化达到觉悟的过程中，也要学会感知其他文化，并能够意识到文化是一种潜在的偏见，从而能从不同文化角度对教育现象和问题进行比较分析考虑，研究其发生发展的动因特点，概括一般规律，有历史纵向比较和国别横向比较、有宏观比

---

① M. E. Eddy (1987), "Theory, Research and Application in Educational Anthropology," in Spindler ed., *Education and Cultural Process*, 2nd ed., p. 14.

② 单晓溪：《斯宾德勒教育人类学思想研究》，东北师范大学 2014 年硕士学位论文。

较和微观比较之分，或作水平比较和类别比较之分。斯宾德勒在关注本土化研究的同时，极为关注跨文化的观点和视野，坚持主张在比较研究或跨文化研究的基础上对学校进行分析概括，为研究者和政策制定者提供了解其他社会及自己社会中的教育制度的一个新的视角。①

对学生而言，“文化理疗”的目的是帮助他们在接受跨文化教育的过程中，唤醒主体意识，既要增强对主流文化的理解，也要保持对自身文化的信心，并具备应对不公正对待的能力。对教师而言，就是帮助他们了解自身的文化定位，自觉转变在与弱势群体儿童交往时所表现出来的由文化预设或无意识因素而采取的否定态度，抑制不自觉的文化偏见，避免主流文化霸权在校园滋生与蔓延，实现文化对话（Cultural Dialogue）。②

2. 跨文化比较研究（Cross-Cultural Comparison）

教育人类学从文化与人格研究中继承了一种浓厚的比较研究方法，即从不同文化角度对某些教育现象和问题进行比较研究，探究其发生的动因，阐述其一般规律。1959 年，斯宾德勒选择德国舍恩豪森和美国罗斯维尔的两所小学进行了实验比较研究，主要是比较教师的教育方式、期望和学生的集体规范，并用录影带对课堂教学进行记录。教室作为宏观整体中的微观样本，通过解读它就能发现隐藏其后的两国不同的文化观念对师生互动模式产生的潜在影响。斯宾德勒经过对比研究发现，德国的课堂呈现出很强的教师中心倾向和标准化的期望；而美国的课堂则呈现出较为松散的结构，教师与学生互动中更多扮演的角色是促进者，以挖掘孩子的最大潜能。随后，斯宾德勒给两国的老师、学生和管理者播放自己班级和另一个班级的录影带，并请他们作出回应。结果发现，教师倾向于用看待他们自己的班级的眼光感知其他班级的课堂行为，德国教师认为美国课堂松散无纪律，而美国教师认为德国课堂呆板、学生自主性受到抑制。在这个案例中，德

① 袁同凯：《George D. Spindler 与文化教育人类学的成长——兼述弱势群体或少数民族在学业上遭遇的不公平对待》，《西北民族研究》2010 年第 3 期。

② George Spindler（1993）. The Process of Culture and Person: Cultural Therapy and Culturally Diverse Schools.

国和美国文化背景没有在事件发生时被赋予完全感知力，隐匿文化态度洋溢在项目的各个方面。随后，斯宾德勒为两国教师创造互动空间，对录影带进行正确释义，使他们意识到自己教学行为背后隐匿的文化态度，互相迁就与借鉴对方学校实践特色与教育理念，提升自己的专业化水平。[①]

3. 教育民族志研究（Ethnography in Education）

人类学有着一套严谨的研究方法，那就是田野工作、民族志撰写和理论建构。作为文化人类学家，斯宾德勒希望用人类学的方法和概念来研究教育过程。1982 年他编著的《做学校民族志》（*Doing the Ethnography of Schooling: Educational Anthropology in Action*, 1982）出版，他通过大量的理论和实证研究阐释如何从民族志视角出发来研究学校教育——教育民族志。[②] 他不拘于做安乐椅式学者，与妻子露易丝一起走向田野，从威斯康星州的梅诺米尼印第安人到加拿大的血色印第安人，从美国的罗斯维尔到德国舍恩豪森的村民和乡村教师……通过与当地人积极对话，不断回访，全貌性描写田野工作的具体环境，关照教育过程，实践了他的观点——研究要使陌生变得熟悉。[③]

教育民族志研究范式着重于探究教育事件发生的文化情境，即根据情境来阐释教育问题，其关键在于研究者要主动融入研究对象所处的社会文化情境，发现、辨识研究线索，内化研究场域的文化内核，用参与观察和深度访谈等方法收集资料，运用三角检测法复核资料来源，转化和诠释资料，撰写民族志，阐释教育问题最深层次的原因。简而言之，教育民族志的研究过程为“资料收集—资料分析—撰写民族志”。这一研究过程具有循环性，需要教育研究者反复观察，多次回访，重复验证假说，保证结论的客观有效性。80 年代后期，教育民族志关切点从异文化研究转向本土研究，个案民族志研究蔚然成风。对此，斯宾德勒指出，教育民族志已经从早期的一种为文化人类学提供资料的手段发展成为教育人类学学科的核心。

---

① 鹿晓莹：《斯平德勒教育人类学思想研究》，西南大学 2011 年硕士学位论文。

② George Spindler（1982），Doing the Ethnography of Schooling: Educational Anthropology in Action.

③ George Spindler（2008），“Using Visual Stimuli in EthnograPhy,” *AnthroPology & Education Quarterly*, Vol. 39, p. 137.

二、奥格布

（一）奥格布生平综述

奥格布（1939—2003）是美国乃至世界少数民族教育领域最有影响力的学者之一。他丰富的研究成果集中于美国黑人白人成就的不平等和少数民族学生在学校学业的成功与失败两大块。他的作品在教育领域和人类学领域都被广泛引用，是美国最负盛名的人类学家。奥格布出生于尼日利亚埃伯尼（Ebonyi）的一个叫做尤缪兹库（Umuezikwu）的小村子里，他的父母都是农民。在他早期的教育中，他曾参加长老会任务学校，在教师培训学院学习过一年，之后教了两年的高中。1961 年，为了达成当长老会牧师的目标，奥格布接受了去普林斯顿大学神学院学习的奖学金。在普林斯顿，他发现需要更多地了解自己的社会，一年之后奥格布转学到加州大学伯克利分校，在那里他分别于 1965 年、1969 年和 1971 年获得了他的人类学学士、硕士和博士学位。1970 年奥格布成为加州大学伯克利分校的助理教授，1976 年他获得了终身任职，1980 年被提名为正教授，后一直任教到逝世。[①]

（二）奥格布的主要理论观点

1. 工业社会中少数民族地位和学校教育

这是奥格布的研究重心。他早期曾提出了阶层化社会理论，借用“卡斯特”的概念，从宏观族群社会阶层分析角度来研究少数民族学生的低学业成就问题。随着研究的进展，奥格布又对其理论进行修正，提出了文化模式理论。他将少数民族分为自愿移民和非自愿移民两大类，并从五个层面进行比较分析，使其理论更加充实完善。

（1）阶层化社会理论

奥格布在学术研究的初期一直致力于从社会阶层差异方面探求少数民族学业成就低的原因，为此他发表了一系列论著，其中《少数民族教育与等级制度》一书是其代表作，集中论述了其阶层化社会理论。奥格布认为美国是类卡斯特文化社会体系。美国一些受压制的少数民族，长期受到白

---

① 王婧:《奥格布（John Uzo Ogbu）教育人类学思想探析》，中央民族大学2006年硕士学位论文。

人主流文化社会的不公正对待，白人主流族群与少数民族关系紧张，使美国社会形成了类卡斯特阶层社会，即以种族建构社会劳动体系，依照种族背景规定就业机会，因而存在着职业限制，致使某些少数民族不成比例地集中于低阶层职业。这种由类卡斯特阶层社会造成的以族群特征而划分的职业限制，给受压制的少数民族及其后代形成负面影响，导致少数民族学生在学校学习中缺乏高成就动机，最终“自行应验”获得低教育成就，并由此进入低社会职业阶层。因此，奥格布认为，解决受压制少数民族学生的低学业成就，不能只着眼于解决教室中和校园里发生的问题，更应该从改造整个社会制度入手，彻底铲除“类卡斯特社会”制度。

（2）文化模式理论

文化模式理论是奥格布修正阶层化社会理论后提出的一种综合性理论模式。他试图从传统文化、族群历史经验、族群生存策略以及族群关系的多重角度，寻找解释少数民族学生学业成就高低的原因。该理论从人类学的文化相对论立场出发，认为任何一种文化模式或民俗体系都有其价值，没有优劣或先进与落后之分。由于文化模式异同、不同族群的学生的学习行为呈现积极与消极之分，学习结果也因此会呈现优与劣之分（表 4-1）。

表 4-1 奥格布的文化模式理论[①]

族群类别 / 文化模式	自愿迁入少数族群 Voluntary Immigrant Minority	非自愿迁入少数族群 Involuntary Immigrant Minority
参照架构	积极性参照架构，态度乐观	消极性参照架构，态度悲观
族群理论	社会歧视是暂时的，应以教育改善个人社会经济地位	社会歧视是长期而制度化的压制，受教育不能改变
生存策略	涵化而不同化，重视教育	消极顺应或集体抗争，不重视教育
社会认同	认同并保存本民族文化，但不排斥主流文化	认同并保存本民族文化，排斥主流文化
与强势族群的关系	认同强势民族，信任社会制度与学校教育	与强势民族对立，不信任社会制度与学校教育

① 谭光鼎：《原住民教育研究》，五南图书出版股份有限公司 1998 年版。

非自愿移民少数民族是指祖先被迫移民到美国的少数民族，如美国黑人等。以美国黑人为代表的非自愿移民少数民族长期受白人主流族群的歧视和压制。因此，他们在受教育的态度明显表现为悲观而顺从，不相信他们的子弟接受教育并努力学习就可以改变他们的境况。他们将种族歧视与职业限制视为受难的标记和族群认同的记号，认为主流民族对他们的歧视与压制是由社会不合理的制度造成的，教育无法改变他们的现状。他们采取了消极顺应与抵制接受白人学校教育、认同本民族的文化、排斥主流族群文化等一系列集体抗争策略，并因此发展出一种次级文化以保持族群边界，维护族群认同。这些对非自愿移民少数民族子弟在白人中产阶级学校学习造成十分不利的影响，这就是以美国黑人为代表的非自愿移民少数民族子弟在白人中产阶级学校里学业成就偏低的一种合理解释。

2. 集体认同

奥格布主要研究人们的自我认同感，如他们是谁，他们属于什么或是如何感觉。他着重研究了社区力量，总结了黑人学生在学校的策略，比如他认为黑人学生在学校里取得好的学业成就要假扮白人，并要采用一定的策略与其他黑人群体周旋，不然的话会被群体排斥。

3. 文化与智力——文化生态理论

奥格布着重从跨文化的角度研究文化和文化改变对认知能力的影响，以及文化如何塑造和重新塑造人们的思想。他提出了文化生态理论，强调文化环境的重要作用。奥格布 1982 年发表的《社会化：一种文化生态方法》一文详细论述了生态文化模式。根据朱利安·斯图尔特（Julian Steward）和本内特（Bennett）等人的研究，奥格布给文化生态学下了一个这样的定义：文化生态学是研究与特色环境相互依赖的、制度化的和由社会传播的行为形态的一门学科。或者如本内特所述，文化生态学是一门研究两个相关现象的学科：一是人们对自然的使用是怎样影响和受他们的社会组织及文化价值影响的，一是人们对他们所处的环境表现出来的适应性的人格和行为。这包括社会成员应付困难的技巧和利用资源的方式，这些方法是为了达到他们的生存目标和解决复杂的新问题。文化生态学关注的适应性单位是从文化上能证明为同一的群体或社会，而不是孤立的个人。

文化生态学并不论及一个给定的社会的全部环境，而仅仅是涉及那些直接影响其生存、免受身体健康的威胁，也就是说，文化生态学所涉及的整个社会环境的那些方面都是与它的适应性相关的。这就叫做“有效的环境”，这是由社会的技术和知识来界定的。技术在这里是指工具以及他们对生存开发和保护的作用；知识包括对环境的本质理解，即一个人群用其知识和技术来应付所处环境的想法。

第三节 多元文化教育理论学派

一、詹姆斯·班克斯

（一）班克斯生平综述

詹姆斯·班克斯（James A. Banks，1941—）被美国教育界及社会学界视为“多元文化教育”的创始人之一。他于1992年在西雅图华盛顿大学创立多元文化教育中心并担任主任至今。他是美国国家教育研究院成员，美国教育研究会（AERA）和美国社会学会前主席。

詹姆斯·班克斯的研究几乎触及了多元文化教育领域的每一个主题。在美国教育资源的数据库ERIC中，詹姆斯·班克斯的研究成果比其他同行的著名学者多两倍以上。詹姆斯·班克斯发表了100多篇学术论文并编写了20余本著作。他的著作包括《从全球视角看多样性与公民教育》《民族研究的教学方法》《文化多样性与教育：基础原理、课程与教学》《多元文化教育导论》《多元文化社会的公民教育》等。同时，詹姆斯·班克斯教授还主编了《多元文化教育研究手册》和《劳特利奇多元文化教育国际指南》等。他分别在1995年和2004年完成和修改了《多元文化教育研究全书》，并在2012年6月完成了4卷本《多元文化教育百科全书》编纂工作，这些重要的标志性研究不仅标志着多元文化教育成为一个独立的学科，而且展示了其在美国及世界各国的发展。

詹姆斯·班克斯的研究很大程度上影响了多元文化教育的发展，为多元文化教育的体系化作出了很大贡献。他的教育理论被广泛引用，许多教师在遇到以下的议题都会使用詹姆斯·班克斯的理论来设计教程——社会正义、族群认同的形成阶段、多元及同化的意识形态、有机及系统的多元文化教育课程改革、知识建构及知识类型、少数群体学生的学业成就差距、多元文化教育的维度、民族国家民主及多元社会公民教育及标准制定等问题。詹姆斯·班克斯在推动美国多元文化教育的发展中起了很大的作用，是影响美国多元文化教育发展方向的持续性力量。

（二）詹姆斯·班克斯的理论观点

1. 多元文化教育的概念及目标

詹姆斯·班克斯认为，多元文化教育包括了至少三方面的内容——它是一种教育理念，一场教育改革运动，一个以改变教育的惯性结构为主要目标的进程。[①] 首先，作为一种理念的多元文化教育倡导所有的学生不论性别、社会阶级、民族、族群、宗教或特殊的文化特质，都应该在学校中获得平等的学习机会。其次，多元文化教育是一场教育改革运动，希望凭借学校和其他教育机构的改革，使不同民族、种族、性别的学生获得同等学业成就的机会。他特别指出，多元文化教育所带来的改变涉及整个教育系统，而不仅仅局限于课程改革本身。由于詹姆斯·班克斯的多元文化教育概念是与教育平等、教育民主联系在一起的，教育平等是人类付出多少努力都很难实现的终极目标，社会偏见和歧视由于族群差异的存在而难以消除，多元文化教育因而也就注定成为一个持续不断的进程。

多元文化教育的重要目标是为不同群体提供多样的文化、族群与语言的选择，减少学校里某些族群由于体貌和文化差异所造成的不适甚至痛苦。因此，需要进行制度性的变革，改变学校的整体环境，能够更好地反映并推进社会的族群、文化和语言多样性，使不同背景的学生能够享有平等的教育机会。

---

① J. A. Banks, & C. A. M. Banks（2007）, *Multicultural Education: Issues and Perspectives*. Hoboken: John Wiley & Sons, Inc.

2. 多元文化教育的五个维度

多元文化教育的五个维度（图 4-1）旨在帮助教育工作者理解多元文化教育的不同面向，能够综合设计与运用多元文化教育。詹姆斯·班克斯认为，教师在最初阶段应该认识到如何调整他们的教学方法来适应不同能力、学习特征的多元文化群体。之后教师应该注意课程的内容整合，而且需要意识到这只是多元文化教育实施的一个较为基础的重要部分。如果教育工作者能够同时推进所有的维度是最理想的。

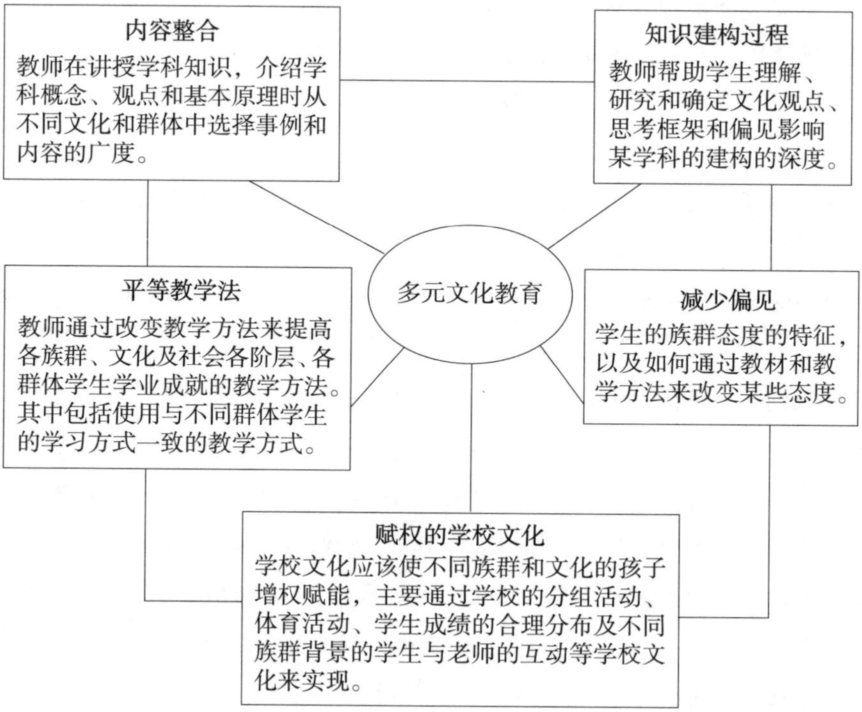

图 4-1 多元文化教育的五大维度[①]

3. 多元文化及革新性知识建构与课程改革

学校的文化、课程与教学等都是建立在某种知识所形成的概念、理论与意识形态上的。詹姆斯·班克斯认为，美国一些学校教学的知识基础没

---

① J. A. Banks (2006), *Race, Culture, and Education: The Selected Works of Jams A. Banks*. London and New York: Routledge, p. 204.

有触及低收入和有色人种学生所面对的教育不公平现象。学校改革的基础问题之一是要改革与学校实践相关的知识、理论与意识形态的基础。[①]

詹姆斯·班克斯提出了五种知识类型：个人与文化知识、流行知识、主流学术知识、革新性学术知识、教学知识。多元文化教育的课程改革，需要教育工作者理解知识的概念、理论及其类别，以及不同知识间的联系。了解知识建构能够帮助教师理解不同族群学生的观点，以及他们所在群体的不同意识发展过程及其族群认同问题。

主流学术知识反映了主流权力阶层的知识概念与意识形态，其价值观和主要内容没有受到使用者与接受者的审视与挑战。詹姆斯·班克斯认为这类知识帮助主流社会精英维持着社会不平等，是造成制度性歧视的一个原因。革新性学术知识挑战了主流学术知识，拓宽了历史和文学标准的理念、范式和观点，包含了不同文化群体的知识。革新性知识通过认可族群、社会阶层、性别等在知识建构中的影响，而站在了更高的认识论的领地，这成为了多元文化教育的知识论基础。在革新性知识的基础上，詹姆斯·班克斯提出一套由浅入深、循序渐进的多元文化课程发展模式：[②]

（1）贡献取向（contributions approach）多元文化课程发展的第一个阶段，主要将反映某些少数族群中的英雄人物事迹、特别的假日、节庆或典礼等内容添加到课程当中。

（2）附加取向（additive approach）课程发展的第二阶段，采用添加的方式在课程中加入特定族群的相关议题、观点或概念。

（3）革新性取向（transformation approach）课程发展的第三阶段，已经改变既有的课程结构，允许学生在学校课程中理解不同族群、宗教团体的概念、议题和观点，了解其固有的风俗习惯，且从不同文化、族群的角色来建构自己的概念与观点。

（4）决策与社会行动取向（decision making and social action approach）此

① J. A. Banks（2001）, *Cultural Diversity and Education: Foundations, Curriculum and Teaching*. Boston: Allyn and Bacon, p. 145.

② J. A. Banks（2008）, *An Introduction to Multicultural Education*. Boston: Allyn and Bacon, Fourth Edition, p. 145.

一阶段又比转化取向更高一层，除了包含转化取向的内容之外，又增加对种族、性别、阶级、宗教、语言等社会议题的省思，并在相关论题的讨论中，收集数据、澄清自己的价值观念，综合自己的知识与价值观，在反省思考的决策之后，能采取行动，将改革理念付诸实现。

在综合上述四种课程取向的基础上，詹姆斯·班克斯认为美国的课程改革可以用图 4–2 的模型来说明，通过由 A 至 D 的模式达到较为理想的革新性课程。[①]

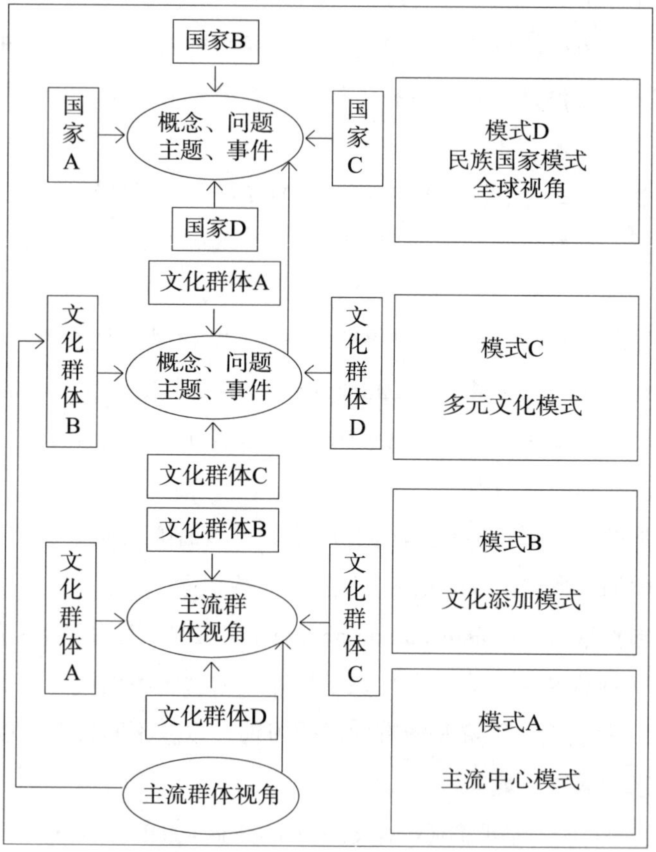

图 4–2 多元文化课程革新模型

① J. A. Banks (2001), *Cultural Diversity and Education: Foundations, Curriculum and Teaching*. Boston: Allyn and Bacon, p. 232.

模式A基本是主流文化课程，模式B添加了多元文化的一些视角；当课程进入模式C和模式D时，课程便是革新性课程了，这两个模式阶段是詹姆斯·班克斯认为的课程改革的最终目标，此阶段可以反映不同国家及不同文化群体的事件、概念、价值观和视角。在革新性课程中，关于文化的知识、被制度性歧视所压制的文化群体的状况、阶层分化等问题都被纳入课程内容。

革新性课程使得学生重新思考美国及世界人民的一些群体经验，能够从不同的文化群体和社会阶层群体的角度来看待人类经验，从而重建自己对过去、现在及未来的概念。革新性课程反映各种声音——历史学家、教师及不同的学生群体。学生在批判性分析历史和当今的各种具有不同观点的材料中产生学习能力。

4. 以多元文化教育为基础的国家及全球公民教育理论

詹姆斯·班克斯认为，多元文化教育需要培养既能为国家和民族作贡献，又能推动世界发展的人。随着全球化进程的发展，许多国家都有了越来越多的移民，因而更具文化多样性。学校作为一个重要的社会机构，应该利用多元文化教育来认同公民需求，鼓励他们为社会和国家作贡献。

詹姆斯·班克斯提出，学校应该体现文化民主并尊重学生的文化。同时，学生需要具有反思性的清晰的国家认同，这种国家认同强调美国的政治理想，比如正义、公平和尊严。培养学生参与国家公民生活的态度、价值观和能力，是学校公民教育的重要目标。公民教育不仅需要使学生获得在本国进行公民活动的知识、态度及技能，也需要在日益全球化的世界中如此行动，以应对不同群体需要认可和融入的要求。公民教育需要帮助学生致力于使世界变得更加公正和民主。①

若要达到民主，国家需要有一系列所有公民遵守的主导性的理想化价值观。詹姆斯·班克斯所使用的这个主导性的民主理想就是缪达尔所称的

---

① J. A. Banks (2007), *Educating Citizens in a Multicultural Society*, 2nd ed., New York: Teacher's College Press, p. 124.

“美国信条”，即视平等、公正、自由和人类尊严为核心价值观。具有文化民主的公民教育可以使个体更加愿意接纳国家的主导理想价值观，并参与国家公民生活。

詹姆斯·班克斯认为，教育工作者需要了解文化认同的发展阶段，需要根据学生的特征及认同特征为他们设计不同的课程体验。他将个体的文化认同发展划分了六个阶段：

阶段一：文化心理禁闭期。在这一阶段，个人会吸收主流社会对本文化群体的负面印象与态度。因此，他们会表现出自我文化排斥与较低的自尊心。

阶段二：文化封闭期。第二阶段主要特征是文化封闭与排斥，包括自我隔离。个人在这个阶段主要参与自己文化群体的活动，认为自己的群体比其他群体优秀。

阶段三：文化认同明朗期。能清晰认识自己的态度和文化身分，可以应对内心的冲突，并能对自己的群体有积极的态度，能够自我接纳，也可以较好地接受外群体，与外群体交流。

阶段四：文化二元性时期。个体已经形成了良好的文化认同，并且能成功地参与到两种文化背景下的社会活动中去。

阶段五：文化多元性与国家主义反思期。个人对群体文化、地区和国家认同有反思性认识，对其他各群体都有积极态度。

阶段六：全球化与全球文化适应性时期。对他的国家、地区和全球身分有反思性认识，且无论是在群体、国家、地区还是世界范围都能积极地生活、工作。

在多元文化社会，公民教育的重要内容是培养学生的文化、国家和全球认同。普通的学校教育强调国家认同，这使得国家主义情绪在很多国家都很高涨。公民教育的一大目标在于培养学生的全球身分。学生只有对自己的全球身分有更深刻的理解，才能为解决复杂的全球问题贡献一份力量。

这三种认同联系极为紧密，都是复杂的，具有情景性的。公民教育应该帮助学生对自身群体的文化及民族国家的文化进行思考而产生认同。[①]这些认同应该帮助他们产生明确的全球认同，并使他们了解自己在世界共同体中的作用。学生需要了解他们在自己的文化群体和国家中的生活会怎样影响别的国家，以及国际事件对他们的生活有何影响。全球教育的主要目标是帮助学生理解当今世界国家间的相互依存性关系，并使他们对世界共同体进行思考后产生认同。

二、詹姆斯·林奇

（一）林奇生平综述

林奇（James Lynch）是英国多元文化教育代表人物，他最早提出了全球多元文化教育。自1980年代末他就提倡全球主义的多元文化课程，以纠正造成文化和地理无知以及不关心世界其他人命运的课程中的地方主义。他的主要思想集中反映在1989年出版的《全球社会的多元文化教育》（*Multicultural Education in a Global Society*）一书中。他分析了20世纪全球和多元文化教育概念的演进过程，结果发现多元文化教育从80年代开始就朝全球教育、世界研究、全球多元文化教育的方向发展。[②]

（二）林奇的主要理论观点

1. 多元文化教育课程理论

（1）构建多元文化课程的程序准则

林奇认为多元文化教育的课程设计构建于“多元文化社会的伦理任务”与“文化、社会和经济的规律”的基础之上，其目标由“工作者、公民、个人再加上尊重他人的基本伦理所组合而成”。[③]在教育实践中需要教学内

① J. A. Banks（2006）, *Cultural Diversity and Education: Foundations, Curriculum, and Teaching*, 5th ed., Boston: Allyn and Bacon Pearson.

② 姚冬琳、李国：《民族多元至全球多元：美国多元文化教育的转向》，《教育学术月刊》2011第11期。

③ 詹姆斯·林奇著、黄政杰主译：《多元文化课程》，师大书苑1994年发行，第66页。

容（包含知识和学习经验）与操作原则（儿童的学习方式）之间的良好沟通。最后，建立判断、评估、追踪及评价多元文化课程实践结果所需的内外准则，并把结果反馈到过程和整个系统的基本假设上。简言之，整个顺序是由目标、内容、程序原则到准则排列下来的。

（2）多元文化课程目标

詹姆斯·林奇从分析英国多元文化社会的特点入手，比较研究了英格兰、澳大利亚、美国多元文化教育的目标及其相应的课程文件，提出了以尊重他人和尊重自己互利共生、认知领域与情意领域相辅相成的多元文化课程目标。①

（3）多元文化课程的内容

多元文化课程的目标是通过多元文化课程的内容反映出来的。但是，多元文化课程在处理多样性与共时性的过程中，并不把多元文化与提供特殊的课程内容（如母语）挂钩，也没有把共同性与提供普遍性的课程内容挂钩，而应采取整个学校提供、特殊提供、多样性和多元性、共同性和共同价值四种因素的相互作用。显然，林奇兼顾了一体性和多样性的普遍性课程需求，在多元文化课程中提出了共同学习的核心，而特殊性课程需求又体现了额外学习。要做到这两点，选择多元文化课程的内容必须坚持以下原则：课程必须在内容选择上重国际性，观点上重全球性；学生学习的小说、故事及资讯方面应明确显示多元文化的社会及其多元的价值准则；消除对少数民族的刻板印象、偏见和歧视，并让学生接近与此相关的精确资讯；承认并尊重其他文化或民族的价值，改变用主体民族或主流文化的标准判断他们的传统。②

2. 多元文化教师教育理论

为了发展多元文化教育，纠正种族主义与性别主义，教师培训应该遵循如下原则：明确多元文化教育的政策支持，确定整个进程的原则及指导；实践上的发展需要通过机构及个人的不断审核以及拟定出该机构的文化拼图；

① 吴兵：《文化的理解与融合多元文化课程发展的探讨》，西南大学2001硕士学位论文。

② 王鉴：《民族教育学》，甘肃教育出版社2002年版，第215—219页。

任何政策都要包含大背景中所有儿童及成人应享有的人权；政策及审核需在相互影响及讨论的基础上开展并避免强迫性；社区包含在进程中；允许多元文化涵化；从意识上影响社会行为与个人职业的发展；以教师的个人需求和能力为出发点；明确长期目标及短期计划，包括自我与学校对教学实践的评估过程；把道德功效放在第一位，情感与认同也同样重要；提供其它民族的经验范畴；服从于持续的检验、评估及调节并与该机构的教师发展计划相结合，在系统的正规的基础上展开；职业经历丰富。[①]

林奇认为，教师职业是一个技能持续发展的工程，教师要拓宽自己的参照群体和职业判断标准，基于职业间、管理者间、个人间的对话应该更加丰富，全国就教师职业的判断应该有一个统一的标准，教育过程中出现的问题要审慎对待，并且需要不断调整。多元文化教育引进的过程是一个关联的有机部分，而不是简单地新材料的嫁接。

林奇对教师教育所需的职业发展提供了一个分类法，为引进多元文化教育的教师发展的机构、政策提供了一个轮廓，涉及文化或背景、道德或情感、认知、教学行为、推论、经验六个方面。[②]在实施上述政策时，必须遵循三个基本原则：不是所有的学校都需要同样的职工发展方案，不是所有的教师都需要同样的职业发展方案，即使是统一的策略也有可能难以达到促进与改善的作用。

3. 多元文化教育全球化理论

多元文化教育不仅仅要着重于一个人的需求与权力，还必须在个人权力和社会责任之间划出一个更好的界限，以寻求在一个不断进步的民主社会中形成创造性的、满意的公民身分因素。因此，多元文化教育既包括个人目标，也包括社会及国家一级的社会、经济及环境目标。公民权利提高的教育是公民自由与义务实现的保证。要通过对证而非教条的形式来为学校的多元文化教育实践与理论提供最初的帮助。

---

① James Lynch,.*Multicultural education: principles and practice*, London: Routledge , 1986: 140—142.

② Ibid, 148—149.

（1）全球多元文化方案的目标　积极强化文化多样性（而不仅仅是维持现有文化）；实现为所有人（无论其性别、种族、信仰或民族）提供机会平等的社会公正；宣传共同的价值观、人权，以及获得政治权利、合法的经济利益及其它利益的意识。这些目标归类于多元主义平等与团结之下，包含在地区、全国及全球各级的文化多样化，涉及三个范畴（文化、社会、环境）的有关知识、技能、态度与价值观的教育措施。

（2）全球多元文化方案的原则　我们的社会是一个多元文化的社会，课程反映了对组成我们社会的不同文化与种族的综合性理解。英国的许多问题需要运用国际性方式来解决。课程因此也要满足我们熟悉他国的需要。多元文化教育应坚持文化平衡的原则。在全球多元文化方案目标的进程中，学校课程应说明学生可以实现目标的程度，学校的全体职员将努力帮助各方协调一致；学生应获得鼓励；学校、教师、学生三方共同努力实施这一原则。

（3）全球多元文化课程的几个主要的概念特征　文化平衡、环境气氛、文化与社会平等、经济责任及环境监护。所有可以减少偏见与社会阶层分裂、对共同价值观与归宿感的内容的传授应与权利和义务相结合。

（4）全球多元文化教育的核心：人权教育　人权是全球多元文化课程的支点，体现了跨越各级与各范畴的人类行为规范的唯一统一的认识，人权超越了共同的人性、共同的价值观与共同的权利领域的文化多样化。在这一方面，他们增强了相同感、人类一体化意识以及和谐与团结的态度，这是全球多元文化课程的中心。在教学方案中支持将人权包含于多元文化背景下的学校课程与教育进程的教学方案中。人权教育渗透于所有学科与课程领域，为所有的学生提供内容与进程，其对教育的制度上、机构上的及个人的组织的所有方向、目标、意图、内容、进程、过程、评估与评价提供伦理指导。人权教育的目的应是传授技能与态度、过程与行动，而不是仅仅鼓励为了他们自己而回忆知识或概念。人权教育是典型的关于道德价值观以及他们与学校教育相结合的教育，道德价值观需要加以内在化，以提供自动的行为。

人权教育不仅仅是知识构成这样一个事实，它本身也是知识。他们并非单独的课程事实，而且是民主社会中学校功能与生活的每个方面的价值观与精神进程、实践、政策、过程。人权教育已成为有关人类对彼此在家庭、集体、社区、国家与全球的行为方式方面的道德教育，包括教育的思维、感觉、情感、行为、认知、意动方面。

名词与术语

1. 非连续性教育：生命过程中的非连续性成分更具有根本性的意义，突发的非连续性事件也是一种具有影响意义的教育途径。

2. 文化生态学：文化生态学是研究与特定环境相互依赖的、制度化的和由社会传播的行为形态的一门学科。

3. 人权教育：将人权理念渗透于所有学科与课程领域，为所有的学生提供内容与进程，其对教育的制度上、机构上的及个人的组织的所有方向、目标、意图、内容、进程、过程、评估与评价提供伦理指导。人权教育的目的应是传授技能与态度、过程与行动，而不是仅仅鼓励为了他们自己而回忆知识或概念。

4. 多元文化教育：所有的学生，无论其所属的种族、性别、社会阶层或文化特征，都必须享有接受学校教育的均等机会，多元社会教育应该使这些具有不同于主流文化特征的少数民族学生获得更加适合他们的学习机会。

思考题

1. 如何理解博尔诺夫的非连续性教育及其对当代教育的启示？
2. 斯宾德勒的教育人类学思想主要包括什么？
3. 奥格布提出了哪些理论来解释少数民族学生的低学业成就，请对每个理论进行具体说明。
4. 试用詹姆斯·班克斯个体的文化认同发展阶段理论来分析学生的文化认同状况。
5. 詹姆斯·林奇的多元文化课程理论的目标是什么？

推荐阅读书目

1. 詹姆斯·林奇著、黄政杰主译:《多元文化课程》，师大书苑 1994 年发行。

   该书比较全面地介绍了林奇的多元文化课程理论，涉及程序准则、目标、内容等。

2. J. A. Banks(2006), *Cultural Diversity and Education: Foundations, Curriculum, and Teaching*(5th ed.). Boston: Allyn and Bacon Pearson.

   本书可以帮助教育者理解多元文化教育的哲学与概念问题，同时为多元文化教育实践提供了教学策略，并描述了一些可以实现多元文化理念、概念的教育活动。

3. James Lynch(1986), *Multicultural Education: Principles and Practice*. London, Boston: Routledge & Kegan Paul.

   该书界定了多元文化教育的概念与目标，介绍了英国多元文化教育的发展以及政策与实践，论述了多元文化教育的评估标准。

4. James Lynch(1983), *The Multicultural Curriculum*. London: Batsford Academic and Educational.

   作者从分析英国多元文化社会的特点入手，比较研究了英格兰、澳大利亚、美国多元文化教育的目标及其相应的课程文件，提出了多元文化课程目标。

5. Trevor Corner eds.(1984), *Education in Multicultural Societies* New York: St. Martin's Press.

   本书中的所有文章都是由比较教育学者所写，第一部分为概念与认同;第二部分为发达国家的教育和多元主义，分析了美国、加拿大、澳大利亚、南斯拉夫的多元文化教育;第三部分为发展中国家的教育和多元主义，分析了加勒比地区、东南亚、尼日利亚的教育与多元主义;第四部分为多元文化教育的比较分析。

第五章　教育人类学研究方法

教育人类学是由人类学与教育学交叉并通过科际整合而形成的一门综合性学科。因此，从事教育人类学研究，既涉及定性研究方法，也需要用到定量研究方法。教育人类学者不仅经常使用田野调查和民族志研究等人类学的传统研究方法，而且随着该学科的发展以及科际整合趋势的日益增强，有时还会采用社会学、心理学和统计学等其他学科的方法。田野调查作为教育人类学研究方法的优良传统，无疑是研究者最为倚重的方法，它也是教育人类学作为一门独立学科而与其它学科相区分的重要标志之一。教育人类学者主张从书斋到田野，再从田野回归书斋的研究范式，从田野中获得有关教育现象的第一手资料，在此基础上提出解决问题的办法，并进行理论建构。

第一节　进入田野点之前的准备

教育人类学者进入田野点之前，要认真规划，做好充分的准备工作，为进入田野点之后的调查奠定坚实的基础。准备工作按其性质大致可以归为四类：问题陈述与假设、田野点的选择、联络报道人、田野调查设备的购置和调试。

一、问题陈述与假设

（一）两类研究取向

问题陈述是指在进入田野点之前，教育人类学者对其研究对象、内容、目的、方法、结果和意义等问题所作的说明。根据研究目的之清晰度，可将所有研究大致划分为探索式研究和假设—检验式研究。有些研究者对其所要研究的问题和田野点并无明确的限定，对研究过程中可能出现的情况、可能的研究结果并无足够的预测。研究者试图进入问题的“黑箱”，在其中进行一番试探性考察，以期获得意外发现，或藉此熟悉田野点以及相关问题，为将来更加深入的调查奠定基础，这种研究就称为探索式研究。杰克逊（Philip Jackson）的《班级生活》（*Life in Classrooms*）就属于这类研究。[①] 杰克逊对美国加利福尼亚州四所小学的老师和学生进行了为期两年的观察和访谈。他开展这项研究的原动力是由于他对当时泛滥成灾的心理学问卷和测试产生了厌倦和怀疑，希望在一种比较自然的而非人为的状态下研究教育问题。[②] 杰克逊刚开始进入教室，并无任何明确的研究目的；他坐在教室后面经常陷入昏昏欲睡的状态。经过一段时间的课堂观察，他发现班级生活除了正式的教学之外，还包括学生对隐性课程（Hidden Curriculum）的适应和学习。后者构成了学生生活的一个重要组成部分，在很大程度上左右着学生的社会化过程。在杰克逊之前，鲜有学者关注隐性课程，因此他开创了隐性课程研究的先河。自从隐性课程这一概念出现以来，大量的研究随之展开，时至今日，隐性课程仍然是教育人类学和教育社会学领域的一个研究热点。类似的探索式研究很多，如威利斯（Paul Willis）在对工人阶级高中生进行研究时，意外地发现了“反学校文化”（Counter-school Culture）的存在。综观威利斯的整个研究过程，“无心插柳柳成荫”的味道非常浓厚。[③] 上述研究都继承了人类学的探索式传统。

教育人类学研究的第二种取向是假设—检验研究。严格意义上的假

---

① P. W. Jackson（1990）, *Life in Classroom*, 2nd ed., New York: Teachers College Press.

② 20 世纪 60 年代，心理测量在美国大行其道。心理学工作者往往让被试填写各种问卷，试图揭示被试的智商、人格以及心理过程。心理测量的严重缺陷之一是，被试往往在人为的而非自然的状态和环境下接受测试，这就导致测量的效度备受质疑。教育人类学对自然观察和深度访谈的倚重，恰恰可以弥补类似缺陷。

③ P. Willis（1981）, *Learning to Labor: How working class kids get working class jobs*. New York: Columbia University Press.

设—检验研究就是实验研究。研究者在进入田野点之前，对研究对象、内容、目标和结果等有一个相对详细的规划和限定；对所研究的变量之间的关系提出假设，然后通过田野调查有针对性地收集数据信息对假设进行证实或证伪（Prove or Disprove）。譬如，对于“为什么美国黑人学生的成绩低于白人学生”这一问题，历史上曾出现过文化剥夺等若干假说。为了验证这些假说中哪一种更有说服力，就需要研究者通过田野调查、设计和实施实验来搜集数据进行验证。假设—检验研究不仅在自然科学领域大行其道，在社会科学领域亦逐渐受到重视。个中缘由除了关乎假设—检验研究符合科学研究所要求的逻辑严密、能够确定变量间的因果关系之外，与日益苛刻的制度性要求亦不无关系，那些缺乏明确目标的探索式研究很难通过主管部门的课题立项审查和资金支持。在教育人类学领域，假设—检验研究的数量在迅速增加，如滕星的《文化变迁与双语教育》的研究目的是对四川凉山彝族学校两类双语教育模式实施过程和效果进行调查研究。[①] 钱民辉在对肃南的裕固族、青海循化县的撒拉族和保安族聚居区学校的隐性课程进行田野调查之前，他就设定了若干假设：隐性课程会导致少数民族传统文化和民族身分的断裂和重构、家庭的文化资本会影响学生的学业成就。[②]

这里必须指出，教育人类学的田野调查法仍以观察和访谈为主，在调查过程中设计和实施实验研究，在目前只是整体田野法的次要内容。此外，任何知识的分类都是相对的，探索式研究和假设—检验研究的区分亦是如此。这两种研究取向各有优缺点，研究者应忌讳固守某一取向，而应该兼收两种取向的精华，即在做参与式观察和访谈时，减少随意和烂漫，增强目的性、严谨性和程序性；在进行实验时，淡化刻板的一面，增加自然和活泼的因素。

---

① 滕星：《文化变迁与双语教育》，教育科学出版社 2001 年版。

② 钱民辉：《断裂与重构：少数民族地区学校教育中的潜在课程研究》，《西北民族研究》2007 年第 1 期。

（二）问题陈述与假设提出的步骤

1. 选题

“我要研究什么问题？”这是开展教育人类学研究必须回答的第一个问题。选题应该符合下面几个标准，才有开展的可能性和价值：

（1）选题明确

前文提及的“文化变迁与双语教育”、“少数民族地区学校教育中的潜在课程研究”等在研究伊始，研究者就明确地指出这些研究对象分别是凉山彝族社区和学校的双语教育、西北三个少数民族学校的隐性课程。即使杰克逊和威利斯的探索式研究，也有一个大致的研究范围——小学的班级生活和英国白人工人阶级中学生文化。

（2）选题适度

所谓“适度”，是指所选题目应该与研究者本人的实际情况相符，也是指所选题目覆盖的范围适中。研究者的实际情况包括能力、经验、可支配时间、资金、拥有的社会资本等。教育人类学领域的新手往往高估自己的研究能力，选题失于宏大或空泛，最后只得改弦易辙，甚至重新来过。譬如，有人决定研究新疆南部维吾尔族社区文化和学校的关系问题，以和田地区皮山县为田野点。在经过一段时间的调查之后，这位从北京来的研究者无功而返。其原因在于：当地的少数民族人口占总人口比例的95%以上，绝大部分人不会汉语，而这位研究者又毫无维语基础；加之他在当地缺乏坚实的人脉，找不到合适的报道人，最后不得不放弃这项研究。

（3）选题须有意义

有意义的选题应该与教育和文化问题密切相关，其研究结果要对解决当前的教育问题具有启发和指导意义。

2. 文献查阅与综述撰写

这项工作对研究者具有较高的技术要求，通过文献查阅可以澄清如下问题：有哪些相关研究？相关研究进行到何种程度？从已有研究中能够得到何种启示？这些问题的澄清能为以后的研究和写作奠定一个坚实基础，因此这项工作不能不引起研究者的高度重视。

（1）文献查阅

传统的文献查阅技术要求研究者钻进图书馆，细心地逐一翻检文献目录卡查找所需文献资料的馆藏信息，根据目录卡所显示的物理位置，再去书架上、档案柜或其它地方拿取。由于计算机和互联网技术的迅猛发展，这种耗时费力的传统检索法基本上让位于便捷的网络检索法。大量的文章、书籍、档案和影音资料等经过数字技术处理，制作成各种数字版本而储存在数据库中。研究者可以通过学校图书馆或者公共图书馆的网络系统，直接访问相关数据库的网站进行检索和下载，也可以通过功能强大的“谷歌学术”（Google Scholar）搜索引擎搜索并下载免费的文献资料。关于网络文献检索技术和方法，国内外的专业数据库网站都附带详细的操作说明，读者可以访问相关网站来了解和学习，在此不拟赘述。网络搜索功能异常强大，每次搜索往往出现大量的搜索结果，研究者应该在平时注意培养网络资源筛选的意识和方法，从而提高文献资料查阅效率。

（2）文献综述

接下来的任务是通过阅读文献来撰写文献综述，撰写高质量的文献综述具有较高的技术要求和丰富的撰写经验。撰写高质量的文献综述首要破除“文献综述就是阅读所有相关文献”的误解。其实，文献阅读应该将注意力集中在那些具有开创性意义或者重要的研究上；而且，文献综述不是机械地简述文献的内容和基本观点，而是要进行批判性分析，指出其意义、优点、缺陷及其与其它相关研究之间的关系。在文献阅读时做到如下几点是必要的：

第一，迅速浏览每篇文献，将注意力集中于文献的前言、简介、目录、摘要和结论上，以获取文献的基本信息。

第二，做笔记。获得文献的基本信息之后，确定重点阅读的文献，将其中的关键术语、重要统计数据、研究结果以及可能引用的信息记录在读书卡上，或者录入到 Word、Excel、Evernote 等电子文档中（表 5-1）。

表 5-1 文献基本信息统计表

文献名称	发表时间	关键术语	研究方法	结果
班级生活	1968	班级生活、隐性课程	田野调查	发现隐性课程；隐性课程帮助学生完成社会化过程
资本主义美国教育	1976	隐性课程、符应	经济统计	学校教育是对不平等社会结构的复制；经济决定论
劳工是怎样炼成的	1977	工人阶级男孩、反学校文化	田野调查	工人阶级子弟不甘受学校制度的约束，形成一种反校园文化，正是这种反学校文化导致他们沦为工人阶级

第三，对文献内容进行批判性分析。

第四，把握研究趋势。在阅读一系列文献之后，梳理该课题的总体研究趋势，这能够对研究者自己的研究起指导作用。譬如，玛格丽思等人（E. Margolis）在对隐性课程的研究进行综述时，将所有研究大致分为三类：以杰克逊（Jackson）为代表的功能主义派，以鲍尔斯（Bowles）和金蒂斯（Gintis）为代表的批判论派和以艾普尔（Apple）为代表的抵制论派。[①]

第五，注意文献之间的差别和变化，弄清产生差异和变化的原因。

（3）撰写文献综述

撰写文献综述时应注意几点：第一，点明研究主题；第二，明确研究这一问题的原因和重要性；第三，详述那些具有开创性的研究；第四，罗列一些重复性研究；第五，对关于所研究主题的其他文献综述进行讨论；第六，如果以前的研究结果出现了不一致，要特别予以指出；第七，论文综述中的文献应该包括最近几年来的研究。最后对文献综述进行润色，保证内容的连贯性。如果综述过长，要分段并为每段加上副标题。

3. 问题假设

严格意义上的问题—假设研究就是实验研究，它是对因变量在自变量变化的基础上所可能发生变化的一种预测。教育人类学者一般情况下并不

① Margolis ed., *Hidden Curriculum in Higher Education*, pp. 1—20, New York: Routledge, 2001.

进行严格意义上的实验研究，而只是对构成研究对象所在环境的各种因素所可能产生的效应或者导致的结果进行简单的预测，从而在脑海中形成一种问题意识，然后带着问题进入田野点进行观察、访谈和问卷调查。譬如，滕星在“文化变迁与双语教育”所作的假设是“双语教育在四川凉山彝族社区是必要的”。究竟事实是否如此？滕星和他的调查团队带着这个问题，赴四川凉山彝族社区展开了为期一个月的调查。[①]

二、确定田野点

在明确研究主题之后，接下来要确定田野点。一般说来，问题的性质决定田野点。家居北京的学者研究云南的拉祜女童，就只能远赴云南。对农民工随迁子女的学业成就进行研究，研究者只能将田野点定在城市。总之，确定田野点的一个基本原则是：田野点能够为研究者的研究课题提供足够的有价值的信息。

有时候选定一个田野点是不够的，因为它不能提供完整的信息，此时就需要选择两个甚至多个田野点。譬如，为了验证奥格布“民间成功理论”的正确性，[②] 如果我们想在中国选择田野点开展这项研究，可以选择东北某地朝鲜族学生为调查对象，因为朝鲜族对汉族文化具有较高的认同。如果在这一地区发现朝鲜族儿童的学业成就与汉族学生成绩并无显著差别，那就在一定程度上证明奥格布理论的正确性。那么我们是否就以此结果来断言该理论的完全正确呢？还不能下这样的结论。因为造成朝鲜族学生成绩与汉族学生成绩相当的因素是多方面的，除了朝鲜族儿童对汉族文化的接受度较高之外，还可能由于朝鲜族善于经营，他们有经济实力为他们的孩子提供高质量的教育。为了证明奥格布理论的正确性，还需要寻找另外的信息来证明，抵制汉族文化的少数民族儿童的成绩普遍低于汉族儿童。这

---

① 滕星：《文化变迁与双语教育》，教育科学出版社 2001 年版。

② 奥格布的“民间成功理论”认为，少数族群学生对其所在社会主流文化的接受程度会直接影响到学生的学业水平。如果少数族群学生认为主流文化是对本民族文化的威胁而拒绝接受它，那么这些学生的学业就会很差。反之，如果将主流文化视为向上流动的助力器而接受它，那么这些学生的学业就会较好。

种正反双向论证，才能进一步增强研究结论的严密性。

为了说明选择若干田野点的必要性，兹另举一例。研究维族的双语教育问题，就很有必要在多个田野点开展调查。如果只在南疆地区调查，就得出新疆维族双语教育的某种结论，其说服力必定不强。因为维吾尔族人在新疆的地理分布、经济状况、文化背景及其与汉族人的交往状况等具有很大的区别。具体地说，在喀什、和田等南疆地区，维吾尔族人占总人口的 90% 以上，汉族人口极少。在另外一些地方，如伊宁，维吾尔族等虽为“多数”民族，但其人口优势已远不如南疆那么明显。而在吐鲁番、乌鲁木齐等地，汉族人口超过了维吾尔族。由于人口分布的差别，在任何一个田野点所得出结论都是无法推广到整个新疆地区的。因此，在选择田野点时，要做通盘考量，力避疏忽而带来意想不到的麻烦。

三、联系和确定报道人

报道人（Informant）对田野调查具有举足轻重的作用，无论是在汉族社区，还是在少数民族社区都是如此；而对于在异文化社区开展田野工作的研究者来说，报道人尤为重要。报道人之所以重要，不仅在于他对田野点的风土人情等情况比较了解，可以为研究者提供一定的信息，有时还可以胜任翻译工作，更重要的一点在于通过报道人的介绍，当地原本可能封闭的社会圈子可能以较快的速度对研究者开放，从而为研究者的观察和访谈提供很大的便利。

联系和确定报道人可以通过多种方式和渠道进行。细心的田野工作者往往注重平日积累人脉，这些人脉关系可能在以后的田野工作中发挥作用。个人还可以通过师友关系间接寻找报道人，这种“滚雪球”的方式往往能够奏效。在确定报道人的时候，一定要考虑到报道人的特点与能力是否能够帮助研究者完成田野调查任务。一位合适的报道人应该熟悉田野点的情况，拥有充足的时间陪伴田野工作者进行调查研究，最好在当地拥有一定的人脉关系。

报道人确定之后，田野工作者就必须和报道人之间建立起良好的合作关系。这种合作关系以研究者与报道人之间的互相尊重和信赖为前提条件。笔者在云南进行调查时，当地的一位摩梭族女士应同行的请求，简要介绍了摩梭族的走婚制度。没等这位女士把话说完，这位同行就充满善意地提醒这位女士：“你们这样不好啊，现在艾滋病泛滥！……”[①]这位摩梭族女士对我的这位同行敬而远之了。田野工作者吃闭门羹的例子并不鲜见，其原因不一定是被调查对象以及报道人的封闭和冷漠造成的，而是田野工作者的失礼触怒了他们。田野工作者在调查过程中，务必注意研究伦理，尊重当地的风俗习惯，给予报道人和被研究者力所能及的帮助。[②]

四、田野调查设备的购置

田野工作者对于田野调查设备，可能出现两种极端态度：一种是把即将进入的田野点想象成野蛮之地，所购置的物品足以武装到牙，反而影响田野调查。在商品经济无孔不入的当代社会，一些基本生活用品几乎在每一个地方都能买到。另一种则是将田野调查视为浪漫旅行，带上笔记本电脑和相机即进入田野。这种疏忽大意往往会带来麻烦。一位在内蒙古某牧区学校进行田野调查的研究生不得不乘车去几十公里外购买笔记本和铅笔。他万万没有预料到在工业和科技如此发达的今天，这个牧区竟然会出现断电的情况，结果他所携带的电脑几乎派不上用场。在田野调查之前，购置和调试下列设备是必需的：

（一）便携本和铅笔

便携本和铅笔是最基本的记录工具，无论田野点在哪里，都应该预备。电脑的输入效率固然要远远大于笔录，录音笔比传统的记录方式能够保留更多的信息。但是，在很多情况下纸和笔依然具有先进的记录工具无法替代的优点。譬如，在进行课堂观察时，使用录音笔所能记录的信息要远远少于纸笔记录。此外，很多被采访者往往对录音笔之类的设备具有一种本

---

① 个人交流，王国祥、王伟，2010。

② 滕星就研究伦理问题曾做过详细、生动的解释，详见巴占龙问、滕星答：《人类学·田野工作·教育研究》，《中南民族大学学报（人文社会科学版）》2004年第2期。

能的警觉和抵触，而纸笔往往更容易为受访者接受。

（二）录音笔

录音笔在当今的田野工作中广为使用，它可以完整地记录谈话，录音资料容易保存，利用起来颇为方便。此外，因为录音笔体积较小，易于隐蔽；在受访者未发现的情况下，不会导致受访者的抵触和反感，受访者更易吐露衷曲。[①] 录音笔在录制声音时具有无可比拟的优点。

（三）摄像机和录像机

摄像机和录像机的功能日益增强，现已成为必备的调查设备之一。然而，当前过度依赖摄像机和录像机的现象令人担忧。首先，我们并不认为摄像机和录像机可以提供研究所需的必要信息。譬如，被研究者的心理信息是需要观察、访谈和问卷才能获取的。其次，我们认为摄像器材的滥用会严重地违反研究伦理。一些田野工作者，在田野点未经允许就肆意地拍照和摄像，导致受访者非常不适应，甚至反感。这很可能给田野调查带来麻烦。因此，摄像器材的作用不应被高估，而且在摄像之前一定要征求报道人和被研究者的意见，经过他们同意之后才能进行。

（四）电脑

电脑在录入、编辑和保存信息方面具有无可比拟的功能。在有互联网的地方，利用电脑还可以实现数据信息的传递以及进行跨地域的声音和视频交流。随着互联网技术的发展以及日益个性化电脑产品的出现，相信它在田野调查中会得到更为广泛的利用。但是，电脑的功能不能被无限制地夸大。教育人类学研究的关键在于田野工作者自身所拥有的知识、技术和意识，而不是某种田野调查的工具。

第二节 田野调查

在进行充分的准备工作之后，田野工作者就可以进入田野点展开调查

---

① 笔者在这里并非提倡违反研究伦理的偷录行为。研究者应该提前征求受访者同意，或者在录音之后告知受访者并请求受访者允许使用录音材料。

了。田野工作的质量在很大程度上可以决定研究的成败：高质量的田野工作可以为撰写民族志以及建构教育人类学理论提供充分的信息；低质量的田野工作，无法提供足够的信息。田野调查的成果表现为田野日志，但实际过程却非常复杂，不但需要一定的专业知识和调查技术，而且还要求调查者具有一定的社会阅历，以化解调查过程中出现的疑难问题和意外，使调查过程得以顺利进行。这些经验的获得恰恰需要通过田野调查来获取和积累。

一、田野调查的主要任务

在田野点对研究对象进行观察和访谈，运用适当的技术和设备，对观察和访谈的内容进行记录；以此为基础，在适宜的时间段和地点对记录的资料进行扩充、编码、备忘和分析，并进行妥善保存。这是田野调查的主要任务（图 5-1）。

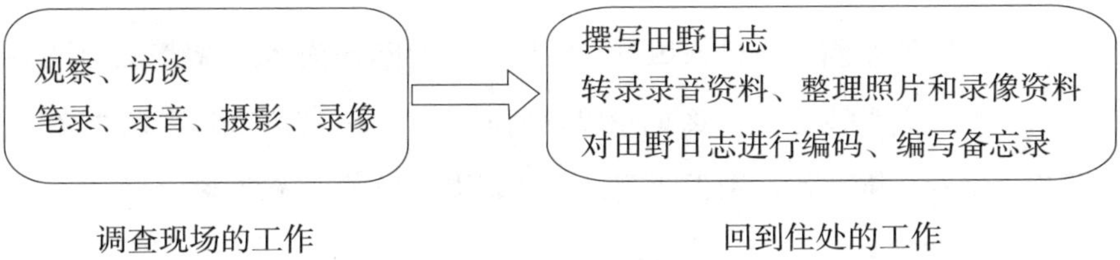

图 5-1　田野调查任务图

二、田野调查的主要方法

田野调查的过程就是田野工作者采用适当的方法从田野点获取信息的过程。教育人类学者最常用的田野调查方法是参与式观察和访谈。

（一）参与式观察

1. 参与式观察释义

田野工作者进入被研究群体的生活，参加他们的各种活动，逐渐由陌生人状态变成被研究群体的一员，对被研究者本身和他们所生活的环境进行记录，以此达到对被研究者的深刻理解。这一过程就叫做参与式观察。真正的参与式观察应该满足两个基本条件：第一，田野工作者要与被研究对象近距离接触，要置身于被研究对象之中，参与他们的各种活动。康纳利（Connelly）等人在研究教师实践性知识时，就采用了参与式观察。他们对上海某师范学院邵老师的日常生活予以关注，从学校课堂一路跟到邵老师家的厨房里。[①]第二，参与式观察要持续足够长的时间。教育人类学是对"他者"教育问题、文化等展开的研究，田野工作者对陌生环境的熟悉和认知需要一个过程；而被研究者往往对突然闯进来的陌生人往往会保持警惕和抵触。这些因素合起来决定了参与式观察需要一个较长时间的过程。究竟一个教育人类学的田野过程需要多久，并无一定之规。它与田野工作者对田野点熟悉程度、调查经验和技巧、报道人的情况、所需田野信息的性质和数量等都有关联。杰克逊对小学生班级生活的研究持续了两年之久，[②]而郝瑞（Harrell）和巴莫曲布嫫（Ma Erzi）对四川盐源县白乌镇彝族教育的田野调查所用时间仅仅持续了三周。[③]

2. 观察对象、时间点和记录

一些田野调查新手在进入田野点之后往往会陷入茫然无措状态：不知观察什么、何时开始观察、怎么记录以及何时收工。一些人在结束调查之后，除了相机里的一堆照片，别无他获，田野调查变成了观光之旅。

（1）观察对象

第一，田野工作者要留意进入田野点的第一印象，包括研究者在进入田野之后所耳闻目睹的人物、事物和事件。譬如傣族学生的服饰、维吾尔族老师的体貌特征、蒙古族师生的语言、藏族学校的样子、瑶族教室的特点，等等。从留意和记录第一印象着手，能够起到"热身"的作用，使田野工作者面对陌生环境时不至于手足无措。另一方面，第一印象也是田野

① F. M. Connelly, D. J. Clandinin, & M. F. He,（1997）, "Teachers ' personal practical knowledge on the professional knowledge landscape," *Teacher and Teacher Education*. Vol. 13（7）: 665—674.

② P. W. Jackson（1990）, *Life in Classroom*. New York: Teachers College Press. 2nd edition.

③ S. Harrell, & Ma Erzi（1999）, "Folk theories of Success: Where Han Aren ' t Always the Best," in Postiglione, *China's national minority education: culture, schooling, and development*. New York & London: Falmer Press. pp. 213—242.

资料的一部分。当研究者对第一印象习以为常之后，可能就不再留意。因此，对第一印象的记录在进入田野点之后立即进行比较明智。第二，留意和记录例行事件。例行事件是被研究对象的日常活动。这些活动在发生的时间、地点、频率、涉及的人物等方面具有相似性，其中包含着较为固定的模式或者所谓的“规律”。这是参与式观察的主要内容。第三，应该特别关注偶发事件。偶发事件是对例行性事件所体现的模式的突破和否定，往往具有重要意义。譬如，在某内地高中班的两名新疆维族女生突然不辞而别，后来知道她们乘火车回新疆老家了。这一突然事件可能包含深层意义：有些少数民族学生对内地班的制度性安排非常不适应，远离家乡的他们会产生的强烈的思乡之情，所以发生了弃学返家事件。

（2）观察时间

应该在一个田野点观察多长时间呢？应该在何时收工以留下足够的时间整理当天所记录的信息呢？这与研究者的经验、技巧以及田野点的具体情况等因素都有关系。根据大多数田野工作者的经验，一个小时的参与式观察就需要另外一个小时来撰写田野日志。我们的主张是，对于田野调查的新手来说，一般进行四个小时的观察就可以撤出田野点，回到住处或者安静的地方整理观察和记录的信息。在很多情况下田野工作者不可能随意从田野点抽身。本章作者之一王国祥曾在北京房山区一山村幼儿园做调查，对该园园长栗先生进行了访谈。栗先生谈兴甚浓，采访直到深夜十点始告结束。[①] 如果遇到这种情况，田野工作者应该在撤出田野点之后就立即着手田野日志的撰写。参与式观察与田野日志撰写之间的时隔不能太久，否则记忆就会随着时间的流逝而变得模糊不清，人物和事件的细节就可能被遗漏。

（3）何时记录

在有些情况下，可以一边观察一边对所见所闻进行详细记录。譬如杰

① 个人交流，王国祥、栗树龙，2010 年。

克逊在研究小学生的班级生活时，就坐在班级的后面，一边观察教室内的情形，一边付诸纸笔。在大多数情况下，这种便利实乃奢望，田野工作者只能在观察的同时进行速记，甚至连速记也不可行，田野日志的撰写只能依靠事后回忆。

（4）如何做速记

速记是指田野工作者以简练的文字符号将所见所闻快速记录下来；在撤出现场之后，以速记为回忆线索，将当天发生的事件或谈话尽量如实完整地还原出来。速记的关键在于简练和效率，有时候只有田野工作者本人才能看懂速记的内容。速记的好处在于：一方面，它能节省时间，提高田野调查效率；另一方面，因为速记简练，只有作者本人才能看懂，就避免因信息泄露而给当事人造成不利影响。以下是笔者在某民族高校图书馆门口对该校学生排队的情况所做的速记：

AM

6：15　2男，1女，门边。男谈，女，书。慢慢来。早餐。

6：25　门卫骑车来，矮胖，进门，关门，坐下，不开门。

6：30　更多，30米。汉生，藏族男、女，聊；穆斯林，女，头巾。

6：55　40米，紧张，队伍变形。

7：00　门卫开，队伍乱，前冲，后拥挤。

门卫“别挤（湖北话）”，护栏倒，人倒，你他妈的……

仅凭上面的速记，读者可能无法把握笔者所观察的详细内容，但这些速记对本章作者而言足以为撰写当天的田野日志提供清晰的回忆线索。本章作者据此在当天中午撰写田野日志（详见本章“田野日志撰写”一节）。

（二）访谈

1. 访谈法释义

访谈是田野工作者为获得所需信息对受访者进行口头提问，并记录受访者的回应内容。访谈一般是指面对面的交流，也可通过电话和互联网视频、音频等进行。与其它研究方法相比，访谈法比较灵活，且具有连续性，它要求访谈者对所要研究的问题具有深刻的理解，还要求访谈者具有较为娴熟的访谈技巧。有些访谈者在访谈之前没有做好充分准备，结果在访谈时询问一些风马牛不相及的问题；有些访谈者，因为缺乏一定的访谈技巧，导致访谈过程戛然而止的尴尬情形；还有的访谈者找错了访谈对象。这些问题都应该在访谈时加以注意的。

2. 访谈的分类

下面关于访谈的分类是为了更清楚地说明访谈的性质，这些类别之间的区分并非十分严格，它们之间可能存在重叠之处。在具体访谈时，可能会用到多种访谈法。

（1）结构式访谈和非结构式访谈

结构式访谈（Structured Interview）是指访谈者向受访者询问一系列事先准备好的问题，由受访者来逐一回答。对于受访者无法理解之处，访谈者可给予解释。结构式访谈是最常用的访谈方式之一，几乎适用于所有受访者。对那些工作和生活规律性较强的受访者来说，这种方法尤为适用。如对某地主管民族教育事务的政府官员或者某民族高校校长进行访谈，采用结构式访谈较为合适。

非结构式访谈（Unstructured Interview）是指访谈者事先并未准备固定的问题，而是围绕某个或某几个主题相对随意地向受访者发问，由受访者来回答的访谈方法。与结构式访谈相比，这种访谈的计划性较弱，而开放性和随意性较强。受访者可以在一种相对轻松的状态下接受采访，因此他们更易倾心而谈，吐露衷曲。必须指出，这种访谈并非天马行空式的神侃，而是要求访谈者专注于主题，就该主题的方方面面询问受访者。因此，这种访谈方法对访谈者的访谈技巧、记忆力和专注度都具有较高的要求，也更加耗费时间。非结构式访谈适合于那些时间安排相对宽松的受访者。譬如，民族学校的教师、学生等。

（2）个别访谈和集体访谈

在有些情况下，访谈者每次只访谈一位受访者，这是个别访谈

（Individual Interview）。之所以采用这种访谈方式，有时是因为掌握某种信息的受访者数量太少，研究者只能进行个别访谈。譬如，如果要了解民国时期的贵州石门坎苗族教育情况，就只能进行个别访谈。因为由于年代久远，熟悉当时教育情况的健在人士已经寥寥无几了。在大多数情况下，访谈者要拜访某位对其所研究的课题最为熟悉的受访者，展开深度访谈（In-depth Interview），就某一主题对受访者进行长时间、详细、全面的请教。深度访谈往往无法一时完成，需要访谈者对受访者进行若干次访问。张慧真为了解贵州石门坎苗族教育情况，在1996年对当时七十多岁的王小光（化名）进行了深度访谈，访谈次数前后共计六次之多。①

集体访谈（Group Interview）也称座谈会，是访谈者同时邀请多位受访者参加的访谈。在很多情况下，没有任何一位受访者能够全面地掌握研究者需要的信息，此时展开集体访谈有利于发挥集体优势，多位受访者之间展开头脑风暴，每个人都提供或多或少的信息，发表各种意见，这些信息和意见可以互相补充和印证。集体访谈的缺陷在于，如果研究者不能恰当地控制座谈会的主题和进程，座谈会就可能演变成争吵、闲谈和扯皮。此外，一些谨慎的受访者可能并不愿意在这种场合公开表达自己的意见，对某些问题闭口不谈。

（3）直接访谈和间接访谈

访谈者和受访者面对面的交流称作直接访谈，这是传统的、常用的访谈方式。随着通讯技术的快速发展，非面对面的间接访谈日益增加，访谈者通过电话、网络视频等工具对受访者进行提问。这种方式可以免去长途跋涉之苦，节省研究资金和时间，而且在很多地方已经可以展开了。

3. 访谈注意事项

（1）访谈者要注意礼貌

访谈者对受访者及其所属群体的风俗习惯要给予充分的尊重。同时，

① 张慧真:《教育与族群认同——贵州石门坎苗族的个案研究（1900—1949）》，民族出版社1996年版，第153—177页。

访谈者要注意举手投足的姿态。无论在何种文化中，彬彬有礼就是田野调查的敲门砖。谦虚、谨慎、自信、坦率的人会受到欢迎，高傲、冒失或者缩手缩脚的人往往不受待见。本章作者的一位同事在云南大理访问了一名男子，这位同事问他："为什么和你的老婆离婚？"此问题惹怒了这位男子，差点发生肢体冲突。后来我的同事经过打听才知道，这名男子的前妻和一位外国人私通，并生下了孩子。[①] 类似的绝对隐私话题，在访谈过程中一定不能涉及。

（2）学会聆听

研究者要放下身段，以"学生"而非"老师"的身分虚心向受访者请教，这样才能使其"知无不言，言无不尽"，从他们那里获得有价值的信息。访谈者要有足够的耐心去聆听受访者的谈话，不能以先入之见随意打断。要充分考虑到受访者的不同特点：谈吐风格，反应速度，开放性都可能具有很大差异。无论对于具有何种特点的受访者，都要给予足够的耐心；访问者更不能发出某种暗示，以期受访者说出符合自己期望的观点。研究者应该允许并重视受访者在谈话时出现的短暂沉默，它有利于受访者进行思考和回忆，以便提供更为准确和丰富的信息。

（3）注意提问的技巧

访谈者的最终目的是从受访者那里获得所需信息，因此访谈者要把握好访谈的节奏。在访谈过程中，访谈者要善于察言观色，注意受访者在神态、姿势、声音等方面的细微变化，据此采取适宜的应对策略。譬如，受访者表现出不耐烦或者疲劳感，那么访谈者就应该适时地暂停谈话，待经过休息之后继续暂停的话题。如果受访者示意结束当天的访谈，而访谈者还有问题需要请教，那么可以与受访者商定下次访谈事宜，如此等等。总之，访谈者在访谈过程中应该注意细节，并在访谈中逐渐积累经验。

---

① 个人交流，王国祥、王伟，2010。

4. 访谈时的记录

在访谈过程中，访谈者可以速记访谈的关键信息，也可以用录音笔记录访谈内容，待结束访谈之后再进行转录和整理。当前录音笔是流行的访谈录音工具，但有些受访者对其保持警觉，甚至抵触，担心录音资料散播开来会对其产生不利影响。访谈者可以将录音笔放置在衣兜、书包等不易被发觉的地方进行录音。在访谈结束之后，访谈者要将访谈稿呈送给受访者一份，以便受访者纠正其中的错误或者不妥之处。如果受访者不同意发表访谈内容，访谈者应该予以尊重。此外，在有些情况下，即使在受访者同意发表的情况下，访谈者也应该意识到访谈内容对受访者可能产生的负面影响，以匿名方式对访谈资料进行处理。

三、田野日志的撰写

（一）撰写田野日志的时间和地点

田野工作者进行了参与式观察和访谈之后，一旦具备从现场撤出的条件，就应该果断地撤出来，并立即着手田野日志的撰写。因为前文已经讲过，记忆会随着时间的流逝而迅速变得模糊，甚至错乱。在没有速记、录音、录像资料的情况下，更应该尽快撰写田野日志，及时撰写当天的田野日志还能为翌日的田野调查提供思路。撰写田野日志应该在安静的地方进行，譬如旅馆、学校办公室、教室或者宿舍等。

（二）田野日志的撰写过程

1. 撰写田野日志草稿

我们假设经过一天的田野调查之后，田野工作者从田野点撤出，在一张简陋的书桌边坐下来，借着台灯的灯光开始撰写当天的田野日志。他首先要做的事情就是将当天收集到的所有田野资料摆在面前，以备随时调取、使用。然后，以这些田野资料为基本素材，藉着记忆的力量，将当天所耳闻目睹的一切信息写在笔记本上或者输入电脑。在这一阶段不必太过在意田野日志的“形式”，而应该着力于田野日志包含信息的完整性和丰富性。诸如田野日志的行文遣词是否恰当、句子是否流畅、标点符号是否准确等可以以后再作整理。

2. 按一定的顺序撰写田野日志

在撰写田野日志时，应该按照一定顺序来撰写，这样有助于保证日志的完整性。可以按照时间顺序进行，即田野工作者进入田野点那一刻起直至观察和访谈结束所见所闻所思以事件发生的时间先后顺序记述下来。也可以事件的重要程度来撰写：先把最重要事件的信息撰写出来，然后再撰写次重要的事件，最后记述一般事件。还有一种顺序是，先记录田野工作者感兴趣的、与其研究课题密切相关的事件，然后再记述与其关系不太密切的事件。当然，田野工作者可以根据实际情况，在上述策略之间进行转换。

3. 完善田野日志

当根据田野速记等原始调查资料撰写田野日志草稿之后，要尽快抽时间予以完善，包括检查和修改不准确的用词、不通顺的句子、不恰当的修辞、不准确的标点符号；此外，还要对内容进行修订。一篇合格的田野日志应该符合下列标准：

（1）田野日志的形式标准。田野日志的用词恰当，句子通顺，标点符号准确，修辞恰当。

（2）田野日志的内容完整。日志完整地覆盖了当天田野工作者的所见所闻、所思所感。

（3）田野日志的内容真实。日志真实地反映了田野点所发生的事件，不能为了研究和出版的便利而杜撰、捏造不实信息。

（4）客位视角。田野工作者在撰写田野日志时，应该以客位的视角，记录研究对象的观点和感受，而不应从主位的视角把自己的观点和标准强套在被研究对象头上；尤其忌讳带着偏见或成见在没有任何分析的情况下就对异文化环境中的事件和人物妄加评论。

下面的田野日志是本章作者根据本章第二节的田野速记撰写的，表格分两栏，左栏的内容为速记，右栏是按照时间顺序撰写的田野日志。

表 5-2 田野日志示例表

速记	田野日志
AM, 6：15 2 男 1 女，门边。男谈，女，书。慢慢来。早餐。	早晨 6：15，开始有学生到图书馆门前等候。此时门前共有 2 位男生和 1 位女生。那两位男生在聊天，女的则从书包里取出一本书，低着头读起来。时而有同学慢慢走来，手里拿着早餐，有的边走边吃，有的准备带进图书馆再吃。
6：25 门卫骑车来，矮胖，进门，关门，收拾桌，坐下。不开门。	到 6：25 的时候，门卫骑着自行车来了，他是一位矮胖的年轻人，但他的动作很麻利。他打开图书馆大门，进去之后就赶紧从里面把门锁上；他迅速地把签到桌上的物品收拾一番之后，就在桌边的椅子上坐下来。不到规定的开门时间，他是不会开门的。
6：30 更多，30 米。速度快。汉生，藏族男、女，聊；穆斯林，女，头巾。	到了 6：30 的时候，新来的人从较远的地方就开始小跑；人更多了，三列队伍大约排了 30 米远。排队的学生成员除了汉族之外，少数民族的也不少。藏族和蒙古族学生各自扎在一起，他们说自己的母语（我听不懂他们在说什么）。有的穆斯林女生头上戴着头巾。
6：55 40 米，紧张，队伍变形。	到 6：55 的时候，队伍已经延伸到 40 米了。看书的学生停止了看书，聊天的学生停止了聊天，大家都在盯着门里面的那位矮胖保安，紧张地等待他开门的那一刻。
7：00 门卫开，队伍乱，前冲，后拥挤。门卫 别挤（湖北话）！护栏倒，人倒，门卫，你他……	7 点整，门卫准时把图书馆大门打开。就在那一刻，离大门最近的学生使劲往前冲，而后面的则使劲往前面挤。那位矮胖的门卫大声呵斥："不要挤，不要挤。"（他的湖北口音似乎根本阻挡不住拥挤的队伍。）大门里面的电子护栏一下子被汹涌而至的人群挤垮。一位男生脚下一滑，栽倒在地上。门卫气得大骂起来："都别挤，都别挤，你他……"

（三）访谈资料的处理

访谈资料也是田野日志的一部分，对访谈资料与观察资料的处理方式具有很大的不同。具体说来，在撤出田野点之后，田野工作者应该尽早对访谈记录、录音资料进行转录，形成文本或输入电脑。这样做的意义不仅在于能够保证资料的安全性，而且通过整理和消化当天的访谈内容，可以为下一步的调查计划和安排提供思路和启示。

在处理访谈资料时，应尽量保持受访者谈话的"原汁原味"，记录在笔记本上或者输入电脑，而不要改动。这样做的原因在于：首先，在未完成整个田野调查之前即对受访者的谈话内容进行修改，是非常冒失的。也许在完成调查之后，田野工作者可能会发觉以前的修改是错误的。其次，保留访谈内容的“原汁原味”有利于增强民族志的趣味性、可信性和说服力。再次，经过改动的访谈内容可能因为得不到受访者的承认而为以后埋下萌生麻烦的种子。威利斯在其 *Learning to Labor* 一书中，凡访谈部分皆用受访者的原话，其中夹杂大量的俚语乃至粗话。然而，正是这种看来不很正规的“语言”增强了其内容的趣味性、真实性和可信性。

第三节　民族志撰写

在结束田野调查之后，田野工作者带着田野调查资料——速记、照片、录像、访谈记录等以及以这些资料为基础撰写的田野日志，回到自己工作或学习的单位。接下来的工作就是对可能多达几百页的田野日志进行认真整理、阅读和分析，并在此基础上撰写民族志。这是一项耗费时间和精力的工作，并且具有较高的技术要求。

一、田野日志的深度阅读

所谓“深度阅读”，是指田野工作者对所有田野日志片段按照撰写的时间顺序逐字、逐句、逐行地从头至尾全部阅读一遍。有时候为了达到对田野日志内容和意义的完全把握，需要对田野日志进行多次深度阅读。这就如嚼甘蔗一样，要反复咀嚼，直至榨干其中的水分。通过深度阅读，田野工作者可以找到田野日志所包含和体现的关于异文化教育的问题、主题和模式。为了能从田野日志中挖掘较多的信息，在阅读田野日志的时候应该默问如下问题：

（一）田野日志中有哪些人

以上文提到的某民族大学的学生在图书馆占座位的田野日志片段为例，这些学生当中有汉族、藏族、回族、维吾尔族等，另外还有湖北保安。

（二）这些人在干什么？ 他们试图达到什么目的？

接着上面的例子说下去，这群来自多个民族的大学生早早地起来聚集在图书馆门前，目的是想在排队时占据一个靠前的位置，待图书馆开门后争取一个理想的位子。在这里还应该注意一些细节性问题：藏族学生之间、维吾尔族学生之间扎堆谈话。阅读者要自问：这些学生为什么喜欢在同民族成员之间展开谈话，而不与其他民族的学生展开谈话？ 他们在谈论哪些内容？ 这些看似不重要的问题，可能在以后撰写民族志时会凸显其重要性。

（三）他们如何做这些事？ 使用了什么策略或工具？

涌进图书馆自习室的学生，每个人都抱着一本或者几本不太重要的书，迅速地将这些书放在桌子上，以此宣告自己对这个座位的占有权。这种情况下，这些“不太重要的书”就成了他们占座位的工具。

（四）他们拥有哪些想法和信念？

这些在图书馆门前排队的学生，就排队这一行为而言，具有下列信念：（1）排队时应该遵守先来后到的规矩，不能随意插队；（2）在图书馆大门开放的那一刻，这一规矩完全被打破，这时的潜规则由“先来后到”变成了“优胜劣汰”，即腿脚麻利者占了上风。即使那些排队靠前的学生，如果腿脚不灵，不敢或者羞于在汹涌的人群中使劲往里面挤，就很难占据一个理想的座位，甚至占不到座位。对于这些，所有排队者都心知肚明：在什么情况下、什么时段遵循什么样的规矩。这就是他们的信念。

二、田野日志的编码

（一）编码的定义

编码是田野工作者在对田野日志认真审读的基础上，根据内容所传达的信息，为每个田野日志片段标识一个或一组明确的词语或者短语，以概括田野日志片段的主要内容。编码对于田野日志的分析和利用极为重要。编码的过程就相当于面对一堆凌乱的建筑材料的工人，将其中的木、石、砖、瓦等逐一挑拣出来，分别堆作一堆。出色的编码工作将为此后的民族志撰写带来极大的便利。

（二）编码的过程

编码的目的是对繁多的材料进行加工，以便在撰写民族志时易于检索和提取其中的信息。当面对一篇或者一段田野日志时，为了对其进行合适地编码，田野工作者应该默问如下问题：

- 这些人在干什么？ 他们试图完成什么任务？
- 他们是如何做的？ 他们具体使用了什么策略或工具？
- 田野日志中的人物是如何谈论和理解正在发生的事情？
- 他们有什么信念？
- 我是如何理解正在发生的事情？ 我从田野日志中学到了什么？

表 5-3 是本章作者对表 5-2 的田野日志所做的编码：

表 5-3　田野日志编码表示例

速记	田野日志	编码
AM，6：15 2男，1 女， 门边。男谈，女，书。慢慢来。早餐。	早晨 6：15，开始有学生到图书馆门前等候。此时门前共有 2 位男生和 1 位女生。那两位男生在聊天，女的则从书包里取出一本书，低着头读起来。时而有同学慢慢走来，手里拿着早餐，有的边走边吃，有的准备带进图书馆再吃。	规矩：排队 早饭：在路上或图书馆里吃
6：25 门卫骑车来，矮胖，进门，关门，收拾桌，坐下。不开门。	到 6：25 的时候，门卫骑着自行车来了，他是一位矮胖的年轻人，但他的动作很麻利。他打开图书馆大门，进去之后就赶紧从里面把门锁上；他迅速地把签到桌上的物品收拾一番之后，就在桌边的椅子上坐下来。不到规定的开门时间，他是不会开门的。	图书馆管理制度：非人性化
6：30 更多，30 米。速度快。汉生，藏族男、女，聊；穆斯林，女，头巾。	到了 6：30 的时候，新来的人从较远的地方就开始小跑；人更多了，三列队伍大约排了 30 米远。排队的学生成员除了汉族之外，少数民族的也不少。藏族和蒙古族学生扎在一起，他们说自己的母语（我听不懂他们在说什么）。有的穆斯林女生头上戴着头巾。	现实：人多、资源少；少数民族认同

续表

速记	田野日志	编码
6 : 55 40 米，紧张，队伍变形。	到 6 : 55 的时候，队伍已经延伸到 40 米了。看书的学生停止了看书，聊天的学生停止了聊天，大家都在盯着门里面的那位矮胖保安，紧张地等待他开门的那一刻。排在后面的学生，其队伍已经凌乱；有的人从队伍中出来，做出冲刺的动作。	规矩：在图书馆开门前被打破
7 : 00 门卫开，队伍乱，前冲，后拥挤。门卫别挤！护栏倒，人倒，门卫，你他……	7 点整，门卫准时把图书馆大门打开。就在那一刻，离大门最近的学生使劲往前冲，而后面的则使劲往前面挤。那位矮胖的门卫大声呵斥：“不要挤，不要挤。”（他的湖北口音似乎根本阻挡不住拥挤的队伍。）大门里面的电子护栏一下子被汹涌而至的人群挤垮。一位男生脚下一滑，栽倒在地上。门卫气得大骂起来：“都别挤，都别挤，你他……”	排队规矩破坏，甚至出乱子

必须指出，编码的方法很多，不同的田野工作者由于在经验、理论视角、兴趣等方面存在很大差异，他们在对同一田野日志片段进行编码时出现差异是正常的现象。对于上面的编码，若读者提出质疑，或能提出更好的编码方式，是不值得惊讶的。编码本来就不是精确的科学，它只是一种解释行为。编码的要求是：编码内容要以精炼的语言，准确地概括田野日志的内容；在对田野日志进行编码时，应该尽量产生较多的编码，尽管当时你可能觉得那些编码与自己的研究没有任何联系，因为在以后可能用到亦未可知。

三、撰写备忘录

备忘录是田野工作者在对田野日志进行编码的过程中或编码之后，对所加工处理的田野日志所进行的反思。备忘录的作用在于，它可以将田野工作者在田野点对田野日志进行加工过程中产生的思考记录下来，为后来的民族志创作以及理论阐释提供素材。表 5-4 显示的是备忘录的一个例子。

表 5–4　田野备忘录示例

速记	田野日志	编码	备忘录
AM，6:15 2 男，1 女，门边。男谈，女，书。慢慢来。早餐。	早晨 6 : 15，开始有学生到图书馆门前等候。此时门前共有 2 位男生和 1 位女生。那两位男生在聊天，女的则从书包里取出一本书，低着头读起来。时而有同学慢慢走来，手里拿着早餐，有的边走边吃，有的准备带进图书馆再吃。	规矩：排队；顾不上在食堂吃早饭	图书馆资源有限，如果要想在其中占有一席之地，需要很早起来排队。为此，有的学生干脆不吃早饭，或者带着早餐去图书馆。
6 : 25 门卫骑车来，矮胖，进门，关门，收拾桌，坐下。不开门。	到 6 : 25 的时候，门卫骑着自行车来了，他是一位矮胖的年轻人，但他的动作很麻利。他打开图书馆大门，进去之后就赶紧从里面把门锁上；他迅速地把签到桌上的物品收拾一番之后，就在桌边的椅子上坐下来。不到规定的开门时间，他是不会开门的。	图书馆管理制度：非人性化	图书馆开放时间有严格的规定，这种规定是不容更改的。即使看门的保安看到外面的学生排了长长的队伍，他也熟视无睹。这也为下面即将发生的拥挤埋下隐患。
6:30 更多，30 米。速度快。汉生，藏族男、女，聊；穆斯林，女，头巾。	到了 6 : 30 的时候，新来的人从较远的地方就开始小跑；人更多了，三列队伍大约排了 30 米远。排队的学生成员除了汉族之外，少数民族的也不少。藏族和蒙古族学生扎在一起，他们说自己的母语（我听不懂他们在说什么）。有的穆斯林女生头上戴着头巾。	人多、资源少；民族认同	排队等候的不仅有汉族学生，还有少数民族学生。一方面说明无论汉族还是少数民族学生，都有一批努力学习的分子；另一方面也说明，就业、升学的压力对大部分学生都产生了压力。少数民族的民族认同很强，这一点在排队的时候也体现出来了。

续表

速记	田野日志	编码	备忘录
6：55 40米，紧张，队伍变形。	到6：55的时候，队伍已经延伸到40米了。看书的学生停止了看书，聊天的学生停止了聊天，大家都在盯着门里面的那位矮胖保安，紧张地等待他开门的那一刻。排在后面的学生，其队伍已经凌乱；有的人从队伍中出来，做出冲刺的动作。	队伍凌乱：排队规矩破坏	在图书馆开放前的一瞬间，本来整齐的队伍开始从后面涣散。这是一种对排队规则的破坏。很明显，那些排队在后面的学生为了占据一个座位，不惜破坏规则，想趁乱获益。
7：00 门卫开，队伍乱，前冲，后拥挤。门卫别挤（湖北话）！护栏倒，人倒，门卫，你的……	7点整，门卫准时把图书馆大门打开。就在那一刻，离大门最近的学生使劲往前冲，而后面的则使劲往前面挤。那位矮胖的门卫大声呵斥："不要挤，不要挤。"（他的湖北口音似乎根本阻挡不住拥挤的队伍。）大门里面的电子护栏一下子被汹涌而至的人群挤垮。一位男生脚下一滑，栽倒在地上。门卫气得大骂起来："都别挤，都别挤，你他……"	排队规矩破坏，甚至出乱子	学校有学校的规矩，也有学生无视这种规矩，即使受到保安的谩骂一些学生也不在乎。这种结果是，规则被打乱，所谓的公平无法维持。而且还可能发生跌伤、踩踏、毁坏公物等突发事件。

撰写备忘录要求田野工作者重新"回到"田野情景中去，以辨认和发展主题和论点。当撰写一定量的备忘录之后，田野工作者要根据自己的研究兴趣，以编码和备忘录为主线，将与这一主题和论点有关的所有日志进行分类。这些工作在以前都是通过手工完成。由于电脑和文字处理软件的普及和迅速升级，其处理过程已经方便多了：将田野日志输入电脑，通过复制、粘贴等文档处理功能，把它们放在一个文件夹中，以利于进一步处理。譬如，对于民族高校的隐性课程的田野日志，可将其分为三类：评价与分轨、师生关系、资源与竞争。其中，"资源与竞争"文件夹下包括学生为争取各种资源所掌握的隐性课程：挤电梯隐性课程、教室占座隐性课程、食堂隐性课程、体育馆隐性课程，等等（图5-2）。

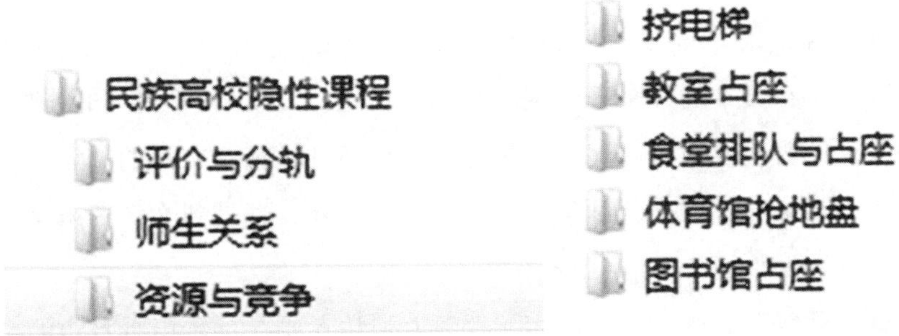

图 5-2　隐性课程示例

四、从田野日志到民族志

当我们从田野中撤出，回到书斋，工作就变成了揣摩调查对象的日常经验，将田野日志作为文本进行分析、解释、选择，并纳入民族志中。如果将民族志视为一款成品的话，田野日志就是制造这款成品的原材料。撰写民族志不是全部取用田野日志，而是有选择地使用，并对选择的田野日志片段参考已经撰写的备忘录进行分析、解释，并将其连缀起来。

撰写民族志不是要撰写极为紧凑的、组织严密的分析性文章，而是要将民族志撰写成叙事故事。林耀华先生的《金翼》是叙事性民族志的代表。在教育人类学领域最为有名的作品之一是威利斯的 *Learning to Labor*。这里所谓的"故事"不是天马行空式的凭空杜撰，而是以田野日志为素材，按照标准的文学传统，来构建饶有趣味的叙事。

我们以讨论什么是"主题叙事"开始本节。接下来，我们要呈现一系列步骤，来具体说明怎样一步步地创造一个以田野日志为中心的主题叙事。最后，说一说怎样为一篇民族志加上一个简介和一个结论。

（一）何谓主题叙事？

事实上，在教育人类学者对田野日志进行编码和撰写备忘录时，他已经开始了编制和分析主题。在撰写民族志时，作者将一些分析主题组织成内容连贯的故事。这种叙事要求只选择田野日志的一小部分，然后把它们连接到一起，以此反映其所研究世界的生活的一个方面。

民族志撰写与论文撰写具有根本的不同。论文撰写要求开门见山，在文章开头就需亮明观点，然后再提供支持性论据对论点进行论证。主题叙事往往并不在文本的开头亮明观点，作者只是将观察到的事件和人物按照事件发生的时间或空间顺序逐渐推进，层层铺开，直至文章的末尾，中心思想才得到最充分的交代和叙述。对于主题叙事，越是到文章的末尾，其思想才愈是明晰和完整。

就主题叙事的撰写过程而言，教育人类学者要在具体田野日志的事件之间往来反复，进行集中详细的分析。我们建议民族志撰写者不要急于将自己的论点在一开始就和盘托出，譬如在民族志的开头就直接点明："隐性课程对大学生具有不利的影响。"要根据主题逐渐添加材料，将故事逐渐变得丰满和完整，直至民族志的结束才自然而然地提炼出观点来。即使在民族志撰写过程中，民族志撰写者也可以发现"数据"中隐藏的信息，有所洞见，并且能在客位视角和主位视角之间保持一种平衡。

提炼主题的途径是回顾先前的编码和备忘录，确定若干与主题相关的子主题。我们建议作者写出清晰的句子，以表示可能的子主题。撰写者在开始的时候不要过于关注这些子主题如何能够前后联系起来，而只需确定可能的子主题。一旦这些子主题确定之后，研究者再去寻找将这些子主题联系起来的方法，舍弃那些无法与主题联系起来的子主题。

对选定的子主题要反复锤炼和推敲，并排列顺序，使其读起来自然流畅。这种工作不可能一蹴而就，而是需要在不同的日志片段之间来往反复。即使在完成初稿之后，这种组合关系还可能被打破，并重新组织。原来的片段会被舍弃，而新的片段会被加进来。以"图书馆隐性课程"为例，我们以"图书馆隐性课程"为主题，在此主题之下又发展出若干子主题：

图书馆隐性课程：

1. 图书馆排队的隐性课程；

2. 排队规则的遵守与破坏；

3. 图书馆占座潜规则；

4. 适应图书馆隐性课程发展出来的排队、占座技巧；

5. 图书馆潜规则被破坏下产生的冲突及其解决。

（二）田野日志到民族志文本的转化

一旦确定主题结构，接下来的任务就是选择合适的田野日志片段来建构故事情节。为了编写故事情节，民族志撰写者要努力寻找潜在的片段：首先要确定选用田野日志片段，接下来要撰写关于这些田野日志片段的解释性评论，紧接着要对这些田野日志片段及其解释性评论进行编辑，最后要将这些片段和评论组织起来，使之成为一个连贯的整体。下面是就这一过程的具体说明：

1. 选择田野日志片段

民族志撰写者此时应将注意力投向经过编码的田野日志，寻找和确定与主题和子主题相关的田野日志片段。这些田野日志片段将成为构建民族志的材料。选择和确定田野日志片段的标准：

（1）描述田野背景的片段必选。

（2）选择能够传达一般行为模式的田野日志片段。

（3）选择反映典型情景的田野日志片段。

（4）选择具有说服力的高质量田野日志片段。

（5）选择反映相似或相反内容的田野日志片段。以图书馆占座位为例：占座位的方法可能是某位大学生仅为自己占座；还可能发生其它情况，譬如一位学生受其同学或好友委托占领多个座位，而他的同学或好友则帮他买早餐或者以其它方式进行交换。因此，在找到反映第一种情况的田野日志片段之后，就去找反映第二种情形的日志片段。

（6）选择与寻常模式不同的田野日志片段。仍以图书馆占座位的隐性课程为例。本章作者在做田野时发现，大部分学生都会想办法在图书馆自习室占个座位，但也有例外：有个别学生并不这样做，他们站着读书；累了就坐在图书馆自习室的排椅上休息一会儿。这样做别有一番趣味：他不受潜规则约束，来去自由，学习效率并不差。

2. 解释田野日志

在选定了足够的田野日志片段之后，接下来的任务是撰写分析性评论，对每个田野日志片段进行解释说明，并且需要自然地将每一个片段互相连缀起来，使其成为一个统一的整体。

民族志撰写者一般使用两种不同的撰写策略呈现田野日志片段和田野日志解释。一种是整合策略，即将解释和片段混合在一起，以这种策略撰写的民族志，读者往往不易分辨分析性评价和田野日志片段；另一种方法是片段策略，它将田野日志片段与相关的评论或者解释明确地区分开来，一般是以小号字与田野日志片段相区分。民族志撰写者可根据个人喜好来选择具体的撰写策略。现在看来，采用第二种方式的较多。下面是一段田野日志，表 5-5 则是与此相关的分析性评论。

> 李小龙每天上午 9 点左右来到图书馆，在二楼自习室的排椅上坐下来。这只排椅有 8 个座位，除了有学生偶尔在上面放些不重要的物品之外，通常情况下都是空空如也。李小龙习惯将他的书包以及零食放在他身边的另一个座位上。他就在那里读书，一直持续到中午 12 点。其间，他会站起来稍微活动一下，吃些零食。他记笔记或者写作的时候，跷起二郎腿，将本子放在腿上抄写。我问他为什么不占一个座位。他说："没那个必要。占座位要起早，而我想睡个懒觉。你看，我不趴在桌子上，也能够安心学习。而且，还比较自由：可以随时站起来伸伸懒腰，走几步，吃吃零食，休息休息。我感觉比占个座位还要好。"我指出，这样做的一个无法避免的弊端是他无法像占有座位的学生那样自如地放置电脑。李小龙对此并不否认，但他说："我在宿舍里可以使用电脑。"

表 5-5　田野日评论示例

名称	内容	作用
分析点	除了上述两种占座位的方式外（亲自抢占或委托他人占取），还有极个别的学生对这两种方式并无浓厚兴趣。他们也去图书馆自习，可是他们却不像其他学生那样争先恐后地抢占自习室里的书桌和椅子，而仅仅是在自习室里鲜有人用的排椅上坐下来。	承上启下，点名本节主题

续表

名称	内容	作用
导引信息	李小龙（化名）就是其中一位。	指出接下来日志片段的主要人物
日志片段	李小龙每天上午 9 点左右来到图书馆，在二楼自习室的排椅上坐下来。这只排椅有 8 个座位，除了有学生偶尔在上面放些不重要的物品之外，通常情况下都是空空如也。李小龙习惯将他的书包以及零食放在他身边的另一个座位上。他就在那里读书，一直持续到中午 12 点。其间，他会站起来稍微活动一下，吃些零食。他记笔记或者写作的时候，跷起二郎腿，将本子放在腿上抄写。我问他为什么不占一个座位。他说："没那个必要。占座位要起早，而我想睡个懒觉。你看，我不趴在桌子上，也能够安心学习。而且，还比较自由：可以随时站起来伸伸懒腰，走几步，吃吃零食，休息休息。我感觉比占个座位还要好。"我指出，这样做的一个无法避免的弊端是他无法像占有座位的学生那样自如地放置电脑。李小龙对此并不否认，但他说："我在宿舍里可以使用电脑。"	数据信息，是解释和阐发观点的基础材料
分析性评论	这段关于李小龙的田野日志对于充分且深刻地理解图书馆隐性课程具有一定意义。很明显，图书馆的隐性课程是由于图书馆资源的有限性，学生要想在其中找到一小片属于自己的领地以便安心学习，就要早起排队，奋力拼抢。那些委托舍友、同学或者朋友占座位的学生也要付出代价，他们会通过替受托人买早点、去水房打热水等方式作为交换。可见图书馆隐性课程力量的强大，它要求学生都要迅速地领会其中的规则和重要性，并顺从这种规则的约束和摆布。但这并不是说在图书馆隐性课程的规约之下，所有学生都会乖乖就范。有少数学生，深谙隐性课程的规则以及其强大的力量；但他们在面对这种隐性课程时，既不乖乖就范，也不公然反抗，而是巧妙地选择了回避。李小龙就属于这一"另类"。他不像其他学生那样起早排队或者委托他人占座，也不去找图书馆馆长要求其增加自习室的座位或者开辟新的自习室，而是在自习室无人问津的排椅上坐下来学习。虽然这种方式并非十全十美（如无法自在地使用电脑），但选择这种方式的人也自得其乐。	将田野日志片段蕴含的信息及其含义予以阐释，并成为整篇民族志的一个必要部分。向读者传达民族志作者想要传达的意义。

这段关于李小龙的田野日志对于充分且深刻理解图书馆隐性课程具有一定意义。很明显，图书馆的隐性课程是由于图书馆资源有限，学生要想找到一小片属于自己的领地以便安心学习，就要早起排队，奋力拼抢。那些委托舍友、同学或者朋友占座位的学生也要付出代价，他们会通过替受托人买早点、去水房打热水等方式作为交换。可见图书馆隐性课程力量的强大，它要求学生都要迅速地领会其中的规则和重要性，并接受这种规则的约束。但这并不是说在图书馆隐性课程的规约之下，所有学生都会乖乖就范。有少数学生，深谙隐性课程的规则及其强大的力量，但他们在面对这种隐性课程时，既不乖乖就范，也不公然反抗，而是巧妙地选择了回避。李小龙就属于这一“另类”。他不像其他学生那样起早排队或者委托他人占座，也不去找图书馆馆长要求其增加自习室的座位或者开辟新的自习室，而是在自习室无人问津的排椅上坐下来学习。虽然这种方式并非十全十美（如无法自在地使用电脑），但选择这种方式的人也自得其乐。

3. 创建田野日志片段—评论单元

民族志的撰写关键一个环节撰写是田野日志片段—评论单元。一个片段—评论单元包括四项内容：分析点、导引信息、田野日志片段和分析性评论。下面是关于图书馆隐性课程的一个片段—评论单元（表 5-5）。这是在选定田野日志片段基础上，对田野日志的内容和含义进行解释和评析，并与民族志主题联系起来。

一个标准的田野日志片段—评论单元包含上述四个部分，其中分析性评论是重点。一般来说，在撰写分析性评论时，民族志撰写者应该考虑并回答几个问题：日志片段中的事件或谈话的含义是什么？其中有哪些细节需要加以强调？这些内容对说明整篇民族志的主题有什么意义？衡量分析性评论质量的标准是田野日志片段与分析性评论相得益彰，互相支持。田野日志片段不但要加深主题的理解，而且它要使读者相信民族志撰写者的解释和评论能够站得住脚，是以田野日志为基础的。反过来，分析性解释要强调田野日志片段的细节和内涵。一旦发现二者之间适切性较差，民族志撰写者必须对分析性评论进行修正。如果修正之后仍觉二者不相匹配，就应果断地将这一田野日志片段—评论单元弃而不用。

4. 为片段评论单元排序

在民族志总体框架指导下，民族志撰写者往往将整个民族志分为若干主题，每个主题冠以一个标题；而每个主题下又可能分为若干子主题，每个子主题又包括一个或多个田野日志片段—评价单元。以“民族高校的隐性课程”为例，其“图书馆占座”可分为如下四个单元：

单元 1：图书馆门口排队

分析点 1：排队规则

分析点 2：排队过程中的意外和冲突

单元 2：图书馆乘坐电梯

分析点 1：排队、乘坐规则

分析点 2：乘坐过程中的意外

单元 3：图书馆自习室抢占座位

分析点 1：占座位的规则

分析点 2：占座位的技巧

分析点 3：亲自占与委托他人占（两种策略的比较）

分析点 4：意外与冲突

单元 4：另类人物：隐性课程的规避者

按照上面的方法安排田野日志片段—评价单元，可以将田野日志所蕴含的信息逐渐地解释清楚。譬如，本主题前三个单元基本上是按空间顺序从图书馆外向图书馆内逐渐递进的，在每个单元内部，先说其中的隐性课程包括哪些内容以及学生针对这些课程发展出来的应对策略，以及隐性课程的破坏而产生的意外后果。这些表明了隐性课程的一般性。单元 4 将隐性课程的规避者加进去，更加丰富和深化了隐性课程。另外要注意的一点是，在对片段—评价单元进行排序时，要做好单元之间的衔接。要增加一些自然流畅的转接递进的句子或段落，使得单元之间的衔接流畅自然，起到承上启下的作用。

5. 完成民族志

在完成上述工作之后，作者还需要对其内容进行反复加工和锤炼；有时候需要删除不合适的田野片段—评价单元，或者增添新的单元。最后，为了使民族志更加完整，需要为其增加一个序言和结尾。其内容应该包括：

（1）简介民族志 通过民族志标题和简单介绍，读者可以迅速抓住作者的这篇民族志要呈现的内容。

（2）说明本研究与其它研究的关联 这种关联描述，并非要求作者进行文献综述，也不要求作者简单地呈现几种既有研究，而是作者有选择性地呈现几项研究，以为自己的研究提供一个背景。

（3）田野点介绍 田野点信息包括田野点所在的地理位置、合作者、研究对象、主要研究者。这些信息使读者能够在脑海中产生一种直观印象。此外，还要特意突出一些在民族志中重要的物理位置或建筑的信息。譬如"民族高校的隐性课程"中有一章是关于"图书馆隐性课程"的，就需要将这一大学的图书馆的情况介绍清楚；还可以制作一幅地图，这会传递更加清晰的信息，这是人类学民族志的传统做法。

（4）研究方法介绍 在介绍研究方法时，应该具体形象一些，而不宜将所用研究方法简单罗列而已。譬如在介绍参与式观察时，要结合自己的调查活动举几个具体的例子。此外，还应该介绍一下田野调查所用仪器设备。

第四节 教育人类学理论建构

教育人类学的理论是指能够解释若干教育和文化现象的一组关联性陈述。一般来说，一种理论越简洁，能解释的现象越多，就越有力。以牛顿万有引力理论为例，虽然该理论非常简短，但它能够解释苹果落地、过山车、太阳系星体的位置等众多自然现象。教育人类学理论（包括整个社会科学）不可能达到万有引力定律的简洁程度，但构建教育人类学理论是教育人类学家的重要目标之一：首先，教育人类学理论可能对若干现象进行解释（虽然这种解释不一定正确或合理）。譬如，若我们不能解释中国少数民族儿童的学业成就低于汉族儿童的原因，就可以借助于奥格布的民间成功理论来解释。其原因可能是这些少数民族儿童拒绝认同汉族文化，导致他们的学业失败。第二，理论可以使我们对很多教育人类学的情形产生预测。譬如，经过调查我们发现某一少数民族的儿童对汉族文化具有较高的认同，那么根据奥格布的民间成功理论我们就能预测，在其他条件相同或者相近的情况下，这个少数民族儿童的成绩与汉族儿童成绩不会有较大的差别。第三，好的教育人类学理论对于教育实践具有指导意义。教育人类学研究的最终归宿还是回归教育实践，同一个教育人类学理论可以为我们解决当前的教育问题提供指导。

教育人类学的理论是重要的，但这并不意味着只要我们从事教育和文化研究就能构建某种理论。教育人类学理论的提出，需要以长时间的田野调查和实证研究为基础，在获得大量信息资料的基础上对研究结果和经验进行提炼。而且，提出的理论是否正确，解释力有多大，需要教育人类学的同行或相关领域的研究者进行验证和批判，需要放到实践中去检验。然后，教育人类学家需要对自己提出的理论进行修正和改进，从而使之逐步完善。因此，教育人类学的创建是一个螺旋上升的过程。鉴于理论构建的复杂性，它并没有清晰的规则可循，我们就创建教育人类学理论的三种途径进行说明：

一、以民族志为基础，运用演绎和归纳，提出新概念、新假说和新理论

以隐性课程现象为例。1968 年，杰克逊在其书《班级生活》中首先提出“隐性课程”概念。在此之前，并没有研究特别地对这一问题进行研究，杰克逊这一概念的提出无疑具有创新意义。

二、对已有理论证实和证伪

奥格布在对美国少数族裔和白人学生学业成就差异的现象进行研究后

提出了“民间成功理论”。该理论认为，如果少数族裔学生及其家长将白人主流文化视为剥夺他们的文化和族群认同的工具，而对主流文化加以抵制，那么他们的成绩就会比白人学生差；反之，如果他们将白人主流文化视为一种向上流动的利器，积极地接纳它，那么他们的成绩就会与白人儿童没有明显差别。郝瑞和巴莫曲布嫫对四川盐源县白乌镇彝族教育进行的田野调查证实了奥格布民间成功理论的正确性。普遍的印象是：汉族学生的成绩比少数民族学生要好，但他们在白乌镇的羊圈村却发现了一个例外：这里诺苏彝族的教育水平要高于当地的汉族。以高等教育为例，从该村考出去的大学生占了该村所在白乌镇的一半。当地的彝族学生在学习上往往比汉族学生更加刻苦，他们能迅速克服语言上的劣势，成绩往往能够超过汉族学生。

虽然对已有理论的证实或者证伪并非提出一种新的理论，但这一工作对于已有理论的修改、完善以及替代理论的提出都具有推动作用，在本质上它是创造理论的一种必要工作，因此应予以充分重视和肯定。

三、对已有理论进行发展

再以隐性课程为例。共识论者（Consensus Theorists）如杰克逊等人认为隐性课程是一种现实，它既有优点也有缺点；他们对当时的教育既不批评也不表扬，只是持一种中立态度。学生面对隐性课程，只能认识它、适应它、遵守它，如有反抗则会受到惩罚。而威利斯的研究却表明他们的这种观念是不完整的，事实上，在学校中存在一种反校园文化。他重点调查了12名白人工人阶级高中生，这些高中生处处与学校作对，以违反学校纪律来标志自己的特殊身分，从而形成了一种反校园文化。这种对已有理论的发展也是理论创新的一种途径。

名词与术语

1. 田野工作：教育人类学者生活在一群人之中，对他们的教育和文化状况进行研究。

2. 报道人：为教育人类学者提供关于他所在的社区的信息的人。

3. 田野日志：教育人类学者根据观察和访谈资料撰写的文本。

4. 民族志：教育人类学者根据田野日志撰写而成的对他所研究的教育和文化的描述。

5. 参与式观察：教育人类学者与被研究者生活在一起，参与他们的各种活动，与此同时对他们的生活和学习情况进行观察和记录。

6. 访谈：教育人类学者向受访者提问，并记录受访者的反馈内容的田野调查方式。

7. 编码：教育人类学者在研读田野日志的基础上，根据每个田野日志片段的核心思想，以简短的词语对其予以标志，并依据这些标志对所有田野日志片段进行分类。

8. 备忘：教育人类学者在研读田野日志时，对相关田野日志片段所做的评价、解释和发挥。

思考题

1. 谈谈田野调查与教育人类学研究的关系。
2. 教育人类学者在田野调查过程中应该注意哪些伦理问题？
3. 什么是参与式观察？ 谈谈如何进行参与式观察？
4. 访谈可以分为哪些类别？ 它们各自的含义是什么？
5. 什么是编码？ 如何对田野日志进行编码？
6. 什么是田野日志和民族志？ 谈谈二者之间的关系。
7. 说一说建构教育人类学理论的基本途径。

推荐阅读书目

1. 滕星：《文化变迁与双语教育》，教育科学出版社 2001 年版。

该书是国内第一部采用文化人类学的理论与研究方法对中国具有异文化背景的少数民族教育进行的细致研究。其研究遵循解释人类学理论范式，辅以文化唯物论主—客位研究方法，对中国四川凉山彝族社区

1950 年代来语言与教育的社会变迁过程进行了描述，揭示了少数民族在力图融入现代主流社会，分享现代化社会的权利与成果的同时，试图保存自己的传统语言与文化的两难困境，并从教育人类学者的立场上给予意义上的解释。

2. M. R. Emerson, R. I. Fretz, & L. L. Shaw（1995）, *Writing ethnographic fieldnotes*. Chicago: The University of Chicago Press.

对如何进行田野调查以及如何撰写田野日志和民族志进行了详细的介绍。

3. E. Margolis, *The Hidden Curriculum in Higher Education*. New York and London: Routledge.

Margolis 在该文中对以往隐性课程的研究进行了综述。

4. R. Naroll, & R. Cohen（1970）, *A handbook of method in cultural anthropology*. New York: Columbia University Press.

该手册包含丰富的关于田野调查的实例。

5.［美］大卫. M. 费特曼著、龚建华译:《民族志：步步深入》（第三版），重庆大学出版社 2013 年。

该书详细介绍了开展民族志研究的步骤。对初学者而言是一本有用的研究手册，对教师而言是一册有价值的工具书，对经验丰富的民族志学者而言可以更新原有的知识。该书对开展教育人类学田野工作和研究有重要的参考价值。

第六章　国内外学校教育的民族志研究

本章主要就国内外学校教育民族志（微观民族志和宏观民族志）研究的历史及新近研究取向进行概要介绍与评述，理清教育民族志的发展脉络，从而使我们能够进一步深化对国内外教育民族志研究的认识与理解。

第一节　国外学校教育的微观民族志研究

一、微观民族志发展的萌芽时期

（一）微观民族志产生的社会历史背景

以学校、课堂为研究对象的微观教育民族志研究始终贯穿在学校教育的民族志研究之中，并成为学校教育民族志的一种主要的研究取向。

教育人类学的起源大致可追溯至19世纪后半叶，从那时起直至1960年代，属于教育人类学的萌芽和孕育阶段，教育人类学研究的主流阵地在美国。第一次世界大战后民族解放运动兴起，许多西方帝国主义国家不得不改变其殖民政策，由先前对殖民地的直接统治转变为间接管理，而间接管理的方式需要殖民当局对统治对象有更深入的了解。同时，由间接管理而产生的殖民地教育，以及战争引起的移民教育等问题，也进入了政府官员和御用人类学者的视野。因此，采用人类学的理论和方法来分析和研究与教育相关的问题，此时逐渐成为西方政府青睐的一种有效手段。

从学术发展的角度而言，19 世纪末正是人类学领域中民族志研究方法逐步形成并广泛运用的时期。在此之前，早期人类学家对研究对象的了解和勾勒多数建立在从传教士、探险家、异域旅行者处获得的书面记载或口头叙述等第二手资料的基础之上，研究方法尚不具备人类学学科的特色，并且使研究长期局限于一种从“书斋”中得出结论的经院式学派风格，研究结论的真实性和可靠性均值得推敲。直到 20 世纪初，英美等国的人类学家才提倡采用田野工作的方式，与被研究的原始民族长期共同生活，亲自搜集一手资料并进行整理分析。此时，民族志作为人类学特有的研究方法才初步得以成型。

博厄斯是较早倡导使用田野工作方式的美国人类学家，他一直强调要“把躺在安乐椅上的人类学家推下来”，走进田野。而较早对民族志进行系统性分析的是英国人类学家马林诺夫斯基，在《西太平洋的航海者》（1922）一书的绪论部分，马林诺夫斯基对田野工作的本质、原则等进行了详尽阐述。由于民族志作为一种定性研究方法不断完善并日臻成熟，以及学者对于教育问题的持续关注，教育人类学开始作为一门新兴的交叉学科不断发展。但是，当时美国的人类学者还没有将学校正规教育纳入他们的研究视野。他们只是想把人类学的知识提供给教育工作者和制定政策的政府官员，以便他们可以用人类学的知识提高土著和移民的教育成绩。[①] 另外，为二战推波助澜的种族中心主义大行其道，这自然与人类学的文化相对主义背道而驰，引起人类学家的强烈控诉，促使他们将注意力转移至研究各民族的特性和教育方式上来。

（二）早期微观民族志研究

最早运用民族志方法研究教育问题的是美国人类学家休伊特（E. Hewett）。他在 1904—1905 年先后在《美国人类学家》杂志上发表了《人类学与教育》和《教育中的种族因素》两篇文章。休伊特在《教育中

---

① 滕星:《国外教育人类学学科历史与现状》,《民族教育研究》1999 年第 4 期。

的种族因素》一文中指出，美国之所以产生各种移民、印第安人和菲律宾土著人的教育问题，主要是由于主流的学校强迫他们学习所谓“更高级”美国文化所致。[①]因此他建议人类学家应讨论学校中的种族歧视，并提出应为美国中小学提供多元文化的课程教育。他的研讨为美国教育人类学的学科建立奠定了基础，标志着美国教育人类学家从事教育民族志研究的开始。[②]

1930年代之后，人类学家运用民族志研究教育问题日渐成为一种热潮。这一领域的研究以博厄斯和马林诺夫斯基等人为代表，具体内容涉及移民教育、儿童的生理与心理发展调查、民族特性的比较研究与教育等。其中，博厄斯的贡献主要体现在两方面：第一，运用生物统计学等科学方法，在教育领域开展多项民族志研究，并得出学龄儿童的素质不仅由遗传决定，而且还受文化环境或教育的影响。博厄斯认为，文明没有优劣之分，每种文明都有其存在的价值。他批判了遗传决定论，强调环境与教育的作用，特别强调要注重儿童的文化背景。[③]第二，他提出的文化决定论给种族中心主义的观点以有力的回击。马林诺夫斯基指出非洲黑人学业成就普遍低下，是因为他们所进的是很低劣的学校造成的。他同时提倡应将本民族的文化传统纳入学校教育之中。[④]

20世纪30—50年代，儿童的文化适应与文化对个性形成的影响等问题一直是人类学家进行教育研究的中心。美国人类学家本尼迪克特、玛格丽特·米德、卡迪纳和林顿等人倡导的“文化与人格”研究也成为了当时十分兴盛的一大流派，他们对不同族群的社会化和文化传承过程十分重

---

① E. Hewett 1976（1905）, “Ethnic Factors in Education.” Reprinted in J. I. Roberts and S. K. Akinsanya, eds., *Educational Patterns and Cultural Configurations: The Anthropology of Education*, pp. 27—36. New York: David McKay Co.

② 徐杰舜问、滕星答：《在田野中追寻教育的文化性格——教育民族志访谈录》，载庄孔韶主编：《林耀华先生纪念文集》，民族出版社2005年版，第399页。

③ 滕星：《国外教育人类学学科历史与现状》，《民族教育研究》1999年第4期。

④ 袁同凯、陈·巴特尔：《论学校教育民族志的研究取向——对少数民族儿童学业成功与失败原因的理论探讨》，《民族教育研究》2007年第4期。

视。[①] 米德运用自己在非工业社会的田野工作经历，生动描述了美国教育快速变化的情景，并倡导教师多使用观察和第一手资料进行研究，实质性地将人类学的理论和民族志运用于教育研究。[②] 米德在文化与人格关系的剖析中最终延伸到当代社会的教育成就，她认为学校教育的最终目标应该是开发儿童的才智，训练儿童的各种生计能力。[③] 本尼迪克特等人以文化与人格为主题，对文化适应、社会文化的心理过程，以及文化对人格的影响等问题，进行了实证性的、统计学的和心理分析式的研究。他们所倡导的“文化与人格”理论，实质就是强调文化的教育功能和教育涵义。[④] 本尼迪克特研究了美国文化中教育的三种传统作用：传播（transmissive）、转变（transitional）和改造（transformative）。教育的传播作用是指教育可以传递民主品质，如创造性、独立性、正义感、自主性和自由等；教育的转变作用在于让儿童具有自主性和自我理解的能力，从而做好向成人过渡的准备；教育的改造功能在于能纵观“我们文化中的主要消耗”，并借鉴其他文化中用以解决类似问题的办法，来解决文化中的诸多非连续性问题。

50年代，人类学家亨利（J. Henry）以圣路易斯中学为切入点，进行学校民族志的微观研究，他试图证明在课堂讨论中价值观与态度的教授、这些价值观与态度同儿童家庭的关系，发现功利主义价值观的强化超越了智力与品德价值观；学校停止竞争性“自在进取体系”的根本训练，导致孩子们被灌输了竞争、惧怕失败和妒忌成功的社会生活经历。他还探讨了课堂活动和校外关系之间的连接性等一系列问题。他的一系列研讨有助于理解教育是经过什么途径塑造全国一致化的形式。[⑤]

---

① J. U. Ogbu, N. E. Sato, E. Y. Kim.（1994）. “Ethnography of Education: Anthropological Approach,” in T. Husen, T. N. Postlethwaite , eds., *The International Encyclopedia of Education*, Vol. 4, Oxford: Pergamon Press.

② Robert C. Bogdan, Sari Knopp Biklen, *Qualitative Research in Education: An Introduction to Theory and Methods*（Third Edition）, Allyn and Bacon, 1998, p.8.

③ 庄孔韶：《教育人类学》，黑龙江教育出版社1989年版。

④ 李复新：《西方教育人类学研究的历史透视》，《华东师范大学学报（教育科学版）》1990年第4期。

⑤ 庄孔韶：《教育人类学》，黑龙江教育出版社1989年版，第38页。

另外，社会学中的芝加哥学派在继承人类学田野工作传统的基础上，进行了大量侧重于城市生活的研究，也包括对学校生活的研究。其中最典型的是贝克（H. Becker）于50年代对医科学生进行的教育研究，其研究成果体现在《白衣男孩》（*Boys in White*）一书中。[①]

50年代，以美国的文化人类学者逐渐迈向系统探讨学校教育状况及问题为开端，教育民族志的应用与发展逐步走向成熟。较早从事此类研讨的是斯坦福大学人类学系主任斯宾德勒教授，他参与了一项探讨学校教员、行政人员以及学生，在学校与社区相关背景下，如何互相发生影响的课题。在这一时期，学校教育民族志在时代发展和学术进步的共同需求下逐渐蓬勃发展起来。

二、微观民族志发展的成熟期

1960年代以来，许多人类学家纷纷将注意力转向教育，尤其是少数民族教育，并把人类学特有的研究方法——民族志应用于教育问题的研究。教育人类学和教育民族志不断发展并进入成熟时期。产生这一趋向主要有两方面的原因：首先，随着二战后西方殖民政策的失败、第三世界国家的兴起，人类学家失去了殖民地这片“异邦”作为研究对象，而不得不转向对本国文化的研究；同时，在刚恢复社会秩序的战后社会中，复杂的社会危机和政治危机也促使社会学家、人类学家和心理学家开始关注各种教育问题，尤其是贫民和少数民族的教育问题。1963年戴蒙德（S. Diamond）开始掌管一项“校园文明研讨”的教育人类学课题，前期取得美国人类学会（AAA）的赞助。该课题有两个研讨目的，一是搜集与编录有关文献并对现状加以评论，二是预备在课题研讨前期，组织召开一次有关“政治与社会危机年代中教育的功用”的学术研讨会。[②] 这次课题的开展反映了民族志研究方法介入学校教育领域的时代要求。

---

① 博格丹、比克林著，唐晓杰译：《教育中定性研究的传统》，载瞿葆奎主编：《教育学文集·教育研究方法》，人民教育出版社1988年版。

② 滕星：《国外教育人类学学科历史与现状》，《民族教育研究》1990年第4期。

除了这一时期的社会背景对学校教育民族志提出了发展的要求之外，教育人类学作为一门独立存在的交叉学科也为推动学校教育民族志不断发展作出了巨大贡献。60 年代末 70 年代初，实证主义方法和定量研究开始受到人类学学界的诘难，人类学者对民族志研究的兴趣逐渐复苏。定性研究方法的广泛应用，使得用人类学的研究方法来探析教育问题变成当时一种趋势。此外，1970 年美国人类学会成立了新的分支——人类学与教育研究会（Council on Anthropology and Education），其主要任务是把研究教育问题的人类学家和运用民族志方法的教育研究者联合起来，使教育人类学进入了组织化、专业化和制度化时期，为教育民族志的系统应用打下了学科基础。而反过来，教育民族志的系统应用，也使教育人类学的研究开始了发展史上的“第三次方法论革命”，进入了微观研究时期。[①]

在微观教育民族志成型之后，许多教育人类学家对这种方法进行了系统的应用。这一时期的人类学家开始运用民族志的研究方法探讨教育问题，并为日后学校教育民族志作为一门独特的研究技术不断发展与深化作出了巨大贡献。沃尔科特（H. Wolcott）在研究了加拿大卑诗省（British Columbia）的印第安儿童的学业问题之后，于 1967 年出版了《夸奎特村庄与学校》（*A Kwakiutal Village and School*）；他还曾与一位小学校长一起生活了两年，在收集了详尽资料的基础上，于 1971 年出版了《对行使校长职权人的民族志研究》（*The Man in the Principal's Office: An Ethnography*）。此后，美国学者埃迪（E. Eddy）、奇尔科特（J. Chilcott）、米德、斯宾德勒、奥格布等人开始以学校为单位进行研究。他们把民族志研究方法引入到学校教育的研究中，称之为教育民族志、教育研究的人类学方法、教育研究的人类学技术等。[②] 此外，以苏珊·弗罗里欧对一个班进行的长期的课堂民族志研究、斯迪文森和贝克尔的文化与教科书内容研究、刘易斯·科

---

① 李复新：《西方教育人类学研究的历史透视》，《华东师范大学学报（教育科学版）》1990 年第 4 期。

② 李复新：《教育民族志：回顾与展望》，载熊川武等主编：《教育研究的新视域》，辽海出版社 2003 年版，第 110 页。

塞的课堂冲突的民族志研究为代表的美国学者运用教育民族志方法，深入学校课堂开展研究，积累了大量经典的微观民族志研究案例，为推动学校教育的微观民族志研究作出了杰出贡献。[①]

受现象学、符号论、解释学等当时新兴的社会思潮的影响，教育民族志研究20世纪六七十年代也开始转向对语言符号、日常生活的意义等因素的深层关注。教育人类学家扬（M. Young）等人曾于1968年运用微观民族志对班级进行过长期的田野观察。他们宣称自己的“基本目的在于描绘一个贫民学校中某一班级文化的沉默的语言，从而使那些没有生活在其中的人能够理解他们的微妙与复杂之处”。[②]

1977年，教育人类学家海明斯（D. Hymes）当选为美国人类学与教育研究会主席，他把推动“教育民族志”的研究作为任期内的首要任务，号召人类学家全面开展教育民族志研究，以此为基础建立新型的教与学的综合理论。在海明斯的努力下，美国学界对教育民族志的研究非常活跃，研究成果不断涌现。1978年，勒孔特（M. LeCompte）发表了《学会工作：课堂中的隐性课程》（*Learning to Work: The Hidden Curriculum of the Classroom*），试图用民族志方法，从微观研究的角度建立学校和班级生活研究的新领域。1984年，戈茨（J. Geotz）和勒孔特在其合著中也强调要“倡导人类学在教师专业培训以及教育理论与研究发展中的重要作用”。[③]可见，在这一时期，教育民族志不仅已正式成型，而且得到了较为系统、广泛的应用。

三、微观民族志研究评述

19世纪末20世纪初期，民族志研究还没有系统化、没有正式成型，只是局限在个别学者的研究兴趣之上。当时从事学校教育民族志研究的绝大

① 古德、布罗菲著，陶志琼译：《透视课堂》，中国轻工业出版社2002年版，第90—100页。

② R. Taft, “Ethnographic Research Methods,” in John P. Keeves ed.(1997), *Educational Research, Methodology and Measurement: An International Handbook*(2nd Ed.). Cambridge: Cambridge University Press.

③ 王鉴：《教育民族志研究的理论与方法》，《民族研究》2008年第2期。

多数是社会学家或人类学家，鲜有更了解教育体制及问题的教育工作者运用民族志方法进行研究。人类学家的研究也仅将问题的探讨局限于人类学特有的研究视角，没有融入教育学的交叉视角进行深入探讨。此外，理论上的探讨和分析而不是方法和程序的严格运用更加吸引人类学者的注意。这一阶段，教育人类学还处于以人类学为中心的应用性阶段，教育民族志的运用则处于外围研究的萌芽时期。

受限于当时教育人类学作为一门新兴交叉学科的实际发展状况，教育民族志的主要着眼点集中于在学校进行的微观民族志研究。在以学校为主体分析对象的研究中，教育人类学者通过学校田野工作取得的一手资料来研究教育问题，把学校看作是一种传承文化的机构或社会组织，探讨儿童个性、家庭背景、教养方式和文化适应力等微观层面的教育问题，尚未将教育问题上升到宏观层面。

随着教育人类学不断发展并进入成熟时期，微观民族志研究的运用受到学者的极力推广。微观民族志研究对师生交流过程的关注，丰富了我们对文化传播现象的理解，并且为我们理解弱势族群儿童学业成就低下的原因提供了大量依据。但是，这些微观民族志研究对问题的分析过于简单化，有些甚至会将我们引入误区。奥格布指出，微观民族志的不足之处有三点：首先，微观民族志研究缺乏比较性，因为它们往往将注意力集中于某一类少数族群，无法说明为什么交流模式、认知方式等文化差异只影响部分而不是所有的少数民族儿童的学业成就，从跨文化的视角看，尤其如此。其次，微观民族志研究缺乏整体性，因为它们忽略了实际上能够产生研究课堂过程模式的更为广大的生态环境的力量。也就是说，忽视了学校教育与其他社会机构之间的互动关系及其对课堂教学过程的影响。再次，虽然微观民族志研究可为改善少数民族儿童学业成就提供基本的资料和见解，却只能引导教育政策制定者关注教育人员而非教育结构的调整。[①]

---

① J. U. Ogbu (1981), *Minority Education and Caste: The American System in Cross-cultural Perspective*. New York: Academic Press.

第二节　国外学校教育的宏观民族志研究

一、宏观民族志研究产生的社会历史背景

1980 年代后，学校民族志研究又呈现出新的特色，对学校教育问题进行宏观民族志研究的倾向开始涌现，逐渐形成由微观民族志研究向宏观民族志研究的转型。奥格布、瑞德-丹娜海（D. Reed-Danahay）、马汀（H. Martyn）、奥博瑞（C. Aubery）、刘朱迪（J. Liu）、罗斯（H. Ross）、凯利（P. Kelly）和诺布利特（G. Noblit）等学者从历史、政治和经济的角度分析了不同群体儿童学业成功或失败的原因；[①] 佛斯特（M. Foster）、李普卡（J. Lipka）、埃里克森（F. Erickson）和莫哈特（G. Mohatt）等学者从文化的角度分析了师生之间的互动关系。[②] 文化非连续性和文化差异论受到有力挑战。

奥格布的一大贡献在于他首次提出了宏观民族志研究的重要性。他认为，从理论层面看，教育人类学把学校教育定义为文化传播的过程，旨在培养儿童的价值观和世界观，而教育人类学家的任务就是在特定社会情境下解释文化传播的过程。但遗憾的是，部分学者只关注学校、教室或家庭环境的微观民族志研究，而往往忽略了更为广大的社会及其各种部门对少

---

① J. Ogbu（1981），"School Ethnography: A Multilevel Approach," *Anthropology and Education Quarterly* 12（1）: 3—20. D. Reed-Danahay（1984），"Farm Children at School: Educational Strategies in Rural France," *Anthropology and Education Quarterly* 15（1）: 83—89; H. Martyn,（1990），*Classroom Ethnography: Empirical and Methodological Essays*. Milton Keynes: Open University Press; Carol Aubery, et al.（2000），*Early Childhood Educational Research: Issues in Methodology and Ethnics*. London: Routledge/ Falmer; J. Liu, Heidi A. Ross, and Donald P. Kelly, eds.（2000），*The Ethnographic Eye: Interpretive Studies of Education in China*. New York: Falmer Press; George W. Noblit（1999），*Particularities: Collected Essays on Ethnography and Education*. New York: P. Lang.

② M.Foster（1995），"Talking That Talk: The Language of Control, Curriculum, and Critique," *Linguistics and Education* 7: 129—150. J. Lipka（1991），"Toward a Culturally Based Pedagogy: A Case Study of One Yup'ik Eskimo Teacher," *Anthropology and Education Quarterly* 22（3）: 203—223; Frederick Erickson and Gerald Mohatt.（1982）. "Cultural Organization of Participant Structure in Two Classrooms of Indian Students," in G. D. Spindler ed., *Doing the Ethnography of Schooling: Educational Anthropology in Action*, pp.132—175. New York: Holt, Rinehart and Winston.

数民族学校教育的影响；而且即使是文化传播的研究者，如菲利普斯，也只是兼顾了社区和学校的模式，通常只关注教师与学生之间的问题而不是结构性问题。[①] 有鉴于此，奥格布提出，民族志研究应当是多层次的，根植于历史和生态的文化观念之中，即主张一种更为宏观的学校民族志研究，同时宏观民族志应与微观民族志相互结合。宏观学校民族志研究虽然也以小社区的学校为考察点，但不像微观民族志仅仅将注意力放在课堂、学校和家庭的层面上，而是同时关注学校与其它社会机构之间的关系，以证明诸如更广大社会的信仰和意识形态等社会力量对学校参与者行为的影响。从事宏观民族志研究的学者在田野点长期生活，学习当地人的语言，并与当地人建立密切的人际关系，用参与观察法和其它各种民族志方法搜集一手资料。

宏观学校民族志研究的范例通常也都使用传统人类学的民族志方法，如格林达尔（B. Grindal，1972）对西非加纳北部希萨拉（Sisala）部落学校教育的民族志研究、辛格顿（J. Singleton，1967）对日本乡村教育的民族志研究、沃伦（R. Warren，1967）对德国乡村教育的民族志研究等。[②] 辛格顿的研究表明，日本人的意识形态和社会运作机制影响着乡村的学校教育过程；沃伦论述了工业化和新型经济典型角色对乡村教育的激励作用；格林达尔指出了加纳变迁中的经济和政治环境对教育的影响，尤其是对希萨拉青年人教育态度的影响。这些宏观学校民族志研究和其他类似的跨文化民族志研究明确地表明，不能简单地以师生不同的文化背景的民族志资料或不同的学习和交流模式来解释少数族裔儿童的学业成就，只有关注学校教育与更为广大的社会文化背景，我们才能更好地理解儿童及其

---

① J. Ogbu（1974），*The Next Generation: An Ethnography of Education in An Urban Neighborhood*. New York: Academic Press.（结构性问题主要指诸如社会阶层系统、经济合作等与更为广大的社会相关的问题。这些问题对少数民族儿童互动模式、交流方式、动机等都有一定影响。）

② Grindal Bruce（1972），*Growing up in Two Worlds: Education and Transition among the Sisala of Northern Ghana*. New York: Holt, Rinehart and Winston. John Singleton（1967），*Nichu: A Japanese School*. New York: Holt, Rinehart and Winston. Richard L. Warren（1967），*Education in Rebhausen: A German Village*. New York: Holt, Rinehart and Winston.

家长面对学校所采取的适应性策略。学校组织和社区的沟通必然会在一定程度上影响学校的教学过程。我们应该将微观和宏观民族志有机地结合起来，从而更好地从文化和结构的层面上描述文化传播的过程并阐释其传播模式。

二、宏观民族志研究评述

以往的微观学校民族志过多强调学校作为一个整体系统中的内部互动，而忽视了学校所处环境的更宽泛范围内的历史与社区背景研究。宏观民族志研究强调在文化、生态及权力机制等宏观系统下研究学校教育问题，同时更加注重整体性、历史性和比较性分析。将微观与宏观两种研究层次相结合也成为当前学校民族志研究的流行趋势。

建立在对微观学校民族志研究基础上的宏观民族志研究，自身也正经历着不断的发展与完善。众多从事宏观研究的学者在理论研究上也各有侧重。奥格布对微观民族志分析的批评与近期一些后现代派对一般民族志实践的批评有异曲同工之处。这些学者认为，民族志研究不能脱离社会历史而在概念上孤立地研究文化与语言行为。[①] 奥格布指出，教育人类学家必须使用蕴含少数民族历史经历的文化概念。他认为，由于各少数民族的历史各不相同，在社会中所处的地位也不同，他们的学业成就也可能因此不尽相同。[②] 在他看来，弱势群体对同化经历的感知、对待主流学校教育的态度是影响他们学业成就的关键因素。弗利（D. Foley）认为，“从理论和方法论上看，奥格布的观点与其他学者相比更具说服力，他的民族志和理论也更具整体性、比较性，是多层次的，因而也更具解释性”。[③]

---

① G. Marcus, and Michael Fischer（1986）, *Anthropology as Cultural Critique: An Experimental Moment in the Human Sciences*. Chicago: University of Chicago Press. E. Wolfe（1982）, *Europe and the People without History*. Berkeley: University of California Press.

② J. U. Ogbu（1991）, “Immigrant and Involuntary Minorities in Comparative Perspective,” in Margaret A. Gibson and John U. Ogbu eds., *Minority Status and Schooling: A Comparative Study of Immigrant and Involuntary Minorities*, pp.3—33. New York: Garland.

③ D. E. Foley（1991）, “Reconsidering Anthropological Explanations of Ethnic School Failure,” *Anthropology and Education Quarterly* 22（1）: 67.

其他学者的研究均在某种程度上缺乏历史角度，如希斯（S. Heath）虽然在美国南卡罗莱纳州一个矿区的学校研究中，涉及一些矿区历史对社区的影响，但她对社区中历史上的民族关系却很少讨论。[①] 菲利普斯（S. Philips）考察了老师与弱势族群儿童之间的交往与互动，却忽略了各个民族交往的历史过程，认为主体民族与少数民族之间不存在群体情感和利益冲突关系。[②] 结构主义学者莫汉（H. Mehan）比较关注当地人的实践推理过程，但却没有把人视为文化与社会传统的载体，不去研究这些活生生的传统如何成为建构现实生活和学业失败的具体过程。[③] 相比之下，奥格布的文化传统观比较强调实践者对他们族群被迫同化历史的心理和文化调适过程。奥格布所描述的是有情感和动机的活生生的人。很明显，“活生生的文化传统”在大多数社会语言学者和民族方法论者的微观民族志中是找不到的。

需要特别指出的是，在探讨少数民族或弱势族群儿童学业成就时，除关照政治、经济、社会文化背景（如宗教信仰、语言和传统习俗）等因素外，我们还应该关注当地人的地方性解释，在研究某一特定情境下的社会与文化时，应该予以被研究者更多的表述机会。长期以来，当地人的声音往往受到抑制，民族志文本表述的更多的是研究者透过自己的文化镜片所看到的文化现象。对此，格尔茨（C. Geertz）、克利福德（J. Clifford）和马尔库斯（G. Marcus）等均有论述。[④] 地方性解释根植于基层社会的知识体系之中，是当地人对其周围文化现象的主位阐释，是经过长期历史积淀的地

---

① S. Heath（1983）, *Ways with Words: Language, Life and Work in Communities and Classrooms*. New York: Cambridge University Press.

② Philips, S.（1983）. *The Invisible Culture: Communication in Classroom and Community on the Warm Springs Indian Reservation*. New York: Longman.

③ H. Mehan（1987）, n.e: "Communication in Classroom and Community on the Warm Springs' *Interpretive Ethnography of Education: At Home and Abroad*, pp.109—133. Hillsdale, N.J.: L. Erlbaum Associates.

④ Clifford Geertz（1980）, *Negara: The Theater State in 19th Century Bali*. Princeton, N.J.: Princeton University Press. James and George E. Marcus, eds.（1986）, *Writing culture: The poetics and politics of ethnography*. Berkeley: University of California Press.

方性知识和日常生活的合理化常识，这对我们探求造成弱势族群儿童学业成就低下的根源无疑具有重大意义。

第三节　国外学校教育民族志新趋势

作为可靠、真实、有效的方法之一，民族志研究法广泛地被教育人类学界所采纳，同时，一些关于学校教育民族志研究取向和研究方法上的新成果正在接受学者的激烈讨论和检验。这些研究成果为丰富学校教育民族志研究也作出了巨大贡献。

一、超越学校范围的教育民族志研究出现

教育民族志学者普莱斯勒（J. Preissle）和葛兰特（L. Grant）概括了当前学校教育民族志出现的新特点。首先，教育民族志的研究范围已从正式场合逐步扩大至非正式场合。以往，家庭、邻里之间以及社区和学校是社会化和文化传承的主要场所；而最近的研究倾向于将一生当中所经历的际遇都作为潜在的接受教育和再教育的平台，并且形成无处不在的教育场景、环境和情境。学校之外的文化因素被引入那些场所存在于学生、教师和执政者的实践和观念当中，模糊了学校和社会的界限。[①] 亨宁（P. Henning）对冷藏技师的研究表明，技师与一起共事的人在工作中通过实物、社会关系和工作部门这一“社区”的对话实践的互相作用学习和表达意义是一种积极有效的学习方式。戈尔曼（T. Gorman）研究了父母在形成对其孩子的受教育期望过程中扮演的角色，挑战了过于轻易得到的关于社会阶层和教育目标的关系的理论描述。李维森解释了他所说的青少年同龄人文化中的道德层面是怎样在校外形成，并且被引入那些环境中用以形成学生、教师和执政的关系。基罗斯（P. Quiroz）和拉格兰（T. Ragland）分析了与民族

---

① Judith Preissle and Linda Grant (1998), “Exploring the Ethnography of Education,” *Journal of Contemporary Ethnography*, 27 (3): 3—9.

因素有关的紧张和疏远关系如何在学校中形成、长期以来种族群体打乱了哪些背景的界限从而引发学习改革等问题。[①]

二、学校教育民族志涉及的研究内容及领域不断扩大

像许多早期受到人类学影响的领域一样，学校教育民族志的研究内容不仅仅限于学校中课堂上的师生互动。民族志学者和教育学者同样关注学校发生的各种社会实践和变化形式，例如社会宗教、民族、社会经济和种族群体中的学校化和社会化等因素。

学生的能力、文化创造、再创造和创新等问题已经成为突出的主题贯穿于这些文章。戈尔曼认为，家长对孩子上学的态度反映了他们自己为维护身分、地位和尊严所作的与社会阶层相关的努力。李维森关于青少年的研究反表明，学生像教师评价他们一样评价教师，并不是因为感觉到其尊严和文化身分受到威胁，或者可能会有潜在的威胁。那些参与亨宁研究的冷藏技师与他人形成一种类似于家人的关系，使他人理解他们的文化背景并给予支持来解决由工作带来的地位上的不明确。就像基罗斯和拉格兰证实的那样，许多发生在拉丁和盎格鲁教师之间的争执，表面上是因为学校的相关事务，其实是对种群内支配权和尊严的争夺。

三、注重理论与经验、宏观与微观研究的有机动态结合

人类学和教育社会学界近期展开了新的讨论，主要着眼于从微观角度揭示学校生活与宏观社会不平等的关系。主流学校和课堂不像占有支配地位的社区群体那样多层次，而是一个由社会构建的环境，参与者在其中努力形成自我身分构建，并接受正规教育。

这种再探讨与批判相辅相成的结合，是一种将学校教育民族志的微观理论与社会分层的宏观理论进行结合的新尝试。戈尔曼发现传统观念上的社会阶层和教育期望之间的关系并不清晰，其中部分是因为其批判性自我

---

① Judith Preissle and Linda Grant (1998), "Exploring the Ethnography of Education," *Journal of Contemporary Ethnography*, 27 (3): 5, 7.

反思经历。李维森在研究墨西哥学校时，更愿意研究学生而不是学校中的其他角色，因为那些角色需要刻意和他们一起工作，才能理解他们的想法。亨宁反思了在外界和课堂内学习的多种不同途径的意义，并且思考了这对培训技术工人的教育者的实践意义。基罗斯和拉格兰赞成芝加哥学校各部门为改革所作的努力，并且努力寻找有效的方式去体现每一群体位置的核心。这些探讨突出强调了学校教育民族志能够振兴学术研究，并且重塑人们对教育及其与社会、文化及人类自己关系的理解。

以往的民族志一般将精力集中于特定时间、特定国家的某些具体方面的田野工作上，并据此可以得到一些经验或获取证据来反驳某个假设。民族志的描述和案例固然很有说服力，但是，用发展的和全球化的眼光来看，以小见大的民族志描述可能会揭示范围更大、程度更尖锐的社会问题。许多问题的研究超出了特定的民族志的范围，需要更多的信息和证据，更多样的背景和理论论证。近年来，民族志已经拓展到了全球的范围，当前将民族志研究置于全球化进程背景下进行探讨日益成为新的趋势。

总的来说，学校教育民族志是一种发人深思的研究方法，尤其对从事教育的实践家或是研究者都具有特别的意义。通过对学校教育的本质和功能提供清晰、有效和真实的民族志式的描述，学校教育工作者可以不断反思他们自己在学校中的角色、与相关的不同角色互动的方式及特点，以及在宏观背景下学校与其他社会机构之间的相互影响。

第四节　国内学校教育民族志研究

1986 年《教育人类学刍议》一文的发表标志着教育人类学概念在我国大陆的初次“着陆”。[①] 尽管民国时期有少量的边疆研究、考察报告有一定的教育人类学研究意味，教育人类学在我国开始作为一门学科发展起来是 80 年代中期以后。当前我国教育人类学处于“初步学术化”向组织化、专

---

① 吴晓蓉:《中国教育人类学研究述评》,《民族研究》2010 年第 2 期。

业化的新阶段迈进的发展时期。[①] 在我国教育人类学学科发展的30年间，涌现出了以滕星教授主编的《教育人类学研究丛书》（四辑）、张诗亚教授主编的《西南民族文化与教育研究丛书》和万明钢教授、王鉴教授共同主编的《多元文化与西北民族教育研究丛书》为代表的一批优秀研究成果，研究主题涉及教育人类学理论、教育民族志书写、少数民族双语教育研究、汉人社区教育研究等许多方面，[②] 田野点广布于我国东、中、西的若干民族的不同地区。就教育民族志研究而言，我国的教育民族志研究发展情况大致如下：首先，集中于学校教育研究，学生学业成就分析、校园文化建构、教育模式探析等是基础研究的重点内容；其次，学校教育成为研究基石，以学校教育为基础探讨学校与社区、地方与国家之间的关系，跨文化交流、互动也是探讨重点；随着研究视野扩展，学校教育之外的教育（如民族地区的仪式教育等）也成为许多研究的关注对象。值得注意的是，由于我国教育人类学学科仍处于初期发展阶段，许多研究主题都还具有相当大的探索空间，因此本节所列举的教育民族志研究发展脉络并非按严格意义上的先后关系排序，目前各研究主题下都有许多的研究者在不断探索。

一、国内早期教育民族志研究

正如前文所言，民国时期少量的边疆研究、调查报告也对考察点的教育情况进行了调查，其中1935年廖泰初调研山东省汶上县农村教育情况后完成的《动变中的中国农村教育——山东汶上县教育研究》是其中的代表。[③] 作者在走访了200多个村庄、考察了150多所私塾的基础上，详细描写了私塾和洋学在中国农村对立发展的状况，并深刻地指出文化冲突时以西洋文化为背景的洋学在中国发展举步维艰的根本原因。[④] 深入田野、把教

---

① 巴战龙、滕星等：《中国教育人类学新进展》，《广西民族大学学报（哲学社会科学版）》2014年第2期。

② 同上。

③ 廖泰初：《动变中的中国农村教育——山东省汶上县教育研究》，1936年。

④ 林傲耸：《农村教育：中西文化间的博弈》，《教育学术月刊》，2015年第4期。王婷婷：《中国乡村社会的“洋学”与“私塾”之争》，《长江师范学院学报》2015年第6期。

育置于更宏大的社会背景中进行考察、关注文化，使《动变中的中国农村教育》一书成为早期颇具教育人类学研究意味的著作。

中国教育人类学作为一门学科领域，始于80年代初期对少数民族教育的研究。[①] 滕星教授所著的《文化变迁与双语教育——凉山彝族社区教育人类学的田野工作与文本撰述》一书于2001年出版，[②] 该书遵循解释人类学理论范式，辅以文化唯物论的主客位研究方法，对中国四川凉山彝族社区20世纪后50年来语言与教育的社会变迁过程进行了全面而细致的描述，揭示了少数民族在力图融入现代主流社会、分享现代化社会的权利与成果的同时，试图保存自己的传统语言与文化的两难困境，并从教育人类学者的立场予以分析，同时还对双语教育在当代社会所面临的理论与实践困境的根源，从人类文化的共性与差异性、文化的普世主义与多元主义、机会均等与文化差异等相关领域进行了尝试性探讨，并表明了研究者的关于人类语言文化应坚持共性与多样性有机统一的基本立场。著名人类学家林耀华先生和著名教育学家顾明远先生对这本教育人类学论著给予了极高的评价，认为该书“是中国大陆第一部采用文化人类学的理论范式与研究方法对具有异文化背景的少数民族教育进行的细致研究，开创了我国经典意义上教育人类学研究的先河”。[③] 此后，运用田野工作方法撰写的教育人类学民族志作品日渐增多。

二、国内学校教育民族志研究

这里以研究立足点与主要研究内容为分类依据，将现有的学校教育民族志研究分为微观研究和宏观研究两大类。实际上，在学科交流日益频繁的今天，不同视角、不同理论、不同学科的互动已经成为研究的常态，学校教育民族志研究也是如此，大多数研究实际上都可视为微观与宏观相结合的综合性研究，这里的分类也只是相对而言，而非绝对划分。

---

① 巴战龙：《异音同至听，殊响俱清越——评滕星博士的〈文化变迁与双语教育〉》，《广西民族学院学报（哲学社会科学版）》2003年第5期。

② 滕星：《文化变迁与双语教育——凉山彝族社区教育人类学的田野工作与文本撰述》，教育科学出版社2001年版。

③ 袁同凯编著：《教育人类学简论》，南开大学出版社2013年版，第43页。

在微观领域，学校教育民族志研究多扎根校园，以考察课堂教学、学生生活、师生互动为主要内容，致力于学生学业成就探讨、学校教育的实然与应然等主题。在宏观领域，学校教育更多地被视为社会系统的一环，研究内容主要涉及学校教育以及现代性进程中学校与社区、国家间的关系、以学校为文化场域进行不同文化间教育与诸如族群认同、人力资源等话题的互动分析、交叉讨论。

（一）微观学校教育民族志研究

从整体来看，我国微观学校教育民族志研究主要集中于学生学业成就探讨和学校教育的实然与应然分析两大主题，其中学业成就探讨多集中于民族地区学校，学校教育的实然与应然讨论多集中于我国广大的农村地区的乡村学校。

1. 民族地区学生学业成就探讨

在世界各地，位于偏远地区的少数民族的教育水平普遍较低，学童的学业成就也普遍低下。探讨主流文化中处于弱势地位族群的学生的学业成就是教育人类学关注的重点，现已形成了文化匮乏论、文化差异论、文化生态适应论、民间成功论等解释理论和分析架构。我国有关民族地区学生学业成就的探讨一方面为我国民族地区学校教育的发展提供了丰富的指导思路与切实有效的执行方法，另一方面与国际理论形成对话，为形成相关的本土化理论作出了贡献。

《走进竹篱教室：土瑶学校教育的民族志研究》是国内较早研究少数民族学生学业成就的作品。作者以土瑶地区的学校教育情况为基础，对土瑶社区的整体发展情况进行了详实调查，认为基层地方政治权力关系网络分布的不均衡性、基层地方社会与政府对土瑶人的刻板印象和漠视态度、基层地方权力在地方资源的配置过程中对土瑶人的忽视等因素，是造成土瑶社区贫困和土瑶儿童学业成就低下的症结所在。[①] 这项研究揭示了国

① 袁同凯：《走进竹篱教室：土瑶学校教育的民族志研究》，天津人民出版社 2004 年版，第 370—371 页。

内少数民族学校教育滞后问题研究的一个崭新视角——政治因素，[①] 启发人们进一步思考不同族群对政治资源的占有与地方社会经济、学校教育发展的关系。张霜通过对一户苗族家庭四代人的教育经历，详细描述了贵州石门坎苗族学生学业成就较低的现实情况。从文化适应的角度分析，作者认为，族群的经济、政治、社会地位并非影响苗族学生学业成就的直接原因，学校的文化教育环境是根源，主流文化的学校与学生间的文化距离与学生学业成就高低紧密相关，文化距离越近，学业成就越高。因此学校、学生间要相互尊重与调适，才能缩短两者间的文化距离。[②] 邓红对甘肃民族地区农村学校教育的考察采用了日常生活的视角，研究认为少数民族乡村儿童在乡村与学校间的时空置换实质是文化的置换，是由熟人社会向陌生社会的转换。在转变过程中，学校教育的目标导向与学生日常生活中的分工模式、生计方式间的差异成为大批儿童学业成就低、并最终辍学的主要原因。[③]

2. 乡村学校教育的实然与应然研究

很久以来，城乡文化差异是中国多元文化中最普遍的现象，在以往的国家义务教育中，农村学校实际变成具有主流地位和多元性的城市文化对农村文化进行改造的场域，少数民族地区也是如此。因此，将少数民族地区的学校教育放到整个农村教育的分类体系中或许具有更加普遍的解释力。[④] 当前农村学校教育如何？能否适应乡村经济社会发展和满足乡村个人的需要？教育在乡村社会扮演何种角色，给乡村学生和村落带来了什么？如何推进和改良？影响农村教育发展的症结在哪里？出路又是什么？针对这一系列有关乡村学校教育的实然与应然的问题，我国的教育人类学者以

---

① 王俞：《少数民族学校教育与地方政治权力的民族志研究》，《西北民族研究》2013年第2期。

② 张霜：《民族学校教育中的文化适应研究——贵州石门坎苗族百年学校教育人类学个案考察》，民族出版社2012年版，第161—193页。

③ 邓红：《乡村少数民族儿童的学校生活：甘肃民族地区农村学校教育的田野考察》，民族出版社2014年版，第193—200页。

④ 翁乃群主编：《村落视野下的农村教育——以西南四村为例》，社会科学文献出版社2009年版，第4页。

民族志研究的方式提出了自己的独到见解。[①]

在整体性探讨方面，论文集《村落视野下的农村教育》收录了四部学校教育民族志，研究者从村落视角出发，采用不同的分析框架，描述和探讨了城市与农村文化、汉族与少数民族文化的巨大差异，导致长期以来以城市为导向的农村教育与农村社会文化的高度分离，从而难以解决为农村社会文化发展培养人才、提供知识和技术资源的问题。文集中作者的著述有一个共识：因地因时制宜，以农民、农业、农村发展为本应是推进农村教育发展的方向。[②] 赵淑岩以牧区学校的教师在校本课程研发过程中的心路历程及行为转变为线索，遵循文本撰述和影像采集相结合的民族志表述方法，对甘肃省一所牧区学校校本课程建构过程进行深描，进而提出建构自由多元的牧区教育理论的构想。[③]

具体到乡村学校教育发展路径的选择，欧群慧指出，在跨文化交流场域的学校中发展多元文化教育，教师是实现目标的关键因素，应充分重视多元文化教师的培养。作者以云南省少数民族地区一所民族中学为个案，以校园里师生互动为观察视角，通过鲜活的案例、师生对话、场景描写等方式对多元文化教师的发展现状进行了详细的描述和解释，并提出了多元文化教师的发展阶段理论和类型理论，并从职前培养和职后培养两个方面提出针对性的建议。[④] 针对我国较为普遍的基础教育的矛盾与困境，冯跃深入我国北方县城一所中学进行了研究。[⑤] 作者以“期待与实践”为主要线索，

---

① 陈学金：《西南少数民族农村教育的处境与出路》，《湖南师范大学教育科学学报》2010 年第 11 期，第 33 页。

② 翁乃群主编：《村落视野下的农村教育——以西南四村为例》，社会科学文献出版社 2009 年版。本部文集收录作品如下：翁乃群：《城市导向的农村教育》；李小敏：《村落知识资源与文化权利空间——滇西北永宁乡拖支村田野调查》；吴凤玲：《村落社会文化与国家教育——川西南泸沽湖镇一村小及其所在村落的田野调查》；沈红：《贫困乡村教育的文化嵌入——黔西北石门坎的田野调查》；刘云杉：《村庄与教育——黔西南一个民族混居村庄的田野研究》；刘云杉：《中国乡村教育实践的检讨》。

③ 赵淑岩：《以校本课程建构透视牧区教育的自由与多元》，中央民族大学博士学位论文，2009 年。

④ 欧群慧：《云南省黎明市孟波镇中学多元文化教师民族志研究》，民族出版社 2011 年版，第 123—166 页。

⑤ 冯跃：《教育的期待与实践：一个中国北方县城的人类学研究》，民族出版社 2009 年版。

从文化传递与人性转变的整体视角出发，探讨教育发生过程中对人性形成的规范与模式尺度、个体在反复实践中获得的人性转变的新尺度。作者深刻阐述了多元文化参照下，教育期待与实践表现的学理缘由、深层次根源及应用性建议。[①]

现阶段国内微观学校教育民族志主要集中在学业成就分析与乡村学校教育的实然和应然解释探讨两方面。在学业成就的分析中，学者们从政治资源分布、文化适应以及校园日常生活之意义等视角对我国少数民族地区学生学业成就较低的现象进行了描述与解释，这些研究立足本土提出相应的理论解释，一方面为如何提升广大民族地区学生学业成就提供了有力的理论支持与发展思路，另一方面也实现了与国际理论进行对话交流。在乡村学校教育的实然与应然探讨中，不同学者基于不同田野调查所得为我国乡村学校教育如何、何以发展提供了深刻的洞见。从更宏观的层面将这些见解系统化是这一领域未来值得努力的方向。

（二）宏观学校教育民族志研究

这里讨论的宏观研究主要指在研究中学校教育成为研究要素，并将之与其他社会系统中的要素联系起来讨论。宏观学校教育民族志研究主要包括两方面内容：一是立足学校教育以此讨论现代性进程下学校与社区、国家间的关系；二是立足功能视角之上的以学校为文化场域进行不同文化间的互动分析和讨论教育与诸如族群认同、人力资源等的相互关系。

1. 学校、社区与国家间的关系

学校与社区的关系问题一直是教育人类学的经典命题，又因现代学校教育在地方社区中很大程度上扮演了主流文化及其背后的国家意志的代言者，成为“村落中的国家”，[②]因此学校与社区的关系探讨又与国家密不可分。总结起来，“冲突”、“互动”、“交换”是研究者较常采用的分析视角。

冲突视角下，“紧张与融合”是学校、社区、国家关系的主要特征，学

---

① 李恬：《初级中学教育模塑过程的反思》，《湖南师范大学教育科学学报》2011 年第 1 期。

② 李书磊：《村落中的“国家”——文化变迁中的乡村学校》，浙江人民出版社 1999 年版。

校在其中更多扮演国家的角色，承载着主流文化，与社区的地方、传统等特征相异性较大。巴战龙详细描述、解释中国西北一个乡村社区在现代性历程中地方知识与学校教育关系的生产和演变，得出结论：在尧乎尔族群社区，学校教育与地方关系的发展呈现出由融合到紧张的过程。现代学校教育在初期发挥了帮助尧乎尔族群适应社会变迁的积极功能，二者关系融洽；随着现代化进程发展，代表主流文化、以文化同化和社会整合为主要功能的学校教育持续排斥族群的传统文化，且未能及时回应社区尧乎尔民众将本族语教育纳入学校课程体系的强烈要求，加之学校在提高教育教学质量方面效益不彰，导致社区与学校关系趋向紧张。[①] 与大多数研究直接关注社区与学校不同，罗吉华关注了一个文化再制场域中集中体现了传统与现代、本土与外来、国家与地方文化之间的交融与碰撞的特殊群体——傣族和尚生。她认为，学校教育问题中所隐含的是相冲突的社会文化观，一是“传统”与“现代”的断裂，二是过于强调国家整合而忽视地方差异。为促进民族、社区和国家的和谐发展，寻找传统与现代的衔接，她提出，要以建设“共同文化”的理念来实现学校与社区的共建，国家层面应重视自上而下的“文化关注”，肯定文化多样性，当地人也应提升自下而上的“文化自觉”能力。[②]

互动视角下，司洪昌以历史人类学研究方法构筑了一个小型社区教育变迁的历程，从一幅村庄教育变迁的图景中折射出学校、社区、国家三者的博弈关系。就学校与社区关系而言，村民接受学校教育的历程，实际上是学校和民间规范争夺主导权的斗争；就三者关系而言，嵌入乡村的学校实际上处在本土与西洋、历史与现实、乡村与城市、国家与地方等多重张力的网络结构中。村落学校的发展是在国家、地方、村落等主体之间的互动中展开，不同主体之间的博弈互动形成了学校变迁的图景。[③]

---

① 巴战龙:《人类学视野中的学校教育与地方知识》，中央民族大学博士学位论文，2008 年。

② 罗吉华:《文化变迁中的文化再制与教育选择——云南勐罕镇中学傣族和尚生的个案研究》，民族出版社 2011 年版。

③ 司洪昌:《嵌入村庄的学校——仁村教育的历史人类学探究》，教育科学出版社 2009 年版。

交换视角下，李红婷将湖南大金村的学校教育置身于广阔的社会、文化、历史、经济制度中来解剖。她认为，学校与社区、国家之间的关系更多的是基于权力基础上的对有限资源与空间的共享、交换与争夺。如今的乡村学校已由过去“村落中的国家”形象转变为“村落中的集市”形象，学校成为“资本”、“服务”、“商品”的集散地。更重要的是，半农耕时代的乡村学校因其交换资源的逐渐衰弱，乡村教育必然处于“悬置”的尴尬境地。社区处于多元价值冲击下的“无根”状态。当代乡村教育的主要任务是如何加强信仰教育，重建乡村社区的核心价值体系。①

2. 学校教育的功能分析

学校教育的功能和意义被视为若干学科的经典研究内容，教育人类学对此的探讨更多地从社会系统整体性视角展开。

（1）作为跨文化交流场域的学校

受学科传统的影响，我国现有的教育人类学研究集中于少数族群、弱势群体的教育以及非正规教育，但这并不意味着我国教育人类学研究范围仅局限于此，事实上中国教育人类学早已关注主流教育的热点问题。英文版论著《单位与公民社会的碰撞：教改者的真实故事》便是其中的经典之作，其中“One Way Ticket: A Story of an Innovative Teacher in Mainland China”②一章被国际评学界誉为该领域中近期具有重大影响的成果和民族志研究方法的典范。③欧阳护华试图通过对90年代中国教师教育及英语教学方法改革过程的探讨来揭示教改与社会文化语境之间的关系。④在本项研究中，学校成为跨文化交流的场域，文化交际的顺利程度决定了各群体关系和谐度，并最终影响教学改革目标的实现。具体说来，教学方法的改革是

---

① 李红婷：《无根的社区，悬置的学校——湖南大金村教育人类学考察》，民族出版社2011年版。

② Huhua Ouyang, “One Way Ticket: A Story of an Innovative Teacher in Mainland China,” *Anthropology and Education Quarterly*, Dec 2000, pp. 397—425.

③ 王婷婷：《文化变迁视角下的教学改革》，《教育学术月刊》2014年第12期。

④ 欧阳护华：《班集体和教研室中的英语交际法：一项对比实践共同体的民族志研究》，《湖南师范大学教育科学学报》2015年第2期。

新的教育理念与原有的社会结构和价值体系相互调试与妥协的过程。沟通式教学法（Communicative Language Teaching）在实践中的受挫实际上是公民社会文化与单位社会文化碰撞时产生的不和谐因素。文化观念的突破和改良是教育变革的前提和重点。[①]

（2）学校教育对族群认同、人力资源发展的作用

如今，无论是在国际事务中，还是在国家、区域内部，族群认同、族群关系、族群冲突等越来越成为重要因素。因此，对族群及族群认同理论的探讨，已经成为人类学研究最重要的议题之一。近年来有关族群认同较为有代表性的观点有原生说、现代说、神话—符号说。[②]《教育与族群认同——贵州石门坎苗族的个案研究（1900—1949）》是建构论的一个本土个案形象，其中特别关注了教育在建构族群认同历程中的重要作用。20世纪初，花苗同时面对着西方传教士、国民政府和当地强势族群，在被不同的权力、势力建构的过程中，花苗通过知识体系、教育制度和文字媒介“主动”建构其族群身分，并从中获取政治、社会和文化上更多的资源和权利。[③]本个案说明，族群认同的建构是自上而下与自下而上同时发生的过程，是强势与弱势力量互动的变迁，是“中心”和“边缘”共同建构的结果。[④]

关于人力资源的研究主要从经济学角度讨论人力资源的现状、开发与管理问题，孙杰远从教育人类学视野出发，运用民族志研究与定量研究相结合的方式，寻找人力资源的生长规律和教育促成人力资源生长的机理，拓展了教育人类学研究空间。该研究以自然环境落差显著、民族多样、文化与物产丰富的西南三地为物理空间，通过结构方程分析、案例解剖后认为，教育促成人力资源生长的机理包括了个体自组织的适应性演化、个体自组织系统与外部系统之间的交互性作用以及教育系统内部各构成要素之间的协同性作用。人力资源生长过程是一个个体与他所处系统之间的协同

① 王婷婷：《文化变迁视角下的教学改革》，《教育学术月刊》2014年第12期。

② 罗吉华：《族群认同是如何建构的》，《湖南师范大学教育科学学报》2010年第6期。

③ 张慧真：《教育与族群认同——贵州石门坎苗族的个案研究（1900—1949）》，民族出版社2009年版。

④ 罗吉华：《族群认同是如何建构的》，《湖南师范大学教育科学学报》2010年第6期。

性、交互性的自组织演化过程，是一个不断生成新组织新形式的过程，是一个动荡、创生—稳定、和谐—动荡、创生交替、螺旋式演进的过程。①

现有宏观学校教育民族志的研究内容之一是重点探讨对学校、社区、国家三者关系，当前较有代表性的观点主要有："学校与社区相互冲突又彼此调和"、"学校处于多重张力中，学校教育在各主体的互动博弈中发展"、"学校与社区、国家三者是基于权力基础上的对有限资源与空间共享、交换与争夺的关系"等。研究内容之二是立足学校教育的功能与意义，探讨跨文化交流及学校教育与诸如族群认同、人力资源发展等问题。现代学校实际也扮演着跨文化交流场域的角色，教改等行动所遇困难在很大程度上是不同文化的激烈碰撞甚至冲突。此外，教育也在建构族群认同、促成人力资源生长方面发挥着巨大作用。

中国教育人类学发展至今，已拥有一大批优秀的民族志研究成果，学校教育民族志研究所占比例颇重。从研究主题来看，学业成就和学校、社区、国家三者间的关系是研究的重点；从田野选择看，地处偏远的少数民族地区学校和乡村学校成为绝大多数研究者的选择。这些研究深入地描述了我国乡村学校的发展状貌，基于调查提出了许多深刻的有关乡村学校何以为之、何以可为的洞见。但学校教育民族志研究不局限于此，教育人类学研究更不局限于此。已有研究对城市学校教育关注还比较缺乏：城市学校教育现状何如，它存在着怎样的矛盾与困境，其背后又蕴藏了哪些意义？城市学校教育与其他城市文化要素间如何互动，形成了怎样的关系模式？生活在城市中的不同群体如何面对城市学校教育，城市学校教育又以怎样的方式面对这些群体？诸如此类的问题都还有待教育人类学研究者的探索。

下田野、撰写民族志、进行理论建构是人类学研究的三个看家法宝。在

① 孙杰远：《教育促成人力资源生长：基于现场和模型的研究》，广西师范大学出版社2009年版。

理论建构方面，已有研究大都沉浸在对某一社区的深描之中，其研究所得如何打破地域局限进行更广阔普遍的理论建构？同一主题下的不同研究间如何对话进而形成更具条理性的理论体系？在国际理论交流的大环境中，如何从研究中总结理论本土特色？这些都是教育民族志者未来应该思考的问题。

名词与术语

1. 微观学校民族志：关注学校、教室或家庭环境的民族志研究，而往往忽略更为广大的社会及其各种部门对学校教育的影响。

2. 宏观学校民族志：虽然也以小社区的学校为考察点，但宏观学校民族志者不像微观民族志者仅仅将注意力放在课堂、学校和家庭的层面上，同时也关注学校与其它社会机构之间的关系，以此证明诸如更广大社会的信仰和意识形态等社会力量对学校参与者行为的影响。

思考题

1. 教育民族志是在何种社会历史背景下产生的？
2. 试讨论马林诺夫斯基、博厄斯、米德等早期人类学家对教育民族志研究的贡献。
3. 斯宾德勒和奥格布对教育民族志研究有哪些突出贡献？
4. 国外教育民族志研究在理论与方法上有哪些新趋向？

推荐阅读书目

1. M. A. Gibson and J. U. Ogbu, eds.（1991）. *Minority Status and Schooling: A Comparative Study of Immigrants and Involuntary Minorities*. New York: Garland.

   本研究以锡克裔、西班牙裔、土耳其裔、韩裔、墨西哥裔等不同弱势群体为研究对象，从跨文化的视角讨论了在相同的教育情境下，一些儿童学业成功而另一些却失败的深层原因。其研究发现对理解影响弱势群体儿童学业失败的原因具有重要启发性。

2. J. U. Ogbu (1974), *The Next Generation: An Ethnography of Education in an Urban Neighborhood*. New York: Academic Press.

这是一项基于长达 21 个月实地田野调查的学校教育民族志研究。通过参与观察法与访谈法，作者探讨了影响美国黑人和美籍墨西哥人儿童学业失败的各种因素。

3. George D. Spindler (1982), *Doing the Ethnography of Schooling: Educational Anthropology in Action*. New York: Holt, Rinehart and Winston.

本书从民族志的视角论述了美国的学校教育，试图说明作为人类学田野的基础，民族志可以为解决复杂的教育问题提供新的视角。斯宾德勒认为，民族志研究不仅需要理论架构，而且要合乎方法论的要求。本书特别注意影响日常生活互动的潜在的文化模式的研究，在方法论上要求教育人类学者既要关注本土化研究，又要关注跨文化的观点和视野。

4. G. Spindler ed. (1987), *Interpretive Ethnography of Education: At Home and Abroad.* Hillsdale, NJ.: L. Erlbaum Associates.

这是一本有关教育民族志研究的经典论著，作者以独特的视角分析与阐释了现代社会中影响儿童学业成就的各种因素，尤其是社会与文化因素。

5. G. Spindler and Lorie Hammond, ed. (2006), *Innovations in Educational Ethnography: Theories, Methods, and Results*. Lawrence Erlbaum Associates.

本论文集探讨了民族志作为一种研究方法对人类互动的文化过程，尤其是对当今复杂社会的教育过程的理解，具有重要意义。本书分为两部分，第一部分主要从理论角度讨论了民族志及其演变过程；第二部分主要关注民族志方法对学校教育的研究，并就研究者与研究对象之关系、参与观察中“参与”之意义以及民族志文本表述等问题进行了探讨。

第三篇

文化与教育

第七章　人的发展与教育

人类的发展过程与教育的发展过程息息相关。考虑到人的本质、教育的起源以及人类进化发展过程中教育的角色等一系列重大问题，教育人类学必须探讨人的发展与教育的关系。这是教育人类学的一个重要研究领域。

第一节　人的本质与教育

一、人的本质

教育人类学实质上就是应用人类学的研究方法和对人的研究成果对教育进行深入研究的学科。教育人类学汲取对人的本质的研究成果进而分析教育问题，那么首先要把握人的本质。“人性之无分于善不善也，犹水之无分于东西也。”（《孟子·告子上》）“玉不琢不成器，人不学不知义……人性因物而迁，不学则舍君子而为小人，可不念哉。”（欧阳修《诲学说》）从古到今对人的本质的研究数不胜数，主要表现为以下几个方面：

1. 人具有生物性本质。恩格斯说：“人来源于动物界这一事实已经决定人永远不能完全摆脱兽性，所以问题永远只能在于摆脱的多些或少些，在于兽性或人性的程度上的差异。”[①] 人具有生存和繁衍的本能，食欲、性欲、避危求安、驱寒就暖等本能，都是属于生物所具有的本质。

2. 人具有社会性本质。马克思认为人的本质并不是单个人所固有的抽

---

① 恩格斯：《反杜林论》。

象物。在其现实性上，是一切社会关系的总和。① 人一生下来就是在社会里，接触的是社会环境、社会关系，人与社会是分不开的，没有人就没有社会，一个人离开社会也就不成其为人。

3. 人具有思想和语言能力的本质。人是有理性的动物，能对外部事物作出判断和思考。语言是人们在漫长的发展中探索创造出来的，是人类表达其思想的媒介，是人类特有的文化产物。

4. 人具有发展的本质。人从降生开始，不论是在生理上还是心理上都是逐步发展的，教育使人获得丰富的知识，逐步成熟。

5. 人具有自我肯定的本质。人的肯定一方面表现出人有自觉并能够自决，另一方面是意识到自己在社会中的存在和作用。笛卡尔提出的“我思故我在”，肯定了我的存在。

6. 人具有追求意义的本质。人的生活是一种追求意义的过程，人的生活不能一成不变，不能是空虚的无意义的过程。生存主义思想家保罗·蒂里希认为：“人最终关切的，是自己的存在及意义，‘存在，还是不存在’这个问题，在这个意义上是一个终极的、无条件的、整体的和无限的关切的问题。”② 对意义的追求是每个人生活的根本出发点，具有意义的生活才具有动力，才能使人拥有价值和存在。

7. 人具有自由的本质。马克思说：“人类的特性恰恰就是自由的自觉的活动。”③ 卢梭说过，在所有一切的财富中最可贵的不是权威而是自由。人作为主体性存在，有自由支配自己的生活的权利。人以自己的超越性和创造性从自然界中获得自由，自由地塑造自己和自己的生活。

8. 人具有爱的本质。很多哲学家都对爱的主题进行过深入的研究，比如培根、罗洛梅，都写过有关爱的很精辟的著作，也给爱下过很多的定义，他们都认为，爱是人类的一种本能，是引导人类走向健康和光明的力量。

---

① 《马克思恩格斯选集》（第 1 卷），人民出版社 1972 年版，第 18 页。

② Paul Tillich, *Systematic Theology*. Chicago：The University of Chicago Press, 1951. p. 144.

③ 《马克思恩格斯全集》（第 42 卷），人民出版社 1972 年版，第 96 页。

综上所述，我们认为人的本质体现在人具有生物性、社会性、发展性和可教育性等方面。人作为主体性存在物，有对自己的生活自由支配的权利。人以自己的超越性和创造性从自然界中获得自由，自由地塑造自己和塑造自己的生活。[①]

二、教育的本质

什么是教育？这个问题历来是教育学研究的重要对象，从词源上说，西文“教育”一词是内发之意，强调教育是一种顺其自然的活动，旨在把自然人所固有的或潜在的素质，自内而外引发出来，以成为现实的发展状态。教育的本质首先在弘扬人性，也就是说在教人成人，“他既不是文官，也不是武人，也不是僧侣，他首先是人。”（卢梭《爱弥儿》第一卷）[②]

古代对教育的本质的界定有很多，《大学》开宗明义地指出：“大学之道，在明明德，在亲民，在止于至善。”《中庸》指出：“天命之谓性，率性之谓道，修道之谓教。”《学记》指出：“建国君民，教学为先；欲化民成俗，其必由学乎。”王守仁说：“教育是发达人固有的良知。”教育人类学认为，教育是一种文化传递过程，是一种有目的地培养人的特定活动；教育是一种有计划的，有正式组织的培养人的活动；教育，即有专门场所的正规教育，主要指系统的普通学校教育体系。[③]

（一）教育的文化性

德国著名教育人类学家斯普朗格提出“教育是文化过程”的重要命题，即把教育当作是通过“摄取吸收文化价值，体验陶冶多维的人，促进生命个体总体生成”来实现其文化过程的思想，对我们了解教育的文化性提供了重要线索。[④]文化决定教育，教育作为文化的一部分，必须遵守文化的价值、性质和形式，但是教育又反作用于文化，没有教育就没有文化的存在，教育是文化传递与文化形成过程中不可或缺的重要因素和部分。

---

① 杨会：《德国、奥地利的教育人类学初探》，中央民族大学 2012 年硕士论文。

② 引自岳龙：《教育现代性及其反思》，《河南社会科学》2002 年第 4 期。

③ 冯增俊：《教育人类学》，江苏教育出版社 1995 年版，第 112 页。

④ 同上书，第 190 页。

（二）教育的发展性

由于人具有生物属性和社会属性，发展就是人的重要本质。既然以人作为教育的对象，教育就必须遵从人的生物需要和发展规律。教育的发展性有两个方面：第一，随着年龄的增长，教育也应该具有阶段性，阶段性是发展性的一个特定内容；第二，随着社会的发展，文化也在积累和发展，教育作为文化的一个部分，也要相应地发展。

（三）教育的社会性

教育是一个极其复杂的社会现象，是教育者、教育过程和受教育者的互动过程，是培养受教育者拥有与社会相适应的正确的价值观、世界观、人生观的过程，是一个把自然人培养成社会人的过程。教育与社会的政治、经济、文化有密切的联系，相互制约，相互促进。教育必须适应社会发展，社会发展也促进教育发展。

三、教育的可能性

教育的可能性是教育人类学学科领域中极其重要的理论。教育的可能性，即人具有接受教育的天赋素质和潜在能力。[①] 人有接受教育的可能性，就必须具有可塑性，否则就无法接受教育。

（一）人的可塑性

人必须具有可塑性，才能够学习和改变，可塑性越大，学习能力也强。如果人不具有可塑性就无法接受教育，教育的功能也就丧失了。[②] 人的可塑性就表现为人的感觉器官和心理机能是“未特定化”的。

1. 人的“未特定化”

人有遗传性，但是遗传性并不是在独自生活中一成不变的，而是随着自然的发展、社会的发展而逐步变化的。这种变化就需要教育进行填补，也就体现了教育的功能，只有接受教育才能够发生改变。人一诞生就开始在外在的世界发展，这种发展是连续不断的。生物的发展法则是：从简单到

---

① 崔东升：《浅谈人的可教育性》，《中州大学学报》2004 年第 3 期。

② 詹栋梁：《教育人类学理论》，五南图书出版股份有限公司 1993 年版，第 45 页。

复杂、由未成熟到成熟、由未完成到完成，人是生物之一，自然也不例外。人因为有未完成的性质，所以才会继续发展，这是一种可塑性。[①] 一旦发展达到完成阶段或状态，那么发展就有可能停止。

2. 对可塑性的理解

（1）我国古代对可塑性的理解

我国古代对可塑性的探讨极为重视，认为人性是可以改变的，这种观念对于教育就显得非常重要了。孔子对人性的基本假设是人的本质很相近，但是外部影响和内部学习导致人性千差万别："性相近也，习相远也。"（《论语・阳货》）这是领会孔子人性论的钥匙。人性虽是共同的，丝毫不意味着所有的人性都是一模一样，完全可以同中有异，异中有同。人性是大体相近，而相近的本性也是一种潜在的，"人非生而知之者"，人的本性会受现实的影响而发展成不同类型的性格，相近的本性在不同的习养下，会形成一个个独具特色的个体，也就是人具有后天的可塑性。孔子认为人有可塑性，可以为人师，他说："三人行，必有我师焉，择其善者而从之，其不善者而改之。"（《论语・述而》）还认为人性的形成受环境的影响，"里仁为美，择不处仁，焉得知？"（《论语・里仁》）。

孟子主性善，认为人性之善发乎四端，但是从他的言论中也可看出，他认为人是有可塑性的。他说："天之生此民也，使先知觉后知，使先觉觉后觉也。予，天民之先觉者也，予将以斯道觉斯民也。非予觉之，而谁也？"（《孟子・万章上》）意思为上天生育人类，就是要让先知者唤醒后知者，让先觉者唤醒后觉者。"贤者以其昭昭使人昭昭"，意思是贤人要先使自己明白，然后才去使别人明白。以上这两句都是说教育者应该率先领悟之后才能传授给被教育者，也就意味着人是需要教育的。孟子很重视学校教育，认为学校能够陶冶人，塑造人。他说："谨庠序之教，申之以孝悌之义。""设为庠序学校以教之，庠者，养也；校也，教也；序者，射也。夏曰校，殷曰序，周曰庠，学则三代共之，皆所以明人伦也。"（《孟子・滕文公

① 杨会：《德国、奥地利的教育人类学初探》，中央民族大学 2012 年硕士论文。

上》）孟子重视学校教育，认为人需要教育才能够知孝悌、明人伦。

荀子主性恶，认为必须进行教化，才能转变其性。荀子极力主张人有可塑性，认为人性的形成受后天的环境和教育影响，“蓬生麻中，不扶而直，白沙在涅，与之俱黑。”“于越夷貉之子，生而同声，长而异俗，教使之然也。”（《荀子·劝学》）他认为人性是随着环境的变化而改变的，在相同的环境中教育也会使其改变。荀子最早提出终身教育的理念，“学恶乎始？恶乎终？曰：其数则始乎诵经，终乎读礼；其义则始乎为士，终乎为圣人。真积力久则入。学至乎没而后止也。”（《荀子·劝学》）。

（2）国外对可塑性的理解

弗利特纳（Wilhelm Flitner）认为教育的重心应该是人的可塑性。可塑性是每一个人每一个阶段生活本质的改变，至少是他的行为透过外在的影响，尤其是按照事先设置的目的，发生有规则的改变。[①] 人的发展过程中受三种因素的影响：一为内在因素，即禀赋；二为外在因素，即环境；三为特殊因素，即引导。了解这三种因素，才能更好地塑造成长中的人，以达到教育目标。

陆特在教育人类学方面很有成就，其可塑性理论可概括为：可塑性是个人被决定的因素之一；遗传不是不能改变的；可塑性就是可变性与个性的结合；“必然的禀赋”与“必然的环境”；可塑性是可练习、可提升的能力；人的行为与成就基于共同作用；人的可塑性与学习能力依年龄而定；禀赋的潜能与经验应该相互配合；人的行为是控制能力表现的过程；可塑性与能力、兴趣有关；可塑性就是改变的能力与影响的能力；重视教育影响。[②]

著名的教育社会学家怀斯通过列举“瓜亚基女孩”和“阿飞龙野男孩”的例子，说明一个完全孤独的儿童回到社会，受到文化的影响，能够进行学习和社会化，这是人具有可塑性，所以人是可教育的。但是这种可塑性是受时空局限的。怀斯认为人具有可塑性，才能够受到文化的影响而认识自己，改变自己，塑造自己。[③]

---

① 詹栋梁：《教育人类学理论》，五南图书出版股份有限公司 1993 年版，第 474 页。

② 同上书，第 478—484 页。

③ 同上书，第 484—485 页。

（二）人的教育可能性是教育的前提

人的教育可能性是教育产生的基础和前提。德国经验主义教育学家布雷钦卡（Wolfgang Brezinka）认为教育的可能性是一种教育实际，他说："从教育实际而言，教育是一种社会行为，基于可能性，人是可被教育的。"①

人的教育可能性与学习能力有关，学习能力强，教育的可能性就大，反之，学习能力弱，可教育性也就相应地弱。人是具有学习能力的，这种能力虽是遗传得到的，但未能发挥至极致，还有很多的潜能，这就需要教育来激发。人们通过教育激发潜能，使之更多地学会求知、学会做事、学会共处、学会做人。人的学习能力是与生俱来、无穷尽的，会随着教育的激发越来越强，其"教育受容性"也越来越大。当今提倡接受教育和终身教育、"活到老学到老"，这是教育可能性的体现。人的能力并不是接受教育之后才得到的，而是通过教育而激发出更多的潜在的能力，是一种从有到更丰富的过程。

人能够通过接受教育，提升自己的学习能力，这是人的教育可能性的基础。人具有教育可能性的表现形式是文化。人只有通过文化的表现形式才能体现出他所学习到的知识。文化是人类在社会历史发展过程中所创造的，也是人特有的。文化是学习得来的，而不是通过遗传而天生具有的。人通过文化的学习，进而加强人与人、人与社会的联系，使之融合于社会，成为社会的一部分。人的教育可能性所达到的最终结果就是人与人之间互相影响，更好地融合到社会中。

四、人的教育需要性

人需要通过接受教育来改变自己；同时，人也要有教育的意愿，这样教育才能成功，这便是"教育的意向性"。②

（一）教育的需要性

人与动物之间最大的不同就是人主要靠思想生活。动物有许多本能，

---

① 詹栋梁：《教育人类学理论》，五南图书出版股份有限公司1993年版，第57页。

② 同上书，第45—46页。

而人是“本能缺乏的”，例如人的听觉不如羚羊，嗅觉不如猫狗，免疫系统更是比不过任何一种野生动物。正因为人的本能不如动物，人类才必须努力学习、受教育，弥补天生的缺陷。

教育不是起源于劳动，而是起源于人类社会生活的需要和人类自身发展的需要，因为任何社会、任何形式的教育的共同特点都是“寓于社会各种实际生活之中，即寓于满足经济生活、政治生活、军事生活以及经济生活的实际需要的实践活动之中”。[①]

1. 对教育需要性的解释

《礼记》开篇就强调教育的需要性，“君子如欲化民成俗，其必由学乎！”“玉不琢，不成器，人不学，不知义。是故古之王者建国君民，教学为先。”（《礼记・学记》）主张人必须接受教育，教育是立人之本。

康德在《论教育》中说“人必须受教育才能够达到善，人必须受教育，他才能再度成为人”，阐明人只有接受教育才能成为人，只有自身受到教育，才能去教育人。[②]教育家朗格威尔认为，教育有一种不能改变的事实，那就是，人在年轻时不受教育就无法成为人。人在本质上就是要受教育。[③]

2. 教育需要性的重要理念

教育需要性是在教育者和社会共同作用下产生的：一方面是人对事物产生兴趣，自发地接受教育；另一方面是在社会的推力下产生，社会的发展需要教育的作用。教育需要性可以由身边的人或者环境激发出来。教育促进人格的发展，促使人成为完整而健全的人，是促使人有未来的有利条件。

（二）教育的意向性

所谓教育的意向性，就是个体求知过程中的内在意向。任何教育都发生在个人的意识之中，个体如何意识到教育情境所指涉的事物，就构成了个人的教育意向性。[④]“古之欲明明德于天下者，先治其国。欲治其国者，

---

① 陈信泰等：《教育起源于社会生活的需要》，《当代教育科学》1988 年第 2 期。

② 康德著、瞿菊农译：《教育论》，商务印书馆 1926 年版。

③ 詹栋梁：《教育人类学》，五南出版公司 1986 年版，第 544 页。

④ 刘铁芳：《教育意向性的唤起与“兴”作为教育的技艺——一种教育现象学的探究》，《高等教育研究》2011 年第 10 期。

先齐其家。欲齐其家者，先修其身。欲修其身者，先正其心。欲正其心者，先诚其意。欲诚其意者，先致其知。致知在格物。”（《大学》）教育必须带有意向性，才能够更快更好的达到认识自己、改变自己、塑造自己的效果。所有人都知道接受教育对人的发展有帮助，但是能够持之以恒地接受教育就比较困难。

教育是教育者与受教育者的互动过程，教育过程中的要素都具有一定的意向性。父母的教育意向性受家庭中子女人数、家庭收入、自身职业、社会地位、观念与期望、社会环境等因素影响，其中影响最大的是社会提升的期望和教育的需要。父母是孩子的第一批老师，父母的意向往往影响孩子价值观、人生观、世界观的形成。

第二节　人类进化与教育的起源

一、教育在人类起源中的作用

“进化可以被认为是这样一个过程，这个过程使得生物对于地球上资源的利用越来越有效。”[①] 摩尔根在《古代社会》一书中，从社会关系或婚姻家庭形态来划分人类进化过程：蒙昧社会、野蛮社会、文明社会。其中蒙昧社会和野蛮社会分别有低级、中级和高级三个级别。

教育人类学在研究教育的起源时，强调从人类起源出发，把握教育与人类的关系，认识教育的本质特征，探讨人类教育的历史进程和现代特征。[②] 从考古学的角度，教育人类学家在接受的基础上，“始终关注有关黑猩猩等灵长类动物和原始部族的研究，关注个体早期发展和考古学等一切研究的发现”。[③]

教育是人类自身的发展、成长所必需。首先，人脑中有多种多样的神

---

① E. R. 塞维斯著、黄宝玮等译：《文化进化论》，华夏出版社 1991 年版，第 97 页。

② 冯增俊：《教育人类学》，江苏教育出版社 1995 年版，第 152 页。

③ 同上。

经元，神经系统的复杂性表明人有学习的可能性，即人有巨大的可塑性。人与动物另一个区别是其行为并非完全受本能的指引，而是在很大程度上受思想指导的。人有思想，因而其活动是能动的，具有很强的目的性。大脑的充分发育、脑容量的增大，是人类思想发生的自然物质基础，然而，人的思想也不是先天生成的成熟系统，而是在后天学习和实践过程中逐步形成，这也是一个漫长的过程。其次，人类产生了可以游离于身体之外的语言和文字，个体的经验因而可以类化，这有助于人类经验的积累。再次，人类是以社会共同积累的经验为其活动基础，是建立在第一和第二信号系统上的传递活动。教育是传递社会文化的工具。这也是人类社会的基本机能之一。最后，一方面，人的成长不是以遗传的方式进行的。人与多数动物相比，是一种“有缺陷的生物”。人的原始特性是他的未特定化，即人的本能的匮乏。正是这种未特定化产生了对教育的需要性；另一方面，人不仅具有自然属性，而且还具有社会属性。①

二、教育的起源与演进

教育是在什么情况下产生的？这是教育史研究的一个重要课题，是整个教育科学理论体系的基点，涉及教育理论研究的各个层面，需要有不同的角度，以不同的学科为依托进行探究。教育起源主要探讨的问题包括：教育起源于生物进化的哪个阶段？即教育是否是人类所特有的社会现象？教育植根于何种基础？科学地解释教育的起源，有利于明确教育的本质，了解教育的本质在历史中的演进，也有利于反思人类教育的历史进程，掌握现代教育的实质，力求实现传统、现代与未来之间的统一。②

（一）教育起源的基本流派

关于教育的起源问题，在教育理论的发展史上人们的看法并不很一致。迄今为止，比较有代表性的观点有三种：生物起源论、心理起源论、劳动起源论。

① 韦毅：《教育起源析论》，《南京晓庄学院学报》2002年第3期。
② 冯增俊：《教育人类学》，江苏教育出版社1995年版，第148页。

1. 教育的生物起源论

生物起源论的代表人物有法国的勒图尔诺（C. Létourneau）、英国的沛西·能（T. P. Nunn）、美国的桑代克（E. L. Thorndike）。生物起源论认为，教育不仅存在于人类社会之中，而且超越于人类社会的范围之外，甚至在人类产生以前，教育就早已经在动物界存在，人类的教育就其本质而言与动物没有什么不同；教育的过程就是按生物学规律完成的本能过程；生存竞争的本能是教育的基础。

2. 教育的心理起源论

心理起源论的代表人物是美国教育史学家孟禄（Paul Monroe）。心理起源论与勒图尔诺的生物起源论不同，认为人的心理和动物的心理有着本质区别，儿童对于成人的出于本能的模仿是教育过程的基础；不论成人是否意识到或同意，儿童总是在模仿他们，教育即起源于无意识的模仿。

3. 教育的劳动起源论

劳动起源论的主要代表人物是苏联的米丁斯基。劳动起源论源于恩格斯“劳动创造了人本身”的论断（劳动对手、脑、语言、思维发展的影响），认为人与动物的根本区别在于劳动（制造和使用工具），脑器官和语言在劳动中发展起来，也由此产生了教育；劳动为教育的产生提供了前提条件。教育的产生是劳动的客观需求。

新中国成立后，劳动起源论为我国的教育理论界所全盘接受，一直是我国教育理论和历史学界的主流观点。同时，对教育的生物起源论和心理起源论持否定和批判的态度，认为生物起源论和心理起源论在认识上有共同错误，他们否定了教育的意识性和目的性，同时也就否定了教育的社会性。

但是，从 80 年代初开始，有些学者对劳动起源论的理论依据提出了质疑，亦提出了一些教育起源的新观点。概括而言，大致有前身说、需要说、超生物传递和交流说、形态交往起源说、社会化影响说、军事训练说、知识授受起源说，等等。

（二）教育演进的基本特征

1. 教育演进的整合性

任何教育都是整合发展起来的。一种新的教育形式的产生，是在原有的教育形式基础之上，通过整合其他教育形式逐步发展起来的。在教育形式的整合过程中，根据冯增俊的总结，有以下四个特征:（1）每一种新的教育形式的出现，都是在原有形式上发展、建构形成的，都在不同层次、不同方面上体现人类教育的本质特征;（2）每一种教育形式的产生，都不是对此前形式的替代，而是教育本身结构的扩充和完善;（3）任何教育变体、类型都是教育对社会发展的一种顺应形式，它反映了社会对教育的要求，因此也是社会建构的一部分;（4）新的教育形式的产生，无论它同原有的形式有多大区别，都是通过原有的教育形式演变而来。反观中国现阶段的教育形式，是在传承传统教育的基础上，吸收日本、苏联及欧美国家的教育经验不断演变发展而来的。[①]

2. 教育演进的传承性

人类学家认为，任何教育形式的产生，都与特定的社会文化发展相适应，是对特定社会文化和教育类型的传承。因此，不存在完全脱离特定社会文化历史的教育形式。教育的发展与演进，古今中外都是在不断传承的过程中进行的。

教育演进的传承性体现在以下三个方面:（1）教育内容的传承性。自古以来，社会和教育家都在追问“什么知识最有价值”（赫伯特·斯宾塞）和“谁的知识最有价值”（迈克·阿普尔）之类的问题。然而，教育内容并不会因朝代更迭而发生颠覆性的变化，而是具有很强的传承性，承载着以往教育形式中的相关内容。（2）教育形式的连续性。教育是一种连续性的活动，正是由于这种连续性，儿童才越来越完善，这种连续性是教育的基本前提。当然，哲学教育人类学家博尔诺夫对这种连续性提出了质疑:“在人类生命过程中非连续性成分具有根本性的意义，同时由此必然产生与此相适应的教育之非连续性形式。”“揭示与不断进步的教育观念相对的非连续性的教育形式，这是存在主义哲学对教育的真正贡献。”[②] 在博尔诺夫看来，用非连续性教育的观点，去剖析在教育过程中出现的由于各种困难和干扰所带来

---

① 冯增俊:《教育人类学》，江苏教育出版社 1995 年版，第 186 页。

② O. F. 博尔诺夫著、李其龙等译:《教育人类学》，华东师范大学出版社 1999 年版。

的教育低效现象和应付各种障碍，能使教育产生良好的效果。（3）教育思想发展的一贯性。如孔子的“因材施教”、“有教无类”等观念至今还闪耀着教育理性的光芒。古希腊和古罗马的教育家、思想家如柏拉图、亚里士多德、昆体良等人的许多思想也对现代教育发展有着重要影响。

三、人类的教育时代

教育人类学通过教育进化论来把握教育的整体性，同时也强调进化过程与形式的多元性。总体上，教育的进化是沿着从低级到高级、从单一到多元的方向发展的。因此，人类的教育时代大致可以分为三类：元教育时代、异化教育时代和复归教育时代。

1. 元教育时代

人类早期基于原始本能的口口相传式教育属于元教育的雏形。教育的本性是通过提高人的生存、生产和生活能力，为人类服务。伴随着人类社会的形成，教育就同生产劳动结合起来，渗透于人类社会文化之中。因此，元教育实质上也指那种能充分体现教育本性，具有最本真意义上的教育，与后来那种与生产分离的教育相对。[①]元教育时代最原始的教育机制，是通过群体生活来实现的。美国人类学家罗杰·雷文认为，群体本身是一种知识库，可以保存、选择群体中有用的行为，并在传递过程中促进新行为的创造。任何个体在行为上的突破，必须通过群体才能得到保存，获得更高水平的生存能力，转变为新的生活基础，使个体从群体中获得一种全新的知识。[②]

元教育时代在发展到一定程度时，开始关注儿童，有目的地传播某些观念和生产技能，形式和内容都日趋多样化；开始注重语言在教育中的作用，并逐渐产生了专门的教育活动，例如氏族仪式、原始信仰等。元教育时代的教育在本质上没有完全与生产过程分离出来。

2. 异化教育时代

工具的发达和生产力的提高，导致了物质生产和精神生产的社会大分工。这种分工是社会发展的必然趋势，一方面是生产更加社会化，需要专

---

① 冯增俊：《教育人类学》，江苏教育出版社 1995 年版，第 175 页。

② 同上。

门的管理人才；另一方面是生产技术日益高级和社会经验日益丰富，需要专门研制和传授。教育活动开始独立，学校教育开始形成。[①]

这时，异化教育时代开始形成，学校被脱离体力劳动的统治阶级所垄断，被剥削者用来培养那些不仅不参加物质生产反而剥削物质生产者的精神生产者。这种异化的教育形式，违背了教育发展的原初目的，使最先进的教育形式丧失了为生产服务和为人类发展服务的性质，甚至与教育促进生产发展的基本特征脱离，使教育走向无序，严重阻碍了人类的历史进程，压抑了人性的发展。

3. 复归教育时代

异化教育时代在一定程度上加速了人类精神生产过程，无形中为利用人类智慧建构了一个高级的文化生产体，并直接影响文化生产和创新过程，最终导致了大工业生产时代的来临。这一过程从根本上促进了学校教育性质的时代更新，复归了教育本性，迫使学校转向为人类发展和人类生产服务的轨道，复归教育时代来临。

教育逐渐发展为传授现代科技的学校教育系统，把阶级教育推广到人的一生，贯穿于人类社会的各个方面，全民教育与终身教育也开始从人类的理性变为现实。正是教育的发展，使文化生产和创新速度得以加快，创造了人类进化的新奇迹。[②] 反过来又促进教育的多元化和多样化，促进了教育改革高潮迭起。

第三节　人的全面发展与教育

一、人的全面发展理论

实现人的全面发展是马克思主义的根本价值取向，也是马克思主义人

---

① 冯增俊:《教育人类学》，江苏教育出版社 1995 年版，第 179 页。

② 同上书，第 181 页。

文关怀的最高体现。[1]马克思主义关于人全面而自由发展的人学理论，不仅深刻指出了人的发展内涵，而且指出了人的发展途径。人全面而自由的发展既不是古典主义的浪漫，也不是乌托邦式的天真；既不是单纯的道德完善，也不是所谓人性的实现，它不是主体设定的理想的完美模式，而是以社会发展规律为依据的发展过程的科学理论，具有超越性和科学性。

马克思主义经典作家是在社会共同体的视阈中研究人的全面发展问题的。马克思认为，人类历史活动的前提和基础是有生命的、现实的个人；个人处于各种社会关系之中，其生存发展离不开共同体，共同体存在和发展的目的是为个人的发展服务。“只有在共同体中，个人才能获得全面发展其才能的手段，也就是说，只有在共同体中才可能有个人自由。”[2]同时，人的全面发展并不能随共同体的形成一步到位，而有一个从低级走向高级的过程。

（一）人的全面发展的内涵

马克思初步提出人的全面发展理论是在《1844年经济学哲学手稿》中。他指出，劳动应该是人的“自由自觉的活动”，而私有制条件下人的劳动是一种“异化的劳动”，这是造成人片面、畸形发展的原因。马克思认为，只有在共产主义，劳动及其成果发展到较高程度、生产资料私人占有被消灭的情况下，劳动才能被消除其异化的性质，从而实现人的全面发展。马克思的异化劳动理论奠定了考察个人全面发展思想的理论基础。

马克思和恩格斯在《德意志意识形态》中第一次正式使用“个人的全面发展”概念，明确地提出关于人的全面发展的思想。马克思和恩格斯指出，就个人自身来考察个人，个人是受分工支配的，分工使他成为片面的人，使他畸形发展，使他受到限制。分工造成了人的体力和智力的片面畸形发展，是异化劳动产生的原因。后来马克思和恩格斯在《共产党宣言》中指出，人的全面发展是共产主义者的理想目标和共产主义社会的基本原则，这为人的全面发展思想走向成熟奠定了坚实的基础。

---

① 林世选：《人的全面发展理论是马克思主义人学的核心问题》，《红旗文稿》2008年第21期。

② 秦龙：《马克思对“共同体”的探索》，《社会主义研究》2006年第3期。

《经济学批判大纲》(1844)和《资本论》(1867)的问世，标志着马克思主义人的全面发展思想更加成熟。马克思、恩格斯从人和社会的关系出发，从演变的角度揭示了三大社会形态中人的发展状态，指出人的全面发展的历程和人类社会历史发展一样是一个历史过程。他们通过对资本主义生产、交换、分配、流通过程的分析，发现了资本主义经济运行的内在逻辑——剩余价值规律，同时，在剩余劳动时间中发现了人的全面发展的条件和尺度——自由时间。在这个基础上，马克思、恩格斯全面揭示了人的全面发展的内涵和历史性、必然性，论证了人的全面发展的途径和条件，确立了人的全面发展学说的科学体系。

马克思关于人的全面发展理论可以从以下几点进行理解和把握：

1. 人的各种能力的充分发展。人的能力既包括体力，也包括智力；既包括从事物质生产的能力，也包括从事精神生产的能力；既包括社会交往的能力，也包括道德修养的能力和审美能力等。

2. 人的社会关系的全面发展。社会关系指的是一定的生产方式所决定的生产关系的总和。马克思认为，“社会关系实际上决定着一个人能够发展到什么程度”，“一个人的发展取决于和他直接或间接进行交往的其他一切人的发展”。也就是说，人的全面发展只有在社会关系中才能实现。

3. 人的个性的全面发展。人的个性，是个人的自我意识及由此形成的个人特有素质、品格、气质、性格、爱好、兴趣、特长、情感等的总和。马克思指出，个性的充分发展就是“一切天赋得到充分发展”。

4. 人的需要的全面发展。在人类社会初期，由于生产力水平低下，社会产品极其匮乏，人的需要只能在一个极其低下的层次上得到满足。资本主义生产方式的建立和发展，使人的需要有可能向多方面发展。到了社会主义和共产主义社会，剥削制度被消灭，生产力高度发展，社会产品极大丰富，人的需要将呈现丰富性和多面性。

人的全面发展包括六个方面。其一，各种能力的发展。恩格斯说过，人的全面发展，就是要使社会全体成员的才能得到全面发展。其二，人的自由个性的发展。它是指人与人在特性方面的差异。只有达到共产主义社会，个性才能充分发展，每个人都能成为充分自由而又各具特性的人。其三，社会关系的丰富和发展。马克思具体指出过，一个人的发展取决于与他直接或间接进行交往的其他一切人的发展。人的社会关系发展表现在诸多方面，人的社会关系的丰富不等于主体作用的发挥。其四，人的主体性的全面发展。人的主体性全面发展不但是其特殊性的发挥，也是成为自然界的主体、社会的主体和自我发展的主体。这是人实现全面发展的重要条件。其五，个人价值的实现。人的全面发展最终要体现在价值的实现上，它标志着个人能够满足社会的某种需要，在某一方面有所成就，得到社会的认同。其六，类特性在个体身上得到充分发展。自由自觉的创造性活动是人之所以为人的本质特征。①

（二）人的全面发展的实现条件

人的全面发展只有到共产主义才能完全实现，社会主义事业的全面发展，必将为人的全面发展提供更加优越和现实的条件。结合我国现实，实现人的全面发展有下列几个条件。②

1. 经济条件：完善社会主义市场经济体制，大力发展生产力。

市场经济的出现是社会经济发展的历史进步，它对人的发展有着积极的作用。首先，它确立了人的主体地位。随着市场经济发展起来的个体主体同与市场经济推动的社会化生产进步相适应的“类”主体相结合，完整的、全面的主体地位得到了确立。其次，它形成了人的全面关系。市场经济条件要求全社会的广泛参与，人的关系因而日益趋向全面，其物质生活的关系突破了民族性和地域性的范围。再次，它促进了人的各种能力的发展。市场经济的普遍交换活动，促使人的能力得到互补，整体能力因而不断增强并趋向全面。最后，它提供了人的自由条件。人的自由最根本的条

---

① 郭晓君：《人的全面发展理论初探》，《中国人民大学学报》1997 年第 2 期。

② 马晓燕：《人的全面发展：可持续发展的最终目标——读马克思社会发展理论的思考》，《甘肃理论学刊》1999 年第 5 期。

件，就是解放生产力，发展生产力。社会主义的根本任务是发展生产力，完善社会主义市场经济体制，使人的自由个性最终由可能性变成现实性。发展生产力，为人走向全面发展提供经济前提，使人们完全摆脱贫困状态，这是实现人的全面发展的最根本的物质前提。只有生产力的高度发达，人们才会把劳动当作自我完善的根本手段，而不是仅作为谋生的需要。

2. 政治条件：建设社会主义高度的民主政治和社会主义精神文明。

建设社会主义的高度民主是改革的政治目标，这个目标充分体现了改革与人的全面发展的一致性。社会主义高度民主的特点是政治生活、经济管理、社会生活的民主化。但要把民主制度化、法律化，就要真正做到在法律面前人人平等，在真理面前人人平等。发展这种新型民主是人走向全面发展的重要的政治前提。

3. 教育条件：变革教育目的。

马克思关于人的全面发展学说为教育目的的制定提供了重要的理论和方法论指导。

教育必须为社会主义现代化建设服务，必须与生产劳动相结合，培养德、智、体全面发展的社会主义事业的建设者和接班人。就社会主义教育目的而言，人的全面发展包括三个层面的含义：第一层是人的心智的全面和谐发展，这是从人的心理素质角度概括的全面和谐发展；第二层指人的身心全面和谐发展，这是将人的生理和心理素质统一起来把握的全面和谐发展；第三层是个体和社会的协调统一和全面发展，这是在更广阔的社会背景中具体地、历史地把握人的全面和谐发展。受教育者德、智、体全面发展，是社会主义教育的总出发点和归宿，教育目的的实现必须落实在各级各类不同性质、层次、类别的学校对不同个体的培养上。[①] 每个受教育的个体是不同的现实存在、有其不同特征的能动性的主体，所以，人的全面发展教育应该是具有不同个性特征的个体全面发展教育的总和。[②]

---

① 杨天平：《再论人的全面发展与全面发展的教育》，《浙江教育科学》2000 年第 4 期。

② 张劲松、谭琴：《人的全面发展教育与个性发展教育关系辨析》，《江西教育学院学报（社会科学版）》2003 年第 4 期。

二、人的全面发展与学校教育

（一）教育在人全面发展中的作用

人的发展的根本问题是使人成为自己的主体。教育就是根据人和社会的发展规律对人的身心施加影响，以促进主客间矛盾的转化活动。它的目的是形成人的各种素质，“教育的目的在于使人成为他自己”。[①]不同个人有不同的个性，不同教育又有不同的作用。只有全面发展的教育才能实现人的全面发展的目的。人的全面发展是从古到今的一种理想和追求，人的全面发展离不开教育。

1. 教育是人的全面发展理想的实现途径

自从教育走上人类历史的舞台，它就通过传递人类文化的活动积极地影响着社会和人的发展。教育作为一种有目的的、有计划的培养人的社会实践活动，包括两方面的内容：首先是对人的身心素质的培养，包括受教育者在知识、能力、品德、审美、体质诸方面的发展，即人的各种能力的培养，人的潜能的充分发挥；其次是针对人的社会性提出的教育内容，即培养满足社会需要的具有一定技能和专长的人才。教育将人们在改造自然和社会中取得的精神成果，获得的各种知识和技能在社会成员中迅速传播和推广，以提高人口素质，培养人的各种能力，从而使人类自身得到再生产和再创造。这就是教育在人类历史发展中所处的不可取代的地位。需要指出的是，教育不能独立作为实现人的全面发展理想的唯一途径，因此，不能离开具体的社会关系、社会实践谈人的全面发展理想，也不能离开社会关系、社会实践去认识社会教育活动对人的全面发展的功能。实现人的全面发展理想应该是一个历史过程，在这个历史过程中应当把教育和其它因素（特别是生产劳动）相结合。[②]

2. 教育作为实现人的全面发展途径的人学依据

教育何以能塑造全面发展的人呢？教育学得以建立的人学前提首先是承认人的可教育性，其次是坚持人接受教育的必要性。尽管不同时代的教

---

① 《马克思恩格斯全集》（第6卷），人民出版社1984年版，第487页。

② 赵虹：《人的全面发展理想和现代教育实践》，陕西师范大学2005年硕士学位论文。

育活动在具体内容上存在着历史性差异，但它们都是培养和塑造人的活动。因为任何社会都必须通过教育活动来培养和塑造所需要的社会成员，教育活动得以存在的理由就是人的本质不是天生的，而是依靠后天的教育活动能动地培养和塑造出来的。[①]

教育事业的全面发展，直接推动人的全面发展。全面发展的人必须通过全面发展的教育来培养和造就。马克思曾经做过如下阐述："从工厂制造中萌发出了未来教育的幼芽，未来教育对所有已满一定年龄的儿童来说，就是生产劳动同智育和体育相结合，它不仅是提高社会生产的一种方法，而且是造就全面发展的人的唯一方法。"[②] 通过这种教育，实现那种把不同社会职能当做相互交替的活动方式的全面发展的个人，来代替只能承担一种社会局部职能的局部个人。

（二）全面发展教育

所谓全面发展教育，是对含有各方面的素质培养功能的整体教育的一种概括，是为使受教育者多方面得到发展而实施的多种素质培养的教育活动的总称，是由多种相互联系而又各具特点的教育所组成。

古今中外，对全面发展教育所包含的内容的认识不尽相同，但基本上包括德智体三部分内容，也有提出德智体美四育、德智体美劳五育等。从孔子、苏格拉底，到夸美纽斯、洛克、斯宾塞，再到蔡元培、陶行知以及杜威、苏霍姆林斯基等，在他们的著作中可以很清晰地找到关于全面发展教育的论述的主线，其中有许多关于人的自由生长和全面发展的观点。

1. 全面发展教育理念在我国的历史沿革

孔子承袭了西周贵族"六艺"（礼乐射御书数）教育的传统，进一步创设了培养"德才兼备的君子"的课程，即我们所熟悉的《诗》《书》《礼》《乐》《易》《春秋》。蔡元培在做教育总长时提出"军国民教育、实利主义教育、公民道德教育、世界观教育和美感教育"五育并举的教育思想，以

① 赵虹：《人的全面发展理想和现代教育实践》，陕西师范大学 2005 年硕士学位论文。

② 《马克思恩格斯全集》（第 6 卷），人民出版社 1984 年版，第 489 页。

培养健全人格之公民。1986 年 7 月 1 日颁布的《中华人民共和国义务教育法》第三条规定："义务教育必须贯彻国家的教育方针，努力提高教育质量，使儿童、少年在品德、智力、体质等方面全面发展，为提高全民族的素质，培养有理想、有文化、有纪律的社会主义建设人才奠定基础。"

2. 全面发展教育理念在西方的历史沿革

亚里士多德把人的灵魂划分为植物性灵魂、动物性灵魂和理性灵魂，由此在教育史上首次提出"效法自然"的教育理论，继承并发展了柏拉图的思想。他根据人的心理发展特点，提出了进行体育、品格教育以及包括哲学、数学、天文学等在内的理性教育，以实现人的和谐发展；主张把奴隶主贵族子弟培养成自由人，要求身体、道德、智力和美感各个方面平衡、和谐发展。捷克教育家夸美纽斯，以其著作《大教学论》的诞生标志着教育学成为独立的学科，也为全面发展教育理念作出了重要贡献。他认为，所谓教育应该是"周全的教育"，所有人都应该在智育、德育、宗教教育以及健康教育等方面得到全面培养，他要求人们广泛地学习知识，"我们希望人人都去学习的是存在中的一切最重要的事物的原则、原因与用途"[①]，这是他强调为生活学习的泛智教育的主要思想。苏联教育家苏霍姆林斯基在长期一线教育的实践中得出的最突出的成果就是"个性全面和谐发展"理论，他把全面发展当成一种教育过程，认为实现人的全面发展必须把学校教育、家庭教育和社会教育密切结合起来，把课堂教学和丰富多彩的课外活动结合起来；在传授知识的同时培养学生的动手能力，培养学生的兴趣和特长；把学生的德、智、体、美、劳和谐发展与培养他们的个性结合起来。[②] 此外，18 世纪资产阶级教育家裴斯泰洛齐要求发展儿童本性的各个方面和一切天赋与才能；19 世纪空想社会主义者欧文和傅立叶提出人的全面协调发展的问题，并要求每个人在农业上和工业上尽可能地调换工种，从事尽可能全面的技术活动，以期通过全面的实践获得全面的发展。

---

① 夸美纽斯著、傅任敢译：《大教学论》，人民教育出版社 1984 年版，第 55 页。

② 赵静：《全面发展教育在西方的演变》，《西安社会科学》2009 年第 5 期。

3. 全面发展教育的五个维度

作为教育对象的人是生活在社会有机体中的人，社会这个有机体中的各种复杂的因素、多层次的结构都必然影响、制约着人的发展，又对人的发展提出要求。因此，作为教育学范畴的人的全面发展，应该是人的所有方面的发展，是社会人的全面生成，而不应该仅仅是劳动生产能力的发展。社会人的全面生成，也就是身心两个方面的全面、协调发展。身的发展即体力的提高和体质的增强；心的发展即智慧、道德和审美的发展。只有体、智、德、美几个方面都得到充分、协调发展的人，才是真正全面发展的人。古今中外伟大的教育家莫不以此作为教育的理想培养目标。[①]

真正的全面发展教育，是培养真正全面发展的人的教育，它的最高境界是使人的身体和精神、人的精神世界中的理性因素和非理性因素达到美妙的功能耦合。真正的全面发展教育的理论建构不可能一蹴而就，它受制于人类的认识能力，而人类的认识能力的提高是一个社会历史过程，是受社会历史条件制约的；真正的全面发展教育的实践更是一种遥远的事情，它既受制于理论成果，也取决于社会发展对它所提出的要求和提供的可能性。[②]

基于德、智、体、美、劳全面发展观，以及21世纪以来的基础教育新课程改革所提出的学生发展的三维目标（知识与技能，过程与方法，情感、态度、价值观），我们提出了当下学校所应关注的学生发展的五个基本维度——公民与道德发展、认知发展、健康发展、审美发展、个性与社会性发展。

（1）公民与道德发展

在一个民主社会中，公民责任所要求的德性一般可以分为四种：一般德性，如勇气、遵纪守法、忠诚等；社会德性，如独立性、开放精神等；经济德性，如职业伦理、暂缓自我满足的能力、自制、对经济与技术变革

---

① 庞学光:《人的全面发展和全面发展教育新论》,《教育导刊》1998年第2—3期，第5页。

② 同上书，第8页。

的适应性等；政治德性，如辨明并尊重他人权利的能力、评价公职人员表现的能力、从事公共讨论的能力。[①] 学生的公民与道德发展是中学生素质教育的重要内容，更是当前学校德育工作的核心内容。学校的教育教学工作也要充分关注学生公民与道德发展，主要包括法律意识，规则意识，环保意识，公德意识，民主、自由与平等意识等的发展。

（2）认知发展

从认知心理学的角度而言，学生个体头脑中的知识并不是客观现实本身，而是学生个体的一种主观表征，即人脑中的知识结构，它既包括感觉、知觉、表象等，也包括概念、命题、图式，它们分别标志着个体对客观事物反应的不同广度和深度，这是通过个体的认知活动而形成的。一般来说，个体的知识以从具体到抽象的层次网络结构（认知结构）的形式存储于大脑里。因此，在认知心理学家看来，教育的本质是通过认知过程，建构学生个体的认知结构。

（3）健康发展

世界卫生组织对健康定义为：身体、心理及对社会适应的良好状态。身体健康的标志主要有：精力充沛，处事乐观，善于休息，身体应变能力强，能抵抗一般性感冒和传染病，体重适当、身体匀称等。心理健康的标志主要包括：有良好的自我意识，能做到自知自觉；坦然面对现实，正确对待生活中的挫折；保持正常的人际关系；有较强的情绪控制力；珍惜生命，热爱生活等。学校教育如何帮助学生获得身心健康和谐发展，是教师在日常教育教学过程中所应思考的议题。

（4）审美发展

审美能力主要包括审美感知力、审美想象力和审美理解力。审美能力决定了主体的审美活动能否展开及展开的程度。因此，学生的审美发展，要关注对于审美感知力、审美想象力和审美理解力的培养与提升。

---

① 余维武：《公民教育与公民道德教育——对当前我国公民教育与公民道德教育的一种解读》，《思想理论教育》2005 年第 7—8 期。

（5）个性与社会性发展

学校教育承担学生的个性发展和社会化的关键任务。通过社会化，个体获得在社会中进行正常活动所必需的品质、价值、观念以及社会所赞许的行为方式。这个阶段是一个幼稚与成熟、冲动与控制、独立性与依赖性错综复杂的时期：生理迅速成熟，但心理的发展跟不上生理的发育；情绪情感丰富而强烈，但不稳定；自我意识迅速发展，成人感强烈。个体的发展是自我与社会文化相互作用的产物。在人格发展的问题上，不但要重视自我教育的作用，而且还应特别重视学校、家庭和社会对个体的教育作用。

三、人的全面自由发展与教育的价值诉求

相对于社会的全面发展而言，人的全面发展是指个人全面发展、自由发展、充分发展的统一。全面发展是从广义上谈人的发展，它与片面发展相对，不仅指人的身心得到发展，各方面的才能和工作能力得到发展，而且指人的社会联系和交往能力也得到发展。人的自由发展是从自主性上谈人的发展，它指的是人自觉自愿地发展自己的才能，施展自己的能力。马克思多次提到“个人的独创的和自由的发展”，“全部才能的自由发展”等。①

裴斯泰洛齐指出，“教育意味着完整的人的发展”，“使人的头脑、心灵和手这些特有的能力得以展开和发展”，“如果片面地培养某种力量……他造出的只能是半人，不会干任何有益活动的半人。”② 教育能够是而且必然是一种解放的过程。“教育的绝对规定就是解放以及达到更高解放的工作。”③

（一）主体性人格的养成

主体性人格指的是人类在应然意义上对理想人格的价值追求，它既是对“依附人格”的否定，又是对“独立人格”的超越。“主体是自由地实现的真实材料。④ 自由只有在主体中才能得到实现。拥有主体人格的人首先必

① 陈亚萍：《论人的发展与教育的价值诉求》，《教育研究与实验》2009年第6期。

② 夏之莲等译：《裴斯泰洛齐教育论著选》，人民教育出版社1992年版。

③ 刘波、刘泽环：《从教育研究的基本问题论前沿问题（下）》，《教育理论与实践》2012年，第13期。

④ 黑格尔著，范扬、张企泰译：《法哲学原理》，商务印书馆1982年版，第111页。

须是一个独立的、自主的、能够明确“意识到自身主体性”的主体存在。[①]有学者认为，教育作为培育人的活动，其最高目的就是要促进和发展人的主体性。从这个意义上讲，教育是主体性教育，目的是要帮助受教育者从各种外在与内在的束缚下解放出来，高扬人的价值，寻求人自身的完善，追求个性解放，并坚持理性，反对非理性。教育者必须尊重社会发展和受教育者身心发展的客观规律，引导和启发受教育者积极主动地学习、领会人类已有的科学文化成果，自觉自愿地发展自己的才能，施展自己的力量，并在内化自身的主体结构过程中，使原有的自主性、能动性、创造性等主体能力得到崭新的发展与提高，成为教育活动乃至整个人类历史活动中的主体，主动积极参与社会生活，并为社会进步作贡献。[②]

（二）人的自由精神的塑造

精神是“个人存在的深层尺度”，“物质的实体是在它的自身之外，精神却是依靠自身的存在，这就是自由。”[③]一旦“精神不再信赖自身，不再从自身出发，而是成为达到目的的手段，人之为人的根基就将被摧毁”。自由精神是主体自觉性、主动性、持恒性、调控性的精神状态及其表现，它在展示和发挥主体能力的过程中起到自觉、启动、定向、引导、维持、强化、调节、怀疑、批判、挑战、否定、创新等作用。“惟有自由才能彰显精神的高贵与自觉，惟有精神自由才能赋予人（个体与类）真正‘主人’的身分。”[④]

（三）人的全面能力的培养

人各方面的能力发展是人获得自由的前提，是人通向自由的阶梯。自由是基于对“必然性”与“必然王国”的认识和掌握，是建立在理性基础上的自主、自觉。异想天开、随心所欲、愚昧无知和人身不自由都是自由的障碍。人的自由就在于运用自身各方面的能力充分施展自己的活动，而克服和打破外在与内在的种种限制和束缚。这意味着不仅要把人从愚昧无

---

① 王燕：《自由：教育的伦理之维》，《教育研究》2007 年第 11 期。

② 时长江：《论平民化的自由人格的当代教育价值》，《教育研究》2006 年第 11 期。

③ 黑格尔著、王造时译：《历史哲学》，上海书店出版社 1999 年版，第 18 页。

④ 王燕：《自由视域中的课程改革》，《当代教育科学》2007 年第 11 期。

知的状态中解放出来，还要把人从人身占有和人身依附的状态中解放出来。这就是马克思所说的，在物种关系方面把人从其余的动物中提升出来，在社会关系方面把人从其余的动物中提升出来。两次提升的根本目的在于优化人的生存环境，提高人的生存质量，确立人的主体地位，实现人的全面发展。教育通过帮助人不断开发自身的智慧，不断扩大自我的内在潜力，提升自我的生命力量，提供更多表现生命潜能的机会，从而实现生命的价值和意义。①

名词与术语

1. 人的本质：人的本质体现在人具有生物性、社会性、发展性和可教育性等方面。人作为主体性存在物，有对自己的生活自由支配的权利。人以自己的超越性和创造性从自然界中获得自由，自由地塑造自己和自己的生活。

2. 教育的本质：教育的本质体现在教育的文化性、发展性和社会性等方面。在教育人类学视野中，教育的本质首先表现为文化传递的活动和过程。

3. 人的全面发展教育：人的全面发展教育，是对含有各方面的素质培养功能的整体教育的一种概括，是为使受教育者多方面得到发展而实施的多种素质培养的教育活动的总称，是由多种相互联系而又各具特点的教育所组成。多数人通常把德育、智育、体育、美育作为全面发展教育的基本构成。

思考题

1. 从古到今关于人的本质的观点主要有哪些?

2. 简述教育的本质分别是什么。

3. 简述人的教育可能性。

---

① 陈亚萍:《论人的发展与教育的价值诉求》,《教育研究与实验》2009 年第 6 期。

4. 从人类进化的角度，简要叙述教育的起源。
5. 思考人的全面发展理论与当代我国学校教育变革的关系。

推荐阅读书目

1. 夏之莲等译:《裴斯泰洛齐教育论著选》，人民教育出版社 1992 年版。

该书选择了瑞士著名教育家裴斯泰洛齐的教育代表作。书中收录的文章反映了作者的重要教育思想，探讨的主题包括教育目的、要素教育、各科教学法等方面的教育主张。本书内容全面、条理清晰、结构合理，融科学性、系统性、理论性及学术性为一体，是一本值得一读的教育著作。

2. 夸美纽斯著、傅任敢译:《大教学论》，人民教育出版社 1984 年版。

本书是 17 世纪捷克教育家夸美纽斯最重要的教育著作，但实际上它的内容远远超出了教学论的范围，涉及教育理论的各个方面。它奠定了现代教育学的基本框架，是教育学从综合性的知识领域中分离出来成为一门独立学科的起点，它标志着教育理论发展史上一个全新阶段的开端。

其中第一至第九章概述人生和教育的目的和教育在人的发展中的作用；第十至第十四章说明改革旧教育的必要性与可能性，设立新学校的基本原理；第十五至第十九章阐述教学理论，提出教与学的一般原则；第二十至第二十五章分述各科教学法；第二十六章论学校纪律；第二十七章至第三十二章论述统一的学校制度以及各级学校基本方案的制定；最后一章叙述实现他的教育理想应具备的条件。

第八章　社会文化变迁与教育

作为文化传承与创新的重要途径，教育与文化变迁有密切的关系。本章首先介绍社会文化变迁及相关理论，其次阐述社会文化变迁中教育及其转变现象，最后阐释为何多元文化教育政策理论有利于解决当前少数民族教育遇到的问题。

第一节　社会文化变迁及相关理论

一、文化变迁

文化人类学研究的一个重要方面就是文化的变迁。马林诺夫斯基认为，文化变迁是“现存的社会秩序，包括它的组织、信仰和知识，以及工具和消费者的目的，或多或少地发生迅速改变的过程”。[①]社会变迁指社会各方面现象的变化，或更确切地说，指社会制度的结构或功能发生的改变。文化变迁总是与之相伴随，所以有的人类学家索性用社会文化变迁一词。[②]

文化变迁是一个渐进的过程，导致变迁的原因大致有两种：一是因社会自身内部的发展变化而出现，通常是源自进化、发明和发现；二是由两个不同社会之间的接触而引起的，通常是通过借用和传播。文化必须被另一文化群体足够数量的成员接受、并成为它的特点之后，才能被认为实现了变迁。前一种原因被称之为革新，后一种意义上的文化变迁被称之为涵化。

---

① 芮逸夫主编:《云五社会科学大辞典·人类学》，台湾商务印书馆 1971 年版，第 64 页。

② 黄淑娉、龚佩华:《人类学理论方法研究》，广东高等教育出版社 2004 年版，第 211 页。

前者主要为文化进化论学派所持的观点，认为人类社会文化发展由低级到高级、简单到复杂发展纵向普遍性；后者主要为文化传播论学派所持的观点，它侧重研究文化的横向分布，认为文化变迁主要来自外在环境如地理环境、空间分布等。[①]

文化变迁是人类社会的特性，它是基于人类文化后天习得和不断适应环境变化的，但由于文化变迁不同时空所面临具体环境不同，具体情况是繁复纷杂的。人类社会文化变迁大致可分为两大类：无意识变迁和有意识变迁。前者指的是变迁的过程是不自觉进行的，人往往并不知道自己所采取或实施的应变措施会带来什么样的后果。后者指的是有计划地改变某些文化要素的状况和过程，它可分为三种类型——主动变迁、指导性变迁和强制性变迁。主动变迁是变迁主体自觉自愿、主动发起的；指导性变迁指的是某一文化的某些人有计划地帮助或促使另一文化发生社会或文化变迁；强制性变迁主要指的是用强迫手段迫使另一文化发生变迁，即强制同化。[②]人类学家认为文化变迁往往是通过进化、创新、传播、涵化等几种方式（图 8-1），其中传播被认为是文化变迁过程中的重要内容和较为普遍的形式。

博厄斯很早关注文化变迁现象，研究不同文化接触所产生的影响，研究文化的涵化。“人类学必须研究文化现象的相互依赖，必须通过对现存社

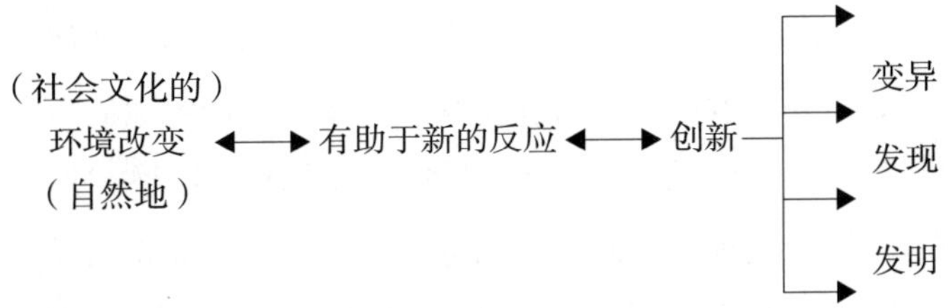

图 8-1　变迁过程的一般化模式[③]

① 王思琦：《重审人类学中的文化进化——一种意义的选择模型》，《广西民族研究》2008 年第 2 期。

② 孟亮：《敖鲁古雅鄂温克猎民文化适应心理的跨文化研究》，《黑龙江民族丛刊》2006 年第 1 期。

③ K. M. 伍兹著、何瑞福译：《文化变迁》，河北人民出版社 1989 年版，第 29 页。

会的研究取得资料”，“我们不仅要知道现存社会的动力，还要知道它们如何变成这样。”① 赫斯科维茨等人类学家从1930年代开始关注文化变迁，到了二战之后，越来越多人类学家开始关注文化变迁研究。

二、社会文化变迁与文化传播、涵化理论

学术界对社会文化变迁有多种解释。有些人基于人类学上的进化论观点，认为社会文化变迁是一个纵向发展的过程，并由此认定一个国家内有不同的社会文化发展阶段。在一个多元文化并存的社会中，这种观念实际上会导致对某些群体及其文化的误读和轻视。这种观点将社会文化变迁简单化，在一定程度上也是对不同文化的不尊重；而且在某些特定的环境中，有些种族中心理论者可能会据此将自己的某些不当言行合理化。也有些人认为社会文化变迁是个多途径、非直线型的发展过程，不仅是一个纵向的过程，也是一个横向的过程，不同社会文化变迁有不同的路径。还有些人认为，社会文化变迁是由一个文化中心扩展、传播到周边的，有人通过归纳不同地区社会文化相似之处来论证。但这种文化传播论也会导致过于构建某种文化形态的中心化地位，容易将其他文化的地位和功能置于屈从地位，从而忽视不同文化的发展需要及其功能，甚至抹杀不同文化群体语言文字和教育等方面的权利和需求；同时，它还抹杀了文化传播过程中文化变迁的双向和互动现象。

同样，中国学术界对少数民族社会文化变迁也有不同的解释，有学者以新中国成立初期少数民族经济文化状况为基础，认定他们所处的社会发展阶段和经济文化类型；也有学者提出少数民族社会文化变迁是有多路径、纵向与横向并行的过程。为此，这里重点介绍与社会文化变迁相关的传播论和涵化理论的一些观点，探讨少数民族社会文化变迁过程及其路径。

（一）文化传播论关于文化变迁的观点

传播论学派是人类学发展史上的一个重要流派，这个学派产生并风靡于欧洲，又可以分为德奥派（或称维也纳学派）和英国派，前者的主

① F. Boas, *Race, Language and Culture*, The Free Press, 1966（1940）, pp. 254—255.

要倡导者是德国民族学家格雷布纳（Fritz Graebner）和奥地利天主教神父施密特（Wilheim Schmidt），后者的主要代表人物为英国解剖学家史密斯（Elliot Smitlh）。这个学派是基于对古典进化论批判出现的，他们认为古典进化论忽略了外来文化的影响、历史上各种文化的接触与交流，以及各民族地理上的交流，他们先后提出文化圈、文化层和埃及中心论等概念，认为文化具有同源性，通过重新发现各民族历史上接触交往的事实，可以深入分析各民族文化的相似性，以寻找出文化传播的痕迹和证据。

格雷布纳发表了《美拉尼西亚的弓矢文化》《民族学方法论》等一系列论文与论著。[①] 他认为，所谓文化圈（Cultural Circle），实际上就是一个地理上的空间概念，它显示于外在的、有明显地域性特点的文化关系之中。文化圈包括一些可称为文化丛（Cultural Complex）的文化成分，文化丛内的各部分文化分布于这一文化圈地带之内。文化圈就其本质内容而言是文化丛，但文化丛既不是囊括文化的所有范畴，也不会是完全独立的。从文化传播的角度来看，文化圈是不会整个迁徙出去的，只有圈内的某些文化成分（即文化丛）才会迁徙出去。因此，在文化传播的过程中，只会有某些文化丛相互混合的情况产生。居住在不同地区的各个民族之间由于早有接触与交往，自然会出现有时是这几个文化成分、有时又是那几个文化成分一道在某地区出现的现象，所以，即使整个民族迁徙也不会发生整个文化都传播的情况，至少在表面上没有出现这样的征兆。[②]

施密特在《民族学文化历史法手册》[③] 等论著中，对格雷布纳的文化圈等主要概念加以补充和修改，并在此基础上建立起了自己的一整套传播论思想体系。他认为，文化圈是一个由互相关联的文化丛及文化元素构成的有机整体，它包括各种器物、经济、社会、道德以及宗教等人类文化的一

---

① Fritz Gräbner, Die Melanische Bogenkulturundlhre Verwandten, *Anthrotpos*, 1909; *Die Methode der Ethnologie*, Heidelberg: University of Heidelberg, 1991.

② Fritz Gräbner, *Die Methode der Ethnologie*, p.119.

③ W. Schmidt, *Handbuch der Methode der Kulturhistoriesche Ethnologie*, Munster, 1937.

切范畴，并具有自足性、独立性和永久性等特性。文化丛是在一定的时空中产生和发展起来的，是由一组功能上相互联结与整合的文化元素集合而成的，基本上包容了能够满足人类生存需要的一切重要文化范畴，它的发展实质上就是它的传播或移动。文化的迁移不是某个单独的部分能够迁走的，而是整个文化圈，即一个文化的全部主要范畴都一同迁移。一种文化圈移动到另一种文化圈上面，相互交叉迭压的部分就形成了新的文化层面。施密特创立“文化历史法”，列出了一份颇有影响的文化圈图表，将世界各地的文化圈可以分为四个层级，即原始文化圈和第一、二、三级文化圈。第一级可称之为“父权图腾制—高级狩猎者文化圈”，包括家长家族制的游牧部落，实行父系外婚制图腾的狩猎部落，实行母系外婚制，进入村落定居生活的种植园圃部落等三种较小的文化圈。第二级叫做“自由母权（父权）制—耕植者文化圈”，又可分为以玻利尼西亚人、印度人和南欧人等为代表的“散漫的父系制”，以及以印度支那土著、中国南方土著和美拉尼西亚土著等为代表的“散漫的母系制”两大类。第三级是以亚洲、欧洲和美洲等地较早熟和文明的民族为代表的“古代高级文化圈”。以后所有的人类文化的发展，在施密特看来似乎都是这些文化圈传播与组合的结果。施密特还认为，文化圈存在的形式是复杂多样的：既有地理上相连的文化圈，也有被其他文化冲破的文化圈，还有地缘上相阻隔而文化相似的文化圈以及洲际文化圈等。文化圈包含着若干民族群体，其构成是以独立的文化丛为基础的，这就使得圈内的文化相对稳定并能抵御外来文化的影响。各民族的迁徙范围及文化传播范围愈广，不同民族、不同文化之间的相互影响也就愈大。文化的传播往往通过移民、殖民、征服、传教、留学、通商、旅行、革命以及战争等方式来进行，这些方式都可以起到沟通文化、传输知识的作用。此外，还有一些传播的现象是在无形中进行的。

史密斯提出了“埃及中心论”。在史密斯看来，全世界的文化只有一个来源，即埃及，一部世界文化史只不过是埃及文化的传播史而已。史密斯为了论证他的理论，不仅从各地的木乃伊、太阳崇拜以及巨石纪念物等方面搜罗证据，而且还进一步绘制出这种“文化丛结”的具体分布图，包括了十字记号的设计、女人下巴的刺纹、穿耳、头部变形、蛇崇拜、洪水神话以及产翁制等诸多内容。

不同文化之间的接触引起文化特质的借用与传播是不可避免的。但如何看待不同文化之间所处的地位和作用，却是非常复杂的。文化传播论也没有能够说明文化传播的原因、具体方式和途径及其发生的冲突；而且，易出现将相互接触的文化标上优劣等级的嫌疑，易引发文化偏见。但是，传播理论论证了文化发展除了纵向路径之外，还有横向路径，确认文化形成路径是多元的；打破了古典文化进化论的迷思，是一个非常大的突破。而且，他们还具体阐释文化变迁过程中传播或借用的基本特点，① 这对了解现代社会不同民族文化变迁具有重要启发意义。

1. 传播是一个选择的过程。

不同文化互相接触的时候，人们并不是完全接受对方的文化特质或文化丛，而是基于该文化特质或文化丛对接受一方是否具有效用、是否适应性的判断。埃费雷持·罗杰斯在对文化传播的文献作了广泛的研究后得出结论：对某一特定的创新所采用的速度，决定于创新在接受一方文化中的相对优越性、适应性、复杂性、可行性。②

2. 传播是双向进行的。

文化传播是双向进行的，是互惠的。不同文化群体相接触时，双方会有选择地相互适应和借用对方的文化特质或文化丛。

3. 文化传播范围决定于两个文化群体之间接触持续时间和密切程度。

相对直接接触的文化群体之间，比那些很少接触、间断接触的文化群体之间更容易和更深入进行适应、采纳和借用。

4. 相似文化群体容易相互借用和传播。

接触不一定带来文化变迁，特别是出于不同地理位置、宗教信仰等方

① 以下内容见黄淑娉、龚佩华：《人类学理论方法研究》，广东高等教育出版社 2004 年版，第 214—216 页；K. M. 伍兹著、何瑞福译：《文化变迁》，河北人民出版社 1989 年版，第 36—38 页。

② 转引自 K. M. 伍兹著、何瑞福译：《文化变迁》，河北人民出版社 1989 年版，第 32 页。

面存在极大差异的文化群体之间。但具有相似文化意义和文化内容的文化群体，能够容易相互适应、借用和传播。

5. 重新解释。

不同文化接触过程中，很少有原封不动直接借用另一方文化特质和文化丛的，通常是接受一方对新引进的文化特质和文化丛在形式、功能和意义上作出适应自己需求的改变。

6. 文化系统的变迁。

文化当中若有一个部分发生变迁，必然引起其他相互关联部分的相应变迁，最先改变的起着决定性的制约作用。① 如果生产方式发生了变化，连带社会关系发生变化，特定社会文化形态会发生一定的变化。

7. 文化反应运动。

文化接触所引发的变迁源于其中占主导地位的文化群体，必然会对接受方文化群体成员带来破坏性压力。面对这种压力，接受方文化群体通过有组织、自觉地开展一系列活动抗拒这种压力和试图恢复他们的文化。

（二）涵化理论关于社会文化变迁的观点

涵化是文化变迁的重要内容途径。（涵化这个术语主要是被美国人类学家所采用，而英国人类学家通常则使用“文化交往”一词。）涵化研究兴起于20世纪30年代、50年代和60年代中期，成了美国人类学家探讨的主要课题之一，当时主要着眼于西方主导文化对边缘文化的影响。80年代以来，随着国际交往日益密切，移民潮、难民潮和国内民族矛盾以及由此而引起的一系列问题陆续显现，涵化研究的重点也转向国内少数民族和移民群体的涵化以及涵化人群的心理适应的研究。

学术界对涵化有不同的定义。《简明不列颠百科全书》中曾作了这样的界定：涵化是指因不同文化传统的社会互相接触而导致的手工制品、习俗和信仰的改变过程。②1936年，美国人类学家M.赫斯柯维茨等人曾指出：“当

---

① L.A.怀特著、曹锦涛等译：《文化科学》，浙江人民出版社1988年版，第351页。

② 《简明不列颠百科全书》（第3卷），中国大百科全书出版社1985年版，第670页。

拥有不同文化的个人或群体间进行直接的接触，继而引起一方或双方原有文化模式发生变化的现象叫做涵化。”[①] 美国社会科学研究会认为，涵化是指两个或多个独立的文化体系相接触所产生的文化变迁。[②] 这种变迁可以是直接的文化传播的结果，也可以由非文化所引起。由以上可知，涵化是由自然环境的变化及社会文化环境的变化如迁徙、不同民族的接触等引起。当环境发生变化，社会的成员以新的方式作出反应时，便开始发生变迁，而在这种方式被这一民族的有足够数量的人们所接受，并成为它的特点以后，就可以认为文化已发生了变迁。当然，文化接触并不总是导致这样的变迁。

涵化按照其发生变化的不同条件分为两种类型：一是文化因素的自由“借入”和改变，这是指不同文化的不同民族持续相互交流所产生的现象；这可能会导致新的文化因素取代原有的文化模式，引起社会结构和生活方式发生变化。二是强制变化，这是指一个民族以军事征服或政治控制等手段对另一民族进行强制控制时所出现的现象，处于统治阶级的民族将其自身文化灌输到被统治民族中。[③]

50 年代，美国人类学家 A. N. 亚当斯在研究危地马拉印第安人涵化时，曾将涵化分为两个层次——群体涵化（生态、文化、社会和体制）和个体涵化（个人的行为特征），前者是指在不同文化的接触中，社会结构、经济基础和政治组织的变化，后者则是指个人的行为、认同、价值观的变化。他认为，涵化发生在社会群体和个人心理两个层面，并可按照其程度分为不同的层次。可见，在不同类型和不同阶段中，人们面对文化涵化所持的态度会不同，个体之间也会有所差异。美国人类学家 J. W. 贝里研究表明，那些自愿参与涵化进程的人（如移民）比选择性较小或被迫的人群（如难

① R. Redfield, R. Linton and M. J. Herskovits, “Momorandum on the study of acculturation” , *American Anthropologist*, 1936（38）: 149—152.

② 社会科学研究会：《涵化：探索性阐释》，《美国人类学家》1954 年第 56 期，第 973—1002 页。

③ 《简明不列颠百科全书》（第 3 卷），中国大百科全书出版社 1985 年版，第 670 页。

民和原住民）所承受的心理压力和障碍要小，因为他们对文化接触和文化变化的初始态度是积极的和有准备的。暂居人群和缺乏社会支持与社会保障的人（如旅居者）比永久定居的人群所遇到的困难要多。面对新的文化，原有文化社会成员一般会采取五种态度：原封不动地接受外来文化、接受和改变原有的外来文化、完全拒绝接受、徘徊于两种文化之间、创造出适应符合文化环境的类型。他认为，持何种态度取决于两方面的相互作用：一是愿意保持并反对放弃原有文化（如认同、语言、生活方式等）的程度；二是愿意与异文化进行日常接触、反对只在本文化内活动的程度。①

J. W. 贝里等人还曾用下图（图 8–2）来表示涵化的过程：文化模式 A 代表统治者，文化模式 B 代表接受者，两者相互影响，但 A 对 B 的影响要大些。在 A 群体与 B 群体的接触中，产生的结果之一是群体 B 转化成为一个涵化了的群体 B'；同样，个人 B 也会产生相应的变化（受 A 群体和 B 群体的双重影响）而成为一个涵化了的个人 B'。② 在研究涵化过程时，A 群体与 B 群体各自的特征都有着十分重要的意义。

J. W. 贝里认为，人类学家在研究中要解决以下问题：群体为什么要发生接触及接触是否自愿、场域环境如何、群体中参与涵化过程的人占多大

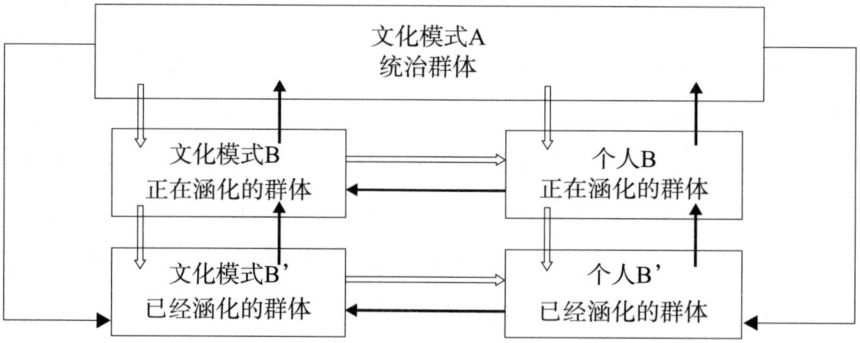

图 8–2 涵化的过程

---

① J. W. Berry, "Psychology of acculturation: Understanding individual's moving between cultures", in R. Brislin ed., *Applied Cross-cultural Psychology*. CA: Sage, 1990.

② 同上。

比例、接触进行了多长时间、新文化是否具备某些适应原有文化群体特定需求或有助于提高其生活水平的文化特质等，除此之外，还应要考虑到涵化过程中两个群体地位与互动方式及相关的措施和策略。此外，还要注意文化模式中个人的具体情况，如年龄、性别、家庭地位、个人能力等因素在涵化过程中所起的作用。涵化群体中的个人进入涵化进程中的方式和程度都不同。由此可见，涵化是一个选择的过程，它是互相的、双向进行的，并且与文化之间的差异、适应性、不同民族之间接触的方式、接触时间和程度等相关。因而，一般认为涵化过程中需经历传播、选择、适应、变迁、调整和融合等阶段。

人类学家通常从以下几个方面来考察涵化的结果：首先，是否因涵化而导致政治特征的变化，如丧失主仅是否增加了新的权力代表（如政治领袖、宗教领袖）等？是否同一地域的居民被划归为同一个“部落”或“省”？其次，生存基础及财产分配方式是否有改变？第三，人口规模、城乡人口分布比例、年龄及性别概貌是否有变化或有什么变化？第四，新的语言、宗教、服饰、正规教育、交通、住房、社会组织结构和社会关系等对涵化群体有多大影响？这些新事物是如何与旧有规范、准则相共处的？是否与原有准则发生冲突或取而代之或与它们相融合？涵化的结果往往表现为：文化同化（A+B=A）、文化融合（A+B=C）或跨文化适应（A+B=B+A）等形态。[①]

文化变迁中除了涵化概念之外，还有濡化、社会化等相近概念。涵化是指不同文化之间横向的文化特征传播，而濡化是指发生在同一文化内部的，纵向的传播过程，是文化习得和传承机制，本质意义是人的学习与教育。社会化是指由自然人到社会人的转变过程，每个人必须经过社会化才能使外在于自己的社会行为规范、准则内化为自己的行为标准，这是社会交往的基础、人类特有的行为。

三、中国社会文化变迁

正如前面所提到的，文化变迁是人类社会的特性，它始终是人类社会

---

① 黄淑娉、龚佩华：《人类学理论方法研究》，广东高等教育出版社 2004 年版。

发展的主题。但文化变迁的过程是漫长的，有时也会出现文化自觉引发的文化反应运动。

（一）中华民族多元一体文化格局

中华民族作为一个自觉的民族实体，是在近百余年中国和外来列强对抗中出现的，但作为一个文化实体却是在几千年的历史过程中形成的，“长期的接触、混杂、联接和融合，同时也有分裂和消亡，形成一个你来我去，我来你去，我中有你，你中有我，而又各具个性的统一体。”[①] 这正是各民族几千年来社会文化变迁过程中相互融合的结果。哈贝马斯认为，不同民族的兴起和消失，都是“在文化的流变过程之中”进行的。[②] 自秦汉以来的两千多年里，历史上各民族之间不间断交流与融合，形成当前各民族“大杂居、小聚居”分布格局。各民族之间在政治、经济、文化方面有着密切的联系和交流；这不仅使各民族之间互通有无、相互帮助和共同发展，还使不同民族之间形成共同点、共同的文化遗产和共同的认同感。同时，不同民族由于不同的地理环境、经济形态等原因，在语言文字、风俗习惯、宗教信仰等方面保持了各自的文化特征。各民族处于不同生产形态下，[③] 保持自己独特的文化特征。群体之所以成为民族，其中一个重要的原因在于文化的独特性。[④]

（二）各民族建立新型民族关系与共同繁荣发展

新中国成立后，国家从法律上确定了各民族的平等地位，确立了各民族平等、团结、互助的新型民族关系。《宪法》序言中明确规定：“在维护民族团结的斗争中，要反对大民族主义，主要是大汉族主义，也要反对地方民族主义。”第四条中规定：“中华人民共和国各民族一律平等。国家保障各

---

① 费孝通：《中华民族多元一体格局》，中央民族大学出版社 1999 年版，第 4 页。

② 尤尔根·哈贝马斯著、曹卫东译：《后民族结构》，上海人民出版社 2002 年版，第 21 页。

③ 中国民族学工作者以新中国成立初期各民族的经济文化状况为基础，总结了中国经济文化类型的框架：采集渔猎经济文化类型组、畜牧经济文化类型组、农耕经济文化类型组。其中农耕经济文化类型组又细分为：山林刀耕火种型、山地耕牧型、山地耕猎型、丘陵稻作型、绿洲耕牧型和平原集约型。（林耀华：《民族学统论》，中央民族大学出版社 1990 年版，第 90—98 页。）

④ 马戎、周星主编：《中华民族凝聚力形成与发展》，北京大学出版社 1999 年版，第 225 页。

少数民族的合法权利和利益，维护和发展各民族的平等、团结、互助关系。禁止对任何民族的歧视和压迫，禁止破坏民族团结和制造民族分裂的行为，国家根据各少数民族的特点和需要，帮助各少数民族地区加速经济和文化的发展。……各民族都有使用和发展自己的语言文字的自由，都有保持或者改革自己的风俗习惯的自由。”除此之外，国家制定和采取了一系列保护少数民族传统文化的政策、措施与法规。这些从根本上保障了各民族传承和发展民族文化的权益，也极大地促进各民族之间加深相互了解，进行更为深入的文化交流和相互学习。

新中国成立初期，国家为实现各民族真正平等，致力于改变民族地区经济、文化与教育落后的情况。国家先后采取培养少数民族干部、进行民族识别、调查少数民族社会文化历史、帮助少数民族创制和改革文字、推动使用少数民族语言文字、普及文化教育、建立民族教育管理机构及制度、发展少数民族新闻出版事业、扶持少数民族群众文艺发展、积极推动少数民族民间文艺交流等一系列措施，取得了极大的成效。一方面政治上确认和实现各民族当家做主的权利、少数民族生产形态发生了跨越式变化、民族地区确立了基本的社会主义社会组织结构、各民族形成了新型的民族关系等，随着这一外在环境的变化，少数民族社会文化有了新的活力。另一方面，扩大对少数民族文化的宣传，促进各民族之间的相互了解和文化交流，有利于各民族的融合与发展。同时，随着民族地区经济发展，学校教育普及、工作学习机会增多、道路交通等基础设施改善，地理距离缩短，人口流动增强，在客观上加速了不同民族之间的接触和交流。[①]

（三）全球化、现代化带来的文化冲击

当前，随着经济发展和科技进步、经济联系增强和信息传播的全球化，不同文化之间的接触比以往更为直接、频繁和紧密。中国也不例外，面临着不同文化的冲击，各文化群体也经历了、正经历着社会文化的变迁。国

---

① 金炳镐：《中国改革开放30年来民族关系理论的重大发展》，《中南民族大学学报（人文社会科学版）》2008年第6期。

家实施改革开放和建设社会主义市场经济以来，面对快速发展变化的社会环境，少数民族一方面要跟上、融入社会发展潮流，因而对现代文化知识的需要日益加强；另一方面由于民族交往日益频繁、外来文化不断涌入，各民族生活方式、社会文化受到前所未有的冲击。它遭遇三种形态的文化冲击：全球化、现代化和社会主流文化。

全球化一词的应用范围首先是经济学意义上的，也就是经济一体化。由于经济或生产力在社会发展中具有基础作用，政治全球化、文化全球化等概念随之出现。这样，全球化一词就具有了复合涵义。人们把全球化作为人类发展史上的一个新阶段，即它是现代性的当代状态。全球化被认为是一种“全球现代性”，即是指这种流动性、扩张性“在全球范围内和世界层面上存在的现代性形态”。“全球现代性具有整合世界文明的同化作用，同时还包含着分裂世界的中心边缘机制”[①]，而“国家将起到普遍化力量的作用”。[②]全球化和国家现代化是推动少数民族文化变迁的重要力量源头。对于不同民族而言，“‘现代化’通常是一个文化相对论的概念，对之理解是多元的。少数民族对‘现代化’的文化认同是一种影响社会发展的文化资源。”“在我国社会转型期内，对于少数民族来说……社会转型所带来的对传统文化的冲击，其结果一方面可能是少数民族群体对冲击的适应，另一方面则可能是冲突与抵制。对于一个多民族社会来说，少数民族传统社区的居民是否具备面对生产与生活方式转型所需的必要的适应能力，是转型能否达到预期目标的关键。少数民族文化变迁的前景存在两种可能：一是逐步完成向‘现代化’的转型，二是由于社会变迁与本民族文化冲突而导致少数民族向‘民族中心主义’文化靠拢。”[③]教育对少数民族能否形成转型所需的适应能力有重要的影响。

主流文化是具有高度的融合力、较强的传播力和广泛认同的文化形式。

---

① 郗戈：《从资本逻辑看现代性的内在矛盾》，《教学与研究》2011年第7期。

② 齐格蒙特·鲍曼著、邵迎生译：《现代性与矛盾性》，商务印书馆2003年版，第193页。

③ 关凯：《现代化与少数民族文化变迁》，《中南民族大学学报（人文社会科学版）》2002年第11期。

主流社会是由政治形象、舆论渠道、民众信念组成的一种虚构，也是一种强化民族精神和主体意识的手段与方法，甚至是一种强权制度下的实施和保障。非主流、边缘文化是相对于主流文化而言的，是在价值判断上居于次要位置的文化体。也许代表一种来自民间群众的价值观念，一种与主流意识形态相区别的价值取向，一种与大众文化相接近的声音，但是，从根本利益上代表和宣扬了一种朴素的、平常的、大众的、民间的最真实和最基础的声音。主流文化与非主流文化，在文化权重上的分配来自主流意识形态的判断和选择，来自社会价值选择上的比重的判断，甚至还是一种来自文化观念上的直觉与感性选择。[①] 一般认为，在社会结构中处于弱势的边缘群体文化为亚文化或非主流文化。

同化、普遍主义、理性、有序等都是全球现代化的主要特征，现代化是追求普遍性、排斥差异性的过程。在现代化进程中，少数民族文化由于与现代社会所需的价值观念、文化意识、伦理规范等不尽一致，常被认定是与社会主流发展方向相悖，或者由于其在社会结构中而处于弱势地位，容易被主流文化贴上“落后”、“不适应”等负面标签，非主流群体因而在社会公共领域缺乏话语权，其文化被污名化或标签化，传承和发展因而受到质疑，引发群体平等及文化权利平等的纷争。而且，“随着全球现代性的到来，弱势群体成了强势群体审查和评估的对象，强势群体可以完全控制他们品行的意义。无论他们做什么，无论他们想在行动中赋予什么意义，都首先要迎合强势群体的控制力。他们嚷嚷着要获得接纳，而这就自动强化了后者对统治权的主张。只要申请加入就能得到同意，这一长期的诱惑确认了强势群体的掌权者、监护者和优越价值观的全权代表的地位，同样，这些也为‘价值优越’的观点提供了实质内容”。[②]

以上虽将这三种形态文化边界限定清晰，但实际上，由于这三种文化形态概念化操作基于不同的视角，因而在实践当中三种文化形态是存在叠

---

① http: //finance.ifeng.com/roll/20090212/366124.shtml.

② 阿嘎热哈莫:《全球现代性视野下的凉山彝区双语教育思考》,《中央民族大学学报（哲学社会科学版）》2013 年第 4 期。

加或交叉的情况，这导致中国少数民族文化变迁中所遇到文化冲撞现象和问题更为复杂，且具有情境性。由于教育作为社会机制，要发挥其功能，其形式及功能必然随着社会变迁发生变化。如果文化变迁表现强烈，教育目标、内容和功能等都会随之发生变化。

第二节 社会文化变迁中教育及其转变

一、文化人类学视野下的教育

所谓教育，一般有广义和狭义之分。广义的教育是自人类产生以来就产生的，泛指一切有目的地增进人的知识和技能，发展人的智力和体力，影响人的思想品德的活动，包括社会教育、学校教育和家庭教育，即只要是以影响人的身心发展为直接目的的活动，都可称之为教育。狭义的教育指学校教育，是人类社会发展到一定阶段才产生的，是教育者按一定社会的要求和受教育者的身心发展规律，对受教育者所进行的一种有目的、有计划、有组织的系统影响活动。

对教育的定义，不同学派有不同的观点。文化人类学对教育的界定与其对文化的理解有密切关系。“文化”一词的本意就是培养、培育、教养，这被认为是典型的教育本义，同时，文化也是教育在某种意义上的积累和延伸。文化要传承和发展延续，就需要教育。文化是某一群体共享的意义体系，任何文化只有通过教育，才能广泛传播，并形成群体观念而为社会共享。

文化人类学视野中的教育，实际上被看作为一种文化现象和文化过程。关于教育，主要有五种不同的观点：一是认为教育是文化濡化，强调教育是实现文化在群体内部代际传递的途径；二是认为教育是文化传播，强调教育是文化要素的空间或群体间分布上的迁移和变动的途径；三是认为教育是文化传递，强调教育是把文化作为象征或符号在群体内部历时性的社会传递过程；四是认为教育是文化传承，强调文化由年长一代向下一代传递，而年轻一代习得的社会过程；六是认为教育就是文化学习，强调教育是个体或群体对其生存环境不断的能动适应过程。由上可知，教育是传承和传播文化的主要机制和途径，它不仅是发生在正式的学校教育制度内，还包括非正式教育活动形式。教育作为一种文化现象和过程，它是发生于特定的社会文化背景中，并通过各种正式的和非正式的方式和多种的途径在进行；教育不仅是发生在特定教育者和学习者两个群体间及学习者群体内部，也是通过儿童所生活的社区群体行为及各种规范包括禁忌、婚丧等多种机制发生的传承、传播文化的过程。因此，社会文化变迁过程中就会出现有别于原有文化制度下的教育组织和教育形式，打破了原有文化传承和传播的方式，这样所引起的问题就不仅仅限定于教育领域。在这样的背景下，学校与社区作为传承和传播不同文化的一对关系就出现在相关研究命题中。[①]

二、社会文化变迁中的教育及其功能变化

教育变迁是文化变迁的具体化，社会内部的经济科技发展、与外部文化接触交流的加强、内部文化知识的传播等带来的协调、整合与选择，最后都会体现在学校教育目标、内容、手段和方式的改变上。教育的创新发展也是文化创新的基础。教育不仅是文化变迁的直接或间接产物，也表现为文化变迁对教育的需要。每一次重大的文化变迁都会对教育造成一次较严重的困境或危机，但也是提供一次飞跃的机会。

不同的文化变迁对教育的具体影响略有不同。首先是渐变式文化变迁与教育的关系。由于长期的政治、经济等引起的文化形态的变化逐渐积累，最终导致质变，这往往是因不同文化接触和文化传播加强而形成的，但文化变迁到质变时，教育机制已不能承担新的负荷，其自身发展出现了停滞状态，已不能满足社会和个体的需求。这种形态下教育改变是渐进和缓慢的。其次是突变式文化变迁与教育的关系。社会文化内部的剧烈变化造成教育的不适应性，这就有可能导致教育出现相应的巨大变化。中国社会所

① 崔延虎：《跨文化交际教育：民族教育若干问题探证——教育人类学的认识》，《新疆师范大学学报（哲学社会科学版）》2003 年第 2 期。

面临的文化变迁具有这两种形态，从整个社会发展而言，文化变迁是逐渐缓慢进行的；但对长期与外界经济交流、交通相对隔绝的少数民族地区而言，现代化带来的冲击是剧烈的、突变的；同时，这种变化不是主要由内部引发的，而是主要由于强大的外部文化的撞击引发的文化传播和冲突，而且，这种文化变迁是多元的，姑且不论其内部因素，仅就其外部文化冲击而言，除了现代化所带来的影响之外，全球化的因素也发挥着作用。在社会转型的大背景下，原有经济结构被打破，原有社会形态被改变，特定社会群体所遵循的规范被打乱，原有的松散、日常化的教育形态不再具有强大的合法性和合理性依据，逐渐在公共领域丧失话语权和约束力，而被有目的、有组织、有计划的新教育形态逐渐替代。因此，文化冲突中出现的问题和矛盾往往转化为具体的教学问题，体现在传承和传播不同文化知识的学校教育中。

但是，教育与其它活动不同，它具有兼容性和整合性。新的教育形态被引入时，教育本身也必然出现一些新的变化，导致主体教育重新解释，原来的意义、功能发生某种适应性调整。涵化过程必然会涉及兼容和整合议题，即教育的构成要素之间、教育与文化在社会互动中相互适应。因为教育作为文化与知识的传承途径，具有一定的文化功能。首先，教育具有文化生成和积淀功能。它既是对文化成员的发明、发现的认可、保存过程，也是对外部文化的吸收、纳入的过程。它不是对现有文化的堆积和简单相加，而是根据主体文化价值，把各种文化创新有机地积累地编入整体文化中，聚合成一个新的有机的体系。其次，教育具有文化传递功能。文化只有通过教育传递，人们才能了解其意义、观念、技术，才能表现出群体性。第三，教育具有选择功能。教育对文化的选择，包括了对文化的挑选、糅合、加工整理等制作过程，选择文化贯穿于教育的全过程，也是按照社会或国家需要进行取优去劣的过程。它有三种主要方式：吸收，它是指教育对文化因素的认可和接纳，并加以传播，输向受教育者，并根据新社会实践给予调整，或新阐释，或糅合进教育原有的异化结构体中；加工改造，它是指对传统文化或外部文化进行必要的加工改造，使其符合国家、本地等发展的需要；排斥，它是指把认为有害于社会的内容摈弃掉。第四，文化具有创造功能。任何教育结果都不是简单复制，教育是对文化的积淀、传播和优化，也是在创造新的知识，从而促进文化的更新、创造、发现、发明。

当然，文化变迁过程中，教育的功能和形式也会随之变化。中国少数民族经历了、正经历着几次大的社会文化变迁。这里基于这几个大的社会文化变迁中的教育进行阐释。首先，多元一体文化格局形成过程中教育的功能与现代不同。在这一过程中，教育以民间社区教育与官方引导、举办的官学并行，前者培养合格的文化人，教育内容松散地融入日常生活和生产中；后者是历代中央王朝为达到周边少数民族“以文化之”的目的，通过举办学校（如府学、书院等）、入仕必备的科举制等来传授儒家文化，这是儒家文化不断吸收、融合各民族优秀文化和丰富其文化内涵的过程，是少数民族认同儒家文化的过程，也是多元一体文化格局形成的过程。然而，新中国社会主义建设过程中教育的功能与形式却发生了变化，现代教育制度逐步建立和现代学校不断普及，取代了社区和家庭教育的某些功能。巴战龙在其博士论文中揭示了这一点。1939 年现代学校教育的兴办是社区教育转型的分水岭：之前整个教育的主要功能在于通过文化濡化再生产社区合格成员，以维持社区文化系统的正常运转；但之后兴起的学校教育实际上是现代性的代理机构，其主要目的是在变迁的社会中，担负起把年轻一代从传统中解脱出来，实现向现代化转变的历史使命；从教育目的的角度而言，旧式传统教育培养的成员是为小部落社区所用，而新式的现代教育培养的成员是为大国家社会所用。他认为，“从教育的角度而言，从一个以地方知识教育为主的社区转变为一个以官方知识教育为主的社区，现代学校教育取代了传统寺庙教育，成为社区的主要教育组织形式，学校取代寺庙成为知识、文化传播的中心，在青少年儿童的文化成长过程中，家庭教育扮演的中心角色，至少在乡民的观念上被学校教育替代。”“在学校教育的发展历程中，一开始，现代的学校教育在帮助尧乎尔族群适应社会变迁方面起到了积极的作用。但是经过几代人的教育，以文化同化和社会整合为主要功能的学校教育的弊端开始显露，由于它总体上是主流社会文化的代表，对族群传统文化的持续排斥，成为族群语言使用人口锐减、传统知识衰亡的重要成因。新时期（1978 年）以来，随着族群意识的勃兴、族群文化保护和复兴需求的高涨（实际上，随着族群传统文化的逐渐消亡，文化断裂和社会失序现象开始出现，尧乎尔人的族群认同感陷入越来越深的焦虑之中），学校系统作为国家机器系统的有机组成部分，对尧乎尔人将族群文化，特别是本族语言教育纳入课程体系的强烈要求未能及时回应，导致尧乎尔民众对学校教育价值的评价走低，又由于学校在提高教育教学质量方面举措无多，效益不彰，导致社区与学校的关系趋向紧张。”[①] 随着全球化、现代化进程的深入，这种矛盾日益凸显。以民族地区学校双语教育为例，“凉山彝区曾辉煌一时的双语教育走向衰落，是少数民族文化遭遇全球现代性的一种样态，是全球现代性的同化、普遍主义在排除异己过程中所导致的后果。彝族人群体面对这一冲击的‘理性’选择是积极‘同化’，然而在‘积极同化’的过程中，少数民族文化在逐渐衰退。”[②]

三、多元文化教育——文化变迁中教育定位的尝试[③]

文化变迁自然形成对当地文化及知识的某种抑制。从教育视角而言，乡土教育是要让儿童了解和认识其出生、成长的乡土环境。它最初是源自教学、开发智能的需要，而后扩展到情感、精神和思想意识方面。[④] 虽然乡土教育概念并不是源于文化人类学，但乡土教育始终在其研究视阈内，只不过是概念名称、呈现方式、表现形式等不同；特别是从人类学把学校教育纳入其视野、关注教育背后的文化问题开始，它就以与学校教育所属文化相对应的文化的教育模式的形式而出现。

---

① 巴战龙：《人类学视野中的学校教育与地方知识——中国西北一个乡村社区的现代化百年历程》，中央民族大学 2008 年博士论文。

② 阿嘎热哈莫：《全球现代性视野下的凉山彝区双语教育思考》，《中央民族大学学报（哲学社会科学版）》2013 年第 4 期。

③ 敖俊梅：《浅析文化人类学视阈下的乡土教育》，中国乡土知识传承与校本课程开发研讨会论文，2008 年。

④ 刘玉玲：《教育人类学》（第 2 版），扬智文化事业股份有限公司 2006 年。

第一，教育：文化的传承和习得

文化人类学透过文化看教育，教育被赋以文化意义。“任何文化都看成是一个整合的系统，并且研究作为这个系统各部分的所有制度、习俗和信仰的功能。”[①]任何文化现象都有满足人类实际生活需要的作用，即都有一定的功能，其中的每一个与其他现象都互相关联、互相作用，都是整体中不可分的一部分，而教育是使文化得到延续的工具。[②]“教育的意义在于训练后生如何应用工具及器物，如何接受种种传统习惯，如何使用社会权利及责任。”[③]本尼迪克特也认为，“每个社会都会产生一种理想的成年人的性格，每个社会都会努力以濡化造成某种理想的成年人性格。”[④]教育是训导儿童学会和遵守文化规范、形塑文化人的工具。因此，从人类学视角来看，它是实现儿童文化化的途径，也是维系文化的重要制度。

第二，学校教育：不同文化的对弈

随着社会发展，空间距离缩小，人们之间交往日益密切，昔日远离我的地域、文化与“我”的对应，转变为“传统”或“乡土”与“现代”、“地方”或“乡土”与“中央”、“非主流”与“主流”等的对应。现代教育组织——学校也进驻这些地域、文化。人类学认为，社会是一个系统，其中各部门相互依赖、相互作用，既有各自的独特功能，还要服务于社会系统运作，教育作为社会子系统，必然要为一定社会政治、经济和文化服务。因此，学校教育代表着主流社会的文化，其功能在于规训与教化未成年人，实现其社会化。非主流文化被排斥于学校教育之外，乡土教育归隐于街头巷尾，甚至被认为是造成少数族裔学生学业成就低下、文化适应不良等的原因（如学业成就归因中的文化剥夺理论和文化差异理论），因而被定位为学校教育的对立面和负面因素。因此，学校成为不同文化冲撞发生的场所，也被认为是多种权力博弈的场域。

---

① 拉德克利夫-布朗著、夏建中译：《社会人类学方法》，山东人民出版社 1988 年版。

② 黄淑娉：《文化人类学理论方法研究》，广东高等教育出版社 1998 年版，第 53 页。

③ 马林诺斯基著、费孝通译：《文化论》，华夏出版社 2002 年版，第 31 页。

④ 庄孔韶：《教育人类学》，黑龙江教育出版社 1989 年版，第 21 页。

第三，多元文化整合教育：共容并存

无论是进化论还是传播论，都是文化等级主义，只不过一个是历时的进步过程，另一个是共时的扩散过程。赫斯科维茨的文化相对论颠覆了它们：每个文化都有它自己的特色和价值，它塑造特定社会的行为规范和思维模式，对其各群体所起的作用是相等的，文化谈不上进步或落后。因此，要尊重不同文化的差异，谋求各种文化并存。人类学认为，教育是文化的传承与习得，学校教育只是教育的一种特殊形式。社会的代际文化传承不仅是在学校中进行，也是在家庭和社区活动中实现的。[①] 非主流文化与非正规教育的作用获得了正面的认识，社区、学校和教室也因此成为研究教育问题的最佳田野地点，文化、社区与学校成为被探究的主题，学校教育文化再生产、少数族裔学生学业成就及文化适应、课程与文化选择、教学语言、师生互动、学生思维方式的文化差异等成为被关注的议题，[②] 人们重新评估学校教育，重新认识不同文化的价值。以学校教育中的学业失败问题为例，人类学家驳斥文化剥夺、文化冲突的说法，提出文化中断理论，认为少数族裔学生学业成就低下的原因在于学校中断了他们的传统语言和文化过程，要改变这一状况，就要重新改造学校的文化。正如班克斯所言，"多元文化教育是一场精心设计的社会改革运动，其目的是改变教育的环境，以便让那些来自不同的种族、民族、性别与阶层的学生在学校获得平等受教育的权利。"[③] 多元文化教育思潮为不同文化进入学校教育和课程内容提供了合理性与合法性，让乡土文化等非主流文化跻身于学校正规教育课程之中，登上大雅之堂，以实现既使各族群学生保留本民族的文化传统，又能够融入主流社会的愿望。滕星教授进一步提出"多元文化整合教育"观点："'中华民族多元一体'的基本格局，决定了我国民族地区学

① 滕星：《族群、文化与教育》，民族出版社2001年版，第8页。

② Bradley A. Levinson，Douglas E. Foley, Dorothy C. Holland ed.(1996), *The Cultural Production of the Educated Person: Critical Ethnographies of Schooling and Local Practice*. NY: State University of New York Press.

③ Jams A. Banks and Cherry A. Mcgee Banks (1993), *Multicultural Education: Issues and Perpectives*, Second Edition, p.359, Allyn and Bacon.

校教育要立足于‘多元’和‘一体’这两个特点，保证少数民族成员在学校学习本民族文化的同时也要完成国家要求的国民教育，从而实现学校教育领域内‘多元’和‘一体’的整合。这不仅是必要的，而且也是可能的。”①“在一个多民族国家的学校教育中，国家主流文化知识的教学和少数民族优秀语言文化的传承不仅并行不悖，而且还可相互促进，共同发展。”②

名词与术语：

1. 文化变迁：文化当中若有一个部分发生变迁，必然引起其他相互关联部分的相应变迁，最先改变的部分往往起着决定性的制约作用。文化变迁有三大重要概念：涵化、濡化和社会化。

2. 涵化：指不同文化之间的横向文化特征传播。

3. 濡化：指发生在同一文化内部的纵向传播过程，是人及其文化习得和传承机制，本质意义是人的学习与教育。

4. 社会化：是指由自然人到社会人的转变过程，每个人必须经过社会化才能使外在于自己的社会行为规范、准则内化为自己的行为标准，这是社会交往的基础，也是人类特有的行为。

思考题

1. 什么是文化，如何理解文化变迁？ 文化变迁的路径有哪些？
2. 如何认识教育与文化变迁之间的关系？
3. 如何定位当前中国社会文化变迁中教育的地位与功能？
4. 简述文化人类学对教育所秉持的基本观点。
5. 如何理解文化变迁中的多元文化整合教育？

---

① 滕星、海路：《语言规划与双语教育》，《新疆师范大学学报（哲学社会科学版）》2013 年第 5 期。

② 滕星、苏红：《多元文化社会与多元一体化教育》，《民族教育研究》1997 年第 1 期。

推荐阅读书目

1. 林耀华:《民族学通论》，中央民族大学出版社 1990 年版。

该书体例完备、内容详实，书中主要运用国内各民族（包括汉族和少数民族）的资料，以及世界各地区各民族一些有关的最新研究成果，来阐述民族学的基本原理及其研究的对象、内容和方法。这是一本民族学入门的基本读物，有助于读者理解民族学这门学科的研究对象、主要理论、研究方法和学科中的分支学科。

2. 王铭铭:《人类学是什么》，北京大学出版 2002 年版。

该书的阅读性较强，作者从一般人类学视角出发，进入到“他者的眼光”，再从“他者的眼光”论述到我们日常生活方式的“尝试”，进而阐释社会构成的原理，最后重点阐述人类学对人类社会的基本认识和价值。

3. 黄淑娉、龚佩华:《文化人类学理论方法研究》，广东高等教育出版社 1998 年版。

该书系统总结了文化人类学发展历程中各个学派的主要代表人物和思想，以及各个学派的方法论。编写体例上按照学科发展的历史脉络，就学科诞生至当代人类学的发展思潮，逐一作扼要的介绍，并加以评论。书中引用中外文资料丰富，观点简明扼要，是一本了解文化人类学理论与方法的重要参考书。

4. 马林诺斯基著、费孝通译:《文化论》，华夏出版社 2002 年版。

在本书中，马林诺斯基通过凝练的语言，阐释了对文化的基本主张，浓缩了作者对科学文化理论探索的精髓。书中的主张代表了早期功能主义人类学的最高成就。

第九章　多民族学校中的文化适应

学校是文化传递的中心，学生能否很好地接受学校教育主要取决于主体适应新文化、融入新群体的态度和行为。不同民族（族群）学生的跨文化适应不仅仅是经济问题，还涉及政治、文化、生态、教育、宗教、民族等问题。民族地区学校成为少数民族学生文化适应最主要的场所，学校的适应性教育将对少数民族学生的文化适应产生重要的影响。一方面，多民族国家的学校教育必须让少数民族群体享有平等的受教育机会，让少数民族学生适应、学习主流文化，促进少数民族地区的经济文化发展；另一方面，学校教育也要适应少数民族文化，尊重少数民族文化，承认文化差异，促进少数民族的文化发展。

第一节　文化适应

一、文化适应的概念

（一）适应

适应是生物学术语，表示能增加有机体生存机会的那些身体上和行为上的改变。[①] 在心理学中，适应往往是指有机体对环境变化作出的反应。瑞士心理学家皮亚杰认为，适应既可以是一个过程，也可以是一种状态，有机体是在不断的运动变化中通过适应，与环境取得平衡的。根据生物学的观点，皮亚杰认为适应是通过两种形式实现的：一种是同化（assimilation），即把环境因素纳入有机体已有的图式或结构中，以加强和丰富主体的动作；

① 刘一民、王桂欣：《健康体育与学生社会适应能力的培养》，《曲阜师范大学学报（自然科学版）》2004 年第 4 期。

另一种是顺应（accommodation），即改变主体动作以适应客观变化。适应状态就是在同化和顺应之间取得相对平衡的结果，这种平衡不是绝对静止的，某一水平的失衡会成为另一水平平衡运动的开始。[①]

（二）文化适应

文化适应（acculturation）是人类学的一个研究范畴。雷德菲尔德（Redfield）等人认为，文化适应是指两种不同文化的群体由于连续接触而导致的两种文化模式的变化。一般来说，文化模式是指一个民族在特定的环境中创造、累积的各部分文化内容之间彼此联系而成的系统的文化结构表现。[②] 理论上说，这种文化模式的变化是双向的，接触的两个群体的文化模式都要发生变化。但是就实际情况而言，文化适应是一种文化要求，即要求个体去适应新的文化模式。[③] 因此，群体接触的过程中更多的变化往往发生在弱势群体一边。

在文化适应层次方面，大部分研究者都认同沃德（Ward）及其同事的观点，认为文化适应包括社会适应与心理适应两个方面。这两方面是紧密相连的，社会适应是指在新的文化背景下成功地建立与主流文化社会群体的相互关系，心理适应是指以情感反应为基础的有关幸福感、满意度和积极自尊的良好状况。[④]

在这里，我们认为文化适应是指个体从一种文化转移到另一种异文化中以后，个体基于对两种文化的认知和感情依附而作出的一种有意识、有倾向的行为选择和行为调整。[⑤]

（三）文化适应机制

文化适应机制是指在全球化进程中影响一个民族吸收异文化成分，反

---

① 张京玲、张庆林：《少数民族文化认同态度模式与文化适应的关系》，《中国组织工程研究与临床康复》2007 年第 11 期。

② R. Redfield, R. Linton, and M. J. Herskovits, “Momorandum on the study of acculturation,” *American Anthropologist*, 1936;（38）: 149—152.

③ 张京玲：《藏、壮少数民族大学生文化认同态度与文化适应的关系研究》，西南大学 2008 年硕士学位论文。

④ C. Ward and A. Kennedy, “Acculturation strategies, psychological adjustment and socio-cultural competence during cross-cultural transitions,” *Int. J. Intercult. Rel.*, 1994;18: 329—343.

⑤ W. Searle and C.Ward, “The prediction of psychological and socio-culturaladjustment during cross-cultural tr ansition,” *Int J Intercult Rel* 1990;14: 449—464.

过来丰富本民族文化内容或改变其文化结构的内在因素和外部条件。民族文化适应机制包括内在接受机制和外部传播机制，如民族传统文化在现实生活中的价值、群体规范对个体行为的控制程度、不同个体行为活动的导向作用、异文化对该民族生存发展的客观现实需要和文化心理需要的满足程度等。这个文化心理需要是指各不同民族由于所处自然生态环境和社会文化背景的差异而形成的特殊价值取向及文化认同。一种异文化的传播能否满足接受方生存发展的文化心理需要，关键又取决于以下两个环节的配合是否得当：一是异文化与本土文化的相异程度，二是异文化的传播者对待本土文化的态度和采取的方式。这些因素相互作用所产生的合力，是影响一个民族适应异文化的内在根源。[①]

二、文化适应的阶段

文化适应是一个结果，也是一个过程，因而它具有阶段性。文化适应分别有哪些阶段，不同的研究者提出了各自的假说，其中比较有代表性的有：

（一）文化适应的三阶段模型

克利福德·格尔兹根据进入异文化环境中个人的不同情况，归纳出文化适应的三条“文化变化曲线”（图 9-1）：[②]

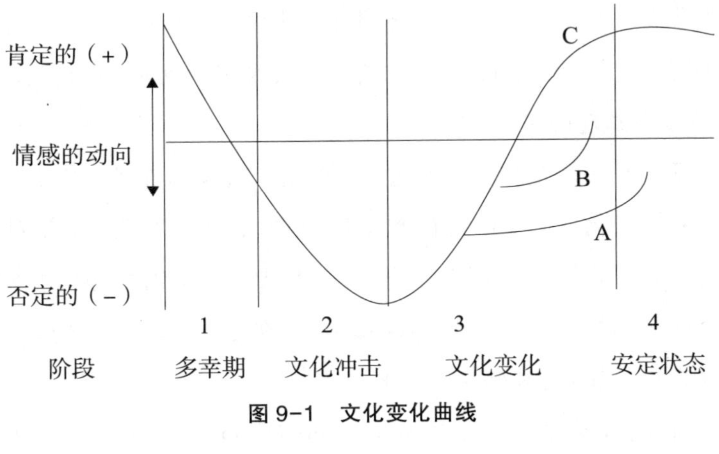

图 9-1　文化变化曲线

① 陈慧：《民族地区课改中文化适应问题探析》，《湖南第一师范学报》2009 年第 5 期。

② 徐光兴：《跨文化适应的留学生活：中国留学生的心理健康与援助》，上海辞书出版社 2000 年版，第 10 页。

此图以情感的动向和变化为纵轴，以时间跨度为横轴，以静态的方式显现了动态的文化适应过程。在格尔兹的模型中，文化适应的第一阶段为多幸期。这一阶段持续时间较短，它就像蜜月中旅行的新婚夫妇，一切对他们来说都是那么新奇，他们看见周围的新鲜的环境觉得非常兴奋。第二阶段为文化冲击阶段。这一阶段个体在新环境中开始了实际的生活，他们也慢慢地体会到了新文化与母体文化的差异，初步体验到了文化冲击。第三阶段是文化变化阶段。在这一阶段，个体对新的环境有所认识，同时也接受了一些新的价值观，自信有所增长，开始融入新的文化背景。格尔兹认为，文化变化阶段是文化适应过程中最为漫长的阶段。在经历了第一阶段的兴奋、第二阶段的冲击和第三阶段的变化以后，个体最终进入了精神安定状态，即文化适应的第四阶段。格尔兹所提出的“文化变化曲线”不但可以反映文化适应的阶段，而且可以反映文化适应过程中处于文化适应曲线不同位置的个体的文化适应类型。处于图中 A 位置的人是那种对异文化始终持否定态度的人，他们只保持自文化的特征，是一种典型的固执型人；处于图中 B 位置的人对母体文化和异文化都持中性态度，他们既不一味地接受母体文化，也不一味地接受异文化，他们接受母体文化和异文化中优秀的部分而成为统合型人；相对于母体文化而言，处于图中 C 位置的人对异文化的态度更积极些，他们融入了当地文化环境而成为“归化”型人。

（二）文化适应的四个阶段

文化适应是一个错综复杂的过程，社会文化学家布朗（H. D. Brown）的研究表明，文化适应往往具有个人依赖性和情景制约性，但是对于任何处于文化适应情境中的个体而言，他/她一般要经历文化适应的四个阶段：[①]

第一阶段：欣快阶段（euphoria stage） 在这一阶段，个体以一种新鲜好奇的眼光和心态对待和感受异文化。

第二阶段：文化休克阶段（cultural shock stage） 文化休克是指一个人

① Drew Nesdale, Anita S. Mak, “Immigrant acculturation attitudes and host country identification,” *Journal of Community & Applied Social Psychology*, 2000（10）: 483—495.

进入不熟悉的文化环境时，因失去自己熟悉的所有社会交流的符号与手段而产生的一种迷失、疑惑、排斥甚至恐惧的感觉。随着与异文化的接触越来越多，个体对两种文化之间差异的认识越来越深刻，这种差异感和陌生感促使个体产生了一种包含多种负面情绪的心理不适感。这其中包含有愤怒、敌意、挫折、过敏、疏离等情绪成分，甚至还会引发个体的生理疾病。他们往往以愤恨的眼光看待周围新异的环境，他们有时愤恨别人，有时又不理解自己，并且内心充斥着一种自怜感。

第三阶段：反常期（Anomie stage）　在这一阶段，个体体验到了一种沉重的文化压力。在他们身上，一些早期的文化适应问题解决了，一些问题还有待他们继续解决。个体开始承认两种文化在思维方式和情感表达方式上的差异，他们对那些身处异文化中的个体产生了一种同情感。处于反常期的个体有一种游子的感觉：一方面他们感觉自身与母体文化没有太深的联系，另一方面他们又感觉自己不能很好地适应异文化。

第四阶段：同化或适应阶段（assimilation or adaptation stage）　在这一阶段，个体对异文化变得越来越熟悉，异文化引发的不适感在他们身上慢慢消失了，他们开始在新异的环境中塑造和发展新的自我。

（三）文化适应的五阶段模式假说

1975年美国心理学家阿德勒从文化适应的视角出发，提出了文化适应的五阶段模式假说：[①]

（1）接触阶段：刚进入异文化时，个体对异文化表现出强烈的兴趣，异文化的许多方面对他们来说都是新奇的；同时，由于他们刚进入异文化，因而他们还没有感受到来自异文化的冲击和压力。

（2）不统一阶段：在这一阶段，个体开始觉察到异文化与母体文化的差异，并且体验到了来自异文化的压力，在异文化的压力下，他们感到混乱、困惑、无力、孤独，并且易于产生抑郁感。在这一阶段，他们理不出适应

---

①　徐光兴：《跨文化适应的留学生活：中国留学生的心理健康与援助》，上海辞书出版社2000年版，第10页。

新文化的头绪。

（3）否定阶段：在这一阶段，个体开始否定文化差异，并且时不时地产生攻击的意愿，他们对异文化开始产生疑问，出现否定性行为。阿德勒认为，个体在这一阶段产生疑问和否定性行为是坚持主见和自尊心的表现。

（4）自律阶段：在这一阶段，个体开始承认文化差异，他们原先怀有的心理防御态度在这一阶段也开始解除。在自律阶段，个体已经能比较自如地应付新环境。这一阶段是安定期的初期，个体开始变得沉着而自信。

（5）独立阶段：个体确立了自己对文化的认识，能够在跨文化的环境中体验生活，并在文化适应的过程中采取有效的行为实现自我的价值。

三、文化认同的态度模式与文化适应

文化认同（Cultrual Identity）是一种群体文化认同的感觉，是一种个体被群体的文化影响的感觉。少数民族或移民在新的环境里将面临两个主要的适应态度问题：首先是否保留本民族的原有文化特色和民族认同；其次是否愿意发展与主流文化成员密切的关系，并接受他们的价值观。贝里认为这两个维度是相互独立的，也就是说，对某种文化的高认同并不意味着对其他文化的认同就低。①

（一）文化认同的态度模式

根据文化适应中个体对两个维度的问题的积极或消极的回答，可以发现四种文化认同的态度模式：（1）整合，人们认为自己既是社会结构中的一部分，同时又保持自己文化的完整性，期望采用新的生活方式的同时，不放弃自己原有的价值观和认同；（2）同化，个体不想保持本民族的文化认同，追求与支配文化的接触，绝大多数放弃自己原有的文化，完全融入主流文化；（3）分离，个体希望保留自己原有的认同，坚持自己民族的文化，限制自己与新文化发展紧密的关系，把自己封闭在自己独特的民族文化之

---

① J. W. Berry, “Psychology of acculturation: Understanding individual’s moving between cultures”, in Brislin ed., *Applied Cross-cultural Psychology*. Newbury Park, CA: Sage 1990: 232—253.

中;（4）边缘化，个体既不能认同主流文化，也不能完全认同本民族文化，处于两种文化边缘地带。[①]

这四种文化认同模式有密切的关系，由于采取边缘化态度必定导致适应的失败，所以在文化适应与多民族学校教育关系的研究中，通常不考虑这种态度。文化认同态度应该进一步分类为团体态度和个体态度。个体文化认同态度仅仅针对个体而言，因此具有明显的个体差异；而团体态度指团体成员共同一致的文化认同态度，它是有关这个团体文化适应目标的一致性，也就是该团体大多数成员所期望的与主流文化建立怎样的关系的态度。[②]

（二）文化适应与文化认同态度的关系

不同的少数民族在文化适应过程中将会发展出自己不同的文化认同态度模式，而不同的态度模式与他们在新的文化背景下的文化适应有不同的联系。国外对少数民族或移民的适应的早期研究，几乎一致认为少数民族的适应与其文化认同态度有直接的联系，即少数民族所持的同化与整合的态度将与适应呈正相关，而少数民族所持的分离态度与社会适应呈负相关。整合态度是跨文化适应中最佳的一种文化认同态度，有利于少数民族的文化适应；而分离态度却不利于这种文化适应。整合态度反映了一种保留自己传统文化认同和接受新的文化价值观的平衡，这种态度对于少数民族学习主流社会的文化准则及参加一些共同的活动是很重要的，能够促进同主流成员建立紧密的关系，使自身更好地融入主流文化社会。[③]

文化认同的四种模式中最无效的方式是边缘化。来自少数群体文化的成员，既不被鼓励保留他们自己的文化准则，也不被接纳加入主流文化，

---

① J. W. Berry, "A psychology of immigration," *J Soc Issues* 2001: 57: 615—631.

② J. W. Berry and D. Sam, *Acculturation and adaptation.Handbook of cross-cultural psychology*. 2nded. Boston: Allyn & Bacon 1997: 291—32.

③ 张京玲、张庆林:《少数民族文化认同态度模式与文化适应的关系》,《中国组织工程研究与临床康复》2007 年第 11 期。

就会产生边缘化的文化适应方式，成为文化的边缘人。他们往往要比其他人遭受更多的心理冲突和压力。美国著名社会学家罗伯特·帕克曾将“边缘人”形象地比喻为文化上的混血儿。他们寄托在两个不同的群体中，但又不完全属于任何一方，他们的自我概念是矛盾的，不协调的。边缘人生活在两种文化的夹缝中，缺乏对两种文化的归属感和认同感，面对不同的文化往往无所适从，内心充满着矛盾和冲突，无法为自己的心灵找到栖居之所。[①]

总之，个体采取的文化适应方式并不总是统一的，例如，有人可能追求经济上的同化或语言上的整合（双语形式），而在婚姻上则倾向于分化的态度（只在内部通婚）。因此文化适应具有一定的情境依赖性，在社会生活和行为的各个领域的发展是不均衡的，有时还需要主流社会对一些国家机构进行调整，以便更好地满足多元文化环境中不同社会群体的需要。[②]

四、文化适应的功能

教育人类学认为，人类社会的文化适应性具有三方面的功能：生物适应性的提升、学习内容的处理、教育功能的演进。

（一）生物适应性的提升

人的生物适应性指人作为人所必须具备的一种适应外界获得生存的基本能力。教育人类学家指出，人类有三大生物适应性变化：一是牙齿的变化，二是手足的分工，三是大脑的重建，这是人之成为人的生物学准备，其中人脑的进化具有关键性的作用。人脑结构比其他高等哺乳动物的大脑结构更高级，形成了特殊的学习能力和建立起更高级的社会文化适应性。如人脑体积扩张后其成熟速度变缓，新神经质的增加使之形成信息加工能力的基础，大脑新皮层中产生了语言、非语言概念、空间理解、记忆、动作技能、分析能力及计划能力的脑基本部位，且愈益分化和专门化。尤其

---

① 王平：《课程改革中的文化适应问题研究》，西北师范大学 2006 年博士论文。

② 乌仁图亚：《蒙古族成年人文化适应与家庭教养方式及其相关性研究》，内蒙古师范大学 2009 年硕士论文。

是在边缘系统之上发展了多层级的超联合区，从而在生理上完成了人自身的进化历程。它既是人的生活改善，也是文化及教育作用的结果。因为没有文化和教育的作用，就不可能提高人类的生产能力，改善生活；没有教育，语言就不会发展，大脑也不可能获得质的进化。脑的进化，为人发展新的学习能力和社会文化适应性提供了可能。①

（二）学习内容的处理

如何选择并处理学习内容，是建立人的社会文化适应性的另一条件。美国教育人类学家菲什拜因（Horald D. Fishbein）认为，群体生活对狭鼻猿灵长目的"智力"发展有很大的促进，结群是个体的延伸，使其年幼者都社会化，学习使用食物、防卫、繁殖、群体认同和角色的整套内容。但只有人类才能以教育的方式实现从自然适应性向文化适应性的飞跃，把动物的终点变为人类发展的起点，从而具有更深刻的社会文化适应性。人类总是在学习更高级的东西，不断创建一系列更高级的支配行为的伦理观点，即群体性，使其更具社会性。因此，如何选择和整合迅速增加的文化内容，就成为时代的重大问题。其基本选择原则有三：现有的人类生活知识、生存环境和未来发展需要、教育手段方式之可能。文化适应过程不是对新文化的全盘接受，也不是对母体文化的完全抛弃，而是吸收新文化元素后将母体文化重新整合的过程。②

（三）教育功能的演进

由于人类知识总量剧增和结构转变，如何使人能在相应时间内又快又好地掌握这些知识，这是形成人的社会文化适应性的关键。任何文化适应结果都不是简单复制，而必然包含着对新文化要素的发现和创新。个体文化适应能力越强，接受创新就越迅速，就越能适应文化变迁，这样更易于开展文化交流，丰富教育内容，创新教育方式，走向现代化。

---

① 崔乐泉：《原始体育文化起源的考古学研究》，《山东体育学院学报》2002 年第 2 期。

② 祁应楠、武莉莉：《西北少数民族大学生文化适应过程中文化变化的原因分析》，《赤峰学院学报（汉文哲学社会科学版）》2011 年第 11 期。

第二节 多民族学校教育中的文化适应

由于文化适应具有阶段性，因此教育中的文化不连续性问题普遍存在，“学校教育中的文化适应基本上是不连续的或间断的，学校受到多种文化冲击，最典型的是发展中国家、殖民地国家的学校、少数民族的学校受到外来文化的影响与本族文化的冲突造成的不连续性，导致防御性的被动文化适应。”[①]

一、学校教育中的文化不连续性

教育人类学研究表明，学校教育中的文化不连续性问题可能造成文化适应的两种极端情况：一是在传统文化很强的民族中，本来应当在学校出现的文化不连续性却因为人为因素而没有发生，这种学校不具有传播先进文化的条件，强调归属性，阻止文化传播，显然不利于人的发展，即使开放性很强的学校，如果没有一定的文化不连续性作用，儿童的发展也不会得到健康的发展；二是多民族的学校，由于主流文化与少数民族学生本族文化冲突造成的不连续性。我们着重分析后一种情况中的问题。

在同质文化中，文化连续性指在儿童成长过程中按照渐进方式教给儿童系统的文化期望和社会责任，而不连续性则指儿童发展中原有程式的中断或阶段性飞跃。这种文化不连续性在少数民族学生上体现更为明显，由于少数民族多处于边远地区，受自然地理环境的限制，学龄前儿童所接受的教育大多数是家庭和社会的传统教育，家庭、社会和本民族的文化对其实施“文化化”（enculturation）。[②]在这个过程中，个体通过家庭和社区习得了自己的民族语言、文化以及思维方式。另外，按照国家的教育政策，为了教育的公平与平等，绝大多数少数民族地区采用的是现代性的学校教

---

① 张文勋、施惟达、张胜冰：《民族文化学》，中国社会科学出版社1998年版。

② J. A. Banks, *Multiethnic Education: Theory and Practice*. Boston: Ally and Bacon, 1989: 115—134.

育，当少数民族学生进入学校学习后，接受主流民族的教育，必须克服心理障碍，努力适应新的环境，接受新的文化，这些转变都必然迫使每一个人对之作出新的调整，重新适应这些新的文化体制。这种文化的不连续性更加显著，对人的文化适应性就提出更高的要求。[①]

二、学校教育中的文化不连续性与个体文化适应

教育中的文化不连续性表现为价值观上的冲突，既有外来文化价值观与本族文化价值观的冲突，也有学校理想价值观与实际生活中价值观的差异。

（一）学校教育中的文化不连续性对少数民族学生行为方式的影响

行为方式包括风俗习惯和社会组织、社会制度两个部分。外来文化的传播和介入常常使得民族教育在实施过程中导致文化不连续性。少数民族学生从出生开始便处在模式化了的传统行为方式之中，只能学习、适应。民族行为方式具有全民性、群体性，少有变异，有限的变异也表现为缓慢的过程，并有群体的特征，个体很难对全民性的风俗习惯作出调整。[②]而文化不连续性的特征是“阶段性的飞跃”，对民族群体和个体的风俗习惯的影响是直接而有效的，常常促成群体或个体的行为方式在短时期内发生改变。

（二）文化不连续性对民族价值观的影响

价值观是一个民族的精神取向，它不仅从根本上规定着一个民族的基本文化行为，而且在许多方面影响和制约着一个民族的生活方式。随着民族地区现代民族教育的发展和外来文化的进入，各种价值观念无时不在影响着少数民族的价值取向，并产生种种冲突，例如，外来文化价值观与本族文化价值观的冲突、学校教育价值观与传统教育价值观的冲突、对教育的期望与现实教育效果的冲突等。文化不连续性可以使少数民族的价值观

---

① 樊秀丽:《文化的中断·断裂——中国少数民族多元文化教育的现状》,《西南民族大学学报（人文社科版）》2010年第9期。

② 王鉴:《略论中国民族教育的本土化》,《民族教育研究》2000年第4期。

在多种文化因素的作用下，构建起新的价值观体系，在现实认同与理想目标之间找到适合本族群体与个体的生活态度。[①]

（三）文化不连续性使民族的语言使用习惯发生了改变

教育人类学研究表明，来自非主流文化的学生往往用他们特有的语言、方言、交往习惯或期望来看待、理解学校教育中主流文化的语言和交往习惯及期望，因而易产生交往错误和误解。究其原因是他们还不能同时理解和掌握主流文化的语言文化背景，而教育中出现的文化不连续性则可使少数民族学生暂时放弃本族语言思维和交往习惯，通过使用双语或语言转用，适应主流文化中的语言习惯。[②]

从以上分析可以看出，文化不连续性具有双重性：既有隔断少数民族传统教育的一面，又有促进少数民族适应、接受主流文化和外来文化的一面。可以说，文化不连续性是民族教育发展的一个自然现象，是文化适应研究无法回避的理论问题。对于具有多民族学生的学校来说，关键是如何正确分析和把握不同时期、不同地区少数民族教育中"文化不连续性"的内涵和表现形式，具体问题具体分析，采取合适的教学策略，促进学生的发展。[③]

三、多民族学校教育中影响文化适应的因素

对于少数民族学生而言，学校教育是文化适应的一个重要阶段。进入学校后，生活和文化环境的变化对少数民族学生的文化归属感和认同感产生重大影响，进而出现种种文化适应困难和学业成就较低的情况。美国跨文化心理学家沃德等人把文化适应分成两种类型：心理层次上的和社会文化层次上的文化适应。[④]文化适应从内在机制和外在机制两方面影响和制约了少数民族学生在学校教育中的表现和成就。

---

① 姜淼：《论文化民族性及其建设》，东北师范大学 2004 年硕士论文。

② 戴留喜、鲍晓艳：《"多元文化整合教育理论"对民族教育的启示》，《内蒙古农业大学学报（社会科学版）》2007 年第 2 期。

③ 蔡淑兰：《少数民族教师专业成长的文化困境与出路——兼论民族文化课程资源开发的意义》，《民族教育研究》2012 年第 1 期。

④ 余伟、郑钢：《跨文化心理学中的文化适应研究》，《心理科学进展》2005 年第 6 期。

（一）文化适应性对学生内在机制的影响

1. 学生的智力与非智力因素

智力通常用作表示个体差异的重要方面，它与文化适应密切相关。“文化适应、智力和学校教育这三者之间具有复杂的交互关系，个体在任何一个方面的表现既会受到其他两个因素的单独作用的影响，也会受到交互作用的影响。”[①]过去研究少数民族学生的智力与文化关系的一个重要指标是学业成就，近年来有研究认为，IQ 值和认知能力比学业成就更有利于研究文化适应的程度和水平。非智力因素主要表现在心理素质方面，如动机、兴趣、情感、意志、人格、道德等，它与文化适应中的心理适应直接相关，“承担着对智力的始动、定向、激励、强化和保证功能。”[②]国外研究发现，对母文化的强烈认同与心理适应紧密联系在一起。因此，非智力因素也是少数民族学生的文化适应的重要影响因素之一。[③]

2. 学生的文化背景

不同民族各有不同的文化背景，正如班克斯所言：“在现代化社会中，辨识民族文化差异性的依据，应为各民族的价值观、象征及其对事物的解释方法和观点，而非文化中所生产制造的工艺品、外在物质或其他人类社会中有形的事物。”[④]生活经验丰富、生活技能较高的学生，其自然适应力、文化适应力和社会适应力也会相对较高，反之亦然。每个民族群体在社会生活中都会形成自己特有的文化模式，不同的文化模式决定了对文化差异的不同理解，从而形成特定的学习类型，成为影响少数民族学生不同学业成就的主要因素。当学校的教学方法与学生学习类型相适合的时候，他们的学业成就显著提高，对学校的态度明显改善，学生违纪现象明显减少。[⑤]文化背景差异是导致少数民族文化适应问题最主要的因素。

---

① 胡兴旺：《白马藏族初中学生文化适应和智力水平的关系》，《心理学报》2005 年第 4 期。

② 顾海云：《重视对少数民族学生非智力因素的开发》，《广西民族学院学报（自然科学版）》1997 年第 2 期。

③ 李怀宇：《少数民族学生在学校教育中的文化适应——基于教育人类学的认识》，《贵州民族研究》2006 年第 4 期。

④ 陶立瑾：《民俗学概论》，中央民族学院出版社 1987 年版，第 123 页。

⑤ 李怀宇：《少数民族学生在学校教育中的文化适应》，《贵州民族研究》2006 年第 4 期。

3. 学生的民族认同

民族认同对青少年的自尊、自我效能感以及总体心理健康具有一定的影响。关于民族认同与文化适应的相关研究表明，民族认同与文化适应之间呈互动和正相关的关系，民族认同感降低会使民族学生倾向于采用分离、边缘化等不良的文化适应策略和交往态度，来应对其他少数民族和主流文化群体，从而导致民族学生产生孤独、无助、无力以及与他人疏离的感觉，民族认同感越差的个体，其孤独感就越强。[①] 奥格布指出，如果一个少数民族持有通过教育就能获取成功的信念，他们将会采用各种方法去战胜由文化差异带来的各种障碍。[②] 如果他们认为教育制度仅仅是剥夺他们自己的文化特征，消解他们的民族认同，而不会给他们在未来的生活和工作中带来更多的机会，他们就会消极地对待这种教育。[③]

4. 学生的个体差异性

学生的个体差异性表现为个体的性别、年龄、家庭条件等方面。人类学关注少数民族学生个体差异性的研究成果表明，不同性别、不同年龄的学生对学校教育的适应性是不同的。一般来说，年龄较小的孩子容易适应学校的教育，他们在学校中容易产生不安全感；年龄较大的儿童在心理适应和学习适应方面困难较多，以致产生抑郁、孤独、焦虑等。学生的个体差异对其文化适应的影响则较为复杂，民族的自然生态环境（如居住地理环境、农村、城市、民族聚居区、杂居区、汉族地区）和社会生态环境（经济文化类型、物质生活方式、社会组织结构）都决定着少数民族学生的个体差异，而这些差异性又是影响少数民族学生文化适应能力的决定性因素。[④]

（二）文化适应的外在影响机制

1. 学校的自然环境

学校的自然环境要素包括外部自然环境和内部物质环境。学校的外部

---

① 王亚鹏、万明钢:《民族认同研究及其对我国民族教育的启示》,《比较教育研究》2004 年第 8 期。

② 陈慧:《民族地区课改中文化适应问题探析》,《湖南第一师范学报》2009 年第 5 期。

③ 胡玉萍:《教育文化与学校教育》，中央民族大学 2005 年博士论文。

④ 李怀宇:《少数民族学生在学校教育中的文化适应》,《贵州民族研究》2006 年第 4 期。

自然环境由学校所处区域、社区环境、学校分布等组成；内部环境包括学校规模、班级规模、教学环境、校园景观等。学校所处的自然生态环境是学校文化赖以生存与发展的土壤，对学校内部的教育教学活动与民族学生的身心发展，尤其是对学生的心理适应、身分认同和学习效率产生深刻的影响，是少数民族学生文化适应的外部条件。①

2. 学校的文化环境

学校的文化环境包括学校的办学目标、管理理念、校风、信息与能量交换机制等。学校是少数民族学生实现跨文化教育的主要场域，因此学校的办学理念、办学目标、主题理念等是否蕴涵和体现文化包容的思想及尊重少数民族文化的观念，并使其得以彰显，浸染于整个校园的精神氛围；教师是否具有对少数民族教育的认识，探索适合少数民族学生的教学方式，帮助学生树立民族自豪感和自信心，促使不同民族学生不仅在自己的民族文化中获得成功，也能够在社会的主流文化中获得成功；学校建立与外界信息沟通、资源配置的交换机制是否都力求让少数民族学生在学校中感受到自己的文化受重视与尊重，减小他们的文化适应困难，让民族学校真正做到有“民族文化”特色，这些文化环境要素从内容到形式，都在一定程度上影响学生的文化适应。②

3. 学校的制度环境

学校的制度环境主要包括评价机制、规章制度和教学模式等。“不同民族的文化调适于同一种生存环境时，在其进程、方式和结果上都绝对不会相同。”③ 如果学校所制定和执行的规章制度没有体现民族平等、文化平等、以学生为本，教学模式忽视少数民族学生的个体和群体差异，评价机制不健全，势必会对学生的文化适应、文化认同产生负面影响。④

---

① 韩玉梅：《大学校园景观规划设计初探》，《赤峰学院学报（自然科学版）》2011 年第 4 期。

② 李怀宇：《少数民族学生在学校教育中的文化适应——基于教育人类学的认识》，2006 年全球化背景下的多元文化教育国际论坛论文。

③ 罗康隆：《论文化适应》，《吉首大学学报（社会科学版）》2005 年第 2 期。

④ 李怀宇：《少数民族学生在学校教育中的文化适应》，《贵州民族研究》2006 年第 4 期。

4. 家庭环境

社会的代际文化传承不仅发生在学校里，而且也发生在家庭中。从某种意义上说，少数民族学生家长是孩子文化适应的直接干预者，他们对孩子在学校教育中的文化适应的影响不容忽视。大部分少数民族家庭保留着本民族文化的传统，如语言、饮食、服饰、礼俗等，家庭是孩子与民族文化连接的媒介，为少数民族学生从本民族传统文化环境到主流文化环境提供了一个过渡空间，对其心理适应有较大的帮助。家长的价值取向和行为准则通过言传身教传递给了自己的孩子，他们的文化态度和目标追求往往会对孩子产生深远的影响。家长的教育期望值高、支持孩子求学，对孩子的学习生活、行为习惯较为关心，经常陪伴孩子，可以使孩子获得更多的感情支持和精神动力，更容易适应学校的学习生活。李玉琴在对藏族儿童内地学习生活的文化适应调查研究后指出，走读的儿童较易形成文化适应的“整合”模式，既保持对母体文化的积极认同与积极参与，也积极认同和参与主流文化。而寄宿制学校是一个封闭的教育环境，由于空间上的距离，家长与学校的沟通流于形式，甚至少有联系，孩子在学校的表现和成就不能够及时得到家长的反馈，影响了孩子的文化适应。①

当然，影响少数民族学生在学校教育中的文化适应的因素是多种多样的，很难用一种模式和某几个方面来解释和界定，不同的研究方法和研究视角会有不同的认识和结果，文化适应是人类文明进程的必然途径，多民族学校的教育要采取积极的措施优化教育的过程，以提高学生的文化适应能力。②

四、中国学校教育中文化适应研究

案例 1：中国贵州石门坎苗族教育中苗族学生文化适应研究

石门坎位于贵州省西北部、云贵高原东端，是偏远贫困的高寒山区。

---

① 李玉琴:《藏族儿童内地学习生活的文化适应研究——对双流县就读的藏族儿童群体的调查》,《中国藏学》2009 年第 3 期。

② 李怀宇:《少数民族学生在学校教育中的文化适应——基于教育人类学的认识》, 2006 年全球化背景下的多元文化教育国际论坛论文。

这个边远的小山村曾经建立了中国少数民族第一所现代意义的正规学校，也是第一所使用双语（苗、汉）进行教学的学校。虽居边缘，石门坎却因为 100 年前基督教和基督教教育的兴起而令人瞩目。

在基督教传入前，石门坎苗族没有一个人识汉字，而且超过 20 以上的数字也无法用语言表达。1905 年正月，英国传教士柏格理（S. Pollard）和五位汉族教师来到石门坎，与苗族共同建立石门坎教堂，同时建立石门坎学校。这是威宁苗族地区有史以来的第一所学校，也是全县第一所新学制小学。1912 年，教会用英国老人阿司多捐助的 2000 英镑修建了大教室，并建了光华小学高小部，后来，又用这笔钱修建了石门坎光华初级中学教学楼。光华小学建立后，苗族教育开始起步。柏格理倡导“以宗教为先导发展教育及其他事业”，他建的每一座教堂，同时也是一所学校。随着教会规模扩大，到 1949 年，威宁全县苗族村寨共有 24 所小学，苗族教育因此而得到普及与飞速发展。在教会学校教育中，柏格理等人采取西方办学制度，开设宗教、苗文、西方文化等多元文化课程，培养当地苗族教师，给予教会信徒子弟学费优惠及保送优秀苗族学生到外地（昭通、南京等）高中、大学学习，并由教会承担所有费用。

1905 年至 1949 年的几十年里，石门坎取得了令人瞩目的非凡成就：石门坎周边地区四五万苗族民众皈依基督教；被领导的教堂有四十多所；创制了苗族文字；开办了 52 所教会学校，教员 70 余人，培养的学生数以千计；并培养了医学博士两名，大学生 100 余人。这些成绩使当地大花苗（苗族的一个支系）这个历史上没有文字、无人识字，甚至连数字 20 以上就没有计数语言符号、没有接受过任何正规教育形式的落后族群一跃成为当地教育先进民族。据《威宁苗族百年实录》记载：1952 年，威宁全县在校生为 10600 人，其中苗族在校小学生为 1432 人，占全县在校小学生总数的 13.5%（而苗族人口 1952 年仅占总人口的 6.60%）；全县苗族教师 58 人，占全县教师的 23%。1952 年威宁县文教科工作总结中写道：“按人口比例，要数苗族文化最普及。”这个昔日不毛之地、不为人知的苗族小山村奇迹般成为了西南地区最负盛名的“英国中华基督教循道公会西南教区”所在地、基督教传播中心和文化教育中心。

〔思考〕

石门坎苗族教育奇迹是一个值得深思的问题。许多少数民族地区在20世纪20—40年代也出现过多个基督教教会学校，但没有一个地方取得了像石门坎这样突出的教育成就。虽然当地苗族教育和苗族学生取得辉煌的成就有多种原因，但是，文化因素是一个不可忽略的内因。石门坎是一个文化交融和文化变迁特别的地方，从基督教传教士办学开始，在学校教育中，本地苗族传统文化、基督教文化、西方科学知识文化交汇在学校这个特殊的场域。在不同文化的交流与影响中：

1. 石门坎当地的苗族人群是如何来适应、应对外来文化?
2. 苗族学生优异的学业成就与他们对外来文化的适应有何关系?
3. 谈谈您对石门坎苗族教育变迁的看法。

〔分析〕

石门坎作为一个有着浓厚苗族文化的苗族聚居区，在短时间内接受了外来文化教育，苗族学生在学业上取得突出的成就有着复杂的原因。张霜认为，外来文化与教育切合当地民众需要，学校采取的多项措施缩小了不同文化间的差距，苗族社区和苗族学生因而能够较快适应外来文化教育。这是石门坎苗族教育成功的主要原因。

石门坎光华小学是一所教会办的学校，有浓厚的基督教背景，它以传播西方宗教与文化知识为主；学校办在苗族聚居地区，以招收苗族儿童入学为主要使命的特色，又使学校具有苗族文化的特征。学校传播基督教，学生学习基督教，认同基督教，获得外出就学、工作的机会，这对于石门坎苗族学生来说是个不小的动力。同时，基督教博爱、平等、同情弱者的教义与严格的教规让生活在中国社会最边缘、最底层的苗族同胞感受到尊重和关怀，让他们看到未来的希望。当基督教文化能让苗族人更好地生存，并让他们通过接受教育改变社会地位的时候，苗族家庭和学生放弃了他们的原始宗教信仰，积极认同并适应基督教信仰。

由于基督教的传播，苗族人的生活习俗也发生了很大变化。基督教教会及学校没有强制要求苗族人改变头饰及服饰，而是以自己的装束慢慢地改变苗族人的观念，让他们感觉到旧的装束对生产、生活都不利，他们很快就接受短发汉服这样的装束。从基督教传入之时起，苗族学生对学校倡导的衣食住行文化都欣然接受。100 年前，学校学生就接受汉化服装、生活习惯；如今，苗族学生在这些方面与汉族学生已无区别。

在教学制度方面，石门坎学校严格执行教师资格制度，教师都接受过中高等教育，多是见多识广之士，在学业上和精神上都能给学生极大的指导和鼓励。特别是 1920 年代后期，学校资助外出深造的师范生、大学生、博士相继回到石门坎任教，对苗族学生来说是个巨大的鼓舞。多元化的教师结构与“以苗教苗”教师培养制度缩小了文化距离，促进了苗族教育的发展。石门坎外出求学的苗族青年，在本地接受教会学校教育时已经接受了多种文化熏陶。石门坎学校早期教师主要以汉族、外国牧师为主，在 30 年代培养出苗族本民族教师后，苗族教师才成为学校的主力。石门坎学校教师的文化背景丰富多样，是一个多元文化的群体，囊括西方文化、汉文化、本地苗族文化，这样一个多元文化环境对于学生的文化适应能力既是一个巨大的挑战，也是一个良好的机遇。

石门坎学校除了国家规定课程之外，还开设了一些具有本地特色的课程。清末，低年级教材包括看图识字《绘图蒙学》等启蒙读物，高年级则读《古文释义》，也学习算术（柏格理之妻就任过算术老师）。学生还学音乐、唱苗语歌，以及美术、手工、体育（包括足球、体操、徒手操、田径等）。三年级以上还加上生理卫生常识课。辛亥革命后，教材采用国民政府统一课本，包括国文、算术、历史、地理等。除这些课程外，学校还进行时事教育，订有上海出版的报纸供师生阅览。学校最初每周上两三节神学课，后来取消了。除了政府规定课程，石门坎还开设了苗文课程。这些课程结合了本地学生和社区教育实际，提高了教学质量，也让学生很快适应和融入学校教育，适应学校文化环境。

推优保送制度是石门坎教育的一大优点，对苗族学生适应不同文化起了重要作用。学校对学业优秀的学生实行减免学费制度，特别优秀的由教会资助去投考外地学校，考上之后，教会负担所有费用，条件是学成后需回石门坎服务一段时间。石门坎苗族学生在学校数年学习过程中，已经完成了初步的文化适应，特别是漂洋过海，见多识广的外国牧师给学生们带来了各种新知识和新观念。这些苗族学生虽然来自边远荒蛮之地，却有着丰富的知识和不俗的见识，这也使他们在离开石门坎来到大都市求学的过程中减少了文化冲突，消除了在汉族地区学习与生活上文化适应的痛苦，很快融入了当地汉族地区的学校和社会生活，取得了优异的学业成就。比如，吴性纯1929年毕业于华西协和大学医学院，成为威宁苗族第一位医学博士，也是贵州最早的博士；1935年，苗族第一位教育学学士朱焕章毕业于成都华西大学；1943年，医学博士张超伦毕业于华西协和大学医学院。还有许多优秀的苗族青年学成后返回石门坎工作、办学，成为了三四十年代建设石门坎的中坚力量。

〔讨论〕

1. 您认为文化适应在石门坎苗族教育发展中起到什么样的作用？
2. 您是否能举出您熟悉的文化适应的例子？
3. 谈谈您对石门坎苗族教育变迁的看法。

案例2：奥格布关于对美国少数民族学生学业成就差异的研究

来自各方面的资料都不断表明，在美国，白人和少数族裔学生之间在学业成就方面存在着很大的差异，一方面是亚裔美国人的学业成就很好甚至超过了白人学生；另一方面是美国印第安人、美国黑人和一些西班牙语系的民族，包括波多黎各人中却普遍存在着极不相称的低学业成就。为了对美国各民族学生学业成就差异情况有一个直观的了解，奥格布1990年对加利福尼亚的奥克兰地区公立学校小学、初中和高中各民族学生的学业情况进行调查。[1] 调查结果表明：

首先，年级平均分数和学生的成绩对比指标（GPA）表明：在被调查学校中，1989—1990 学年的黑人学生的平均 GPA 为 1.75，西班牙语系学生为 1.79，华裔学生为 2.95，白人为 2.46。根据对学生成绩对比指标从 0—4 刻度范围的对比，约有 57 % 的黑人为 0—1.99，33% 的人为 2—2.99，而成绩对比指标为 3—4 的仅有 10%；西班牙语系的学生相应的百分比为 55%、32% 和 12%；而华裔学生相应的百分比为 12%、29% 和 58%；白人相应的百分比为 17%、37% 和 46%。

其次，加利福尼亚大学入学必考课程的学生成绩对比指标表明：以入学必考的六门课程为例，它们分别是：历史和社会科学（2 年），英语（4 年），数学、初级代数（3 年），实验科学生物学、化学和物理学（2 年），外语（2 年），关于历史、英语、高等数学、实验科学、外语、社会科学及视觉和行为艺术的大学预备选修课程（4 年）。当我们对比各民族学生这些课程的成绩时就会发现有很大差别。在这些课程中，黑人学生的平均 GPA 为 1.45，西班牙语系学生为 1.69，然而，华裔学生的平均 GPA 为 2.95，白人学生为 2.74。

再次，获得奖励名单和额外课程参与情况：在被调查的中小学校中，黑人学生占学校总人数 52%，西班牙语系学生占 15%，中国学生占 12%，白人学生占 9%。大约全部学生的 23% 曾获得过三次以上奖励，各民族学生的比例分别是：10% 是黑人，西班牙语系的学生占 12%，华裔占 58%，白人学生占 46%。在奥克兰参与额外课程的活动是根据学业成就而定的，获得两次 GPA 平均成绩以上的学生才被要求参与额外课程。各民族群体学生的比例分别是：黑人为 43%，西班牙语系的学生为 45%，华裔学生为 88%，白人为 83%。

黑人和西班牙语系学生的 CTBS 测试（comprehensive test of basic skills）

---

① J. U. Ogbu（1995），“Community Forces and Minority Educational Strategies: A Comparative Study.”

成绩远远低于白人和华裔学生，这种在阅读和数学方面的成绩差异在学生进入较高年级时表现得更为广泛，也更为突出。

黑人和西班牙语系学生成绩较差的问题不仅存在于城市和地方学校，而且在种族隔离学校也广泛存在。这种情况在全国很多地方，如蒙哥马利郡、马里兰州、弗吉尼亚州的大量乡村学校都存在，而且几乎在各种情况下，黑人的成绩都是最低的。

除了上述成绩方面的差异外，少数民族学生在学校生活的其他方面也存在着很大差异，学生在学校的表现可用以下几个指标来衡量：平时的学校出勤、班级出勤、校内活动的参与、学习习惯、班级和学校的纪律问题等。奥克兰公立学校的调查资料表明，在上述行为中各民族存在着很大差异。黑人在1989—1990学年拥有最高的长期缺勤、最低的班级出勤率和最多的其他类似问题的不良记录。

〔思考〕

1. 什么原因导致美国不同种族学生之间的成绩差异？

2. 您认为学业成就的差异主要是什么原因导致的？

〔分析〕

奥格布借用“卡斯特”（Caste）的概念，从宏观族群社会阶层角度来研究少数民族学生的低学业成就问题。他认为当今美国社会是一个“以肤色、生理特征、族群等因素为基础的阶层化社会”。美国一些“非自愿少数民族”（Involuntary Minority，非自愿移民美国的少数民族群体），长期受到白人主流文化社会的不公正对待，白人主流族群与少数民族关系紧张，使美国社会形成了“类卡斯特阶层社会”，即以种族阶层（Racial Hierarchy）建构社会劳动体系，依照种族背景规定就业机会，因而存在“职业限制”（Job Ceiling），致使某些少数民族不成比例地集中于低阶层职业。这种由类卡斯特阶层社会造成的以族群特征而划分的“职业限制”，给受压制的少数民族成员形成负面影响，导致少数民族学生在学校学习中缺乏高成就动机，最终“自行应验”获得低教育成就，并由此进入低社会职业阶层。

〔讨论〕

1. 您认同奥格布关于美国不同种族学生学业成就差异的原因吗？有其他理论解释吗？为什么？

2. 您认为学业成就差异的主要原因是什么？

名词与术语

1. 文化适应（Acculturation）：指个体从一种文化转移到另一种与其当初生活的文化不同的异文化中以后，个体基于对两种文化的认知和感情依附而做出的一种有意识、有倾向的行为选择和行为调整。

2. 文化休克（Cultural shock）：指一个人进入到不熟悉的文化环境时，因失去自己熟悉的所有社会交流的符号与手段而产生的一种迷失、疑惑、排斥甚至恐惧的感觉。

3. 文化连续性：文化连续性指在儿童成长过程中能按照渐进方式教给儿童系统的文化期望和社会责任。

4. 文化非连续性：指儿童发展中原有程式的中断或阶段性飞跃。

5. 文化认同（Cultrual Identity）：是一种群体文化认同的感觉，个体被群体的文化影响的感觉。

思考题

1. 什么是文化适应？

2. 请解释文化适应的阶段与态度模式。

3. 简述文化适应与少数民族教育的关系。

4. 影响文化适应的因素有哪些？

5. 讨论文化适应在教育中的作用与影响。

推荐阅读书目

1. 曹云华:《变异与保持——东南亚华人的文化适应》，华南师范大学出版社2004年版。

    该书从民族学、社会学、人类学、民族社会学等视角来研究东南亚华人问题，内容包括作为东南亚人的华人、东道主对华人的反应等。

2. 陈晓毅、马建钊主编:《中国少数民族的移动与适应》，民族出版社2006年版。

    研究来自全国各地的少数民族向珠三角城市的流动趋势及其文化适应状况和规律，一定程度上呈现出政府职能部门在城市外来少数民族工作和世居民族的移民搬迁工作中的服务和管理现状。

3. 徐光兴:《跨文化适应的留学生活：中国留学生的心理健康与援助》，上海辞书出版社2000年版。

    该书主要考察以中国留学生为中心的生活状况，讨论中日两国文化的关系，实证地研究有关留学生的跨文化适应过程和心理健康的问题及其援助方法。

4. 徐平:《文化的适应和变迁》，上海人民出版社2006年版。

    该书描述分析了羌村人的经济生活模式、社会构建和运转、个人与社会的关系、精神世界的构造，进而联系羌族历史上从游牧到农耕巨大变迁，以及羌村现实生活的变化，提出“文化的本质在于适应，适应带来社会进步”的理论假设。

5. 张霜:《民族学校教育中的文化适应研究：贵州石门坎苗族百年学校教育人类学个案考察》，民族出版社2012年版。

    本书通过调查、分析基督教对本地苗族学校教育与社区教育的影响，探讨在社会变迁中少数民族学生在学校和社区的文化适应状况及文化适应对少数民族学生学业成就的重要影响。

第十章　仪式与教育

仪式作为人类活动重要的一种方式，伴随着人类的繁衍与发展，经久不衰，生机盎然。在人们生产、生活的各个领域都存在着仪式的身影，仪式也越来越受到人们的热切关注。教育人类学将仪式作为一个重要的关注点和研究领域，为我们理解教育中的仪式，以及仪式的教育功能开辟了新的思考维度。学校仪式是仪式教育实现的重要路径，有着鲜明的特点、独特的教育功能和多种存在样态，我们要充分挖掘、优化、创造学校仪式，发挥其潜在的全方位的教育作用。仪式活动以人的身体为核心，承载着诸如模仿、表演、手势、语言等众多元素，通过进一步探究仪式及仪式化活动，有助于提高人们对仪式的理解与实践。

第一节　仪式概述

一、仪式的历史性观瞻

“礼”在中国的历史与文化中占据了重要的角色位置，从其外在展现到内在气质，都经历了漫长的时间积淀与实践考验。一般认为，“礼”伴随着先民的整个启蒙阶段，并在早期的文化发展和社会形成中发挥了重要的作用。《周礼》作为记录中国早期社会礼仪文化的经典著作，其中就涉及了仪式的基本起源问题，比如，以杀牲、洒血、焚牲等方式的祭神活动在当时已经非常具有规模了，可以推想，这些仪式活动很可能在周朝以前的中国远古时期就已经形成了，所以到了周代才有可能有如此完整的形式与内容。

在中国，礼大体可以包括民风、民仪、制度、仪式等意义和活动。“礼”的含义十分宽广和丰富，人们在使用它的时候，有时面向全体，有时是指某一方面或某几方面。根据社会学的研究，一切民风都源于人群应付生活条件的努力。某种方法显得有效就自然而然地被大家无意识地采用，变成群体现象，那就变成了民风。等到民风变成群众的自觉，以为那是事关全体福祉的时候，它就变成民仪，直到民仪这东西再被加上具体的结构或肩架，它就变成制度。①

叶舒宪教授在《中国神话哲学》中指出，“用现代人类学的眼光来看，所谓‘礼’，乃是自史前社会的部落宗教仪式发展而来的礼仪——一种象征性的符号行为。”“礼”在古时候可以理解为秩序。礼的观点和思想最晚也应该在西周就已经很成体系、很有影响了。“礼”首先是一个政治概念，其次才是一个道德概念和文化概念。对于“礼”情有独钟的应该是治人之人、人上之人，是统治者，是有权力的强势个人（或群体）。不管表面涂有多么斑驳的色彩，“礼”这个东西其实就是等级的标识。礼，作为社会政治制度的组成部分，它对于社会的构建和稳定，是不可缺少的。②

礼与人有着不可切断的关系。人之所以为人，就是因为有礼，礼是人们日常行为的必需。仪式作为“礼”的重要组成部分或表现形式，具有如下的一些特征，比如虚构性（仪式的诗化）、抽象性（参加仪式的人，面对的不是客观真实的世界，包括面对的人，都是一种抽象的代表。这样，参加者就可以在这种虚幻的象征氛围中，实现从心理到生理的感染与超脱）、相互性（礼尚往来）、阶级性、高度统一性，等等。对于仪式的认识与讨论出现在多个研究领域，人类学对仪式的描述、解释与创造做了重要的工作，也为仪式的社会化和在教育领域的思考与践行奠定了坚实的基础。

二、人类学视域内的仪式研究：历史发展和主要内容

从早期的人类学研究来看，以古典进化论为代表的人类学家首先开

---

① 李安宅：《〈仪礼〉与〈礼记〉之社会学研究》，上海人民出版社 2005 年版，第 3 页。

② 叶舒宪：《中国神话哲学》，中国社会科学出版社 1992 年版，第 3 页。

始了对仪式的研究，形成了神话—仪式研究，将神话与仪式联系起来进行探讨的学者以泰勒为代表，他将神话分为两种，一种是“物态神话”（Material Myth），一种是“语态神话”（Verbal Myth），而前者实际上就是指仪式。这一传统也一直延续下来，马林诺夫斯基也认为神话是观念的，仪式是实践的。列维-斯特劳斯认为，神话和仪式的展演可以透射出人类文化的内在结构。也就是说，恰恰是神话与仪式支撑并推动着人类文化的存在与发展。[①]

涂尔干将仪式研究的重心转移到对仪式的内部意义和社会关系的研究上，对仪式在整个社会结构中所发挥的功能展开了讨论。涂尔干在《宗教生活的基本形式》一书中提出，仪式可以实现神圣与凡俗的分离；仪式是社会群体定期重新巩固自身的手段。[②] 马林诺夫斯基则将仪式的功能性质进一步强化，强调巫术、仪式都是满足人们的基本需要的手段。人们通过巫术和仪式，以实现现实中无法达到的目的。[③] 拉德克利夫-布朗则提出，仪式行为是社会秩序的展演，对于社会结构的构筑有着不可或缺的作用。

文化人类学对仪式的研究呈现出更为丰富的局面，研究的重点主要表现在以下四个方面：

首先，重视仪式与宗教、神话、文化的关系的研究，研究者包括赫伯特·斯宾塞（Herbert Spencer）、詹姆斯·弗雷泽（James Frazer）、鲁道夫·奥托（Rudolf Otto）、米尔恰·伊利亚德（Mircea Eliade）等。

其次，分析仪式对社会的结构与价值的影响，重点是仪式与社会结构之间的关系，涉及的研究者包括爱弥尔·涂尔干、阿诺德·范·盖内普（Arnold van Gennep）、维克多·特纳（Victor Turner）等。

再次，仪式可以作为文本进行解读，目的是寻找集体中的文化和社会动力，代表人物有克利福德·格尔茨、马歇尔·萨林斯（Marshall Sahlins）

---

① 列维-斯特劳斯著、张祖建译：《结构人类学》（第二卷），中国人民大学出版社 2006 年版。

② 涂尔干著，渠东、汲喆译：《宗教生活的基本形式》，上海人民出版社 1999 年版，第 395、507 页。

③ C. P. Kottak（1996），*Mirror for Humanity: A Concise Introduction to Cultural Anthropology*. McCraw-Hill, Inc., p.95.

等。这方面的首要工作是探讨仪式对于文化的象征化和社会交往的意义。

最后，对仪式的实践和表现等方面的强调，其中，仪式行为方式成了研究的重点，因为它为集体的产生、巩固和差异的处理创造了可能，这方面的工作，代表人物包括斯坦利·汤拜亚（Stanley Tambiah）、理查德·谢希纳（Richard Schechner）、皮埃尔·布迪厄（Pierre Bourdieu）、克里斯托夫·武尔夫（Christoph Wulf）等。

从神话—宗教到社会文化，仪式的无处不在引发了人类学家深切的目光，回顾人类学的仪式研究传统和内容扩展，人们会发现，仪式是一个从内涵到外延都不易框定的巨大话语性包容体系。[①]

三、教育人类学视角下的仪式

西文中的“仪式”可以是仪式的总称 Ritual，但在狭义的范畴内主要指与宗教有关的教义陈述、祭祀、仪礼、庆典、礼拜活动等。1771 年出版的《不列颠百科全书》（*Encyclopaedia Britannica*）中将仪式定义为“一本秩序和方式的书，它是指在特定的教会、教区或相似地点举行的庆典和礼拜”。[②]

（一）基本解释

仪式，作为一个分析的专门性词语出现在 19 世纪，它被确认为人类经验的一个分类范畴。20 世纪六七十年代，符号人类学（Symbolic Anthropology）开始兴起，在英国，以特纳和道格拉斯（M. Douglas）为代表；在美国，以格尔兹和施奈德（D. Schneider）为代表。道格拉斯强调，带来秩序的活动都是一种社会性的仪式，仪式存在的根本原因是社会控制的需要。特纳在《一个非洲社会的分支与延续》（*Schism and Continuity in an African Society*）一书中分析了恩丹布人社会，指出其社会内部的冲突和矛盾是通过定期的仪式才得到遏制，象征性仪式是与社会固有的道德规范和价值观念密切联系的。格尔兹则认为，宗教的仪式在符号上与社会结构是既分离又相互印证的关系，通过形式上的“反结构”达到社会结构与控

---

① 彭兆荣：《人类学仪式的理论与实践》，民族出版社 2007 年版，第 9 页。

② 同上书，第 11 页。

制的效果。武尔夫将仪式定义为一种表演文化，它与宗教、政治、社会和集体、经济和法律、艺术与科学、教育与教养的产生、实践和变化都有着密切的关系。[①]

此外，近些年来，国内的一些人类学研究者对于仪式进行了较为系统的介绍与研究。人类学的仪式研究呈现出多姿多彩的新气象。有学者将仪式与人类学的现代反思结合起来，为仪式研究开辟了一个新的路径，从社会记忆的角度考察了仪式，特别是现代国家中的纪念仪式在塑造社会记忆方面的重要作用，指出仪式作为一种操演语言和一种形式化的语言，而成为社会记忆的一种强有力的手段。[②] 彭兆荣对人类学仪式研究的传统作了一个较为详尽的叙述，并力图从多个视角审视仪式研究的发展与未来，为仪式研究的本土化做出了努力。[③]

（二）仪式的组成要素

仪式是人们日常生活中所进行的较为复杂的活动，就其组织与操作来说，包含着很多必不可少的方面，我们可称之为仪式元素，大体来说，包括时间、地点、参加人员、声音、场景、服饰等。仪式作为整体，由许多不同的因素和要件构成，它大致包含了以下六个方面的内容：仪式空间（Ritual Space）、仪式对象（Ritual Object）、仪式时间（Ritual Time）、仪式声音和语言（Ritual Sound and Language）、仪式确认（Ritual Identity）、仪式行为（Ritual Action）。[④]

（三）仪式知识

知识可以理解为人们在社会实践中获得的认识和经验的总和。从人类学的观点出发，仪式知识是一种实践的隐性知识。从知识的形式来说，它是可以自身成为知识的；它具有研究、发现、创造的特点，因为它以实践性知识为目标和媒介，所以具有一定的反射性（Reflective），即仪式可以作为

---

① Christoph Wulf, Jörg Zirfas, *Die Kultur des Rituals: Inszenierungen, Praktiken, Symbole*. Wilhelm Fink Verlag. München, 2004.

② 王铭铭：《想象的异邦：社会与文化人类学散论》，上海人民出版社 1998 年版。

③ 彭兆荣：《仪式人类学研究评述》，《民族研究》2002 年第 2 期。

④ M. Grimes, *Beginnings in Ritual Studies*. Washington, D.C.: University Press of America, 1982.

传递知识的凭借，同时仪式又是这些知识的外在表现。仪式需要人的亲身参与，所以仪式知识与身体紧密联系，它是身体自我理解的一种方式，可以作为身体知识和行为知识。另外，仪式知识是一种变形的知识，一种具有一定任务的知识，它可以传承文化、稳定社会、改变世界，甚至对它们进行重新构建；仪式知识是一种隐性的知识，它不是对世界的简单复制或者镜像处理，而是对世界的一种建构和演变。从这个意义上讲，世界不是以仪式的象征结构来展现，而是仪式表现方式的自我实现。[①]

（四）仪式的种类

仪式广泛存在于人们的自然活动和社会生活之中，纷繁复杂，可以从作用范围、行为操作、功能用途等方面，对仪式活动进行划分。

1. 从仪式作用的范围角度出发，仪式包括：[②]

（1）过渡仪式：出生、孩童、成年、结婚、死亡等；

（2）就职仪式：接受一项新的任务、职位等；

（3）与时历有关的仪式：生日、纪念日、节庆等；

（4）加强关系的仪式：聚餐、联欢、爱、性等；

（5）反抗斗争的仪式：和平运动、保护环境运动、青年运动等；

（6）交际仪式：欢迎、告别、辩论等。

2. 从仪式行为的操作层面上来看，仪式分为：

（1）习俗：主要指日常生活中被人们普遍认可和传承的生活习惯和方式。

（2）典礼：指为了接受某种特殊情况而举行的隆重活动，比如国家元首的就职典礼。

（3）礼拜：一般指出于宗教目的，在教堂等地方举行的由神职人员组织、信教人士参与的程序相对固定的活动。

（4）聚会：指社会生活中大家自行组织的轻松活泼的聚会联欢活动，具有多样性和创新性特点。聚会具有戏剧性特点，含有游戏的因素。

---

① http: //www.docin.com/p-1415968723.html.

② Gunter Gebauer and Christoph Wulf（1998）, *Spiel, Ritual, Geste: Mimetisches Handeln in der sozialen Welt*. Rowohlt Tb. p.130.

3. 按照仪式的实际用途：

罗纳德·格兰姆斯（Ronald L. Grimes）在《仪式研究的起点》（*Beginnings in Ritual Studies*）一书中，根据仪式的实际用途，将仪式划分为以下六种类型。①

（1）仪式化（Ritualization）：指具有仪式意味的动作或姿态，而这种具有仪式意味的动作或姿态也可以被看做是仪式的简单形态，任何非实用性的、富有象征意义的姿态、行为，都可以包括在内。所以，格兰姆斯将“仪式化”列为仪式的一种类型，并以“身体的、生态的”特征来定义这种仪式。

（2）礼节（Decorum）：格兰姆斯认为，礼节起源于公众交际和社会生活，如见面礼、社交礼等，其特征是个人间的、形式化的。

（3）典礼（Ceremony）：礼节是面对面的人际交往，典礼则是大型群体的政治性互动。其典型特征是群体间的、政治性的，权力在其中具有中心意义。

（4）巫术（Magic）：假如一种仪式不仅具有意义，而且具有效力，它即属于巫术。巫术试图调动超凡的力量并伴随某些期望的结果，其特征是技术性的、因果关系和终极手段导向的。

（5）礼拜（Liturgy）：格兰姆斯把礼拜看做是一种精神的实践，是一种符号的行为，是期待神圣力量的一种结构。礼拜行为表现为一种默想式的仪式或冥想式的实践活动。礼拜的特征是宗教性的、神圣性的。

（6）庆典（Celebration）：格兰姆斯认为，庆典仪式中没有交易、没有获得、没有期望的结果。庆典是社会的和形而上学的虚构。当我们身临其境时，一系列现实问题都会随之消失。庆典的特征是玩耍性的、戏剧性的、审美性的。

（五）仪式的功能

仪式在处理人与他者的关系中具有不可替代的重要作用。这里的他者

---

① 薛艺兵：《神圣的娱乐——中国民间祭祀仪式及其音乐的人类学研究》，宗教文化出版社2003年版，第12—13页。

可能指代个人、集体、社会、自然，甚至是主体本身。在独立个体的存在与发展中，在与不同对象的交往和联系中，仪式都发挥着重要的作用。不同的人类学流派的研究对仪式功能给出了不同的解释。

涂尔干从他的宗教即“集体表象”（Collective Representations）这一理论出发，认为仪式的功能不仅仅是表面上所呈现的“强化信徒与神之间的归附关系”，实际上它所强化的是“作为社会成员的个体对其社会的归附关系”。社会成员通过仪式强化了个体对集体（或群体）的归属感，也强化了表演为“宗教力”的集体力，也就将微弱的个体力量提升到强大的集体力量中。在这个过程中，仪式的功能就是凝聚社会团结、强化集体力量。[①]

拉德克利夫-布朗把人类社会看成一个具有自我调节能力的“有机体”，通过分析这个“有机体”的结构机能，他把仪式的功能归结在建立和维持社会结构的正常秩序上。他认为，人类有秩序的社会生活依赖于社会成员头脑中某些情感的存在，这些情感制约着社会成员相互发生关系时产生的行为。仪式可以被看做是某些情感的有规则的象征性体现。因此，当仪式对调节、维持和一代代地传递那些社会构成所依赖的社会情感起作用时，仪式的特有社会功能也就显示出来。[②]

英国的象征主义人类学家特纳则以社会冲突论为背景，通过“结构”（日常社会）—“反结构”（仪式行为）—“结构”（日常行为）这个过程模式，展示象征性仪式在冲突社会中的平衡和一体化作用，把仪式行为看作是社会通过对自身的反省来建构秩序的一种手段。

格尔兹则将仪式行为和社会结构的探讨转移到对象征符号、意义和思维的文化分析方面。格尔兹认为，对仪式具体作用的讨论绝非无关紧要，重要的是应该运用仪式的象征理论来分析、解释仪式在培养人们的习性、影响人们的观念过程中发挥的作用。他把宗教活动或仪式的直接功能解释

---

① 李光达:《公务员管理仪式探析》，黑龙江大学2009年硕士学位论文。

② 陆群、蒋欢宜:《社会结构与巴岱身分的获得——以兴中村巴岱“过法”仪式为例对特纳理论的检讨》，《中央民族大学学报（哲学社会科学版）》2014年第5期。

为引发人们两种不同种类的习性：动机和情绪。[①]

总之，仪式可以创造、改善和巩固社会，并在其过程中完成情感和符号的融合。

另外，当代历史人类学家武尔夫教授从历史和文化的维度将仪式功能概括为以下几点：

第一，稳固。仪式的稳固作用可以使得秩序、任务分配和计划有效实施，同时这些过程中也存在着压制、适应等具体措施。

第二，确定—转换。借助仪式，团体内的成员可以被认定，或者重新认定，同时也为新成员的加入创造了可能。

第三，记忆。参加仪式的人有一种时间依附性，仪式的记忆功能可以持续地对参加者施加影响。

第四，处理危机。一些与宗教和危机处理相关的仪式可以缓解参加者心灵上的伤痛，并对死亡和生命之间的疑问作出解释。

第五，魔幻力。通过仪式，人们可以建立神奇的交流通道，与神灵通话。

第六，处理不同与差异。仪式可以制造社会中的隔阂、裂隙，但同样它也可以沟通一些差异，化解一些矛盾。[②]

第二节　学校教育中的仪式

仪式是人类面对自然、他人、社会和自身所采用的一种特殊的行动方式，它承载了人们心灵与肉体的众多内在成长和外在需求。仪式是社会构建的重要方式，是处理人际关系的有效手段，是个人成长的理想空间。它遍布于人们生产生活的各个领域。当我们俯身看着孩子们成长的时候，不难发现在教育的场域内存在着大量的丰富多彩的仪式活动，孩子们通过这

---

① 薛艺兵：《神圣的娱乐——中国民间祭祀仪式及其音乐的人类学研究》，宗教文化出版社2003年版，第45—58页。

② Christoph Wulf und Jörg Zirfas, *Die Kultur des Rituals: Inszenierungen, Praktiken, Symbole*. München 2004. pp. 17—23.

些仪式，发现自己、联系别人、融入集体、进入社会。教育与仪式有着密不可分的联系，它们你中有我、我中有你，教育给仪式一个宽广的空间，仪式给教育一个发展的动力。人的发展离不开教育，同样，人的发展更离不开教育中的仪式。[①]

一、校园仪式及其特征

（一）校园仪式

仪式在学校教育中发挥着重要作用，那么学校中都包括哪些仪式活动呢？最常见的仪式包括升旗仪式、开学 / 毕业典礼、联欢会、颁奖典礼等，但是还有一些活动实际上也是一个个的仪式活动，比如课间操、家长会、主题班会，按照最新的研究观点，甚至课间活动都可以看作是一种仪式活动。以学生的“入学典礼”为例，它不仅仅是一个“通过仪式”，同时它还是一次家庭与学校的沟通活动，从这个意义上讲，它已经超越了“入学典礼”本身的作用和影响。这一仪式显示了集体的多层次性和多维度性等特点，对于这个仪式，我们不应该仅仅理解为是主体—客体之间的关系认知，而且还应该注意其中的审美和游戏层面的意涵。仪式为语言、音乐、表演和游戏创造了空间，它促进学校纪律的展现，并与游戏性的氛围交织融合在一起。

（二）校园仪式的基本特征

很多学校仪式都是以集体参与的形式展开，总的说来，集体性的校园仪式具有如下的几个特征：（1）集体的而非个人的活动，（2）每一个参与者在仪式中都应该有所付出，（3）仪式中个体间具有一定的关系（模仿），（4）联合和分裂（形式上的联合以及个体理解、感受上的分裂），（5）义务，（6）权威，（7）社会性。

每一个学校仪式中出现的场景、语言、动作等因素根据仪式的需要不断变化，而学生、教师、家长等仪式参与者会在不同的仪式中受到不同范

---

① 张志坤：《仪式教育于儿童生命成长的人类学意涵》，《当代教育科学》2012 年第 18 期。

围和程度的影响。仪式是教育的一种形式，教育中包含着仪式或仪式化的行为或活动。[①]

二、校园仪式的教育作用

仪式活动形式灵活，富于变化，在不知不觉中感化学生，教育学生，熏陶学生，改变学生，可以起到良好的教育效果。校园仪式具有丰富的教育功能，除了基本的知识学习、能力获得之外，仪式教育还突出地表现在处理各种关系上，它们能够实现爱国主义教育、角色定位、师生关系构建、集体主义、励志教育等关乎学生健康成长多方面的任务与价值。下面，我们借助于一些具体的校园仪式进行说明与分析。

（一）个人与国家

学校是对学生进行爱国主义教育的最佳场所。升国旗仪式无疑是众多校园仪式中爱国主义教育的最重要途径，在仪式的进展过程中，各种符号的设计与使用，整体氛围的构建与渲染为对学生们进行身分认定、归属感形成、使命感神圣化提供了很好的教育情境。比如，敬礼是表示对国旗、国家的崇敬，国歌是对这种庄严的情境的渲染，旗手的誓言和主持者的讲话是对国家精神的深情传达等。在这种符号被转借而产生象征意义的仪式情境中，仪式参与者跳出了日常生活而走近了一个庄严而神圣的世界，获得了一种象征性身分和象征意义。升旗仪式就是通过营造出强烈的场效应，使参与者产生一种精神的极大触动，他们的心灵在那一瞬间得以升华，并激发起勇气和使命感，激发起某种生命的能量和献身祖国的伟大豪情，活动在一定程度上实现了对学生进行爱国情感升华和教育引导的目的。

（二）个人与集体

学校常规活动仪式具有一定的凝聚功能，即集体主义的养成。集体主义精神是一个班级在长期的共同的社会实践基础上形成和发展的，为集体大多数成员所认同和接受的思想品格、价值取向和道德规范，是一个集体

---

① 张志坤：《仪式教育于儿童生命成长的人类学意涵》，《当代教育科学》2012 年第 12 期。

的心理特征、思想情感的综合反映。[①]学校的价值观被确定、被认可后，它作为一种“集体无意识”现象，成为一种粘合剂，形成具有自己特色的“文化场”，并且以它自身巨大的同化力促使个体按照它所内含的价值指向行事，促使个体在集体心理的“同频共振”中逐渐趋同于这一共同体。同时，它还能够表现出较大的融合性，最大限度地缩小个体间的差异，将个人融合于集体之中，从而产生一种巨大的、无形的向心力和凝聚力，就是这样通过对心灵潜移默化的作用。如在参与学校运动会的过程中，同学之间的距离拉近，合作能力增强，深刻认识到了“我”是集体中的一员，“我”的行为关系到集体的荣誉，“我”有责任为集体作出贡献。同学们在参与和体验的过程中就达到了自我教育的效果：增强了集体荣誉感、责任感、使命感、成就感、团队意识和合作精神。从心理学的角度看，每个社会成员都有一种归属感，都希望得到组织的认同和赏识，希望成为组织中不可缺少的一员。仪式活动也具有推动学校全体成员个体行为从众化的群体心理压力和动力，例如学校运动会开幕式以班级为单位的入场评比，同学们全班参与，以集体为重，努力将个人行为与集体保持一致。这使学生们能够从内心产生一种高昂情绪和奋发进取精神的效应，形成积极向上的整体力量和持久的驱动力，并给人们以信念的支撑，成为人们树立崇高理想、追求远大目标的力量源泉。[②]

（三）个人与他人

一些学校很重视每天早晨的校门口欢迎仪式，几位同学作为学生代表（也有老师参与的情况）戴着红领巾，身披绶带，面带微笑地站在学校门口迎接老师和同学的到来。这种仪式对于良好师生关系、生生关系的构建具有十分积极的影响作用。对同学、老师的微笑、敬礼、问好，为友好的校园关系铺设了温暖的底色。不难发现，欢迎仪式的微笑与问好不单单是送给熟悉的人，而是传递至全体师生的，这就为学生自我和他人的交往、合

① 邓艳红主编：《小学班级管理》，华东师范大学出版社 2010 年版，第 102 页。
② 李红真：《论学校常规活动仪式的育人功能》，河南大学 2009 年硕士学位论文。

作与理解创造了可能。如果这种友好互动顺利进行，师生作为各自生命成长的“重要他人”，一定会在各自的学习与发展中产生大大超过“彼此问候”的影响。

对于师生关系形成起到影响作用的另外一种校园仪式是“上下课仪式”。上课仪式是课间活动和上课的分水岭，是进入课堂学习的准备状态，是师生相互确认和传递期待、相互致敬和信任的过程。通过上课仪式，学生实现了心态上的转变——从课外状态到课内状态的转换，也接受了这些行为负载的在心态情绪、师生地位关系上的含义。上课仪式有以下两种功能：其一，明确了师生间的社会关系和地位。在互致问好的仪式中，教师和学生都有明确的行为规范，这些规范都反映了教师和学生的不同身分和地位，体现了“师道尊严”。其二，实现了学生状态的转变。上课仪式预示着课堂生活的正式开始，提醒学生必须从仪式前的松散状态转入严肃认真的上课状态。相应地，下课仪式作为上课和课间活动的标志与过渡，也会起到相应的作用。[①]

（四）个人与自我

学校中发生的事情，举行的活动，都会影响学生的自我发现、自我认识、自我发展和实现，而个人的成长也离不开个人的努力和外界的影响。学校组织各种比赛活动（如校运动会）可以有效激励学生，锻炼他们的拼搏精神；好人好事的宣传仪式可以为个人的成长树立榜样；争优创新活动，可以培养学生的合作精神，引导他们在合作中发现自我的价值、作出自我的贡献、实现自我的突破。从生命教育的角度来看，个体应该向着“成为优质自我”的方向发展，学校组织的各种仪式活动为个体的发现、模仿与创新开辟了广阔的舞台。[②]

三、校园仪式的存在样态

我们对仪式很难给出一个十分严格而清晰的界定，所以对于校园仪式

---

① 李红真:《论学校常规活动仪式的育人功能》，河南大学 2009 年硕士学位论文。

② 王红:《初中语文教学中学生自我教育能力培养》，四川师范大学 2006 年硕士论文。

也不容易进行强硬的划分。我们以小学的校园仪式为例进行概括说明，小学校园仪式包括升旗仪式、开学典礼、入学 / 毕业典礼、联欢会、进校欢迎仪式、上下课仪式、少先队仪式（系列）等。

（一）升国旗仪式

追溯校园升国旗仪式的历史，可以发现它在一些地方和学校中早已存在，但是直到 1990 年代初才随着《中华人民共和国国旗法》的颁布而正式得到规定。1990 年 6 月 28 日，第七届全国人民代表大会常务委员会第十四次会议通过了《中华人民共和国国旗法》，规定："全日制学校，除寒假、暑假和星期日外，应当每日升挂国旗。""全日制中学小学，除假期外，每周举行一次升旗仪式。"

为了严格执行中小学升国旗制度，使学生通过升国旗这一具有教育意义的仪式，受到深刻的爱国主义教育，1990 年 8 月 24 日，国家教育委员会发出通知，规定：各地中小学生在升降国旗时，除要严格按《国旗法》中有关条款的规定执行外，结合中小学的具体情况，应做到："升旗仪式在每周星期一早晨举行（寒暑假除外，遇有恶劣天气可不举行）。""举行升国旗仪式时，在校的全体师生参加，整齐列队，面向国旗，肃立敬礼。"

（二）开学典礼

一般来说，小学阶段每个学年分为两个学期，而每个学期开学时候，几乎所有学校都会组织一次开学典礼活动，一方面标志着一段假期的结束，另一方面预示着新学期学习生活的开始，所以开学典礼具有重要的实际意义。

（三）入学、毕业典礼

不同于每学期初的开学典礼，在每个学生小学学习的开始和结束时，还有另外两个相互对应的仪式：入学典礼和毕业典礼。这两个仪式活动具有更加重要的意义，它们标志着一个人第一阶段学校生活的始终。

新生入学仪式对于刚刚进入学校的六七岁的孩子来说是别有一番意义的，因为这标志着他们进入了人生的一个重要阶段，即正式学校生活的开始，从此很多人就要度过十多年甚至更长时间的学校生活，在这个阶段中他们将实现知识、能力、情感等各方面的学习、感受、体验和收获。

小学六年，是每一个孩子最真切最美好的童年时光，小学毕业典礼标志着小学阶段的结束，是孩子们人生进一步发展的过渡，是他们走向更加宽广的人生舞台的序曲。

（四）上、下课仪式

这两个微型仪式在广大的小学中普遍存在着，发挥着重要的作用。上课仪式标志着课程的开始，希望提醒同学们从课下放松的状态中迅速过渡到上课的状态中，而下课仪式刚好相反，它标志着一节课或活动的结束，同学们又可以开始下一阶段的活动。

需要说明的是，目前进行的上下课仪式具有如下的一些特点，比如，低年级段执行较为认真，高年级段相对松散；主科多于副科；公开课一般都会进行等等，这些情况也是值得我们进行思考和改进的。另外，不同学校和班级在程序和问候语上也有所不同，比如，有些班级在下课仪式问候中，“老师您辛苦了！”的话语，更加体现了尊师、感恩的教育理念。

（五）进校欢迎仪式

校门口欢迎仪式可以作为一项学校常规仪式展开，一般由一两位老师带领组织，四至六位同学参加。每天（或每周一）早上在老师同学进入学校的时候送上甜美的微笑和热情的问候。

学校门口欢迎礼是良好师生关系建立的有效途径，是学校校园文化建设的重要内容，学校要认真组织，不能仅流于形式，尤其在礼仪互动不能进行的情况下，会带来一定的消极影响，反而达不到以礼育人的效果。

（六）少先队仪式

少先队组织仪式一般可以分为三大类：（1）队员入队、离队仪式，大、中、小队建队仪式，队干部选举仪式，辅导员受聘仪式；（2）大、中、小队队会仪式，重大节日、纪念日的集会仪式；（3）少先队主题活动仪式、升旗仪式、检阅仪式、冬夏令营开营闭营仪式。[①]

---

① 《中国少年先锋队大全》，中国少年儿童出版社 2005 年版。

下面我们选择其中的一些仪式进行介绍。

1. 入队仪式

入队仪式由共青团组织代表或少年先锋队大、中队长主持。

入队仪式可以以班级为单位，也可以将入队的儿童集中起来举行。入队的时间要选择重大节日或有纪念意义的日子；入队的地点可在校园内、少年宫，也可以选择烈士陵园、英雄塑像及有教育意义的场馆、园林、纪念碑等地方举行；入队场所的布置需要精心设计，正前方要悬挂少先队队徽和写有"新队员入队仪式"的横幅。入队那天可邀请学校领导、新队员家长、社会有关人士和"友谊中队"队员参加仪式。仪式后可发动家长为孩子照相留影、赠送有意义的礼物和组织有意义的家庭活动，以纪念他们政治生命中的第一件大事。入队仪式可以与中队或大队的其他活动合并举行，如结合"六一"儿童节的庆祝活动举行，结合清明节祭扫活动，在烈士墓前举行，营造庄严的氛围，以加深教育意义。

2. 队会仪式

队会仪式是少先队组织仪式的基本仪式。少先队组织在重大的节日、纪念日组织集会或者举行大、中队会时都应该举行队会仪式。举行队会仪式时，每个少先队员都应该佩戴好鲜艳的红领巾，保持庄严、肃穆的气氛，让队员在特定的组织氛围中潜移默化地受到感染、教育。

（七）其他仪式

除了上述几种类型的校园仪式，还有一些活动也可以看做是校园仪式的有效补充，如主题活动的开闭幕仪式、家长会、课间活动等，其他如学生间形成的"伙伴关系和活动"，都应该成为我们关注和使用的仪式活动。

第三节 教育仪式的承载维度

我们已经介绍了仪式和学校中的主要仪式，那么教育为什么可以通过仪式来实现呢？仪式与教育更深层次的联系又是如何发生的呢？其内在的承载机制又是怎样的呢？

仪式离不开人的参与，主要以身体的参与为主，也就是说，身体活动在仪式过程中发挥重要的作用。身体的活动使得人们有可能体验到仪式对于社会、个人、文化发挥的影响与作用，能够感受到仪式空间和仪式节奏的存在。作为仪式中身体活动的基本单位，形体语言可以将历史与文化的意义融入仪式中，使参加者受到感染。

历史教育人类学把人类的身体作为研究人与教育关系的中心内容，并包括模仿、表演、手势/体语等主要概念，它们都会直接或间接地出现在仪式活动中，并影响着仪式的意义。

一、身体

身体是人类客观存在的根本，是人类精神活动的物质基础。人类身体是外界与内部世界的通道，首先外部的所有信息都通过人们身体的不同器官以图像、声音、气味、口味、感觉等信息形式进入身体内部，之后又通过语言、表情、身体活动等方式将内部的信息表演出来；其次正因为身体的存在，也使得人们将自己与外界进行划分，这种划分不但是人们自我认定的前提，也是我们理解人与自然、人与世界关系的基础。[①] 人类的身体也在这个漫长的变革过程中发展了身体的层面和维度。[②]

（一）身体的自然属性

人是自然的产物，同时也是自然界的组成部分，因而具有与其他生物相同的自然属性。自然属性是自然物脱离精神而存在的本能，它与生俱来，控制着生命体的基本生命特征，比如身体的新陈代谢、生命维系、种群的繁衍等现象和过程。按照进化论的观点，人是从低级到高级不断演化，从激烈的优胜劣汰的自然斗争中走出的英雄。这就承认，人类首先作为生命体出现，是生命体就应该具有生命的特征和力量、约束和限制。自然性大多表现在物质属性方面，就人而言，身体承载了物质属性，所以自然性集

---

① Hans Rüdiger Müller, *Ästhesiologie der Bildung. Bildungstheoretische Rückblicke auf die Anthropologie der Sinne im 18. Jahrhundert*. Würzburg 1998.

② Christoph Wulf, *Anthropologie: Geschichte, Kultur, Philosophie*. Rowohlt Taschenbuch Verlag, Hamburg, 2004: 134.

中体现在人的身体之中。人的身体和其他动物一样，从大脑到四肢，从皮肤、毛发到血液、内脏，都是自然的结晶，并遵循自然的规律，协调工作。生老病死、饮食男女虽然受到社会、文化等因素的影响，但这些首先都是人类身体的自然现象。理解身体的自然属性，是进一步研究身体的基础和出发点。在分析人类身体其他方面的表现时，认识到该种属性与身体的自然属性之间的关系，是至关重要的。

（二）身体的社会属性

劳动、火的使用、语言的产生都被看作是人类脱离自然界而成为真正的人的标志。这说明人在漫长的与自然界共处和斗争的过程中，逐渐朝向另外的一个方向发展，这一方向，也就正是文明的方向。王铭铭认为，“早期文明时代，‘人’区别于动物的心态发生了，占支配地位的群体通常将自己形容成‘人’，而将其他群体形容成动物。古人说‘人者仁也’，意思就是说‘人’就是由一些个体的人组成的道德秩序群体。‘仁’的观念包含着远古时期的一种社会理论，它指的就是人的社会性。但是，这种社会性的观念，是由它的特定文化限定的。”① 人类走向文明的每一个脚步，踩下的土壤是自然，留下的痕迹却闪耀着文明的光芒。人类从群居到部落，从民族到国家，这首先是一个社会化的过程。人类的社会与动物的种群有着本质上的区别。首先，社会不单单是以血缘关系为纽带建立起来的，它是有一定的规则和机构维系的组织；其次，它具有共同的目标和利益的集团，每一个成员在这种集团中要具有一定的权利和义务；再有，它在发展自身的同时，有和另外一个集团或组织建立联系的动机和需要；最后，每一个社会集团都可以对自身进行反思和革新，以获得更大的发展。人，作为社会的成员，社会的发展和进步完全依赖于人的发展和进步。人有效地参与到社会进步的过程中，最终还是要依赖身体的参与才能完成，所以说，身体是完成社会使命的手段和工具，这种手段和工具在操作和表现的过程中，无疑会留下社会的印痕。同时，这种文明进程也是一种互动的过程，人的身体

---

① 王铭铭:《人类学是什么》，北京大学出版社 2002 年版，第 22 页。

在这种互动过程中，在改变世界的同时，也在改变自己。这就是说，人的身体在具有自然属性的同时，也会散发出社会的气息。

（三）身体的哲学属性

人类在与其他生物共处的过程中，不可避免地经历着生与死的考验。生是偶然，而死是必然。面对这种必然，人类又会作出什么反应？也正是因为死的必然，人们对自己的存在才有所意识。对生命的意义有所思考，产生了对前生的回忆，对今生的眷恋和对来生的遐想。人类从很早便对死亡产生了认识，从而也对生与死作出了原始的理解。哲学是人类精神的产物，人类看到了自然之后，才慢慢地看到了自己，才开始思考自己，思考自己的存在。虽然哲学关注的是人的精神世界，但是身体是精神生发的物质基础。所以说，身体和精神是不能分割的，我们在讨论人的精神的同时，不可忽略身体的存在，而更应该反过来利用哲学的观点来看身体，探寻身体与精神之间的哲学意义，澄清身体中存在的精神发展的可能性，我们在思考身体的同时，也让身体学会思考。

（四）身体的历史属性

时间是历史的轴线，是历史的坐标。人类是地球上的高智能生物，对时间有着特殊的理解。时间的流逝构成了历史的长河，人们在时间中完成一代又一代的更迭，记录着一点一点的进步。时间观念的产生使得人们有了过去、现在和将来的认识。每一个人都要经历出生、婴幼儿、青少年、成年、老年和死亡的不同阶段，“脸上已经写满皱纹”实际上就是每个人人生经历的真实写照。身体是人成长的最直接表现和证明，这已经在一方面说明了身体的历史性特点，但这只是表象而已；另一方面，身体作为人们意志的实践者，被视为伴随人们走过一生的伙伴。“亲身经历”的前提首先是身体的参与，然后才会产生感受，才会有想法，才会有或痛苦或幸福的体验，才会有所谓的人生。所以真正记录人生轨迹的就是人的身体，它是历史生成的推动力、记录器和效应器。思考人身体的历史性，我们可以更加真实和全面理解人的身体、人本身具有的重要意义和价值。

对人类身体进行人类学思考和研究发端于 20 世纪上半叶，通过文化和历史的观点，我们可以对于人类身体的多样性进行研究。目前，研究的重点问题是身体的去物质化、技术化、碎片化、性别差异性、表演性，而且这几种变化和特性之间存在着相互的联系。身体是人的内部世界和外部世界的桥梁，它同时也是自然与文化的中介。身体具有一定的模仿性，身体通过各种行为来展现其特性，并参与和建构社会化过程。表演性是身体参与社会活动的基础。

二、模仿

模仿是人类的本能，同时也是不同人类个体差异形成的原因。从模仿的历史发展过程来看，它主要包括相似的行为、自我表演、表达的行为，同时也指代仿效、仿制、表示和无意识的相似。

模仿虽然是人类发展的基本能力，但真正意识到它的存在，或对它进行概念式的理解，从时间上来讲并不是非常遥远的，大约可以追溯到古希腊时期。柏拉图、亚里士多德等都对模仿有过关注和解释。柏拉图认为，模仿存在于从口头到书面文化的转换过程中。柏拉图对于模仿的态度是矛盾的，一方面，他承认其重要意义；另一方面，他又畏惧模仿难以估量的力量。柏拉图对于模仿的理解大多局限于与事实相关的方面，他认为模仿是一种生成图像的力量，它应该位于美学之下。他甚至认为苏格拉底的哲学对话也具有模仿的特点。

亚里士多德对模仿的理解有所突破，并成功地在美学领域内发现了模仿的重要意义。亚里士多德认为，艺术即模仿。音乐是对精神的特殊的模仿，与绘画和雕刻不同，音乐创造的是一种听觉的内部运动。这是一种品质的表达，具有道德方面的影响。亚里士多德认为，模仿不是对现实的一种复制，因为如果是的话，复制和原型之间的区别将会消失。模仿是再创造和变形的统一，其目的在于一种润色和“发展”，是“建构化的模仿”。[1]

中世纪是文化与艺术相对停滞的时期，模仿这一概念也没有得到较大

---

① 谭颖:《教育中的模仿》，沈阳师范大学 2012 年硕士论文。

的发展。随着欧洲启蒙运动的兴起，人们重新注意到了模仿的存在，并理解了模仿更为深刻的意义。研究者继续沿着古希腊贤哲的足迹，主要考察了模仿和美学的关系。

在 18 世纪初，德国诗歌的理论仍然深受意大利、法国和英国的影响。戈特谢德（Gottsched）在《批判诗》（*Versuch einer kristischen Dichtkunst fürdie Deutschen*, 1730）中清楚地写道："我坚持认为：诗歌是所有自然事物的技术化的体现。"很明显，这是亚里士多德派的一种简单表现。古代依赖于模仿，很少依赖于天才的实践。诗歌可以将所看到的东西重新表现，读者要发现其中隐含的原型，所以，他把诗歌看作是对事物本原的"精彩模仿"。审美体验的核心恰恰包含在这一过程之中。

在 18 世纪的启蒙时期，被广泛关注的夏尔·巴托（Charles Batteaux）的美学系统是颇具影响力的。模仿在他的作品中占有重要的位置。巴托使用一种推演的方法，创立了他主要的美学观点，按照这一理论所说，"好的艺术"应该是在精神和高品位的引领下，对自然进行模仿。离开对自然的模仿，我们在艺术作品中获得的只是"美丽自然的理想化的事物"。人类的模仿过程是个体关于理智的表达，这种理智可以认清自然的秩序、对称性和整体性；品位是一个共同作用的情感因素，有了它，客观事物就可以与人发生关联。"好的品位"成了好的艺术作品的判断标准，这种思想后来被康德所吸收，并融入了他的思想体系之中。

让·保罗（Jean Paul）在他的《美学初论》（1804）中，认为世界的主观性通过我们的主观性提供给我们一个继续发展的视角，在这种发展中，模仿的独立和自我构建的因素被大大刺激了，诗歌正是对这一过程的表现。诺瓦利斯（Novalis）也持有相同的观点，他认为："一切都应该诗歌化。"浪漫主义所倡导的世界的诗歌化，暗示了相同的模仿主观化和模仿过程。按照浪漫主义的理解，世界的诗歌化指向了这样的一个过程，对于其结果，没有可以模仿的原型，既然这是一个诗歌化的世界，这就是目标。既然在艺术之外，没有它可以马上建立联系的事物，想象则无疑扮演了重要的角色。将某个人想象中的映像转化到艺术的媒介中是具有决定意义的；就映像本身来讲，它并不能产生一个模型。在19—20世纪，这一转化过程的主体不断地发生变化。前卫派集中设想了一些新的映像和概念，将其作为与艺术过程的脱离点。这样，在模仿关系下，便在艺术间生成了一个激进的多元主义，并引发了一种不断壮大的自我参考的艺术。[①]

模仿是一种人类与生俱来的能力，当它发生作用时，往往又伴随着一定的过程。模仿不是简单地按照样板复制，它是一种看不到的创造的力量，推动着人类不断地向前发展。模仿是人类内部世界和外部世界交流的一种机制，为人类面向世界、感觉世界、作用世界创造了可能。模仿构架了人们通向外界、通向其他人的桥梁；它削弱了主客体之间的屏障，揭开了现实与愿望之间的面纱；其目的在于理解不同事物的“间态”。模仿行为有一定的过程，这个过程体现了人类，尤其是孩子，与外部世界交互的一种方式，同时也是获得自身发展的重要手段。

三、表演

表演首先在语言科学领域受到重视，以后才逐渐扩展到其他领域，因而被赋予了更多的意义。武尔夫认为，表演是经过语言而进入到行为之中的。表演存在于模仿之中、存在于手势（体势语）之中、存在于仪式之中，并成为这些行为能够发生关系的纽带。比如，语言的表演特点就与仪式的表演特点有着密切的联系。表演的行为往往蕴含着一定的文化或社会意义。

下面，我们通过讨论表演与语言、表演与艺术、表演与文化等方面的内容，对表演的意涵做进一步解释。

（一）表演与语言

表演是人的思想的外化过程，语言是人类所特有的传达思想和情感的工具，所以语言和表演具有密切的联系。乔姆斯基（Noam Chomsky）《句法理论面面观》（*Aspects of the Theory of Syntax*, 1965）一书清楚地论述了语言能力和语言表演两方面的差异。首先，语言能力指说话人在组织语句

---

① Christoph Wulf, *Anthropology of Education*. LIT Verlag Münster.2002：60.

时，所具有的理念、普遍性和语法上的知识；而语言表演则指在特定的语言环境中，说话者运用语言所表达的实际意义和情感，即他到底说了什么。60年代以来，研究者逐渐把研究的重点放到了语言的表演方法上面，因为语言的能力只是一些符号和规定，虽然语言不同，规则不大相同，但是它们只是作为语言流通的结构和框架存在，是人们通过学习能够获得的客观存在。语言的表演因为直接与说话者要表达的内容相关，所以更具社会和文化意义，这种研究重点的改变也是人文学科和社会科学进步的结果。1962年，奥斯汀（J. L. Austin）出版了《如何以言行事》（*How to do things with words*）一书，阐述了“言语行动”理论。[①] 他揭示了语言的创造功能，并进一步指出，语言的表演能力是对标准的哲学传统的一种挑战；语言作为一种描述行为，是对现存世界的一种补充。在此基础上，奥斯汀提出了“记述语言”（Constative Language）和“表演语言”（Performative Language）的概念，记述语言只是对世界上存在的事物的一种描述，包含真、假两个方面；表演语言不仅要说明这个世界，而更重要的是要影响这个世界，它要将世界变成乐土或地狱。德里达（Derrida）认为，语言的本质就是结构的可重复性特点，它的存在和意义不能彻底归因于单个的语言主体。

（二）表演与艺术

一般来说，当人们提到表演的问题时，脑海中呈现更多的是艺术领域。可见，表演与艺术有着本源的和密切的关系。艺术起源于情感的表演，它的本质和目的也在于对情感和思维的表达和表演，而且艺术是人类特有的精神现象和结构。将艺术看做是表演，这种观点与艺术是一种模仿形成了两种不同的声音，前者逐渐占据了上风，法国美学家迪弗雷纳（Dufrenne）将这种变革称为“美学革命”。

表演是利用人的身体进行情感和思想的外露过程，艺术是表演的一种形式，并不是全部内容。艺术的最本质属性是抒发和传达情感，形式包括诗歌、音乐、舞蹈、绘画、雕塑等。这些艺术的具体形式无疑都是艺术家

---

① J. L. Austin (1962), *How to Do Things with Words*, Oxford University Press.

建立自己的内心世界与他人、与外部世界交流的通道。但是，艺术的表演功能的发挥效果要有一定的前提，那就是欣赏者的内心情感基础和经验，这是艺术观赏者与创作者能够产生共鸣的前提条件。这种内心情感的积累往往是与人的年龄和阅历相关联的，但同时也深受个人的生活环境和文化历史熏陶的影响。比如，一个孩子看到一幅中国传统的水墨山水画，他能够辨认出其中的山、水、树木、房屋等具体景物就已经不错了，但他几乎很难读懂画中所蕴含的那种山的俊秀、水的柔美、袅袅人家和婆娑树影的意境，更不可能与作画者通过这件艺术品一起沉浸在对自然、对人生的美好憧憬和无限热爱的情感之中。再比如，一个从小就生活在中国农村的淳朴农民，当他有机会看到凡尔赛宫殿中如似仙境般的精美的穹顶画时，他是无法感受到其中真正的意义和背后浓重的神话、宗教与政治寄托的。这就是表演与艺术在功能实现层面上的脱离。所以说，表演作为一种手段，它与艺术是紧密结合在一起的，但是这种结合能够发挥应有的作用，还必须依赖于其他条件，就是创作者与观赏者之间相关的文化与历史背景，这种交融的程度将直接影响到艺术的表演力度和艺术品在一定情况下的价值和意义。

当然，对艺术与表演的关系，还存在着反对的意见，主要表现为概念的模糊和理论的混乱，具体说来，就是对"表演"定义的确定、表演与美的关系、艺术与美的关系等问题上。绝对的美是不存在的，艺术品的美应该诞生在艺术与表演的合理的结合上，结合得越好，表演的美就越强烈、越真实。艺术与表演的关系对于人对美的理解和习得是非常重要的，同时也是个人完善的重要途径。表演作为一种情感和意念从内部世界走向外部世界的方法，不仅蕴含在艺术作品之中，而且存在于人们日常的行为和生活之中，这也正是我们更加值得注意与研究的。

（三）表演与文化

文化从某种意义上说也是一种表演。这里我们要讨论一下"表演转换"的问题。这一问题在人类学、民族学和文化研究的领域中，主要表现在两个方面：一方面是以表演的视角看文化；另一方面是仪式和戏剧中的表演及其影响。我们可以简单了解一下特纳和谢希纳的观点。首先，我们了解一下特纳的社会戏剧理论。所谓社会戏剧理论就是指仪式活动的戏剧特点。特纳将欧文·戈夫曼（Erving Goffman）的戏剧研究方法与社会交际活动相结合，与戈夫曼不同，特纳更重视日常生活中出现的实际危机情形，也就是他认为的“社会剧”（Social Drama），特纳的社会戏剧理论深受盖内普早期关于“通过仪式”的影响，其研究重点主要放在了从一个阶段到另一个阶段之间的阈限的研究上。他认为，社会剧实际上就是一种“原材料”，从中可以诞生戏剧，反过头来自身又获得重建。表演的人类学和戏剧学特点是“阈限行为”的过程和过程定义的延续和发展。谢希纳研究的重点主要放在了仪式和文化表演行为上面，他最著名的观点是“存贮的行为”。所谓“存贮的行为”是指特定行为的过程和反应，主要是指对观众的影响效果，这是一种“二次操作的行为”。“存贮的行为”与德里达提出的“征引性”的概念十分相似。以上所有似乎与舞台上的戏剧相关的概念和现象，在现实社会和日常生活中都可以看到它们的影子，这种影响是潜在的，但是力量却是巨大的。

四、手势 / 体势语

手势（体势语）是身体活动的一种表演，它是身体某个部位的状态和动作表演，从而达到表情达意的目的。比如，右手食指和中指组成“V”字形，代表胜利的意思；手紧握拳头，表示力量。同时，体势语还指代身体其他部位的活动，比如头、躯干、臀部、腿、脚等。体势语是行为构成的特殊组成部分，我们之所以认为体势语是行为的特殊组成部分，主要是因为体势语具有独立性和整体性的双重特点。体势语具有整体性特点，不同的身体部位同时或依次运动，最终表示一种更为复杂的意义。

（一）体势语作为一种文化符号

体势语作为人们表达意思和抒发情感的一种手段，它的出现要远远早于语言和文字的产生。早期人类的身体运动除了生产性活动和对抗自然界挑战的保护性活动之外，就是用于交际作用的手势或肢体语言了。随着人们对自己身体的了解和思维活动的进步，一些偶然使用的和个别出现的手势慢慢地成为整个集团内部承认并约定俗成的类语言，在集团内部甚至集团之间通行。符号是信息的外在形式或物质载体，是信息表达和传播中不可缺少的一种基本要素。出现在语言文字之前并在当今社会依旧发挥作用的体势语，是文化符号的一种重要表现形式。认识到这一点，不仅可以拓宽我们对文化符号系统的理解和创造，而且还可以进一步理解身体本身的文化维度，更全面地理解人的存在和发展这一重大问题。

（二）体势语的表演特征

表演是身体的自然属性和社会属性的通道和结合体。体势语是通过身体来实现的一种交际符号，也就是说，形体语言脱离不了身体的基本属性，也就离不开身体的表演性特点。从目的层面上来讨论，体势语使用的目的就是将本体的意图和情感表达出来，这种过程已经充分具有表演的色彩和内容了。①

（三）体势语的交际功能

在早期人类的生活和生产中，交际是不可能避免的，但是在没有语言和文字之前，相互之间的信息交流非常困难，体势语就是在这种情况下应运而生的。早期的肢体语言可能主要是表达的个体表演，可以想象，这种表演应该是手舞足蹈，嘴里叫喊着，是没有什么规定在里面的。所以我们认为，早期的肢体语言主要是个体喜怒哀乐的情感外露，是单方面的。但是这种自我表演往往是有观众的，这样就有可能发生反馈，即简单的交互便会出现，肢体语言因而渐渐发展为一种交流的手段。个体的独自表演得到了认可、理解和反馈，再加上模仿的作用，表达某种情感和意图的手势或复杂的形体语言得以确定、统一和传播，进而真正成为扮演交际活动的重要角色。

（四）体势语的多样性

随着人类生产、生活的方式和内容日益复杂，文化也随之丰富多样，

---

① Christoph Wulf/Jörg, Michael Göhlich, Zirfas（Hrsg.）, *Grundlagen des Performativen: Eine Einführung in die Zusammenhänge von Sprache, Macht und Handeln*. Juventa. 2001: 9.

体势语自然也更加丰富多彩。我们应该看到，由于人的质的统一性，在思维、逻辑、表达等方式和习惯上有着很大的可交流性，很多体势语有着惊人的相似性或一致性，比如在表示友好时，一般都投以微笑；在表示认可和同意时，一般都会点头，等等。但是，我们也不能忽略体势语中存在的地区、文化、人群的差异性。俗话“一方水土养一方人”形象地说明了环境与人的关系问题。体势语的多样性主要表现在两个方面：一方面是表达相同的意图或感情，不同的人群使用不同的体势语；另一种情况是相同的体势语，所表达的意义是不同的，比如，简单的右手大拇指与食指成直角伸直，其余三指弯曲，东西方都代表数字，在欧洲表示 2，而在中国则表示 8。

名词与术语

1. 仪式：一种表演文化，它对于宗教、政治、社会与集体、经济与法律、艺术与科学、教育与教养的产生、实践和变化有着重要的影响作用。

2. 校园仪式：发生在学校场域内、主要由学生参加的仪式活动，多以集体形式展开，对学生具有一定的教育意义。

3. 历史教育人类学：历史教育人类学这一新兴的学科把人类的身体作为研究人与教育关系的中心内容，并包括模仿、表演、手势等主要概念，它们都会直接或间接地出现在仪式活动中，并影响着仪式的意义与作用。

4. 模仿：模仿是人类的本能和人类的基本条件，同时也是不同个体差异形成的原因。从模仿的历史发展过程来看，它主要包括相似的行为，自我表演、表达的行为，同时也指代仿效、仿制、表示和无意识的相似。

5. 表演：表演首先在语言学领域受到重视，以后才逐渐地扩展到其他的领域，同时使其具备了更多的意义。武尔夫认为，表演是经过语言而进入到行为之中的。表演存在于模仿之中、存在于手势（体势语）之中、存在于仪式之中，并成为这些行为能够发生关系的纽带。

6. 手势（体势语）：手势是身体活动的一种表演，它是身体某个部位的状态和动作表演，从而达到表情达意的目的。一般认为，体势语主要指的是手势，不同的手势表示不同的目的和意义。

思考题

1. 为什么说仪式大量存在于日常生活之中？具体表现在什么地方？
2. 我国传统礼仪文化中“礼”具有哪些含义？
3. “仪式”作为一个重要概念，在历史人类学中是如何理解的？
4. 学校仪式的具体分类都有哪些？举例说明。
5. 学校仪式的教育功能包括哪几方面？
6. 学校仪式的设计、组织与实施应该注重哪些环节和要点？
7. 从历史人类学视角来看，仪式与哪些重要概念有关？与这些概念具有哪些逻辑联系？

推荐阅读书目

1. 彭兆荣：《人类学仪式的理论与实践》，民族出版社 2007 年版。

   仪式一直被人类学家当作观察人类情绪、情感以及经验意义的工具，成为民族志研究者阅读和诠释社会的一种不可多得的“文本”。弗雷泽、盖内普、涂尔干、马林诺夫斯基、拉德克利夫-布朗、列维-斯特劳斯、利奇等都在仪式领域作出了卓有成效的研究，并形成了不同的流派，而人类学发展的整体脉络也在仪式研究中得到反映。本书从人类学的视角对仪式研究的理论与实践进行了系统而深入的讨论，集谱系梳理、理论介绍、流派分析、观点评述、田野案例及作者独立见解为一体，是一部不可多得的仪式学习与研究的力作。

2. 克里斯托夫·武尔夫著、张志坤译：《教育人类学》，教育科学出版社 2009 年版。

   本书梳理了目前流行于德国和西欧的一些热点问题，比如从欧洲教育扩大化引出的对教育的梦想与挑战的思考、从工作现象出发讨论人类与自然界和社会的关系、模仿在社会和教育实践中的地位和作用、仪式和动作语在人类社会中的表现及其对人类发展的作用、青少年暴力问题、教育的全球化及未来教育等问题。本书所讨论的教育人类学的相关研究问题从更为一般的意义上来讨论教育对人类发展的作用，主题非常广泛，甚至奇特，充分显示了教育人类学研究的多样性和开放性特点。

第十一章　经济文化类型、地方性知识与教育

学校是一个社会组织和文化机构，它必然与当地的自然生态和社会文化处于互动之中，当地的经济文化实际上是学校教育生存与发展的基础。当前西部民族地区基础教育改革，应以经济文化类型为基础来建构不同地区的地方课程，有针对性地推动当地社会、经济的和谐发展。应当把地方性知识作为地方课程建构中最重要的课程资源，因为地方性知识是千百年来当地人民在其经济文化类型基础上不断地进行文化选择的结果，它对当地及其周围的自然生态和文化生态是最具适切性的。学校教育生态学研究的分析框架注重把教育放在特定的文化生态环境中加以考察，研究某一特定的教育要素与其他要素之间的关系，其中特别注重学校教育行为与环境（社会组织、价值观、人群关系）之间的研究。

第一节　经济文化类型与教育

一、经济文化类型理论

（一）经济文化类型理论的提出

社会经济发展水平大致相同的不同民族在文化方面出现异同的原因，一直是民族学研究的中心课题。有许多语言不同的民族在文化上十分相似，反之，有些有亲属关系的民族却在文化上大不相同，这些问题早已引起了学界注意。这种异同绝不可一律简单地用社会经济发展水平来解释。1950

年代，苏联民族学家托尔斯托夫、列文和切博克萨罗夫在研究这个问题的过程中提出了“经济文化类型”的概念。

他们认为，经济文化类型是指“一定的经济与文化特点的综合体，它在历史上形成于处在相似的社会经济发展水平、并居住在同样自然地理条件下的不同民族中”。[①] 其理论的基本内容是：“第一，经济文化类型不是单纯的经济类型，而是经济和文化相互联系的特色的综合体。第二，经济文化类型具有超地区性的特征。在地理环境相似和社会经济发展水平接近的条件下，居住在不同的甚至相距很远的地区中的不同民族可以属于一个经济文化类型。第三，每一个类型的文化特征首先取决于该类型所处地理条件所规定的经济发展方向。第四，经济文化类型是历史过程的产物。由于在历史的进程中，无论是各族的社会经济发展水平还是其周围的自然地理环境，对经济文化的影响的程度都是逐渐在改变的，所以经济文化类型会随着时代的变迁而发生重大的变化。第五，各种经济文化类型都有着各自的历史年龄。其中最早的可以追溯到旧石器时代后期，最晚的可能产生于早期阶级社会，甚至更晚的时期。”[②]

经济文化类型理论的提出对我国的民族学研究有着十分重要的影响。1956—1958年间，苏联民族学研究所东亚和南亚室主任切博克萨罗夫到我国的中央民族学院讲学。其间，他与林耀华合作撰写了《中国经济文化类型》一文，全面地运用经济文化类型理论来研究中国民族问题，踏出了此理论在中国进行本土化研究的第一步。[③]

我国学者通过实际调查和理论思考，对苏联学者的概念进行定义上的修正，认为经济文化类型是指“居住在相似的生态环境之下，并操持相同生计方式的各民族在历史上形成的具有共同经济和文化特点的综合

---

① 尼·切博克萨罗夫、伊·切博克萨罗娃著，赵俊智、金天明译：《民族、种族、文化》，东方出版社1989年版，第207页。

② 林耀华：《民族学通论》，中央民族大学出版社1997年版，第80—81页。

③ 林耀华、切博克萨罗夫：《中国的经济文化类型》，载林耀华主编：《民族学研究》，中国社会科学出版社1985年版，第104—142页。

体”。[①]其中用“相似生态环境”取代了“相似的自然地理条件”，用“相同生计方式”替换了“近似的社会发展水平”。研究者认为，用“生态环境”取代“自然地理条件”是因为“现在我们心目中的环境，已不仅指一个地区的自然地理条件，即不仅指它的地形、气候、水文等条件，而且包括了植被情况、动植物的种群及其结构、人类居住及其活动的情况、文化的接触与交流，以及上述诸因素之间的互动现象”。[②]而用“生计方式”替代“社会经济发展水平”则是由于以下几个原因：（1）用“生态环境”取代“自然地理条件”之后，突出了人类活动与环境之间的密切关系，因为经济文化类型理论中并没有给出衡量社会经济发展水平的相应指标；（2）在共时的经济文化类型的划分与比较研究中，“社会经济发展水平”概念往往没有实际意义；（3）“生计方式”不仅能明确地标示出人类社会经济活动的方向，同时也能容纳社会经济的发展水平这一含义；（4）“生计方式”概念与生态环境之间的关系更为直接，所以这一修正能提高上述两个要素作为经济文化类型核心的质量，进而增强这种理论处理各种实际情况的能力。[③]

苏联学者1950年代提出的经济文化类型理论是以粗线条的平面比较为基本特征。作为经济文化具体的构成要素，他们列举出的项目也多限于物质文化方面。[④]后来，他们对经济文化类型的构成要素进行了一定程度的修订，认为经济文化类型之间的差别“首先涉及大多数居民的主要生计，如渔猎、农业、手工业，也涉及劳动工具、食物、住宅、运输工具、用具、服装和其他物质文化因素。不同的社会制度与其特有的经济文化类型有联系，因为经济文化类型始终反映社会生产力发展的水平。在精神文化方面，经济文化类型的差别主要表现在生活习惯、礼仪、造型艺术、宗教信仰、迷信和民间创作上，因为这些东西最能鲜明地反映各种地理气候条件下的

① 林耀华：《民族学通论》，第86页。
② 同上书，第85页。
③ 同上书，第85—86页。
④ 同上书，第86页。

人们的劳动和生活方式”。[①] 概括起来，即生计方式、物质文化、社会制度和精神文化。我国学者提出，应该在经济文化类型理论的运用中加入结构层次分析的见解，即要求对每一个经济文化类型都要进行结构层次的划分，这种层次划分的一般序列是：（1）生态基础；（2）生计方式（包括人类的生产生活活动及物质文化）；（3）社会组织形式及各种典章制度；（4）意识形态（包括行为准则、道德规范、宗教信仰和思想观念等）。[②]

（二）经济文化类型的基本框架

苏联学者认为，在资本主义时代以前形成的一切经济文化类型主要分为三类，它们之间的差别是劳动生产率一个比一个高，同时，剩余产品也不断增多。第一类以狩猎、采集或部分以捕鱼为主；第二类以锄耕（或手耕）农业和畜牧业为主；第三类以犁耕农业为主，在农活中使用家畜。[③] 在这三大类经济文化类型的每一类范围内，在不同民族中又可分出几种在特定地理气候地带发展起来的具体的经济文化类型。这就是常说的经济文化类型的“横向”分类和“纵向”分类。但是，经济文化类型受地理气候条件的影响并不是决定性的或直接的，而往往是间接地决定于每个民族的生产方式，亦即决定于其社会经济发展的水平。[④]

我国学者根据解放初期各民族的经济文化状况而对我国的经济文化类型进行了整理：[⑤]

1. 采集渔猎经济文化类型组。这一类型组分布在东北大小兴安岭的森林地区及黑龙江、松花江、乌苏里江的交汇处，其中包括讲阿尔泰语系通古斯—满语族诸语言的赫哲族、鄂伦春族及部分鄂温克族。这一类型组内的各族人民均以渔猎兼采集为主要生计方式，其特点是直接攫取野生动植

---

① 尼·切博克萨罗夫、伊·切博克萨罗娃著，赵俊智、金天明译：《民族、种族、文化》，第208页。

② 林耀华：《民族学通论》，第87页。

③ 尼·切博克萨罗夫、伊·切博克萨罗娃著，赵俊智、金天明译：《民族、种族、文化》，第209页。

④ 同上书，第212—213页。

⑤ 林耀华：《民族学通论》，第88—96页。

物。具体来说，这一类型中包括以鄂伦春族为代表的山林狩猎型和以赫哲族为代表的河谷渔捞型。

2. 畜牧经济文化类型组。这一类型组分布在东起大兴安岭西麓，西到准噶尔盆地西缘，南到横断山脉中段（云南省中甸县）的广大地区内，基本上构成了一个从东北到西南的半月形畜牧带。属于这个类型组的有蒙古族、哈萨克、裕固族、塔吉克族、藏族、部分鄂温克族和达斡尔族。按照经济文化类型的划分条件，这个类型组里至少还可以分为四个亚类型，即以部分鄂温克族为代表的苔原畜牧型、以蒙古族为代表的戈壁草原游牧型、以哈萨克族为典型的盆地草原游牧型和以藏族为典型的高山草场畜牧型。

3. 农耕经济文化类型组。整个农耕经济文化类型组分布在从帕米尔高原东坡到台湾，从黑龙江到海南岛的辽阔地域里，主体部分处在作为中国干湿地域分野的大兴安岭至拉萨线以东的湿润地区。在这个类型组中可以分出六个亚类型：

（1）山林刀耕火种型。这一类型主要集中在青藏高原与云贵高原结合部的横断山系南段，也就是藏东南、滇西北至滇东南沿国境线地段。属于这一类型的民族有门巴族、珞巴族、独龙族、怒族、佤族、德昂族、景颇族、基诺族以及部分傈僳族、苗族、瑶族、黎族、高山族等。

（2）山地耕牧型。这一类型主要分布在青藏高原的东南斜坡、雅鲁藏布江谷地和云贵高原中西部山区。属于这一类型的主要是讲藏缅语族诸语言的羌族、纳西族、彝族、白族、普米族、拉祜族和部分藏族及澜沧江东岸的傈僳族。

（3）山地耕猎型。这一类型分布在云贵高原中部以东的山区和华南的丘陵山地，其西端通过语言谱系较为复杂的土家族和仡佬族地区而与耕牧类型接触，向东则散布在长江、珠江之间的南岭及武夷山区。这一类型主要是讲汉藏语系苗瑶语族语言的苗族、瑶族、畲族等。

（4）丘陵稻作型。它的分布地区以云南中南部经贵州、广西、海南岛、台湾到东北沿边，构成一个不连贯的大新月型地带。属于这一类型的民族包括傣族、壮族、侗族、水族、仡佬族、毛南族、黎族等多讲汉藏语系壮侗语族诸语言的民族，还包括东北的朝鲜族。

（5）绿洲耕牧型。它分布在塔里木、准噶尔两大盆地边缘，经河西走廊到宁夏的地带以及青藏高原东北坡的河湟地区。这一类型除回族和俄罗斯族外，多为讲阿尔泰语系诸语族语言的民族，包括维吾尔族、乌孜别克族、塔塔尔族、东乡族、保安族、撒拉族和部分裕固族、达斡尔族和锡伯族等。

（6）平原集约农耕型。这一类型分布在中国东部各大平原和关中、四川两个盆地及其周边地区。属于这个类型的，除汉族之外，还有散居在上述地区中的满族、回族、维吾尔族及蒙古族等。

当然，某个区域的经济文化类型并非一成不变，而是存在着变迁。总体上来说，在很长一段历史时期内，我国的各类经济文化类型相对比较稳定。从1950年代以来，各民族的经济文化类型都发生了不同程度的变化，尤其是随着社会现代化的不断推进，原有的类型划分已经不再能准确反映少数民族地区的现状，因此，迫切需要在田野调查的基础上对民族地区进行科学的经济文化类型的再认识和再划分。[①]

二、经济文化类型与民族地区的基础教育改革

（一）西部民族地区基础教育课程改革的问题

由于城乡差异、区域差异、阶层差异和文化差异等各种原因，国内东部地区基础教育发展的模式、策略、研究成果和经验并不完全适合少数民族地区，而且实际上也没有解决少数民族地区基础教育发展面临的重大问题，国外发展少数民族基础教育的实践经验、研究成果及经验也不完全适合我国少数民族基础教育的发展。如今，西部少数民族地区基础教育课程改革存在以下问题与困难：[②]

第一，基础教育课程中充斥着国家主义、城市中心主义、东部地区中

① 罗吉华：《经济文化类型理论与民族地区地方性校本课程的建构》，《中南民族大学学报（人文社会科学版）》2009年第2期。

② 巴战龙：《西部少数民族地区基础教育新课程改革存在的问题与困难——一种教育人类学的观点》，中国乡土知识传承与校本课程开发研讨会，2009年。

心主义的观点和内容。

长期以来，中国基础教育实行的是高度统一的国家课程，课程内容强调为国家现代化建设服务，这为培养统一的国民素质和推进国家现代化建设起到了很大的作用。但是随着时代与社会的发展，这种单一的国家课程开发模式和充斥着国家主义的课程内容受到越来越多的挑战和置疑:（1）单一的国家课程开发模式不能解决学校遇到的所有问题，课程的适应性差，由于中国幅员辽阔、人口众多、经济社会发展很不平衡，这一情况就显得更为严重;（2）单一的国家课程开发模式不能很好地发挥地方、学校乃至社区独特的优势、传统和办学积极性，难以满足人们的现实需要，造成大量课程资源的闲置和浪费;（3）随着社会转型与文化变迁，强调地方与个人的合法权益已受或应受法律保护的观念已经深入人心，课程内容一味地强调国家主义，造成了教育与社会相隔离、学生内心观念间的激烈冲突和无所适从。

“城乡二元结构”是目前中国社会一个相当严重的结构性问题。长期以来，教育实际上是为城市的现代化服务的，许多课程内容是对城市生活的描述，绝大多数教育改革和课程实验是在城市里开展的，课程内容常常是主流话语的载体，在策略上常常把农村、西部地区和少数民族地区贴上“落后的”标签，以此反衬城市、东部地区和汉人地区是“先进的”、“文明的”，这样就造成农村和西部少数民族地区发展滞后是一种“自我实现的预言”。[①]

区域发展的不平衡是目前中国社会的另一个结构性问题。这个问题的形成与演变既有客观的、历史的原因，也有主观的、人为的原因。首先，东、西部地区在许多方面有相当大的区别，这是造成东、西部地区教育发展不平衡的重要原因，基础教育课程更多地反映东部地区的社会文化，造成对西部地区社会文化以及教育发展具体特点的不适应。例如，西部地区

① 罗吉华:《经济文化类型理论与民族地区地方性校本课程的建构》,《中南民族大学学报（人文社会科学版）》2009 年第 2 期。

的许多乡村社会还属于较为典型的“前工业社会”，而东部地区的许多乡村社会则属于较为典型的“工业社会”，城镇的“后工业社会”或“信息社会”特点开始突出。因此，基础教育课程中强烈的“现代化”诉求不能满足西部地区广大乡村社会的教育需求。其次，东、西部地区基础教育发展面临的主要问题不同。东部地区的基础教育更多地在宣扬素质教育旗帜下的各种教育理念，主要问题是如何提高教育教学质量，以更进一步促进东部地区的全面发展，而西部地区特别是西部少数民族地区的教育则面临如何巩固“普初”、“普九”的问题，以及如何通过教育“反贫困”的问题。再次，西部地区内部的社会发育具有丰富的多样性，对基础教育及其课程的需求也具有多样性，而现行的基础教育课程对此鲜有回应。①

第二，基础教育课程忽视了经济文化类型差异对教育的影响和需求。

现代社会的教育组织，特别是学校，都是建立在具体的经济文化类型基础之上的。每一种经济文化类型都对教育，特别是学校教育，提出了具体要求，每一种教育的特征，特别是学校教育的具体特点，都是对这些具体要求的回应。② 例如，在畜牧经济文化类型组中，基础教育的一般性问题是人口居住分散、家校距离远，需要发展寄宿制中小学，而寄宿制中小学教育的最大问题是学校教育与社区教育、家庭教育的割裂，很难形成教育合力，实现教育影响的一致性。现行的基础教育课程较少反映该经济文化类型组的生计知识，学生毕业返回家庭和社区，需要再学习生计知识和适应当地社区文化。③ 在农耕经济文化类型组中，情况则更为复杂。在西双版纳傣族聚居区，稻作农业是主要的生计方式，基础教育的主要问题是国家义务教育和当地寺庙教育争夺生源和读书无用论的弥漫；在宁夏西海固和甘肃临夏回族聚居区，旱作农业和小商品买卖是主要的生计方式，基础教育

---

① 王慧霞：《西北民族地区基础教育新课程实施问题研究——以夏河县两所藏族学校为个案》，西北师范大学2008年硕士学位论文。

② 欧群慧、巴战龙：《经济文化类型理论对民族地区校本课程开发的启示——以云南省景洪市勐罕镇中学为例》，《安徽电气工程职业技术学院学报》2008年第12期。

③ 海路、滕星：《文化差异与民族地区校本课程开发——一种教育人类学的视角》，《中南民族大学学报（人文社会科学版）》2009年第2期。

的主要问题是“贫困文化”所导致的“教育无用论”，女童失学、辍学问题严重和男童教育的功利主义，只要会简单的算术和认识几个字即可。[①] 在新疆吐鲁番地区，绿洲农业和旅游业等是主要的生计方式，当地人民在干旱情况下，发明了世界知名的“坎儿井文化”，可是学校中反映当地主要生计方式和独具特色文化的课程远远不够。因此，“大一统”的国家课程和“小一统”的地方课程对由西部少数民族地区经济文化类型的多样性导致的对基础教育需求的多样性鲜有回应。[②]

第三，过于重视学校教育的筛选与选拔功能，致使学校课程脱离学生日常生活经验和当地生计方式，产生大量的“边缘人”。[③]

西部少数民族地区的学生在接受了基础教育之后，只有极少数人升入高等院校继续深造，绝大部分在接受完义务教育之后就面临就业问题，甚至在没有接受完义务教育时就面临辍学就业的问题。[④] 在面临就业时，问题的严重性才真正暴露出来，他们身无长技，无法进入分工细密的城镇就业，又无法完全回归传统社区，无可奈何地成了“边缘人”。

许多教育研究成果证明，学生特别是农村学生和边远少数民族地区学生厌学、辍学的重要原因之一，就是基础教育课程远离学生的实际生活经验，在学校里习得的普世性知识和日常生活经验无法建立有机联系，无法满足他们带有地域性、民族性和学校特点的发展需要，导致他们对基础教育课程产生陌生感和自卑感，在学习过程中备受挫折，从而丧失了学习的动力。具体到西部少数民族地区来说，基础教育课程远离学生的实际生活经验，常常还造成“文化中断”，这是造成少数民族学生低学业成就

---

① 巴战龙：《西部少数民族地区基础教育新课程改革存在的问题与困难—— 一种教育人类学的观点》，中国乡土知识传承与校本课程开发研讨会，2009 年。

② 王慧霞：《西北民族地区基础教育新课程实施问题研究——以夏河县两所藏族学校为个案》，西北师范大学 2008 年硕士学位论文。

③ 黄晓岚：《经济文化类型与地方性校本课程建构——以广西巴马县西山乡、平洞乡中学为研究案例》，中央民族大学 2006 年硕士学位论文。

④ 巴战龙：《西部少数民族地区基础教育新课程改革存在的问题与困难——一种教育人类学的观点》，中国乡土知识传承与校本课程开发研讨会 2009 年。

的一个主要原因。[①] 因此，要提高少数民族学生的学业成就，就必须改造学校的文化，协调和平衡国家文化、地方文化和社区文化的立场、观点和诉求。[②]

（二）经济文化类型理论对教育的适切性

长期以来，我国基础教育课程内容的一大弊端便是脱离地方经济文化的发展，忽略地方知识和文化的差异，不能满足不同地区对教育的不同需求。我国地域广阔，各地区、各民族、各阶层之间的差异很大，国家统一的课程和教材很难全面、辩证地反映不同地区社会、学科及学生对课程的要求。[③] 随着社会政治生活的民主化与经济文化的多元化发展，这种单一课程模式已经明显不适应教育改革与发展的需要，对多样化、个性化倾向的地方课程和学校课程的需求日益凸显。1980 年代以来，世界各国在基础教育课程管理上呈现出权力集中和权力下放两种趋势，其本质都是在探索符合当地特点和本国实际的课程管理方式，在集权与分权之间找到一种动态平衡和最佳结合点与生长点。[④] 在世纪之交，我国基础教育课程管理迈出了实质性的一步，《基础教育课程改革纲要（试行）》中明确指出，改变课程管理过于集中的状况，实行国家、地方、学校三级课程管理，学校在执行国家课程和地方课程的同时，应视当地社会、经济发展的具体情况，结合本校的传统和优势、学生的兴趣和需要，开发或选用适合本校的课程，增强课程对地方、学校及生活的适应性。

教育应该是建立在社会经济文化的基础之上，满足当地社会对教育的不同需求。我国社会内部存在巨大差异的现实对教育发展目标提出了不同的要求。近年来，西部民族地区的教育相对于过去而言取得了很大的成就，

---

① 王慧霞：《西北民族地区基础教育新课程实施问题研究——以夏河县两所藏族学校为个案》，西北师范大学 2008 年硕士学位论文。

② 滕星：《美国多元文化教育的发展及启示》，《中国民族教育》2007 年第 5 期，第 41—43 页。

③ 罗吉华：《经济文化类型理论与民族地区地方性校本课程的建构》，《中南民族大学学报（人文社会科学版）》2009 年第 2 期。

④ 欧群慧：《民族地区校本课程开发的批判分析》，《中南民族大学学报（人文社会科学版）》2009 年第 2 期。

但从整体上讲仍然是国民教育体系中最为薄弱的环节，与城市教育体系相比依然有较大的差距。

民族地区的教育带有两重性质，一是通过学校教育使少数民族学生融入现代化主流社会，二是传承本民族的优秀文化，获得回归本土社会所必需的知识和技能。学校是一个社会组织和文化机构，它必然与当地的自然生态和社会文化处于互动之中，所以，当地的经济文化实际上是学校教育生存、改革与发展的基础。在当前西部民族地区基础教育改革中，应以经济文化类型为基础来建构不同地区的地方课程，从而达到使地方课程有针对性地推动当地社会、经济的发展，促使当地教育与社会和谐发展的目的。

第一，在经济文化类型基础上构建地方课程对推动当地发展具有针对性。

我国是一个地域广阔的多民族国家，地区差异很大，这就要求地方课程的建构必须建立在正确认识当地经济文化类型的基础上。得益于经济文化类型理论的提出和发展，我们逐渐对我国不同区域、不同民族和不同文化有了系统的认识。建构地方课程，要求调查研究本地的经济文化，因为课程要与经济文化相适应，而本地的经济文化状况也对课程提出了相应的要求。经济文化类型理论的提出，使我们对地区的经济文化调查有了理论支撑和现实操作技术。尽管经济文化类型理论没有建构更详细的指标体系，而且事实上建立包罗万象的标准是不可能的，但是可以勾勒出大致范围及其综合体作为区分的特征标准。在详细的经济文化类型调查的基础上构建地方课程，全面体现当地特有的经济文化状况，既能使学生学有所用，又能有针对性地推动当地社会的发展。

第二，以经济文化类型为基础构建校本课程对当地学生的适切性。

我国基础教育课程内容大多忽视了地区间、文化间的差异，尤其是西部少数民族地区，课程远离学生的生活经验，会造成两种后果：一是学生对课程的理解性降低，无法达到“理想课程”实施的效果；二是会造成学生内心的文化冲突，从而产生抵制情绪。以经济文化类型理论为基础构建地方性校本课程，使其对不同地区的学校、学生具有适切性，这是解决西部少数民族地区学校教育“留得住”学生的一个思路。

学校教育应该符合特定的经济文化类型，然而在西部少数民族地区，地方性知识、教师和学生的个人化知识都是以非主流的身分被排斥在学校教育的合法性知识之外，教师和学生在国家教育制度的安排之下“接受”着一系列主流的知识。然而知识的获取并非一种外力的强加，它需要人们在认识和实践活动中进行主动建构，这离不开个体所具有的地方性知识。进行经济文化类型调查，就是一个获得系统的地方性知识的过程，内容包括环境、生计、制度、精神文化等方面，而地方课程内容的主要资源来自地方性知识。将课程建立在学生已有经验的基础上，增强课程所具有的适切性，可以降低学生对学校教育课程的“陌生感”。①

第二节 地方性知识与学校课程

一、地方性知识

（一）“地方性知识”概念产生的背景

“地方性知识”是克利福德·格尔茨提出的一个重要的文化人类学概念。尽管格尔茨的学术体系庞杂，学术贡献卓著，但是归根结底，他的学术思想继承了美国文化人类学的精髓——文化相对论，以“深描”（Thick Description）和“地方性知识”（Local Knowledge）为武器，强调文化阐释的“脉络化”（Contextualize）和“地方化”（Localize），强调文化人类学理解（即跨文化理解）的本质是一种从“文化持有者的内部眼界”出发，求索“经验相近”（Experience-Near）的意图。格尔茨并没有对“地方性知识”给出一个精确的定义，但人们倾向于将其理解为组织和表述地方性文化的一种知识体系。与普世性知识求“同”的本质不同，地方性知识的本质是求“异”。追本溯源，地方性知识概念的提出是有深刻背景的。

一是学术背景，在人类学理论的发展史上，一直存在着所谓普遍主义

① 李燕：《新疆少数民族地区校本课程开发研究》，新疆师范大学2010年硕士学位论文。

和历史特殊主义之间的方法之争。[①] 普遍主义者普遍相信并且也力图在研究中寻找人类文化的共同结构或者普遍规律。这种倾向在科学特别是自然科学领域更为明显。在科学领域，普遍主义者认为，自然科学知识在源头上是地方性的，而后知识则是通过“祛地方性”的过程脱掉了地方性束缚而上升为普遍性知识的。[②] 在人类学和社会学领域，历史特殊主义者强调各种不同文化的特殊性和差异性，主张通过田野调查和个案研究，揭示和解释不同的文化现象。他们不再追求普遍性的解释和说明，而只进行特殊性解释和经验性解释。这两种思潮和方法交锋不断，在不同历史时期此起彼伏，形成各领风骚的态势。1960 年代由于结构主义的出现，普遍主义在人类学和社会学领域再度复兴，于是“人消失了”，只有社会结构的存在和演化。为了回应、反对和批驳这种不见“人”、不见“特殊文化”的普遍主义，人类学领域兴起了尊重地方性知识和文化的象征人类学和阐释人类学。[③] 格尔茨就是阐释人类学最为著名的代表。

另外一个更为广阔的背景就是全球现代化的过程和思潮，伴随 17 世纪以来的西方科学兴盛而带来的全球化浪潮因而愈来愈具有合法化地位。全球化和现代化成为时代潮流，荡涤着一切地方性、民族性，使得文化变得趋同。这种全球化和现代化所根据的哲学和相应的思潮也提供了一种统一的所谓“现代性”叙事框架。它统一表现为世俗化、专业化、统一化、理性化、科学化、西方化。许多有见识的西方学者看到了现代性的问题和弊病，逐渐认识到其他民族知识的重要性和文化多样性的意义。[④]“地方性知识”的观点就是在这样的针对现代性的文化背景下涌现出来的另类文化。[⑤]

---

① 叶舒宪:《“地方性知识”》,《读书》2001 年第 5 期。

② 吴彤:《两种“地方性知识”——兼评吉尔兹和劳斯的观点》,《自然辩证法研究》2007 年第 11 期。

③ 平锋:《“地方性知识”的生态性与文化相对性意蕴》,《黑龙江民族丛刊》2010 年第 5 期。

④ 吴彤:《两种“地方性知识”——兼评吉尔兹和劳斯的观点》,《自然辩证法研究》2007 年第 11 期。

⑤ 崔波:《地方性知识：跨文化传播研究的新视角》,《吉林师范大学学报（人文社会科学版）》2008 年第 4 期。

（二）格尔茨与“地方性知识”概念的特点

格尔茨1973年给自己的论文集定名为《文化的阐释》是意味深长的。于是，人类学家的工作可以不再具有动物学家或地质学家那种实验室的性质，而倒像文学批评家那样专注于文本分析和意义诠释了。这一转向的重要标志是文化文本（Culture as Text）概念的流行，不仅是象征性明显的仪式、典礼等活动可以作为文本来解析，就连人类的一般行为也可以作为意义的载体来解释。有人说格尔茨的学术目标是建立他自己的“文化的符号学理论”（Semiotic Theory of Culture），也许并不为过。只是要注意，格尔茨的文化符号学与结构主义的符号学根本不同，他主要面对的是“地方性知识”，而不是可以通约为某种“语法”的普遍规则。如果文化文本如同文学文本那样具有可解读的召唤性质，那么我们从文本中寻找出来的意义也就不会是千篇一律和固定不变的，而应当是丰富多彩、千变万化的。由这种意义构成的知识当然也不会具备那种“放之四海而皆准”的性质，格尔茨非常明智地采用一个定语来界定它，叫“地方性”（Local）知识。[①]

我们早已熟知“知识神圣”、“知识就是力量”一类说法，但是我们通常所理解的知识有很大局限，那就是从课堂上学来的分门别类的学科知识。学科知识具有跨文化的交流和传播功能，从一种语言翻译成另一种语言时不会有太大的困难，最基本最简明的存在形式就是百科全书、词典和教科书。格尔茨本人青年时代的教育背景也是以学习这种学科知识为主的，但是当他以人类学者的身分在爪哇、巴厘岛和摩洛哥等地做过田野作业之后，便逐渐认识到在西方式的知识体系之外，还存在着各种各样从未走进课本和词典的本土文化知识，如巴厘人按出生的长幼序数而被命名为“头生的”、“二生的”、“三生的”、“四生的”四种，过了老四又开始新的循环，第五个孩子也叫“头生的”，第六个则叫“二生的”，在一母所生的同胞中，叫“二生的”那个人也许是“头生的”老五或老九的大哥。这种循

① 叶舒宪:《“地方性知识”》,《读书》2001年第5期。

环式的称谓序列并不能真正反映同胞之中的长幼之序，却体现着一种往复无穷的生命观念，它不可翻译，却是具有文化特质的地域性的知识，故称之为“地方性知识”。[①]

由此可见，地方性知识的确认对传统的一元化知识观具有潜在的解构和颠覆作用。过去可以不加思考不用证明的“公理”，现在如果自上而下地强加在丰富多样的地方性现实之上，就难免有“虚妄”的嫌疑了。这种知识观的改变自然要求每一个研究者和学生首先学会容忍他者和差异，学会从交叉文化的立场去看待事物，不再盲从“用归纳法则探索原因这类社会物理学的老方法”。[②]格尔茨不无讽刺地把一元化知识时代的社会科学称作“社会物理学”，旨在警示人们，社会生活和文化现象本来就不能像物理现象那样用机械的因果模式去处理。比如像“思想”这样一个简单的概念，过去只在哲学课堂上加以抽象的处理，而现在，“我们至少被逼迫在实验室，在诊疗室，在贫民区，在电脑中心，或在非洲的村落，去仔细寻想我们到底是怎样思考‘思想’的”。[③]每一特定地点和场合中关于“思想”的认识都具有彼时彼地的合理性，它们之间可以互相参照，互相补充。因此，“我们富有逻辑，你们是糊涂的乡巴佬”一类西方中心主义价值观及其反应定式，已经成为进入“地方性知识”大门的潜在障碍，有待于从根本上加以摈弃。[④]

从以上观点看，地方性知识有三个重要的特征：

第一，地方性知识总是与西方知识形成对照，这里虽然并没有直接说明西方知识是普遍的，但是这种分类就是把西方以外的知识与西方知识作为知识的两极：一端是西方知识，另一端是西方以外的其他地方性知识。在某种意义上，知识的地方性，是就它们与西方知识的关系而言的。

第二，与上述特性相关，地方性知识还指代与现代性知识相对照的非

---

① 蒙本曼:《地方性知识之科学辩证观》,《经济研究导刊》2012 第 3 期。

② 格尔茨著，王海龙、张家宣译:《地方性知识——阐释人类学论文集》，中央编译出版社 2004 年版，第 2 页。

③ 同上书，第 199 页。

④ 同上书，第 200 页。

现代知识。由于根深蒂固的西方中心主义的影响，其他民族和国家的科学或者自然知识很难被视为与西方近代发展所形成的科学同样有效的东西，在欧陆特别是法国的哲学传统中，那些尊重其他民族知识的学者仍然把所有有别于西方科学的其他知识称为“人种科学”或“非正规科学”。非现代性也可能同样存在两个维度的理解：第一，历史的维度，地方性知识不是现代仍然能够起作用的知识；第二，当下的维度，地方性知识所发挥的作用只局限于当地，而不是现代社会。

第三，地方性知识一定是与当地知识掌握者密切关联的知识，是不可脱离Who（谁）、Where（什么地点）和Context（具体情景）的知识，而普遍性知识则无需询问知识是谁的和在什么具体情境中。这个Who也许是当地的个体，也许是一个民族，总之，它不是西方意义的理性的、普遍的人，而情境的涵义则更为广泛和精妙。事实上，这种地方性知识紧密地联系着当地的地域，以格尔茨为代表的人类学家所说的地方性知识主要是一种与地域和民族的民间性知识和认知模式相关的知识。[①]

尽管不少人承认并强调某一族群或社区的地方性知识存在和延续的可能性、现实性和合理性，但是至今人们对地方性知识的挖掘与描述是零碎的、片段的、不成系统的，甚至有些是充满偏见和误解的。更重要的是，人们往往把地方性知识看成是一种静态的存在，而忽略其动态的发展、变迁的一面。在这种现实情况下，我们首先需要在经济文化类型正确认识与划分的基础上，对地方性知识进行系统的田野调查和民族志描述。

二、地方性知识与学校课程的开发

2001年教育部颁布的《基础教育课程改革纲要（试行）》明确指出：“实行国家、地方和学校三级课程管理。”基础教育课程改革实施之后，全国很多地方掀起了校本课程开发的浪潮，民族地区也不例外。目前很多地区的中小学校已经开发出了校本课程，取得了一些成就，积累了一定的经

① 吴彤：《两种“地方性知识”——兼评吉尔兹和劳斯的观点》，《自然辩证法研究》2007年第11期。

验。地方课程和校本课程的开发应该遵循适合当地经济文化发展的原则，形成自身的模式和特色。地方性知识为其提供了很好的理论依据。[①]

1980年代以来，日常生活知识在“学会生存”的时代呼声中进入课程是世界各国课程发展的一个重要趋势，实际上也是学校课程对地方性知识的尊重、传承和发展的重要表现。首先，地方课程建构必须把地方性知识作为最重要的课程资源，因为地方性知识是千百年来在当地经历了历史检验的成果，对当地的自然生态和文化生态是最具适切性的；其次，当地人民对自己的地方性知识耳熟能详，有深厚的情感，把地方性知识作为最重要的课程资源加以开掘，既有现实性，又能充分调动当地人民的积极性，为校本课程的建构和实施，为学校教育的改革与发展营造一种积极向上的社会环境。

（一）地方性知识是民族地区学校课程的重要资源

早在1920年代，陶行知先生就指出：“中国乡村教育走错了路：他教人离开乡下向城里跑，他教人吃饭不种稻，穿衣不种棉，做房子不造林；他教人羡慕奢华，看不起务农；他教人分利不生利；他教农夫的子弟变成书呆子。”[②]陶行知先生的这一番话，用通俗易懂的语言揭示了一个深刻的道理：教育必须与其所处地域的经济文化相适应，并为其发展作贡献。

我国地方课程和校本课程提出的基本背景，就是基于国家课程对于地方性知识和地方文化缺乏适切性的一种弥补，因而更倾向于对地方性知识即非主流文化的关注。但民族地区地方课程和校本课程开发不能照搬城市的开发模式，而应从适应当地的经济文化出发，充分吸纳挖掘利用课程资源。

课程资源的概念有广义和狭义之分。广义的课程资源指有利于实现课程目标的各种因素，狭义的课程资源仅指形成课程的直接因素来源。[③]我

---

① 欧群慧、巴战龙．经济文化类型理论对民族地区校本课程开发的启示——以云南省景洪市勐罕镇中学为例》，《安徽电气工程职业技术学院学报》2008年第12期。

② 陶行知：《陶行知教育文集》，四川教育出版社2005年版，第157—158页。

③ 吴刚平：《课程资源的概念框架》，《教育世界》2001年第1期。

国教育决策部门十分重视社区课程资源开发,《基础教育课程改革纲要(试行)》在提及社区课程资源时指出:“积极开发并利用校内外课程资源。学校应广泛利用校外的图书馆、博物馆、展览馆、科技馆、工厂、农村、部队和科研院所等各种社会资源以及丰富的自然资源。”

地方性知识应成为学校课程开发的重要资源,从操作层面讲,这种资源应该包括生计教育、环境教育和创新教育。

1. 生计教育

生计教育(Career Education),即职业前途教育,就是集普通教育和职业教育于一身,一种有组织的、所有人从幼儿园开始就参加且贯穿于一生中各个职业发展阶段的综合教育,在接受传统的普通教育的同时,建立起职业价值观念,获得谋生能力,而不仅仅是学会某一种实用技术。这是由美国联邦卫生、教育、福利部教育总署署长詹姆斯·艾伦(James Allen)于1970年首先提出,并由其继任西德尼·P. 马兰(Sidney P. Marland)推广的一种教育构想,它得到了美国教育协会等主要教育组织和美国商会的支持。生计教育突破了职业教育必须通过开办职业学校或在普通学校开设职业班来进行的传统观念,强调普通教育与职业教育的结合,强调课堂学习内容直接与现实生活以及学生未来的经济生活产生联系,以激发学生的成就动机和学习内驱动力。生计教育的概念可以概括为“三件事”:第一,生计教育将成为所有学生而不只是职业学校学生课程的一部分;第二,生计教育应当贯穿于从小学一年级到大专院校的所有年级中;第三,凡中学毕业的学生,包括中途退学的,都应掌握维持生计的各种技能。

西部少数民族地区基础教育发展的现实是:很多学生初中毕业后就面临就业问题,有一些学生甚至中途失学、辍学,只有一部分人继续接受初中后教育。因此,“学会生存”是学生的头等大事,生计教育应该成为本地课程的重要内容。任何生计方式都是建立在一定的经济文化类型的基础上,所以学生应该在初中接受当地经济文化类型孕育的生计的态度、知识与技能,以求在不能升学的情况下,能顺利进入社会,用勤劳的双手建设家乡,在为家乡社会发展服务的过程中求得生存并实现自我期望和价值。[①]

2. 环境教育

环境教育是现代教育的新领域。较早对环境教育问题进行探讨，是1965年在德国基尔大学召开的教育大会。1970年美国的《环境教育法》这样界定："环境教育是指关于人与其自然环境和人造环境之间的关系的教育过程，包括人口、污染、资源分布和消耗、保护、运输、技术、经济效果以及城市和农村计划同整个人类环境的关系。"[②]1972年，联合国在斯德哥尔摩召开人类环境会议，提出"只有一个地球"的口号，并正式把"环境教育"（Environmental Education）的名称确定下来。

70年代以来，环境教育课程受到世界各国普遍重视，自1992年联合国世界环境与发展大会提出"可持续发展"概念以来，人们更多地从可持续发展的角度认识环境教育，世界各国的环境教育课程不断得到强化，已经成为现代课程的一个十分重要的组成部分。这与环境问题的不断恶化和环境意识的逐渐增强有密切的关系。环境教育让学生围绕着人类与自然环境的关系，认识人口、环境的污染与保护、资源的分配与枯竭，以及技术、运输、城乡开发计划等，与人类发展的关系、对人类发展的影响。

就中国少数民族地区来说，一方面，这里是生物多样性和文化多样性的"自然博物馆"；另一方面，随着现代化建设速度的不断加快，粗放的经济增长方式、人口的无序流动、对当地各种资源的掠夺式开发和人们急功近利的破坏行为，生物多样性和文化多样性面临着巨大的威胁。环境与人的和谐是民族地区建立和谐社会的必然内涵，从根本上说，这种和谐也是民族地区求得进一步发展的基本前提。因此，学校课程必然要把环境教育纳入其中，这不仅关系到当地是否能获得实质性的发展，更是关系到子孙后代的切实利益。

---

① 欧群慧、巴战龙：《经济文化类型理论对民族地区校本课程开发的启示——以云南省景洪市勐罕镇中学为例》，《安徽电气工程职业技术学院学报》2008第12期。

② 国家环境保护局宣教司教育处：《中国环境教育的理论和实践（1985—1990）》，中国环境科学出版社1991年版，第409页。

3. 创新教育

创新教育（Creative Education）指依据现代化发展对人的要求，有目的地培养青少年的创新精神、创新能力和创新人格的教育。创新教育是世界课程现代化中颇受关注的领域，1960年代以来，创新教育一直是备受关注的问题。1972年联合国教科文组织的报告《学会生存》强调，"人的创造力，是最容易受文化影响的能力，是最能发展并超越人类自身成就的能力，也是最容易受到压抑和挫折的能力"；又指出，"教育具有开发创造精神和窒息创造精神的这样双重的力量"。创新教育课程不应当也不可能有一套现成的模式。创新性课程的设置应该只是确定范围和方向，不要作强制性的约束法则。

一个民族文化的产生和发展的过程，是这个民族创造发展的过程，也是这个民族与其他民族相互交往中创造性吸取异文化的优势，从而促进自身民族的进步与发展的过程。劳动人民在长期的生产和生活中都十分注意创新，以改变自己的生活，创造自己的文化。课程开发时应注意挖掘民族文化中的创新成分，通过传递当地人民创造性地解决问题的文化传统和现代创新思维的技巧、创新的态度、知识与技能，使学生有能力为当地的发展贡献自己的聪明才智。

（二）如何利用地方性知识开发学校课程

为保证学校教育的适切性，在开发地方课程和校本课程时，应遵循本土性、开放性、综合性和自主性等原则。[①]

1. 本土与开放性原则

课程内容的本土性指的是地方课程和校本课程取材于当地独特的自然和社会环境，通用教材所不能完全覆盖，而学生在生活中触手可及、抬头能见的事物。对本土性知识的发掘，可以让学校师生更热爱自己的家乡、本土文化和历史，形成对文化的认同、接纳和归属感，并将其有效传承下

① 欧群慧、巴战龙：《经济文化类型理论对民族地区校本课程开发的启示——以云南省景洪市勐罕镇中学为例》，《安徽电气工程职业技术学院学报》2008第12期。

去。课程开发者应从当地的实际出发，最大限度地选取与学生的现实需要、生活经验与文化背景相契合的知识、经验，如当地的生产活动、农作物栽培、风土人情、特色旅游等均可作为丰富的课程资源。

随着信息社会的到来，人与人之间交往日益频繁，各种文化不断渗透、融合。在课程设计中，要增强课程内容的开放性，及时反映经济全球化发展的需求，帮助学生达成对世界文化的理解和尊重。在开发地方课程和校本课程的时候，虽然是立足本土，但同时将视角扩展至世界，培养学生从不同的文化视角看世界，养成豁达的胸襟及多元的问题解决能力。课程内容既要反映传统的经验和知识，又要反映现代的科技与生活。

2. 自主性原则

赫伯特·斯宾塞说："什么知识最有价值？一致的答案就是科学。"批判教育学派代表人物阿普尔首先对这一命题提出质疑和批判，他指出："一个更好的表达这个问题的方式要突出教育争论的深刻的政治本质，也就是'谁的知识最有价值'。而要回答这个问题，需要思考以下几个问题：（1）这是谁的知识；（2）它是由谁来选择的；（3）为什么要这样组织知识，并以这种方式来教；（4）它对这个特定的群体是否有利。"[①] 在阿普尔看来，这个问题不只是一个教育的问题，同时也是意识形态的问题和政治的问题。在课程资源选择时，也必须思考这四个方面的问题，而关键在于强化本地人在课程开发中的自主权。

一些地区由于各种外部条件的限制，例如资金和人力资源的缺乏，课程开发难度较大，对此，一些学校采用外援式的课程开发。但外援式课程开发的研究者在短期内不可能对当地的经济文化类型有全面和深刻的了解，因此可能会造成一些缺陷，如缺乏对当地人的文化主体地位和文化选择权的尊重。学校课程开发时一定要坚持自主性原则，可以谋求在外界支援与自主性之间寻找一个合适的支点。只有坚持自主性原则才可能使本地课程开发可持续性发展，进而促进教育和经济文化的可持续性发展。

---

① 黄忠敬：《知识·权力·控制》，复旦大学出版社2003年版。

我国地方课程和校本课程开发非常重视以当地学校教师为主进行开发，并提出以教师参与课程开发来促进教师的专业自主发展。在课程开发中，应积极发挥本地人的主体作用，他们对当地的风土人情、人文地理有较深的了解，熟知当地的语言、文化和艺术等资源。

3. 重视不可见文化在课程资源中的重要作用

地方课程和校本课程的开发要以当地的文化资源作为其课程资源的主要来源。文化资源可分为可见文化与不可见文化两个部分，可见文化主要是指衣食住行等方面的文化，即我们所常说的物质文化等；不可见文化主要是指认知方式、哲学观、审美观等，即我们所常说的精神文化等。可见文化要受到不可见文化的制约与整合，不可见文化是一个区域赖以长期生存繁衍的支柱，也是融化在区域文化基因中较难改变的一个部分。

在课程开发中，往往较重视可见文化资源的开发，相对来说较容易忽视不可见文化资源的利用，如在一些地区的校本课程中，往往都会有大量内容来介绍当地的饮食、歌曲、舞蹈、民居、服饰等。然而课程开发中，不仅要重视可见文化，同时更应重视不可见文化，即仪式、宗教、婚姻、亲属制度、认知方式等。

在课程开发中，课程的内容是有限的，所以必然存在一个取舍问题。取舍的标准如何制定，是一个十分重要的问题，课程开发者需要深入、系统和全面地了解当地文化。如果说可见文化是一棵文化大树的叶和花，不可见文化则是文化大树的根，只有根的深入才能导致枝叶繁茂。所以如果放弃了这些重要的文化，而只是片段地介绍当地的风土人情，容易导致对本地文化的肤浅、片面甚至错误的认识。

〔个案〕中国西部少数民族地区经济文化类型与初中地方性校本课程建构

2006 年 4 月至 2008 年 3 月，中央民族大学中国少数民族地区基础教育研究中心开展了中央民族大学“985 工程”和福特基金会资助项目——中国西部少数民族地区经济文化类型与初中地方性校本课程建构。

课题组对我国西部少数民族地区经济文化类型作了初步划分：以地域

为标准划分为西北地区和西南地区；以最主要的生计方式为标准划分为牧业地区和农业地区。综合这两个标准，进一步划分为：西北旱作农业经济文化类型组和西南稻作经济文化类型组、西北高原牧业经济文化类型组和西北平原牧业经济文化类型组。基于此，根据先期田野调查的资料和大量文献的搜集分析，着重考虑当地的经济社会和文化教育的发展现状、建构地方性校本课程的现实性和迫切性，以及项目研究的可操作性和实际效益，选取了在西部具有代表性和典型性的两个地点作为项目的田野点：（1）西北高原牧业经济文化类型组：甘肃省张掖市肃南裕固族自治县皇城镇；（2）西南丘陵稻作经济文化类型组：云南省西双版纳傣族自治州景洪市勐哈乡。

项目的总体目标是，以经济文化类型理论为理论基础，以教育人类学的田野调查基础上的参与式行动研究为研究范式，摸清样本性田野点的经济文化类型和地方性知识的主要特点与具体内容，以此作为建构西部少数民族地区初中校本课程的基础和资源，建构校本课程，编写教材；培训相关教师；[①] 通过校本课程建构的代表性个案研究，在行动研究所获经验的基础上，提出并论证西部少数民族地区初中校本课程建构的一般范式，为西部少数民族地区与样本代表地区相似经济文化类型地区的地方性课程建构，乃至为整个西部地区基础教育新课程改革提供经验支持和现实参考范例。[②]

中国西部少数民族地区校本课程建构是一个复杂的过程，既有国内一般校本课程开发模式的特点，又具有自身独有的特性。

1. 经济文化类型调查

运用乡土文献资料收集法、小型座谈会法、典型经济文化类型片区参与观察法、访谈调查法、入户调查法等多种方式进行当地经济文化类型调查，在分析资料的基础上，进行经济文化类型的定性分析。课题组在经济

---

① 滕星：《经济文化类型与校本课程建构》，民族出版社 2012 年版。

② 海路、滕星：《文化差异与民族地区校本课程开发——一种教育人类学的视角》，《中南民族大学学报（人文社会科学版）》2009 年第 2 期。

文化类型的调查研究中发现，生计教育、环境教育和创新教育是一个社区文化和教育最核心的要素，因此被确定为校本课程开发的核心要素，并且围绕这三个要素搜索相关的地方性知识。

2. 校本课程开发需求评估

为了制定适合田野点的经济文化类型的校本课程，课题组进行了校本课程开发需求评估，主要通过问卷、访谈、观察等多种形式，调查、分析家长和教师等对学校的教育需求以及学生的发展需求。

3. 形成共同的开发愿景

形成共同的开发愿景是为了在学校中形成一种合力，使校本课程开发的理念、目标深入到学校的领导、教师、学生等每一个成员心中，成为学校行动的指南和目标。要使校本课程开发形成共同愿景，可采取多种活动方式如会议、培训、访谈、问卷调查等，争取社会各界的支持，发挥社区、学校、家长等的协同效应，建立社区和学校之间的支持性社会关系。

4. 组建开发队伍

要保证校本课程开发的顺利进行，一支健康、充满活力的开发队伍是关键所在。校本课程开发是一个合作的、民主的、开放的过程，强调校长、教师、学生、家长、社区成员的广泛参与。在组织开发队伍的时候应体现自愿和兴趣优先原则，同时打破单一的自上而下的管理机制，实行自上而下和自下而上相结合的机制，立足本地人员。这样的组织原则使开发成员之间能够形成相互促进，取得相得益彰的效果。在组织开发队伍时应重视成员的多元文化背景，尽量包括不同民族、性别、文化背景的人参与。

5. 课程标准制定

课程标准是教材编写、教学、考试命题和评估的依据，是管理和评价课程的基础，应体现对不同阶段的学生在知识与技能、过程与方法、情感态度与价值观等方面的基本要求，规定各门课程的性质、目标、内容框架，提出教学和评价建议。课程标准的制定在校本课程开发中占有非常重要的地位和作用，具体来说包括课程标准基本理念、课程目标、课程内容标准和校本课程实施建议等四个方面。

6. 组织实施课程开发

组织实施课程开发是校本课程开发的主要环节。尽管经过前期制定校本课程标准，开发小组对校本课程开发的理念、目标、内容标准和编写建议有了深刻的认识，然而要把这些理念和目标贯穿到实际的开发过程中，并非水到渠成。在长达一年的实际开发过程中，主要包括以下三个方面的环节：收集课程开发资源、组织课程内容、开发其他相关资源（如课程资源库的建立）等。

7. 教材评价

目前，在校本课程实施过程中存在一个较为严重的问题，就是忽视对校本课程开发的评价。没有建立一个合理有效的评价管理制度，没有对整个实施过程进行全程监督，没有对细节作认真反思和客观评价，就不可能发现课程开发中隐藏的缺陷，也就谈不上课程的发展和完善。校本课程评价应该包括对教材目标、教材内容、教材体系、教材实施和教材设计等方面的考察。

8. 教师培训

校本课程开发完成以后，必须针对授课教师在使用教材过程中可能存在的问题进行培训，如教师把校本课程上成学科课程的课，在上课时特别重视对知识的掌握，在课堂中教师把握过多等。教师培训应以参与式培训方式为主。项目小组在培训的过程中总结了“边培训，边实施，边提高，勤总结，易推广”的培训原则，在培训过程中取得了很好的成绩。

9. 确定校本课程教材实验方案

为了充分发挥校本课程在教育教学中的作用，学校制定了校本课程实验方案。在制定实施方案前，两所学校课程开发小组成员通过走访与宣传，与当地相关部门的领导与学生家长进行了广泛的交流和沟通，听取了社区各群体人员对实施校本课程教材试验的想法和建议，加深了他们对校本课程的理解和认识，并赢得了支持与关注，为校本课程实施方案的制定打下了良好的基础。学校制定了详实可行的校本课程实施方案来保障校本课程方案的实施，包括校本课程教学实施的目标、校本课程教学实施的原则、组织与实施、教学形式、校本课程的评价等。

第三节　学校教育的生态学研究

一、学校教育生态学研究的萌芽与发展

作为一门新兴交叉学科，教育生态学的衍生和发展有其特定的社会背景和诉求。1858 年，当博物学家梭罗（H. D. Thoreau）最早提出了“生态学”概念并将其界定为是一门研究生物体与周围环境之间相互关系和作用机理的科学时，就意味着生态学的基本原理和研究方法将适用于多个学科。20 世纪初，生态学已成为一门有特定研究对象的独立学科。50 年代以来，生态学借鉴了多领域的研究成果和方法，取得了极大的发展，具备了较为完整的理论体系和相对成熟的研究方法。

生态学的原理和方法应用于教育研究中最早是由美国教育学家沃勒（W. Waller）在 1932 年进行的课堂生态学研究。1966 年，美国教育学家阿什比（E. Ashby）在高等教育的对比研究中提出了“高等教育生态学”（Ecology of Higher Education）概念，开始运用生态学的原理和方法研究高等教育。此后，教育生态学的研究掀起了一阵浪潮。1976 年，美国哥伦比亚大学教育学院前院长劳伦斯・亚瑟・克雷明（L. A. Cremin）在《公共教育》一书中正式提出了“教育生态学”这一概念，并在第二章“面向教育生态”（Toward an Ecology of Education）中进行了专门探讨。随后，英国学者埃格尔斯顿（J. Eggleston）在《学校生态学》一书中开辟了教育生态学研究的新思路，他提出教育生态学也应该研究教育资源的分布以及个体对教育资源分布的反应。费恩（L. J. Fein）、坦纳（H. T. Tanner）、沙利文（E. A. Sullivan）等则侧重于探讨教育和环境的关系问题。1987 年，美国古德莱德（J. I. Goodlad）提出“文化生态系统”的概念，强调学校建设要从管理的角度入手，统筹各种生态因子，重视文化因素对教育的影响，建立

健康的生态系统，提高办学效益。[①]

90 年代，随着冷战的结束，科学技术突飞猛进，能源消耗迅速增大，世界各国的经济竞争也愈演愈烈。人类不惜以牺牲环境为代价来换取短暂的经济利益，造成全球空气污染严重、二氧化碳增多、臭氧层破坏、水资源短缺、不可再生能源匮乏等一系列关乎人类生死存亡的环境问题。这时，一些学者从宏观出发，把教育问题放在人类生存的大环境中进行系统的研究；另一些学者则从微观出发，把学校教育看成一个独立的生态系统，研究具体的学校教育问题。[②]

我国教育生态学的思想由来已久。“性相近也，习相远也”（《论语·阳货》），“后稷教民稼穑，树艺五谷，五谷熟而民人育”（《孟子·滕文公上》），以及“孟母三迁”的典故，都说明两千多年前人们就已经认识到教育与自然环境、社会环境的关系。然而，我国比较系统的教育生态学研究起步较晚。

1960 年代，台湾师范大学教育学系方炳林先生率先从事这一领域的研究，并出版了《生态环境与教育》一书。台湾师范大学也成为较早进行教育生态学研究和教学的大学。80 年代后期，李聪明出版的《教育生态学导论》一书，针对台湾教育的现实，运用生态学的原理，对各种教育问题进行了反思。我国大陆学者对教育生态学的研究始于 80 年代末 90 年代初。南京师范大学环境科学研究所吴鼎福先生是较早进行研究并取得一定成就的研究者。吴鼎福和诸文蔚 1990 年合著的《教育生态学》是我国大陆第一本教育生态学研究的专著，作者从分析各种教育生态环境及其生态因子对教育的影响以及教育对生态环境的反作用入手，对教育的生态环境、生态结构、生态功能、基本原理、基本规律、行为生态、演替与演化、评估、可持续发展等内容进行了详细的阐述。由于吴鼎福有较深厚的生态学知识基础，而诸文蔚又常年从事教育学研究，所以该书不仅借用了不少生态学理论、概念和术语，生态学的色彩较浓厚，而且还将生态学的理论和方法

---

① 范国睿:《美英教育生态学研究述评》,《华东师范大学学报（教育科学版）》1995 第 2 期。

② 范国睿:《教育生态学》，人民教育出版社 2000 年版。

应用到教育中来。此后，任凯等人所著的《教育生态学》借用生态学的原理与方法分析了一些教育现象，但分析的深度和广度仍需进一步加强。华东师范大学教授范国睿所著的《教育生态学》，在前面各位学者研究成果的基础上有所突破，在学科体系建构方面，力图从文化、人口、资源以及环境的角度来阐述教育生态，并引用了大量国外的研究成果，还用比较研究法对这些成果进行了类比。

总体来看，教育生态学的研究有两个趋势：一些学者从教育与环境的关系入手开展研究，另一些学者着重研究教育资源的分布。教育资源分布的不平衡不仅表现在地区差异上，即使在同一地区，教育资源的分布也不平等。宏观教育生态学从教育的生态系统和生态平衡出发，研究教育的多渠道、多样化特征和多类型、多层次结构。微观教育生态学则以生态环境因子为主体，研究各种生态环境因素与教育的关系及对教育的影响。①

二、学校教育生态学研究的基本层次

学校教育生态学研究探讨学校教育与外部生态环境和内部组成部分之间的关系，主要从两个角度进行研究：一种是以教育为主体，研究学校教育与生态环境的关系；另一种是从生态环境因子出发，研究各种生态环境因素与学校教育的关系及其对教育的影响。从宏观上看，学校教育生态系统作为教育生态系统的一个子系统，与外部的自然环境、社会环境、规范环境以及其他系统有着密切的联系，既受外部环境因素的影响，同时又反过来改变着外部环境；从微观上看，学校教育生态系统作为社会系统中的一个子系统，与社会经济、政治、文化等存在着物质、能量、信息等的交换，而它内部的各组成部分如学生、教师、家长、管理层等因素相互之间也存在着错综复杂的关系，它们既是学校教育的组成部分，又受制于学校教育的发展水平。

学校教育生态学研究对象既包括学校教育过程中的一系列问题，也包括与教育相关的各种生态环境，以及教育与环境之间相互作用的原理和规

① 王玲等:《教育生态学的研究进展概述》，北京市高等教育学会 2007 年学术年会论文。

律。概括地说，学校教育生态学就是研究学校教育与周围的生态环境（自然的、社会的、规范的、生理的、心理的）之间相互作用的规律和机理的科学，对这些生态环境的研究构成学校教育生态学研究的基本层次。①

学校的自然环境主要包括所在地的地理位置、物产资源、气候条件、交通情况、硬件设施等，这些不仅影响学校的办学能力、教学质量、学生发展，同时也是学校能否培养合格人才、促进当地经济发展的重要因素。例如，学校的地理位置和交通状况不好，就可能影响学校的生源，而硬件设施的不完备则不能满足学生全面发展的需求，对当地社会经济的发展所起的助力也就相对较小。

学校的社会环境主要包括政治、经济、文化、科技等要素。学校教育受家庭群体、社会群体和其他教育机构的影响也非常大。例如，一个地方的经济条件较为发达，而社会和家庭又重视教育，相对于其他地方，这个地方的学校教育事业一般会较为发达。培养出来的人才不仅数量多，而且质量也高，培养出来的人才又能促进当地教育事业的发展，形成一条良性循环的生态链。

学校的规范环境也被称为价值环境或精神环境，既包括学校校内的办学理念、校风学风、教学态度等，也包括校外当地社区的风俗习惯、舆论风尚、价值取向、道德观念等因素。校内与校外的规范环境相互作用，并形成一种合力，共同推进学校教育的发展。学校教育既受规范环境的制约，同时又对周围环境的价值观、情感态度等产生影响。②

学生的生理和心理特点也是学校教育的重要生态组成要素。作为生活在一定环境中的有意识的人，生态化的教育不仅要关心如何把一个自然人造就成一个社会人，更关注如何学会与自然、与社会乃至与自身和谐共处。教育不仅要使人学会认知、学会做事，还要学会共同生活，即学会与他人、与社会、与自身，也包括与自然和平共处，这才是真正意义上的学会生存。

---

① 任凯、白燕:《教育生态学》，辽宁教育出版社 1992 年版，第 10—12 页。

② 冯增俊:《教育人类学》，江苏教育出版社 1991 年版，第 241—245 页。

三、教育人类学与生态学模式

在教育人类学研究中，许多学者注重生态学研究模式。这种分析框架注重把教育放在特定的文化生态环境中加以考察，研究某一特定的教育要素与其他要素之间的关系，其中又特别注重学校教育行为与环境（社会组织、价值观、人群关系）之间的研究。[①] 在诸多研究中，美国教育人类学家奥格布尤为突出，他运用生态学模式做了大量研究。

奥格布提出“学校教育民族生态学”（Ethnoecology of Schooling）来考察学校生态与社区生态的关系。他在《都市学校教育民族生态学》（Ethnoecology of Urban Schooling）一文中，运用民族生态学的研究方法，以加利福尼亚州斯托克顿的黑人与墨西哥裔美国人为研究对象，致力于对少数民族学校教育失败的文化冲突理论的分析。学校教育民族生态学讨论关于学校的认识论（epistemology）问题，也讨论民间体系和社会现实模式对少数民族学生可教育性问题的影响。他们已经发现，虽然对人们知觉、知识和行为结果的研究形成了学校教育民族生态学的核心，他们同时也指出，对学校、社会及历史因素的研究也影响研究对象的知觉、知识和对学校的反应。不同的族群有不同的历史，有不同的社会和经济地位。这些族群可以认识到社会制度的不同，获得不同的知识。

1960 年代，美国通过了一项政策来提高贫困人口和少数民族的学业成就，以帮助他们成为中产阶级。美国学校开始实行一些“补救”项目，如预备教育、补偿教育、双语教育等，但是这些措施几乎都是基于统治群体对弱势群体学校教育不力和贫困缘由的猜想。这些猜想反映的仅仅是统治群体的认知，而与现实情况并不相符。更重要的是，在研究教育问题并制定、实施措施的过程中，弱势群体的“民族生态学”并没有被系统化研究过，也没有被认真严肃地思考过。奥格布的案例研究表明，我们不仅要研究那些控制少数民族学校教育的统治群体的民族生态学，也要研究不得不应对教育变化的少数民族的民族生态学，以及不同的民族生态学结构，为

---

① 冯增俊:《教育人类学教程》，人民教育出版社 2005 年版，第 76 页。

正确制定、执行政策提供新的研究视角。

此外，奥格布还提出并阐释了教育文化生态学模式和文化生态模式。人类学家斯图尔德（Julian Steward）和他的学生1968年把文化生态学定义为对相互依赖于环境特性的行为的制度化、社会化传递模式的研究。本耐特（Bennett）认为，文化生态学研究的是人类群体如何受自然环境影响，如何利用自然环境，如何受社会组织和文化价值的影响，如何在应对环境要求的策略或任务中、在开发可利用资源以达到生存目标和解决新旧问题的活动之中，以及解决其他各类问题时去发现个人品质、行为和环境之间的关系，把文化任务、适应性和工具性能力和行为归属于群体总体而非独立的个人，来处理群体与环境的关系。①

奥格布给文化生态学（Cultural Ecology）下了这样的定义：文化生态学是研究与特定环境相互依赖的、由社会传播的制度化行为形态的一门学科。本耐特则认为，文化生态学是一门研究两个相关现象的学科：一个是人们对自然的利用与其社会组织、文化价值如何互相影响，一个是人们对他们所处的环境表现出来的适应性的人格和行为。文化生态学关注的适应性单位（Adaptive Unit）是从文化上能证明为同一的群体或社会，而不是孤立的个人。

文化生态学并不研究全部的社会环境，而只涉及那些与人类的适应性相关且直接影响其生存与发展的部分。文化生态学有个重要概念——有效环境（Effective Environment），这是由社会的技术和知识来界定的。技术在这里是指工具及其作用；知识包括对环境的本质的理解，对开发环境资源的理解。

文化生态学也包括民族生态学的研究，主要指他们对儿童养育和发展的理解与做法。在文化生态学的框架下，奥格布提出一种生存和地位的流变性理论——个体在特殊环境中如何取得成功的本土化理论。他通过整合受这种本土化理论影响的个体如何取得成功的资料、理论如何影响育儿代

① 王婧：《奥格布（John Uzo Ogbu）教育人类学思想探析——对一个国际著名教育人类学家的文本分析》，中央民族大学2006硕士学位论文。

理人的行为的客观资料，研究社会成员在育儿过程中传授给下一代的语言、认知、动机和社会能力的本质等育儿技巧，以更加全面地理解这些能力之间的关系。

奥格布在《人类能力的起源：一个文化生态学视角》（Origins of Human Competence: A Cultural-Ecological Perspective，1981）、《人类智力测验：文化生态学的观点》（Human Intelligence Testing: A Cultural-Ecological Perspective，1988）、《自愿与非自愿少数民族：文化生态理论对学校表现的教育隐语》（Voluntary and Involuntary Minorities: A Cultural-Ecological Theory of School Performance with Some Implications for Education，1998）等多篇文章中用文化生态学视角来研究少数民族学校教育问题，分析社会结构、社会制度、社区力量、各族群的认知与反应、弱势群体由此而生成的生存策略等因素与少数民族学校教育失败之间的互动关系，并提出少数民族社区、政府或社会、学校都应该采取相应措施以减少教育中的不平等问题。

名词与术语

1. 经济文化类型：指一定的经济与文化特点的综合体，它在历史上形成于处在相似的社会经济发展水平、并居住在同样自然地理条件下的不同民族中。基本内容为：第一，经济文化类型不是单纯的经济类型，而是经济和文化相互联系的特色的综合体。第二，经济文化类型具有超地区性的特征。在地理环境相似和社会经济发展水平接近的条件下，居住在不同的甚至相距很远的地区中的不同民族可以属于一个经济文化类型。第三，每一个类型的文化特征首先取决于其地理条件所规定的经济发展方向。第四，经济文化类型是历史过程的产物。第五，各种经济文化类型都有着各自的历史年龄。

2. 地方性知识："地方性知识"是美国著名文化人类学大家克利福德·格尔茨提出的一个重要的文化人类学概念。格尔茨并没有对"地方性知识"给出一个精确的定义，但人们倾向于将其理解为组织和表述地方性文化的一种知识体系。与普世性知识求同的本质不同，地方性知识的本质是求异。追本溯源，地方性知识概念的提出是有深刻背景的。

思考题

1. 经济文化类型理论对我国少数民族教育改革有什么启示？
2. 地方性知识如何成为我国少数民族地区学校课程的重要资源？
3. 学校教育生态学研究的基本层次是什么？

推荐阅读书目

1. 克利福德·格尔茨著，王海龙、张家宣译：《地方性知识：阐释人类学论文集》，中央编译出版社 2000 年版。

   本书是克利福德·格尔茨成熟期的作品。各篇集中讨论地方社群如何理解社会思想、本土人如何想象伦理道德，讨论常识、艺术、权威甚至法律背后的文化意蕴。从巴厘岛、摩洛哥再到现代英美国家，格尔茨所作的文化分析，展现出这门探索意义的阐释性科学的极大魅力。

2. 克利福德·格尔茨著、韩莉译：《文化的解释》，译林出版社 1999 版。

   本书是克利福德·格尔茨文化人类学研究论文的精选集，全面梳理了文化人类学研究领域里的误区，对文化的概念、文化与宗教以及文化与意识形态等的关系进行了详实的研究。所有的论文基本上都是通过从一个又一个案例中提出的一个个独特观点，来阐明什么是文化，文化在社会生活中扮演了什么样的角色，以及文化研究应该采取什么样的恰当方法等问题。

3. 滕星、巴战龙、欧群慧等：《经济文化类型与校本课程建构》，民族出版社 2012 年版。

   本书以文化人类学的重要理论——经济文化类型理论为理论基础，在教育人类学田野调查的基础上，通过参与式行动研究论证西部少数民族地区初中地方性校本课程建构的一般范式，为西部少数民族地区相似经济文化类型地区的地方性课程建构，乃至为整个西部地区基础教育新课程改革提供经验支持和现实参考范例。

4. 哈经雄、滕星:《民族教育学通论》，教育科学出版社 2001 年版。

本书从宏观与微观领域出发进行探索，在理论框架与研究方法上都较以前有了很大突破，对民族教育学学科的进一步理论化、学术化起到积极的推动作用，是了解我国民族教育发展的重要书目之一。

5. 阿普尔著、黄忠敬译:《意识形态与课程》，华东师范大学出版社 2001 年版。

本书分析了霸权，详细论述了意识形态与文化生产、经济再生产，日常学校生活中的经济与控制，课程历史与社会控制等，集中反映了人们对自由民主学校教育的渴望。

第十二章 多民族国家的双语教育：人类学的视角

当今，世界上绝大多数国家都是多民族国家，主要针对语言少数群体的双语教育已成为这些国家语言政策和教育政策的重要组成部分。本章主要从人类学的视角探讨多民族国家的双语教育，说明人类学研究对多民族国家双语教育研究的独特贡献与价值。人类学视角下的双语教育研究不仅关注少数群体学生的学业成就，更关注双语教育的宏观背景和特殊情境，包括语言教育与历史、文化、权力和政治的关系。

目前，世界上有200多个国家和地区，其中联合国承认的主权国家为195个（193个正式会员国，2个观察员国）。全世界人口在2014年已达到72亿。[①] 在日常生活交流中，全世界70亿人口使用约7000种语言，[②] 但其中只有很少一部分能够成为学校的教学语言。在世界各国中，只有少数单一民族国家，如朝鲜、马尔代夫，而绝大多数国家都是多民族国家，如中国、美国、俄罗斯、新加坡。多民族国家中有语言少数群体（Language-Minority）和语言多数群体（Language-Majority）之分。[③] 主要针对语言少数

① 联合国经济和社会事务部人口司：《2014年世界人口状况简要报告》，第2页。http: //www.un.org/en/development/desa/population/publications/pdf/trends/Concise%20Report%20on%20the%20World%20Population%20Situation%202014/zh.pdf.

② http: //www.bbc.co.uk/languages/guide/languages.shtml.

③ 语言少数群体和语言多数群体并不完全是以语言使用人数的多少划分的，而是由语言的社会经济地位决定的。如新加坡人口中虽然华人占多数，但新加坡的官方语言和强势语言是英语，汉语是弱势语言。

群体的双语教育政策成为多民族国家语言政策和教育政策的重点。正如科林·贝克（Colin Baker）所言："学生、教师和教育政策的制定者必须意识到他们现在或将来的所作所为不仅关系到课堂中的儿童，还是国家或民族整体教育政策的组成部分。"[①]

本章主要从人类学的视角探讨多民族国家的双语教育，说明人类学研究对于多民族国家双语教育研究的贡献与价值。本章包括三个部分：(1）双语教育的定义和模式；(2）双语教育的宏观视角：同化主义与多元主义；(3）双语教育的微观视角：民族志的研究。

第一节 双语教育的定义与模式

一、双语教育的定义

在不同的背景下，"双语教育"（Bilingual Education）一词有着丰富多样的语义变化。《国际教育百科全书》(*The International Encyclopedia of Education*）中对双语教育的界定是："所谓'双语教育'，通常是指一种使用两种语言作为非语言学科教学媒介语的教学方式或教学手段。""'双语教育'的最低标准应该是在教学过程中至少使用两种语言。"[②]《朗曼语言学词典》(*Longman Dictionary of Applied Linguistics*）认为，"'双语教育'是指学校采用第二语言或外语教授主课"。[③]《双语与双语教育百科全书》(*Encyclopedia of Bilingualism and Bilingual Education*）指出："一般可以把'双语教育'简单地描述为一种教育情景，在此教育情景中，学校使用两种语言进行教学。"具体地说，双语教育"可以被认为是用第二语言来教授其他非语言学科内容（如用第二语言教授科学、数学、社会），而不

① 科林·贝克著、翁艳珩等译：《双语与双语教育概论》，中央民族大学出版社 2008 年版，第 407 页。

② Torsten Husén, T. Neville Postlethwaite, *The International Encyclopedia of Education*, Vol.1. Front Cover. Pergamon, 1994 : 531.

③ 理查兹等著、刘润清等译：《朗曼语言学词典》，山西教育出版社 1997 年版，第 33 页。

是把第二语言当作一门学科课程在课堂上教与学”。[①]我国学者常引用的是西格恩和麦凯（Migual Siguán and William F. Mackey）在《教育与双语制》（*Education and Bilingualism*, 中译名为《双语教育概论》）中的定义：“‘双语教育’这个术语指的是以两种语言作为教学媒介的教育系统，其中一种语言常常是但并不一定是学生的第一语言。”[②]卡明斯（Cummins）则进一步解释道：“‘双语教育’这个词通常是指在学生教育生涯的某个阶段使用两种（或者更多）教学媒介语言。这两种语言被用来教授科目内容而不单纯是语言课程本身。”[③]由上述引文可以看出，国际上关于双语教育的定义多侧重于将双语教育界定为“在学校教育教学中使用两种语言进行非语言学科的教学”。这是一种广义上的双语教育，在学校的部分或全部课程中凡是使用两种语言作为教学媒介来教授非语言类学科的教学方式均可归入双语教育之列，如以母语和第一语言为基础进行第二语言教学或外语教学。[④]

20世纪下半叶以来，在世界主要多民族国家的立法中，各国宪法或相关法律一般都有关于不同语言民族群体特别是语言少数民族群体学习、使用本民族语言和国家通用语言或族际语的规定，从而在学校教育中形成了一种特殊的双语教育制度和系统，并由政府部门提供相关的政策、经费、师资、教学材料等给予保障。如加拿大的《魁北克法》（1774）和《官方语言法》（1969）、新加坡的《教育政策白皮书》（1956）和《教育报告》（1966）、美国的《双语教育法》（1968年颁布实施，1974年、1983年、

---

① Colin Baker & Sylvia Prys Jones, *Encyclopedia of Bilingualism and Bilingual Education*, UK: Multilingual Matters, 1998: 464.

② W. F. 麦凯、M. 西格恩著，严正、柳秀峰译：《双语教育概论》，光明日报出版社1989年版，第45页。

③ Cummins, J.（1997）Introduction. In J. Cummins and Corson（ed.）Encyclopedia of Language and Education Volume 5 Dordreeht, the Netherlands: Kluwer Academic Publisher.

④ 从广义上说，外语也被包含在第二语言之列。但严格意义上说，第二语言与外语有着本质上的区别。第二语言可能是一个国家或民族的官方语言，而外语绝对不会是一个国家或民族的官方语言。王莉颖：《双语教育理论与实践：中外双语教育比较研究》，上海教育出版社2008年版，第5页。

1994 年先后修订）。我国的《中华人民共和国少数民族区域自治法》（1984 年通过，2001 年修订）和《中华人民共和国教育法》（1995 年通过，2009 年修订）等，都有在民族地区学校及其他教育机构实施民汉双语教育的相关规定。因此，从狭义上说，双语教育是指在一个多民族国家中，主要以少数民族学生为教育对象，在学校教育中使用本民族语言和主流语言（国家通用语或各民族族际语）两种语言进行教学的教育系统或体制。这种教育系统或体制一般都得到国家或地方行政、立法、司法等方面的保障。可以说，在大多数多民族国家中，双语教育已经成为维护国家统一和民族团结的一项基本国策。

综合以上有关双语教育定义的综述，本章的"双语教育"主要使用其狭义的定义，即在一个多民族国家的学校教育中，针对语言少数民族群体使用主流语言和少数民族语言作为其教学语言的教育系统或教育体制。

二、双语教育的模式

1976 年，费什曼（Fishman）、约翰·爱德华兹（John Edwards）、洪贝格（Homberger）等人首先把双语教育划分为"过渡型双语教育"与"保持型双语教育"两种基本模式。[①] 在此基础上，科林·贝克首先区分了过渡型和保持型这两类基本的双语教育模式在双语教育目标上的差别。过渡型双语教育的目标是使儿童从家庭的、少数民族的语言使用转向主流的、多数民族的语言，其根本目的是将少数民族儿童在社会及文化方面同化到语言多数民族中。保持型双语教育的目标则是培养少数民族儿童自身的少数民族语言能力，以及相应的自我文化和身分认同。在此基础上，科林·贝克重点介绍了 10 种双语教育的模式类型，主要分强势双语教育和弱势双语教育两大类（表 12-1、表 12-2）。[②]

---

① Colin Baker, *Foundation of Bilingual Education and Bilingualism*. Philadelphia: Multilingual Matters Ltd, 1993. 转引自王斌华：《双语教育与双语教学》，上海教育出版社 2003 年版，第 152 页。

② Colin Baker, *Foundation of Bilingual Education and Bilingualism*. Philadelphia: Multilingual Matters Ltd, 1993/2011.

表 12-1 弱势双语教育

教育目标	典型儿童类型	课堂语言	社会和教育目标	语言输出目标
主流/浸没型（结构式浸没）	语言少数民族儿童	主体民族语言	同化/削减式	单语
主流/带补习班的/庇护式英语/基于内容的ESL	语言少数民族儿童	主体民族语言（兼上第二语言课）	同化/削减式	单语
隔离主义	语言少数民族儿童	主体民族语言（强迫，不能选择）	隔离	单语
过渡型	语言少数民族儿童	从少数民族语言转向主体民族语言	同化/削减	相对单语
主流型（兼外语教学）	语言少数民族儿童	主体民族语言（兼上第二语言或外语课）	有限的赋予	有限双语
分离主义	语言少数民族儿童	主体民族语言（可自由选择）	分离/自主	有限双语

表 12-2 强势双语双文教育

教育目标	典型儿童类型	课堂语言	社会和教育目标	语言输出目标
沉浸型	语言少数民族儿童	双语（最初强调第二语言）	多元主义及赋予，添加式	双语双文
保持/继承语言	语言少数民族儿童	双语（强调第一语言）	保持，多元主义及赋予。添加式	双语双文
双向/双重	语言少数民族儿童与语言多数民族儿童混合	少数民族语言和主体民族语言	保持，多元主义及赋予。添加式	双语双文
主流双语	语言多数民族儿童	两种主体民族语言	保持，双语文能力，多元主义及赋予。添加式	双语

科林·贝克关于双语教育模式的分类在国际双语教育研究领域被引用甚广，对区分和理解多民族国家双语教育的基本模式（过渡型与保持型）及其变式具有重要的借鉴意义。

在我国，民汉双语教育模式整体上也可分为强势双语教育和弱势双语教育两大类型。

（一）强势双语教育模式

我国民族地区的强势双语教育模式是指从小学到中学整个基础教育阶段实施双语教育，目标是使学生中学毕业时达到“民汉兼通”的双语文水平。王洪玉归纳了属于这种模式的双语学校在课程设置和具体教学方面的三种不同类型。[①]

1. 民族语文主导型

采用这种教学模式的学校，各门课程主要以民族语文为教学媒介语实施课程计划，包括理科和文科的全部课程都用民族语文授课，充分发挥母语在基础教育中的优势，汉语文作为第二语言课程来开设，为学生今后与其他民族进行交流、升入普通类学校接受高等教育和就业打下语言基础，使学生成为“民汉兼通”的双语、双文化人。这类模式的双语教育，突出了母语教育的地位和作用，同时也贯彻了“学校应当推广使用普通话”的精神，保证了学生“民汉兼通”。采用这一模式的学校因地而异，尤其是在什么阶段开始设置第二语言课，是不统一的。有的小学从三年级开始设置汉语文课程，有的在小学四至六年级加授汉语文课。新疆的维吾尔族、哈萨克族的民族学校大都采用这种双语教育模式。

2. 汉语主导型

实行这种模式的学校和班级，不论文科和理科，全部课程都用全国通用的教材，并用汉语文授课，其中无文字的民族不同程度地用民族语辅助教学，但不起主导作用，有文字的民族或地区，民族语文作为一门课程开

① 王洪玉：《少数民族双语教育发展模式及其特征》，《甘肃高师学报》2006 年第 4 期。

设，使学生掌握民族语文，培养学生兼通民族语文和汉语文的双语文能力。汉语基础较好的民族地区和城镇学校大都采用这种模式。

3. 民汉语文兼用型

采用这种教学模式的学校，一部分课程用本民族语文讲授，一部分课程用汉语文讲授。民族语文和汉语文均作为一门课程贯穿于整个基础教育阶段。这种教学模式与民族语文主导式基本相似，只是理科课程采用汉语教材。朝鲜族、藏族、蒙古族、维吾尔族、哈萨克族、柯尔克孜族、锡伯族、俄罗斯族和四川的彝族都有这种模式的双语学校或双语班级。

我国民族地区的强势双语教育模式大致相当于国际上通行的“保持型双语教育模式”，这类双语教育的目标是：民族教育实现传统与现代相结合，从传统走向现代，从语言上达到民汉兼通，从人才规格上达到民族人才与现代人才的统一结合。

（二）弱势双语教育模式

我国民族地区的弱势双语教育模式也可称为“初等型双语教育模式”，是指学前至小学阶段的双语教育。这种类型可以根据民、汉两种语文课程的倾斜程度，将其概括为三种不同的教学模式。

1. 宝塔式

采用宝塔式双语教学的学校及班级，一般从小学一年级开设民族语文课和汉语会话课，二年级到六年级民族语文课程逐步减少，汉语文课程逐年增加，双语教育贯穿于整个小学阶段。云南傣族、傈僳族、景颇族地区的双语学校或双语班级多属于这类双语教学模式。

2. 两段式

分为两类：一是双语文和汉语文两个阶段的过渡，小学一至三年级同时讲授民、汉两种语文，民族语文的课时由多到少递减，而汉语文的课时随之逐年增加，四至六年级只学汉语文，不学民族语文，但用民族语文辅助教学，云南剑川县西中小学的白汉双语教学就属于这一模式；二是民族语文和汉语文分为两个阶段过渡的模式，小学一至三年级讲授民族语文，四至六年级讲授汉语文，并用民族语文辅助教学，云南部分傣族、佤族的一些学校中实施这种模式。

3. 三段式

采用三段式双语教学的学校或班级，一般是在学前班和小学一年级学习民族语文，用本民族语言讲课，二、三年级学习民、汉双语对照课本，用本民族语和汉语两种语言讲授，四至六年级使用全国统编教材，用汉语授课，民族语文作为一门课开设至小学毕业，每周3课时。云南省沧源县贺南小学就属于这种模式。

这种弱势民汉双语教育模式基本上等同于国际上的“过渡型双语教育模式”，一般为南方聚居区和散杂居区无文字或创制文字较晚的民族所采用，其目标为：实现由民族教育向普通教育的过渡，即完成由双语文到汉语文的过渡，并确定与普通教育相一致和接轨的各种模式。

第二节　双语教育的宏观视角：同化主义与多元主义

与一般的双语教育研究聚焦于学校内部的教师、学生、教材和教学环境不同，人类学视角的双语教育研究将双语教育活动置于更为宏大的社会背景和意识形态之中加以思考与分析。数个世纪以来，作为不同的社会意识形态，同化主义与多元主义反映了不同历史时期各类群体（政府、学校管理者、教师和语言少数群体学生等）对双语教育的态度、认同、诉求乃至博弈。各国政府对双语教育的认识和规划，大都体现了将“语言作为问题”、“语言作为权利”、“语言作为资源”三种基本立场。这有利于我们从同化主义与多元主义的宏观视角更好地把握双语教育与意识形态之间的复杂关系。

一、概述

数个世纪以来，随着帝国体制在欧洲的崩溃，一种以同种族裔语言与族裔宗教认同为基础的人类共同体越来越引起人们的关注，它们经常被称为“民族”（Nation）。这类族裔性的人类共同体无不要求拥有属于自己的领土，并在此之上建立其集体政治权威。[①]

凯杜里认为，“语言是那些将一个民族区别于另一个民族的差异性的外在的和可见的标志；它是一个民族被承认生存和拥有自己的国家和权利所依靠的最为重要的标准”，明确地把“民族”与“独立国家”联系在一起。语言是民族主义运动中的一个核心影响因素。[②]安德森讨论了罗马尼亚语、俄语、捷克语等多种语言的文法、词典和印刷品的发展与这些国家的“民族主义”和“民族国家”的形成之间的密切关系。[③]这些语言的印刷品在读者的地域范围内建立起了一种文化和政治上的认同，并在知识分子倡导下发起了建国运动。一旦一个国家巩固下来之后，这个国家内的主要语言将不可避免地排挤其他方言的使用。[④]

在欧洲形成现代民族国家（Nation-state）的历史进程中，一个国家、一个民族、一种语言占据了社会意识形态的主流，语言统一成为国家建构的重要手段和工具。在知识分子的倡导和封建王权的推动下，民族语言取代了作为基督教宗教语言的拉丁语，成为沟通民族感情的重要纽带。西班牙在15世纪末国家统一后，在卡斯蒂尔语方言的基础上形成了统一的西班牙语；在法国，国王弗朗西斯一世于1539年宣布，必须用法语而不是拉丁语来撰写各种公文，并将法语定为国语；1540年，英语在英国便代替拉丁语和法语成为通用的语言。[⑤]

因此，在现代民族国家的建构中，无论是对境内的原住民少数族裔群体（Indigenous Ethnic Minorities），还是外来的少数民族移民群体（Immigrant Ethnic Minorities），使用主流民族的语言进行教学成为学校教

① Anthony Smith, *The Ethnic Origins of Nations*, Oxford : Blackwell, 1986. 转引自常士訚、高春芽、吕建明主编:《多元文化与国家建设》，天津人民出版社2012年版，第246页。

② 埃里·凯杜里著、张明明译:《民族主义》，中央编译出版社2002年版，第58页。

③ 本尼迪克特·安德森著、吴叡人译:《想象的共同体》，上海人民出版社2011年版，第83—85页。

④ 马戎编著:《民族社会学导论》，北京大学出版社2005年版，第244—245页。

⑤ 吕永红:《民族、国家与制度：历史制度主义视域下的民族区域自治制度研究》，世界图书出版公司广东有限公司2014年版，第70页。

育的基本形式，少数群体的语言往往只能在社区或家庭中间传承，或者是在一些私立的学校和教育机构中教授，而在公立教育领域（公立学校）中难有一席之地。总体上看，在16世纪至19世纪末这一漫长的欧洲和北美民族国家建构时期，大多数国家并没有严格意义上的公立学校的双语教育，同化主义成为学校教育中语言教学的主导模式。

第二次世界大战以后，特别是1960年代以来，随着殖民地的独立、第三世界国家的兴起以及欧美国家语言少数民族群体对教育权利的诉求，多元主义思潮开始盛行并成为联合国及大多数欧美国家的重要政治选项。80年代以后，多元文化的影响已基本遍及世界各国，成为全球政治、经济、文化、教育等诸多领域中的一种核心价值与重要指导思想。在双语教育和少数民族教育领域，多元主义也产生了积极、广泛、深刻的影响，对同化主义起到了重要的消解作用。

二、语言规划的三种基本取向

瑞兹（R. Ruizi）关于语言规划的三种取向无疑为我们认识双语教育中同化主义和多元主义的根源提供了重要的理论参照模式。由于人们对语言及语言多样性问题的看法不同，由此形成了不同的语言规划观念。瑞兹认为，语言规划中的取向是指“对语言及其作用，以及多种语言及其社会作用的一种复杂的认识倾向”[①]，存在着三种因人而异的基本倾向或观点：语言作为问题（Language-as-problem）、语言作为权利（Language-as-right）、语言作为资源（Language-as-resource）。[②]这三种语言倾向主要来自潜意识。

（一）语言作为问题

“语言作为问题”有两种截然相反的观点：第一种观点我们可称之为语言同化主义，认为永久性地保留语言少数民族和语言的多样化会使内聚力和一体化程度下降，在社会上引起更多的骚乱和冲突。对社会而言，语言

---

① Richard Ruiz, “Orientations in Language Plan,” *NABE Journal*, 1984, 8,(2): 16.

② Ibid.

多样性问题容易造成不同民族的对立和冲突，甚至导致国家分裂；对个体而言，少数民族语言经常与贫困、学业成就低下、少量的社会和职业流动以及与主体民族文化缺乏融合等问题联系在一起，因而被认为是引起社会、经济和教育问题的根源。少数民族语言还被认为是一种需要通过学校教育制度加以解决的不利因素。[①] 这种观点坚持多数民族语言对多样化语言的统一，认为语言多样性问题应当通过多数民族的同化加以解决。例如在美国的学校中，主要实施淹没型和过渡型两种弱势双语教育，其目的就是使少数民族儿童尽快掌握英语，融入主流社会。

第二种观点可称之为语言民族主义，认为语言是民族的特征和标志，一个多民族国家中的语言少数民族必须大力发展自己的语言，传承本民族文化，在学校教育中应实施保持型的强势双语教育。但如果过于强调本民族语言而排斥学习其他语言，往往容易导致语言民族主义（或语言保守主义）倾向，在全球化和各民族交往日益密切的背景下，容易使本民族的发展与进步受到限制，显然也是不合时宜的。

（二）语言作为权利

“语言作为权利”的观点认为，语言是人的一项基本权利。语言权利包括个人的语言权利和群体的语言权利，个人的语言权利包括个人自由表达的权利，群体的语言权利包括继承母语和保护文化的权利。[②]

一些国际组织在声明中极力倡导保护少数民族的语言权利。如联合国教科文组织在《多语并存世界里的教育》（2003）中宣称：“语言不仅是交流和知识传播的工具，也是个人与群体文化特征和权力的基本属性。因此，尊重属于不同语言群体的人的语言是和平共存的基础。……要求语言权利是少数群体在政治变革中首先要求得到的权利之一。这种语言权利的要求包括少数人语言和土著语言争取获得正式和法律地位，也包括语言教学和

① 科林·贝克著、翁艳珩等译：《双语与双语教育概论》，中央民族大学出版社 2008 年版，第 408—409 页。

② 同上书，第 410 页。

在学校和其他机构以及媒体中使用这种语言。”[①] 联合国《在民族或族裔、宗教和语言上属于少数群体的人的权利宣言》(1992) 规定：“各国应采取适当措施，在可能的情况下，使属于少数群体的人有充分的机会学习其母语或在教学中使用母语。”[②]1999 年，联合国教科文组织第 30 届大会决定将每年的 2 月 21 日定为“世界母语日”，旨在增强人们的母语意识，保护语言的多样性，提倡多语教育。

在一个多民族国家中，少数民族一方面应当拥有使用和传承自己母语的权利和义务，另一方面还要履行其作为国家公民学习和使用国家通用语言文字的权利和义务，不能厚此薄彼。因此，中国的少数民族语言权利保障主要包括两方面：一是学习、使用本民族语言文字的权利；二是学习、使用国家通用语言文字的权利。我国的宪法规定“各民族都有使用和发展自己的语言文字的自由”(第四条)，同时也规定“国家推广全国通用的普通话”(第十九条)，很好地体现了多民族国家中“语言作为权利”的两个不可分割的部分。中国少数民族学习本民族语言和国家通用语言都有充分的法律依据和保障，是宪法和法律赋予的神圣权利。

语言权利观相对于语言问题观而言是一种进步，它不仅保障多民族国家中各族公民学习国家通用语言的权利，而且强调尊重和保障少数民族的语言权利，反对任何形式的语言歧视。我国少数民族地区的民汉双语教育不仅有利于维护少数民族的母语教育权利，保障少数民族学习、使用本民族语言文字，而且也有利于保障少数民族群体与个体学习国家通用语言的权利，不仅赋予了群体与个体的文化选择权，而且也体现了一种均衡发展的语言权利观。

(三) 语言作为资源

“语言作为资源”的观点认为，语言是一种个人的和民族的资源。少数民族语言是一种文化和社会资源。语言被认为是构成潜在的经济桥梁，因

---

① 联合国教科文组织：《多语并存世界里的教育》，联合国教科文组织出版 2003 年，第 17 页。

② 周勇：《少数人权利的法理：民族、宗教和语言上的少数人群体及其成员权利的国际司法保护》，社会科学文献出版社 2002 年版，第 243 页。

其在不同群体间搭建社会桥梁、在文化的相互交流中起沟通作用而受到青睐。语言的多样化不会引起社会分裂和一体化程度降低，相反，国家的统一和语言的多样化并存是可能的。群体间的宽容与合作也许因为有了语言的多样化才成为可能。[①]

相对于语言问题观和语言权利观，语言资源观丰富了人们对语言多样性的认识，肯定了多种语言的积极作用。如果我们将语言看做一种资源，对于个人来说，如果会说几种语言，就意味着他能获得更多的资源，具有更多接触和了解不同文化的机会，更有利于个人的发展；对于国家来说，多种语言是国家发展的资源和财富，国民掌握多种语言也是国家的财富。丰富的语言文化资源一方面可以提升国家的软实力，另一方面也可以促进不同民族的和谐关系，维护国家统一和民族团结。随着人们语言观念的变化，人们开始认识到，“多语言多方言是国家宝贵的社会文化资源，不应看成国家统一和社会经济发展道路上的障碍。越来越多的人认识到语言和方言保护的重要性。各种语言资源的占有、开发和利用正在受到重视。”[②] 在一个多民族国家中，各民族的语言都是重要的资源。从语言资源的角度认识中华民族语言，一方面，国家通用语言是最重要的语言资源，它对国家统一、民族交流、经济发展、社会进步以及个人的发展具有非常重要的作用；另一方面，少数民族语言也是重要的语言资源，不仅在促进语言与文化多样性和提升民族整体创造力上具有不可替代的作用，而且在国家的政治、经济、文化、科技、教育、国家安全等各方面也发挥着重要的功能。因此，我国在少数民族地区实施“民汉兼通”的双语教育，有利于开发、利用国家通用语言和少数民族语言资源，充分发挥各自在不同领域内的社会文化功能，形成和谐的语言环境。

语言规划三种取向（语言作为问题、语言作为权利、语言作为资源）

① 科林·贝克著、翁燕珩等译：《双语与双语教育概论》，中央民族大学出版社 2008 年版，第 414—415 页。

② “中国语言生活状况报告”课题组编：《中国语言生活状况报告（2005）》，商务印书馆 2006 年版，第 2 页。

实质上也是同化主义和多元主义在语言问题和双语教育上的表征和结果。“语言作为问题”体现了国家、社会和个人将少数群体的语言同化于主流语言的明显倾向，“语言作为权利”和“语言作为资源”则更多地体现了重视和保护少数民族群体和个人的语言权利，开发和利用少数民族语言资源的多元主义思想。

第三节　双语教育的微观视角：民族志的研究

人类学研究方法论的主要特征是民族志。有关双语教育的民族志研究详细描述基于不同情境、不同背景下形成的双语教育的特定形式及结果的个案研究，有利于了解双语教育在不同文化环境下的具体实施状况。基于民族志的双语教育研究以丰富、详尽的田野调查资料为基础，往往对双语教育作出了具有洞见的、深刻的理论阐释。相对于传统的双语教育评价研究，民族志研究不仅能更细致地描述双语教育“是什么”的状况，而且能更为全面地展示双语教育产生、发展的环境，更好地揭示和说明双语教育“为什么”的原因和结果。

一、国外双语教育民族志研究

国外双语教育民族志研究的特点是关注双语教育的不同参与者及实施背景，认为双语教育的众多形式与结果是由双语教育特定的背景所决定的，不能用一些简单的评价性术语（例如“起作用”或“不起作用”）对双语教育问题加以描述。除了关注双语课堂的细节外，民族志研究者也经常在历史与现实、语言及其使用的宏观背景下讨论双语教育的相关议题。古德曼（Goodman）等人认为，多语言国家的个人读写能力的发展必须基于对特定地区语言现实的理解，并且必须与政治、经济和文化的实际情况相适应。[①]

---

① Kenneth Goodman & Yetta Goodman, *Reading in the Bilingual Classroom: Literacy and Biliteracy*. VA.: National Clearinghouse for Bilingual Education, 1979.

特鲁伯（Trueba）、亨利（Henry）等人以“文化与双语课堂：课堂民族志研究”为题，对学校双语课堂中具有少数民族语言文化背景的儿童进行了微观民族志研究，研究对象包括：土著美洲人、夏威夷美国人、墨西哥裔美国人、美国黑人和波多黎各美国人，研究主题包括：（1）渥太华印第安人教师和非印第安人教师在组织课堂参与结构方式上的文化差异；（2）阿拉斯加阿萨巴斯卡语课堂阅读行为准备的社会组织；（3）夏威夷儿童阅读教学的文化回应解决方案；（4）一位墨西哥裔学生学业成就的民族志监测和认识；（5）公立学校、管理系统和少数民族学生；（6）在黑人和白人八年级学生中使用直译法来组织课堂参与；（7）族群边界和学业失败的社会环境；（8）人类学对教育研究的潜在贡献。[①] 这是美国较早的关于双语教育学校民族志的个案研究，为理解不同文化情境下针对语言少数群体学生的课堂教学提供了多样化的描述和人类学的整体性阐释。

有关致力于保护少数民族语言的双语教育民族志研究试图揭示社会、政治及文化条件是如何影响实际的双语教育结果的。例如，在澳大利亚使用母语的少数民族学生的双语教育个案研究中，学者发现，当人们将在学校里使用少数民族语言教学不再视为对所有学生有益时，少数民族语言就被污名化了，也得不到学生和教师的严肃看待。最终，这些双语教育项目从学校课程中被删除了或是增加了学生的年级平均分。因此，他们在成功地将少数民族语言和文化纳入学校课程之前，学校系统和主流社会必须对更为广泛的文化及政治转变持开放态度。[②]

更精细的民族志研究表明，民族特征和文化特征上相似的群体对双语教育并不持同样的观点。这部分是因为他们没有完全相同的历史。[③] 例如，格思里（Guthrie 1985）发现，在洛杉矶海湾区，参加同样的汉英双语教育

---

① H. T. Trueba, G. P. Guthrie, & K. H-P Au（eds.）, *Culture and the Bilingual Classroom: Studies in Classroom Ethnography.*, MA: Newbury House.

② Torsten Husba, G. P. Guthrie, & K. H-P Au（eds.）, *Culture and the Bilingual Classroom: Studies in Classroom Ethnography.*

③ T. 胡森、T. N. 波斯尔斯韦特主编，石中英审译，涂元玲译：《教育大百科全书 · 教育人类学》，西南师范大学出版社、海南出版社 2006 年版，第 10 页。

的学生家长在根本目的上完全不同。居住在一起的说英语的中国家长认为双语教育是让孩子学习汉语和发扬他们传统的途径。这是因为这些家长和他们的孩子居住在说英语的非汉语环境中，学习汉语和发扬他们传统的目标在家中是不可能实现的。相反，来自中国的移民家长也接受双语教育，但是他们的目标是学习英语，他们认为英语对孩子学业成就的提高和在更大的社会范围内取得成功是必不可少的。因为他们居住在说汉语的环境中，在某些情况下，送他们的孩子去中文学校，能确保他们的孩子将他们的母语和文化加以保存。对这两个类型的群体来说，学校教育能够培养在家中和邻里间所不容易获得的一些技能。

梅斯曼（Vandra Masemann）选取密尔沃基的三个教授西班牙语和英语的双语班级与一个只教授英语的单语班级作为观察点进行民族志研究。[①] 梅斯曼比较了这四个班级及其所在学校的语言氛围、建筑风格、教室布局、教师及助手使用的语言、学生的族裔等。这四个班级所在学校的语言氛围从以西班牙语为主逐渐到以英语为主，研究的中心问题是班级中西班牙语和英语的使用比例以及学生对这两种语言的掌握程度。为了更好地解答这个问题，梅斯曼从以下三方面做了细致观察：学校工作日中使用这两种语言的时间分配比例、教室空间的利用和口语交流中语言的使用情况。通过一个学期的民族志研究，梅斯曼得出初步结论：（1）实施双语教育的学校周边社区成员的语言构成能在很大程度上影响学校的语言氛围。学校周边使用西班牙语的人群越少，学校的西班牙语儿童越为使用这种语言而局促不安；与之相对应，学校西班牙裔学生和英语学生的比例也能在很大程度上影响整个班级的语言氛围，如在教师课堂组织方式相似的情况下，不同班级的学生为什么倾向于选择不同的语言进行交流，这是值得深思的。（2）学校里参与双语教育项目儿童的比例会影响双语教育项目的严肃性。当参与双语项目的儿童是少数时，他们会被学校其他人看做是“特殊的”，目的是矫正性的、过渡性的，而不是对任何儿童来说都是二选一

---

① 朱月玲：《梅思曼与比较教育研究中的民族志方法》，河北大学 2008 年硕士研究生学位论文。

的学习项目。（3）儿童在双语班级中运用两种语言的水平取得多大程度的进步在很大程度上取决于教师组织课堂的技巧，包括时间的安排、教室空间的利用、教师助手所起的作用、给儿童分配任务的方式等。梅斯曼发现，如果教师严格规定了两种语言在学校工作日的使用时间，即英语与西班牙语各占 50%，那么他就能更成功地接近项目的理想目标；但如果教师没有做出严格要求，那么学生中自发使用英语的占多数——除了那些只能用西班牙语交流的儿童。

理查德·沃伦（Richard Warren）对位于加利福尼亚南部靠近墨西哥边境的坎贝尔小学使用两种语言教学的二元文化课程进行了民族志研究。[①] 这所学校里墨西哥裔的美国孩子占了绝大多数（学校中讲西班牙语学生的比例为 86.7%），课程考察的焦点是学校教育在二元文化经验中扮演的是构建作用、强化作用还是消极作用。整个研究的实地考察工作始于 1978 年。70 年代前期，墨西哥裔美国人在坎贝尔小学委员会中占据了大多数。1976 年，原校长合约到期后，四年级教师、墨西哥裔美国人佛瑞德·惠特曼（Fred Whitman）在明确表示支持和发展双语教育的前提下，被任命为校长。委员会从众多非西班牙语系的英语系美国人中选择他，是看中了他在双语教学体系中多年的执教经验，认为他的双语能力和族群背景对于双语教学的成功发展不可或缺，并且还将吸引大量墨西哥裔美国家长成为支持者加入到学校生活中来。坎贝尔小学的双语教育采用的是“语言保留”（language maintenance）模式，这一模式完全不同于在教学上从双语逐渐向单一英语转变的过渡模式和全部使用英语进行教学的沉浸式强化训练模式。保留模式要求一年级的教学 80% 使用第一语言，20% 使用第二语言。到四年级时，两种语言的教学各占一半。坎贝尔小学采用的是团队教学法（完全不同于自闭的教室教学），这种方法将每个年级（六年级除外）分成西班牙语组和英语组，西班牙语组由一名双语老师讲授，而对英语组的老师的双语能力

---

① Richard L. Warren, “Schooling, Biculturalism, and Ethnic Identity: A Case Study,” in Spindler, George (ed.), *Doing the Ethnography of Schooling: Educational Anthropology in Action*. New York: Holt, Rinehart and Winston, 1982.

则不做限制。六年级被为分为两组进行封闭的教室教学：一组作为双语课程的一个整体由一名双语老师负责教学；另一组讲课只用英语，由四至六年级中没有双语背景，父母也不希望其学习双语课程的学生组成。

一般而言，墨西哥裔美国父母谈到孩子的族群身分时，他们会把身分认同与语言学习和双语能力联系起来，正如一位家长所说："双语课程是非常有用的，因为你可以学习自己的传统，不懂得语言就无法学习你的文化。"非西班牙裔或墨西哥裔的美国白人父母将双语能力视为适应文化多元性的一个工具，用他们的话说："你应该理解你所生活的群体的语言。"

大多数坎贝尔小学的家长（包括非西班牙或墨西哥裔的美国白人、黑人和菲律宾人）都表达了他们对双语课程的坚定支持。一位讲双语的墨西哥裔美国人家长在接受采访时是这样说的：

问：没有双语课程之前在坎贝尔上学的感觉是怎样的？

答：他们不允许我们说西班牙语，如果说了经常会受到惩罚。作为墨西哥裔美国人非常尴尬。

问：你对现在的课程的感受是什么？

答：拉丁美洲人的救星。

这位家长对坎贝尔双语课程的评价，源于他在一个非西班牙或墨西哥裔的美国白人占主导地位的社会里，作为一个少数族群成员的求学经历。他现在对于坎贝尔的教育期望，反映了他对于在一个二元文化仍是不可逆转的现实的世界里，什么样的教育最实用的判断。

尽管坎贝尔小学有多种民族和人种的学生，但墨西哥的传统仍会渗透到学校生活中。学校的课程都会反映墨西哥的文化，经常有民间舞蹈、戏剧表演等庆祝活动。每个月有一次奖励大会，表彰每个班由老师提名的学生。这种活动一般在操场举行，由校长主持，西班牙语老师担任翻译。通常奖励那些努力学习、帮助他人、按时完成作业的人。

理查德·沃伦的民族志个案研究表明，由于学校的高度重视和社区家长的积极支持，坎贝尔小学目前实施的二元文化课程取得了良好的效果。

二、中国双语教育民族志研究

中国的双语教育民族志研究主要采用参与观察、深度访谈、主客位分析等比较典型的人类学田野工作方法和研究视角，对少数民族双语教育的参与者（政府官员、学校行政人员、教师、学生、学生家长等）及双语教育的主要影响因素等进行较为深入的实地考察和细致的文本撰述，并注重从人类学、社会学的理论视角进行解读和探讨。研究者多聚焦于描述一个较长时段的社会、文化变迁背景下少数民族双语教育产生、发展的具体环境，揭示其发展的历史、现状及存在的问题，并注重从传承优秀民族文化和融入现代主流社会的双重视角来剖析和阐释其发展的困境及出路，从人类学的理论和方法两方面对双语教育作出了独特贡献。

滕星是国内第一位采用规范的文化人类学理论视角与研究方法对少数民族双语教育进行民族志研究的学者。他的彝汉双语教育个案研究通过对凉山彝族社区1950年代以来语言与教育的社会变迁过程的调查与描述，充分展示了彝族地区不同群体（教师、官员、学生、家长等）对双语教育的不同态度，揭示了少数民族在力图融入现代主流社会、分享现代化社会的权利与成果的同时，试图保存自己的传统语言与文化的两难困境，并从教育人类学者的立场上给予意义上的解释。[①] 滕星在语言教育人类学田野调查的基础上，努力从文化进化论和文化相对论的有机统一的观点出发，对凉山彝族社区学校彝汉双语教育个案的社会意义予以积极的评价。同时，他还对双语教育在当代人类社会面临的理论与实践困境的根源，从人类文化的共性与差异性，文化的普世主义与多元主义、机会均等与文化差异等相关领域进行了尝试性探讨，并表明了关于人类语言文化应坚持共性与多样性有机统一的基本立场。滕星据此提出了应将学校民族文化传承与国家课程相整合的"多元文化整合教育理论"，在国内民族教育学界产生了重要影响。

---

① 滕星:《文化变迁与双语教育：凉山彝族社区教育人类学的田野工作与文本撰述》，教育科学出版社2001年版。

王革以云南省盈江县双语教育为个案，探讨了当地民汉双语教育兴衰现象的原因。[①]盈江县的傣族等少数民族学生占全县小学生总数的60%，当地双语教育的发展在20世纪50年代和80年代较为繁荣，90年代后期以来急剧下滑。王革2009年的实地调查表明，尽管中央和地方政府都有自上而下促进民汉双语教育的政策，但在盈江县实施双语教育仍存在多种阻碍，包括：（1）乡镇中心小学，一个班级通常有多个少数民族的学生和汉族学生，使用某一种少数民族语作为授课语言对汉族学生和其他少数民族学生来说不公平；（2）一些学校行政人员和教师认为，双语教育只是作为小学低年级阶段少数民族学生学习汉语普通话的“拐杖”；（3）校长武断地安排合格的双语教育教师教非少数民族学生；（4）县教育局双语教育负责人的岗位自2000年以来一直空缺，导致双语教科书、参考资料和民族语教师不足；（5）在中考和高考中没有少数民族语文试卷；（6）当地中等师范学校与高等院校合并后，1990年起傣语文专业停止招生。王革认为，在现实生活中民族语实用价值不高是造成当地双语教育困境的深层原因。在此意义上，“社区母语贬值”（Devaluation of Community Languages）可归因于母语使用范围有限及其较低的社会地位。[②]因此，今后应在一个更广泛的社会文化话语视角下研究双语教育，如语言政策的制定、义务教育一体化和素质教育、校本课程开发和评价制度的改革。

马效义2006年对云南省哈尼族、傈僳族、纳西族地区小学的民汉双语教育情况进行了田野调查。结果表明，在现阶段，以民族语辅助汉语教学的双语教育在云南省少数民族聚居区仍然有其必要性，但1950年代以来创制的民族文字已很少用于教育教学中。作者分析认为，第一，在目前阶段，实施双语言教学在民族聚居区小学低年级阶段是必要的，尤其是在偏远封闭的山区和半山区村级小学，借助本族语辅助汉语教学是少数民族儿童从

① Wang Ge, “Bilingual education in southwest China: a Yingjiang case,” *International Journal of Bilingual Education & Bilingualism*, 2011（5）.

② J. Cummins, “Pedagogies of choice: Challenging coercive relations of power in classrooms and communities,” *International Journal of Bilingual Education and Bilingualism*, 2009（3）.

小学低年级向高年级阶段过渡的最佳语言教学模式。第二，哈尼族、傈僳族、纳西族这三个民族的新创文字都在逐渐退出学校双语教学的讲台。各地少数民族对少数民族文字在教育教学中的运用也是有选择性的，如云南省丽江市古城区和玉龙县的小学教育正在将纳西族的东巴象形文字用于绘画和音乐等艺术教育教学，以开发学生的智力。对于如何解决少数民族语言文字传承和汉语文学习之间的矛盾，作者提出，一是要尊重少数民族地区各民族的实际情况和实际需求；二是要尊重少数民族的民族情感；三是要看到双语教育在文化传承中发挥的重要功能。[①]

宝乐日 2006 年赴青海省及四川省的土族和羌族地区，对土族和羌族的语言及其新创文字在学校教育领域的使用现状进行了为期三个月的田野调查。调查发现，当前土族和羌族的语言及新创文字的使用正受到市场经济大潮强有力的冲击，处于进退维谷的境地。在土族、羌族聚居的社区和家庭环境中，儿童主要是用本民族语交流，基本不说汉语，但进入小学之后，他们接受的学校教学语言都是汉语，母语只是作为辅助手段在小学低年级语言教学中使用，而民汉双语文教学也仅是在少数学校中作为副科或校本课程实施。宝乐日借用布迪厄的文化资本理论对民汉双语教育进行了解读。一方面，在土族和羌族的学校教育中，由于学校的教学语言主要是汉语，掌握了汉语言文字的少数民族学生在学校教育中获得的学业成功的机会更多，发展机会也就更好。汉语文因此成为土族和羌族学生现实生活中最重要的文化资本；另一方面，虽然羌族和土族等民族语言文字实用价值较低，但仍然发挥着不可替代的社会功能——文化传承、民族认同、文化遗产保护等。作者认为，少数民族语言文字是一种潜在的文化资本，它在一定的条件下完全能够转化为现实的文化资本，充分体现出经济价值和社会价值。[②]

艾力·伊明以新疆和田地区中小学双语教育实验为调查对象，通过对

---

① 马效义：《新创文字在文化变迁中的功能与意义阐释：以哈尼、傈僳和纳西族为例》，民族出版社 2011 年版。

② 宝乐日：《土族、羌族语言及新创文字使用发展研究》，民族出版社 2011 年版。

六所中小学的实地考察，了解学校教师、教育管理人员、学生及家长对实施维汉双语教育的态度、看法以及目前和田地区双语教育的现状及问题。艾力·伊明详细梳理了和田地区社会各界对实施“维汉”双语教育的不同观点与争论，主要有两种教学语言的比例问题、维吾尔语言文化传承的问题、双语教育对民族文化认同及儿童智力发展的影响、双语教育实施的最佳年龄问题、学生汉语基础差与大力提高学生汉语能力的矛盾、双语教育对民族文化发展的影响、现有教育资源条件对双语教育实施的影响、双语教育对维吾尔语言社会功能的影响、双语教育对民族语言文化产业的影响等。在此基础上，作者分析了和田中小学实施双语教育的必要性，包括：（1）客观反映了多数维吾尔族群众面向世界的社会语言文字态度；（2）可以有效提高民族教育质量；（3）适应了当地社会发展的需要；（4）可以有效开发儿童智力，提高学生综合素质；（5）顺应了世界多元文化教育发展的需要和趋势；（6）可以实现“民汉兼通”的教育目标。作者主张，首先必须正视和积极应对全球化与国家一体化对民族文化和民族教育带来的冲击和挑战，其次要强调少数民族成员应该持有一种包容和开放的文化观，具备多元文化的整合理念；最后是学校教育中应当培养各民族学生具有开放乐观、积极向上的民族感情和民族自信心，不同民族的学生之间应学会彼此和谐共处、互相沟通和彼此信赖。[①]

王洪玉重点调查研究了甘南藏汉双语教育模式的发展问题。20世纪50年代末至80年代初，甘南藏族学校执行普通学校的教学计划，教学语言采用汉语。入学前没有接触过汉语的牧区藏族学生，从入学的第一天起就遭遇到了“文化休克”。他们以前在家庭与社区中获得的全部经验和认知图式，在他们极为陌生的学校汉语“文化模式”面前失去作用，既无法“适应”，也无法“同化”，造成了藏族儿童认知上的困惑与混乱，经受了学习失败情感的体验和对学校文化的恐慌，由此最终导致绝大部分聚居区藏族

---

① 艾力·伊明：《多元文化整合教育视野中的维汉双语教育研究：新疆和田中小学双语教育的历史、现状与未来》，民族出版社2011年版。

儿童学校学业的失败。80年代以后恢复民族语言教学，提出了“以藏为主”（一类模式）和“以汉为主”（二类模式）两类藏汉双语教育模式。在运用本民族语言文字的牧区，中小学以藏语文为媒介语进行教学，加授汉语文课；在群众有运用汉语汉文习惯和基础的地区同时可以用藏汉两种语言文字教学，或采用汉语文授课，单科加授藏语文的模式。由于考虑到了当地社会语言生态环境和儿童的语言习得规律，藏区中小学民族教育有了较快的发展。总体而言，在甘南藏区，保持型与过渡型两类双语教育模式并存符合当地的语言生态环境和少数民族群众意愿，是中国比较成功的双语教育实践案例。目前，甘南藏汉双语教育模式仍存在着少数民族学生双语水平发展不平衡、学业成就偏低、就业竞争力不足等问题，亟须对课程实施方案进行调整和改革。[①]

名词与术语

1. 双语教育：广义的双语教育是指在学校教育教学中使用两种语言进行非语言学科的教学。在学校的部分或全部课程中，凡是使用两种语言作为教学媒介来教授非语言类学科的教学方式均可归入双语教育之列。狭义的双语教育是指在一个多民族国家的学校教育中，针对语言少数民族群体使用主流语言和少数民族语言作为其教学语言的教育系统或教育体制。在大多数多民族国家，双语教育已经成为维护国家统一和民族团结的一项基本国策。

2. 过渡型双语教育：教学目标是使儿童从家庭的、少数民族的语言使用转向主流的、多数民族的语言，目的是将少数民族儿童在社会及文化方面同化到语言多数民族中。

3. 保持型双语教育：教学目标是培养少数民族儿童自身的少数民族语言能力，以及相应的自我文化和身分认同。

4. 语言规划的取向：人们对语言及其作用，以及多种语言及其社会作用

---

① 王洪玉：《甘南藏汉双语教育历史与发展研究》，民族出版社2015年版。

的一种复杂的认识倾向。存在着三种因人而异的语言的基本倾向或观点：语言作为问题、语言作为权利、语言作为资源。这三种语言倾向主要来自潜意识。

5. 双语教育的民族志视角：详细描述基于不同情境、不同背景下形成的双语教育的特定形式及结果的个案研究，这有利于了解双语教育在不同文化环境下的具体实施状况。

思考题

1. 我国的双语教育有哪些基本模式？
2. 同化主义视角的双语教育与多元主义视角的双语教育根本区别是什么？
3. 试述语言规划的三种基本取向及其在双语教育中的体现。
4. 双语教育的民族志研究有哪些特征和价值？
5. 请梳理我国《宪法》和其他相关法律中有关民汉双语教育的规定，并尝试从语言规划取向的视角进行分析。
6. 设计一项有关民汉双语教育的调研计划书，通过查阅资料、实地调查等方式，了解少数民族双语教育的特点。

推荐阅读书目

1. 科林·贝克著、翁艳珩等译：《双语与双语教育概论》，中央民族大学出版社 2008 年版。

   本书广泛涉猎双语及双语教育的相关话题，是目前国际上双语和双语教育研究专著中内容最为丰富、引用率极高的一本。本书主要内容包括：少数民族和多数民族语言的个体和社会概念、儿童发展的观点、双语教育的一般性问题、双语与第二语言课堂以及政治和多元文化的观点等。

2. 麦凯、西格恩著，严正、柳秀峰译：《双语教育概论》，光明日报出版社 1989 年版。

   这部专著中对双语教育问题作了比较全面精要的论述，包括双语个体、双语社会、双语教育、心理社会基础、组织和实施、研究和结果的评析等内容，反映了当代国际双语教育的研究现状及水平，是国内第一部双语教育的译著。

3. 戴庆厦、滕星、关辛秋、董艳著:《中国少数民族双语教育概论》，辽宁民族出版社 1997 年版。

本书以马克思主义民族理论和民族政策为指导思想，全面、系统地总结和介绍了中国少数民族双语教育的历史和现状，并对中国少数民族双语教育进行分类，为政策制定、课程设置、教材编写、教学语言的选择等提供了理论参考。全书从民族关系中分析民族教育的形成特点，结合民族历史、文化，研究我国民族地区双语教育的历史沿革，揭示我国少数民族双语教育不同民族、地区之间发展不平衡的特点与演变规律，充分展示了解放以来我国双语教育发展的成就。

4. 滕星:《文化变迁与双语教育：凉山彝族社区教育人类学的田野工作与文本撰述》，教育科学出版社 2001 年版。

本书遵循解释人类学理论范式的思路，辅以文化唯物论的主客位研究方法，对中国四川凉山彝族社区 1950 年代以来语言与教育的社会变迁的过程进行了描述，揭示了少数民族在力图融入现代主流社会、分享现代化社会的权利与成果的同时，试图保存自己的传统语言与文化的两难困境，并从教育人类学的立场给予意义上的解释。

5. 王斌华编著:《双语教育与双语教学》，上海教育出版社 2003 年版。

本书是我国第一本系统阐述双语教育、双语教学理论与实践的专著，主要采取比较研究、理论研究、国别研究和个案研究的方法，全方位地、系统地研究了双语教育与双语教学的理论与实践，其研究范围不仅包括双语国家，而且包括单语国家，不仅包括欧美国家，而且包括亚洲国家。在此基础上，作者结合中国实际，在双语界定、属性、目的、背景、师资、教材、方法、政策、科研方面进行了中外比较。

第十三章　多元文化教育

多元文化教育历来颇受国内外学者的青睐。本章将回顾多元文化教育的概念、目标及其发展历程，梳理多元文化教育理论流派，并结合具体的案例回顾、评述国外多元文化教育实践。通过本章的学习，以及推荐阅读书目的学习，学习者能够较为全面地掌握国外多元文化教育发展的整体面貌，从而更好地理解人类文化的多样性和实施多元文化教育的重要意义。

第一节　多元文化教育的概念、目标及历史发展

一、多元文化主义的概念与主要派别

多元文化概念最早出现于第二次世界大战期间。当时德国纳粹宣扬民族主义，散布种族优越论，企图将日耳曼文化推向世界。美国《纽约先驱论坛报》（*New York Herald Tribune*）在 1941 年 7 月的一篇书评中有针对性地首先使用了“多元文化”一词：“强烈反对民族主义、民族偏见和行为，支持‘多元文化’生活方式。”1965 年出现的“多元文化主义”延续了多元文化的最初含义，强调尊重所有国家和人民的生活方式。可见，当时的多元文化是一个世界性概念，并未与具体的国家联系起来。

根据弗莱拉斯和埃利奥特对于一个社会多元文化主义性质的划分，我们应从这个社会的客观现实、意识形态、官方政策与实践实施的过程来考察多元文化主义的概念。多元文化主义是关于一个国家不同族群与文化群体的共同生存的客观现实状况，这些群体在种族、民族、历史、人口、社

会阶层、文化等方面有所差异。一个社会的文化多样性是由殖民地开拓、奴隶制度、劳工引入及移民产生的。[①] 威尔逊（J. U. Wilson）对于多元文化的定义为：多元文化主义使个体能够接触美国社会的多样性，平等重视与呈现某一社会中不同群体的文化需要与经验的政策与实践，尤其关注曾在历史上不受重视的少数群体。[②] 多元文化主义理论的核心是承认文化的多元性和不同文化之间的相互影响性，而否定欧洲中心论。由于文化是权力关系的一种表现方式，文化的不平等主要是因为政治的不平等；要建立真正的文化平等，必须改变现有的不合理的政治和经济权力结构，所以，多元文化主义的最终目的不是追求文化平等，而是社会平等，是争取不同群体（尤其是那些在历史上长期受到歧视和压迫的群体）在分享美国社会的政治、经济和文化资源方面的平等。[③]

总体来说，多元文化主义是一种意识形态，其功能在于动员和集聚广泛的力量，推动现实的社会改革。换言之，多元文化主义是一种具有转换和改造社会功能的思想，是一种政治态度和意识形态，在加拿大等国家是一种政策形式。目前多元文化主义的派别主要有以下几种：

1. 保守派的多元文化主义（Conservative Multiculturalism）

这一理论派别认为多元文化主义是非白人对传统的欧洲文化与教育的挑战，因此实际是一种拥护白人优势地位的形式，其理论基础是文化剥夺论（cultural deprivation），认为教育的重要任务是努力同化弱势族群，使其融入主流文化，多元文化教育即是对少数族群文化进行限制和改造的过程。

2. 自由主义的多元文化主义（Liberal Multiculturalism）

该理论派别认为人生而平等，人人可以公平地在社会上竞争，并追求自我发展。对待不同性别、种族、阶级、宗教、地区等因素造成的差异，需要有相互尊重与容忍的态度；但重视追求共同性与统一的“同”，很可能造成对弱势群体的压迫。

---

① Augie Fleras, and Jean Leonard Elliott, *Multiculturalism in Canada: The Challenge of Diversity*. Ontario: Nelson Canada, 1992.56.

② J. U. Wilson（2003）, “Multiculturalism” .www.edchange.org/multicultural.

③ 王希：《多元文化主义的起源、实践与局限性》，《美国研究》2000 年第 2 期。

3. 复合论多元文化主义（Pluralist Multiculturalism）

复合论多元主义受到自由主义传统的影响，在经验层面上描述社会中实际存在的不同群体的观点与经验，在规范层面认为社会应维护多元的状态。复合论从文化族群间的差异出发，批判强调所谓“平等”的实践，认为这反而会成为排斥弱势者的宰制霸权。如艾利斯·扬（Iris M. Young）曾批评，若强调个别的差异性仅保留在私人领域，而不在公共领域体现，即使用所谓共同或平等的语言与价值标准，结果可能是排除或贬抑非主流群体的特质。[①]复合论多元文化主义强调差异性，反对同化，在教育上鼓励学生放弃偏见，学习来自各相异族群阶层的知识与价值；但仅仅强调“差异”，不足以挑战或颠覆主流支配性的权力结构。

4. 左派本质论多元文化主义（Left-essentialist Multiculturalism）

受本质论影响，人们常忽略文化差异的历史情境，认为只有真正的被支配者才具有道德高度和发动批判与抗争的特权。在教育领域认为公民教育应取消主流文化的统治地位，而更多地考虑少数群体文化。他们提出应重新编写现行的课程，从少数族裔的角度来认识历史和社会。由于这种理论否定社会中存有共同的价值和文化基础，片面强调少数族裔的文化价值，所以并不为大多数人所认同。

5. 批判性多元文化主义（Critical Multiculturalism）

其理论基础源于1920年代的法兰克福批判理论，关注工业社会中的支配结构与权力运作。批判性多元文化主义关注权力、意识形态与教育的互动关系，认为教育应是让学生知晓社会权力的运作，并知道如何形塑其生活与学习经验，还强调要有批判意识的知识建构。

二、多元文化主义教育的概念与历史发展

1. 多元文化教育的概念

班克斯所定义的多元文化教育至少包括三方面的内容。（1）一种教育思想或理念：不论学生的性别、民族、种族、文化、社会阶层、语言、宗

---

① Iris M. Y oung, *Justice and the Politics of Difference*. Princeton and New Jersey: Princeton University Press, 1990, p.169.

教信仰、智力、身体状态如何，他们在学校中都应该享受平等的教育，多元文化教育应使学生获得与不同群体有效沟通的知识、态度和技能，从而在多元民主的社会发挥作用，以创建有利于公众利益的民主道德的社会。（2）一场教育改革运动：它需要改变学校教育体系，以保证少数群体学生得到获得成功的平等机会，具体而言，就是希望凭借学校及其他教育机构的改革，不同民族、种族、性别的学生，获得同等学业成就的机会。在此，他特别指出多元文化教育所带来的改变涉及整个学校和教育系统，而不仅仅局限于课程改革本身。（3）一个持续的过程：由于班克斯的多元文化教育概念是与教育平等、教育民主联系在一起的，由于族群差异的存在，偏见和歧视难以消除，这就使得多元文化教育注定成为一个持续不断的进程。班克斯还指出，多元文化教育是一种顺应社会需求的教育，它要解决的是帮助不同群体的学生去调和与平衡他们的家庭、社区与学校文化，使学生获得能够在这些不同的文化系统中发挥应有作用的知识、态度和技能。①

2. 多元文化教育的历史发展

第二次世界大战引起了许多社会、政治、经济的变化。由于二战后美国西部和北部出现很多就业机会，大量非洲裔美国人从南方北上来找工作。他们在工作和房产上与白人互相竞争而产生了冲突。当时的美国在北部与西部发生了一些种族冲突事件。1943 年，洛杉矶、底特律与纽约的种族暴乱事件促使政府不得不关注非裔美国人与白人之间的种族冲突问题。这一系列事件也刺激了与族群多样性相关的被称为群际教育运动（Intergroup Education）的课程改革运动。民权运动的兴起也使其他被边缘化的族群开始寻求社会、经济和政治权益，而女权运动及残疾人士、同性恋者运动都采用了某些黑人争取权利运动的目标、策略和语言。这些群体也要求各类学校回应他们的文化需求。从旨在消除种族歧视与误解的群际运动起，一系列同一目的的教育改革相继发展，成为多元文化教育的雏形，也使得多元文化教育最早在美国开展起来。

---

① J. A. Banks, and C. A. M. Banks, *Multicultural Education: Issues and Perspectives*. Hoboken: John Wiley & Sons, Inc. 2007, p.25.

（1）群际教育（Intergroup Education）或群际文化教育（Intercultural Education）

就美国而言，群际教育起源于四五十年代，目的在于帮助学生了解不同族群及宗教的知识，培养学生正面积极的族群态度与价值，消除种族偏见和歧视，进而促进族群关系的和谐。这种教育强调事实性地灌输知识，没有强烈的文化多元性主张，主张各族群保持其民族忠诚度。这次教育运动中比较突出的是1945—1949年间的跨族群关系的院校研究，这是一个为促进教师教育的跨文化教育的合作项目，有24个院校参与了该项目。该项目在一定程度上发展了关于种族态度和行为的理论与实践知识。

虽然群际运动推进了对多样性的认识与尊重及对“美国信条”的了解，然而群际教育在60年代紧张的种族冲突的情形中不能起到缓解冲突的作用。其原因主要如下：群际教育的意识形态和主张没有被主流的美国教育家所接纳，他们也不大理解群际教育对美国学校的作用；在族群冲突以不明显的方式存在时，教育家认为没有必要采取行动来减少种族冲突；当缺乏主流群体的资金资助时，群际教育运动便逐步消失了声音，从而失去了对抗同化教育的力量；许多人认为群际教育只应该在有族群问题的学校中实施，因此群际教育也缺乏群众基础。

群际教育运动之后，随着黑人运动的兴起及人权运动的推进，少数群体要求学校等教育机构应对他们的需求，因此，学校逐渐开始开设单一族群教育的课程。

（2）单一族群教育课程（Monoethnic Courses）

1960年代中叶的黑人运动之后，黑人要求课本真实地反映他们的历史和文化，并呼吁开设黑人研究的课程。美国的一些学校开始开设黑人历史、黑人文学等课程，并聘用黑人教师来教授有关本民族的课程，目的在于使学习者了解白人的种族主义及其对有色少数民族的压迫。这一时期的倡导者大都是一些民权运动的积极分子和知识分子。课程的主要学习者主要限于本族群的学习者，比如黑人研究的课程主要针对黑人学生。

群际教育运动和族群研究教育运动有着不同的起源和意识形态基础。

族群教育研究是由威廉姆斯（Williams）、杜波依斯（DuBois）和伍德森（Woodson）等人推动的，旨在推动黑人族群自决，增强民族荣誉感及生存力。群际教育运动是由美国白人学者引导的，应对当时国家族群问题的一场运动，因此其教育导向具有同化主义色彩。

（3）多族群研究课程（Multiethnic Studies Courses）

70年代到80年代初，越来越多的民族群体，如犹太裔美国人、波兰裔美国人，甚至WASP（美国白人）纷纷要求开设包括其历史与文化在内的课程。一些中学与大学开始提供某些民族研究的课程，并通过比较性的观点来学习一些民族的文化与经验，诸如少数民族文学、美国少数民族历史及文化等课程。此时，研究者也开始认识到民族课程应该为全体学生，并非只为特定少数民族的学生而设计。多族群研究课程在这期间逐渐学术化，政治倾向性逐渐弱化，并开始探索美国不同族群的文化经验与多样性观点。

（4）多族群教育（Multiethnic Education）

随着民族研究的盛行，许多教育家开始认为，学校中只开设多民族教育的课程还不足以产生有效的教育改革及教育平等，而且即使在1990年代初美国的教材状况仍然缺乏足够的多族群教育内容。教师态度消极，不能较好地使用族群教育的教材和教学策略，学生的学业成就也没有因多族群课程而得以较大提升。①

多族群教育认为，种族多样性是社会的积极因素，可以使个体通过理解其它文化来更好地理解自己，从而为公民提供解决个人和公众问题的更多可选方式，还可以丰富人类生活经验。通过多族群教育，随着了解的加深，会减少歧视和偏见，增进族群间的尊重。多族群教育的另一个目标是减少以盎格鲁文化为中心的课程对少数族群学生的影响。一些少数族群的成员为了融入主流文化，抛弃了本族群的文化，然而他们由于肤色的缘故，不可能因为言语、行为方式或价值观接近白人就被主流全体完全接纳。很多人在这个过程中成为了被主流群体和其本身文化群体都排除在外的“边缘人”，从而遭

---

① C. Sleeter, and C. Grant, “Race, class gender, and disability in current textbooks,” in M. W. Apple, and L. K. Christian-Smith（eds.）, *The politics of the textbook*. New York: Routledge. 1991.78—110.

受巨大的心理压力和认同冲突。多族群教育需要提供给学生学习族群文化以及主流文化的机会，使他们在文化学习和认同发展过程中保持平衡，并培养其有效的跨文化交际能力。多族群教育的范畴远远超出族群研究的范围，班克斯认为这是一个改革整体教育环境的过程，而且要在学习内产生制度性的变革，推广族群多样性的概念，使学生获得更为平等的教育机会。多族群教育的实施应该是一个学校整体乃至全部的教育体系变革的过程。

3. 多元文化教育的目标

多元文化教育学者认为，族群、文化与语言的多样性是社会的重要因素，丰富着社会组成，并能为社会中的个体和群体提供更多的解决问题的方式。了解其它群体的文化可在很大程度上丰富人们了解与参与当地和世界事务的视角。

多元文化教育很重要的一个目标是帮助个体通过了解他者的文化来更好地了解自身，以增进人们之间的相互尊重，减轻学校某些族群由于体貌和文化差异所造成的痛苦。

其次，多元文化教育为不同群体提供多样的文化、族群与语言的选择。西方国家一直强有力地实施以主流群体为核心的文化与历史教育。而美国以盎格鲁文化为中心的教育使得边缘文化群体学生认为学校文化陌生、有区隔感，从而学业成就不佳。来自不同群体的学生由于主流课程的主导性而缺乏了解不同丰富文化的机会，而多元文化教育则可以为学生提供多样的文化观点来开阔学生的思维。

学校教育很大程度上加重了西方社会的族群偏见和歧视，而且由于一些群体的语言价值观、行为方式与白人多数群体存在差异，他们无法在社会中获得必要的技能以成功地发挥作用。多元文化教育的另一重要目标是使所有学生都能获得合适的技能、态度与知识，以在其本身的社区文化及主流文化中较好地发挥作用。

再次，多元文化教育的重要目的在于进行制度性的变革，改变学校的整体环境，使其能够更好地反映并推进社会的族群、文化和语言多样性，使不同背景的学生能够有平等的教育机会。

第二节 多元文化教育的理论观点

一、多元文化教育的维度

班克斯认为，若要有效地实行多元文化教育，教师和管理者必须关注多元文化教育的五个维度——内容整合、知识建构、减少偏见、平等教学法、赋权的学校文化。[①] 他们在教授概念和技能时，需要使用不同群体的知识内容，使学生了解不同学科的知识是如何建构的，并使他们形成族群间交往的积极态度与行为。教师需要调整他们的教学策略以使不同种族、文化、语言及社会层级群体的学生享有平等的教育机会。学校的整体环境及文化需要被转变以使不同的群体体会到学校生活的平等地位。多元文化教育的五个维度紧密相连，每个都需要特别的关注。

（一）内容整合

内容整合是指教师在讲授学科知识，介绍学科理念、观点和基本原理时从不同文化和群体中选择的事例和内容的广度。研究显示，如果老师讲课时援引不同种族和民族的事例，学生就会形成更积极的种族态度，他们原有的偏见也可能会改变。当课堂内容涉及学生所在群体的文化、历史和经历时，该群体的学生会更认真努力地学习。班克斯认为，科学课程的一些内容也可以很好地整合入多元文化教育课程中，比如生物学的关于肤色差异、人类亲族及某些疾病的研究问题。

（二）知识建构

知识建构过程是指老师帮助学生理解、研究和确定文化观点、思考框架和偏见影响某学科的知识建构的深度。族群研究和女性研究指出，流行文化、媒体和教科书中的知识反映了建构知识的科学家、社会科学家和历史学家的个人经历、观点和文化背景。在课堂的知识建构过程中，教师应

---

① J. A. Banks, and C. A. M. Banks, *Multicultural Education: Issues and Perspectives*. Hoboken: John Wiley & Sons, Inc., 2007, p.20.

该帮助学生了解知识是如何被创造的，以及如何受到某些个体及群体的族群及社会阶层的影响。

美国的学校在追求教育平等的发展过程中，始终在争辩何种知识应该在学校被制度化，往往拥有权力最多的群体决定知识的生产以及在学校和大众文化中的制度化。班克斯认为，学校课程需要改革来适应学生的知识建构过程，革新性课程的基本原则是教会学生从不同族群和文化的角度，看待、分析学习中的概念及问题。[①] 革新性课程鼓励学生思考，并在阅读资料时思考作者的意图，其观点与他人的异同。学生需要通过审视不同的观点来形成批判性分析历史与当代资料与信息的能力。

班克斯提出了五种知识类型：个人与文化知识、大众知识、主流学术知识、革新性学术知识、教学知识（图 13–1）。[②]

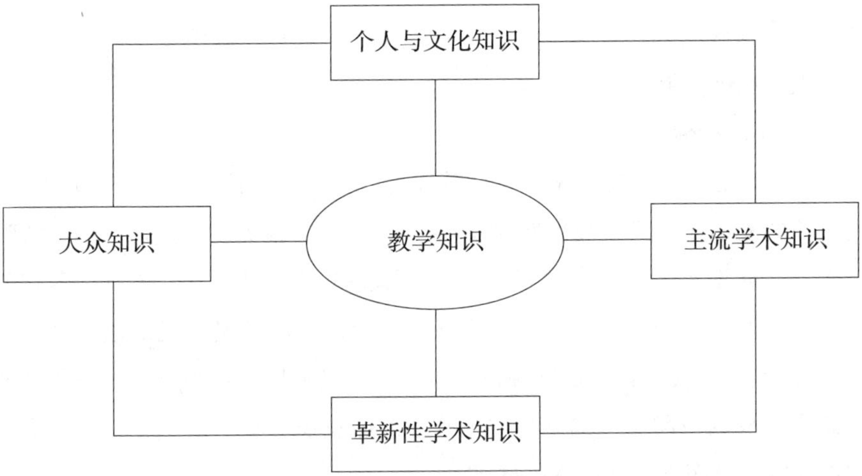

图 13–1　五种知识类型的关系

学生在家庭和社会文化的熏陶下形成的观点与理念构成了个人与文化知识。大众知识是在报刊、电视、电影、录像等媒体中传播的事实、观点

① J. A. Banks, *Cultural Diversity and Education: Foundations, Curriculum and Teaching*. Boston: Allyn and Bacon, 2001, p.10.

② J. A. Banks, *Cultural Diversity and Education: Foundations, Curriculum, and Teaching*（5th ed.）. New York: Pearson Education, Inc., 2006, p.219.

和信念，其传递方式比较隐性，有时在人们无意识中发生。主流学术知识包括行为和社会科学中传统知识和既定知识中的观点、范式和理论。主流学术知识在美国主要的教育机构中是制度化了的，其价值观和主要内容不大受到使用者与接受者的审视与挑战。班克斯认为，这类知识帮助主流社会精英维持着社会不平等的现状，是造成制度性歧视的原因之一。教学知识由教科书、教师守则以及其他教学媒介中所呈现的事实、观念和普遍原理组成，也包括对教学材料和资源的理解。

教育者和文化工作者应该帮助学生理解各种类型的知识，让他们加入到知识建构和与对立观念的争论中去。班克斯认为，教师也要通过教学让学生对历史和现今形成自己的理解，让他们对自己的身分、利益和理念有正确认识，这样会形成批判性思维，并获得参与民主行为的知识、态度、技能和决心，成为拉近理想与现实的动力。革新性知识是社会变革的潜在能源，当与政治和社会行动结合后，就会产生教育、政治或社会变革，来推进人权和民主价值观。[①]

（三）减少偏见

布朗认为偏见是对一个群体或其成员持有贬低的社会态度或认知观点，有负面的表达或者具有敌视性的歧视行为。[②] 在对偏见的理论研究中，有学者指出，偏见产生的一个主要原因是个体的个性因素，这与个体被养育的方式、儿童期的经验等有关。布鲁默则认为社会因素是偏见形成的主要原因。[③] 此外，现代的社会认同理论也解释了偏见成因，即群体内与群体外的概念会造成刻板印象、偏见与歧视。当群体意识分类一形成，个体就会偏向群体内成员而歧视外群体成员。[④]

班克斯认为应该从宏观手段上来减少偏见，也就是从体制和制度上进行全学校系统的改变，包括制度准则、权力关系、师生互动方式、学校文

---

① J. A. Banks（2002），“Race, Knowledge Construction, and Education in the USA: Lessons from History,” *Race, Ethnicity and Education*, Vol.5, No.1: 23.

② R. Brown, *Prejudice: Its Social Psycology*. Cambridge, MA: Blackwell, 1995.

③ H. Brlumer（1966），“United States of America”, in UNESCO, *Research on Racial Relations*. New York: UNESCO.

④ E. R. Smith, and D. M. Mackie, *Social Psychology*. New York: Worth Publisher, Inc., 1995, p.34.

化、课程、课外活动、对待少数群体语言的态度、学校的咨询活动及测试等方面。班克斯认为学校应该注意对学生传递如下六种信息的方式：（1）教师对不同族群、阶层的学生的言语与非言语沟通，（2）教师对少数群体学生的语言与方言的应对，（3）学校的分组行为，（4）学校的权力组织关系，（5）学校关于价值观与文化多样性的课程，（6）学校所提倡的学习方式、语言、文化及激励方式。[①]

（四）平等教学法

平等教学法是指教师通过改变教学方式来提高各族群、各文化及各社会阶层群体学生学业成就的教学方法，其中包括使用与不同群体学生的学习方式一致的教学方式。有研究表明使用与本群体文化一致的教学方法可以提高学生的课堂参与度及标准化考试的成绩。毕玲思（Ladson-Billings）等人的研究表明教师了解学生的文化、价值观、语言和学习特征将会很大程度上提高学生的学业成就。[②]

平等教学法除了要提高学生的学业成就，最基本的目的还要使学生成为民主社会中有反思精神的积极公民。平等教学法不是只通过文化回应与合作教学就可以达到的，教与学的方式都需要系统地改善。学习不是记忆书本上的知识，而是需要学习如何分析、解释并建构知识。教师要帮助学生质询不同知识的内容及其创造者的立场，以学习到如何分析问题并提出多种解决方法。

平等教学法要求学生能够进行知识重建，教师要改变与学生的权力关系，变得更为民主。学校的师生权力关系体现在课程安排，课堂上不同族群、性别群体学生的位置分布，考试成绩以及其它教师对学生的控制，比如课堂教学过程中，教师对不同族群性别与阶层的支持度。教师要看到学生不同族群、阶层与性别的特征，并采用合适的教学内容与手段。

（五）赋权的学校文化

据美国人口统计局的预测，随着美国人口族群分布的不断变化，在

---

① J. A. Banks, *Cultural Diversity and Education: Foundations, Curriculum, and Teaching*（5th ed.）. New York: Pearson Education, Inc., 2006, p.223.

② G. Ladson-Billings, *The Dreamkeepers: Successful Teachers of African American Children*. New York: Jossey-Bass, 1994, p.56.

2050年之前有色人种将超过白种人。目前除首都华盛顿特区之外，还有12个州的公立学校有色人种在校生超出了白人学生——亚利桑那州、加利福尼亚州、佛罗里达州、佐治亚州、夏威夷、路易斯安那州、马里兰州、密西西比州、新墨西哥州、内华达州、纽约州和得克萨斯州。

学校人口构成的巨大变化使得学校不得不帮助低收入群体学生、语言不同及有色人种学生提升参与社会的知识、态度和技能。班克斯认为学校需要重新建构才能达到以上的目的。"重新建构"是指全面深入地检验学校的目标、价值观和目的，并重新建构这些内容，使学校能够为学生增权赋能。

班克斯认为，多元文化教育是一个宽泛的概念，需要整体学校的改革（图13–2）。[①] 在多元文化教育改革中，这个体系中的每个因素都需要变革。学校文化对不同族群和文化的孩子增权赋能，主要通过学校的分组活动、体育活动、学生成绩的合理分布及不同族群背景学生与老师的互动等学校文化来实现。赋权的学校文化提倡通过改革校园的文化和组织来促进教育公平和文化包容性。这需要学校全体员工的认同与参与。学校是一个社会和文化组织，有其自身的价值观、规范和共同的目标。

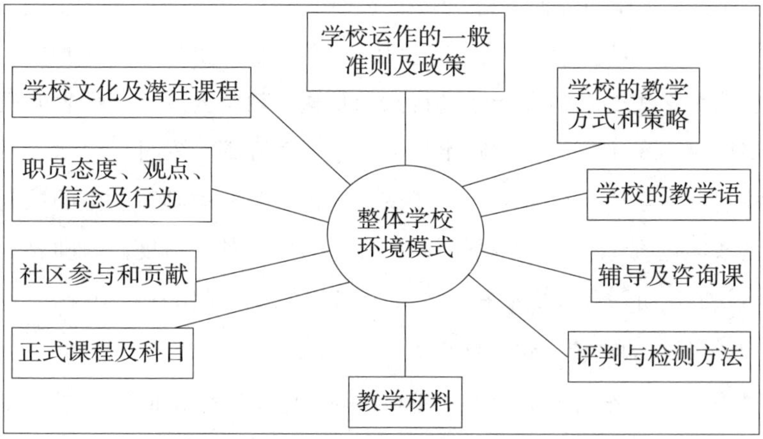

图13–2 多元文化教育的内容

---

① J. A. Banks, *Cultural Diversity and Education: Foundations, Curriculum and Teaching*. Boston: Allyn and Bacon, 2001, p. 51.

在班克斯看来，有些学校文化有助于学生提升学业成就，有些却恰好相反。虽然很多学校的社会阶层组成相同，但他们培养出学生的学业成就却有所不同。不论是在穷人区还是在富人区，都有成功的学校，当然也有失败的学校。班克斯认为多元文化教育的学校有八个重要特征，包括：（1）学校教职员工的态度、认识、信念和行动，他们应该对所有学生都有较高的学业成就期望；（2）具有族群、语言、社会阶层、性别等多样性的课程体系；（3）学校推进适合不同学生的教学、学习和文化方式，并清晰地传递给学生；（4）学校尊重持不同语言及方言的学生；（5）教材应不具偏见并反映不同群体的文化观点，教师和学生应能识别并挑战教材中的偏见；（6）测评和测试应该在文化上是公平公正的；（7）学校文化及隐性课程尊重不同的文化群体；（8）具有针对不同群体的学习与生活的有效咨询项目。①

二、多元文化课程改革的途径

班克斯提出一套由浅入深、循序渐进的多元文化课程发展模式，具有层级性的课程发展模式，分别是：②

（一）贡献取向

这是多元文化课程发展的第一个阶段，主要将反映某些少数族群中的英雄人物事迹、特别的假日、节庆或典礼等内容添加到课程当中。贡献取向是教师使用少数群体内容的最初形式，其缺陷在于学生无法全面了解美国社会的整体族群与某些少数群体的文化，也不能更好地理解美国社会的多元文化及知识。有些学生会感觉学习中没有涉及自己群体的历史和经验，因而无法在社会中找到自身的位置。学生在此种取向中无法掌握多元的视角来分析问题。贡献取向的教学很难触及族群受压迫及其对种族主义的斗争等深层次问题。

---

① J. A. Banks *An Introduction to Multicultural Education*. Boston: Allyn and Bacon, 4th ed., 2008. p. 36.

② J. A. Banks, "Approaches to Multicultural Curriculum Reform," *Multicultural Leader* Vol. 1, No. 2 (Winter 1988): 1—3.

（二）附加模式

这个阶段采用添加的方式在课程中加入特定族群的相关议题、观点或概念，但仍是以既有的课程结构为主。学生可以更有效地了解历史和族群经验。这种取向由于缺乏实质性的改变，其中所反映的视角多是主流历史学家和科学家对这些族群的观点，因此学生缺乏全面的关于美国多族群、历史、文化、宗教与语言的知识，以及对文化的批判性分析能力。

（三）革新性途径

这是课程发展的第三阶段，已经改变既有的课程结构，允许学生在学校课程中理解不同族群、文化群体的概念、议题和观点，且从不同文化、族群的角色来建构自己的概念与观点。革新性取向认为，目前的课程及其标准是主流阶层的意识形态产物，课程中需要体现不同文化群体的知识与经验。学生在革新性课程中学习知识与权力的关系，以及知识的不同类型，较广泛地理解美国社会的本质、发展及复杂性。

（四）决策与社会行动途径

这个阶段除了包含革新性取向的内容之外，又增加对种族问题、性别、阶级、宗教、语言等社会议题的省思，并在相关论题的讨论中，搜集数据，澄清自己的价值观念，综合自己的知识与价值观，在反省思考的决策之后，采取行动，将改革理念付诸实现。其主要目标是教会学生思考与决策，使他们有赋权感并帮助他们获得一定的政治效能。这一取向与 Grant 和 Sleeter 的多元文化教育的社会重建理论有一致之处。

班克斯认为这四种课程发展的取向是渐进的，教师可以从某个阶段逐渐带领学生进入下一阶段。教师也可以同时混合使用这些模式。他的课程发展取向理论在美国教育研究中被广泛应用，一些学者和组织进行多元文化教育课程设计与实验都使用了此课程理论，比如魏若思（Vavrus）、奥兹坎（Ozcan）等人。

三、多元文化教育的教学方法——文化回应教学

文化回应教学（Culturally Responsive Teaching）的概念起源于 1970

年代，学者以不同的名称来指称这个概念，例如文化合适（Culturally Appropriate, Au & Jordan, 1981）、文化相关（Culturally Relevant, Ladson-Billings, 1997）、文化相容（Culturally Compatible, Jordan, 1985）等，盖伊（Geneva Gay）教授所提出的文化回应教学挑战了持文化普遍性或文化中立的传统教学，其基本假设是弱势族群学生学业困难，是因其学习方式、语言使用和行为规范等与学校的内容不同所致，而且教师习惯用自己的文化模式来解释、评判学生的学习方式，并将学生因为不同文化所表现的学习行为视为学校学习的障碍。文化回应教学主张教师了解学生的行为所显示的文化意涵，避免用主流文化的标准来评判学生的学习行为。教师应依据学生的文化差异实施教学，并以学生熟悉的族群文化为中介。族群文化是学习上重要的资源。

盖伊认为，文化回应教学是指教师应对弱势族群学生持高期望值，并配合学生的学习特征与沟通方式施以教学，以学生的族群文化作为学习的桥梁，最终提升弱势族群学生的学业成就。文化回应教学强调学生的生活经验在学习过程中的位置，它是回应学生的生活经验而产生认知方式的一种教学模式。关怀是文化回应教学的理念基础，文化沟通是工具，多元文化课程是资源，教学是实践。

盖伊认为文化回应教学的五项特色为：肯定不同族群的文化特质，了解文化对学生态度与学习的影响，以及文化作为课程内容的重要性；建立族群文化与学校文化之间的联系，使学校知识与族群文化联结；采用不同的教学策略，以回应学生不同的学习方式；教导学生认识并欣赏自己及他人的文化；统整多元文化的资源与教材到学校所有的科目中。

盖伊设计了文化回应教学的四大面向——建立包容：营造教学中民主、尊重的学习环境；发展态度：强调文化与学习的联结；提升意义：使学生能真正参与并提高学业成就的真实性的学习；培养能力：多元化的教学与评量为学生增权赋能。

盖伊以承诺、关怀、能力、信心与满意的概念说明文化回应教学中，教师因应学校环境的挑战必备的特质。文化回应教学在课程设计上，应以学生的生活经验为基础；在教学策略方面，教师应善用合作学习与社区资源，借以建构有意义的学习活动，建立关怀学生与尊重差异的课堂气氛，并致力于发展增进学生成功学习的教学方案。

盖伊意在呈现文化回应教学由欣赏包容学生的差异性，到主动关怀文化脉络对学生的影响，提出教学者由观察与评价学生的角色，调整为参与及与学生共同学习的位置，进而成为促进社会公平与正义的学校改革策略。

第三节 世界多元文化教育的实践案例

一、美洲的多元文化教育实践代表案例

（一）美国的多元文化教育

美国是一个很显著的多元文化国家。在这个国家里，我们可以依据各个群体的文化特征及来源把它们分为原住民、盎格鲁-撒克逊文化群体、欧洲天主教移民群体、拉丁裔群体、亚裔群体、非洲裔群体和其他群体。美国的少数民族在经历过本土主义和以盎格鲁-撒克逊文化为主的大融合后，在文化多元主义思潮的影响下对多元文化教育有了一些艰难的尝试：[①]

1. 美国土著教育

19 世纪初以来，美国土著的教育问题引起了一场持久的辩论。1920 年代以来，美国的原住民教育政策一直在强制同化、民族自决、文化多元主义之间摇摆不定。60 年代，伴随族群冲突而兴起的多元文化主义浪潮，民族自决成为美国政府的主要政策。"自决"一词，意味着印第安人将自己做决定，掌握自己的命运，这带给美国印第安人发展的新契机。1966 年在亚利桑那州纳瓦霍保留区成立第一所实验性质的"部落学校"，1968 年第一所

---

① 滕星主编：《多元文化教育——全球多元文化社会的政策与实践》，民族出版社 2010 年版，第 1—48 页。

原住民社区学院成立。1972 年国会通过《印第安教育法案》，并于 1975 年通过《印第安自决与教育援助法案》，印第安教育自主权逐渐回到印第安人手中。

2. 非洲裔美国人的教育

在两次世界战争期间的二十多年里，非洲裔美国人的教育发展既积极又充满争议。非洲裔美国历史学家加特·伍德森（Garter G. Woodson）等人 1915 年建立了黑人生活与历史研究联合会。伍德森还在 1926 年为纪念非洲裔美国人历史上的重大事件而创办了黑人历史周。在黑人社会中，非洲裔美国人的教育政策引发了很大争议。布克尔·华盛顿（Booker Washington）和杜波依斯（W. E. B. Dubois）对美国非洲人的教育方向曾进行过尖锐争论。华盛顿认为非洲裔美国人学生必须接受实践性的工业化教育。而杜波依斯相信，应该培养“少年英才”，使之成为非洲裔美国人社会的领导，这些“少年英才”必须学习阶级的、政治的哲学理论及其他学科。

3. 墨西哥裔美国人教育

20 世纪三四十年代，关心墨西哥裔美国人教育困境的学者与教育家对墨西哥裔美国人教育给予了极大关注。大多数教育学学者如卡特（Carter）和赛古拉（Segura）将学校视为墨西哥裔美国人文化适应的媒介。古尔德（Gould）在她 1932 年的理论中提出，有效的墨西哥裔美国学生的文化适应方式是“墨西哥教育方式”。30 年代，学校对墨西哥裔小孩的教育方案重点放在职业培训与手工艺术训练、学习英语、健康与卫生学以及接受美国人诸如清洁、节约、准时等主要价值观。种族隔离政策，尤其是低年级，被普遍采用。三四十年代曾有关注墨西哥裔美国人教育的呼声，但不是很一致。桑切斯（Geroge I. Sanchez）强调，教育者在计划与制定墨西哥裔美国学生的教育方案时，要考虑到他们的文化与语言特点。

在美国历史长期占主导地位的以盎格鲁-撒克逊民族优越论和欧洲文化中心论为基础的熔炉理论仍然占有很大市场，民族和种族问题仍然非常严重。但也应该看到，在争取民族权利和文化多元主义思潮影响下，主张文化共存的文化多元论已成气候并深入人心。在美国各级学校，多元文化教育已从一种教育思潮变成一种广泛的教育实践，其影响也辐射到社会生活的几乎所有领域。[①]

（二）加拿大的多元文化教育

加拿大是一个文化和族群多元的国家，我们可以根据文化背景将其分为原住民、欧洲移民和亚洲移民三大类。

在民族政策和民族理论方面，加拿大经历了同化论、熔炉论和多元文化论的激烈争论，最终选择了与美国不同的政策，放弃了同化论，绕过了熔炉论，在1971年直接采取了多元文化政策。加拿大的多元文化教育对世界教育产生了重大影响，它在多元文化教育领域主要有四大举措：[②]

1. 官方语言教育　官方语言教育指为原来没有官方语言教育基础的移民或少数族裔子弟所提供的英语或法语作为第二语言的教育，目的在于协助他们培养良好的沟通能力。目前加拿大至少有13种不同的官方语言教育方式，其中以过渡式双语教育和沉浸式双语教育较受注意。过渡式双语教育是指以学生原有惯用语的语言作为学习官方语言的过渡语言；沉浸式双语教育是指让学生在一段相当长的时间里沉浸在某种官方语言的教学环境中，增加其以此种语言听说读写的机会。

2. 文化保持计划　文化保持采取了不同的形式，目的在于增强少数民族儿童的自尊。温哥华一些具有许多本地印第安儿童的学校提供文化充实计划，即每天在选定的时间内，从正规班级中选出本地印第安儿童来讲授印第安人的小说和民间工艺，让他们接触印第安文化传统的各个方面。但由于一些教师发现这会使印第安儿童与正规教育中其他学生的距离拉大，所以又采取了另一种办法，让全班所有的学生每周都用一定量的时间去接触印第安文化。其他地方的黑人学生也有类似的计划。

3. 多元文化教育　在加拿大，多元文化教育已经不仅仅面向弱小民族

---

① 滕星：《美国多元文化教育的发展及启示》，《中国民族教育》2007年第5期。

② 滕星主编：《多元文化教育——全球多元文化社会的政策与实践》，民族出版社2010年版，第50—121页。

和文化群体，其对象已经包括了所有人。加拿大的多元文化学习含有两个方面的内容——学习本民族的文化传统，了解其他民族文化。加拿大多元文化教育的大多数项目都集中在既接受和尊重差异性，同时也承认相似性的原则上。例如，在艾伯塔省，有一个以防止和消除歧视著称的项目，强调儿童更好地了解他们自己，并尊重他人与自己的差异。

4. 反种族主义教育　反对对异文化的成见与歧视，把主要注意力吸引到与其实践相对照的多元文化教育上，主要是从关注历史上对待少数民族的歧视态度，转移到关注学校的隐性课程对少数民族的系统的歧视上，对文化采取动态而不是静态的观点，注重观察人们如何改造他们的生活，回应不公正待遇。但是，由于它的政治敏感性，教师们不愿意去冒险。它也被认为是一种消极的方法。一些灵活的多元文化教育计划把反种族主义作为一个问题结合考虑进去。

加拿大的多元文化主义政策仍是以英裔为代表的主流文化势力与原住民、法裔和其他非土著加拿大人文化势力较量的产物，妥协意味很浓，意义与内涵始终模糊不清，政策的方向与重点也摇摆不定。

二、欧洲的多元文化教育实践代表案例——英国的多元文化教育

英国已经实现了从一种单一文化体系向多元文化体系的转变，英国除英格兰人的主体文化群体外，还有两大主要少数民族群体——本土少数民族和外国移民少数民族。本土少数民族主要是凯尔特少数民族，外国移民少数民族主要有白人移民群体和有色移民少数民族。第二次世界大战以后，随着英国移民的增加和本地少数民族对保留本民族文化的呼声与日俱增，英国政府开始制定多元文化教育政策，以适应社会日益多元化的现状。70年代，了解、认识以及尊重少数民族文化的运动一直在英国持续着，这种对文化多样性更加深入、广泛的敏感性进一步反映到教育的实践中，并最终被称为“文化多元主义”。70年代晚期，英国多元文化教育进入了一个实质性阶段，对课程设计的整体观点，包括评估、教学策略与系统改革等被作为一个协调文化多样化社会发展的中心。

英国政府还通过颁布文件等措施来引导和规范全国的多元文化教育的发展。1977年颁布的《学校教育》指出："我们的社会是一个多文化、多种族的社会，课程的设置应该反映出对于组成我们这个现存社会的不同文化和种族的深具同情的理解。"1979年英国成立了复杂少数民族儿童问题的调查委员会，并于1985年发表最后报告，提议教育必须体现对社会多样性的思考。1981年政府的一份重要文件《学校课程》进一步阐明："学校的教育内容以及教育方法必须恰当地反映我们社会的基本价值观念……学校的工作必须反映与学生的成熟必须达到的要求相关联的许多问题，学校好教师对于它们是很熟悉的。首先，我们的社会已经成为一个多元文化的社会，在学生和家长中现在存在着较多样的个人价值观念。"可见，英国已经明确承认自己的社会是一种多元文化的社会，在教育政策上也开始奉行多元文化政策。[①]70年代末，人们发现英国学校里西印度裔学生学业成就落后，为了进一步了解少数民族学生的学习状况和教育需求，1979年3月成立了一个专门的调查委员会。1985年，该委员会提交了一份题为《为所有人的教育》的报告，提出了全新的多元文化教育的概念，即不仅要为少数民族儿童提供良好的教育，而且也要为多数民族儿童提供良好的教育，良好的教育制度应该是种族多样、文化多元的。1988年通过的《教育改革法》为提升多元文化主义和平等提供了一些机会，据此法案成立的国家课程理事会在下发给学校的指南中，进一步确立了一个多元文化的跨课程"维度"。理事会还成立了一个特别的多元文化任务小组。1990年以来，英国政府开展了范围更为广泛的多元文化教育运动，与以往政策的区别在于，它提出了将成绩低下和面临倒闭的学校改善为有效性学校的新方案，在多元化社区中将新的方案引入学校。英国国家教育委员会希望在问题多的地区改善学校状况，使其转变为成功学校。[②]

---

① 高靓：《英国少数民族教育政策的特点分析》，《民族教育研究》2004年第4期。

② 滕星主编：《多元文化教育——全球多元文化社会的政策与实践》，民族出版社2010年版，第342—388页。

三、大洋洲多元文化教育实践代表案例

（一）澳大利亚的多元文化教育

澳大利亚是一个以移民为主的国家，这个多元文化社会中主要有土著居民、盎格鲁-撒克逊文化群体、欧洲其他移民群体、中国移民群体和其他移民群体五大群体。1960年代中期以来，澳大利亚的人口越来越显示出一个更为多元的构成，不论是民族及语言上还是种族上，这迫使政府采取多元文化主义的政策。地方政府的支持推动了多元文化与多元文化教育的发展，各州在政策上都反映了注重多元文化的倾向：

1. 新南威尔士州　新南威尔士州教育部在1979年11月颁布了《多元文化教育政策声明》。尽管这是一个非正式的文件，这个政策声明仍是一个调整的模式，它设想了五个多元文化教育目标：（1）提升所有学生对澳大利亚社会的多元文化性质的理解力与欣赏态度；（2）培育关于不同族群对澳大利亚发展所作的贡献的认知；（3）在接受并理解多元文化主义的态度、信仰、价值的基础上，发展文化间的理解；（4）培养有利于民族间交流的同质化行为；（5）通过在多元文化社会背景下接受和欣赏特殊的澳大利亚民族认同和澳大利亚国家认同，强化个人的价值观。多元文化教育被视为所有学校实践的基础，并且被视为所有学生所必备的，课程学习的目的是形成多元文化观及跨文化理解能力。

2. 南澳大利亚州　南澳大利亚州的“十所学校计划”结合了近30所小学，试图改变学校和教师的组织、课程、态度和交流，以更多地反映他们社区的多元文化性质。在小学和中学教授社区语言，开展相关调查、研究，并在这个过程中产生了优秀教材，包括显著的多元文化材料装备。

3. 维多利亚州　维多利亚州1979年设立了移民和多元文化教育建议委员会，其职责是鼓励并为多元文化教育提供基金。第一年分配了9万多澳元。一项希腊双语实验计划随之实施，同时包括一项联合维多利亚和南澳大利亚的计划，以便发展为希腊社区进行语言教学的材料。

其他州也建立了给学校提供资助的机构，在联邦和地方政府共同努力

下，多元文化教育成效显著，给世界树立了一个多元文化教育的典范。[①]

（二）新西兰的多元文化教育

新西兰主要由盎格鲁-撒克逊文化群体、土著居民、亚洲各国移民和其他群体四大群体组成。在以英国裔为主的盎格鲁-撒克逊文化群体来到新西兰之前，就存在着新西兰最早的居民——毛利人。由于民族构成日益多元化，新西兰主体民族和政府不得不关注少数民族尤其是最大的少数民族群体毛利人的呼声。新西兰的多元文化及多元文化教育政策的制定和发展与毛利人的要求息息相关，而且主要是从考虑毛利人开始的。

新西兰政府贯彻毛利教育目标始于教育计划书——《二十一世纪教育》，这个计划主要是希望毛利人充分参与所有教育领域的活动。为了达到这一理想，政府制定了两大目标：建立一个教育体系，使毛利人与其他族群有同等的机会接受教育；充分注意并帮助毛利人在学习过程中克服两种额外的困难——适应白人社会的价值观和使用母语为教学媒介语。

在语言问题方面，新西兰政府毛利教育政策的一个主要目标，就是要建立一个使用毛利语的推广教育体系，确保毛利语再生成为一种活的语言。毛利语虽未定为国家公务用语之一，但政府鼓励人民将毛利语与英语并用，因而有“双语主义”的趋势。

新西兰少数民族教育有三大特征：（1）政府投入是毛利人教育的重要支持。政府投入约占全部经费的90%，其余一般由毛利人社区或部落长老资助。（2）教育环境比较宽松，学生没有过重的课业负担，因而性格开朗，乐于与人交流。（3）教育主管部门的主要职责是对学校办学进行评价和检查。在新西兰对毛利人学校的评估不仅要评估学校是否达到国家规定的科学、文化教学标准，学生接受毛利文化、习俗以及毛利学生心理发展状况也在评估的范围之内。[②]

在新西兰政府的推动下，毛利学生接受教育的情形已获得相当的改善。

---

① 滕星主编：《多元文化教育——全球多元文化社会的政策与实践》，民族出版社2010年版，第202—254页。

② 同上书，第255—297页。

四、亚洲的多元文化教育实践代表案例——中国的多元文化教育

中国是一个统一的多民族、多语言、多文字的国家。除汉族外，还有55个少数民族，人口总数为1.23亿人，占全国人口总数的9.44%。全国有民族自治地方154个，其中自治区5个，自治州30个，自治县（旗)119个，还有民族乡1356个，民族自治地方面积占全国国土总面积的64%。

中国的多元文化教育主要是以少数民族教育最具代表性。国家在推动少数民族教育发展过程中，影响较大的主要有以下政策：

1. 改善少数民族地区教育质量的政策　党中央、国务院在国家西部地区实行“两基攻坚计划”（2004—2007年）以普及九年义务教育，基本扫除青壮年文盲，提高国民素质，缩小东西部差距，促进当地经济发展，总共投入100亿元专项资金，用四年时间使368个贫困县实现了“两基”目标。

2. 资助少数民族地区学生入学的政策　为解决西部农村特别是西部少数民族地区适龄儿童的就学和“留得住”的问题，2003年《国务院关于进一步加强农村教育工作的决定》提出，争取全国农村义务教育阶段家庭经济困难学生都能享受到“两免一补”（免除学杂费、免费提供教科书和补助家庭经济困难寄宿生生活费），努力做到不让学生因家庭经济困难而失学。

3. 少数民族学生高等教育优惠政策　（1）高考加分录取以及普通高校民族班、预科班政策：少数民族地区由于历史、自然文化等多种原因，总体教育发展水平落后于内地区域，为了弥补此现状，使更多的少数民族青少年能够接受高等教育，国家对少数民族的高等教育制定了优惠政策；（2）少数民族高层次骨干人才培养计划：2004年教育部、国家发改委、国家民委、财政部和人事部联合下发了《关于大力培养少数民族高层次骨干人才的意见》，决定在全国实施少数民族高层次骨干人才培养计划。

4. 女童教育　国家在一些传统观念和宗教习俗影响较大的地区，为提高女童入学率，采取单独开办女童班、女子学校等做法，已经取得了初步成效；西部九省区的101个贫困县与联合国儿童基金会合作，开展了女童教

育项目。

5. 双语教育 各民族聚居地方从实际出发，因地制宜，实施民族语和汉语双语教学，逐步形成了三种教学模式：少数民族语文和汉语文结合的教学模式；民族语文授课为主、加授汉语文，汉语文授课为主、加授民族语文两种不同类型的教学模式；双语单文教学模式，即各门课程均以汉语文作为教学语言，在实施教学的过程中，利用少数民族语言进行辅助教学。

6. 民族团结教育 2009 年 8 月，中办、国办印发《关于深入开展民族团结宣传教育活动的意见》。中宣部、教育部、国家民委要求，在各级各类学校深入开展“民族团结教育”主题活动，并将民族团结教育纳入我国小学阶段考查和中、高考及中职毕业考试范畴。

7. 多元文化课程政策 长期以来，我国实行国家统一的课程计划，在国家课程计划、教学大纲、教材中对少数民族文化、历史、地理、文学、习俗、艺术等方面的反映十分有限。为了解决这一问题，不仅在国家课程中按比例增加我国各民族多元文化的内容，而且在地方课程与校本课程中体现民族文化的特点。民间学术团体和个人同时通过乡土教材和校本课程的开发与使用来传承乡土知识，保护文化的多样性，以扩大民族文化教育的范围。

8. 在内地开办西藏班（校）、新疆班 1984 年，中央召开了第二次西藏工作座谈会，根据西藏教育相对落后和缺乏人才的状况，决定从 1985 年起在内地省、市创办西藏班（校），利用内地的办学优势，帮助西藏尽快培养大批建设人才。

9. 对口支援少数民族地区教育发展 1993 年，国家教委印发《关于对全国 143 个少数民族贫困县实施教育扶贫的意见》，提出了经济教育比较发达的省、直辖市与当时国家重点扶持的 143 个少数民族贫困县开展教育对口支援协作，明确了协作关系和教育扶贫的主要任务。

10. 师资队伍建设与提高 中国政府和各级地方政府均采取了多种方法解决少数民族地区中小学师资队伍数量不足、质量不高的问题。2006 年，国家启动了“农村义务教育阶段学校教师特设岗位计划”，中央财政设立专项资金，招募高校毕业生到西部“两基”攻坚县农村学校任教，缓解“两基”攻坚县教师不足、素质不高的问题。①

五、非洲的多元文化教育实践代表案例——南非的多元文化教育

在南非生活着由长期历史形成的肤色各异的多族群居民，并在一定历史条件下构成了独特的多种族、多元文化社会。居民中除土著外还有大量的外来移民，白人移民主要来自欧洲国家，黑人移民来自南非邻近的非洲国家，亚洲移民主要来自印度。

1994 年 4 月，南非颁布了历史上第一部体现种族平等的临时宪法。1996 年 5 月，南非制宪会议通过了新宪法，规定宪法具有至高无上的地位；不分种族、性别、宗教，法律面前人人平等。新政府成立后随即进行了多元文化教育改革。除宪法中有确保多元文化教育实施的条文外，南非教育部为了落实多元文化教育的实行，分别于 1995 年和 1996 年颁布了教育白皮书，以确立教育的目的、制度及管理。白皮书强调人人均有平等受教育权，有权选择合理可行的教学语言；还规定公立学校不得有种族、性别等歧视，应建立一个民主管理、公平、高品质的教学体系。南非教育部部长于 1995 年 11 与 1 日宣布新的语言政策——多语言政策，自 1996 年开始实施以扫除各种形式的语言歧视。

除了在政策方面有所改变外，南非还进行了四方面的教育实践改革，以促进多元文化教育的发展：

1. 教育管理体制的改革　种族隔离时期，各族群的教育分属不同的教育行政系统管理，新政府为打破这种族不平等的制度，于 1994 年 7 月 1 日重组教育部，掌管全国教育事务，以适应教育机会均等政策。

2. 学校制度的改革　教育部于 1996 年颁布的学校组织、管理与资金白皮书，规定了学校制度与管理，将种族隔离时期的区隔式学校制度转换成符合民主理念并符合新宪法要求的新学制。

---

① 孙百才、张善鑫：《我国发展少数民族教育的重大举措与主要经验》，《西北师大学报（社会科学版）》2009 年第 5 期。

3. 课程改革 南非在种族隔离时期课程充满着白人中心及欧洲中心的意识，不符合多元文化教育的理念，新政府为了配合新的教育政策，并矫正以往种族歧视的课程，决定进行课程改革。

4. 经费分配改革 种族隔离时期各族群所享受的教育资源相当悬殊，白人享有最多的资源，其次为印度人、有色人，黑人所享受的资源最少。新政府成立后，教育经费不再依种族而分配。各省将经费着重放在发展偏远地区教育，尤其是发展基础教育。高等教育增加了入学人数以适应黑人的需要，但经费并未增加，由此也造成了高等教育学术水准的下降。[①]

南非发展多元文化教育的时间较短，在此期间，宪法、各项法律、政策与措施等均以改正过去的种族隔离政策为原则，虽然有些政策难免矫枉过正，造成了不良后果，但总体而言基本符合多元文化教育的理念。目前，南非教育发展仍被国内种族和地区分裂所困扰，甚至原白人学校抵制黑人学生的事件仍时有发生，但必须看到，南非新政府已经做出了努力，多元文化教育的倾向不可逆转。

第四节 多元文化教育的展望

一、在美国的前景

作为一种社会实践，多元文化主义改变了美国教育的内容，并通过联邦政府的相关政策在一定程度上改正了历史上对少数民族和妇女在就学、就业方面的制度性歧视，使多样性成为当代美国生活中一个不可忽视的现实。

多元文化教育虽然使少数族裔的族裔认同意识普遍增强，但这并没有妨碍他们融入主流社会的进程。当前，非洲裔作为一个整体已被主流社会接纳，大部分印第安人已融入城市生活，一些亚裔成了美国社会的模范族裔。墨西哥移民也在适应着美国文化和语言。在此情景中，不同族裔的大

---

① 滕星主编:《多元文化教育——全球多元文化社会的政策与实践》，民族出版社 2010 年版，第 435—468 页。

部分成员在美国社会的生活中仍然保留了自身文化群体的特征与认同感。此外，虽然人们质疑多元文化主义所代表的对于种族性的关注最终将危及美国的共同的归属性，多元文化主义和双语教育的推行有可能使美国出现一个“离心的不认同美国主流价值的少数族群多数（minority majority）”，然而根据美国人口发展的预测，2050年前后，美国将出现少数族群人口将占大多数，而且目前已经有一些州出现了这种情况。现实原因使得多元文化教育仍然吸引着人们的注意力。

此外，美国不会因认同问题而分裂，更重要的是因为美国市场经济的高度发展已经使各族群认可国家的经济地位、政治及司法制度，而且美国的宪政框架设计和族群政策传统，使政治上的分裂难以实现。

从发展的角度来看，多元文化教育在20世纪民权运动之后的发展及取得的各项成就令人瞩目。目前多元文化教育形成了较为体系化的目标、概念、维度及具体内容等，并在一些方面形成了较为一致的认识。多元文化教育的实践在学校教育中有了显著的成就。美国的许多全国会议、校区的培训及教师教育都以多元文化教育为重要议题或涉及这方面的议题。多元文化教育的内容在充满争议的进程中成为了一些大学和中小学的核心课程，许多教材也将此方面内容包括其中。

与此同时，多元文化主义也帮助培养了美国社会对不同民族、族裔、性别、性别取向等群体的权益的敏感性。这一切对美国社会的发展无疑具有正面的作用。如同美国历史中其他政治价值观念一样，多元文化主义是美国历史的产物，是对美国社会发展的一种反映，并反过来作用于美国社会，促进其发展和进步。[①]

班克斯认为，虽然多元文化教育在美国、加拿大、澳大利亚及英国已经逐步系统化，然而多元文化教育在美国仍然很难被制度化，盎格鲁-撒克逊文化依旧是主导。在以发展及革新课程为主要着手点的基础上，班克斯等发展了更为系统的包括整体学校改革的多元文化教育理论。然而在学校

---

① 王希：《多元文化主义的起源、实践与局限性》，《美国研究》2000年第2期。

管理、评估及咨询等方面较为细化的理论与实践路径仍然比较缺乏。在现实中，2001年美国“9·11”事件之后，国家认同的要求超过了族群认同，主流社会对文化多样性更少宽容，甚至有所怀疑。在美国进行反恐战争和保守主义占据优势的背景下，多元文化主义处于低潮。

二、在世界范围的前景

美国、加拿大和英国等国的族群问题都在变化之中，有些问题甚至在社会中产生着更深远的影响，文化多样性的教育是具有持续性的，且有更大的必要性，也会具有各种不同的形式。随着不同国家族群状况的变化、世界移民的流动，以及全球一体化的趋势，多元文化能力越来越成为必要。没有与其它国家沟通的多元文化能力将会影响一个国家的发展与生存。[①]

然而在国际范围内，多元文化主义面临一个尴尬的境地。一方面，美国经济的全球化扩展不断增强其经济实力，但资本跨国扩张对美国国内的少数族群未必是福音。少数族群劳力比重很高的制造业被转移至国外，这损害了他们的经济利益。当资本主义的经济体制随经济全球化而成为一种世界性体制时，美国的少数族群中绝大部分人与第三世界国家的绝大部分人陷入同种处境，受到同一种“权力集团”对他们的经济及政治命运的左右。因为现行的国家制度和国际秩序仍然是资本和经济全球化的主要支撑力量和机制，这些已建立的现行权力体系是不会容忍多元文化主义对其取而代之的。

同时，经济全球化带来技术、资本、劳力的频繁流动，不同国家的不同群体对资源及经济机会的争夺更加激烈，一些原本局限于美国国内的经济利益冲突会被转移到国际上，转移到美国与其他国家和地区的劳工阶层之间，统一的阶级利益为民族国家或地区甚至更小的利益所割裂。目前在仍然以国家为基本政治单位的世界中，多元文化主义成为一种全球性的意识形态的机会和空间十分有限。

---

① J. A. Banks, *An Introduction to Multicultural Education*. 4th ed., Boston: Allyn and Bacon, 2008. p. 51.

具有马克思主义倾向的麦克拉伦则指出，当代美国的多元文化主义在本质上仍然没有超过“自由主义式的多元主义”，多元文化主义要想获得新的生命力，必须承担更为广泛的社会正义的诉求，关心全球背景下的认同问题。[①]

三、多元文化教育在美国的发展瓶颈

（一）新保守主义带来的挑战

新保守主义是1960年代后期美国自由主义在思想上和政策实践上转向激进化的一种思想形式，它在坚持自由主义基本立场的同时吸纳了传统保守主义的部分主张。与自由主义相似，新保守主义将民主和秩序奉为现代民主社会的最高价值，认为捍卫和平与安全的最佳途径是改变专制国家的政治制度。此外，新保守主义大力宣扬美国价值观和美国体制的优越性，并认为在全球范围推广美国价值观并促进美国式的民主和市场经济制度既是美国的天赋使命也符合美国的利益，也是实施美国的全球战略的重要手段，并可以不惜武力强行推行其价值观。在教育领域，新保守主义通过强调责任和绩效，把新保守主义的文化主张渗透到日常教育生活中。

美国政权在保守派和自由派的意识形态中交替。自从1982年以来，保守主义者积极倡导教育改革，强调资优学生的学业成就，而没有充分注意教育公平，许多学校的种族、阶层隔离状况加剧。保守主义主导下的教育政策使多元文化教育改革边缘化。通过教育问责与绩效来控制教育质量，是小布什执政时期的重要教育政策。2001年美国国会通过，并于次年小布什总统签署了《不让一个孩子掉队》法案，旨在解决白人学生与有色人种学生之间的学业差距问题。其中的一个目标在于使学区和州教育系统为不同群体学生的学业成就负责任。法案要求从三年级至八年级的学生参与严格的阅读、数学和科学课的标准化测试，有一些研究表明此项改革对学生

---

① Peter McLaren, *Revolutionary Multiculturalism: Pedagogies of Dissent for the New Millennium*. Boulder, CO: Westview, 1997.

的学业成就有所提升。由于学生的成绩分析按照不同族群、家庭收入、身体残疾状况及语言能力来分类，一些学校领导也比较赞成此项改革。然而众多的研究批判标准化考试使得教学狭隘地集中于学生的读写与计算能力，而妨碍了学生的批判性思维的发展。标准化测试所反映的知识范围代表不同的文化内容是基于主流精英文化的，少数族群学生能否用与主流社会相异的观点和本民族文化的经历来回答问题是个问题，因此标准化测试内容很难反映不同学生的多样性文化背景。标准化测试把少数族群学生置于低劣学习者行列，使其教育处境更为不利，并对多元文化教育的实施形成挑战。面对标准化测验在教育体系中所处的地位，如何设计出一种能适应不同文化背景下学生的不同学习风格与认知方式的测评方法将是西方多元文化教育中的一个难题。

虽然有很多研究显示“不让一个孩子掉队”法案存在很多弊端，但这一法案的确让少数族群教育成就和公平问题成为美国教育研究和实践领域的热点。学生被分流，教师因而也被分流，优秀的师资流向优质生源的班级，因此使用标准化考试来配置教育资源和教育分流的做法加强了社会不公平。标准化考试也使得教师更多为备考而教，而不真正地提高自身的知识和教学水平，进而会忽视多元文化教育的教学。班克斯认为在这种情形下，只有教师使用与少数族群相关的教学才能帮助学生提高学业成就，同时教师还应该帮助学生参与能够改变他们自身群体处境的政治、经济及社会的行动。①

（二）实施主体的局限

多元文化教育在现实中仍然有很多发展瓶颈。美国的教师 90% 是白人，而且大部分是女性。教育工作者的多元化是一个漫长的过程。当然多元文化教育并不只是有色人种教师的任务，但是一些白人教师没有意识到多元文化教育在学校实施的必要性与紧迫性，而且许多以白人学生为主体的学

① J. A. Banks, *An Introduction to Multicultural Education*. Boston: Allyn and Bacon, 4th ed., 2008, p. 7.

校确实对多元文化教育重视不够。

班克斯认为经费缺乏也是制约多元文化教育发展的重要因素。“不让一个孩子掉队”等标准化测试耗费了大量的物力与财力，使得本就比较局促的多元文化教育资金更为匮乏，这使得多元文化教育理论与实践的发展在客观上受到限制。

此外，学校与社会中种族主义的问题仍然存在，而且是一个难以解决的问题，这对多元文化教育形成直接的冲击。一些欧洲领导人比如德国的默克尔、法国的萨科齐、英国的卡梅伦甚至鼓吹多元文化主义的终结。然而，若是多元文化主义政策真的消失了，又以什么来替代它呢？而且这种抵制力量往往是潜在的，甚至有些教育者自己都没有意识到这种力量。

（三）美国社会的价值困境与认同冲突

然而美国社会的价值困境与认同冲突的问题持续不断，这也反映在对多元文化教育问题的争论上。美国人口及其构成的不断变化，边缘群体向中心不断靠近并逐步发出他们的声音，这些都在改变着美国人的认同。权利分享和认同转变应该是美国人民所尊重的而不是所恐惧的，因为这些群体对美国和世界的发展都有贡献。[①]

社会的价值与认同困境对多元文化教育在美国的发展至关重要。班克斯专门讨论了美国社会如何保持多样性与统一性的平衡，使不同的社会与文化价值既共存又统一于美国信条的旗帜之下。对于美国而言，文化多元性需要在美国民主价值的框架下存在。莫德尔（Gunnar Myrdal）在 1944 年的研究中称此为美国信条（American Creed），他指出美国价值包括正义、公平和人权。以“美国信条”为核心的政治认同目前仍然在美国发挥着凝聚人心和吸引移民的作用。实际上，文化的多元和对美国自由主义原则的认同并非水火不容，正如施莱辛格所说：“如果一个人愿意，他既可以忠诚于那个将我们结合在一起成为美国人并确立对美国认同的统一的公民原则，

---

① J. A. Banks, *An Introduction to Multicultural Education*. 4th ed., Boston: Allyn and Bacon, 2008, p. 16.

也可以忠诚于任何特别的宗教、族裔和性别群体，两者之间并无矛盾。”[①] 班克斯秉持相同的理念，创建了个体认同及认同发展的模式，这种“多重认同”与“和而不同”的模式，或许是对美国国家认同的一种诠释，也是多元文化教育仍然在美国发挥作用的基础。

名词与术语

1. 偏见：对一个群体或其成员持有贬低的社会态度或认知观点，有负面的表达或者具有敌视性的歧视行为。

2. 平等教学法：教师通过改变教学方式来提高各族群、文化及社会阶层群体学生学业成就的教学方法，包括使用与不同群体学生的学习方式一致的教学方式。

3. 文化回应教学：指教师应对弱势族群学生持高期望值，并配合学生的学习特征与沟通方式施以教学，以学生的族群文化作为学习的桥梁，最终提升弱势族群学生的学业成就。文化回应教学强调学生的生活经验在学习过程中的位置，是回应学生的生活经验而产生认知方式的一种教学模式。关怀是文化回应教学的理念基础，文化沟通是工具，多元文化课程是资源，教学是实践。

4. 过渡式双语教育：指以学生原有惯用语的语言作为学习官方语言的过渡语言。

5. 沉浸式双语教育：指让学生在一段相当长的时间里沉浸在某种官方语言的教学环境中，增加其以此种语言听说读写的机会。

思考题

1. 多元文化教育的概念、目标主要有哪些内容？

2. 简要概述多元文化教育的发展过程。

---

① A. Schlesinger, *The Disuniting of America: Reflections on a Multicultural Society*. New York: Norton & Company, 1998, p. 123.

3. 多元文化教育的五个维度分别是什么?
4. 多元文化课程改革主要有哪些途径?
5. 文化回应教学法概念及其具体要求是什么?
6. 请说明加拿大在多元文化教育领域的几大举措。

推荐阅读书目

1.James A. Banks 著、荀渊等译:《文化多样性与教育:基本原理、课程与教学》(第五版),华东师范大学出版社 2010 年版。

本书重点阐释了多元文化教育的基本原理、课程以及教学方法。作为最新版本的多元文化教育专著,本书旨在帮助教育者了解多元文化教育的哲学与概念问题。作者从明确的哲学立场出发,设计和有效实施了旨在反映多样性并为多元文化实践提供合理指导的教学策略。本书也描述了一些可以实现多元文化理念、概念和实践制度化的教育活动。在这个版本中,班克斯融入了一些新概念、新理论和多元文化教育领域的新进展。

2. 滕星主编:《多元文化教育——全球多元文化社会的政策与实践》,民族出版社 2010 年版。

本书是国内第一本介绍全球二十多个民族国家(地区)多元文化教育政策与实践的著作,其内容丰富,逻辑严谨,是了解全球多元文化教育的重要参考书。本书可供高等院校教育学、社会学、人类学、政治学等学科本科生和研究生作为教学参考读物,同时也可供相关领域研究机构进行研究和相关部门制定政策时参考。

3. James A. Banks(ed.), *The Routledge International Companion to Multicultural Education*(Routledge International Handbook). New York: Routledge, 2009.

本书全面概述了多元文化教育在全球的发展状况。

4. James A. Banks, "Multicultural Education: Historical development, dimensions, and practice," in J. A. Banks & C. A. M. Banks(eds.), *Handbook of Research*

on Multicultural Education. New York: Macmillan. 2001.

该书是一部全面介绍多元文化教育不同问题的参考资料，由美国多元文化教育不同领域的专家合作而成。

5. James A. Banks, *Educating Citizens in a Multicultural Society*. 2nd ed., New York: Teachers College Press, 2007.

本书介绍了不同多元文化国家公民教育。

第十四章　现代性与民族教育

在少数民族地区开展学校教育，往往面临着学业失败的困扰和文化传承的难题，这就需要我们在现代性与地方性相互交织的背景下来理解。本章将对现代性进行介绍，随后讨论学校教育的现代导向、现代性与民族教育的内在矛盾，以及如何摆脱这一困境。本章力图传递一个视角，不要就教育言教育，而要将其放在更大的社会背景下进行思考。

对醉心于田野调查和地方性知识的民族教育而言，现代性何以构成一个主题？具体而言，这里涉及三个方面的问题：现代教育如何嵌入民族地区、将引起什么反应？现代性持续反思的冲动如何面向民族教育实践？如何在新的历史和社会坐标上标定民族教育发展的方向？也就是探究现实的需要、历史反思的动力以及面向未来的勇气这三个相互关联的问题。长久以来，我们在社会学、人类学与教育学之间所做的知识划界工作，强行分隔了教育研究的话题，将学校引发的社会分化与整合托付给专注于现代社会的社会学，将学校内部教学技术和方法的优化托付给专注于教学实践的教育学，将边缘地带传统教化方式的研究托付给专注于地方文化的人类学。这种分割状态遮蔽了诸多问题，阻碍了对问题的真正探究。然而，科学、反思与行动的逻辑是内在统一的，我们需要将特定民族教育的困境置于更广阔的社会历史背景中进行思考，在个人的教育体验上折射出社会体制的意图，将他者的经验转化为科学反思的对象，进而返还到改造世界的行动中。总之，在现代性无限扩展的平面上审视民族教育，并在讨论边缘地区教育实践的过程中纳入现代性，就是要穿透学科界限，建构相对完整的教育研究对象，将被切割的研究对象整合起来。将研究焦点集中在现代性与地方性的碰撞、冲突与融合的过程，不仅有助于把握学校教育的实践过程，明晰教育演进的事实和状况，还有助于从方法论角度提升研究工具的敏感性，将研究对象、研究工具和研究过程一并纳入反思对象中。[①]

然而，由于日常思维的惯性、话语的遮蔽和体制的干扰，我们对民族教育的思考却容易滑向两个极端——现代主义和地方主义，抑或做一种似是而非的折衷。现代主义者对传统持激烈批判态度，通过与过去、传统和地方的决裂确立文明话语的合理性，依循城市、市场和国家的需求改造地方。学校教育则承载着将现代性具体化的任务，学校自身作为现代社会机构，不仅将外部世界的知识和观念传递到地方，完成社会整合与国家一体化的职责，还将浸染在民族文化中的个体抽离地方，完成去地方化和削减差异的任务。地方主义者力图避免外部世界的侵扰，通过保护偏居一隅的民族文化、唤回久远的历史记忆、重铸民族认同，构造地方文化反抗的堡垒。在地方主义的田园诗悄然演奏的过程中，舒缓、宁静而又悠远的生活意象被唤回，保守主义、民族主义和反全球化的呼声与其相伴随，重回传统成为其基本主张。人们对教育的期待，不再是现代性的传导装置，而是要在潜移默化和温情脉脉中完成教化任务，保存传统、维持差异、促进内部世界的人才复制是其基本职责。如果民族教育研究总免不了表达一种价值导向的话，那研究者谱写的乐曲，也必须摆脱田园诗和狂想曲这两种情绪的束缚。[②] 为了更真实地呈现民族地区的教育问题，需要在教育空间中考察现代性与地方性的关系，并寻求有效整合两者的路径。

---

① 沈洪成:《现代性与地方性交织中的民族教育:走向、困境与出路》,《青海民族研究》2013年第3期。

② 钱民辉、沈洪成:《从意识三态观重新审视现代性与民族教育之关系》,《广西民族大学学报(哲学社会科学版)》2012年第4期。

第一节　现代性的概念与维度

无论是内涵还是外延，现代性都是含糊、多变而又充满歧义的概念。随着社会生活的变迁，新的指涉不断增添进来，旧的意义却并未被消磨掉，而是不断焕发生机。新与旧的纠缠，让人们的讨论莫衷一是，以致任何想要捕获它、将它固定下来并获得确切含义的企图均告失败。这倒应和了现代社会瞬息万变的特质，一个内涵被抽空的概念对应着一个意义被掏空的社会，只有在这一点上两者才是默契的。由于这种困境，民族教育的实践以及以此为对象展开的研究，其对现代性的援引，常是不假思索的使用。只有着力讨论元理论的哲学，以及力图把握当下社会变迁的社会学，才视现代性为其合法性主题。现代性在民族教育及其研究中的缺场、退入背景以及未经反思的使用，至少表明一种状况：这艘马力巨大的引擎企图逃出人们的眼界，挣脱人们的控制，进而消解知识上的反思能力。而要改变这种知识上的无意识状态，就需重新将现代性置于民族教育研究和反思的核心位置上。本章从一种广义的角度理解现代性，它既是以都市为核心的生活方式，也是以工业主义、资本主义、民族国家等为核心的社会制度，还是内在于现代社会的，以科学和理性为核心的反思性知识体系。

一、作为一种生活方式的现代性

波德莱尔（Charles Baudelaire）在《现代生活的画家》中写道："现代性就是短暂、流变、偶然事件，它是艺术的一半，另一半则是永恒与不变。"[①] 艺术中流动的永恒的张力，展现出现代性的内在属性与矛盾，这种张力不仅是艺术的法则，还渗入到社会、文化、教育、日常生活乃至认知方式中，进而侵入整个社会肌体。无论是现代的生活方式和体验，还是现代的社会制度与设置，都难以摆脱这种矛盾。无独有偶，弗里斯比（David Frisby）敏锐地指出，那些以现代性为主题的社会理论家，都关注人们感受

---

① C. 波德莱尔著、郭宏安译：《现代生活的画家》，上海译文出版社 2011 年版。

和体验资本主义剧变所产生的社会和历史存在的新方式，人们对时间、空间和因果关系的独特体验都是短暂的、易逝的、偶然的和任意的。[①] 事实上，从词源上来说，“现代”（modernus）即意味着反传统的秩序。这一词汇最早出现在5世纪，意即把已经皈依基督教的现代社会与仍然属于异教的罗马社会区分开来，从那以后，现代一词就有意识地强调古今之间的断裂。[②] 无论在何种历史环境中使用，现代性都表达出一种强烈的时间意识，展现出与过去决裂的姿态和对传统的批判态度。但吊诡的是，在欧洲文艺复兴、宗教改革、启蒙运动和法国大革命等事件的推动下，“现代的基督教”最终被扬弃，主体理性的滋养与生活“祛魅”（disenchantment）的过程相伴随，推动着社会生活的剧烈变革，这一进程逐渐在全球范围内扩展开来，让这个缘起于欧洲的事件获得了世界史的意义。

现代性首先源于对一种全新生活方式的体验，波德莱尔的“短暂、流变、偶然”一语中的。它既指现代生活的短暂性和偶然性，也指艺术和美体现出的短暂性和偶然性，最后还指对现时生活充满孩童般体验兴趣的现代人的现代性。[③] 波德莱尔在流动的城市生活中捕捉现代性，而城市生活与乡村生活的差异，让现代性的特性得以凸显出来。前者呈现出躁动不安、瞬息万变的流动意象，后者则展现出安宁平和、悠远恬静的田园意象。齐美尔（Georg Simmel）对现代都市生活方式有着精细的刻画。都市性格的心理基础包含在强烈刺激的紧张之中，这种刺激产生于内部和外部刺激快速而持续的变化，因而，烦躁的现代生活，只能借助中性而冷漠的金钱媒介来均衡，在奔流不息的金钱溪流中，所有的事物都以相等的金钱来衡量，而都市生活的独特品格，就是碎片化、感官刺激、物质性、丰富性、瞬间性和易逝性。[④] 受齐美尔的影响，沃斯进一步概括出作为一种生活方式的都市的特性：传统上基于血缘、邻里和世袭的情感不复存在；人与人的关系是

---

① D. 弗里斯比著、卢晖临等译：《现代性的碎片》，商务印书馆2003年版，第8页。

② J. 哈贝马斯著、曹卫东译：《后民族结构》，上海人民出版社2002年版。

③ 汪民安、陈永国、张云鹏主编：《现代性基本读本》，河南大学出版社2005年版，第2页。

④ 同上书，第4—5页。

功利的、表面的、短暂的、非个性化的；由于共同情感的匮乏、急剧的竞争、居无定所、阶层与地位的差异、个体的单子化，个体备感孤独。[①] 随着现代性的扩张，都市逐渐侵蚀了乡村，现代社会中陌生人之间冰冷冷的理性算计的关系，逐渐代替了传统社会中熟人之间温情脉脉的关系。[②]

二、作为一种社会制度的现代性

现代性真正扩展开来，并获得如今的这种含义，正是17世纪发生于欧洲的一系列事件促成的。吉登斯坚持从社会制度的角度理解现代性，并将这种解释奠在经典社会学家勾画的现代性图景中。马克思将持续扩张中的现代性界定为资本主义，商品生产与资本积累的循环主导着经济领域的运作，资本主义的逻辑渗透到所有社会领域，以致破坏了传统上封建的、宗法的、田园诗般的关系，宗教、职业、家庭领域也都服从冰冷冷的经济理性原则，这种原则因世界市场的开辟扩展至全球，因此，"一切坚固的东西都烟消云散了，一切神圣的东西都被亵渎了"。[③] 马克思对资本主义的批判集中在赤裸裸的剥削与异化现象上。涂尔干则从工业主义的角度解释现代社会制度，随着劳动分工的不断发展，宗教在维系社会整合中的作用逐渐减弱，随之而来的是建基于多样化职业团体之上的道德意识。如果道德重建的任务赶不上社会分工的发展，就会产生社会失范现象。韦伯强调的则是随工具理性扩张而产生的社会领域中的合理化现象，这尤其体现在科层制的社会组织体系中。但是，理性化的充分发展却可能成为框住人们的"铁笼"。马克思、涂尔干和韦伯，从各自的角度解释了现代社会制度的核心特征，并据此发展起批判性的概念。吉登斯则认为，这些理论家对现代性的理解是单一维度的，具有化约论的倾向。他认为现代性具有四个基本的维度：首先，资本主义是指一个商品生产体系，对资本的私人占有和无产

---

① 汪民安、陈永国、张云鹏主编:《现代性基本读本》，河南大学出版社2005年版，第700—711页。

② 沈洪成:《现代性与地方性交织中的民族教育：走向、困境与出路》，《青海民族研究》2013年第2期。

③ 《马克思恩格斯选集》（第一卷），人民出版社1972年版，第254页。

者的雇佣劳动是其中心；其次，工业主义是在商品生产过程中对物质世界的非生命资源的利用；再次，以民族国家为代表的监督机器日益发展，包括监狱、学校、工厂中的直接监督，以及以信息控制为基础的间接监督；最后，军事力量，即在战争工业化的情境下对暴力工具的控制。[①]这四个维度存在着紧密的关联，它们相互推助，促进了现代社会的发展和变迁。

现代性最鲜明的特征，就是与传统社会之间巨大的断裂，无论是人们的生活方式，还是社会制度，都在急剧地变革。社会学即诞生于这种急剧变革的冲击，很多社会学家对现代社会与传统社会的差异作出论述。涂尔干从人与人的关联方式与社会整合的角度，论述了由机械团结向有机团结的转变，前者是指分工不发达的传统社会中社会成员在情感、意愿、信仰上的高度同质性；后者是指高度分化社会中社会成员之间形成相互依赖的关系。[②]滕尼斯（Ferdinand Tonnies）称之为共同体（Gemeinschaft）向社会（Gesellschaft）的演进，前者是小范围内自然形成的、整体本位的礼俗社会，后者是较大范围内有目的形成的、个人本位的法理社会。[③]帕森斯（Talcott Parsons）则从行动方式的角度，描述了传统社会与现代社会的差异，包括行动标准使用范围上的特殊性与普遍性，互动双方权利义务关系清晰程度上的扩散性与专一性，互动关系中情感投入上的情感性与中立性，行动评判标准上的先赋性与后致性，利益考量上的私利性与公益性。[④]现代性在非西方国家的扩展，引起的裂痕更为巨大，其中最鲜明的体现，就是乡村与城市之间的断裂。关于这一点，费孝通早在1940年代就指出，乡土社会是以面对面交往为主形成的熟人社会，而现代都市生活则是陌生人形成的，二者有着根本的差异。

在现代性不断推进的过程中，它也沿着两个方向发展——全球化和地方性。现代性将一切传统和所有非西方社会卷入其中，纳入由其安排的

① A. 吉登斯著、田禾译：《现代性的后果》，译林出版社2000年版，第49—52页。
② E. 涂尔干著、渠东译：《社会分工论》，生活·读书·新知三联书店2000年版。
③ F. 滕尼斯著、林荣远译：《共同体与社会》，商务印书馆1999年版。
④ J. 特纳著、邱泽奇等译：《社会学理论的结构》（第六版），华夏出版社2001年，第34页。

社会秩序和等级体系之中。现代性的扩张本性不断在空间上延展开来，以致侵入所有的边缘地带，形成全球政治、经济和文化体系。但在全球化进程不断推进的过程中，地方性力量也在宗教、族群、环境保护等名义下不断集结，寻求地方性认同以对抗全球化和现代性的逻辑。与此同时，全球化、现代性与地方性之间的关联愈加紧密，对个人生活的影响也越来越大。正如吉登斯指出的，现代性最显著的特征之一，就在于外延性和意向性这两极之间不断增长的交互关联：一极是全球化的诸多影响，另一极则是个人素质的改变。[①] 全球化、现代性与地方性的交织，塑造着当今社会的走向。

三、作为一种价值观念的现代性

现代性还是一种知识形式，这既体现在现代人看待世界的方式以及与此相关的价值观念，也体现在依托于系统的社会科学知识而形成的话语形式。在现代性背景下，普通人的价值观念与专家系统发展起来的话语相互影响，共同推动了现代价值观念的形成。早在 18 世纪末，康德在回答"什么是启蒙"的著名论文中就指出，启蒙就是要有勇气运用你自己的理智，进而摆脱自己加之于自己的不成熟状态。[②] 在文艺复兴、启蒙运动等社会思潮的推动下，主体意识、个体自由、理性精神等价值观念逐渐确立。而社会科学的话语也与这一潮流相呼应，内在于现代生活方式和社会制度之中，是它们的一个环节，不断返还到这种生活方式和社会制度重构的活动中。这种知识形式就是吉登斯所说的制度的反思性，它定期把知识应用到社会生活的情境上，并把这作为制度组织和转型的一种建构要素。[③] 作为一种价值观念，现代性主要有以下表现：

1. 科学的认识方式　秉持现代价值观念的人认为，最有价值的知识是

---

① A. 吉登斯著、赵旭东等译：《现代性与自我认同：现代晚期的自我与社会》，生活·读书·新知三联书店 1998 年版，第 1 页。

② I. 康德著、何兆武译：《历史理性批判文集》，商务印书馆 1991 年版。

③ A. 吉登斯著、赵旭东等译：《现代性与自我认同：现代晚期的自我与社会》，生活·读书·新知三联书店 1998 年版，第 22 页。

科学知识，是否科学成为评判事物与行为的最高准则。而要获得科学知识，就要独立于认识对象之外，避免情感因素的干扰，客观、中立地认识现实。科学知识需要不断经受现实的检验，一旦被证伪，就意味着知识的进步。因而，永不停息的质疑精神，内在于科学观念之中。科学一开始被自然科学和社会科学的专家所使用，随后扩展至整个社会，主导了普通人的行事风格，也渗透到各种组织机构的运作之中。与此相伴随的，则是传统上以宗教为核心的价值观念的衰落。

2. 理性的行事风格　由于宗教观念的式微，理性主导了人们的行事风格，人们越来越秉持效率和功能至上的原则。在韦伯看来，现代社会越来越趋于理性化，最典型的表现即是工具理性的支配，手段与目的趋于一致。通过精益求精地设计合适的手段，有计划、有步骤地达到某种特定的实际目的。[①] 理性的行事风格力图避免任何情感的干扰，程序合理性压倒了一切。与之相对的，则是传统的、情感的、价值的行为方式被排斥。

3. 人类中心的姿态　现代性最强调控制，即让世界服从人的支配。[②] 由于主体意识的崛起以及人类控制能力的增强，人们越来越抱持人类中心主义的姿态。随着工业的发展，人类对自然的控制能力增强，越来越以凌驾于自然的姿态面对自然。与此同时，神灵也从天国降到了人间，神秘色彩逐渐褪去，人成为整个社会秩序的中心，控制外部世界的欲望愈发强烈，人类的需要和利益因而成为一切价值的支点和道德评价的依据。

4. 进步话语的支配　进化论源于自然科学，影响到社会科学的叙事，对现代人的价值观念却产生了支配性影响。现在与过去的历史、中心与边缘的差距、我们与他们的划分，被普遍解释成先进与落后、文明与野蛮、成熟与幼稚的价值标准。

5. 整体的宏大叙事　现代性总是寻求整体性的宏大叙事，寻求对历史与现实做整体的、清晰的、逻辑完善的解释。这种叙事风格正是科学的、

---

① M. 韦伯著、王荣芬译：《儒教与道教》，商务印书馆 1997 年版，第 32 页。

② A. 吉登斯著、赵旭东等译：《现代性与自我认同：现代晚期的自我与社会》，生活·读书·新知三联书店 1998 年版，第 169 页。

理性的、人类中心的、进步主义推动的结果。康德就曾经指出，普遍性知识必须超越地方性知识，因为没有普遍性知识，全部被获取的知识只能是碎片般的经历而不是科学。[①] 因而，在现代性背景下，那些局部的、片段的、地方的叙述都难以成为知识。

四、对现代性的基本态度

现代的生活方式、社会制度以及与之相关的价值观念，是紧密相连的三个层面，现代生活方式和体验在现代社会制度中得到实现，进而发展起一种现代性话语，维护现代生活和制度的合理性。随着社会的变迁，现代性的替代性方案也逐渐浮现出来，一些学者开始批判现代生活方式、社会制度以及与之相关的权力和话语。1950 年代以来，我们到底身处现代性还是后现代性，成为辩论的焦点。人们所持观点有着根本的不同，却重新开启了有关现代性的讨论，使得重估现代性的优劣成为可能。对现代性的态度主要包括以下几个方面：

首先是积极的态度。支持者认为，我们仍然处于现代性之中，不过，现代性的意图、内涵和需求需要进行批判性的阐释，以更好地实现现代性的承诺。这种观点的典型代表是哈贝马斯。在后现代性的一片喧哗声中，哈贝马斯认为，后现代思想仍然滞留在由黑格尔所阐明的现代性的自我理解的前提之中。[②] 现代性并未终结，是一项没有完成的工程。哈贝马斯通过重新阐释理性，拓展了对于理性的认识，发展起沟通理性的观念，力图重建社会伦理和道德秩序。

其次是中立的态度。审慎批评的态度认为，我们并没有跨入后现代，而是处于现代性高度发展的时期。这种观点的典型代表是吉登斯。在《现代性与自我认同》《现代性的后果》等著作中，吉登斯认为，现代性在各个维度上已经急速发展，全球化浪潮席卷各地，给人们的生活注入了各种各

---

① Steven Feld & Keith H. Basso edited, *Sense of Place*, School of American Research Press, 1996, p. 19.

② J. 哈贝马斯著、曹卫东等译：《现代性的哲学话语》，译林出版社 2004 年版，第 5 页。

样的风险因素。

最后是消极的态度。激烈批评的态度认为，我们已经处于后现代阶段，人们的生活方式、社会制度和观念，需要按照后现代的方式进行重建。瑞泽尔（George Ritzer）对此做了比较全面的概括：后现代主义谴责现代社会及其在实现自己承诺上的失败；排斥采用单一的宏观视角看问题；赋予前现代现象如情绪、感觉、个人经验、传统、巫术、神话、宗教等以重要性；排斥现代思维中审慎的、理性的风格；将焦点集中在社会的边缘地带等。[①]

第二节 教育在现代性中的位置与功能

一、现代性背景下教育的意义

现代社会的各种制度维度不断凸显，进而与传统社会形成断裂的同时，现代教育也与传统教育彻底分野。不过，现代教育的诞生，源于一种焦虑，表现出强烈的危机意识，是为应对现代社会的危机而产生的社会机制。在西方，现代性的社会图景不断浮现的同时，霍布斯式的秩序问题，即“社会秩序何以可能”也越来越凸显。自私自利的个人如何构成一个社会整体，成为现代知识分子需要迫切回答的问题。在涂尔干看来，集体意识维持了社会的团结，使整个社会统一起来，但社会自身也始终面临着分崩离析的危险。这就是社会失范的危险。为了将社会规范、价值观念传递到个人，完成社会化的任务，学校教育就要完成连接个人与社会的关系的作用。因而，学校教育的基本功能有两个：一是社会层面上社会制度的维护与更新，二是个体层面上理性能力和自由状态的培育。而要完成这两个分离的任务，就要将他们创造性地结合起来，使社会的需要和个人的自主相结合。正如涂尔干所说，教育的根本目的不是向学生传授知识和技能，而是培养对待生活的各种可能的终极态度，学校也不再是一个封闭的堡垒或浪漫的园地，而是一种能够将个人生活和社会生活联结起来的具有真正社会意义的中介

---

① G. 瑞泽尔著、谢立中等译：《后现代社会理论》，华夏出版社 2003 年版，第 12—13 页。

组织。[1]这种理论上的构想，表达了教育在现代社会中所占据的位置。但在实践中，社会需要可能会压倒个体自主精神的培养，因为现代社会过于注重其自身的需要了。

为完成个人与社会整合的任务，就要进行一系列的操作。在涂尔干看来，初等教育的议题围绕三个方面展开：首先是纪律精神。学校纪律是儿童能够感受到自身有限性的第一种限制，同时也可以培养儿童处于具体生活条件中的规范，所以，纪律精神是对未来的职业伦理和公民道德的准备。其次是自制精神。自制精神的基础是儿童对群体生活的依恋，只有当儿童超出自身的狭隘范围，感受和意识到群体生活所提供的可能性和团结感，才能为未来生活构建一种公共精神。最后是知性精神。知性的运用是儿童获得自主和自决精神的过程，具有启蒙的意涵，这种启蒙精神绝没有要求教师为儿童灌输一种总体知识和普遍规范，而是使儿童在特定的界限内自由地运用理性，逐步形成一种内化的社会态度。[2]这就是教育在社会化过程中至为关键的作用。

二、学校教育的现代意涵

学校教育在何种意义上体现现代性？上面我们将现代性区分为生活方式、社会制度和价值观念三个层面，学校教育也在这三个方面展现出现代性的特征。下面我们依次阐述这三个方面的问题。

首先，学校教育培养起学生新的习性。对生活在乡村和少数民族地区的学生而言，上学意味着什么？学校与村落是两个完全不同的空间，前者为现代性的空间和场所，空间安排、时间安排、建筑设计、使用的语言、传递的知识、培养的导向、社会规范等都体现出鲜明的现代性特征；后者则是典型的地方性空间，村民的行为方式、语言、日常生活安排、节日、习俗等都体现出地方性的特色。儿童从小浸润在村落环境中，形成本民族的

---

① 渠敬东：《现代社会中的人性及教育：以涂尔干社会理论为视角》，上海三联书店2006年版，第215页。

② 同上。

习性，进入学校，意味着学生要养成一种新的习性。例如，进入学校后就要说普通话，要遵守严格的作息时间，围绕着身体有着一系列的着装和姿势的要求，要形成一种新的价值观念等，这种习性恰恰是由学校空间的特性所塑造的。按照布迪厄的习性和场域理论，学校这一场域是各种各样客观关系的网络，塑造着学生的习性，从而将学生从传统村落形成的习性中挣脱出来。

其次，学校教育培养起新的价值观念。价值观念具体体现在看问题的方式上，经过学校的长期培养，学生的价值观念与传统村落有着很大差异。虽然现代性不断扩展，但很多少数民族村落的宗教氛围仍然很浓厚，对村民仍然发挥着根本性的影响。而在一些村落中，巫术也还存留着，这使人们的生活多多少少蒙上了神秘的色彩。而学校生活则是去神秘化的，学生们被教导采用科学的方式发现问题，探究问题，并持有科学的价值观。科学主义、理性主义、进步主义的价值观念则与宗教价值观有着根本不同。

最后，学校本身是现代社会机构。学校是国家机器的组成部分，用阿尔都塞的话说，学校是意识形态的国家机器。对村落而言，学校是"村落中的国家"，[①] 持续不断地传递着来自国家的意识形态、价值观念和科学知识。同时，学校也是乡村中的一块飞地，其生产的人才，主要服务于城市化与工业化发展的需要。学校与国家和城市之间的关联早已被人注意到，但是，由于学校习惯于以中立的面貌出现，因而常常难以成为人们反思的对象，因而更加有利于增强学校机构的合理性，人们对学校的推崇态度也证明了这一点。

第三节　现代性与民族教育的内在矛盾

现代性裹挟着一种生活方式、一种社会制度和一种价值观念，全面嵌入民族地区，并确立起主导性地位。现代性通过民族教育得到传递，同时

① 李书磊:《村落中的国家：文化变迁中的乡村学校》，浙江人民出版社 1999 年版。

又可能压抑了地方上由来已久的文化与教育传统。那么，如何评价现代性与民族教育的关系呢？若从上往下来看，现代性意味着一种全新生活方式的展开，少数民族地区将借此获得更多的资源和机遇，学生也将能够摆脱狭小的地域局限，借此进入更加广阔的生活空间之中。若从下往上来看，民族地区对现代性的反应却可能呈现出复杂的面貌：有的民族和地区在现代性面前手足无措，无法有效融入其中；有的民族和地区传统文化较为系统和完善，也有着较为系统的传统教育形式，在现代性的冲击下，系统的传统教育形式被取代，而在现代学校教育中这些民族的学生可能处于劣势；有的民族也能以积极的心态融入现代性中，对现代学校教育抱着积极和乐观的态度。[①] 那么，现代性在民族地区的扩展到底意味着什么？现代性又与民族教育有着怎样的内在矛盾呢？

一、现代与传统的断裂

民族教育面临着现代与传统断裂的局面，表现在两个层面上。首先，从宏观上来看，学校教育中传递的是主流意识形态、价值观念与知识体系，这些都定位在现代性之中，是一种现代性的文化内容，而地方上的文化内容，包括语言、习俗、舞蹈、音乐、信仰、习俗等内容很难纳入学校中。可以说，学校教育划定了现代与传统的界限，只有现代的才是学校教育的合法内容，而传统往往是排斥的对象。随着国家政策的放开，学校教育已经有限度地将一些传统文化纳入其中，但在升学体制的影响下，传统和地方文化不是升学考试的内容，很难真正受到重视，在学校教育中往往处于边缘地位，讲授这些内容的教师往往由其他科目的教师兼任，这些内容也没有课本和教案，影响了教学的展开。

其次，从微观上来看，少数民族学生从村落进入学校，意味着从传统走向现代，他们在村落中养成的习性也必须抛弃，从而在学校教育场域形成新的习性。学校与村落是两个截然不同的场域，有着不同的游戏规则，

---

① 沈洪成：《现代性与地方性交织中的民族教育：走向、困境与出路》，《青海民族研究》2013年第2期。

进入学校后，学生身上会发生一些显著的改变：必须说普通话而不能说本民族的语言；必须按照学校的节奏生活，而不能处于村落中自由而散漫的状态；往往要穿校服或现代服装，只有在学校重大的仪式上才能穿本民族的服装；要学习外部世界的知识，这些知识往往是适应外部市场和职业需要的。因而，学校中传统与现代的断裂，也折射到学生的习性上，换句话说，学生的习性承载着传统与现代的断裂。

二、进步与落后的话语

民族教育容易受到“进步—落后”二元话语体系的支配，这可能隐含在官方知识的论述之中，并经过教师的教学工作得到传递，更会在人们的日常观念中得到表达，成为一种常识性的思维，支配人们的观念。这种话语源于进化论，随后被引入社会科学的论述，影响到现代性条件下人们对社会变迁的论述，即认为我们的社会正在从野蛮走向文明，而所谓的文明，即是向现代性靠拢。这一话语最初体现在人们对经济状况的描述上，少数民族地区多处于偏远地区，经济上较为贫困。人们对经济状况的论述很容易扩展到对少数民族地区的习俗与文化的判断上，进而给这些地区的习俗与文化也打上落后的烙印。[①] 事实上，正如科学哲学家费耶拉本德（Paul Feyerabend）一针见血地指出的，“那些不同于我们的文化并不是一种错误，而是对特定环境的适应性，他们发现了而不是错过了美好生活的秘密。”[②] 在进步主义话语的支配下，人们往往认为，少数民族地区和边缘地带的人群是落后的、愚昧的、未开化的、低级的，而现代社会则被普遍描述成文明的、先进的、发达的、高级的。由此出发，学校教育成为文明的堡垒和象征，进入学校，则意味着从边缘地带走向社会的核心区域，从落后状态走入进步状态。

现代主义者对传统持激烈批判态度，通过与过去、传统和地方的决裂

---

① 沈洪成：《现代性与地方性交织中的民族教育：走向、困境与出路》，《青海民族研究》2013年第2期。

② P. 费耶阿本德著、陈健等译：《告别理性》，江苏人民出版社2002年版，第3—4页。

确立文明话语的合理性，依循城市、市场和国家的需求改造地方。在这一现代主义狂想曲高歌猛进的过程中，高亢、激昂而又躁动的情绪注入人们的生活，市场主义、国家主义和全球化的浪潮与其齐头并进，推动着社会生活的变革。学校教育则承载着将现代性具体化的任务，学校自身作为现代社会机构，不仅将外部世界的知识和观念传递到地方，完成社会整合与国家一体化的职责，还将浸染在民族文化中的个体抽离地方，完成去地方化和削减差异的任务。在“进步—落后”二元话语体系的支配下，进步主义会支配人们对民族教育的判断，进而影响到课本中官方知识的组织、教学话语的传递以及知识的考核，进而塑造了人们日常生活的判断，成为观念里至高无上的准则。诡异的是，越是边缘的地区，这种话语的支配作用越大，越难以得到调整。这些地区越来越倾向于疏离自身的传统，投向现代社会的怀抱。即使现代性力图调整自身，通过教育等方式提供多样化的选择时，身处其中的民众反而可能不愿意珍视自身的传统了，换句话说，没有地方的配合，现代性扩展自身的任务是不可能完成的。[①]

三、中心与边缘的秩序

民族教育还可能强化一种中心—边缘的秩序。现代性在将所有边缘地带卷入其中的同时，也意味着一种秩序与等级序列的确立。从空间上来说，中心—边缘秩序体现在城市—乡村、工商业—农业、主流民族—少数民族之间的二元化划分；从时间上来看，体现在较早卷入现代性的族群与较晚卷入其中的族群的差异。学校传递的知识主要来自主流社会，它是亲近城市生活的，适合工业生产体制和外部市场需求的，主要是来自主流族群、源自国家整合需要的。而那些以乡村、农业生产、边缘地带、地方形式存在的知识则很难被纳入学校教育中。通过学校教育，所有地区的所有学生都要在学校教育体制中经历评价机制的考核，分数成为衡量学生成败的最重要准则，能否习得学校传递的现代性知识也成为少数民族学生成败的关键

---

① 沈洪成：《现代性与地方性交织中的民族教育：走向、困境与出路》，《青海民族研究》2013年第2期。

所在。考试分数的作用具有两面性，它虽然为边缘地带的学生进入中心地带提供了路径，大大拓展了学生的发展机会，但考试分数也固化了一种等级秩序，人们除了投入这一秩序之外，无所逃遁。前现代时期则呈现出多中心的特征，每种文化形态都有其核心区位，发挥着社会整合的作用。在现代性条件下，这些区域化的中心都被打破，纳入现代性的等级序列中。那些能够有效融入现代性中的族群，会在中心—边缘秩序中获得一个较为有利的位置，而不能有效融入其中的，则处于不利的位置。[①] 这种等级化的排列秩序尤其受到经济发展状况的影响。

张慧真对贵州石门坎苗族案例的研究，鲜明地体现了这一点。20 世纪初，贵州石门坎是中国西南最贫穷和落后的地区，花苗是苗族中最受压迫和奴役的部族，绝大多数人亦是从未接受过学校教育和文化知识的文盲。清末因英国的东来和柏格里在西南的传教，石门坎出现了一次大规模的皈依运动。随着老苗文的创制，石门坎的教育和文化开始了大发展，20 年代他们拥有了第一批小学毕业生，然后是中学和大学毕业生，而第一代的石门坎知识分子又回到当地从事教育工作或担任苗族传教士。石门坎由此成为 30 年代开发大西南的民族教育范例，更成为“苗族文化复兴的圣地”。[②] 但随着统一的学校教育确立起主导性地位，石门坎传统的教育形式越来越边缘化，花苗学生在升学体制又重新处于不利的地位。

四、经济对文化的侵蚀

民族教育容易受到经济原则的牵制，具体表现在两个方面：首先，从国家政策层面的定位来看，教育往往被视为经济发展的动力；其次，从家庭对教育的需求上来看，教育被视为改变贫苦生活境遇的手段。笔者在云南德宏傣族坝子的调查中看到一组刷在中学围墙上的标语：“国家兴旺靠教育，农民致富靠读书”，“脱贫致富，教育铺路”，“要想致富奔小康，先送子女

① 沈洪成：《现代性与地方性交织中的民族教育：走向、困境与出路》，《青海民族研究》2013 年第 2 期。

② 张慧真：《教育与民族认同：贵州石门坎花苗族群认同的建构》，《广西民族学院学报（哲学社会科学版）》2002 年第 4 期。

进学堂”，“穷不读书难致富，富不读书富不长”。国家在这一问题上的界定与家庭通过教育改变命运的需求是一致的。经济原则无疑是民族教育的重要目标，但不应是唯一的目标，尤其不能以经济的原则取代文化在民族教育上的重要性。民族教育不仅应当有助于提升经济发展的水平和状况，还应当具有保存和传递地方文化的作用。①

五、同一对差异的消解

民族教育还面临着如何处理同一与差异的矛盾问题。学校教育有助于不同地域、族群、文化的交流，学生借此获得相互沟通、理解和交流的渠道。在现代社会条件下，没有哪个族群还能孤立地存在，都是要投入到共同文化的塑造中。但是，现代性会带来一种逐渐趋同的文化与生活方式，从而消解了差异。正如芬伯格（Andrew Feenberg）在《可选择的现代性》中指出的，从现代性的技术性理解的角度来看，它显然是指现代科学技术、各种民主政体和城市化等事物的普遍完成，由此可见，建立在一种独特的技术系统扩展基础之上的现代性与传统是相对立的，并且处处用一种合理的“技术文化”取而代之。② 在技术文化不断扩张的背景下，差异性受到了挑战，本民族文化在学生身上越来越淡化。如何保存文化多样性，成为民族教育最重要的任务之一。③

第四节　意识三态观的基本主张

多元文化主义诞生于美国的民权运动，随后成为弱势和边缘族群伸张利益和价值的武器，产生了极其广泛的影响。什么是多元文化主义呢？沃特森做了一个简明概括：首先，作为一种文化观，认为没有一种文化比其他

---

① 沈洪成：《现代性与地方性交织中的民族教育：走向、困境与出路》，《青海民族研究》2013年第2期。

② A. 芬伯格著、陆俊等译：《可选择的现代性》，中国社会科学出版社 2003 年版，第 1 页。

③ 沈洪成：《现代性与地方性交织中的民族教育：走向、困境与出路》，《青海民族研究》2013年第2期。

文化更优秀，也不能把自己文化的标准强加于其他文化；其次，作为一种历史观，关注少数民族和弱势群体，强调历史经验的多元性；再次，作为一种教育理念，认为学校教育对非主流文化的排斥必须得到修正，帮助学生消除对其他文化的误解和歧视；最后，作为一种公共政策，认为所有人在社会、经济、文化和政治上机会平等。[①] 由此可见，多元文化主义与后现代主义有着很强的亲和性，它们都对现代性提出了批判和挑战，通过质疑现代性的生活方式、制度和价值观，确立以差异、理解和多样化为特征的理念。作为一种影响广泛的社会潮流，多元文化主义主要在以下几个领域使用：作为一种政治口号，在公共政策领域强调对弱势群体权利的保护；作为一种特定社会群体的旗号，集结社会运动的力量和认同；作为一种学术话语，成为学术研究介入当下社会生活的有效方式；作为一种社会实践，成为不同族群消除矛盾、寻求沟通和理解的策略性行动。多元文化主义在影响力不断扩展的过程中，也面临着被滥用的危险，最显著的两种情形是：首先，多元文化主义蜕化为一种政治修辞，虽然名义上强调多元文化主义，实际上却用同一性消解差异性，这是需要警惕的。[②] 其次，多元文化主义容易成为族群分裂的借口，被特定社会精英利用，从政治家的修辞转变为特定精英的修辞。二者的内在逻辑是一致的，即名为寻求理解，实质上是进行社会排斥，区别只在于排斥的对象是主流还是边缘。

对中国而言，多元文化主义是一个舶来品。在纳入中国学术话语的过程中，多元文化主义被策略性地转换为多元与一体的结合。究其缘由，无非是目前中国所面临的现代性建构、社会整合与国家团结的任务，远较西方国家繁重。费孝通先生提出的中华民族多元一体格局的理念，鲜明地体现了这一点。[③]1988 年费孝通在香港中文大学泰纳讲座（Tanner Lecture）上做了“中华民族多元一体格局”的演讲。他认为，中华民族是包括中国境内 56 个民族的民族实体结合而成的、相互依存、统一而不可分割的整体，

---

① C. 沃特森著、叶兴艺译：《多元文化主义》，吉林人民出版社 2005 年版。

② 赵刚：《“多元文化”的修辞、政治和理论》，《社会学研究》2006 年第 3 期。.

③ 费孝通：《中华民族的多元一体格局》，《北京大学学报（哲学社会科学版）》1989 年第 4 期。

每个民族实体都具有中华民族的整体认同。多元一体格局的形成是一个从分散的多元到结合成一体的过程，汉族不仅是多元中的一员，也是一个凝聚的核心。中华民族的内部认同是多层次的，高层次的认同并不一定取代或排斥低层次的认同。高层次的民族是一个既一体又多元的复合体，其间存在着相对立的内部矛盾，是差异的一致，在不同层次的认同基础上可以各自发展原有的特点，形成多语言、多文化的整体。[①]“各美其美、美人之美、美美与共、天下大同”，成为这一理念的通俗化表达，为人广泛援引。这一理念被广泛借用到民族教育领域，滕星的“多元文化整合教育”、王鉴的“中华民族多元一体教育”、张诗亚的“共生教育”、钱民辉的“意识三态说”都以此为理论支点。

民族教育的根本任务就是在人类文化的统一性与多样性之间寻求整合的道路，意识三态说就是为了应对这一问题。[②]在《略论多元文化教育的理念与实践》一文中，多元文化教育的理念与实践被区分为国家、地方和个人三个层面，而只有有效整合国家利益、地方文化的诉求和个人发展的需要，才能有效实施多元文化教育。这样做，有助于避免孤立的多元文化教育观，避免国家整体教育中地方文化的缺失，也有助于避免多元与一体的对立。[③]首先，少数民族成员在学校教育中接受的是主流文化，本民族的文化在新一代人身上正在迅速消失或已经消失。从国家层面来看，民族教育要培养未成年人的民族团结意识和相应的文化能力，包括文化接触能力、沟通理解能力、共同生活能力和各民族团结的凝聚力。其次，过去民族教育实践过于注重一体而忽视了多元，引发了地方对多元文化保护的忧虑，而乡土教育过于注重本文化而忽视了其他文化，特别是与主流文化的关系，最后必然会陷入孤立和封闭。因此，从地方层面来看，只有当不同文化成为“生态性”的，不同文化之间相互关联，并处于不断的发展和变化的过

---

① 关凯:《族群政治》，中央民族大学出版社 2007 年版，第 249—250 页。

② 钱民辉、沈洪成:《从意识三态观重新审视现代性与民族教育之关系》，《教育科学文摘》2012 年第 5 期。

③ 钱民辉:《略论多元文化教育的理念与实践》，《北京大学学报（哲学社会科学版）》2011 年第 3 期。

程中，才能揭示我们视为习惯的或想象的生活的局限性，从而激发出重新构想生活目标、态度和愿景的潜能。最后，在民族教育政策制定与执行的过程中，个体的心理、认同与观念常常遭到忽略。从个体层面来看，多元文化教育需提供微观和具体的路径，需要关注学生心态，这种心态对文化的反应是多元的，人们对于自然、社会、文化和教育的看法和解释，更是存在着多种可能相互矛盾的观念。

民族教育处于十字路口，知识层面的反思、国家政策的导向、学校层面的实践、地方文化的发展相互推动，意识三态说从理论上做了概括，力图建构一种系统的多元文化教育理论。这一理论将多元文化教育的实践区分为三个层面：意识形态的多元文化教育、意识生态的多元文化教育和意识心态的多元文化教育。在每一类型下面，又区分出各自的维度，意识形态上国家、地方、个人三个层面如何协调的问题，意识生态上不同文化形态如何构建对话、融合、通达性的教育，以及意识心态上个体在教育空间中面临的社会心理问题。对多元文化教育不同层面的区分以及每一层面下不同维度的发展，有助于构建系统的民族教育理论，有利于民族教育研究的整合、经验研究的展开和具体实施方案的建构。具体说来，意识三态说力图从以下三个方面拓展研究的视野：

首先，作为一种分析框架，对民族地区教育的分析，需要从宏观、中观和微观三个层面上展开。目前，有关民族教育的研究不断推进，相关研究成果不断涌现，有的在宏观层面进行，如关注民族教育政策制定及其演变、双语教育政策及其实施状况、学校教育空间国家认同的建构等；有的在中观层面进行，如关注某一地域或民族教育发展状况、教育与地方文化的变迁、不同文化接触与交流的状况，地方文化建构的状况等；有的在微观层面进行，如某一民族学生学业成就的状况、文化认同的建构、民族学生在学校中的心态、师生互动等。不同层面的资料需要相互整合起来，才能真正发现问题所在。尤其重要的是，在研究中需要关注不同层面的状况是如何相互影响的，如民族教育政策在特定地区到底是如何实施的？对学校中的老师和学生到底产生了什么影响？家长又是如何认知的？若能在同一研究中将不同层面的资料整合起来，就能全面反映民族教育的症结所在。缺失了任何一个层面的资料，就会造成“事实的遮蔽”，从而将某一层面的资料视为整体的客观事实，以此作为政策制定的依据。[①]

其次，作为一种理论诉求，对教育形式和内容的关注需要整合国家、地方和个人的需求。随着经济发展与社会转型，主体越来越呈现多样化的特征，不同主体在教育上的需求也有很大差异，而国家与地方、国家与个人、地方与个人之间的交互影响也越来越大。在主体多样化的背景下，民族教育需要整合不同的利益和价值诉求，将国家认同、地方文化认同和自我认同结合起来，为学生提供多样化的选择，借此提升学校教育对学生的吸引力；为地方文化的保存提供空间，借助学校教育传承地方文化；通过学校教育有效塑造国家认同，培养合格的公民，培养学生进入外部世界的素质和能力。只有这样，才能塑造学生跨文化的沟通与理解能力，既能掌握进入外部世界的现代性知识，也能掌握返还乡土社会的地方性知识，使学生成为国家与地方之间关系的编织者。如果只注重某一个层面的呼声，就会造成“话语的遮蔽”，从而将某一个层面的需求放大，作为民族教育整体的呼声。

最后，作为一种研究立场，只有凸显研究本身的价值、立场和局限性，才能明晰研究的位置和限度。在社会科学研究中，有一种强调客观性的潮流，声称研究者是独立于研究对象之外进行客观观察的，从而保持研究的科学性。20世纪五六十年代以来，客观性不断受到质疑，反思性被纳入社会科学研究的核心过程，研究者与研究对象的关系得到了系统的反思。从意识三态说的角度出发，研究者与研究对象之间也有着复杂的关系，研究者置身于一个复杂的场域之中，包括其与国家、与地方以及与个人的关系。在民族教育研究的过程中，会涉及价值取向的敏感话题，而这种研究又有很强的政策实践意涵。在研究中，研究者需要避免孤立地站在某一种立场上看问题的弊端，要从相互关联的角度，理解每一方的声音及其背景，力

① 钱民辉、沈洪成:《从意识三态观重新审视现代性与民族教育之关系》,《教育科学文摘》2012年第5期。

求达到不同视域的融合。隐蔽研究的立场，声称进行了客观的观察，就会导致“作者的遮蔽”，将作者的话语强加于研究对象。只有将作者置于国家、地方、个人相互关联的网络之中，通过持续反思与研究对象的关联，将作者与国家、地方和个人的关系也作为批判和反思的对象，才有可能澄清民族教育问题的症结及其可能的出路。[①]

第五节 现代性与民族教育关系的重构

意识三态说有助于我们重新理解现代性与民族教育的关系。学校教育是现代性的一个组成部分，不过，要解决民族教育的困境，就不能将学校教育仅仅定位在现代性的一个环节上，而要从国家、地方与个人的复杂关联中定位学校教育。意识三态说的理念，有助于从以下几个方面重构现代性与民族教育的关系：

首先，民族教育是整合现代性知识与地方性知识的有效途径，而不仅仅是某一方的承担者。学校教育向来被界定为传递现代性知识的机构，包括主流意识形态、价值观念和知识体系。在这种观念的主导下，学校成为自上而下地传递官方知识的机构，学校自身也成为单向度的机构。从意识三态的角度出发，学校不仅是一个现代性机构，可以传递现代性知识，还定位在地方文化的需求中，可以传递地方性知识。在学校教育空间纳入不同的知识类型，有助于提升学校教育的丰富性，拓展民族教育的内涵与外延，从而改变自上而下的单向度状态，将外部世界与内部世界的知识都纳入到学校教育空间。

其次，民族教育需要编织国家、地方与个人的关系，而不仅仅是自上而下地推行现代性。随着民国以来国家政权建设的推进，国家权力不断深入基层社会，将不同地域和文化整合到国家空间，形成一体化的格局，学

① 钱民辉、沈洪成:《从意识三态观重新审视现代性与民族教育之关系》,《教育科学文摘》2012 年第 5 期。

校教育也由此下乡，在地方上建立起支配性地位，传统教育形式被取而代之。随着民族宗教政策的宽松与经济的发展，地方文化也不断获得新的表达空间，地方文化也开始了复兴。而家庭也会基于自身状况，提出教育需求。在这一背景下，教育中的主体越来越呈现多样化的特征，学校教育理应编织国家、地方与个人关系，在保持三者适度张力的过程中，将整个社会整合起来。

再次，民族教育应建构一个“既彼此平等，又互有差异”[①]的社会，而不仅仅是现代性建构的一个环节。平等意味着不同族群的学生都有同样的受教育机会，都有进入外部世界、拓展自身生存空间的权利，中国对少数民族学生和弱势群体的照顾政策，有助于教育机会均等的实现。与此同时，差异则意味着文化多样性通过学校得到延展，尤其是不同族群学生与生俱来的文化品格得到保持，这有助于拓展学生的个性。而在未来的职业生涯中，这种独特的文化品格对学生而言也是重要的资本。在追求平等的过程中保存差异，是民族教育的重要职责。[②]

最后，民族教育应培养穿梭于现代性与地方性之间的沟通型人才，而不仅仅培养单一向度的人才。民族教育的走向，最后要落实到培育什么样的人上面。由于意识三态说对民族教育做了如上定位，其生产的人，自然而然地也应当具有跨文化的沟通能力。随着不同民族交往的增多，学生也从孤立的社区中走出来，在学校教育空间面对不同族群学生频繁交往的状况，亟须增强跨文化沟通的能力，既能获得跨入外部世界的素养，也能滋养返还乡土世界的品格。

要摆脱民族教育的困境，就要超越现代与传统对立的局面。由于学校教育过于关注升学、合法性知识的封闭性以及意识形态上的惰性，使得消解这种对立局面举步维艰。教育中传统与现代的关系，涉及谁的知识更有

---

① A. 图海纳著，狄玉明、李平沤译：《我们能否共同生存？——既彼此平等又互有差异》，商务印书馆 2003 年版。

② 钱民辉、沈洪成：《从意识三态观重新审视现代性与民族教育之关系》，《教育科学文摘》2012 年第 5 期。

价值的问题，何种知识能够纳入学校并被赋予价值，涉及不同主体的权力关系、知识的传递机制以及根深蒂固的评价机制等问题。认识问题的方式与解决问题的出路有着紧密的关联。利奥塔尔（Jean-Francois Lyotard）指出，了解社会，今天比过去任何时候都更需要首先选择向社会发问的方式，这种方式也是社会在可能作出回答时采用的方式。① 民族教育的状况也是如此，其出路就是要在教育空间中编织国家、地方与个人的关系，以及现代性、地方性与全球化之间的关系（图 14-1）。②

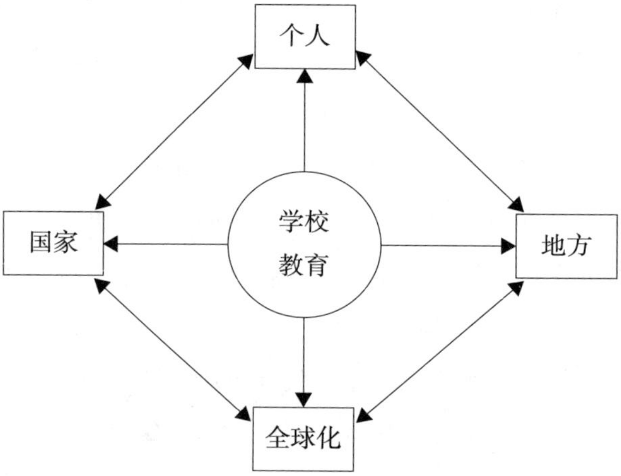

图 14-1 教育空间中不同主体的关系

随着现代性的推进，国家、地方、个人的关联愈益紧密，学校教育需要有效地建立它们之间的关联，面向不同主体的需求：从国家层面来说，学校教育要进行国家认同的建构、共同文化的塑造、沟通能力的培育等；从地方层面来说，要进行民族认同的建构、地方文化的保护、乡土气质的培育等；从个人层面来说，要进行自我认同的建构、个人素质的提升、跨文化沟通的能力培育等；从全球化上来说，要培养学生的全球视野、培育世界公民的意识等。涂尔干在标定教育的现代性图景时，就力图将社会整体的需要

---

① J. 利奥塔尔著、车槿山译：《后现代状态：关于知识的报告》，生活 · 读书 · 新知三联书店 1997 年版，第 26 页。

② 钱民辉、沈洪成：《从意识三态观重新审视现代性与民族教育之关系》，《教育科学文摘》2012 年第 5 期。

与个体的自由相结合，在《教育思想的演进》中他说：

我们无须把人搞成非人化框架的囚徒，我们必须找回对于自由、多样生命的喜好，还有这种生命中所有的偶然、意外和不规则之处。[①]

这既是一个现代主义者的承诺，也是后现代主义的诉求。

名词与术语

1. 现代性：以都市为核心的生活方式，以工业主义、资本主义、民族国家等为核心的社会制度，以及以科学和理性为核心的反思性知识体系。

2. 地方性：扎根于局部社会场景中的文化与价值观念体系。

3. 多元文化教育：在不同文化共存共荣中展开的教育形式。

思考题

1. 为什么说学校教育的导向是现代性的？
2. 学校教育在民族地区推行的过程中，可能遭遇哪些障碍？
3. 现代性与民族教育具有什么样的内在矛盾？
4. 如何重新建构现代性与民族教育的关系？
5. 以个人经历和研究个案，说明学校教育是如何将个人抽离地方生活情境的。

推荐阅读书目

1. A. 吉登斯著、田禾译：《现代性的后果》，译林出版社 2000 年版。

吉登斯在本书中对现代性作出一种制度性的分析，从多个维度上阐述了现代性的维度，分析了现代性的动力，以及它所引发的广泛的社会转型。

---

① E. 涂尔干著、李康译：《教育思想的演进》，上海人民出版社 2003 年版。

2. A. 吉登斯著，赵旭东、方文译:《现代性与自我认同：现代晚期的自我与社会》，生活·读书·新知三联书店 1998 年版。

本书描述了高度现代性的轮廓，沿着现代性与自我认同两个维度，对现代晚期的社会走向作了讨论。

3. J. 利奥塔尔著、车槿山译:《后现代状态：关于知识的报告》，生活·读书·新知三联书店 1997 年版。

本书研究了后现代条件下的知识问题，提出了后现代主义的观念。

4. 渠敬东:《现代社会中的人性及教育：以涂尔干社会理论为视角》，生活·读书·新知三联书店 2006 年版。

本书以涂尔干的社会理论为基础，对现代教育的特性进行了深刻的讨论。

5. G. 瑞泽尔著、谢立中等译:《后现代社会理论》，华夏出版社 2003 年版。

本书全面梳理了后现代取向的社会理论家的观点，为我们提供了一幅后现代社会理论的地图。

6. E. 涂尔干著、李康译:《教育思想的演进》，上海人民出版社 2003 年版。

本书全面考察了法国的教育制度史和观念史，勾画了现代教育制度演进的全景，挖掘了教育变迁的社会根源，是社会史研究的经典作品。

7. A. 图海纳著，狄玉明、李平沤译:《我们能否共同生存？——既彼此平等又互有差异》，商务印书馆 2003 年版。

本书对现代性进行了批判，提出如何建构一个多元文化共存的社会。

8. 汪民安、陈永国、张云鹏主编:《现代性基本读本》，河南大学出版社 2005 年版。

本书分上下两册，为现代性经典论述的汇编，分为现代性的断裂、现代性的概念、现代性与现代化、现代性与体验、现代性与现代文化五个部分，前言部分为编者汪民安的《步入现代性》的长文。

9. C. 沃特森著、叶兴艺译:《多元文化主义》，吉林人民出版社 2005 年版。

本书为多元文化主义的简明读本，对多元文化主义做了流畅的介绍。

第四篇

族群与教育

第十五章　学校教育、社会分层与族群的社会流动

在现代社会，经由正式的社会组织——学校这样一个社会化机构，族群、亚文化群体的身分界定和社会分层等得以逐渐确立和完成。学校教育成为社会流动和分层的一个重要渠道和阶梯。本章主要探讨社会分化理论、教育在族群社会流动中的作用、少数族群低学业成就理论，以及中国本土对社会边缘群体在学校教育中的社会适应和社会分化的研究进展。

第一节　“卡斯特”和“类卡斯特社会”

1958年，英国著名社会学家迈克尔·扬由于观察到英国社会正处于由传统的贵族精英主导的社会转向主要依赖于个人成就（achievement）和才能（merit）的变迁之中，他有感而发写了一本寓言式的著作《贤能社会的崛起，1870—2033》（*The Rise of Meritocracy, 1870—2033*）。[①] 扬假定这是一部写于2033年的手稿，却由于“讲述者”最后无法自圆其说而无尾收场。该书讲述了在21世纪初英国传统社会出现了一个转变：由原来的贵族精英统治的社会转向成就原则。传统上，英国社会精英的选择与任命一直是秉承着先赋、继承的原则，精英地位在精英圈子内部传递，其中个人社会出身、家族和血缘等先赋特征占据了支配地位，这就是所谓的先赋原则

---

① Michael Dunlop Young, *The Rise of the Meritocracy 1870—2033: The New Elite of Our Social Revolution*. Random House, 1959.

（ascribed）[①]。但在现代社会里，社会治理依靠统治精英的专业知识和能力来运转。这些依赖于先赋原则选拔的精英逐渐不能适应现代社会。英国人不能供养这样一批无能的精英来统治，因此通过不断的学校改革方案，贤能原则被逐渐确立起来（本质就是“智商加努力”准则），并逐步成为获取社会地位的基础。

但这一社会的出现，产生了一个始料未及的后果：以前天赋人才散布于整个社会中，每个阶级和群体都有其内在的领袖，而现在由于贤能原则的确立，具有天赋的人被选拔到同一个精英阶层中，处在这个阶层之下的人群注定会失败，成为人人皆知的弱者和低能儿。这样，社会就出现了阶层的分裂，社会两极分化越来越严重，到了 2034 年，平民主义者终于难以忍受严重的社会不公，开始揭竿而起了。出人预料的是，领导这群人造反的却是妇女——社会精英的妻子，她们要求在两性之间实现社会平等。平民主义者最终获胜，在半个世纪之后，精英统治便寿终正寝了。这个造反运动被普遍化为所有人争取建立一个没有阶级的平等社会的努力，人们认为生活不能受一种“数学原则”（智商）的支配，每个人都可以培养出营造自己生活的能力[②]。

成就原则或者说能力与后天的努力相结合的个人奋斗，成为当代社会一种主导的意识形态，并被丹尼尔·贝尔称之为后工业社会中占主导地位的社会精英选拔原则。在现代社会，学校教育成为一种普适现象，绝大多数国家都将学校和教育作为一种提升国民素质和国家竞争力的手段，期望通过教育和学校的途径进行社会的分流，将不同才能的社会成员分流

---

① 这就是拉尔夫·特纳（Ralph H. Turner）描述的英国社会流动的理想形态：担保型流动（sponsored mobility）。在这种流动模式中，流动的民间规范是新精英成员资格由现在的精英或者其代理人来决定，并且根据一些设定的优点标准给予精英地位，这些优点不能通过任何努力或者策略来获取。向上流动的途径如同进入一个私人俱乐部，每一个候选人的资格需要得到一个或者多个会员的“担保”，俱乐部的会员希望在候选人身上看到他们所希望的会员身上所具有的特质，并以此决定是否给予其会员资格。（拉尔夫·特纳：《担保型流动、竞争性流动和学校体制》，载戴维·格伦斯基主编、王俊等译：《社会分层》，华夏出版社 2005 年版，第 279 页。）

② Daniel Bell：《即将到来的后工业社会》，载戴维·格伦斯基主编、王俊等译：《社会分层》，华夏出版社 2005 年版，第 716 页。

到不同的职业、岗位，进而实现社会阶层的流动和社会安置。研究结果表明，世界范围内的教育普及并没有带来教育的平等，教育作为一种所谓的社会平衡器的功能并没有变成现实，不同的社会群体在教育上取得了与其阶层身分地位相称的教育成就，在教育阶梯上攀上了不同的等级，进而在社会上形成了不同的社会层级。一般而言，正是通过学校和教育这样一种正式的社会设置和渠道，不同社会阶层的后代被输送到不同的社会阶层的位置上去。在这里，教育和学校承担了一种社会阶层合法化的过程。那么，教育的位置和社会身分的相关度如何？教育的成就又会如何影响社会身分的划分？回答这些问题，都需要从社会分层的源头来寻找答案与理论。

一、社会分层

在现代社会，社会群体是分层的，各个不同的社会群体占有不同的社会位置。这就如同地表由不同的岩层所构成一样，这就是社会分层（social stratification）。社会学家发现，社会存在着不平等，人与人之间、集团与集团之间，也像地层构造那样分成高低有序的若干等级层次。社会分层是人类学和社会学领域共同关注的一个社会主题，但人类学的研究更关注边缘的、少数民族、非主流等社会群体在社会结构中的位次。

社会分层已经成为“描述人类社会的个体和群体之间所存在的不平等”[①]的重要术语。“它是指一种按照人们相对的权力、财产和声望，将人群划分为不同层级的制度。”[②]然而，社会分层并不是人类社会的普遍特征。上万年前，人们生活在狩猎和采集的小型社会中，尽管个别成员表现得更为灵活、健壮，或者在寻找食物的过程中表现出更多的技巧，但每个人都有着大体一致的社会地位。“一般来说，社会分层是在向复杂园艺社会转型的时候出现的。这些社会常常展现出遗传性的社会阶层或阶级，它们是分层

---

① 吉登斯著、赵旭东等译：《社会学》（第五版），北京大学出版社2009年版，第245页。

② 詹姆斯·汉斯林著、林聚任译：《社会学入门：一种现实分析方法》，北京大学出版社2007年版，第230页。

社会的真正标志。”[①]

社会科学家曾提出很多理论解释社会分层的出现，其中一个非常著名的关于社会分层起源的理论就是社会学家塔尔科特·帕森斯的功能主义进化理论。帕森斯把分层的出现视为社会生活中“提高了的适应能力”的进化过程的关键因素。在他看来，这是一个巨大的成就，它使社会的运行更加有效。唯物主义进化论则提出了截然相反的解释：一是杰哈德·兰斯基等人所提出的带有强烈的冲突论色彩的剩余理论；另一个是稀缺理论，认为人口增长是分层出现的主要动力。[②]

尽管人们对于社会分层的起源有不同的理解，但目前它基本上存在于所有的复杂社会里。“通常我们想到的分层是就资产或财富而言的，但分层也可以基于其他属性，比如性别、年龄、宗教归属、军阶。”[③] 社会分层的一个关键特征是，它并不涉及个体，只涉及群体。在分层的社会里，个体的权力、特权和声望依赖于他在实际社会群体中的成员地位，而不是他的个人特征。这些等级化的群体构成了社会的各个层级，或者说构成了整体社会文化体系的层级，而且他们具有很强的遗传性。[④]

从人类历史来看，我们可以区分出四种基本的分层体制：奴隶制（slavery）、种姓制（caste）、等级制（estates）和阶级制（class）。[⑤] 奴隶制在世界历史中十分普遍，其基本特征是一些人归属于另一些人。它是不平等的一种极端形式，这种制度下的某些人可以将另一些人作为其财产而占有。今天，奴隶制在全世界所有国家都是不合法的，但它依然在某些地方存在着。

---

① 斯蒂芬·K. 桑德森著、高永平译：《宏观社会学》，中国人民大学出版社 2013 年版，第 72 页。

② 同上书，第 79 页。

③ 吉登斯著、赵旭东等译：《社会学》（第五版），北京大学出版社 2009 年版，第 245 页。

④ 斯蒂芬·K. 桑德森著、高永平译：《宏观社会学》，第 69 页。

⑤ 詹姆斯·汉斯林著、林聚任译：《社会学入门：一种现实分析方法》，北京大学出版社 2007 年版，第 234 页；吉登斯著、赵旭东等译：《社会学》（第五版），北京大学出版社 2009 年版，第 247 页。

在种姓制（或称卡斯特制）中，地位由出身决定，而且终身不变。印度是典型的种姓等级社会。它的等级划分不是以种族为基础，而是以宗教为基础，其等级体系存在了大约3000年。虽然印度政府在1949年正式废除了种姓制，但是延续了数百年的习俗不会轻易地被消除，种姓制仍然是印度日常生活的一部分。例如，人们在出生、结婚及死亡时所遵循的仪式都是根据种姓制规定的。直到20世纪末，南非还保留着以种姓制为基础的社会分层制度。依据法律，每个人都被划归为以下四类群体中的一类：欧洲人（白人）、非洲人（黑人）、有色人种（混合种族）、亚洲人。这一分类决定了人们生活、工作、学习的地点，甚至决定了人们游泳、看电影的场所，因为法律禁止白人和其他人种交往。在各方面压力下，南非白人不情愿地于1992年废除了种族隔离政策，但白人仍然控制着这个国家的社会结构，大多数黑人得不到教育，依然处于贫困之中。

等级制是欧洲封建制的组成部分，但也存在于其他许多传统的文明。封建等级制度由不同的阶层构成。每个阶层彼此之间有着不同的权利和义务。阶级体制与奴隶制、种姓制或等级制在许多方面存在差异。我们可以将阶级界定为由分享共同经济资源的人们所组成的一种大型群体。形成阶级差异的主要基础在于财富和职业。阶级与以前的分层形式的区别主要表现在以下四个方面：阶级体制是流动的；阶级位置在一定程度上是获致的；阶级是以经济的角度为基础的；阶级体制是大规模的、非人身性的。①

有证据表明，全球化将在全世界范围内加速终结受法律保护的种姓体制。在工业资本主义社会，绝大多数官方正式的种姓体制已经让位于基于阶级的体制。不过，即使是在后工业社会中，也仍然留存着一些种姓的成分。② 所有的社会分层体制都具有三点特性：地位等级应用于人群的社会范畴，这些人享有某种共性，但不一定发生互动，也不一定彼此认同；人们的生活体验和机会严重依赖于他们的社会范畴是如何定级的；不同社会范畴的

① 吉登斯著、赵旭东等译：《社会学》（第五版），北京大学出版社2009年版。

② 同上书，第249页。

等级变动起来往往会非常缓慢。[①]

总之，社会分层是指社会将人们按层次分成若干类别的机制，这一机制建立在以下四个基本的原则基础上：社会分层是社会的一个特征，而不只是个人差异的简单反映；社会分层具有代际延续性；社会分层具有普遍性和变异性；社会分层不仅涉及不平等，同时也涉及社会信仰。对任何一个不平等的体系而言，在他使一部分人所得比其他人更多的同时，也使这种安排看起来是公平的。[②]

二、社会流动

与社会分层密切相关的概念就是社会流动。它是指在一个分层化的社会中，各个阶层之间虽然存在着结构化的不平等，但各个阶层之间并没有非黑即白的线性标准，而是存在一个相对灰色的区域，各个阶层之间可以借助社会阶梯（social ladder）实现沟通。社会流动会引起社会结构的变化。

社会流动是个人或群体从一个社会位置流向另外一个社会位置，从社会流动的方向而言，存在两种社会的流动：水平流动（horizontal mobility）和垂直流动（vertical mobility）。水平的社会流动是指从一个社会集团或者社会位置流向一个大致相当的社会集团或者位置，在这样的社会流动中，个人的社会地位没有发生变化，如从一个工厂的工人转移到另一个工厂做工人，这其中社会的地位和收入等没有发生基本的变化。垂直的社会流动存在两种方向，向上的社会迁移称之为社会的升迁（social climbing），向下的社会迁移称之为社会下沉（social sinking）。

普遍的社会流动已经成为工业化的伴生物，并且是现代工业社会的一个基本的特征。[③] 在历史上，美国社会和民主的出现，被认为是一个充满社会流动希望的新大陆，那里是人人平等的新社会，充满了未来民主、平等

---

① 吉登斯著、赵旭东等译：《社会学》（第五版），北京大学出版社 2009 年版，第 245 页。

② 约翰·J. 麦休尼斯著、风笑天译：《社会学》（第 11 版），中国人民大学出版社 2009 年版，第 250 页。

③ 戴维·格伦斯基著、王俊等译：《社会分层》，华夏出版社 2006 年版，第 269 页。

的社会的雏形。[①]“在法国大革命时期，美国明显是一块脱离了传统制度和历史遗产的土地：黑格尔称其为未来的国家，在那里每个人都是他自己的命运的主人。”[②]而欧洲社会由于等级制度的存在和社会等级之间的严格界限，被认为是一个封闭的、不允许流动的旧社会。

如果依据社会的开放程度来审视一个社会的流动可能性，可以将社会视为一个处在极端封闭和极端开放的一种理想类型。[③]在一个完全封闭的社会中，垂直的社会流动是不会发生的，每一个人永远属于他出身的那个阶层，阶层的壁垒是完全不能渗透的，没有任何缝隙可以穿越，也没有任何社会的阶梯可以攀登，这是一种绝对刚性的、封闭的、难以渗透的社会。[④]在开放社会中，垂直流动非常普遍和剧烈，社会的成员可以从一个社会阶层流向另一个社会阶层，阶层之间的社会壁垒非常薄弱且有缝隙，这样一个社会是具有社会阶梯可以攀越的社会，社会分层的体系是开放的、有弹性而又可渗透的。[⑤]

根据社会流动的开放程度对社会的开放性进行界定，是一种观察社会分类的理论视角，但只是一种理想或者理论上的预设，现实社会中并没有完全的一一对应的社会类型的存在。没有一个社会是理想的开放社会，也没有一个社会是完全封闭的社会。但这种观察社会的视角，可以对现实的社会进行某种理论上的考察，从而更好地分析现实的问题所在。

研究社会流动有两种途径，我们可以从个体的职业生涯来考察他们整个工作期间社会层级上下移动的程度，这通常被称为代内流动。我们也可以分析子女在多大程度上进入与其父母或祖父母同一类型的职业。代与代

---

① 托克维尔著、董果良译：《论美国的民主》，商务印书馆1988年版。

② 戴维·格伦斯基主编、王俊等译：《社会分层》，华夏出版社2006年版，第269页。

③ 韦伯的概念指的是一种是对某现象的“纯粹形式”进行理论上的描述，但这些描述和概括未必与现实中事物完全相符，更像是一种纯粹逻辑化的产物，其如数学上的正方形、三角形等概念，在现实中并不存在完全的对应物。韦伯的典型的理想型概念为科层制，是分析现代社会发展日益被一种理性化的组织系统所控制的反思和担忧。

④ 索罗金：《社会流动和文化流动》，见戴维·格伦斯基主编、王俊等译：《社会分层》，第264—265页。

⑤ 同上。

之间的流动被称为代际流动。

一个社会的垂直流动量是衡量其开放程度的重要指标，它表明社会中有多少出身低微却富有才华的人能够沿着社会经济阶梯向上爬。在这方面，特别是信奉所有公民机会平等的自由主义观点的国家，社会流动是一个重要的政治问题。[①]

不存在完全开放与完全封闭的社会。相对开放与相对封闭之间的主要区别在于社会地位的混合程度。开放社会的特点是依赖自致性身分地位（在一个人的生命历程中作为个人努力与否的结果而获得的地位）的程度大大超过封闭社会，而封闭社会更依赖于先赋性身分地位（某人所拥有的被指定、并且通常不能被改变的社会地位，如种族、年龄、性别和某些家庭内的地位等）。[②]

三、社会分层与族群

类别化（category）是我们认识世界的重要方式，无论是自然界还是人类社会，都存在许多分类体系。在社会科学研究中，阶级、性别都是重要的分类标准，我们据此确定研究对象。除此之外，族群同样扮演着重要的区分功能。“族群指的是一个人类团体区别于其它团体的文化实践和观点。族群群体的成员把自己看做是在文化上与社会中其他群体不同的人……区分不同的族群群体时可以依据不同的特征，但是最常使用的是语言、历史或祖先家世（真实的或想象的）、宗教和服饰特点。”[③] 对许多人而言，族群是实现个体及群体认同的关键，它联结着过去，并经常通过文化传统的实践保持自己的生命力。“族群绝不是天生的，它纯粹是一个随着时间的推移而被生产和再生产出来的社会现象”，[④] 这个概念的含义纯粹是社会性的。

这里有必要简单提及种族与族群的区别。种族是社会学中最复杂的概

---

① 吉登斯著、赵旭东等译:《社会学》(第五版)，北京大学出版社 2009 年，第 271 页。

② 戴维·波普诺著、李强等译:《社会学》(第 11 版)，中国人民大学出版社 2007 年，第 253 页。

③ 吉登斯著、赵旭东等译:《社会学》(第五版)，第 238 页。

④ 同上书，第 239 页。

念之一，这在很大程度上是因为它的日常用法有悖于科学基础（或因此缺乏科学基础）。今天，有许多人错误地认为，人类可以很容易地按照生物学的标准划分为不同的种族。18 世纪末至 19 世纪初出现了科学面目的种族理论。随着英国和欧洲其它国家成为强大帝国，管辖诸多被征服的属地和民族，这些种族理论就被用来证明正在兴起的社会秩序的正当性。虽然种族的理念错误地暗示了某些东西是固定的、生物性的，但族群性则纯粹是社会性概念。

理想状况下，族群代表的仅仅是文化的差异，不同族群有各自的文化，但在现实生活中，族群间的差异很少是中性的，它往往与财富和权利分配的不平等相联系，族群也成为社会分层的一个指标。

奥格布借用卡斯特（Caste）概念，从宏观“族群社会阶层”分析角度来研究少数民族学生的学业成就问题。卡斯特原意是指“不同文化所组成的阶层化社会”，即由“出身地位所决定的阶层化社会”。美国人类学家从 1930 年代起，就用卡斯特概念描述美国社会的族群关系。他们认为，黑白种族隔离、排斥异族通婚、社会关系设限、封闭式的劳动市场等事实，显示美国是一个典型的“卡斯特体系”社会。奥格布认为，“当阶级社会系统（Class System）与阶层化社会系统（Caste）相结合后，社会结构就成为卡斯特体系（Caste System）”；他同时指出，当今美国社会是一个类卡斯特（Castelike）文化社会体系，所谓类卡斯特社会是指“以肤色、生理特征、族群等因素为基础的阶层化社会”。[①] 由于白人主流族群与少数族群长期以来关系紧张，美国形成了以种族阶层建构的社会劳动体系，依照种族背景规定就业机会。[②] 这种由类卡斯特阶层社会造成的以族群特征而划分的“职业限制”，给受压制的少数民族造成了负面影响，导致少数民族学生在学校学习中缺乏高成就动机，最终“自行应验”获得低教育成就，由此进入低

① 滕星:《西方少数民族学生学业成就归因理论综述》,《湖北民族学院学报（哲学社会科学版）》2004 年第 2 期。

② 滕星、杨红:《西方低学业成就归因理论的本土化阐释——山区拉祜族教育人类学田野工作》,《广西民族大学学报（哲学社会科学版）》2004 年第 3 期。

社会职业阶层。[①]

少数族群（常常称作少数民族）概念在社会科学中被广泛使用，但其实我们经常按照非字面的方式使用“少数族群”这一术语，即指一个群体在社会中的从属地位，而非其数量表现。在许多情况下，少数实际上是多数，因为少数族群这个词瞄准的是他们所处的劣势地位。

第二节　教育与族群的社会流动

一、学校教育与社会再生产

在任何一个国家，学校都扮演着重要的角色，它是儿童离开家庭和社区，进入公共生活的开始。教育人类学除了关注学校对于个体发展的影响外，也关注学校与族群、亚文化群体等的关系。对于不同族群、性别的个体而言，学校教育的意义是否一样？学校在个人身分的形成与巩固方面扮演着怎样的角色？教育能否促进社会公平？这些都是教育人类学关照学校时需要考虑的问题。

（一）自由主义教育理论

自由主义教育理论曾经是解释学校作用的重要理论，分为两大流派：以杜威及其支持者为代表的民主派和以结构功能主义社会学及新古典经济理论为代表的技术决定—选优任能派。“民主派认为，在民主的环境下，教育的三方面功能——社会化、平等和发展——是可以同时实现的”。稍后的技术决定选优任能派则认为，只要一个免费普及的学校教育为所有人提供了平等的教育机会，那么社会成员之间的“收入、权力和地位差异……基本上是智力、体力和其他能力差异的反映而已”[②]，即贤能主义（meritocracy）。以涂尔干为代表的功能论认为教育的功能主要体现在社会化与选择两个方

---

① John U. Ogbu, *Minority Education and Caste: The American System in Cross-Cultural Perspective*. New York: Academic Press, 1979. 袁同凯：《Ogbu 及其对弱势群体学校教育的研究》，《西北民族研究》2004 年第 3 期。

② 杜亮：《鲍尔斯与金蒂斯教育思想探析：对应原理及其批判》，《比较教育研究》2009 年第 8 期。

面。教育可以根据个人的兴趣、爱好及其才能，通过培养使其参与到社会结构的相应部分中去，实现教育的社会选择功能。① 正如涂尔干以及其他许多学者指出的，学校致力于培养学生的技能、主体性、纪律意识，从而更好地巩固现代民族国家。②

总之，自由主义教育思想更多地着眼于学校在促进个体社会化、维系社会稳定、实现社会民主公平方面的作用。

（二）再生产理论

随着时代的发展，对学校教育认识的自由民主取向开始遭受质疑，批判的矛头指向教育公平。公共教育系统提供给儿童的受教育权利与机会对于不同种族、阶级、性别的人真的是平等的吗？“对学校的第一次大规模批判性研究开始于 20 世纪 70 年代‘新教育社会学’的出现。阿尔都塞、迈克尔·扬、伯恩斯坦、鲍尔斯、金蒂斯、布迪厄、阿普尔、吉鲁等人开始重新审视学校在自由资本主义民主社会中的作用。这些学者试图指出学校并不是传递文化与教授共同价值的‘中立’机构，也不是依靠贤能主义原则运作的促进社会流动的跳板。相反，学校加剧或维持了社会不平等。在他们看来，学校并没有很好地回应大众对于进步与赋权的要求，而是更多地培育资本主义生产与民族国家发展所需要的纪律与一致性。至 20 世纪 70 年代末，再生产理论已经成为解释学校如何服务于再生产而非改变既有的结构不平等的重要理论。”③

阿尔都塞提出了“意识形态的国家机器”，他指出，“学校（还有像教会这样的其它国家机构，像军队这样的其它机器）给人传授‘本领’，无非是以保障人们对占统治地位的意识形态的臣服或者保障他们掌握这种‘实

---

① 吴康宁：《教育社会学》，人民教育出版社 2001 年版。

② Bradley A. Levinson, Douglas E. Foley & Dorothy C. Holland, *The cultural production of the educated person: critical ethnographies of schooling and local practice*. Albany: State University of New York Press.1996, p. 1.

③ Bradley A. Levinson, Douglas E. Foley & Dorothy C. Holland, *The cultural production of the educated person: critical ethnographies of schooling and local practice*. Albany: State University of New York Press, 1996, p. 5.

践'的形式进行的。劳动力的再生产不仅要求劳动技能的再生产，而且同时还要求将劳动者对现存秩序规范的顺从态度再生产出来，即一方面将工人们对占统治地位的意识形态顺从的态度再生产出来，另一方面为从事剥削和压迫的人再生产出正确运用占统治地位的意识形态的能力，以便他们也能'用言语'（in words）为统治阶级的宰制做好准备。"[①] 阿尔都塞指出了学校作为统治工具在传递意识形态方面发挥的作用，然而，按照他的理论，"工人阶级在劳动力再生产的过程中是完全的被统治者，完全受资本的控制"。这是结构主义者的通病，"他们将经济视为一个给定的空间，而填充这一空间的是那些拥有恰当的意识形态与主体性的个体"，在这一过程中，"那些至少部分的参与结构生产的能动性、抗争、变化都消失了。"[②]

阿尔都塞认为，通过学校此类意识形态的国家机器，学生掌握了劳动力再生产的技能，也学会了对规则、规范和占统治地位的意识形态的服从，这保证了社会关系的再生产，进而有利于资本的积累。鲍尔斯与金蒂斯同样认为社会关系的再生产是资本积累的必要条件，只是采取了与阿尔都塞不同的视角。他们认为社会关系的再生产是教育与经济的对应原则："美国的资本主义教育通过教育中的社会关系与生产过程中社会关系的'对应'来实现年轻一代的社会化。教育中的分层现象'对应'了经济活动中的职业分层。总之，鲍尔斯和金蒂斯认为，资本主义美国的学校教育主要有两方面的功能：第一是培养能够为资本家带来利润的劳动力；第二是再生产个体的阶级意识，特别是工人阶级对自己社会地位的认同意识，从而维系资本主义社会的合法化。"[③] 对应原理忽视了能动者抵抗的可能，忽视了意识与文化要素在生产阶级意识方面的作用，教育与经济并非完全对应，这一理论陷入了简单决定论的泥淖中。

布迪厄与帕斯隆的研究进一步发展了再生产理论，他们开始强调文化

---

① 路易·阿尔都塞著、孟登迎译、陈越校：《意识形态和意识形态国家机器（研究笔记）》。

② Paul Willis, "Cultural production is different from social reproduction," *Interchange*, 1981（12）: 48—67.

③ 杜亮：《鲍尔斯与金蒂斯教育思想探析：对应原理及其批判》，《比较教育研究》2009 年第 8 期。

独立于经济的自主性，文化在社会关系再生产的过程中扮演的角色开始纳入学者的视野。按照鲍尔斯与金蒂斯的观点，不同学校拥有不同的教育特点，从而对应经济活动中对不同层次劳动力的要求。问题是，为什么不同阶层的孩子会进入到与他们的家庭社会经济地位相对应的学校、进而进入相应的职业分层呢？他们认为这一过程的实现是由于不同阶层家长的阶层意识。布迪厄则给出了不同的解释，认为阶层关系再生产得以实现并不是如鲍尔斯、金蒂斯所说的自然选择的结果，而是"学校允许精英群体利用权力将他们的阶层文化合法化，即统治阶级的品位、言语风格、穿衣时尚、消费模式等是值得提倡的，是合法的。他们利用权力为自身的文化资本赋予意义，而那些没有掌握这些文化资本的底层群体就成为学业失败者进而进入到社会的底层，这是文化霸权的结果"①，而且底层群体在这一过程中可能会形成限制感进而实现自我淘汰，统治的合法化因此得以实现。

布迪厄对再生产理论的发展有着巨大的贡献，他引入了文化的因素，强调了资产阶级的文化，弥补了已有理论用单一的"意识形态"概念解释所有现象的缺陷。但同已有的再生产理论一样，"我们仍看不到能动性、抗争以及多样性的踪影。那些资产阶级的孩子毫无障碍地就接受了父辈传递给他们的价值观吗？社会化的进程会如此顺利吗？而且，那些被统治者、底层群体、无权者为什么会接受他们迥然不同的命运？他们是怎样理解并接受自身在社会中的位置的？"②布迪厄的研究同样没有回答这些问题。但不可否认的是，从社会再生产向文化再生产的转变是一个巨大的进步。

布迪厄对统治阶层文化的关注不同于威利斯所说的文化生产，从而发展了再生产理论。与布迪厄仅关注统治阶层的文化霸权不同，伯恩斯坦同时注意到了底层群体自身的文化。他指出，不同阶层的孩子在社会化的过程中逐渐呈现出差异，上层阶级的子女逐渐发展出精致型语言编码方式，

① Bradley A. Levinson, Douglas E. Foley & Dorothy C. Holland, *The cultural production of the educated person: critical ethnographies of schooling and local practice*. Albany: State University of New York Press. 1996, p. 6.

② Paul Willis, "Cultural production is different from social reproduction," *Interchange*, 1981 (12): 48—67.

而底层阶级的子女却倾向于使用限制型语言编码。两种编码方式本无优劣之分，但学校教育支持中上阶层的精致型编码，从而导致底层家庭子女在学校教育中处于不利地位。

伯恩斯坦指出了底层群体有着不同于统治阶层的语言编码方式，这对于我们了解再生产过程中无声的被统治阶层具有重要意义。然而，在伯恩斯坦的理论中，两种编码方式就好像独立存在，习惯了限制型编码的底层阶级的子女对于学校传递的精致型编码有着怎样的认知？他们是否意识到两者之间的差异？他们采取何种措施回应甚至改变代表特定利益群体的学校教育？这些问题在伯恩斯坦的理论中也未涉及。

总之，再生产理论经历了从社会再生产走向文化再生产的发展过程，他们对自由主义教育理论的批判为我们提供了认识学校的新视角，揭示了学校是传递知识，帮助学生社会化，促进民主、自由的价值中立的面具。相反，学校参与了社会再生产，在为社会输送拥有特定技能的劳动力，再生产优势阶层的利益进而维系现有的社会等级与社会秩序方面扮演着重要的作用。学校中蕴含的霸权与教育之间的关系使工人阶级和少数族裔处于不利的地位。

但是，上述理论仍然是从自上而下的视角关照学校，看不到学校场域中形形色色的个体。学校教育对主流意识形态的灌输、隐含的不平等在主观意识层面上能否被领会？如果可以，又是如何被领会的？处境不利群体就是一个等待被规训、被灌输的静止的存在吗？一个统一的、总体的社会再生产理论掩盖了阶级关系复制的复杂性，是对结构与文化的高度程式化的理解。学校在他们的视角下，如同一个黑箱，只是再生产资本主义与国家的结构性需求。为了说明社会关系再制过程的复杂性，必须明确地意识到文化生产的独特逻辑，而这就是威利斯的贡献所在。

（三）文化生产对再生产理论的超越

保罗·威利斯（Paul Willis，1945—）是英国伯明翰当代文化研究中心的代表人物。他用民族志的研究方法详细记录了 1972—1975 年生活在工业城镇——铁锤镇（Hammer Town）一批工人阶级青少年的成长经历。铁锤镇是典型的工业城市，200 多年前就已经实现了工业化。城市的劳动人口约 36 万，占全部人口的 79%，这里的一半工种都与矿业有关，其他的工作则涉及制造业、食品工业与烟草业等。保罗·威利斯追踪了一个大约 12 人的工人阶级青少年团体，他与这些男孩子一起上课，参加他们的业余活动，甚至陪他们去工场。另外保罗·威利斯还单独采访了这些男孩，记录团体讨论，访问他们的父母、学校的学长、老师、职业咨询员等；他还花时间研究了类似的其他青年团体。[①]

此次研究的主要目的是弄清文化再生产发生的内部机制，用威利斯的话说就是为了弄清"工人阶级的子女是如何得到工人阶级工作"的问题。他把研究目标锁定在学校的一个特定男孩群体上，并且花费了大量时间和他们在一起。这些自称"弟兄"的男孩全都是白人。他们对学校权威体系怀有一种敏锐的理解，并且以此与这种权威制度进行抗争。他们把学校看成一个陌生但可以掌控的环境，并从与教师无休止的冲突中得到快乐。他们善于发现教师们的弱点。[②]

威利斯描绘了两幅不同的图景：那些最终获得中产阶级甚至更高地位工作的孩子们，不管是否具有中产阶级的家庭背景，都是那些在学校里遵守纪律、刻苦读书的好学生；而那些出身工人阶级家庭、自己最终也成为工人阶级的男孩子们，不仅抽烟喝酒、逃学旷课、挑战教师权威、觉得学习无聊乏味却对打工挣零花钱兴趣盎然，而且崇拜"男子汉气质"(masculinity)、看不起"好学生"的"女生气"—— 他们把"好学生"称为"耳油"(the ear oleos)，自己却被别人称为"小子"(the lads)，虽各含不屑，倒也颇为传神。[③] 在对上述经验现象的描述上，威利斯的确不惜笔墨，这显然不仅仅是出于民族志写作本身的需要，事实上，他是想通过对这一差异的描绘，"纠正"传统的"再生产理论家"对底层在社会和文化再

① 高政：《文化资本与学业成就关系的再思考——以桥村为个案》，北京师范大学 2009 年硕士学位论文。

② 朱伟珏：《一个揭示教育不平等的社会学分析框架》，《社会科学》2006 年第 5 期。

③ 吕鹏：《生产底层与底层的再生产——从保罗·威利斯的〈学做工〉谈起》，《社会学研究》2006 年第 2 期。

生产中扮演的角色的一个“误识”，并以此为出发点阐明自己对这一问题的观点。[①]

在“再生产理论家”看来，资本主义的学校教育不过是实现“阶层间相对关系再生产”的一个工具并加剧了社会的不平等。精英和底层各自所处的结构位置早已注定了他们各自的整体命运：那些在结构位置上处于优势的学生得以维系父辈的地位，乃至向上流动，而处于弱势的学生则被淘汰出局，成为资本主义物质生产所需要的“简单一般劳动”。[②]虽然论断确实能够通过定量分析得以证实，威利斯也接受了这一事实，但那些数据本身却不能解释学校究竟是如何制造出与它声称的“平等与民主”这一目标相反的“社会不平等”的，换言之，学校如何成了一个“资本要求怎么做，它就怎么做”的场所，学生成了仅仅受结构性因素决定的僵尸般的沉默者和被愚弄者，社会再生产的逻辑和过程则成了一个“黑箱”。[③]这些“兄弟们”也意识到学校与他们未来的工作环境非常相似，但为了能挣得工资，他们仍然盼望尽快参加工作。他们并不因为自己所从事的工作——安装轮胎、铺地毯、修理管道等而感到羞愧。相反，正如他们对待学校那样，他们对待工作也有一种轻视的优越感。他们享受由工作提供的成人地位，但却对“职业计划”毫无兴趣。毫无疑问，蓝领文化和男孩们创造出来的反学校文化有着许多共同之处：开玩笑、违背权威人物所需要的一些小聪明和小把戏。[④]

工人阶级的子女之所以能够接受发展前景有限的蓝领职业，并非如许多理论家主张的那样，是由于学业失败的经验教会他们认识到自己在智力上的局限并接受了自己是“低人一等”的观念造成的。[⑤]相反，工人阶级子

---

① 吕鹏：《生产底层与底层的再生产——从保罗·威利斯的〈学做工〉谈起》，《社会学研究》2006年第2期。

② S. Bowles, & H. Gintis (1976), *Schooling in Capitalist America*. New York: Basic Books.

③ Paul Willis (1977), *Learning to Labor: How Working Class Kids Get Working Class Work*. New York: Columbia University Press, p. 205.

④ 朱伟珏：《一个揭示教育不平等的社会学分析框架》，《社会科学》2006年第5期。

⑤ 同上。

弟并没有因为自己接受了非技术性工作而感到自卑，即他们不认为这是自己一生的失败。这是因为他们在学校学习期间创造出来的反学校文化恰好和蓝领文化存在着许多相似之处。[①]

威利斯对英国工人阶级子弟的研究打开了再生产理论下被视为黑箱的学校，打破了再生产理论中学生都是被动的、可以被任意塑造的形象。相反，他们是重要的、积极的参与者，不断塑造自身在学校里的生活，阻止学校功能的顺利实施，抵制学校中的压制行为，通过他们生产的文化形式建构自身的主体性。社会能动者不是意识形态的被动接纳者，而是通过挣扎、抗争甚至对结构的部分洞察而积极参与着现有结构的再生产。[②]

威利斯之后涌现出了许多致力于探讨学校中权力关系运作机制的民族志研究。这些作品通过呈现学生创造性的文化形式以拒绝意识形态的要求，将再生产模式问题化。许多之前采纳统一的再生产模式的理论家也开始提倡对于大众的、占统治地位的力量进行更复杂的理解。如阿普尔在后来的著作中指出，一方面，意识形态自身并不是一套统一的话语，充满了矛盾与不一致；另一方面，学生不是既定信息的被动接收者，他们对学校的安排会作出自己的解读，因此最多是部分地接受学校的安排。再生产理论背后的假设显然是有缺陷的。我们不能忘记的是，真正的问题在于探讨哪里存在着矛盾要素，以及在哪里这些要素在某种程度上是非完全再生产的。[③]

1980年代涌现了许多对于学校中权力关系运作机制的民族志研究。这些研究指出，学生用创造性的文化形式拒绝意识形态的要求，将再生产模式问题化，而且学校本身也不是以单一的铁板一块的方式传递占统治地位的意识形态，矛盾这一术语在批判教育研究中得到了广泛的应用，学

---

① 吕鹏：《生产底层与底层的再生产——从保罗·威利斯的〈学做工〉》谈起》，《社会学研究》2006年第2期。

② Bradlley A. Levinson, Douglas E. Foley & Dorothy C. Holland, *The Cultural Production of the Educated Person: Critical Ethnographies of Schooling and Local Practice*. Albany: the State University of New York Press.1996. p. 9.

③ Michael W. Apple, *Education and Power*. New York: Routledge, 1995.

者开始尝试对再生产做更复杂的解释。[①]文化生产的指涉也在不断扩展。最初，这一概念仅仅用来挑战某种传统观念，即学校教育是不存在反抗的，学校可以成功地再生产更大范围的社会结构。文化生产将抵制概念纳入再生产理论，不仅弥补了这一理论的缺陷，而且扩展了批判教育研究的范围。80 年代早期，学术界开始更多地将文化生产视为一种不断进行的——既可以独立于阶级结构的社会与文化再生产，同时又与它们有复杂关系——社会进程，简单地说，对于学校与文化生产的研究被更大范围内的批判社会理论学者所运用，而且阶级不再是对学校进行批判研究的唯一棱镜。[②]

一些女性主义研究者指出，威利斯忽视了女性群体，他没有给予性别、种族文化生产以更大的关注，在他的研究中，这些群体的存在只是为了证明“小子”们的男性气质是如何彰显的。女性主义研究者认为，女性亚文化并非不存在，只是已有研究者没有将其视为合理的文化形式。[③]麦克罗比（McRobbie）扩展了威利斯的研究，她关注被忽视的白人工人阶级女性群体，揭示了女性为反抗权威所展现的行为与传统观念赋予她们的角色行为之间的冲突。[④]

韦勒（Weiler）进一步将种族因素考虑在内，她研究了不同种族 / 族群的女生的认同机制，关注同伴群体、阶级、种族以及学校文化的相互作用，揭示来自不同背景的学生如何表达他们对未来的期望。[⑤]

另外，有研究者重点关注弱势种族 / 族群学生的身分建构过程。迈伦和

---

① Bradlley A. Levinson, Douglas E. Foley & Dorothy C. Holland, *The Cultural Production of the Educated Person: Critical Ethnographies of Schooling and Local Practice*. Albany: the State University of New York Press. 1996. p. 9.

② Ibid.

③ M. Bucholtz, “Youth and Cultural Practice,” *Annual Review of Anthropology*, 2002（31）: 525—552.

④ A. McRobbie, “The Culture of Working-Class Girls,” in A. McRobbie ed., *Feminism and Youth Culture*, 2nd ed., New York: Routledge, 2000.

⑤ J. D. Weiler, *Codes and Contradictions: Race, Gender Identity and Schooling*. Albany: State University of New York. 2000.

劳里亚指出，在多种族的内城高中学校里，非裔美国人通过集体反抗建构出集体的身分认同，学校在身分政治中扮演着重要的角色。[①]还有学者研究其他族群，如波多黎各人在学校作为弱势群体的身分建构。[②]

对威利斯研究的另一个发展是关注社会经济的变化对阶级认同的影响，研究者关注全球化、去工业化、全球经济重组对不同阶级尤其是工人阶级生活方式的影响，失去工作的工人阶级如何改变已有的身分认同从而适应社会变迁。

在《新时代的学做工》一书中，作者指出在威利斯写作《学做工》的时期，英国正处在黄金发展时期的末端，这保证了"小子"们即使放弃了通过学校教育向上流动的机会，仍能有一份稳定的工作。但后来由于经济的衰退，工人阶级失业严重，而且随着后工业时代的来临，制造业渐进衰退、服务业兴起。因此，新时代的工人阶级的孩子可能不再执着于进入工厂并通过体力劳动来彰显男性气质。[③]

韦斯（Weis）探讨了美国去工业化时期，工人阶级的孩子无法继承父业之后对于知识、文凭和未来生活的认识。工人阶级男孩同样将自己与其他种族的学生、女性区别开来，以建立属于自身的身分认同，她同时关注了工人阶级女性的身分建构[④]。

15 年之后，韦斯重访了当年的工人阶级子弟，面对社会变迁，他们已经成为一个独特的工人阶级群体。那些改变了传统的性别角色，注重男女平等的人成为稳定的新工人阶级，有的甚至跻身中产阶层，有许多女性也都实现了当时的愿望，接受了高等教育，而那些坚持男性应从事有男子汉工作的人生活相对艰难。[⑤]

---

① F. Miron, & Lauria, "M. Identity Politics and Student Resistance to Inner-City Public Schooling," *Youth and Society*, 1995（29）: 29—54.

② J. Wagle, *Spaces of Affirmation and Exclusion: Identity Formation among Urban Puerto Rican Adolescents*. State University of New York at Buffalo, ProQuest, UMI Dissertations Publishing, 2003.

③ N. Dobly, & G. Dimitriadis（2004）, *Learning to Labour in New Times*. New York and London: Routledge Falmer.

④ L. Weis, *Working Class Without Work: High School Students in a Deindustrializing Society*. New York: Routledge.1990.

⑤ L. Weis, *Class Reunion*. London: Routledge. 2004.

李淼从两个方面对威利斯之后的相关研究进行了概括。她指出，许多学者通过民族志考察发现，工人阶级及其他种族的学生采取多样的方式回应不公平的学校教育——抵制、反学校文化并不是唯一的文化生产方式，如一些学生学业成就优秀或至少努力获得学业文凭，以改变人们对于他们只能取得低学业成就的成见，一些处于弱势地位的学生在学校形成了多种认同方式。另一方面，多种分析单位被整合进这些研究之中，包括群体差异（阶级、性别、种族等）、同伴群体的文化、调查地点的社会经济与历史差异、政策因素等。①

综上所述，已有的许多研究都试图揭示被再生产理论忽视的社会能动者的主体性与文化生产。他们不是被动接受被改造、被形塑的命运，相反，社会能动者总是在创造意义，总是在为他们的生活赋予意义，他们身处结构中，通过自身的行动与选择，参与社会结构的生产或再生产，而“进行田野调查的目的就是为了理解特定研究对象是如何理解自身及自身处境的，而这些方式无法被预知，甚至还可能‘令你惊讶’”。②

二、族群差异与多元文化教育

许多学者都用差异、不连续性、冲突、不匹配等词语描述主流文化与少数民族传统文化之间的差异，以解释弱势族群学业失败的原因。他们在班级、社区中从事民族志研究，探讨不同群体交流方式、语言符码、认知风格之间的差异。根据这种文化差异理论，少数民族学生学业失败是因为他们很难适应学校占统治地位的文化，或者是学校没有提供积极的策略帮助少数族裔学生更好地适应。③ 许多学者因此开始反思学校教育与主流文化，

---

① Li Miao, *Becoming Citizens in the Socialist Market Economy: Urban Schooling, Identities and the Urban-Rural Experiences of Migrant Youth in China*. State University of New York at Buffalo, ProQuest, UMI Dissertations Publishing, 2013.

② 保罗·威利斯著，秘舒、凌旻华译：《学做工：工人阶级子弟为何继承父业》，译林出版社2013年版，前言第3页。

③ Bradley A. Levinson, Douglas E.Foley & Dorothy C. Holland. *The Cultural Production of the Educated Person: Critical Ethnographies of Schooling and Local Practice*［M］. Albany: State University of New York Press.1996.

多元文化教育逐渐兴起。

目前，单一民族国家在世界上已不多见。19 世纪末以来世界范围的移民浪潮导致的社会变革就是多民族国家格局的形成。不同的族群存在语言、习俗、信仰等方面的差异，他们拥有的权力、占有的资源往往也不尽相同，这就产生了优势族群与劣势族群的区隔。

自 20 世纪后半叶以来，多元文化教育在英美等西方国家首先兴起，并迅速在全球普及。1960 年代以后，美国黑人为反对种族隔离与歧视掀起了声势浩大的民权运动，与此同时，那些被主流社会边缘化的少数民族的族群意识开始觉醒，开始争取长期被忽略的权利，包括政治、经济、文化、教育等方面所受到的差别待遇。

多元文化教育是一个复杂的概念，它牵涉的范围极广，学者切入的角度不同，对多元文化教育的理解也不尽相同。班克斯是美国最早提出多元文化教育的学者之一，他认为多元文化教育是一种概念，是一种教育改革运动，也是一种过程，目的在于改变学校的文化与结构，使不同文化背景的学生在学校中都有公平的学习机会。Nieto 也认为多元文化教育是学校整体改革的过程，是针对所有学生的基本教育，但她更强调多元文化教育就是挑战种族主义及各种歧视的教育，学校应教导学生接受并肯定文化多样性。[①]

从各国多元文化教育实践来看，多元文化教育涵盖的主题包括族群关系、语言、阶级、性别、移民、特殊群体等。多元文化教育由最初关注公民权利和特定少数民族的需要，扩展为文化多样性、教育机会均等和特殊群体的教育等。[②] 卢克（Alan Luke）[③]、张建成、谭光鼎等学者对澳大利亚、台湾原住民进行了深入的研究，关注少数族群与多元文化教育。

关于多元文化教育实践，可分为两种主要类型——班克斯的多元文化

---

① 谭光鼎、刘美慧、游美惠：《多元文化教育》，（台北）高等教育出版社 2010 年版，第 7 页。

② 王守纪、杨兆山：《后现代主义视域下多元文化教育的特征、实质及问题》，《东北师大学报（哲学社会科学版）》2009 年第 6 期。

③ Allan Luke（2003），“Literacy and the Other: A Sociological Approach to Literacy Research and Policy in Multilingual Societies，” *Reading Research Quarterly*, Vol. 38, No. 1, pp. 132—141.

整合类型和斯里特的文化组织类型。班克斯提出四种多元文化课程改革方法：贡献法、添加法、转化法和社会行动法；[①] 斯里特总结出五种实施多元文化教育的方法：人类关系法、对特殊和不同文化背景学生的不同教学法、单一群体的学习法、多元文化教育（文化民主）法、多元文化及社会重构法。[②]

学者们提倡多元文化教育，主要是为了维护教育机会均等，提升弱势族群学生的学业成就，了解与支持文化多样性。[③] 但多元文化教育理论存在较大的争议，在其发展历程中，反对的声音几乎从来没有停止过。它的理论较为宽泛，学者往往从不同的角度理解多元文化教育。张建成在从事多元文化教育的过程中逐渐走向了对于多元文化教育的批判。他认为各国多元文化政策的实施大多以失败收场。[④]

尽管多元文化教育存在诸多争议，但确实体现了学者对于少数民族、弱势族群的关注。这些探索与经验对我们了解中国的少数民族、研究少数民族教育提供了有益的借鉴与思考。

第三节　学校教育与社会边缘群体——中国本土的研究

中国是个多民族国家，少数民族教育关系到民族团结与融合、国家认同、文化传承、社会公平等诸多议题。少数民族学生的民族与国家认同、学业成就、双语教学等已经引起了学者的广泛关注。研究者对少数民族学业成就进行了本土化的探讨，也有一些学者受威利斯启发，探究包括少数民族群体在内的社会边缘群体的文化生产问题。

---

① 黄宗植：《西方多元文化教育理论及其实践对我国少数民族教育的启示》，《民族教育研究》2004 年第 6 期。

② 同上。

③ 滕星：《多元文化教育：全球多元文化社会的政策与实践》，民族出版社 2009 年版。

④ 张建成：《独石与巨伞——多元文化的过与不及》，《教育研究集刊》2007 年第 2 期。

一、少数民族低学业成就的本土探讨

少数民族学生的学业成就引起诸多学者的关注。滕星从人类学田野工作入手，对山区拉祜族学生低学业成就原因进行了现象学分析，总结出影响山区拉祜族学生低学业成就的主要原因，结合拉祜族山区的实际情况在介绍西方低学业成就归因理论的同时进行了中国本土化阐释；在此基础上提出了改善少数民族学生低学业成就的“多元文化整合教育”理论模式。[①]

郝瑞（Stevan Harrell）等探讨了白乌彝族教育的成功之道，并在中国语境下检验了奥格布的理论假说。他们指出，在某些情况下，如果学生及其家长把参与国家事务看成是获得个人进步的平台，这将激发他们在学校中刻苦学习，并很容易克服语言和文化障碍，取得好的成绩。在另外的情形下，如果人们认为国家的目的仅仅在于企图控制他们，而没有为他们提供参与发展的机会，他们或许会发展出一套抵制性的文化，其中包括敷衍学习、辍学或者出现破坏性行为。[②] 从人们如何看待教育尤其是国家提供的旨在培养公民的教育这一角度审视少数民族学生学业失败或成功的原因，可以为我们理解少数民族群体提供新的视角。

还有学者从更微观的角度，对部分少数民族地区存在的严重的文理科选择失衡现象进行了探讨。[③] 有学者指出，除了家庭社会经济地位对学生的文理和专业选择产生结构化限制以外，其它形式的现存社会结构特别是符号权力结构，如语言、学生的民族认同等，也制约和塑造着少数民族学生的选择。另外，高考的招生政策、国家在不同民族地区实施的就业扶持政策等，对于学生的选择具有强力的引导作用。[④]

---

① 滕星、杨红：《西方低学业成就归因理论的本土化阐释——山区拉祜族教育人类学田野工作》，《广西民族学院学报（哲学社会科学版）》2004 年第 3 期。

② 斯蒂芬·郝瑞、马尔子、曲木铁西：《白乌彝族教育的成功之道》，《民族教育研究》2000 年第 2 期。

③ 杜亮、王伟剑：《通往“科学”之路：维吾尔、哈萨克和藏族学生文理分科选择的个案研究》，《教育学报》2015 年第 1 期。

④ 同上。

二、保罗·威利斯的研究在中国的运用

随着文化生产理论的逐渐流行，近几年，国内也有一些研究者借鉴保罗·威利斯的研究路径，关注处境不利群体——如农民工、少数民族学生、农民子弟等——在学校中的表现并将其与身分建构、再生产等学术议题结合起来。

熊易寒将城市农民工子女的身分认同与政治社会化结合起来，考察这一群体的政治态度、行为模式与身分认同之间的关系。“我们每个人从小到大，都在不断地从家庭、学校、同伴、媒体等渠道接收各种政治信息，接收着政治系统所释放的价值观‘电波’——这些政治社会化媒介与身分认同理论所说的‘关键他人’大致相当；另一方面，我们每个人的生活经历、我们的‘故事’都在建构和重组我们的身分认同，进而影响我们的政治态度和政治行为。”作者指出，家庭、学校、国家（包括基层政府和意识形态的国家）、志愿者与NGO等一系列媒介都在政治社会化过程中发生作用，这些政治社会化机制，往往都是先激活农民工子女的身分意识，进而塑造他们的政治观念与行为模式。[①] 他指出，就读于公办学校的农民工子女，成长的过程存在显著的“天花板效应”，一方面认同主流价值观，渴望向上流动，另一方面则制度性地自我放弃。农民工子弟学校则盛行着反学校文化，通过否定学校的价值系统、蔑视校方和教师的权威而获得独立与自尊，同时心甘情愿地提前进入次级劳动力市场。[②]

李卫英利用民族志的方法探讨了主流意识形态、国家力量如何隐性地经由少数民族学校教育渗透至学生个体，学生又是如何发挥能动性，通过一系列的抵抗策略——如权宜策略、假发策略、戏谑策略、对抗策略和自我淘汰策略——反对主流意识形态的直接灌输。[③]

---

① 熊易寒：《当代中国的身分认同与政治社会化——一项基于城市农民工子女的实证研究》，复旦大学2008年博士学位论文。

② 熊易寒：《底层、学校与阶级再生产》，《开放时代》2010年第1期。

③ 李卫英：《民族学校教育中的隐性力研究——对黔南石龙乡布依族苗族学校教育的田野考察》，中央民族大学2009年博士学位论文。

罗吉华对中国西南少数民族地区学校教育中的一个特殊群体——勐罕镇傣族中学和尚生在佛寺与学校中的行为实践与主体选择进行了研究。作者指出，学校教育通过国家化、去地方化和统一化等措施进行主流文化再造的努力遭到了和尚生的抵抗，他们因而产生了互相冲突的模糊的意识形态，学业成就低下，而且存在着“反学校文化”。在初三毕业的去向选择中，很少有和尚生能通过学校教育进入主流社会，在佛寺系统中也是受到种种限制，最终绝大多数和尚生选择回归传统社区。[①]

李涛关注了“云乡少年”的文化生产实践。他指出，乡间少年用各种方式构筑反学校文化，如：瞧不起作为“知识代言者”的农村老师，在课堂中制造各种混乱对学习表达抗拒，在日常规定性作息中对规定性的时间权威表达抗争，在摄像头下采取剧场表演对敞视化的空间权威表达抗争，组建多类型的同辈群体（兄弟帮、师徒制、亲戚制、情侣制等）采取“计划式”违规范式对关系权威表达抗争，以找乐子、暴力与偷窃等方式摆脱无聊和寻找刺激。[②]

王欧探讨了底层学生与主流文化、与学校教育进行底层再生产的机制之间的各种冲突，涉及课程、文化资本、道德规范等层面。他指出，底层学生既喜欢在自习课上喧闹，又乐于在课下疯打，却在严厉的教育权威在场时显得异常沉默。他们还通过闯入与敲门等形式挑战不平等的分班秩序，以逆反心理的形式抗拒教师权威，通过自身的兴趣爱好来保持与课程知识之间的疏离，并借助网络游戏的魔幻力量来抗拒所有的教育权威，从而表现出中国式特有的反学校文化形式。[③]

另外，也有部分文章利用质性研究方法探讨底层群体的反学校文化与再生产。周潇对北京某打工子弟学校进行了田野调查，他发现在农民工子弟之间盛行着类似《学做工》中所描述的工人阶级“小子”的反学校文化：

---

① 罗吉华：《文化变迁中的文化再制与教育选择——云南勐罕镇中学傣族和尚生的个案研究》，民族出版社2011年版。

② 李涛：《底层社会与教育》，东北师范大学2014博士学位论文。

③ 王欧：《文化排斥：学校教育进行底层社会再生产的机制——基于武汉G中学的实证研究》，华中科技大学2011年硕士学位论文。

他们拒绝学习、找乐子，但同时感到生活没意思、空虚、无聊，看不到希望。在此基础上，作者比较了“小子们”与“子弟们”的两种反学校文化：与否定知识和文凭的价值、蔑视脑力劳动的“小子们”不同，“子弟们”对知识的价值深信不疑，他们不想从事父辈的工作，想“坐办公室”；与“小子们”表现出的工人阶级的优越感不同，“子弟们”内心深处存在很深的自卑与自我否定。虽然反学校文化都导致了底层阶级的再生产，但他们的结局不尽相同，“小子们”全部找到了工作并在劳动中寻找到了意义，但“子弟们”却无所事事，四处闲荡或进入次级劳动力市场从事不稳定的低收入工作。两个群体的反学校文化有着不同的生产机制，如果说“小子们”是甘愿放弃了通过教育向上流动的可能，那么“子弟们”更多地是在一系列社会结构因素和社会条件作用下的一个渐进式的自我放弃过程。[①]

熊春文对于上述研究进行了批判，“深究这些研究却无一例外地发现，这些以探索‘工人阶级孩子们’的自主意识或能动性为出发点的经验研究，最终均以发现农民工子弟反学校文化的非独立性、非自主性甚至空洞性为基本的结论，他们要么认为农民工子弟的‘反学校文化并不是一套独立的文化’，要么干脆否定这一群体拥有‘反学校文化’，有的不过是形似而神异的‘反学校行为’。这无疑是一个颇具悖论性的逻辑——以发现自主性和能动性为出发点的研究最后恰恰消解了研究对象的自主性和能动性”。在此基础上，他探讨了农民工子弟以“义”为核心的精神文化，认为“他们并不是一个同质的社会群体、共同一致性地做出种种反学校行为，也不是一个个散兵游勇，单枪匹马地对正式制度作战，他们的反学校行为乃至所有的学校行为主要依托于众多的同辈群体。这些同辈群体以‘义’的精神为核心，以友谊为纽带，以基础群体—衍生群体框架的群体生态为形式，把所有成员都吸纳进其势力范围之内。农民工子弟总是乐此不疲地策划、组织、参与属于他们自己的群体活动，正是通过这些群体及其活动，学校成为他们自己的天地，农民工子弟彰显出他们的自主性、能动性和主体性，

---

① 周潇：《反学校文化与阶级再生产：“小子”与“子弟”之比较》，《社会》2011 年第 5 期。

最终形成了一种清晰可辨的反学校文化”[①]。

综上所述，随着《学做工》中文版的出现，越来越多的学者开始关注学校场域中学生（尤其是农民工子弟和少数民族学生）的能动性，他们对主流意识形态与价值观的灌输、教师代表的权威文化的抵制或反抗。这些研究为我们了解中国语境下社会再生产的过程和学生在学校中的真实境遇提供了可能。但是，已有相关研究存在一些共同的缺陷，一方面，将着眼点放在反学校文化这一概念上，探讨中国学校中处境不利群体的抵制或反抗，当然有些研究提到了中国的学校在传递主流意识形态等再生产过程中的特殊性，但对学生能动性的描述带有强烈的模仿痕迹。威利斯研究的重要性并不仅仅在于他提出了反学校文化，重要的是那些“小子们”对自身境遇的部分洞察、对体力劳动与脑力劳动分工的认识。他们认为牺牲独立和自由换取的一纸文凭并不会有助于他们找工作，也不可能带给他们向上流动的机会。相反，去工厂做工既继承了父辈对粗犷、刚毅的男子汉气质的认同和追求，又有充分的就业机会与相对稳定的工作。当然，他们没有洞察到的是不久的将来面临失业的可能。“小子们”对自身境遇、社会结构的部分洞察以及相应的行为策略，才是威利斯想要强调的底层群体的“文化生产”、能动性。中国现有的研究过多地强调“反学校”，而没有关注这些行动主体到底是如何理解自身与他者，如何理解诸多结构性因素的。研究者在能够揭示这些群体内心的彷徨、迷茫甚至愤怒的时刻戛然而止了，没有很好地呈现这一群体充满了矛盾、挣扎、无奈的内心世界，没有向我们展现他们对学校教育、个人身分的异质性、制度性不公的认识与体验。而且，事实上文化生产的内涵非常丰富，表现形式也非仅仅是抵制，威利斯只是选取了一个有代表性的群体：那些“耳油们”虽然遵从学校的权威，他们也在建构着属于自身的认同策略，他们也是能动地存在于结构中的。后来的研究显示，随着西方国家进入后工业化时期，工人阶级

---

① 熊春文、史晓晰、王毅：《“义”的双重体验——农民工子弟的群体文化及其社会意义》，《北京大学教育评论》2013年第1期。

子女根据对社会变迁、未来工作的洞察，改变了行为策略，开始认同文凭的价值。[①]

另一方面，无论是农民工子弟还是少数民族学生，中国学者对“处境不利群体”能动性的关注缺乏阶级、性别、族群视角，这些学生在社会再生产机制的运作过程中能动性的发挥是否会产生新的阶级、性别、族群意识，农民工子弟的文化生产实践与工业化时期中国工人阶层的形成有何关联，他们是否正在被塑造同时主动将自身塑造为一个新的群体，[②]这些问题都需要研究者扩展视域，将个体、群体的意义生产与宏观社会结构变迁相联系。

名词与术语

1. 社会分层（social stratification）：社会分层是按照一定的标准将人们区分为高低不同的等级序列。社会学家发现社会存在着不平等，人与人之间、集团与集团之间，也像地层构造那样分成高低有序的若干等级层次。社会分层是人类学和社会学领域共同关注的一个社会主题，但人类学更关注边缘的、少数民族、非主流等社会群体在社会结构中的位次。

2. 社会流动（social mobility）：在一个分层化的社会中，各个阶层之间虽然存在着结构化的不平等，但各个阶层之间并没有非黑即白的线性标准，而是存在一种相对灰色的区域，使得各个阶层之间可以借助社会阶梯（social ladder）实现沟通。社会流动是指个人或群体从一个社会位置流向另外一个社会位置，从社会流动的方向而言，存在两种社会流动：水平流动和垂直流动。

3. 自由主义教育理论：自由主义教育理论曾是解释学校作用的重要理论，可分为两大流派：以杜威及其支持者为代表的“民主派”和以结构功能主义社会学及新古典经济理论为代表的“技术决定—选优任能派”。自由主

---

① L. Weis, *Class Reunion*. London: Routledge, 2004.

② 闫晓庆：《新工人家庭的萌芽——工业化时期农民阶层变迁与工人阶级形成》，《当代青年研究》2015 年第 2 期。

义教育思想更多地着眼于学校在促进个体社会化、维系社会稳定、实现社会民主公平方面的作用。

4. 社会再生产理论（social reproduction）：代表人物为阿尔都塞、迈克尔·扬、伯恩斯坦、鲍尔斯、金蒂斯、布迪厄、阿普尔、吉鲁等人。这些学者认为，学校并不是传递文化与教授共同价值的“中立”机构，也不是依靠贤能主义原则运作的促进社会流动的跳板，相反学校加剧或维持了社会不平等。学校并没有很好地回应大众对于进步与赋权的要求，而是更多地培育资本主义生产与民族国家发展所需要的纪律与一致性，学校再生产了现存的社会不平等的结构。

5. 文化再生产（cultural reproduction）：保罗·威利斯首先提出了文化再生产的理论。学校在再生产的理论视角下，如同一个黑箱，只是再生产资本主义与国家的结构性需求。为了说明社会关系再制过程的复杂性，必须意识到文化生产的独特逻辑，而这就是威利斯的贡献所在。威利斯为了弄清文化再生产发生的内部机制，试图揭示被再生产理论忽视的社会能动者的主体性与文化生产。研究发现，社会底层人士在学校的学习经历中，总是在创造意义，总是在为他们的生活赋予意义，他们身处结构中，通过自身的行动与选择参与社会结构的生产或再生产。

思考题

1. 论述社会分层与社会流动的含义。
2. 如何理解卡斯特和类卡斯特社会？
3. 保罗·威利斯的主要观点及其影响包括哪些方面？

推荐阅读书目

1. 张人杰：《国外教育社会学基本文选》，华东师范大学出版社 1989 年版。

本书是国内最早关于国外教育社会学和教育分层理论等经典文献的论文集，入选的经典文献范围涵盖了从涂尔干到 1970 年代兴起的“新”

教育社会学迈克尔·扬等的作品，汇集了西方各个阶段具有重要影响的文献，在国内教育社会学界具有重要的影响。

2. 戴维·格伦斯基主编、王俊等译:《社会分层》，华夏出版社 2006 年版。

本书收录西方社会学经典学者对社会分层理论的代表性作品，是社会分层理论的权威汇编。文献的选择上兼顾了分层与流动、古典与现当代、理论与经验研究。格伦斯基作为研究社会不平等的知名学者，他为全书撰写了提纲挈领式的导论《社会不平等的过去、现在和未来》，全书清晰地显示了分层研究中的六大主题：社会分化的来源、基本结构、不平等的产生过程、分化的结果、先赋性社会分化，以及社会分化可能出现的未来景象。

3. 保罗·威利斯著，秘舒、凌旻华译:《学做工：工人阶级子弟为何继承父业》，译林出版社 2013 年版。

本书是 20 世纪社会学、人类学和教育学的经典著作之一。威利斯通过展现一个工业城镇里 12 个出身工人阶级家庭的男孩，从毕业前 18 个月到工作后半年这段时期内的学习生活经历，向人们解释了工人阶级子弟之所以继承父业，不仅是社会结构性因素再生产的结果，更是他们对学校主流文化做出反叛的一种反讽新文化生产的结果。《学做工》一书成为西方教育社会学、教育人类学领域引证最多的著作，也奠定了威利斯在教育社会学与教育人类学领域的历史地位。

4.John U. Ogbu, *Minority Education and Caste: The American System in Cross Cultural Perspective*. New York. Academic Press, 1979.

奥格布是美国加州大学伯克利校区人类学系教授、著名教育人类学家。他一生致力于美国弱势群体的状况与学校教育的研究。该书对美国弱势群体儿童在主流学校教育中的地位和他们在学业上所面临的困难进行了详实的民族志分析，对弱势群体儿童在主流学校中遭受的社会歧视、语言与文化障碍，以及弱势群体儿童在母体文化中所获得的交往模式、认知方式等与学校文化的冲突等进行了描述。通过跨文化比较和民族志研究，他逐渐在理论上归纳出一个解释架构。

第十六章　学校教育领域中的族群差异与教育公平

本章以族群偏见与歧视为切入点，重点讨论中美两国少数民族学生优惠政策与教育公平等相关问题，结合当前少数民族教育多样性的现实，运用国内外关于民族政策、民族理论及教育平等理论进行了分析与阐释。

第一节　族群偏见与歧视

一、偏见

（一）偏见的定义

偏见一词拉丁语词根的意思是“判断在前”，从字面上理解偏见就是超前判断。偏见包括两个成分：信念和态度。偏见的信念成分叫做刻板印象，即关于一个类型中所有人、物或者环境的简单化且未加证实的概括。态度部分是由对于偏见对象的评价性判断构成。偏见可以定义为以刻板印象的方式对人、物或环境做出的判断。[①]

偏见指的是一个群体的成员对另一个群体的观念或态度。一个带有偏见的人所持的先入之见往往是基于传闻，而不是直接的证据。有些人一旦持有对某个特定群体的偏见后，就会拒绝对其进行公正客观的认识。偏见

---

① 戴维·波普诺著、李强等译：《社会学》，中国人民大学出版2002年版，第305页。

经常源自刻板印象，源自对某一群体成员固定的、僵化的刻画。[①]

偏见常常是一种强烈的消极的感觉，并且它常常与一群人有关。偏见使我们倾向于消极对待属于某个群体的人。偏见是一种态度，而不是行为。偏见包含了我们习得的对其他群体的害怕、不信任或强烈的刻板印象。一旦形成了对某一群体的偏见，我们就会消极地对待那个群体的成员。[②]

以上关于偏见定义的描述，在以下方面达成共识：偏见是一种态度，多表现为消极的；偏见得出的评判结论一般源自刻板印象，而非事实依据；偏见一般针对的是一个群体。

（二）偏见成因的相关理论

戴维·波普诺（David Popenoe）通过大量的研究描述了产生偏见的主要因素，将其概括为：

1. 人格理论　社会心理学家强调人格因素可能使一个人或多或少带有偏见。譬如专制主义者靠着等级制度把世界分成强和弱、好和坏、优和劣。

2. 习得理论　社会学家认为偏见总是后天习得的，没有人天生有偏见。偏见是我们从父母那里、在学校或教堂、从朋友那里以及读过的书籍、看过的电视中学习得来的。[③]

肯特·科普曼（Kent L. Koppelman）和李·哥德哈特（R. Lee Goodhart）结合已有研究，总结了偏见及其成因的理论主要有：

1. 精英主义理论　精英的态度促成了偏见，精英主义理论认为在社会中有能力的人获得成功并成为统治阶层，而没有能力的人不能成功，因为他们在某些地方有缺点或者缺少成功的必要素质。

2. 权力主义理论　偏见和权力有关联，个人对权力有零和倾向，他（她）就容易变成有强烈偏见的人。[④]

---

① 安东尼·吉登斯著、赵旭东等译：《社会学》，北京大学出版社 2004 年版，第 318—319 页。

② 肯·特科普曼，李·哥德哈特著，滕星、朱姝等译：《理解人类差异——美国的多元文化教育》，中央民族大学出版社 2011 年版，第 35—43 页。

③ 戴维·波普诺著、李强等译：《社会学》，中国人民大学出版 2002 年版，第 306 页。

④ 肯特·科普曼、李·哥德哈特著，滕星、朱姝等译：《理解人类差异——美国的多元文化教育》，第 46—47 页。

二、歧视

（一）歧视的定义

歧视是指由于某些人是某一群体或类属之成员而对他们施以不公平或不平等的待遇。[①] 歧视和偏见两个概念常联系在一起，难以区分，二者既有关联，也有差异：歧视是一种行动或行为，偏见是一种态度；歧视和偏见不一定同时出现，持有偏见态度的人不一定采取歧视的行动；歧视和偏见可能会相互影响，多数歧视行为或行动都产生于偏见的态度，而持续的歧视行为也会促生偏见态度的形成；歧视和偏见是全世界普遍存在的现象。

（二）歧视成因的相关理论

费金夫妇（J. Feagin & C. B. Feagin）提出了三种有关歧视的理论：利益理论、内部殖民主义理论和制度性歧视理论。

1. 利益理论　利益理论描述了由于人们保护他们的权利和特权所造成的歧视。人们歧视那些边缘群体的个人，并不是受偏见的驱使，而是因为他们是自利的。歧视的作用是保护私人的利益。

2. 内部殖民主义理论　内部殖民主义理论分析了特权是如何在美国产生的，主流群体试图剥削边缘群体，控制资源，以此获益。内部殖民主义理论主张使白人对非白人和妇女的持续性支配制度化。内部殖民主义理论是制度性歧视理论的基础。

3. 制度性歧视理论　这个理论描述了制度性的政策和实践给边缘群体带来的不同和消极的作用，考察了特权和优势是如何嵌入组织的准则、规定、非正式的规定及角色中的，以实现其成员具有特殊职责和权力的社会地位。制度性歧视理论并不关注偏见，而是持有“如今很多歧视都不是有意的”这种假设。[②]

以上基于对偏见、歧视及其成因的理论探讨，有利于我们正确认识族

---

① 戴维·波普诺著、李强等译：《社会学》，中国人民大学出版 2002 年版，第 306 页。

② J. Feagin & C. Feagin, *Discrimination American Style*（2nd ed.）. R. E. Krieger, 1986. 引自肯特·科普曼、李·哥德哈特著，滕星、朱姝等译：《理解人类差异——美国的多元文化教育》，第 45 页。

群间的差异与多元化，在认知、情感和行为方式上减少偏见和歧视带来的消极作用，进而有利于制定防止偏见和歧视、促进族群平等的有效政策措施。在学校教育领域里，中国和美国在族群多元化的背景下，为促进族群平等和教育公平都积极进行了不懈努力并取得了较大成效。

第二节　中国学校教育中的少数民族优惠政策与教育公平

一、基础教育领域的少数民族优惠政策与教育公平

（一）允许民族中小学校的教学计划适当变通

根据1951年中央人民政府批准的第一次全国民族教育会议报告和1984年颁布的《中华人民共和国民族区域自治法》，民族中小学校从总体上与普通中小学校一样，学制和教学计划基本上按国家的统一规定执行。

1992年召开的第四次全国民族教育工作会议提出："要在早期把教育与生产劳动结合起来，把一般的科学文化教学与职业技能教学结合起来。"一些民族地区的小学采取三加一或五加一的办法，试行在小学教育中加入职业教育的因素，因此带来了民族中小学学制、教育内容、教育方法等一系列新的变化，也带来了教学计划相应的变化。

由于各民族在地域和文化传统等方面的差异，教育部对民族教育没有统一的规定，各地区可根据当地各民族的具体情况，在执行国家统一制定的教学计划的同时，可以变通执行或制定相应的补充规定。①

（二）鼓励民族学校实行民族语文教学和双语教学

《中国人民政治协商会议共同纲领》《宪法》《民族区域自治法》《义务教育法》《教育法》《扫盲条例》等一系列重要文件，都对民族语文工作的方针、政策和措施作了明确的规定。

---

① 田世俊：《试析我国少数民族基础教育优惠政策的内容》，《科教导刊旬刊》2012年第4期。

1949年9月29日，中国人民政治协商会议第一届全体会议通过的《共同纲领》第53条规定："各少数民族均有发展其语言文字，保持或改革其风俗及宗教信仰的自由。"《中华人民共和国宪法》第四条中规定："各民族都有使用和发展自己的语言文字的自由。"这是中国民族语文工作的总方针和根本政策。

《中华人民共和国民族区域自治法》第十条规定："民族自治地方的自治机关保障本地方各民族都有使用和发展自己的语言文字的自由。"第三十七条规定："招收少数民族学生为主的学校，有条件的应当采用少数民族文字的课本，并用少数民族语言讲课；根据情况从小学低年级或者高年级起开设汉语文课程，推广全国通用的普通话和规范汉字。"

《中华人民共和国义务教育法》第六条规定："招收少数民族学生为主的学校，可以用少数民族通用的语言文字教学。"《中华人民共和国教育法》第十二条规定："汉语言文字为学校及其他教育机构的基本教学语言文字。少数民族学生为主的学校及其他教育机构，可以使用本民族或者当地民族通用的语言文字进行教学。"

各民族自治地方在制定自治条例和其他的政策、法规中又进一步作了相应的规定，主要内容包括：推广全国通用的普通话；招收少数民族学生为主的学校，有条件的应当采用少数民族文字的课本，并用少数民族通用的语言文字教学；要在继承发扬本民族优秀文化传统的同时，积极扩大民族间、地区间的交流，大胆吸收和借鉴人类社会所创造的一切文明成果；在使用民族语言文字教学的地区，要因地制宜地搞好双语文教学。[①] 在国家民族语文教学政策的指导下，我国的少数民族语文教学得到重视和发展。全国各地开展民族语文教学主要有四种形式：一是有本民族语言而无民族文字的，在学前班或小学低年级阶段用民族语言辅助教学；二是有自己民族语言文字的，在中小学阶段以本民族语文教学为主，一般在小学三年级开始学

① 李晋有：《我国民族语文工作的回顾与前瞻》，载铁木尔主编：《民族政策研究文丛》第一辑，民族出版社2002年版。

习汉语文；三是以汉语教学为主，在小学一定年级开始学习民族语文；四是在某些地方用民族语文扫盲。[①]

（三）实施少数民族教育专项经费补助

1951 年，中央财政专门设置了少数民族发展教育补助费，此后历年都有增加。从 1956 年起，中央核拨经费采取块块拨款的办法，因而少数民族教育补助费已不实行单列项下达，但拨给各地的教育事业费中仍包括了这笔经费。1980 年后，因国家财政体制改革，此项经费由省、自治区包干掌握使用。[②]

自 1985 年起，国家为了支持老、少、边、山、穷地区发展基础教育，每年拨出 1 亿元作为普及小学教育基建补助专款，帮助这些地区解决办学经费不足的困难，其中拨给新疆、内蒙古、宁夏、广西、西藏、青海、云南、贵州八个省、自治区的占 54% 以上；还有其他几项教育补助专款，在安排时对少数民族地区都有所照顾。[③]

1990 年财政部决定从当年起，由中央财政每年安排 2000 万元专款，用于支持少数民族地区发展教育的补助专款，这项经费由国家教委提出分配方案（征求国家民委意见），经财政部同意后联合下达。为提高资金使用效益，这项专款实行项目管理，由国家教委财务司统一掌握使用。

1991 年国务院印发的《关于进一步贯彻实施〈中华人民共和国民族区域自治法〉若干问题的通知》中提出："国家设立'少数民族教育补助专款'，实行专款专用，保证直接用于少数民族教育事业。'八五'计划期间，随着经济的发展和财政状况的改善，这项专款可适当增加。"根据中央设立民族教育补助专项经费的精神，一些省、自治区也设立了民族教育专项补助经费。

二、高等教育领域的少数民族优惠政策与教育公平

（一）对少数民族考生适当降低录取分数的政策实施背景和内容

我国少数民族教育的起点比较低，中华人民共和国成立初期，许多少

---

① 高芙蓉：《论民族自治地方的民族教育自治权》，《内蒙古社会科学（汉文版）》2002 年第 5 期。

② 田世俊：《试析我国少数民族基础教育优惠政策的内容》，《科教导刊旬刊》2012 年第 4 期。

③ 梁光华等：《民族地区信息技术教育对策与措施》，《黔南民族师范学院学报》2004 年第 3 期。

数民族还未建立起现代教育制度，人口中文盲半文盲占较大的比重。中华人民共和国成立以来，少数民族教育虽然有了很大的发展，但与全国平均水平相比还存在一定的差距。[①]基于这种状况，国家规定少数民族考生在高校招生录取时享受降低分数的优惠政策，目的是增加他们进入高等院校学习的机会，真正获得接受高等教育的平等权利。[②]

在放宽录取分数标准方面，早在1950年制定的高等学校招考新生的规定中就明确提出：兄弟民族学生考试成绩虽稍差，得从宽录取。1953—1961年间，改为"同等成绩、优先录取"。1962年中央批转的《关于民族工作会议的报告》提出要恢复高等学校录取少数民族学生的照顾办法。同年8月2日，教育部与中央民委联合下发的《关于高等学校优先录取少数民族学生的通知》规定：（1）少数民族学生报考全国重点高等学校和其他一般高等学校，仍旧恢复过去"同等成绩、优先录取"的办法；（2）少数民族学生报考本自治区所属的高等学校，可以给予更多的照顾，当他们的考试成绩达到教育部规定的一般高等学校录取的最低标准时，可以优先录取。[③]此后十多年，一直沿用了与此大致相同的"适当降分"的录取办法。1978年恢复高等学校统一招生考试后，实行对"边疆地区的少数民族考生，最低录取分数线及录取分数段，可适当放宽"的政策。[④]教育部在1980年《高等学校招生工作的规定》中强调：确定部分全国重点高等学校举办少数民族班，适当降低分数，招收边疆、山区、牧区等少数民族聚居地区的少数民族考生；其他一般高等学校对上述地区的少数民族考生，录取分数可适当放宽；对散居的少数民族考生，在与汉族考生同等条件下优先录取。

教育部2010年普通高等学校招生工作规定中规定，2010年同一考生加分投档分值不得累加，最高增加分值不得超过20分。2012年各省高考招生对少数民族考生的照顾政策各有调整和规定，例如，山东省高考享受降分

---

① 滕星、马效义：《中国高等教育的少数民族优惠政策与教育平等》，《民族研究》2005年第5期。

② 马效义：《中美少数民族教育优惠政策的差异》，《民族教育研究》2007年第1期。

③ 滕星、马效义：《中国高等教育的少数民族优惠政策与教育平等》，《民族研究》2005年第5期。

④ 丁雪雁：《试论我国高等教育中的少数民族入学优惠政策》，中南民族大学2009硕士论文。

照顾的范围有所调整，少数民族考生总分低于高校调档分数线10分以内的，可以向高校投档，由高校审查决定是否录取。[①]

陕西省高考降分政策规定，少数民族预科班降分录取，少数民族预科班、民族班只招收少数民族考生。录取照顾标准为：少数民族本科预科不低于该校在本省招生录取相应批次提档分数线以下80分；少数民族专科预科不低于该校在本省招生录取相应批次提档分数线以下60分；民族班不低于该校在本省招生录取相应批次提档分数线以下40分。2010年湖南少数民族高考加分政策调整为：少数民族聚居州、县、乡的少数民族考生，可降低20分；少数民族聚居地区的汉族考生，可降低10分；散居在汉族地区的农村少数民族考生可降低10分；散居在城镇的少数民族考生可降低5分。[②]

2012年黑龙江省属高等院校招生适用新的高考少数民族加分政策：对鄂伦春族、赫哲族、鄂温克族、柯尔克孜族、达斡尔族、蒙古族、锡伯族、俄罗斯族考生或者使用本民族文字答卷的少数民族考生，在考生统考成绩总分的基础上增加10分投档，由高校审查决定是否录取。其他少数民族考生，在所报黑龙江省属高校投档分数线下降低5分投档，由高校审查决定是否录取。2012年照顾政策变化为新增俄罗斯族为10分加分政策范围内，原20分的照顾政策下调为10分。[③]

（二）对少数民族高等教育招生政策中降分优惠政策的讨论

近20年来，在国内外的大学招生中，少数民族学生享受降分优惠政策的社会公平、公正性引发了社会关注和讨论。中央民族大学滕星教授对这一问题结合其在中国民族地区田野工作的案例组织了课堂讨论。其案例背景如下：

滕星教授在对新疆少数民族考察时，当地生产建设兵团一职工（汉族）反映：他的孩子和邻居孩子（维吾尔族）是同年生，同年一起上的幼儿园、小学、中学，高考时分数一样，但录取时，维吾尔族邻居的孩子享受降分

---

① 滕星、马效义：《中国高等教育的少数民族优惠政策与教育平等》，《民族研究》2005年第5期。

② 同上。

③ http: //news.xinmin.cn/rollnews/2012/03/30/14237808.html.

优惠政策，上了北京一所全国重点大学，而他的孩子进了当地地方大学。他认为这是不公平的，并认为，他是随父母来新疆的，他的全家两代人为建设边疆、巩固国防、加强民族团结献了青春献子孙，为支援边疆作出了贡献，也理应受到政府照顾。少数民族高考加分优惠政策使他感觉到他的孩子受到了不公平的待遇，这有悖于宪法和教育法规定的平等原则。班里二十余名学生展开了激烈的争论，纷纷表示了不同的观点。该班级的同学来自不同地区（城市与乡村）、不同的民族、不同的社会阶层，是一个具有多元文化背景的班集体。经过讨论，有四种不同的观点：

降分优惠政策歧视论　来自散杂区和城镇的同学持反对意见，认为降分优惠政策本身是对少数民族的偏见和歧视，认为少数民族学生应该与汉族学生平等竞争，不需要通过照顾获得上大学的机会，并以享受这一优惠政策为耻。

降分优惠政策肯定论　部分来自边远贫困民族地区的同学赞同在少数民族贫困地区实行优惠政策，认为民族差异是长期存在的，与汉族相比较，少数民族仍处于弱势地位，如果没有这项优惠政策，他们就没有能力突破社会阶层和语言文化障碍获得接受高等教育的机会。

降分优惠政策区域划分论　应以区域划分标准来代替传统的以民族成分划分实施的高等教育招生降分优惠政策，因为从小就在大城市生活并已经享有了优质基础教育资源的少数民族学生，不应该享受少数民族高等教育招生降分的优惠政策，而在少数民族偏远贫困地区和基础教育资源相对薄弱的地区不论学生的民族成分是汉族还是少数民族，都应平等地享有这一优惠降分政策。

降分优惠政策社会阶层划分论　优惠政策应以社会阶层来划分，低社会阶层是社会的弱势群体，在对高等教育资源的享有和分配方面，往往处于不利地位，所以应该关照处于社会底层的弱势群体。

（三）对少数民族高等教育招生政策中降低录取分数线的分析和阐释

改革开放以来，制定中国民族政策的历史条件和社会背景发生了巨大的变化，传统社会正在向现代社会过渡，计划经济在向市场经济转型，原先意义上的社会资源和经济资源分配的民族格局面临着重组和再分配的必然趋势。在客观上，少数民族高等教育招生政策的社会环境发生了一定变化，作为少数民族高等教育招生政策的受惠主体的少数民族学生群体内部成员的社会、经济状况也发生了分化，原来仅以民族成分为划分标准的少数民族高等教育招生政策似乎已经不能适应少数民族学生内部的多元化、多层性及整个社会日趋多元化、差异化的现状。在主观上，社会各个群体包括少数民族对目前的少数民族高等教育招生政策的认识以及对自身价值的认识也日益多元化。换言之，各少数民族教育、经济发展的不平衡，城乡发展水平差异、地区差异扩大，导致各少数民族之间和同一少数民族内部出现了差异和分化；同时，市场经济体制要求建立公平竞争的机制，人们的主体意识日益增强，对于自身权利的维护和社会公正的追求也更为敏感和迫切。上述种种情况使得现阶段有必要重新审视单一以民族划分为标准的优惠政策，并尽量使之更加完善，更加符合社会发展的需要。

《中华人民共和国教育法》第九条明确规定："中华人民共和国公民依法享有接受高等教育的权利。公民不分民族、种族、性别、职业、财产状况、宗教信仰等，依法享有平等的受教育机会。"一方面，上述新疆个案的情况已经与教育法第九条的规定相矛盾，所以在某种程度上，该职工反映的情况，即认为两家孩子上大学的机会不平等是存在的；另一方面，我国制定的少数民族优惠政策是以民族划分为标准，以少数民族群体的教育起点机会均等为基础，邻居维吾尔族孩子上大学享受优惠政策是完全符合政策要求的，是国家优惠政策的受惠群体。问题在于，该汉族职工一家两代为支援国家边疆建设也作出了自己的贡献，与维吾尔族人不存在地域差异和经济收入差异，他们的孩子上大学国家也应考虑给予政策补偿，体现教育法中的人人享有平等受教育和入学机会平等的权利。少数民族高等教育招生政策是在接受高等教育方面给予具有某特定群体身分的学生以一定的优惠条件，而在市场经济体制中如何分析和解决上述个案中的冲突呢？应该看到，教育法的实施中提到的平等原则是根据个体平等理论制定的，而中国目前的少数民族高等教育招生优惠政策是在尊重民族差异的前提下，以群体平等为基础的。事实上，冲突的焦点在于法律上的个体平等与民族间的群体平等的矛盾上，关键在于如何认识和协调个体平等与群体平等之间的关系。在以美国为代表的西方国家，更注重强调的是个体间的平等，当然也提到群体平等；而在中国，传统的民族理论和民族政策更加注重民族平等，这主要是由中国的国情决定的，也符合现阶段实现民族平等、政治稳定和民族团结的需要。但是在市场经济条件下，要求个体公平竞争、平等享有接受高等教育的权利，那么这一优惠政策是否与个体公平竞争相矛盾？维汉孩子在同等条件下竞争，结果不同，这是否公平？

事实上，少数民族高等教育招生优惠政策是对少数民族身分的学生实施的特殊的招生政策，是基于历史与现实的社会条件，尊重民族差异存在的前提下，为了更好地实现民族平等原则而实施的一项政策。当代学者莱尹（Douglas Rae）提出了选择平等的原则，人人皆应获得平等的待遇。如果没有充分明显的理由，任何人都不应受到差别对待。但如果人们存在差别，可以考虑以平等为基础，实行差别对待，即在平等的基础上以不同的方式对待不同的对象。国家实行的民族优惠政策，是针对群体平等，目的也是在相当长的一段历史时期内通过实现缩小群体间差异达到逐步缩小个体间差异，实现最终的人人平等。这种整体的平等也称之为积极性歧视或反向歧视。随着经济体制的转型及教育产业化的发展，高等教育领域内少数民族优惠政策的内容和涵义也应适应新形势的需要，兼顾少数民族群体的利益，充分体现各民族教育平等和教育公平的理念，努力缩小各民族在政治、经济、文化、教育领域内的差距，而这一目标只有通过国家制定相关的民族政策才能得到最充分的体现。1960 年联合国教科文组织提出教育机会均等应包含两层意思——消除歧视和消除不均等。消除歧视，主要指任何人无论其种族、肤色、性别、语言、宗教、政治、社会出身、家庭背景等方面有任何区别，在教育上都应该平等对待。消除不均等，指的是要消除存在于地域之间和群体之间的不是因为有意的歧视和偏见而造成的差别对待。当代著名学者科尔曼（James Coleman）在关于教育机会均等的“科尔曼报告”（Coleman Report）中提出，学生除了享有入学机会平等外，还应享有教学过程和教育结果的平等。此外，他还提出矫正平等和补偿平等概念：矫正平等的内容是采取经济措施补偿那些能力优秀但没有优越背景的人，补偿平等的核心问题是对那些生来处于恶劣环境中的人进行补偿。

我们常强调的教育机会平等可以分为三个方面：教育入学机会平等（也称教育起点平等）、教育过程平等和教育结果平等。目前我国少数民族高考招生优惠政策中主要指的是教育入学机会的平等（教育起点的平等），《中华人民共和国教育法》中规定的人人享有平等受教育的机会就现阶段来讲，主要针对的也是实现教育入学机会的平等，这是由中国现阶段的国情决定的。法律意义上的平等无论是针对个体还是民族整体，在理念和实施过程中都追求绝对性，而目前在我国，个人之间和民族之间在具体的经济文化领域中的“事实上”的平等只能是相对性的。

上述新疆个案中的降分问题主要涉及如何处理和协调法律上的个体平等和民族间的群体平等的关系。个案中的汉族职工认为，自己的子女和维吾尔族子女在选择接受高等教育时的机会是不平等的，没有体现平等原则，是对他们的反向歧视。

从个体角度来讲，该项优惠降分政策在法律上或制度上导致了对汉族考生的不公平；从民族角度来讲，少数民族高等教育领域内优惠降分政策的实施是在特定的历史背景下制定的，是兼顾到中国各民族在一定时期内，在历史、经济、文化、生产力发展水平等多方面还存在着差异和差距，是为了发展少数民族教育，为民族地区培养优秀人才，努力缩小民族间的差距而实施的。

少数民族高等教育降分优惠政策的实施是以民族成分为标准，以民族间的群体平等理论为基础，旨在平衡各民族之间的利益，确保所有人充分享有经济的和社会的权利；是对过去由于历史、经济、文化、生产力发展水平等原因而导致的不平等现象进行补偿，通过让少数民族成员利用优惠政策改变其在公平竞争中所处的不利地位（如在以汉族文化为主流文化的环境中，维吾尔族考生在语言、文化等方面与汉族考生相比处于弱势地位）。教育的不平等在这里包括两个方面：其一，目前各民族间及其民族内部教育存在差距的不平等现状；其二，少数民族高等教育降分优惠政策是对少数民族高等教育的倾斜，对汉族学生高考入学竞争似乎是不公平的，表象是民族间入学机会的不公平竞争，是不平等的，而事实上，这种“教育不平等”的最终目的是为了实现真正的教育平等，体现个体的平等，实现《中华人民共和国教育法》中人人享有受教育的平等权利的原则。

综上所述，所谓的教育平等是一种理想的教育模式，个案中汉族职工所追求的个体间的教育完全平等在现实中是不存在的。因为教育无法为每位学生提供完全相同的待遇。就目前来讲，由于少数民族教育还比较落后，少数民族降分政策仍有继续存在和实行的意义和必要性。对少数民族学生的录取分数给予适当照顾，不仅增加了少数民族学生的入学机会和平等享受高等教育的权利，同时对帮助少数民族发展教育事业，缩短与全国平均水平的差距起到了重要的作用。

除此之外，我们不应忽略的是，少数民族优惠政策中对少数民族考生适当降分的措施在不同地区、不同群体所引起的反响和评价也有所不同，特别是随着市场经济的转型，该项政策在实施过程中由于对社会不同群体缺乏系统的统筹考虑，而逐渐显露出不完善的方面。因此，国家在高等教育政策方面应该考虑根据地域差异、经济收入差异、阶层差异和享有的基础教育资源差异采取相应的补偿政策措施。譬如，在上述个案中，在新疆地区，对支援新疆的汉族职工子女也应制定相应的降分补偿政策，他们的子女也应享受国家制定的高等教育入学倾斜政策或补偿措施，充分体现高等教育领域内公平、公正的原则。但是，对高等教育领域内优惠政策的补偿措施的提出和制定应相当谨慎，避免由于受益群体的变化使得优惠政策的实施对象不明晰。

三、关于预科班政策实施的背景及国家对此的特殊规定

民国时期，我国在一些学校设立过一年制预科，后逐步取消。中华人民共和国成立后，民族学院先后开设了一些民族预科班，在其他的一些高等学校、中等专业学校和成人高等学校也相继举办了相当数量的少数民族

预科班。从1980年到1998年，民族预科累计招收少数民族预科生9万人，为高校提供了大批合格的少数民族生源。1998年，共有23个部委，16个省、直辖市、自治区所属的94所高校招收了7142名少数民族预科生。2001年，少数民族预科生招生规模达到1.3万人。预科教育对提高少数民族学生的文化基础知识，让更多的少数民族学生进入高等院校学习起了很大的推动作用，成为主要为少数民族学生举办的独具特色的办学形式，是民族教育的重要组成部分。

1984年3月，教育部、国家民委在《关于加强领导和进一步办好高等院校少数民族班的意见》中明确规定，预科阶段的任务是根据少数民族学生的特点，采取特殊措施，着重提高文化基础知识，加强基本技能的训练，使学生在德育、智育、体育几个方面都得到进一步发展与提高，为在高等院校本、专科进行专业学习打下良好基础。预科的学习年限一般为一年，学生汉语文基础较差的，学习时间为二年。预科班学生入高校本、专科进行专业学习，其学制与该校本、专科相同。但是，要按照不同类型高等学校的培养目标和要求，从各地区各民族的实际出发，区别对待，降分幅度要适当。

实践证明，民族预科班自实施以来已经取得了很大的成效，为少数民族学生向普通本科教育阶段平稳过渡起到了良好的桥梁作用。但不容忽视的是预科班在实践中的问题也日益突出。少数民族群体内部发展也是不平衡的，是分阶层的，毋庸置疑，资源具有向上流动的特性，民族预科班的政策就是一种资源，而少数民族内部的社会精英群体更容易掌握这部分资源。在许多民族地区，民族预科班的政策在具体实施过程中，受惠群体逐渐向有一定经济地位、政治地位或社会地位的少数民族精英阶层的子女倾斜，一些本该更有资格享受这一政策进入大学的来自低收入、低社会阶层的少数民族优秀学生反被拒于高等教育的门槛之外。如果说过去这种状况还是在不正之风和暗箱操作下得以实现的，那么近年来这一倾向可以说愈演愈烈并逐渐公开化：随着经济体制转型，高等教育产业化日益深入，加上高等教育收费制的实施，民族高等院校为了弥补教育资源的缺乏，在预科班招生和入学过程中采取了相应的不合理的收费政策，该优惠政策中的受益群体由此发生了极大的转变，由原来计划经济体制下少数民族低社会阶层中的弱势群体，转变成了少数民族中上层精英群体。这从根本上改变了实施预科班政策的初衷，未能体现教育机会均等的意义。

因此，在民族地区基础教育薄弱的现实背景下，应该给予低收入、低社会阶层的少数民族优秀学生教育平等竞争、提高社会地位、向上流动的机会，消除社会分层中的不合理部分，为民族地区的发展提供人才。在高等院校推行民族预科班制度的初衷是考虑到社会分层中的不平衡状态，而预科班的招生正是为了突破社会障碍，保护社会中下层弱势社会群体的利益，这也符合我国民族教育政策的精神。比如，《中华人民共和国民族区域自治法》第七十一条规定，要对人口特少的少数民族考生给予特殊照顾。各级人民政府和学校应当采取多种措施帮助家庭经济困难的少数民族学生完成学业。因此，对民族预科班政策的实施应依法加以监督执行，避免由于社会阶层差异导致受益群体不明晰，以确保少数民族弱势群体的利益。

第三节　美国学校教育中的少数民族优惠政策与教育公平

一、基础教育领域的优惠政策

（一）入学政策

1. 取消教育种族隔离

1954 年“布朗案”的裁决中就宣布学校种族隔离为非法，但实际上学校废除种族隔离的速度却相当缓慢。1964 年《民权法案》是一部具有开创意义的法律，它在法律上确认了种族隔离属违法行为，保障了少数民族儿童入学权利的平等，直接后果便是加快了南方取消学校种族隔离的进程。1965 年颁布的《初等和中等教育法》承袭了《民权法案》废除教育隔离的法律精神，用法律和经济杠杆加快了学校种族混合的步伐，尤其是推动了南方各学区种族合校的进程。

2. 初中等学校一体化

学校一体化进程在20世纪中后期作为一项消除隔离实现平等的教育政策，力图从形式上促使少数民族儿童与白人儿童在同一学校上课，在同一间课堂听讲。然而，大量的法院干预与起诉表明，在种族主义与贫富差距较大的现实下，实现一体化难度很大。这时尴尬的联邦政府开始将市场机制引入传统公立学校改革，在公立学校内部掀起了一场以学区分配转化为将择校权转移给家长的变革。在这场促进教育公平与消除教育中的种族歧视的积极探索中，以磁石学校、教育券、特许学校为主要途径。①

3. 补偿教育计划

美国的补偿教育计划是在20世纪五六十年代民权运动的推动下产生的，是保证处于困境的儿童享受正当教育权利的各种计划的总称，不仅指经济困境，而且指文化困境和身体状况不佳等。它主要包括黑人儿童补偿计划、更高视野计划、头脑启迪计划、免费午餐计划、残疾儿童补偿计划等。②

4. 双语教育政策

（1）民权运动下的双语教育政策。20世纪六七十年代，北美和西欧经历了一场民族关系的突变，土著少数民族和移民群体的民族意识普遍上升。在黑人争取公民权运动的鼓舞下，各语言集团开始反抗美国社会的同化进程，要求社会尊重和保护他们的语言文化，结果便是1968年《双语教育法》的颁布。

（2）1968年《双语教育法》的制订。这项法令改变了过去双语教育中的同化政策，而实行了多语言并存主义。对第一语言不是英语的儿童，或英语没有学好的少数民族儿童，在开始阶段，不立即用英语教学，而是规

---

① 姚霖：《20世纪60年代以来美国少数民族基础教育政策的研究》，广西师范大学2010年硕士学位论文。

② 李艳、杨川林：《美国补偿教育计划述评——兼谈对我国基础教育公平的启示》，《内蒙古师范大学学报（教育科学版）》2006年第6期。

定有一个双语并用的过渡时期，然后逐步进入双语教学阶段。

（3）双语教育政策法的修订。1974 年美国政府对 1968 年的《双语教学法》作了修正，给双语教育提供更长期的经济资助，并成立双语教育局和国家教育顾问委员会。在美国，大部分说少数民族语言的儿童依靠各州和当地提供的经费参加特别的语言课程的学习。

1977 年，密歇根州安阿伯的马丁·路德·金小学（Martin Luther King Elementary School, Ann Arbor）的诉讼是美国双语教育发展史上的重要事件。低收入家庭的黑人儿童在学校中的成绩极差，这些儿童的家长认为这种状况是由于学校没有考虑到学生的种族和社会文化背景所造成的。有人认为黑人英语是妨碍黑人儿童学业成就的“语言隔阂”，使他们不能获得同等的受教育机会，而这是美国宪法赋予他们的权利。学校应该有其他的教育大纲迎合他们特有的语言需求。法庭判决少数民族的家长胜诉。这个学校委员会被责令采取措施帮助任课教师识别说黑人英语的儿童，并把这一知识用于教这些儿童学习标准英语的教学中。这场诉讼的判决使少数民族的语言获得了与主流民族语言在学校教学中平等使用的权利和地位。①

二、高等教育领域的优惠政策与教育公平：平权行动计划

1960 年代，美国政府推行平权行动计划（affirmative action programme），旨在消除少数民族和妇女等弱势群体在就业、教育等领域受歧视的多项政策和措施，后逐渐变成一项补偿性政策，在升学、就业和晋升等方面优先照顾少数民族和妇女，以补偿少数民族和妇女在竞争能力上的不足。然而，计划自实施以来引发的质疑和争论从未间断过。在高等教育领域，争论的焦点在于少数民族学生是否应该享有优先和被照顾的权利。②

例如，1978 年的美国贝克案就是因平权行动计划在高等教育领域内对少数民族实行照顾和优先政策而引发的典型案例之一。加州大学戴维斯分

---

① 王有春：《美国双语教育的历史演进》，《外国教育研究》2008 年第 5 期。

② 滕星、马效义：《中国高等教育的少数民族优惠政策与教育平等》，《民族研究》2005 年第 5 期。

校医学院政策规定留给少数民族学生6个名额，贝克（Allen Bakke）没有达到依一般规定的录取分数线，但诉称如果他来自少数民族，他的分数已可以使他获得这预留名额进入医学院深造。因此，这一优惠少数民族学生的政策是基于种族原因对他作为一个白人的反向种族歧视（reversed discrimination），剥夺了宪法给与他的平等权利，违反了平等原则。

支持平权行动计划的自由派认为，计划实施以来，确实帮助了不少身处困境的非洲裔美国人及其他少数族群，包括进入高校的被照顾的少数族群都是在具备了基本资格和能力的前提下才被照顾的。在一个充满种族歧视、隔离教育对人们影响如此巨大的社会，教育体系充当了守门人的角色，复制着一些人的优势和另一些人的劣势，众多的少数族群学生从小生活在贫民区，接受质量最差的教育，如果取消平权行动，会引发人们对美国制度公正性更严重的怀疑。[①]

但反对平权行动的人们认为，平权行动是违背公平原则的，它构成了一种“反向歧视”。除了极端的种族主义者（如三K党）和部分非洲裔美国人基于不同理由反对平权行动外，保守派人士是反对平权行动的主导力量，个别非洲裔美国人甚至充当了中止平权行动的急先锋，在他们看来，以种族为基础的优先待遇是一项极不公正的政策，它与美国主流价值观念和所有人机会均等的社会政策背道而驰，勤奋和美德，而不是种族、宗教、性别与降生的条件，决定个人在美国社会的前途，并且现有的少数族群并非完全处于不利地位，平权行动实际上照顾了业已成为中产阶级的人。[②]

三、中美少数民族高等教育的入学优惠政策比较

中美少数民族教育优惠政策（主要指高等教育领域，不含研究生教育阶段）既存在相似之处，也存在很大的差异。

---

① 张学强、彭慧丽：《肯定性行动与少数民族优惠政策：中美高等教育领域基于族群的倾向性政策比较》，《西北师大学报（社会科学版）》2008年第5期。

② 同上。

（一）背景不同

中国少数民族教育的起点比较低，中华人民共和国成立初期，许多少数民族还未建立起现代教育制度，人口中文盲半文盲占较大的比重，有的少数民族还处在原始社会末期或由原始社会向阶级社会过渡的阶段。中华人民共和国成立以来，少数民族教育虽然有了很大的发展，但与全国平均水平相比还存在一定的差距。基于这种状况，国家规定少数民族考生在高校招生录取时享受降低分数的优惠政策；另外，创办民族预科班，对提高少数民族学生的文化基础知识，使更多的少数民族学生升入高、中等专业学校学习起了很大的推动作用，成为主要为少数民族学生举办的独具特色的办学形式。

在美国，由于种族歧视使得黑人在教育、就业、经济、生活等方面处于十分不利的地位，严重的社会不平等造成种种矛盾的不断激化，种族歧视和种族隔离政策导致黑人奋起斗争，争取自身的权利和平等。60 年代掀起的民权运动、多元文化教育运动、学生运动和妇女运动等，就是美国少数群体为争取自身权利和平等而进行斗争的写照。为了缓和社会矛盾，美国政府重新审视和检讨其民族政策，60 年代推出了保护少数群体的平权行动计划，以减轻贫困、消除种族歧视和不平等。

（二）主要内容不同

中国少数民族教育优惠政策主要包括对少数民族考生实行的降分优惠政策和在高等院校设立民族预科班；美国的平权行动计划主要内容是为了消除少数民族和妇女等弱势群体在就业、教育等领域受歧视的多项政策和措施。后逐渐变成一项补偿性政策，在升学、就业和晋升等方面给少数民族和妇女照顾和优先，以补偿少数民族和妇女在竞争能力上的不足，核心思想是补偿少数民族和妇女等弱势群体因歧视而遭受的损失。

（三）受惠对象不同

中国的少数民族教育优惠政策主要是以除了汉族以外的 55 个少数民族作为受惠实施对象；而美国平权行动计划的受惠群体不仅包括美国境内的少数族群，而且包括妇女等弱势群体。

中美少数民族教育优惠政策也存在着相似之处，比如，少数民族优惠政策或平权政策面临着相同的挑战，需要不断完善和发展，这突出表现在个体平等和群体平等的冲突矛盾，如何平衡个体平等和群体平等的矛盾是实现教育平等的关键所在。社会日趋多元化、差异化，少数族群学生对自身价值的认识也日益多元化，人们的主体意识日益增强，对于自身权利的维护和社会公正的追求也更为敏感和迫切，要求建立公平竞争的机制和教育平等的政策法规。

名词与术语

1. 偏见：一个群体的成员对另一个群体的观念或态度。

2. 歧视：由于某些人是某一群体或类属成员而对他们施以不公平或不平等的待遇。

3. 平权行动：1960 年代，美国政府推行平权行动计划（affirmative action programme），旨在消除少数民族和妇女等弱势群体在就业、教育等领域受歧视的多项政策和措施。后逐渐变成一项补偿性政策，在升学、就业和晋升等方面优先照顾少数民族和妇女，以补偿少数民族和妇女在竞争能力上的不足。

思考题

1. 如何正确理解偏见与歧视之间的关系？
2. 我国少数民族优惠政策在教育领域中的主要内容有哪些？
3. 目前我国高等教育优惠政策还存在哪些不足和亟待解决的问题？
4. 关于少数民族学生享受加分优惠政策问题的探讨，您持什么观点？
5. 美国的平权行动政策和中国高等教育领域的加分政策有哪些不同之处？

推荐阅读书目

1. James A. Banks 著、荀渊等译：《文化多样性与教育：基本原理、课程与教学》（第五版），华东师范大学出版社 2010 年。

本书旨在帮助教育者明了多元文化教育的哲学与概念问题。作者从一个明确的哲学立场出发，设计和有效实施了旨在反映多样性并为多元文化实践提供合理指导的教学策略，同时也描述了一些可以实现多元文化理念、概念和实践制度化的教育活动。

2. 周勇：《少数人权利的法理——民族、宗教和语言上的少数人群体及成员权利的国际司法保护》，社会科学文献出版社 2002 年版。

本书共分三个部分，即有关少数人权利的一般法理论述、具体的案例法和相关国际文献。本书的主旨是通过对世界范围内全球性和地区性少数人权利的国际标准的制度和实施过程的分析，阐释围绕这些活动所产生的问题和争议，探究少数人权利的各种论辩的正当性，并通过对少数人权利的（准）司法保护的实践，具体阐明抽象含糊的法律条文在适用过程中形成的案例法准则。

3. 肯特・科普曼、李・歌德哈特著，滕星、朱姝等译：《理解人类差异——美国的多元文化教育》，中央民族大学出版社 2011 年版。

本书揭示了美国社会深层文化多样性状况，包括美国多元种族主义、阶层、性别与残障偏见、本土主义等问题。此外，我们还可以更深层次地看到错误的认识与种族中心主义交织在一起所产生的歧视问题，并了解不同社会群体成员身分如何影响人的认同及其在社会中的机遇。作者讨论了多元文化使民主社会成员受益的合理性及教育在其中发挥的作用。

4. 滕星、王铁志主编：《民族教育理论与政策研究》，民族出版社 2009 年版。

本书的主要内容包括民族教育的地位、作用及特征，民族教育政策理论的发展过程，民族差异与教育平等，国内外民族教育的法律保障，民族文化与民族心理，民族教育的特殊办学形式，民族地区生态环境与学校布局，双语教育的理论与政策分析，多元文化整合教育理论与教材建设，中国高等教育的少数民族优惠政策与教育平等，少数民族高等教育招生政策的理性探究，民族教育发展中的教师问题分析，民族教育与民族地区经济发展，民族教育的管理，民族院校研究生教育的历史、现状及政策分析等。

第十七章　学校教育中的族群、身分与认同

认同是在社会化过程中产生的，是个体人格的一部分。能够对个体社会化产生影响的所有因素都可能影响认同。教育是一个社会化的过程，能影响个体形成自己的身分认同和归属。任何现代社会成员在个体层面都可能同时保持多重的身分认同——在国家公民身分认同之外，还可能保持自身的族群认同、地域认同以及基于其他社会角色的集体归属感。学校教育在个体社会化过程中起着主导性的作用，影响着个体身分认同的形成。

本章在介绍社会化的定义和相关理论、个体身分认同和群体身分认同理论的基础上，主要阐述学校教育对建构族群认同、地域认同和国家认同意识的作用和影响。

第一节　社会化与身分认同

社会化存在于个体发展的每个阶段，个体正是在社会化的过程中形成各种身分认同，个体的行为模式、价值等被塑造得符合特定社会认同的要求。

一、社会化

（一）社会化的定义

社会化通常是指个体在社会影响下，通过知识的学习和社会经验的获

得，形成一定社会所认可的心理—行为模式，成为合格社会成员的过程。[①]

社会化的本质是社会经验的传递，其基本目标是使社会成员能够适应社会生活、习得社会规范并完成社会角色的任务。社会化对个人的生存和发展、对社会的有效运作非常重要。

社会化存在于个体发展的每个阶段——出生、童年、少年、青年、成年、老年，直至死亡，即人的一生都处于社会化过程中。在社会化的过程中，个体的行为模式、价值、标准、技巧、态度和动机被塑造得符合特定社会认同的要求。[②]社会化的过程主要涉及家庭、学校、同龄群体、大众传媒等。前现代社会中，家庭是儿童社会化最重要的影响力量；而在现代社会，家庭对社会化的影响在减弱。学校教育成为个体社会化的关键环节，是塑造人们获得各种与社会有关的知识、态度、情感、行为方式与思想观念、生活技能等的关键场域。

（二）社会化的主要理论

"无论是儿童、青少年还是成人，对于社会接纳与承认的重视和对于偏离社会和被社会抛弃的焦虑与恐惧，直接成了人们隶属和认同群体的心理动力"，[③]这也是群体身分认同形成的主要原因。

查尔斯·库利（Charles Horton Cooley）提出，人们的自我概念是通过镜像过程形成的，个体通过想象别人对自己外表及行为的感觉来理解自我，因此库利称这种自我为"镜中我"（looking-glass self）。乔治·赫伯特·米德（George Herbert Mead）发展了库利的思想，提出了"一般他人"的观点。[④]他认为，自我的发展包含主我与客我之间的一系列连续交流：主我是未经社会化的自我，客我则是社会化的产物。米德认为，客我

---

① 章志光：《社会心理学》，人民教育出版社1998年版，第73—74页。

② 理查德·格里格、菲利普·津巴多著，王垒、王甦等译：《心理学与生活》（第16版），人民邮电出版社2003年，第306页。

③ 章志光：《社会心理学》，人民教育出版社1998年版，第81页。

④ 戴维·波普诺著、李强等译：《社会学》（第十版）中国人民大学出版社1999年，第148—149页。

在社会化过程中经历了模仿、嬉戏与群体游戏三个阶段。儿童早期借用父母等“重要他人”的角色来看待自我与世界。随着年龄增长，人们借用“一般他人”的角色，发展出社会中他人对其要求和期望的观念，将社会的观点内化。

班杜拉（Albert Bandura）社会学习理论的贡献在于揭示人们的思想、情感和行为，不仅受到行为实践的影响，学习在社会化过程中也至关重要，个人仅仅通过对他人行为及其后果的观察，就可以学习到各种行为规则与行为方式。同时，不仅直接强化和替代强化对于人们的社会化具有定向作用，随着人们自我意识水平的不断提高和自我评价标准与系统的逐步形成，人们的自我强化也开始成为社会化经验中具有自我引导性质的重要机制。“自我强化机制的出现，使得人们开始对自己的社会学习经验进行自我调节，从而使他们一方面接受外在强化与替代性强化的影响而被社会化，另一方面又受到自我强化的影响而使社会化过程带有个性化色彩。”[①]

社会学习机制对于解释人们的社会化，特别是青少年的社会化有着重要价值。青少年由于自主生活领域的不断扩展，他们的观察学习经验也在他们的社会化过程中占有越来越重要的位置。青少年的很多行为、观念与行为方式不一定来自系统的教育途径，而是来自他们自己特定的观察与学习经验。

（三）亚社会认同机制

亚社会也称为次级社会，通常指相对于宏观意义上的大社会而存在的直接社会环境，有时也指对应于较大社会背景存在的较小社会背景。[②]人们的生活世界与社会环境是自己居住地在一定范围内构成文化同一体的各种层次、各种形式的亚社会。亚社会不能简单等同于大社会，它与大社会是特殊与一般的关系，除了包含大社会所具有的特点、要求、规范、价值倾向和强化手段外，还具有许多大社会所没有的要求、规范、价值倾向和强

---

① 章志光:《社会心理学》，人民教育出版社 1996 年版，第 86—87 页。

② 同上书，第 88 页。

化手段。作为人们现实的社会环境，亚社会是人们社会化的直接背景，外部社会对于人们的要求与期望、奖励与惩罚，都是以亚社会为出发点的，因此人们在社会化过程中需要认同的是作为自己直接生活世界的亚社会。他们首先必须接受亚社会的引导，必须完成对亚社会的良好适应，才能进入大的社会系统。

特定的族群就是这样一种亚社会。在个体的社会过程中，家庭和地缘网络是亚社会的主要构成，而学校教育则通常是训练学生适应大社会的文化系统。但有些情况下，二者可能不一致，这是族群身分认同与公民身分认同在人们特别是青少年社会化过程中产生张力的主要根源之一。

（四）群体社会化

1995年，美国心理学家哈里斯（J. R. Harris）提出了群体社会化理论，集中讨论群体与人格发展、群体文化传递等方面的内容，突出了同伴群体的社会化功能，认为同伴群体对青少年的影响甚至超越了家庭。

群体社会化理论认为，是一个人所在的同伴群体，而不是父母，影响了一个人在成年期的性格和行为。青少年与同伴相处的时间要远远多于与父母在一起的时间，因此同伴群体对人格的发展有着更强的相关性。当面对新的人生挑战时，青少年更愿意跟他们的同伴讨论，并采取和同伴一致的行为，当然有些时候也可能是迫于同伴压力。

哈里斯认为，存在五种基本的群体行为现象，不同的背景中儿童的行为表现不同：（1）群内偏好（in-group favoritism），群体内的成员对自己所在群体的喜爱程度高于对其他群体的喜爱程度，即使该群体是通过随机分组形成的也是如此；（2）群外敌对（out-group hostility），对其他群体的敌对态度和行为，有时伴随着群内偏好出现；（3）群间对比（between-group contrast），群体之间各不相同，并且群体内成员的行为还趋向于加剧这种差异；（4）群内同化（within-group assimilation），群体的共同活动往往要求成员遵循一定的准则、具有相似的行为；（5）群内分化（within-group differentiation），成员们可能居于不同的地位层级，因而所享有的声望和优势不同。[①]

功能主义的社会学理论认为，社会化是个人逐渐摆脱家庭而融入社会的过程，自发建构的同伴群体在这一过程中发挥着必不可少的重要推动作用。青春期是青少年开始融入同伴群体和更大社区的重要时期，社会化内容的多样性决定了群体社会化对青少年影响的广泛性和复杂性。青少年的性别社会化、家庭代际冲突、知识传递、社会互动技能、攻击性行为、刻板印象、社会偏见、政治信仰、自尊与情感健康、学业成就等诸多内容都可能受到群体社会化的影响。[②]学校是同伴群体形成的主要来源，青少年的身分认同自然会受到学校生活的影响。

少数群体成员的社会化过程与多数群体存在差异。按照族群社会化的定义，人们从童年起就在家庭中习得关于族群的行为、观念、价值观和态度。在族群社会化的多个分析维度中，与强化族群意识的文化社会化、偏见预期、不信任感推广相比，平等主义观念是促进青少年形成文化包容意识的关键。学校教育要强化学生已经在家庭中习得的平等主义观念，同时理解少数群体成员对身分认同、歧视和偏见更为敏感的文化特性，从而使所有学生在一个更广的范畴的意义上以文化宽容的心态面对社会生活。

二、身分认同

认同（identity）是一个丰富复杂的概念，哲学、心理学、政治学、社会学、人类学等不同学科对认同的定义也不尽相同。社会认同理论把认同定义为可以将个人与他人分辨开来的个人和社会特征，可分为个人认同和社会认同，相对应的则是个体的个人身分和社会身分。

传统的心理学家一般从个体内部寻找认同的原因及作用，主要代表人物有弗洛伊德、埃里克森。随着心理学的进一步发展和分化，社会心理学

---

① J. R. Harris (1995), "Where is the Child's Environment? A Group Socialization Theory of Development," *Psychological Review*, 102, 458—489. 转引自何芳:《同伴群体如何影响学习：群体社会化理论视角》,《外国中小学教育》2005 年第 12 期。

② 刘录护:《群体社会化对青少年的影响》,《青年探索杂志》2009 年第 1 期。

逐步兴起，并产生了两种取向：个体心理取向和群体心理取向。前者从个体内部找原因，以解释驱动个体寻求群体身分的心理学原因；后者是从群体入手，看在群体互动中，个体如何从群体中寻找构建自我的素材。在认同问题上，建树颇丰的社会心理学研究成果——社会认同理论采用的是群体取向的视角。

在存在的意义和作用层面上，对个体身分的认同和对群体身分的认同具有共性，通过了解认同对个体和群体的意义所在，能够帮助我们认识影响认同的方式与方法。

（一）从个体身分角度定义的认同

1. 弗洛伊德与防御性的认同

心理学中最早提出认同概念的是弗洛伊德，他将个体无意识地将某一客体的某些方面或属性同化的心理过程定义为认同作用，在心理学界常被译为自居作用，并将其与模仿相区分，模仿被认为是有意识的和自愿的。

西格蒙德·弗洛伊德（Sigmund Freud）是精神分析学派的奠基人。不同于库利和米德把自我解释为一种社会的产物，弗洛伊德则强调在社会化过程中的生理基础和情感的力量。弗洛伊德认为，人的人格分为三部分：本我（id）、自我（ego）和超我（superego）。自我代表我们所谓的理性和常识的东西，与被压抑的含有情欲的本我形成对照。自我和本我的关系就像骑手和马的关系。[①] 超我包括从社会习来的道德态度，也包括想让自己努力成为的样子。超我经常和本我出现矛盾。自我则基于现实，来调和与本我冲动和超我需求之间的冲突。

从认同的作用与功能上来说，弗洛伊德将认同视为人的自我防御机制，在个体应对重大内部冲突时扮演着极为重要的角色。例如，他认为儿童可以通过与父亲建立强烈的认同感，增加自我价值感，来减少因为担心敌意冲动被发现而产生的无意识的恐惧。[②] 弗洛伊德认为认同具有天生、自然

---

① 车文博主编：《弗洛伊德文集》第六卷《自我与本我》，长春出版社 2004 年版，第 126 页。

② 格里格、津巴多著，王垒、王苏等译：《心理学与生活》（第 16 版），人民邮电出版社 2003 年，第 396 页。

且被动的属性，是人格“防御体系”的一种。所谓“防御”即是为了获得安全感。从功能主义的视角来看，认同的功能之一是减少焦虑与威胁，获得安全感。因此，弗洛伊德所分析的认同，可被视为主体在处理与客体的关系过程中的产物，是客体的主观化，是个体针对外界环境的变化、不稳定的状态而被动产生的一种无意识的防御措施。通过建立与某事物的认同，可以把焦虑及恐惧感转化为积极的自我价值感。

2. 埃里克森与主动性的认同

艾瑞克·埃里克森（Erik Homburger Erikson）是弗洛伊德的女儿安娜·弗洛伊德的学生。由于他在童年尤其是青少年时期，饱受各种不一致的身分认同困扰，加上他丰富的人类学研究经验，埃里克森认为社会文化因素对人格形成发展具有重要作用，也强调“自我”的主动作用和对人类发展的重要性。他把自我的发展分为八个心理阶段，每个阶段都存在“认同危机”，一个稳定的自我认同源于对认同危机的解决。

如果说弗洛伊德的认同概念是主体指向外在客体的，是动词性的，那么埃里克森的认同概念则是指向主体自身的，是名词性的。用埃里克森的话说，是一种“同一感”。[①] 青少年经常考虑自己到底是怎样的一个人，他们从别人对他（她）的态度中，从自己的过去、现在、将来产生一种内在的连续感，认识到自己的现在与自己在未来社会的生活的关系，即心理社会同一感。埃里克森认为，这种同一感可以帮助青少年了解自己，了解自己与各种人、事、物的关系，以便顺利进入成年期，否则就会产生同一性的混乱，如怀疑自我认识和他人对自己的认识是否一致。

综合弗洛伊德和埃里克森的认识，我们可以看到认同对个体发展的心理意义：认同既可以是被动发生的，在应对他者时的一种反应；也可以是主动发生的，作为人对意义整合的一种内在需求。

自我认同感在整个生命周期中都很重要，在青少年时期，个人需要“知道他或她是什么人”，生活的任务就是引导“那个人”完满地度过人生

---

① 埃里克森著、孙名之译：《同一性与青少年危机》，浙江教育出版社 1998 年版，第 92 页。

的其余阶段。[①] 同样，作为群体认同，民族认同、国家认同承载着对过去的延续，可以为处在巨变下的个体提供心理上的慰藉，可以告诉人们，尽管很多曾经坚不可摧的东西烟消云散，但是不变的、稳定的民族归属或国家归属可以带给个体与过去的连续感，这种连续感可以成为当代社会一个人自尊感和真实感的源泉。[②] 认同除了为个体提供安全感、确定感、整体感，还可以作为群体行为动员的工具，对内可以起到提升凝聚力、合作行为、利他行为、个人满意度、组织绩效等直接或间接的影响作用，[③] 对外可以产生偏见、歧视甚至敌对行为。

（二）从群体身分角度定义的认同

继埃里克森之后，社会心理学领域产生了具有巨大影响力的群体取向的社会认同理论。传统的社会心理学强调的是群体中的个体，以人际互动为基础解释群体行为，忽略了群体如何赋予个体以认同。社会认同论则将关注点放在个体中的群体，个体归属于一个群体就会获得一种社会认同，或者一种共享的或集体的表征。与社会认同相关联的心理过程会生成明显的群体行为，例如，群体内部的团结、对群体规范的遵守，以及对外群的歧视。[④]

社会认同论（social identity theory）由泰弗尔（Henri Tajfel）首先提出，后来他的学生特纳（John Turner）在社会认同论的基础上提出了自我归类论（self-categorization theory）。其中，社会认同论着重研究对群际区别的解释，强调个体寻求自己所属群体与其他群体的区别，以获得正面的社会认同。自我归类论不局限于特定的群体行为，将社会认同提升到了对自我和他人的知觉中更高层次的抽象。[⑤]

---

① Erik H. Erikson, *Identity: Youth and Crisis*（Austen Riggs Monograph, No 7）, New York: W. W. Norton & Co., 1994.

② T. H. Eriksen, *Ethnicity and Nationalism*, 2nd ed., New York: Pluto press, 2002, p. 68.

③ J. E. Dutton, J. M. Dukerich C. V. Harquail, "Organizational images and member identification," *Administrative Science Quarterly*, 1994: 239—263.

④ 迈克尔·A. 豪格、多米尼克·阿布拉姆斯著，高明华译:《社会认同过程》，中国人民大学出版社 2011 年版，第 4 页。

⑤ 约翰·特纳等著、杨宜音等译:《自我归类论》，中国人民大学出版社 2011 年版，第 13—44 页。

之后，也有其他许多学者对社会认同研究作出了卓越贡献，如豪格（Hogg）将泰弗尔的社会认同论与特纳的自我归类论加以整合，通过对社会认同过程的系统性分析，把社会认同研究推向了一个新的台阶。[①]

1. 泰弗尔与社会认同论

社会认同论的创始人泰弗尔是犹太人，曾在纳粹的种族清洗中得以幸存。这段经历使得他严重质疑当时心理学界对偏见产生原因的主流解释，即极端偏见是极端人格（如独裁主义人格）所导致的。泰弗尔亲眼所见数量庞大，而不是仅限具有某种特定人格的德国人支持纳粹，并对犹太人抱有极端认识。因此，他极力探索偏见的产生原因，以求发现这些原因是否扎根于一种普遍的思维过程，而不是源于什么极端的人格特质。

泰弗尔认为，对社会认同的追求是群体间冲突和歧视的根源所在，即属于某群体的意识会强烈的影响着我们的知觉、态度和行为。社会认同论认为，人有一种内生的需要，将自己归类到多组中的一组，将他们的部分身分构建在群体身分之上，并和其他群体构成边界。泰弗尔将社会认同定义为："个体知晓他 / 她归属于特定的社会群体，而且他 / 她所获得的群体资格会赋予其某种情感和价值意义。"[②] 群体既能为我们提供定义（群体告诉我们"我们是谁"），又能提供自尊（群体让我们感觉良好）。

社会认同论的总体假设是，社会是由社会范畴（social categories）组成，社会范畴在权力和地位关系上彼此相关。社会范畴包括了人类对国家、种族、阶级、职业、性别、宗教等维度的划分。社会范畴的本质和范畴之间的关系让一个社会拥有独特的社会结构，这种社会结构先于个体而存在。社会结构并非一成不变，会随着社会范畴的变化而变化。[③]

2. 特纳与自我分类论

自我分类论（self-categorization theory）作为社会认同理论的认知基

---

① 谢熠、罗玮：《社会认同研究理论成果与最新特点》，《社会心理科学》2015 年第 2 期。

② 迈克尔 · A. 豪格、多米尼克 · 阿布拉姆斯著，高明华译：《社会认同过程》，中国人民大学出版社 2011 年版，第 7 页。

③ 同上书，第 18—19 页。

础，主要讨论社会认同的三种机制——社会分类、社会比较和积极区分原则——中的前两者，即人们如何分类、如何比较。自我分类论认为自我是认知的产物而非认知的源泉。

首先，自我可以在各种不同抽象级别——主要有两个级别：个体身分和社会身分——进行分类。个体身分（个体性自我）强调了将独特个体与其他人区别开来（“我”对应“非我”），而社会身分（集体性自我）强调了他和同一社会群体的相同之处，以及他和其他社会群体的不同之处（“我们”对应“他们”）。[①]

前者发生在当某人与其他群体内成员做个体间比较的时候，而后者发生在某人将本群体与另一个群体进行比较的时候。这种个体、群体身分间的转换表明了自我的概念并非一成不变。人可以把自己归类为单数的“我”（个体认同），或者一个更加包容的“我们”（群体认同）。当归类为“我们”的时候，自我被认知为同类别中与他者是同质且可以互换的。

认同是在个体社会化过程中产生的，是个体“人格”的一部分，能够对个体社会化产生影响的所有因素都可能影响认同——包括家庭、学校、同龄群体、大众传媒、个体参与过的各种社会组织，甚至某种形式的心理暗示。在所有影响因素中，学校教育在个体发展中起着主导作用，对个体的社会化过程也有着持续的影响。

第二节　学校教育与族群认同

族群代表的是人的文化归属和群体认同，这种归属感和认同直接为族群带来了凝聚力。族群认同（Ethnic Identity）的主要特征是群体性的共同的心理感受，能把本群体和其他群体区分开来。族群之间的差异需要来自比较，族群认同只有在族群成员和外部社会发生关系时才出现。

---

① John Turner, Penny Oakes,（1986）, “The significance of the social identity concept for social psychology with reference to individualism, interactionism and social influence,” *British Journal of Social Psychology* 25（3）: 237—252.

一、种族、民族与族群的区分

在讨论民族问题的时候，常常会涉及种族、民族与族群等概念，对于如何应用这些词汇，在学术界有各种不同的观点，并未达成共识。[①]

（一）种族

一般来说，具有鲜明的共同体质特征的群体被称为“种族”（race），如肤色、头发和眼睛的颜色等，其概念与生物性有着密切的联系。今天，虽然大多数人类学家都倾向于把种族也看成是一个文化概念而不是一个生物概念，但在普通人的认识中，种族仍然是生物性特征显著的概念，这种看法也还在深深影响种族概念的学术应用，因为哪怕只是一些细微的但明确的群体间生理差异，已经足够支持种族概念的社会意义了。

（二）民族

英语“nationality”所指称的“民族”是“一群人觉得他们自己是一个被历史、文化和共同祖先所连结起来的共同体。民族有‘客观’的特质，这些特质可能包括地域、语言、宗教或共同祖先，也包括‘主观’的特质，特别是人们对其民族（nationality）的认知和感情”。[②] 而英语“nation”所指称的“民族”则往往同时包含着人口及其传统居住地的人类共同体，如果再加上“政府”，就成了“国家”（state）。

英语中许多关于族裔共同体的概念，在汉语中对应的词语都是“民族”。反过来说，汉语的“民族”混杂了英语里 nation，nationality，ethnic group，ethnicity 等诸多单词的含义，但这些词中的任何一个，却都无法准确表达“民族”在汉语中的意义。

在我国，由于受到苏联民族理论的影响，“民族”这个术语一直与英文中的“nationality”相对应，但自 1980 年代中期以后，随着港台学者的著作被引入大陆，“族群”（ethnic group）的概念作为术语开始被学术界所认识。我国过去习惯用于少数民族的“民族”一词也越来越多地被翻译成 ethnic

---

① 关凯:《族群政治》，中央民族大学出版社 2007 年版，第 12—18 页。

② James G. Kellas, *The Politics of Nationalism and Ethnicity*. New York: St. Martin's Press, 1991.

group。但在民族研究术语中是否应该引进"族群"(ethnic group)这个概念，国内学界长期存在着争论，尚未达成共识。

(三) 族群

"族群"(ethnic group/ethnicity)是人们在交往互动和参照对比过程中自认为和被认为具有共同的起源或世系，从而具有某些共同文化特征的人群范畴。[①] 族群一般具有鲜明的社会和文化特点，这个概念的范畴比"民族"要小一些，与"种族"相比，已经不再明确强调体质特征，而是更多地着眼于心理认同的一致性；与"民族"相比，"族群"的含义要宽泛得多，但二者在概念内涵上的分野并不是泾渭分明、非此即彼的关系。

对比种族、民族和族群这三个概念，一个最简约的方式是观察构成这些概念的核心要素，一般来说，"种族"的定义虽然也包括文化上的考量，但更多地是基于不同人种的独特生理特征，或者说是基因。"民族"这个概念更多地与"国家"联系在一起，即"民族—国家"(nation-state)的观念，与政治的联系密切。而"族群"这个概念，则是关注群体的文化特征和心理认同，是以文化为基础的。因此，我们可以发现这样一组对照：

种族 → 基因　　民族 → 政治　　族群 → 文化

在从"种族"到"族群"的概念演变历程中，变化的不仅是词语和概念本身，也包含概念背后意识规范的演变，它反映出现代社会对"民族"这种共同体单位所采取的一种基本看法：民族作为一种社会分类的概念，已经越来越脱离某种本质论的看法，而更多地被视为一种主观的社会与文化建构。

二、族群认同理论

族群是建立在认同基础上的共同体。族群得以维系的最重要的条件就是族群意识的存在，族群意识的核心又表现为族群认同。人类学族群认同理论的发展经历了原生论到工具论的转变。

(一) 原生论

原生论把族群解释成是一种绝对的客观事实。在原生论的视野中，族

① 潘蛟：《勃罗姆列伊的民族分类及其关联的问题》，《民族研究》1995年第4期。

群是从历史的根基上发展起来并经由生物性遗传得来的，或者说是人类早期历史留给今天的血缘遗产，是与生俱来的，因而是原生的。人从一出生就被赋予了特定的生物特征和某种非常感性化的族群特质，这种特质决定了人在心理上的归属感。

斯大林著名的民族定义就是原生论的代表。斯大林提出："民族是人们在历史上形成的一个有共同语言、共同地域、共同经济生活以及表现于共同文化上的共同心理素质的稳定的共同体。"[①] 此定义中，需要同时符合四条标准才算是一个民族。

原生论始终强调族群身分认同的天生的基础，如历史和生物性特点，以及由于这种特点而带来的身分认同的自发性和天然性。在原生论者看来，族群身分是一种自然现象，人类个体从出生的时候起就自然而然地加入了所属族群的血缘关系网络，与其他个体分享共同的文化、语言和宗教特性。另外，除了这些客观因素之外，原生论同样强调主观上的自我以及他者认同，认为族群身分是一个建立在客观标准之上的主观意识，强烈而独特的族群身分认同以及族群成员对这种认同的内化，也反映出他们对自身的社会经济处境等社会环境因素的认知。

原生论强调从客观属性出发定义族群，因而必须假设一个族群必有一些清晰地区别于其他族群的显著特征，所以原生论难以解释那些生物性特质或文化边界并不清晰的族群为何存在。

（二）建构论

建构论的先驱是马克斯·韦伯，他注意到族群"在主观上相信他们是某一祖先的共同后裔；这种相信对于群体形成之宣传必然颇为重要。至于是否在事实上存在血缘关系并不重要"。[②]

建构论认为族群的本质是主观意识，而不是任何客观上共享的特性，不论这些特性是生物性的还是文化的，因而断然否认族群身分是通过生物

---

① 《斯大林全集》第2卷，人民出版社1953年版，第294页。

② 马克斯·韦伯著、李强译：《经济、诸社会领域及权力》，生活·读书·新知三联书店1998年版，第111页。

性路径被自然赋予的，而主张族群身分是一种社会建构，即是人类行为和选择的结果。

建构论包含了两种理论模式：反应性族群理论（the reactive ethnicity approach）和族群竞争理论（the ethnic competition approach）。

反应性族群理论即赫克特（Michael Hechter）所说的“内部殖民主义”，[①] 不断增强的族群团结，是针对社会等级文化（hierarchical culture）的一种刺激反应。由于社会分工对劳动力群体做出了社会分层，当个体的社会经济处境和前景可能由他（她）的族群归属来决定的时候，族群身分就具有了社会—政治含义，在社会分层上的相似境遇会刺激族群团结行为的出现。

族群竞争理论则认为，追逐个体或小集团利益的族群精英为争夺资源所进行的努力是族群冲突的内在驱动力。这种理论秉承精英主义的理论传统，认为社会大众是被极少数精英控制和支配的。当现代化刺激了族际竞争的不断增强，新的社会精英为自己的社会地位上升产生了强烈的社会动员欲望，而公众的社会预期也被显著提高，因而预期和现实之间的差距变得更为显著，社会不满随之加剧。在这样一个充满竞争的环境里，能够激发族群民族主义的因素不仅是族群竞争的动机，还有族群精英通过代表族群利益而获得回报的现实可行性。经济和社会的发展往往使具有适应新环境的能力的新一代族群精英掌握更多的经济和社会资源来增加自己的政治竞争力，从而改变族群内部权力的分配。新的权势阶层在族群内部的成长无疑预示了族群民族主义的抬头。

安德森将民族和民族主义都视为一种“特殊的文化的人造物”，因而民族不过是“一种想象的政治共同体”。[②] 霍布斯鲍姆认为，“‘民族’乃是通过民族主义想象得来的产物。”“不是民族创造了国家和民族主义，而是国

① Michael Hechter, *Internal Colonialism: The Celtic Fringe in British National Development, 1536—1966*. Berkeley: University of California Press. 1975.

② 本尼迪克特·安德森著、吴叡人译:《想象的共同体：民族主义的起源与散布》（增订版），上海人民出版社 2005 年版，第 6 页。

家和民族主义创造了民族。"[①] 盖尔纳（Ernest Gellner）也断言："是民族主义造就了民族本身，而不是相反。"[②]

建构论强调族群作为一种"社会建构物"的主观特质，特别是个体的主观认同之于群体归属的决定性作用，故而建构论难以回答的问题是：若无某种先天因素，一个族群的个体成员最初是如何形成对群体归属的自我认知的？

（三）族群边界与工具论

工具论是从社会行动的角度来界定族群的。顾名思义，工具论将族群视为一种社会工具，以服务于社会竞争。与建构论一样，工具论也强调族群认同的主观性特征，认为通过观察人们自觉表达族群归属的各种确定的、可观察的行为模式，可以理解族群符号实际具有的社会功能，以及人群运用象征性符号区分自我与他者的动机与意义所在。

在以巴特（Fredrik Barth）为代表的族群边界论者看来，不同族群之间存在的文化差异，其社会意义只有在族群之间发生社会互动时才显现出来。换句话说，族群之间的差异需要来自比较，如果失去了"他者"的对照，"自我"也就失去意义了。族群间的社会互动模式既可以是个体情境化的主观选择，也可以是将个体纳入和排除于自身集团的群体行为选择，由此从个体的能动性与群体结构两个方面表现出群体的内部凝聚力及其与外部的边界。[③]

1969 年，巴特在其所编的名著《族群与边界》中提出了族群边界理论，认为族群是一个由社会互动所决定的一种社会边界。族群特征、族群意识与文化认同都产生于人与人之间的社会互动关系，而并非由一个群体单独决定；而族群间的边界关系，就包括族群之间的接触范围和资源竞争。根据他的观点，族群边界的社会构建是一个不断变化而非确定的过程，个体的

---

① 埃里克·霍布斯鲍姆著、李金梅译：《民族与民族主义》，上海人民出版社 2000 年版，第 8—9 页。

② 厄内斯特·盖尔纳著、韩红译：《民族与民族主义》，中央编译出版社 2002 年版，第 73 页。

③ 关凯：《社会竞争与族群建构：反思西方资源竞争理论》，《民族研究》2012 年第 5 期。

身分认同应该被视为一种社会状况和处境，并且在一定的程度上表现为一种主观意志力。[①] 按照巴特的解释，族群作为一种社会分类，从“基本的、最一般的身分认同”区分出社会个体，“并假设这是由一个人的出身和背景所决定的”。[②] 族群是自我识别和归属的结果。“自我识别”回答的问题是“我是谁”，而“归属”回答的问题是“我应该是谁”。由此可见，族群包括了个人主观选择的因素，但这种选择受到社会规范和各种社会条件的制约，并非随意的选择。

从巴特的族群边界论出发，个人选择与社会确认是族群建构的两个决定性因素。对于后者来说，社会确认往往基于某些客观的社会事实，如历史上形成的族群的种族来源、宗教、语言等，但这些客观的条件未必必然生产出同质化的族群认同，它同样依赖于群体成员作为个体的自我意识和归属认同。而这种意识与归属感可能是动态的，不仅在历时性的历史过程中发生变化，也可能在共时性的社会空间里成为一种情境化的选择。

族群边界理论实质上就是工具论，强调族群认同只有在族群成员和外部群体发生关系时才出现，其意义在于服务于以族群为单位展开的资源竞争。因此，族群符号是社会竞争的工具之一，在一定的社会条件下，人们会以族群为单位组织起来在社会系统内争夺各种资源，从而建构起来族群之间的社会边界。社会竞争的需要及个体与群体的应对策略，是族群构建的根本动力。

三、学校教育中的族群认同与族际互动

（一）自我认同和外部认同

对于个体来说，族群身分认同有两个来源，一方面为内在的自我认同

---

① Fredrik Barth, “Introduction”, in Fredrik Barth ed., *Ethnic Groups and Boundaries*. London: George Allen & Unwin, 1969. 参见费雷德里克·巴斯主编、李丽琴译:《族群与边界》，商务印书馆2014年版。

② Fredrik Barth, “Introduction”, in Fredrik Barth ed., *Ethnic Groups and Boundaries*. London: George Allen & Unwin, 1969: 13.

意识，无论是原生的还是工具主义的，产生于血缘、家庭、语言、价值观以及社区环境和集体行为的影响之中；另一方面为外部认同，来源于外群体成员对族群成员社会差异的感知，这种差异主要是在文化上，包括语言、习俗、观念与价值倾向、生活方式等方面。

无论是自我认同还是外部认同，族群认同的主要特征是群体性的共同心理感受，这种感受（或者称之为感情）能够把本群体和其他群体区分开来。一般来说，族群在文化上与外部群体的区别，来自族群成员带有自身独特性的社会化过程。

如果去观察某一个族群的儿童的社会化过程，我们就会发现，一般来说，一个特定族群家庭中的儿童，即使生活在与其他族群杂居的社区里，仍然会因家庭的影响，从小就会区分自己族群的成员与其他族群的成员。尽管这些儿童和社区里其他族群的同龄人使用同样的语言，有相当接近的生活方式，甚至在同一所学校里接受教育，他们仍然会对自己族群的成员产生强烈的认同。

很多研究者关注学生在学校教育中如何构建族群认同。Horenczyk 和 Ben Shalom 研究了以色列的苏联移民学生，发现他们的多元文化认同已经对他们适应以色列社会产生了积极的影响。以色列没有实施多元文化教育，学校仍以传统的同化意识形态来整合移民学生。Ikeda 依据长期收集的民族志资料研究了日本少数民族部落学生的文化认同发展，他指出，部落学生在学校、青年中心和社区中的交往和情景交流，构建了他们自己的认同。少数民族学生的主观性在塑造认同时起了重要作用。[①] 这两项研究都强调少数民族学生在建构族群认同时的主观性，而不完全是被动地接受。

Postiglione（1999）指出，国家教育对族群意识的形成具有重要影响，甚至可以再造族群。他认为，“学校教育对族群认同的影响主要取决于学校中教什么、怎样教以及如何评估”。因此，他建议少数族群地区汉族学生占

---

① N. Ken Shimahara、Ivan Z. Holowinsky、Saundra Tomlinson Clarke 主编，滕星等译：《全球视野：教育领域中的族群性、种族和民族性》，民族出版社 2010 年版。

多数的学校以及少数族群学校都应该正确地展现文化的多样性，以增进不同族群的理解，增强中华民族结构下的族群认同感。[①] 国家教育政策也直接影响了族群身分的改造。Barry Sautma 指出，由于中国实施少数民族学生入学优惠政策，导致了认同感的错位。1982—1990 年间，最初被划定为汉族的 1400 万人更改为少数民族。[②] 学校教育中对少数民族文化的宣传，以及对少数民族学生的教育优惠政策，促进了少数民族学生形成族群的外部认同。

（二）族际互动：包容或排斥

在一个社会内部，属于不同族群的社会成员之间的关系有两种对立的关系模式——包容或排斥。

如果说两个“势均力敌”的族群共处一个社会或社区里的时候容易达成妥协或维持一种低强度的持续紧张关系，那么如果有一方占据明显优势，就可能发生族群排斥，这种排斥通常是优势群体排斥弱势群体，是针对弱势群体的不公正待遇。排斥是种族主义的天性。种族主义的实践历史充满了残酷与血腥，种族清洗、种族灭绝、种族强制迁徙以及种族隔离，这一切都在人类社会里深深播种下了仇恨和冲突的种子。

种族或族群排斥行为在当代社会中已经丧失了合法性基础，公开的族群排斥行为在世界上绝大多数国家都至少是一种道德过错，甚至可能触犯法律。但是，即便如此，由于族群排斥行为是增强族群文化优越感和内部凝聚力的有效手段，各种各样的显性或隐性的族群排斥行为在很多社会中都时常可以见到。

与族群排斥模式相对立的是族群包容模式，从同化主义到多元文化主义的理论与实践都反映出族群包容的内涵与价值取向。

在多族群共处的学校，不同族群的教师和学生的互动、学生与学生之间的互动，既可能存在族群间的排斥，也会呈现族群间的包容。

---

① Gerard A. Postiglione 主编、滕星等译：《文化·教育与发展——全球视野下的中国少数民族教育》，中央民族大学出版社 2011 年版，第 16—17 页。

② 同上书，第 169 页。

Valk 使用量表调查了爱沙尼亚共和国的爱沙尼亚族和俄罗斯族混合中学学生的族群认同感，侧重于族群认同与自尊、尊重他人、族群内部成员态度以及其他族群态度的关系。研究发现，对本族群持积极态度（族群自豪感）的学生会对其他族群有着积极的态度，但这是对少数民族学生而言，而不是大民族。具有强烈族群区别情感的学生会对其他族群持消极的态度。这样的现象在少数民族与大民族中都存在。[①]

按照班克斯的观点，多元文化教育应使学生获得与不同群体有效沟通的知识、态度和技能，从而在多元民主的社会发挥作用，以创建有利于公众利益的民主道德的社会。这正是学校开展多元文化教育的意义。

（三）同化与融合

芝加哥学派的领军人物罗伯特·帕克（Robert E. Park）在 1920 年代研究美国的移民社区时，把族群之间互动的过程划分为四个阶段，即种族关系圈（race relation circle）：接触、冲突、适应、同化（图 17–1）。[②]

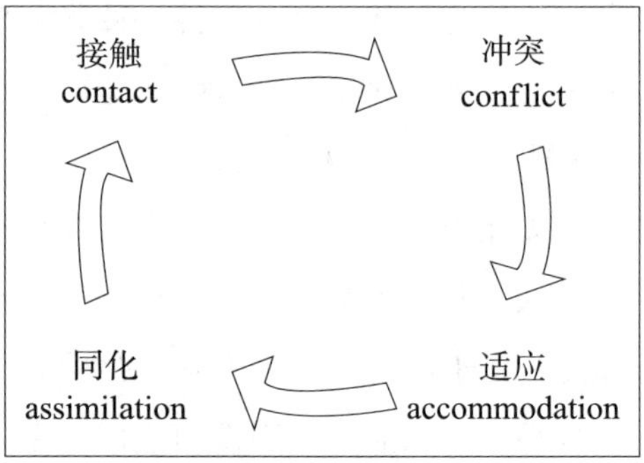

图 17–1 帕克种族关系圈

当新移民从自己的出生国家移民到美国，便开始接触到本地居民，由于文化的不同，他们之间会发生冲突，并在冲突的解决过程中渐渐适应彼此，进而被同化进主流文化之中。

西方在定义"同化"概念的时候，强调的就是不同文化在相互碰撞中

---

① 朱志勇：《学校教育情境中族群认同感建构的社会学分析（上）：文献综述及研究方法》，《西北民族研究》2007 年第 2 期。

② R. E. Park, *Race and culture*. Illinois: The Free Press, 1950.

产生的调整或适应的过程。“民族熔炉”就是对这个过程的一种很形象的描述。

帕克关于“同化”的定义是:“民族背景和文化传统不同的民族，占据共同的地域，获得一种文化一致性，这种文化一致性至少足以维持一个国家的存在。”在文化一致性比较高的社会或社区，族群就会在一定程度上成为一个界线模糊的集团，个人与群体之间保持着一定距离，族群认同时常被国家认同或社区认同所替代，族群身分的重要性因而大为降低。这是基于美国社会特征得出的结论。

当少数族群由于各种原因渐渐失去了它所特有的文化特征而接受了社会主流群体的文化时，同化就发生了。美国社会学家戈登（M. Gorden）认为:“同化是一个相互渗透和融合的过程。在这一过程中，个人和群体获得了其他个体或群体的记忆、情感以及态度，并通过分享他们的经历与历史而与他们整合进入到一种共同的文化生活中。”“完全同化，意味着人群中已不再有基于种族或民族观念而相互隔离的社会结构。”①

在通常情况下，不同族群在长期的交往过程中发生的相互同化是一个自然发生的过程，在汉语的语境中更倾向于称之为民族融合。实际上，族群多元化社会中始终都存在着族群自然融合的过程，特别是随着人类社会普遍进入工业化甚至后工业化社会，教育的普及、交通和通讯技术的发展、社会流动的增强、个人主义和理性主义观念占据意识形态主导地位等，这些要素都在促进着族群同化。

然而，尽管族群间的自然同化过程时刻都在发生，但任何强制性的族群同化政策都可能严重缺乏政治合法性。世界文化与发展委员会指出:“文化多元化是人类社会的基本特征，而且无处不在，无时不在。族群认同是对抗全球化压力的一个正常的、健康有益的反应。只有当种族分界被操纵和利用时，它才会成为暴力冲突的一个导火索。我们有很多达到种族和平共存的办法，比如用宪法确定种族多样性，支持不同的种族采取不同的选

① 马戎编:《西方民族社会学的理论与方法》，天津人民出版社1997年版，第94页。

举方式，制定平权法案以及其他经济和文化方面的措施。试图通过种族同化来达到‘建设国家’的目的是行不通的，也是不可能的。一个种族凌驾于其他种族之上也不利于社会长期稳定。培养民族多样性的最好的办法，是在公民社会的基础上建设国家，把国家的概念深深植根于共同的价值观念之中。只有把国家的概念与种族排斥区别开来，才能在社会之中形成团结一致的氛围。”[①]

戈登认为，美国的族群研究经历了强调“东道国”主导文化的盎格鲁一致性理论和强调美国文化为主导文化的熔炉理论。[②]作为一个移民国家，19世纪至20世纪中期，随着移民数量的增加和熔炉理念逐渐深入人心，美国对少数民族的教育政策是明显地同化，英语成为学校中的法定语言，曾经为移民开设的双语教育逐渐消失。单语教学加速了美国社会对少数族裔的同化。

直到1960年代，在黑人争取公民权运动的鼓舞下，各个语言集团开始反抗美国社会的同化，打破了“熔炉”的宁静。美国各族裔团体争取平等，反对歧视，要求尊重和保护他们的语言，最终促成1968年美国《双语教育法》的颁布，开始在学校中实行多语言并存主义。[③]

（四）多元文化主义与多元文化教育

同化主义强调将少数人的族群文化整合进多数人的主流文化，这是文化上的一元论；而多元文化主义则鼓励少数族群保持自己的文化，并与主流文化共存从而形成文化上的多元。

与个体秉持的某种程度的多元化价值取向不同（如一个人可能同时是全球主义者和民族主义者），文化多样性所描述的现实主要指向群体。人类不同族群享有的不同的价值观和行为取向，构成了这种多样性。多元文化

---

① 联合国教科文组织、世界文化与发展委员会，张玉国译：《文化多样性与人类全面发展——世界文化与发展委员会报告》，广东人民出版社2006年版，第3页。

② 戈登著、马戎译：《美国生活中的同化：种族、宗教和族源的角色》，译林出版社2015年版。

③ 哈经雄、滕星主编：《民族教育学通论》，教育科学出版社2001年版，第183—184页。

主义针对文化多样的社会事实，表达出一种文化宽容的价值观念和立场：所有的人类都有创造文化的能力，各文化群体在公共领域中都有保持自己文化特性的权利，这种权利需要得到尊重和承认。因此，在全球社会的政治和社会话语中，所有的人类个体与群体都有平等的权利和尊严，异质的文化需要得到承认，唯此人类才能和谐共处于同一个世界。

多元文化主义的价值基础是自由主义的社会公正。多元文化主义认为，少数群体有权提出基于自身文化特性的各种社会要求，这种要求本身是正义的。多元文化主义者呼吁为少数群体提供社会正义，因为首先在许多方面，主流制度并非无视人们的族群文化身分，而是有意无意地在照顾多数群体的利益；第二，自由主义的正义理论通常忽略了某些特殊利益——如表现在承认、身分、语言和文化等方面的利益。

文化是一种群体性的选择，人类群体天生具有寻求符合自身价值和审美的生活方式的能力和权利。在多元文化主义看来，文化的优劣之分是文化霸权的表现，没有人天生是“劣等”文化的继承者。人类社会的历史和现实经验表明，经济上富裕的、政治上居于强势的族群往往对其他相对贫困的、居于弱势的族群保持着一种文化上的优越感，这种优越感往往低估了其他类型文化的价值，并以一种炫耀和居高临下的态度刺激着异文化群体。另外，文化上的不公正不是孤立的，文化公正与政治和经济上的社会公正是不可分的。文化上的不公正不仅是经济和政治不公正的一种表现形式，也会进一步加深经济和政治上的不公正。

当然，也正如一些西方学者所指出的那样，多元文化主义在本质上是一种以“公民结合”（civic incorporation）的方式出现的同化。[①] 它并不标志着同化主义实践的黄昏，相反，它标志着同化路径的改变。

多元文化教育作为多元文化主义在教育领域的体现，一个重要目的就是帮助个体通过了解他者的文化来更好地了解自身。了解他者的文化可以

---

① Peter Kivisto, *Multiculturalism in a global society*. Oxford, UK: Blackwell Publishing Company, 2002.

增进人们之间的尊重，减少学校中族群之间由于体貌和文化差异所造成的偏见与冲突。

如今，多元文化教育已经从早期欧美国家的一种教育思潮逐渐成为世界各国广泛运用的教育实践，对学校教育的管理模式、培养目标、教学理念、师生关系等产生了深远的影响。

第三节　学校教育与地域认同

个体对于出生、成长的地域会产生最早的地域观念——我是哪里人？我们在家庭和社区环境中都会对地域文化有所了解，而学校教育中系统传递的地域文化会强化个体或群体的地域认同。

一、地域共同体与地域认同

滕尼斯提出了“共同体”与“社会”的区别。他认为，共同体的类型主要是建立在自然的基础之上的群体（家庭、宗族）里实现的，此外，它也可能是在小的、历史形成的联合体（村庄、城市）以及在思想的联合体（友谊、师徒关系等）里实现。在血缘共同体的基础上形成地缘共同体和精神共同体。地缘共同体直接表现为居住在一起，共同生活劳作，相互熟悉，最典型的地缘共同体是邻里。“邻里是在村庄里共同生活的普遍的特性。在那里，居所相近，村庄里共同的田野或者仅仅有农田划分你我之边界，引起人们无数的接触，相互习惯，互相十分熟悉；也使得必须有共同的劳动、秩序和行政管理；土地和水的各种神和圣灵会带来福祉，消灾驱邪，祈求恩惠。”[①]

历史地理学家安介生认为，地域共同体指生活在相同或相邻的地域上的、拥有共同的物质利益（或拥有共同的文化遗产，或拥有共同的社会生活方式以及管理机构）的、具有一定数量的人群及其外在组织形式。相同

① 斐迪南·滕尼斯著、林荣远译：《共同体与社会：纯粹社会学的基本概念》，商务印书馆 1999 年版，第 66 页。

及相邻的地域是地域共同体产生的先决或必要条件之一。[①]

地域认同在地理学中经常表述为对某个地方的感觉和归属。Paasi 认为，地域认同在某种程度上是对地域成为制度化过程的一种解释，是各种领域边界、象征和制度形成的过程，同时这一过程引起并受到谈论、习惯、仪式的限制，从而形成边界、象征和制度习惯。[②]

综合已有历史学和地理学的分析，我们可以将地域认同界定为生活在相同或相邻地域上的个体或群体对共同地域的归属感。地域认同回答了“我是哪里人”的问题，因此地域认同对人们有重要意义。

地域是相对于国家而言的概念，地域认同和国家认同存在相互的关联。“地域空间相对于国家而言是次级共同体范围，地域主义的表现主体是地方集团和地方社会成员，持有的是表达地方利益、凸显地方特殊性的政治文化取向，因此它相对于国家认同而言是地域性认同，属于地域性的政治亚文化。”[③]

在乡土中国的基层社会中，没有现代的国家观念，人们的生存结构呈现明显的地域性，即人们“活动范围有地域上的限制。在区域间接触少，生活隔离，各自保持着孤立的社会圈子”。[④]地域认同的发展是由乡土社会上升到现代国家的一个中介，也是现代化进程中建构国家认同的一个路径选择。地域认同可能成为国家认同的基础。

地域文化对于传统乡土社会的延续具有重要意义。近代以来，出于振兴国家的愿望，清末民初新式学堂的推动者将乡土的自然文化引入学校课程中，通过编写乡土志融合国家知识与乡土经验，培养学生从爱家乡到爱国家的观念。

---

① 安介生：《略论先秦至北宋秦晋地域共同体的形成及其“铰合”机制术》，《人文杂志》2010年第1期。

② A. Paasi, “Bounded Spaces in the Mobile World : Deconstructing “Regional Identity” , *Royal Dutch Geographical Society*, 2001, 2: 137—148. 转引自雷开春：《城市新移民的社会认同研究》，上海大学2008年博士学位论文，第63页。

③ 杨研：《地域主义与国家认同：民国初期省籍意识的政治文化分析》，天津人民出版社2007年版，第41页。

④ 费孝通：《乡土中国》，生活·读书·新知三联书店1985年版，第21页。

二、学校教育中的地域认同强化

学校教育以培养国家公民为目标，同时也通过课程和教材传递、发展地域文化，地域文化的学习有助于学生建立起个人生活世界与外部世界的联系，有助于学生建立积极的地域认同和文化自觉。

（一）乡土教育与乡土教材中的地域观念

乡土的范围对个体而言是变化的。从出生、生长的地方到国家，都可能成为个体发生强烈情感联系的乡土。乡土是本村、本乡、本地，是人们生长、居住或是与个人发生强烈情感与强烈认同之地。夏黎明搜集了43个有关“乡土”的定义，进行语意分析，他认为，乡土观念强调根性与先天性，人与乡土的关系建立在对“家”的感情基础上，本质上是“属人主义”取向；强调居住地的现实性，人与乡土的关系建立在个人的生活实践基础上，本质上是“属地主义”取向。[①]

乡土教育是和乡土社会的教育传统相关的一个概念。民国二十四年（1935），王镶在《乡土教育研究》中就指出：“乡土教育是认识乡土的自然和文化的教育；乡土教育是充实国民生活的教育；乡土教育是实际生活的教育；乡土教育是养成爱乡观念，发展爱国爱华思想的教育；乡土教育是全民所需要的教育。”可以看出，民国时期学者对乡土教育寄予了国家振兴的希望。

学界关于“乡土教育”的定义还不尽一致。较多的观点将乡土教育限定在学校范围内的教育活动，认为乡土教育是运用乡土教材，培养学生爱乡爱土的认识、态度与行为的教育。[②]也有少数观点突破学校层面的教育活动，认为应有乡土层面的教育和学校层面的教育。夏黎明认为乡土教育的意涵有两方面：“从乡土的乡土教育观来看，其目的在于使地方上的每一个人适应参与乡土生活，培养出对地方的情感，并改善和维护地方的生活环境，最后达到以作为当地一分子为光荣、为骄傲的地域认同与归属感。遵

---

① 夏黎明：《乡土定义分析》，《台东师院学报》1998年创刊号，第283—299页。

② 李素梅：《中国乡土教材的百年嬗变及其文化功能考察》，中央民族大学2008年博士学位论文。

从教育立场的乡土教育，一则将某些乡土现象作为教育资源，有利于教学活动的实施；二则就培养具有世界观的现代公民而言，乡土教育在于使人领悟到乡土与世界是不可分割的连续体，不同地方的居民，至少应互相尊重和欣赏彼此的乡土，以免产生褊狭的地域主义。”①

乡土教育在学校中最重要的载体就是乡土教材。近代以来我国的乡土教育运动也伴随着乡土教材的编撰。清末新政时，学部于光绪二十九年（1903）颁发《奏定初等小学堂章程》，规定初等小学堂的历史课“尤当先讲乡土历史，采本境内乡贤名宦流寓诸名人之事迹，令人敬仰叹慕，增长志气者为之解说，以动其希贤慕善之心”。地理课“尤当先讲乡土有关系之地理，以养成其爱乡土之心”。格致课“要义在使知动物植物矿物等类之大略形象质性，并各物与人之关系，以备有益日用生计之用。惟幼龄儿童，宜由近而远，当先以乡土格致”。②历史、地理、格致三科均要求以乡土知识编课讲授。1905年，学部尚书张百熙奏请天下郡县编纂乡土志，用作中小学乡土教材。同年，颁发《乡土志例目》，要求各府、厅、州、县地方官，择博学能文者按例编纂，一年内成书，交给各小学堂教授。大致以此为开端，晚清乡土志的修纂工作逐步展开。③清末民初，众多爱国知识分子投身乡村教育、编撰乡土志，意在以教育救亡图存，从小培养学生爱家乡爱国家的观念。由此可看出，学校教育对地域认同的强化，最早就是与建构国家认同联系在一起的。

民国时期的国民教育，各科均使用教育部审定的教材。1929年8月，教育部公布的小学课程暂行标准将乡土教材包含于各科作业要项和教学要点里。1932年10月，正式课程标准颁布，在公训、卫生、体育、社会、自然、算术、劳作、美术、音乐等各科教学中均有乡土内容的具体规定。④抗

---

① 夏黎明：《乡土的结构、内容与教育意涵》，载黄政杰、李隆盛主编：《乡土教育》，汉文书店1995年版，第6—9页。

② 舒新城编：《中国近代教育史资料》（中册），人民教育出版社1981年版，第416页。

③ 侯春燕：《关于晚清乡土志编纂的思考》，《中国地方志》2003年第6期。

④ 李素梅、滕星：《中国百年乡土教材演变述评》，《广西民族大学学报（哲学社会科学版）》2008年第1期。

日战争期间，乡土教材含有大量的民族意识和抗战内容，旨在培养学生爱国爱乡的意识。

中华人民共和国成立后，各地编撰了大量的乡土教材，多以省、市一级的历史、地理、农业技术为主。伴随着80年代国内教育改革的大势，为了加强爱国主义教育，1987年在国家教育部门的推动下，掀起了乡土教材编撰的高潮。到1990年年底，据不完全统计，三年中各地编写的乡土教材达两千种以上，包括了地理、历史、生物、思想品德、音乐、美术等学科，涉及小学、初中、高中各年级。[①]

随着21世纪开展的基础教育课程改革，地方和学校都能成为教材编撰的主体。一省通用的乡土教材越来越不能满足教育实际需要，更多结合了民族文化和地域文化的县市、乡镇地域范围的乡土教材，取代了省一级的乡土教材，离学生的生活更近，更有利于促进学生的地域认同发展。

从省域、县域到乡镇社区，不同地域范围的乡土教材传递了不同的地域文化。融合族群文化、地域文化和民族国家文化的乡土教材，更有助于培养学生爱族群、爱家乡、爱国家的观念。

（二）地方课程和校本课程中的地域特色

我国现行基础教育课程管理体系分为国家、地方、学校三级，在统一的国家课程之外还有地方课程和校本课程，为地方和学校开发课程留下了空间。

地方课程一般指以省、市、县为主体开发的课程。校本课程是基于学校的课程，以学校为基地进行课程开发，强调由学校发起，在学校中实施，课程的编制、实施和评价均由学校来组织，强调学校和当地社区课程资源的利用。其实质是一个以学校为基地进行课程开发的开放、民主的决策过程，即校长、教师、课程专家、学生及家长和社区人士共同参与学校课程计划的制定、实施和评价。

在学校的课程体系中，地域文化体现在地方课程和校本课程中，其个

---

① 李素梅、滕星：《中国百年乡土教材演变述评》，《广西民族大学学报（哲学社会科学版）》2008年第1期。

性和特色是根植于主体的教育需求和所在地域内丰富的教育资源之中的。

在少数民族地区的学校，学生身处更为特殊的社会文化背景，既有学校正规教育的外来主流文化，又有家庭所在社区的地域文化。如何才能不造成两种文化间的断层所导致的对本土文化的排斥和对外来文化的企望？应在课程内容中肯定地域内教育资源的“合法性”，将其纳入课堂，“让乡村少年能更多地且乐于去感受、发现、利用乡村世界的独特教育资源，而不是单纯隅于我们所设计的各种知识、技能训练之中。”①

不同地域内独特的民族历史文化、经济优势、地理分布以及相应的机构、设施和相关群体等，都蕴含着诸多教育因素而成为潜在的课程资源。“乡村地域文化中长期积淀而形成的地域、民俗文化传统，以及乡村生活现实中原本就存在着许多合理的文化因素，有着对于乡村生活及乡村生活秩序建构弥足珍贵的价值成分。换言之，乡村地域文化中原来就潜藏着丰富的教育资源。”②

地方和校本课程的特色重在开发、利用地域内的课程资源，为学生的发展和经济、社会全面发展服务，从而促进学生的地域文化认同，促进社区的可持续发展。学校教育与地域文化应维持一种良好的互动关系。地域是学校的环境，学校教育不能脱离实际的地域文化。

例如，校本课程可以社区需要为题材，注重训练学生实际社区生活的参与能力。“学校资源亦取自社区，由社区输入，并向社区输出，引导社区发展。”“社区视学校为社区所有、所治、所享，使社区建设与学校教育相互呼应，彼此交流。”③如此，学校可以改善社区生活，社区民众也会自觉推动学校教育。要实现这样的理想状态，社区课程资源的开发和利用是一个主要途径，需要学校与社区共同协作。学校与社区组织合作调查社区内的教育资源，提高社区公众对社区环境资源管理和利用的认识，这可以使公众成为共同努力的合作者，减少由于误解带来的阻力。其次，学校应制

① 刘铁芳：《乡村教育的问题与出路》，《读书》2001年第12期。

② 同上。

③ 社区教育学会主编：《学校社区化》，台北师大书苑出版公司1995年版，第91页。

订将社区课程资源纳入学校课程的计划，依托社区资源开发校本课程。最后，制定合理的方法以便用社区资源的主题思想作为课程的内容，使教学方法尽可能适合社区文化背景。学校和社区对课程资源的共同管理和利用，将使校长和教师的作用从学校和课堂的纯粹管理者变成社区资源的管理者，同时也将使社区介入学校课程管理。①

全球化进程中，地域文化也呈现出更多元和复杂的特点，地域文化与民族文化、全球文化可能交织在一起。学校如何在文化转型中，有效地传递地域文化，加强学生的地域认同，帮助学生处理地域认同与族群认同、国家认同、全球认同的关系，进行必要的文化整合。这是地方课程和校本课程在课程开发、课程结构、课程内容中都要纳入思考的问题。

第四节　学校教育与国家认同

国家认同（National Identity）是个政治概念。美国政治学家白鲁恂（Lucian Pye）对国家认同所做的经典定义是：国家认同是处于国家决策范围内的人们的态度取向。江宜桦认为，国家认同试图分析的是一个人如何决定其国家归属、如何看待国家归属与私人生活秩序的关系。②

学界对国家认同的定义并没有形成定论，对国家认同的内容也存在不同的意见。政治认同、文化认同、族群认同、宗教认同、历史认同，这些概念与国家认同都有某种程度的交叉。

本书采用的“国家认同”定义为个体或群体对国家的认可与服从，对所属国家成员身分的认定以及由此引起的归属感和奉献精神。从认同的内容来看，它主要包括国家意识形态、主权、制度、政策、法规等政治性内容，也包括国家的历史、文化传统等文化性内容。③

---

① 章光洁：《白族农村社区中的基础教育课程研究》，西南师范大学2003年硕士学位论文。

② 应星：《江宜桦：〈自由主义、民族主义与国家认同〉》，《中国学术》2003年第一辑。

③ 陈学金、滕星：《全球化时代“三种认同”与中国民族教育的使命》，《广西民族大学学报（哲学社会科学版）》2013年第3期。

在国家认同的问题上，人们基于对族群的认知和感情，是认公民之“同”还是认族群之“异”，也受到政治、社会、经济与文化环境的结构性影响。对于国家来说，对社会成员的身分认同实施干预是国家建构的必经之路，但另一方面，这种干预也必须考虑心理学、社会学和人类学从刺激—反应机制、个体与群体的社会化过程到文化分析等各个维度展开的认同研究所揭示的各种心理、社会与文化机制。

值得注意的是，经由社会化过程形成的社会成员的身分认同是一种稳定而长期存在的自我定义，人们很难轻易改变具有自我定义价值的态度。干预身分认同首先需要改变人的自我认识，使其认识到与族群认同一样，更具普遍意义的国家认同同样可以维持并服务于一个人的自我定义和自尊。

当存在某种不满情绪的时候，人们对自我定义和自尊感到更加敏感（二者的因果关系也可以倒置），而社会认同理论的一个重要贡献就在于揭示了由相对剥夺产生的不满如何受社会认同过程的影响。从这个意义上说，国家需要通过制度建设尽可能消除、至少是缓解与族群身分相关的社会不满；否则，就会使社会次群体成员的集体剥夺感与其群体认同联系起来，族群身分就会具有更高的社会重要性。

学校里开展的国民教育是培养国家认同的重要制度，学校教育为学生提供了社会化的路径之一，也提供了自我实现的预期与可能性。更为重要的是，在人类学意义上，学校是一个国家化的文化空间，学生参加集体活动，做一些可以获得社会积极评价的事情，是他们产生国家认同感的核心。

一、学校教育在建构国家认同中的作用

学校教育是塑造公民国家认同感的基本方式。学校教育的重要目的之一，在于培养认同国家政治制度、文化价值理念、民族文化传统的公民，进而培养公民对国家的责任意识、担当意识和奉献精神，即培养民众的国家认同感。

（一）宏观作用：建构同质性的公民文化，提升学生的国家认同

学校教育一直是国家认同形成的重中之重。作为一个公共领域，学校

提供了知识、经历、价值观等同质性基础，包括外在符号的同质化，甚至是内在心理特质的同质化。标准化的教育体系是同质化的国家认同出现的前提，文化多元的社会需要使教育体制同时适应“平等和差异”这一组常常互相矛盾的需求。解决的措施是多种多样的。一些国家坚持同质化的教育体制，一些国家（比如挪威）在公立学校内设置当地语言教学，一些国家设置国家支持的少数族群学校（比如荷兰的穆斯林学校），一些国家鼓励一种促进宽容、增进对其他民族理解的共享的教育体制。

在盖尔纳看来，生产和再生产这种建立在人人识字基础上的、世俗的大众文化，是农业社会完全不可想象的事业，这就需要现代国家。只有拥有社会内部最大范围的最高权力和控制最多资源的政治组织即国家，才有能力和意愿进行这种大规模的持续教育。工业社会的成员要想具备工作资格并成为真正的公民，就必须按照共同的要求，达到一定的识字水准。这是家族和地方单位不可能提供的。[①]

学校教育的本质，是构建同质性的公民文化，并培养现代社会分工体系下合格的人力资源。现代社会的结构性特征是全球化市场、民族—国家政治与公民社会共同形成了一个强大的同质化的规范体系，促使社会成员以个体身分加入社会竞争，并在劳动力市场上进行全球性流动。从个体层面来看，社会成员需要在才能、教育和职业训练水平以及机会获取上展开竞争，而国家则是维护同质化的社会规范体系之下社会竞争的有序运行。因此，学校教育对于学生具有主导性的功能，而这种功能产生的文化后果就是提升学生的国家认同。

（二）微观作用：引导学生的人生观探索，丰富国家认同对个人的意义

学校教育在微观层面对个体社会化的影响，特别是对青少年社会化过程的影响，是一个国家建构公民认同与国家认同的基石。对少数族群的成员来说，当家庭与伙伴群体提供了一个本地化的、族群化的文化环境时，只有学校是一个高度国家化的文化空间，也只有国民教育体系传授的知识

① 厄内斯特·盖尔纳著、韩红译:《民族与民族主义》，中央编译出版社 2002 年版，第 41—46 页。

是在一个更为宏观的国家视野里更具普遍意义的知识。

青少年时期是一个人生价值与意义的探索阶段。在这个时期，学校教育对人的影响最大。国家认同教育需要深入不同族群学生的内心世界，与青少年对人生观的探索结合起来，赋予他们以更高的关怀和更大的意义，并使之内化于他们的内心。当一个人树立其崇高理想的时候，当人们合作起来为了一些能使自己摆脱各种羁绊去探索生活中新的内容与意义的时候，人与人之间的分歧甚至是冲突就会减弱，族群边界亦非例外。

二、学校教育中的国家认同建构

（一）民族—国家建构与爱国主义教育

如前所述，Nation 在英语中兼具了“国家”与“民族”两重意义，但这里的“民族”，与以“民族政权”形式出现的国家意义等同，而并非中文常与“族群”（Ethnic Groups）意义相混淆的、常常指称“少数民族”（Ethnic Minorities）的那个“民族”的概念。Nation Building 被翻译为“国家建构”的理由，是因为这个术语专指近现代民族—国家政体为促进国家整合而制定实施的所有措施、政策与制度安排。

民族—国家建构的行动目标是建构现代民族—国家的个体成员对国家的忠诚与公民意识，解除所有原来依附在皇帝、领主、宗教领袖及其他传统政治权威身上的忠诚感，成为现代意义上的国家公民；同时，大力推动国家化的公共权威的树立。而这一切，是“所有民族国家政治体制得以生存的前提”。“（国家）引导一国内部走向一体化，并使其居民结为同一民族成员。”[①]

从表现形式上看，“国家建构”通常是以“民族建构”的面目出现的。国家通过在国家主权疆域内实行一体化的公共政策，无论是标准化的文化政策（如统一语言的推广与使用、同一的意识形态），还是公民教育体系（如同一模式的教育制度与教育内容、通过国家制度安排实现的社会再分配

---

① 戴维·米勒、韦农·波格丹诺、邓正来主编：《布莱克维尔政治学百科全书》（中文版），中国政法大学出版社 2002 年版，第 527 页。

制度和补偿性法律体系），将自己疆域内的所有居民纳入国家的控制与文化塑造之中，从而促进一个与国家认同相匹配的“国家民族”的现实形成。全体国民不仅在文化象征意义上被国家仪式、象征物（国旗、国徽、国歌）、民族英雄和历史物质遗迹在感情上连接起来，也在制度上被国家统一标准的制度安排组织起来，如交通与通讯设施、共同市场及其规则、代表国家意志的科层制官僚体系等，从而成为现实的具有强烈感情基础的政治、经济与文化共同体——一个新的国家化的民族。

国家建构的基础不仅包含国家主权和强制力这种“硬件基础”，也依赖于爱国主义或国家（公民）民族主义（Civic Nationalism）这样非常感性的“运行软件”。如果说现代国家（State）可以被视为某种理性制度的话，现代的民族（Nation）却无法脱离其成员内在的感情联系。在这一点上，国家建构面临的主要挑战来自于国家内部国民群体的族群多样性——那些与“国族”相比次一级的“族群”所具有的内部凝聚力，可能会与国家建构的努力彼此冲突——当某些内部族群保持着超越国家认同的族群认同时，我们或许就有理由认为这是国家建构的失败。

公共权威的树立在国家建构中占有举足轻重的位置。国家建构的核心在于树立起轻易不受挑战的高度的公共权威，这种权威主要来源于国民对国家所推崇的价值与规范的道德认可。国家建构所包含的文化象征符号都具有高度的道德性，一般来说，这些符号（如国旗、国徽和国歌）都象征着国家主权和民族的荣光与自豪。一旦国家统治的合法性受到侵蚀，这些符号的道德意义就会降低。符合国民道德意识的公共权威，如国家所秉持的意识形态、社会文化的审美价值、政治人物的人格、社会再分配制度以及公民化教育的有效性等，都从不同的侧面影响着国家建构。[①]

21 世纪以来，全球化已经成为这个时代的重要特征。伴随着经济全球一体化的浪潮，文化和政治的标准也趋向同一，民族国家作为人类政治生活的核心共同体的地位被削弱，全球化引发的认同危机给各个民族国家

---

① 关凯：《基于文化的分析：族群认同从何而来》，《甘肃理论学刊》2013 年第 1 期。

带来了巨大挑战。全球化给西方发达国家带来了大规模的国际性移民。面临着越来越多移民涌入的挑战，塑造全球化时代的国家认同已经变得必要而迫切。

爱国主义是国家认同的体现。但对年幼的学生来说，缺乏对民族和国家历史的理解和体验，就难以理解抽象的国家概念和民族精神。爱国主义最直接的载体就是国旗和国歌，具有象征意义的国旗、国徽和凝聚历史记忆的国歌成为凸显民族国家精神的最好表达。国家通过学校教育，要求人民认同国家，激发爱国情感，以达成国家整合的目的。

在我国，中小学校每周都要进行升旗仪式。升国旗唱国歌，短暂而庄严的仪式对学生来说是最能持续激发爱国情感的爱国主义教育，是对民族国家文化精神的直接传达。在法国，每个学校都必须悬挂国旗，每个教室里都有一本1789年法国大革命时期的《人权宣言》。在学校教育中加强国家认同的教育，能让移民产生国家自豪感，更好地融入社会。

（二）公民身分认同与公民教育

在多族群社会，族群认同与公民认同可能存在张力。如果社会成员的公民意识强度低，而族群意识强度高，多族群国家的合法性和社会稳定就将受到影响。

当今世界的主要国家建构模式是基于自由主义理论。这种理论严重依赖于公民观念。公民的概念规定了个体与国家、与其他个体的关系，其基础是平等；同时，在公共领域和私人领域之间也有明确的分野。不过，公共领域一般都会被来自多数群体的价值和习惯所深深刻画，因此可能会使少数群体感到某种程度的疏离。民主制度下国家行使权力的基础是多数主义，但为避免多数主义可能对少数群体造成的伤害和权益侵害，通常设立一些针对少数群体的特殊优惠制度来保障他们的利益，如我国的民族政策体系、美国的平权法案等。

对具体的社会成员来说，个体与群体的联系是多重性的，他不仅认同自己是国家的公民，也认同自己隶属于某个族群。在一个存在主体民族的多民族国家里，通常国家意识与主体民族的民族意识一致性较高，因而主体民族对公民身分的认同也相对明确；而在某些特定的情况下，少数民族则可能在公民身分与族群身分之间有不同程度的摇摆，在国家认同、公民身分和族群意识之间，是一种动态的三角型关系（图 17-2）。

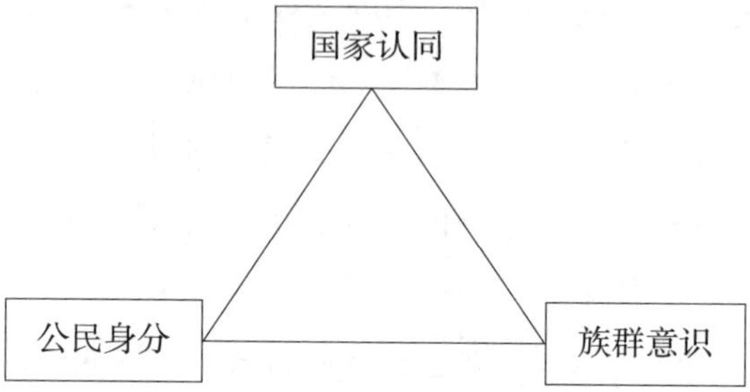

图 17-2　国家认同、公民身分和族群意识

图 17-2 显示的这种关系是一个等边三角形，实际上这只是一种理想模型。当“族群意识”无限接近“公民身分”甚至二者重合时，国家内部就不存在民族问题了。当“族群意识”与“公民身分”渐行渐远，它就有可能演变成族群民族主义，其最大的张力是颠覆国家主权的合法性并排斥公民身分，从而引向民族冲突和族群民族主义运动。[①]

现代国家的社会整合，是通过建立公民身分认同完成的。现代国家内部结构的基础是公民身分，包括不同族群在内的所有社会成员的身分都是国家公民。但是，国家内部不同族群之间，特别是主体民族与少数民族之间存在着对国家与公民身分的认同差异，是世界各国的一个普遍的现象。

安东尼·吉登斯认为，国家在民族问题上“理念导引的路径”是要“刺激民族主义情感向更加多元化的方向发展”。[②] 这种多元，意味着要避免使社会成员的群体归属感过分集中于族群，而是要使这种归属感同时指向职业群体、居住社区、爱好者俱乐部以及其他个体参与的社会组织。对于国家来说，理想状态是既能保持由多族群组成的国家共同体成员之间的平等关系和对普遍价值观的共享，同时又能保护不同族群在文化上的多样性，

---

① 关凯：《基于文化的分析：族群认同从何而来》，《甘肃理论学刊》2013 年第 1 期。

② 安东尼·吉登斯著，赵旭东、方文译：《现代性与自我认同》，生活·读书·新知三联书店 1998 年版。

在多元一体式的格局中促进少数族群对公民身分的认同。

培养公民最重要的途径是公民教育。早期的公民教育一般限定于宪法所规定的权利与义务教育，使具有参政权的国民对国家主动担负起应尽的责任。随着社会的发展，公民教育的内涵也发生了变化。公民不仅要牢记宪法所规定的国家政体，服从国家现存的政治秩序与法律规范，而且要通过对历史文化与社会现实的严肃思考，体会并认识民主国家的立国精神。儿童和青少年通过公民教育获得有效参与社会公共生活的必备知识、态度与能力。[①] 学校的公民教育正是通过相关课程和系列活动，培养学生的爱国情感、民主观念、法治精神，培养现代民族—国家的合格成员，以及公民对于国家的认同感和忠诚度。

要塑造“民族国家”的根基，就必须做好公民教育。首先，在国家层面需设立公民教育课程标准，所有地域性和族群性的教育内容必须有利于巩固国家认同。其次，学校的公民教育可以通过学科课程和活动课程进行，学科课程主要通过政治课、历史课、民族语文课等来培养公民意识。活动课则通过各种活动和仪式增强学生的公民意识和能力。

（三）文化建构与文化认同教育

现代民族—国家的重要特征是主权、公民权和民族主义。[②] 在边界明确的主权疆域内，中央政府拥有无上政治权威；而在国家政治制度框架之内，公民享有共同的权利、义务与身分；民族主义作为国家象征与信仰体系，表达了人们对具有明确主权的社会的认同感。而族群是一种社会分类，人们按照族裔的归属形成社会群体，并建构及维持个体与群体之间的身分认同关系。对主权国家内部而言，国家建设的一个重要方面就是通过各种制度安排容纳、协调不同社会群体于国家体制之中，并尊重个人对于自身族裔群体归属的选择，同时引导这种选择发展成为与公民身分相一致或至少相互协调的身分认同。

---

① 朱晓宏：《公民教育》，教育科学出版社 2003 年版，第 11—12 页。

② 安东尼·吉登斯著、赵旭东等译：《社会学》（第四版），北京大学出版社 2003 年，第 403 页。

身分认同作为一种个体化的社会心理体验，包含着个体的自我界定及对其社会角色与群体归属的双重确认，其来源是人们对生命经验的意义解释。[①]在国家建构过程中，国家会通过公共政策针对不同族群的社会成员的身分认同实施干预，其核心在于文化。原因在于，尽管族群作为社会集群的一种方式，具有利益集团的特性，也服务于社会竞争，但其利益表达与竞争策略都需要通过文化的方式才能得以呈现。[②]因此，只有把文化置放于国家建构的核心位置，才能真正完成这项社会工程。

在社会生活场域内，文化的影响无处不在。无论是使用母语表达的归属感、价值观上对善恶的理解，还是身分认同上的主观选择，人们基于文化形成民族或族群的社会集群，并通过文字阅读和知识传播把“民族”想象为政治的共同体。[③]文化不仅能够通过一种在群体成员中共享的世界观和历史命运感，将人们在情感与信念上连结为一个整体，塑造出共同的身分认同，而且可以通过对政治目标和政治过程进行合理化解释，建构起政治权威。事实上，任何政治统治的合法性都来源于文化建构，即所谓“得人心者得天下”的古典表述。

格尔茨为“文化”作出的人类学定义是：“一种包含在符号之中的历史遗传的意义模式，一套以符号形式表达的、传承下来的概念系统，通过这种形式，人们可以交流、巩固和发展他们关于生活的知识以及对于生活的态度。”[④]在对前殖民主义时期印度尼西亚巴厘岛的“剧场国家”尼加拉的研究中，格尔茨强调了“主导性政治思想”的重要性：国家整合依赖于国家的主体叙事（Master Narrative，或可译为“主人叙事”），戏剧化的国家仪式是一种文化黏合剂，在不平等的等级社会中构建出统治关系的自然与公正，

① Anthony P. Cohen, *Self-consciousness: An Alternative Anthropology of Identity*. London: Routledge, 1994；A. L. Epstein, *Ethnos and Identity: Three Studies in Ethnicity*. London: Tavistock, 1978.

② 关凯：《社会竞争与族群建构：反思西方资源竞争理论》，《民族研究》2012 年第 5 期。

③ 本尼迪克特・安德森著、吴叡人译：《想象的共同体——民族主义的起源与散布》，上海人民出版社 2005 年版，第 38—46 页。

④ Clifford Geertz, *The Interpretation of Cultures*. New York: Basic Books, Harper Torchbooks, 1973. p. 89.

从而被人们所接受。[①]

文化对国家建构之所以至关重要，不仅体现于国家建构工程针对的对象本身就是不同的社会文化群体，还在于身分认同、政治权威和政治合法性都与文化有着密切的关系。现代社会的公民身分认同来源于对政治合法性的认同，而政治合法性来自多数人的支持，这种支持基于人们对制度、政策及其后果的社会认知。因此，国家的制度与政策需要反映出一种具有社会感召力的价值意义，并使政策的符号性和物质性目标符合社会大众的价值观、情感和理性预期，否则就会出现某种程度的合法性危机。同时，政治权威依赖于社会大众对政治统治的普遍的信仰与信任，在政治权威度下降的时候，政治统治就可能沦为对硬性的奖励与惩罚手段的高度依赖。任何制度，如果不在文化上作出符合人们价值与情感需求的定义，必然遭到制度管理或服务对象的文化抵抗，尽管这种抵抗的方式可能是以“弱者的武器”的方式呈现出来，依靠造谣、消极怠工、微小的破坏、阳奉阴违等日常生活中难以察觉的形式进行。[②] 而制度与文化的不契合，也是社会不满的重要来源。在任何族群冲突中，都包含着基于文化的社会动员。

民族国家的文化，有别于单个少数族群文化。一体化的民族与多样化的族群之间形成了一体化和多元化的张力。一体的民族文化包容多元的族群文化。民族的集体文化认同构成了民族—国家统一的文化心理基石。[③] 中国的 56 个民族（族群）凝聚于“中华民族”之下，费孝通基于中国的现实国情提出“中华民族多元一体”格局。中国的国家认同，不能脱离中华民族文化，不能脱离中华民族历史。民族历史是一种社会记忆，与民族认同密切相关。“历史是集体记忆的一种形式，没有这种形式，一种集体的认同感是不可能的。”[④] 建构民族的共同文化，就是要建立以民族认同为基石、包

---

① 格尔茨著、赵丙祥译：《尼加拉：十九世纪巴厘剧场国家》，上海人民出版社 1999 年版。

② 詹姆斯・斯科特著、郑广怀等译：《弱者的武器》，译林出版社 2007 年版。

③ 肖滨：《民族主义的三种导向——从吉登斯民族主义的论述出发》，《开放时代》2007 年第 6 期。

④ 冯建军：《公民身分的国家认同：时代挑战与教育应答》，《社会科学战线》2012 年第 7 期。

容族群认同的复合文化认同，寻求民族认同与族群认同的统一。“如果没有民族—国家层面上的共同文化与观念，在族群层面的不同文化就难免会彼此冲突，无法和谐相处。”①

中华民族是在近代民族国家形成过程中产生的共同体，所以中华民族的文化认同，需要了解中华民族精神、中华民族历史、中华文化传统与时代价值观。近代以来的学校教育，将民族文化认同教育作为核心，以传递中华传统文化和历史为主，激发学生对中华民族的自豪感和认同感，从而为国家认同的建构打下了必要的文化心理基础。

小 结

身分认同作为一个人对其个体独特性或群体从属性的一种观念和表达，自产生一刻起，就在求异还是求同的问题上不断地转化。认同上的求异与求同犹如一个硬币的两面，基于认同的主观性特质，而成为人们意志力与能动性的自我表达的选择。

（一）身分认同的复杂性与选择性

任何现代社会成员在个体层面都同时保持多重的身分认同——在国家公民身分认同之外，还可能保持自身的族群认同和基于其他社会角色的集体归属感。一旦人们的这种多重身分认同转向为对某种“单一性归属的幻象”的狂热追求，就可能制造出“文明的冲突”式的社会排斥甚至是暴力对抗倾向。② 事实上，所有对国家建构构成威胁或至少具有潜在挑战性的族群民族主义运动的社会与文化基础，都是在国家认同与族群认同之间出现某种形式的对抗和分裂。

基于身分认同的暴力给当今世界带来很多灾难与冲突，而非常明确的事实是，世界是极具多样性的，个体身分的多重性也是不言自明的。在阿

① 马戎：《民族社会学——社会学的族群关系研究》，北京大学出版社2004年版，第614页。

② 阿马蒂亚·森著、李风华等译：《身分与暴力：命运的幻象》，中国人民大学出版社2009年版。

马蒂亚·森看来，对单一身分的过度强调，是认同政治冲突的本源。在一种过于简化的世界观里，多重身分的人会变成一种单向度认同的物种，从而使人变得渺小。

阿马蒂亚·森认为，全球化和多元文化主义在社会实践中都被歪曲了，原因在于理论的实践方式过于简单化。以社群为单位的多元文化主义是有问题的，不仅没有增加文化间的交流相融，反而更容易导致社群间的对立。多元文化主义的一种危险，是视文化为内部完全统一且很少被社会行动改变的相对独立的东西。这样就偏离了文化多元主义试图实现文化兼容的宗旨，否定了个体的能动性。它不仅违背了多元文化主义的初衷，也冒犯了个体的文化自由。

在阿马蒂亚·森看来，个体有足够的理性可以按照他所在的场景来表现他的某一身分，也可以同时保持对另一种身分的忠诚，并能够避免这种忠诚不成为对个人认同选择的一种束缚。不过这里有一个前提，就是个体对自身多重身分重要性的认识。陈志明对马来西亚华人认同的研究也表明，当地华人的认同是多面的，作为华人和作为马来西亚人的认同是不排它的。[①] 因此，多重认同之间并不必然冲突和排斥。

一个人如何才能从单一性认同的自我捆绑中挣脱出来呢？途径是全面了解整体的内部差异性和各个整体之间的共性及其相互作用。在做不到理性看待和控制身分认同的选择之前，一个人可能会持续性地陷入单一性的幻象而不能自拔。当然，这种选择与个人的理性、全球视野以及对自身自主性的充分认识是紧密联系在一起的。

发生在个体身上的社会化目标状态的最终实现，是个人不断进行自觉和不自觉选择的结果。并且，这种选择性在一定的范围内是随年龄的上升而不断加强的。由于选择，人们的社会化过程不是一个简单的被动的过程，而是一个具有主动性的能动过程。由于这种主体能动性的存在，社会引导便不但能使人们朝着一个共同的方向发展，也为人们在实现社会化的同时

---

① 陈志明：《马来西亚华人的认同》，《广西民族学院学报（哲学社会科学版）》1998 年第 4 期。

实现个性化提供了可能性。

对身分单一性的非理性强调，即使不是欺骗性的，也是为了服务于基于身分认同的社会对抗。但也要看到这个问题的复杂性：不强调对单一身分的忠诚，也未必能造就出一个社会成员个体在多个身分认同之间不发生任何冲突的乌托邦社会，尤其是当一个人面对自己的种族、宗教、政治义务、职业操守或公民身分之间考虑哪一个更优先的时候，因为这其中有些身分是无法自主选择的。

> 关键问题不是是否任何身分都可供选择（这样说将是很荒谬的），而是我们是否会有各种不同的身分或身分组合可供选择。并且更为重要的是，我们是否拥有对我们同时所具备的不同身分决定优先次序的实质自由。①

对于多元化的世界来说，只要我们给予个体的多重身分（无论是自我凸显的或是被人赋予的）以充分的承认并予以捍卫，一个人就能够在身分认同上拥有选择的自由，这是世界通向美好的必经之路。个体可以完全不被任何身分意识所困扰，应该始终都是这种选择权的掌握者。

在现代社会条件下，国家始终需要采取有效的措施，促进社会成员在个体层面同时保持多重的身分认同：既要有对国家公民身分的认同，也保持其自身归属的族群认同、地域认同以及基于其他社会角色的集体归属感，社会需要尊重这种多重认同的每一个维度。

（二）教育促进多重身分认同的统一

在一个文化多元的全球化时代，教育既要教学生懂得人类文化的多样性，还要认识不同文化之间的共通性与相互依存性。如果说现代的认同问题是如何构建一个认同并且保持其巩固与坚实性，那么后现代的认同问题

---

① 阿马蒂亚·森著、李风华等译：《身分与暴力——命运的幻象》，中国人民大学出版社2009年版，第33页。

则主要是关于如何避免固化和保持开放性的。[①] 这不仅涉及国家与社会认同，也涉及一个人如何面对自我。

在全球化语境下，需要思考如何保持多民族地域的文化价值。教育应使人领悟到乡土与世界是不可分割的连续体，不同族群应互相尊重和欣赏彼此的文化，以免产生狭隘的民族主义。正如阿马蒂亚·森的期望，“教育应当是切实加强孩子们在一个族裔融合的国家里成长所必需的过一种经过思索的生活的能力。”[②]

滕星曾经在多元文化教育理论和费孝通提出的“中华民族多元一体格局”的启发下，提出了多元文化整合教育理论，其核心内涵是“一个多民族国家的教育在担负人类共同文化成果传递功能的同时，不仅要担负起传递本国主体民族优秀传统文化的功能，同时也要担负起传递本国各少数民族优秀传统文化的功能”。少数民族不但要学习本民族优秀传统文化，还要学习主体民族文化，以提高少数民族年轻一代适应主流文化社会的能力，求得个人最大限度的发展。主体民族成员除了学习本民族文化，还要适当学习和了解少数民族的优秀传统文化，以增强民族平等和民族大家庭的意识。[③] 多元文化整合教育有助于培养个体爱乡爱土，有助于多民族地域共同体的和谐。

在一个强调整合的多民族国家，如何实现国家整合与个人生存、社区生存的契合？滕星等学者提出，在强调社区教育时，不能偏废国家整合教育的目标；在强调国家整合教育时，也不能偏离个人和社区生存、发展的原则，应把二者有机结台在一起。“在主导性的公民教育中添加地方性教育知识，而非用地方性替代国家公民教育知识。”[④]

---

① Bauman Zygmunt, “From pilgrim to tourist; or a short history of identity”, in Stuart Hall and Paul Du Gay eds., *Questions of Cultural Identity.* London: Sage, 1996: pp.18—36.

② 阿马蒂亚·森著、李风华等译:《身分与暴力：命运的幻象》，中国人民大学出版社 2009 年版，第 134 页。

③ 滕星:《文化变迁与双语教育——凉山彝族社区教育人类学的田野工作与文本撰述》，教育科学出版社 2001 年版，第 157—158 页。

④ 滕星、关凯:《教育领域中的国家整合与地方性知识》，《中南民族大学学报（人文社会科学版）》2007 年第 5 期。

在我国少数民族地区，既要考虑到国家教育的整合功能，进行普适性知识的传播；又要考虑到当地特殊的社会和人文生态环境，注重地方性知识的传递。教育要努力满足不同地区、不同文化背景、不同阶层、不同族群的需要，实现教育领域内国家“大传统”和地方“小传统”的良性互动。

国家认同与地域认同、族群认同之间可能存在冲突，但不是必然会产生冲突。学校教育可以努力实现国家整合与地方性知识的结合，促进学生多重认同身分的统一与和谐。

21世纪迎来了社会的迅速变化。我们不仅要面对多样的外部世界，也要面对多样化的自我认知与体验，而学校正是协助学生解决这些问题的关键组织。因此，只有能培养出具有适应多元环境能力的学生的教育制度，才是现代社会所需要的。

名词与术语

1. 社会化（Socialization）：通常是指个体在社会影响下，通过知识的学习和社会经验的获得，形成一定社会所认可的心理—行为模式，成为合格社会成员的过程。

2. 认同（Identity）：将个人与他人分辨开来的个人和社会特征。认同分为个人认同和社会认同，相对应的则是个体的个人身分和社会身分。

3. 族群（Ethnic Group/Ethnicity）：人们在交往互动和参照对比过程中自认为和被认为具有共同的起源或世系，从而具有某些共同文化特征的人群范畴。

4. 地域认同（Regional Identity）：生活在相同或相邻地域上的个体或群体对共同地域的归属感，地域认同回答了“我是哪里人”的问题。

5. 国家认同（National Identity）：个体或群体对国家的认可与服从，对所属国家成员身分的认定以及由此引起的归属感和奉献精神。从认同的内容来看，它主要包括国家意识形态、主权、制度、政策、法规等政治性内容，也包括国家的历史、文化传统等文化性的内容。

思考题

1. 什么是社会化？ 阐述社会化与身分认同的关系。
2. 简述族群认同的三种理论。
3. 学校教育对个体的族群意识有何影响？
4. 简述学校教育中形成地域认同的主要途径。
5. 分析学校教育在国家认同中的作用。
6. 如何理解身分认同的复杂性和选择性？
7. 族群认同、地域认同和国家认同之间是否存在冲突？ 学校教育应该如何处理多重认同的关系？

推荐阅读书目

1. 迈克尔·A.豪格、多米尼克·阿布拉姆斯著，高明华译:《社会认同过程》，中国人民大学出版社 2011 年版。

   本书专论社会群体：社会群体之间发生了什么，社会群体内部又发生了什么；群际行为和群体过程是怎样的；成为一名群体成员的心理基础是什么。作者精心总结了社会认同论的主要概念基础。

2. 斐迪南·滕尼斯著、林荣远译:《共同体与社会：纯粹社会学的基本概念》，商务印书馆 1999 年版。

   本书在社会学上最主要的贡献是发现并深刻阐明了人类的群体生活中两种结合的类型：共同体与社会。滕尼斯认为，共同体的类型主要是在建立在自然的基础之上的群体（家庭、宗族）里实现的，此外，它也可能在小的、历史形成的联合体（村庄、城市）以及在思想的联合体（友谊、师徒关系等）里实现。他认为，共同体是建立在有关人员的本能的中意或者习惯制约的适应或者与思想有关的共同记忆之上的。血缘共同体、地缘共同体和宗教共同体等作为共同体的基本形式，不仅是它们的各个组成部分加起来的总和，而且是有机地浑然生长在一起的整体。

3. 本尼迪克特·安德森著、吴叡人译：《想象的共同体》（增订版），上海人民出版社 2011 年版。

作者把民族、民族属性与民族主义视为一种“特殊的文化的人造物”作为研究起点，而民族这种特殊的人造物就是“想象的共同体”。他论证了民族主义是如何从美洲最先发生，然后再向欧洲、亚非等地逐步扩散的历史过程。

4. 阿马蒂亚·森著、李风华等译：《身分与暴力——命运的幻象》，中国人民大学出版社 2012 年版。

如何与这种危险的幻象相拮抗？森的意见是，人们应该倡导和强调多元的身分认同，用相互竞争的身分认同来挑战单一的身分认同观。森指出，与过去一样，一直延续到今天的冲突与暴力都受这种单一身分的幻象影响。显然，越来越多的人根据宗教立场（或者“文化”或“文明”）来划分世界，而忽略人们看待自身的其他方式——诸如阶级、性别、职业、语言、文学、科学、音乐、道德或政治立场，并且否定了合理选择的现实可能性。一旦根据这种观点来界定不同人之间的良好关系，人类就被严重地压缩并置于“小盒”之中。

5. 吉登斯著、赵旭东等译：《现代性与自我认同》，生活·读书·新知三联书店 1998 年版。

本书从个人能动性的概念出发展开对现代性的论述，并有选择地借用了若干心理学概念，强调现代性的个人内在性，同时集中探讨了现代社会中自我认同新机制的出现及影响。全书重点在于：自我认同的塑造过程中，外在的全球现代性制度对个体的冲击以及个体对这一冲击的吸纳和强化作用。

6. 张海洋：《中国的多元文化与中国人的认同》，民族出版社 2006 年版。

本书承继费孝通、林耀华开创的“中华民族多元一体格局”和“中国的经济文化类型研究”事业，运用民族学、人类学方法探讨全球化时代中国的多元文化与和谐社会、中国的文化多样性与中国人的认同等问题。作者认为，中国的民族认同兼有族群认同、国民认同和历史文化认同三重含义，这三种认同在中华各民族成员身上都能相互兼容而不必相互排斥。

7. 关凯:《族群政治》，中央民族大学出版社2007年版。

本书从政治学和社会学的角度，运用比较研究的方法，结合国内外的各种民族问题及经验，对“民族”和“族群”研究进行了整体框架的梳理。作者将民族和族群的演变放到国家建构的进程中加以分析，讨论了“公民身分”和“族群认同”的关系、文化多元主义和自治问题、全球化进程中族群关系的演变趋势等重要问题。

8. 张慧真:《教育与族群认同——贵州石门坎苗族的个案研究（1900—1949）》，民族出版社2009年版。

本书是对贵州石门坎花苗族群的历史个案研究。其主旨是探讨20世纪初，花苗族群在面对西方传教士、国民政府和当地的强势族群时，如何通过知识体系、教育制度和文字媒介建构其族群身分，并从中获取政治、社会和文化上更多的资源和权利。

第十八章　西方少数族群低学业成就理论与中国个案研究

本章主要综述了以美国为代表的西方文化教育人类学理论的一个重要方面——少数族群学生低学业成就理论。这些理论从文化角度对美国社会广泛存在的少数族群学生低学业成就问题给予了解释，并提出了一系列的干预政策建议。就这些理论对我国少数民族学生学业成就研究的借鉴意义，本章结合具体的个案研究指出，要解释中国少数民族学业成就问题，还需不断修正、重构这些理论。

第一节　美国少数族群学业成就归因理论

少数族群学生的学业成就归因问题是美国教育人类学研究的主要方向之一。在美国教育人类学的发展历程中，就少数族群学业成就的研究中，从遗传决定论和文化匮乏理论出现后，在教育人类学的研究中先后出现了一系列的归因理论。① 早期的理论主要有文化剥夺理论、文化差异理论、文化中断理论、社会阶层理论、文化模式理论等。② 随着学术研究的进展，早期的理论不断遭后人的颠覆，先后出现了政治权力理论、角色身分理论、批判性种族成就理论、多因素考量理论、扣减学校教育理论等。③

---

① 哈经雄、滕星主编:《民族教育学通论》，教育科学出版社 2001 年版。

② 胡玉萍:《文化力量与非主流人群的教育策略》,《社会》2006 年第 3 期；胡玉萍:《文化视野中的美国少数民族教育问题与对策》,《外国教育研究》2003 年第 9 期。

③ 杨琦雪:《教育人类学视角下美国少数族群学生学业成就归因理论研究综述》，中央民族大学 2013 年硕士学位论文。

一、遗传决定论和文化匮乏理论

自教育人类学作为一门独立学科进入萌芽阶段至1960年代中后期，有不少教育学者认为，弱势族群的遗传智商不如强势族群高是决定弱势族群教育失败的主要原因。例如，詹森（A. Jensen）认为，美国黑人之所以在学业上不如美国白人是因为他们没有白人那么高的智力，弱势族群儿童学业失败主要是因为他们文化落后和遗传基因等方面的原因所致。[①] 这种把遗传因素视为决定少数族群或弱势群体教育失败关键的观点称作“遗传决定论”。这种观点曾长期占据着研究观念的主流地位，被人类学界极大地推崇和信奉。

此外，起始于1960年代的心理学家的文化匮乏理论（Cultural Deficit Theory）也为少数族群学业失败问题提供了一种解释。[②] 这一理论认为，一些群体一直贫困是因为其代代相传的文化病态（Cultural Pathologies）、匮乏（Deficiencies）和缺失（Defects）所致，这些儿童由于其父母、家庭和社区没有为他们提供主流学校所期望的那种生活经历而在文化上缺失素养。里柯克（E. Leacock）的《文化的贫困：批评的观点》（*The Culture of Poverty: A Critique*）即是这方面具有典型性的民族志研究。[③] 持这种观念的学者注意到，弱势族群儿童求学是以脱离他们自己的文化环境为前提的，需要经受文化与心理上的痛苦断裂。也就是说，弱势族群的家庭环境与传授主流族群价值观的学校环境之间的文化断裂，是造成弱势族群儿童学业成就普遍低下的根本原因。[④]

---

① A. R. Jensen（1969），“How Much Can We Boost I.Q. and Scholastic Achievement?” *Havard Educational Review* 39：1—23. 参见袁同凯、陈·巴特尔：《论学校教育民族志的研究取向——对少数民族儿童学业成功与失败原因的理论探讨》，《民族教育研究》2007年第4期，第6页。

② R. Valencia ed.（1997），*The Evolution of Deficit Thinking*. London: Falmer. 参见袁同凯、陈·巴特尔：《论学校教育民族志的研究取向——对少数民族儿童学业成功与失败原因的理论探讨》，《民族教育研究》2007年第4期，第6页。

③ Eleanor B. Leacock ed.（1971），*The Culture of Poverty: A Critique*. New York: Simon and Schuster.

④ 袁同凯、陈·巴特尔：《论学校教育民族志的研究取向——对少数民族儿童学业成功与失败原因的理论探讨》，《民族教育研究》2007年第4期，第6页。

上述两种观点显然带有明显的文化中心主义倾向。这种文化中心主义倾向的出现与传统民族志研究取向有关。传统民族志研究将注意力集中于对殖民地、原始部落、少数族群及异文化的关注，反映了强势族群文化对弱势族群文化的歧视与偏见。这一倾向的出现并非偶然，是殖民与内部殖民的必然结果。当时有资历从事学校教育研究的学者大都来自主流社会，他们从事异文化研究时，难免会透过“文化的镜片”来观察与都市文化截然不同的“落后”的文化现象，也就难免得出“within-child deficit”之类的荒谬学说，[①] 认为少数族群学校教学的失败主要是儿童智商低下或文化落后等自身因素造成的，而不去考虑儿童所在的社会环境的影响。这些观点的解释力均存在较大的缺陷，无法解释为什么同一个族群在不同的社会环境中会取得不同的学业成就。

二、文化剥夺理论

文化剥夺理论（Cultural Deprivation Theory）出现于1960年代，该理论对美国的教育政策和实践都产生了极大的影响，其主要观点包括：非洲裔美国人与同样低学业成就的其他少数族群的家庭和社区环境没有给他们的孩子提供足够的发展认知能力、文字能力和其他提高学业成就的技能的刺激，而这些能力和技能又是在学校中获得成功的学业成就所必需的。[②]

还有一些教育人类学家用社会化失败（Failure of Socialization）来解释少数族群学生的低学业成就，社会化失败假说实质上也是一种基于文化剥夺理论的特殊假说。该假说也认为少数族群学生在学校的表现主要责任在于他们的家长。例如，家长没能像教师那样教给孩子们以白人文化为主的学校教育所要求具备的适当的语言能力、认知能力和其他学习技能。因此，

---

① 这个假说认为学校教育的失败是儿童自身的因素造成的，如低智商，而不去考虑儿童所在的整体环境的影响。与其对应的学说“ethnography close-up”则认为，要解释弱势群体学校教育失败的原因，民族志学者必须到行为发生的文化场景中进行研究，否则就会得出荒谬的结论。H. T. George Trueba, and Spindler Louis eds.（1989）, *What Do Anthropologist Have to Say about Dropouts*? New York: Falmer Press, p.1.

② B. S. Bloom, A. Davis, and R. Hess（1965）, *Compensatory Education for Cultural Deprivation*. New York: Holt.

少数族群学生在语言、认知和社会发展上被延误了。该假说的支持者相信，如果少数族群孩子在幼儿园和童年早期就能得到和他们的白人同学一样的"刺激"，那么他们就能取得好的学业成就。

该理论对60年代的教育干预政策产生了很大的影响，它假定一个孩子能够在学校里取得好成绩和好的社会适应主要依赖于适当的家庭经历，如果一个孩子没有像期望的那样在学校和社会上获得成功，人们就会责怪学校没有补足他们在家庭准备上的不足。通过责备学校，该理论作为学校教育的干预者而得以合理化。因此，为了改变少数族群低学业成就的状况，教育界开始推行旨在干预少数族群孩子学前教育的课程。社会化失败假说也带来了针对家长的教育，教给家长用以提高他们的孩子学业成就的知识和技能。学前补偿教育对贫穷的少数族群孩子有好处，孩子们尤其可以从给这些课程中有益的和健康的成分中获益，而且这些课程为一些孩子提供了很多机会，以适应、学习学校生活，提高他们在学校获得成功的机会，但是，当这种环境主义的解决办法还流行的时候，其效果就已表现出不尽如人意，那些参与者在智力测试中的成绩在几年后就呈现"下降"和"淡化"趋势，为了阻止这种"淡化"现象，这些服务就被扩展到孩子们的普通教育当中，从最初只在一年级中实行扩展到二年级。

学前教育课程未能有效解决少数族群孩子的教育问题，它对少数族群孩子们的益处是从干预立场出发的，却引起一些学者对文化剥夺理论解释的质疑。首先，该理论的支持者未能解释为什么一些少数族群儿童能够成功地学习自己的民族文化和语言。其次，文化剥夺的观点是以欧洲文化为中心的，因而它或多或少是以白人学生的实践和能力为标准的，与少数族群学生的来自真实生活的认知能力、理解力和需求是不相称的。此外，该理论也无法解释少数族群学生学业成就的多样性，就是说，它不能解释为什么尽管一些少数族群被该假说划分为"处于劣势"并且有失败的特征，但他们学业成就却很好。[①]

---

① M. A. Gibson (1988), *Accommodation without Assimilation: Sikh Immigrants in an American High School*. Ithaca, NY: Cornell University Press.

三、文化差异理论

从1970年代起，人类学家开始从事多元族群学校和社区的学校民族志研究，强调用文化差异来解释少数族群儿童学业失败的根源。和文化剥夺理论一样，文化差异理论也是基于对遗传决定论和文化匮乏论学说批判的基础上提出来的。文化差异理论包含着主流群体和弱势群体、主体民族和少数民族在文化层次上诸多方面的差异。例如，金博尔（S. Kimball）对美国都市贫民区学校教育的研究即从弱势族群儿童家庭的社会与经济地位、族群价值取向、师生认知差异、个人成就动机、社会阶层以及主流族群对弱势族群的偏见等方面分析了弱势族群儿童失学率偏高的原因；[①] 另一些学者则认为"语言上造成差异的文化差异"。[②] 他们通过民族志方法把语言行为的性质和功能置于文化情景之中进行分析，探讨在特殊的场合下语言行为是如何建构和阐释文化意愿与认同的。社会语言学家卡兹登（C. Cazden）等在人类学研究的基础上强调价值取向和学习模式反面的文化差异。[③] 有学者认为从文化理论来看，弱势族群儿童之所以在主流学校容易遭到失败，是因为他们和主流文化的认知方式和沟通模式都存在差异，他们难以成功地适应主流文化的教学，而主流学校也没有主动包容他们与主流文化之间的差异。[④] 李维森（B. Levinson）和霍兰德（D. Holland）指出，文化差异理论纠正了基因劣等说和文化匮乏说的偏差，但忽略了社会和历史的力量也在学校复制文化差异，也忽视了沟通模式、认知符码等都是精英文化，向来是在权力关系下产生的。[⑤] 菲利普研究了美国土著印

---

① Solon T. Kimball (1974), *Culture and the Education Process: An Anthropological Perspective*. New York: Teachers College Press.

② Douglas E. Foley (1991), "Reconsidering Anthropological Explanations of Ethnic School Failure," *Anthropology and Education Quarterly* 22 (1): 61.

③ C. Cazden, Vera John, and Dell Hymes eds. (1972), *Functions of Language in the Classroom*. New York: Teacher's College Press.

④ Douglas E. Foley (1991), "Reconsidering Anthropological Explanations of Ethnic School Failure," *Anthropology and Education Quarterly* 22 (1): 60—86.

⑤ Bradley A. Levinson, Douglas E. Foley, and Dorothy C. Holland eds. (1996), *The Cultural Production of the Educated Person: Critical Ethnographies of Schooling and Local Practice*. Albany, NY: State University of New York Press.

第安儿童与美国主流社会儿童的语言表述模式，提出了在文化上具有差异性的课堂参与结构模式。课堂语言表述模式反映了主流学校使用的表述模式，其特点是以教师为中心，而印第安社区的表述模式则以大家共同参与为特征，这必然会影响印第安儿童在课堂上的参与程度。[①] 麦克德莫特（R. Mcdermott）和冈伯茨（J. Gumperz）从语言表述的角度分析了弱势族群儿童在学习上遇到的问题，认为由于学生在社区里习得的语言表述方式与学校所期望的有差异，他们无论在日常会话、阅读还是写作上，往往被误解，受到教师的否定性评价，学习积极性受到严重挫伤，最终产生厌学情绪。[②]

此外，一些人类学家认为，主流群体和弱势群体在获取教育资源（如师资力量等教学软硬件设施）上的差异，是弱势群体儿童学业失败的重要原因，西蒙兹（J. Simmons）等认为，应该把教学看成是一种技术过程，在技术框架下解释改革和变迁，如加强师资培训、提高教师工资等。他们认为，学生学业失败是因为教师不合格、缺乏有力的管理、教材不足、教师工资太低，不足以吸引有能力的人来教学，以及学校教育缺乏家长支持，等等。[③] 从教育人类学的角度看，教师如何看待自己的职责及课堂上的行为表现，会直接影响学生的学业成就。陈志明（Tan Chee-Beng）在研究马来西亚沙捞越等地的少数族群学校教育时发现，学生的家庭经济状况、学习动机，学校的基础设施、师资力量、教学大纲和教科书、教学方式及所用语言等，都可能成为阻遏乡村学校教育的主要因素。他指出，学校教学内容要符合当地的现实情况，教育政策的制定者及教材的编写者应充分了解乡村的需要，尤其要结合偏远地区的实际情况。此外，少数族群地区的教

---

① S. Philips (1983), *The Invisible Culture: Communication in Classroom and Community on the Warm Spring Indian Reservation*. New York: Longman.

② R. McDermott (1987), "The Explanation of Minority School Failure, Again," *Anthropology and Education Quarterly* 18 (4): 361—364; Also in J. Gumperz, and Dell Hymes eds. (1972), *Directions in Socio-linguistics: The Ethnography of Communication*. New York: Holt, Rinehart & Winston.

③ J. Simmons (1980), "An Overview of the Policy Issues in the 1980s," in J. Simmons ed., *The Education Dilemma: Policy Issues for Developing Countries in the 1980s*. Oxford: Pergamon Press, p. 25.

师不仅要具备专业文化知识，而且还要了解当地族群文化，以减少师生之间彼此的误解。[①]

四、文化中断理论

教育人类学家最关心的是文化差异对少数族群教育的影响，他们对少数族群学业成就的解释都基于一种假设，即由文化差异引起的文化中断和文化冲突使得一些少数族群孩子在学校学习上出现了问题。[②] 文化中断理论（Cultural Discountinuity Theory）认为，当孩子们带着不同的文化背景来到学校或在不同的文化当中接受教育时，就在教育中产生了文化中断，例如，当他们在一个与家庭不同的文化环境中接受教育时，来自不同文化背景的孩子对课程和教学方法所预示的学习内容和形式有不同的需要。[③] 文化中断不仅存在于非西方学生进入西方式的学校，也存在于美国这样的城市工业社会中。著名教育人类学家斯宾德勒指出，在许多非西方人中，学校是一种非连续性的机构，主要教授外来的价值观，并把儿童吸收到那种还没出现的社会制度中，使弱势族群的儿童完全脱离其生活环境，在一个与他们的传统社区文化差异很大的社会环境中学习他们陌生的知识。[④] 其结果是，弱势族群的原有文化往往面临着被主流文化取代的可能，从而引起弱势族群的恐慌与不安。瓦伦丁（C. Vanlentine）也认为，少数族群和低层阶级有着能在劣境中生存的文化，他们的孩子在学校中之所以失败，可能是因为学校没有使用他们的文化来教学、学习和考试的缘故，从而提出“文化非连续性”，作为少数族群学生学业失败问题的替代性解释。[⑤] 佛斯特（M.

---

① Chee-Beng Tan（1993），“Education in Rural Sarawak,” *Borneo Review* 4（2）: 128—141.

② Frederick Erickson, and Jeffrey Schultz（1982）, *The Counselor as Gatekeeper: Social Interaction in Interviews*. New York: Academic.

③ S. U. Philips（1976）, “Commentary Access to power and maintenance of ethnic identity as goals of multi-cultural education,” *Anthropology and Education Quarterly*, 7（4）: 30—32.

④ G. Spindler, ed.（1987）, *Interpretive Ethnography of Education: At Home and Abroad*. Hillsdale, NJ.: L. Erlbaum Associates.

⑤ Charles A.Valentine（1968）, *Culture and Poverty: Critique and Counter-proposals*. Chicago: University of Chiacgo Press.

Foster）总结了教育人类学界有关文化一致性和文化非连续性的问题。他认为，这一领域主要关注的是学校与儿童接受初等教育和社区之间的关系，重点分析文化价值、实践和儿童在家庭养成并带入学校的表述方式与学校表述方式之间的差异。[①]

支持该理论的一些教育人类学家列举了大量的少数族群孩子与他们的白人教师之间很难沟通和交流的例子，来说明这种中断也存在于语言和交流、认知、社会活动、价值观或教育和学习方法当中。他们认为，黑人儿童从他们自己文化中掌握的价值观、学习态度和学习风格，不仅不同于在公立学校和社会中获得成功所需要的价值观和学习风格，而且还与公立学校和社会的要求产生冲突，因此，文化中断理论也称为文化冲突理论（Cultural Conflict Theory）。研究者发现，主流学校文化与弱势族群文化之间的冲突也是致使后者学业失败的原因，如希斯（S. Heath）描述的文化冲突是指由拥有不同“语言”和“象征”资本的阶级文化所造成的语言表述模式之间的冲突。希斯的《晚上不听故事的后果：家庭与学校的叙述艺术》（*What No Bedtime Story Means: Narrative Skills at Home and School*）详细论述了语言在儿童社会化过程中的作用以及儿童与来自不同阶级和文化背景的教师之间可能产生的误解和冲突。[②] 埃里克森（F. Erickson）一向强调学者应关注交际与社会语言方面的民族志研究，并主张要以多学科的方法来研究少数民族儿童学业失败的问题。他认为，奥格布所强调的弱势族群对于主流文化的抵制现象与威利斯（P. Willis）的阶级文化对抗理论如出一辙，但后者描述的文化冲击基于种族等级和压迫。[③] 相比之下，威利斯的对抗阶级文化根植于阶级阶层和压迫，认为对抗文化是被动的、不起作用的，而奥格布的文化理论则远远超越了这个

① M. Foster (1995), "Talking That Talk: The Language of Control, Curriculum, and critique." *Linguistics and Education*, 7: 129—150.

② S. Heath (1983), *Ways with Words: Language, Life and Work in Communities and Classrooms*. New York: Cambridge University Press.

③ Paul E. Willis (1981), *Learning to Labor: How Working Class Kids Get Working Class Jobs*. New Columbia University Press.

局限。[①] 其他学者如卡兹登和海明斯、吉尔莫（P. Gilmore）和格拉松（A. Glatthorn）、希福林（B. Schieffelin）和奥克斯（E. Ochs）、沃森-吉吉奥（K. Watson-Gegeo）、菲利普、埃里克森和舒尔茨（J. Schultz）、克里斯滕森（P. Christensen）和詹姆斯（A. James）等也从不同侧面探讨了文化与语言如何造成与激化少数民族儿童与主流学校教师之间的冲突，最终导致弱势族群儿童学业失败。[②]

在解决少数族群学生学业问题的对策上，文化中断理论的支持者认为在美国这样多元文化的国家中，为了增进个体之间和群体之间的关系，白人应更了解非洲裔美国人文化教育的重要性。通过认识非洲裔美国人值得尊重的文化特点，学校将有利于增进非洲裔美国人的自豪感和认同感。这将毫无疑问地给非洲裔美国人儿童的学习以积极的影响。此外，从教会非洲裔美国人儿童用他们最熟悉的方言阅读入手，将有利于他们更快地掌握阅读能力。[③]

毫无疑问，当来自非西方社会的孩子进入西方式学校、来自较低阶层和少数族群的孩子进入美国公立学校学习时，文化差异或文化中断会带来一些学习困难。[④] 但是这些文化差异和中断的影响，是否真的足以导致他们的学业成就如此不堪？一些持批评意见的学者指出，中断理论并不能解释

---

① F. Erickson（1987），"Transformation and School Success: The Politics and Culture of Educational Achievement." *Anthropology and Education Quarterly*, 18（4）: 336—355.

② C. Cazden, Vera John, and Dell Hymes eds.（1972），*Functions of Language in the Classroom*. New York: Teacher's College Press; also in P. Gilmore, and Alan Glatthorn eds.（1982），*Children in and out of School*. Washing: Center for Applied Linguistics; B. Schieffelin, and Elinor Ochs（1986），*Language Socialization across Cultures*. Cambridge: Cambridge University Press; K.Watson-Gegeo（1992），"Thick Explanations in the Ethnographic Study of Child Socialization: A Longitudinal Study of the Problem of Schooling for Kwara'ae Children." *New Directions for Child Development*, 58: 51—66; F. Erickson, and Jeffrey Schultz（1982），*The Counselor as Gatekeeper: Social Interaction in Interview*. New York: Academic; P. Christensen and Allison James eds.（2000），*Research with Children: Perspectives and Practices*. London: Flmer Press.

③ J. U. Ogbu（1977），"Racial stratification and education: The case of Siockton," *California ICRD Bulletin*, 12（3）: pp. 1—26.

④ J. U. Ogbu（1988），"Diversity and equity in public education: Community forces and minority school adjustment and performance," in R. Haskins and D. Macrae eds., *Policies for American's Public Schools: Teachers, Equity and Indicators.* Norwood, pp. 127—170.

为什么中断没有影响所有的少数族群而只影响了一部分。[①] 为什么一些少数族群跨越了文化和语言障碍并取得一些成功，而另一些却没有？而且与华裔学生的文化和语言相比，非洲裔美国人的文化和语言更接近于美国白人的文化和语言，可是他们的学业成就却落后于华裔学生，这也是文化中断理论无法解释的。

五、社会阶层理论

自从1970年代起，“下层阶级”被越来越用来泛指大部分美国非洲裔美国人，他们的经济和教育问题也随之从归咎于种族障碍而正式转向下层阶级地位。相应的重要假设就是种族的重要性下降，而决定非洲裔美国人和白人生活机会的因素是社会阶层。关于社会阶层，存在两种观点——马克思主义的和非马克思主义的观点。非马克思主义认为社会阶层是指根据教育、工作和收入的差异划分的经济群体（以下简称阶层观点）；马克思主义认为，社会阶级是指根据生产方式和斗争力量而划分的群体（以下简称阶级观点）。具体到教育领域，阶层观点认为少数族群学生学业成就较低是因为他们缺乏能力或没有平等受教育的机会；阶级观点的解释却是用阶级对抗和文化因素相结合来解释少数族群，尤其是非洲裔美国人学生的学业成就问题，认为少数族群的低学业成就是因为较低阶级与上层阶级之间的冲突引起的。

基于非马克思主义社会阶层观点的技术功能主义和人力资本理论认为，美国教育最主要的功能是传递技术和现代化工业劳动力所要求的社会情感行为。他们认为，少数族群和较低阶层的孩子在学校表现不好的原因，是他们缺乏能力或他们的家庭背景没有提供足够的学校适应和学业成功的准备，该理论的代表人物是梅汉（Mehan）。这种解释和文化剥夺理论一样，对1960年代贫困少数族群孩子的教育和学前课程产生了巨大影响。

另一个基于阶层的解释认为，少数族群学生学业成就较低是因为他们

① J. U. Ogbu（1987），“Variability in Minority School Performance: A Problem in Search of An Explanation,” *Anthropology and Education Quarterly*, 18（4）: 312—324.

没有受教育的平等机会，断言美国公立学校是为中上层阶级服务的，抑制了贫穷少数族群学生对教育的渴望。因此，要解决少数族群学生的教育问题，就应当对社会制度和学校教育制度的缺陷进行改革。尽管这种观点有合理的一面，但是，一般来说基于社会阶层的解释都错误地把少数族群孩子当成处于较低社会地位的白人孩子来处理他们的教育问题，也错误地认为美国只是或最重要的是以阶层来划分的，他们忽视了美国基于种族、民族、性别的差异，而且如果根据收入水平来确定下层阶级成员，那么该群体的规模总是处于变化中。此外，基于社会阶层的观点同样也不能提供好的思路，来解释为何某些经济收入低于官方贫困线的少数族群学生在学校表现相对较好，更重要的是，非洲裔美国人低学业成就不仅限于下等阶层，而是一个相对普遍的现象。

马克思主义阶级观点结合阶级对抗和文化因素，解释少数族群尤其是非洲裔美国人学生的学业成就问题。根据阶级对抗理论，问题主要是因为较低阶级与上层阶级之间的冲突引起的。最初，他们认为较低阶级孩子的学业失败是因为学校用主流文化来影响他们，而他们却不接受主流文化。后来，韦斯（Lois Weis）指出，较低阶级的学业失败是因为他们通过形成对立文化来反对教育，而这种对立的文化是他们最终取得学习成功和获得工作的障碍。至于为什么较低阶层的学生要反对学校所教的知识，韦斯认为是因为他们觉得这种教育并不能解决他们的下等地位问题。

韦斯在“阶级斗争”范畴里解释非洲裔美国人的教育问题，他认为来自较低阶级的非洲裔美国人学生和来自较低阶级的白人学生一样在学校产生了一种“对立文化模式”。韦斯的分析在一定程度上解释了少数族群学生的学习问题，但是，奥格布认为，在“阶级斗争”的范畴里不能充分解释非洲裔美国人学生在口头上和行动上对教育的矛盾态度，而且非洲裔美国人学生的对立行为也受非洲裔美国人社区和其他一些校外环境中的成人和孩子影响。[①] 这种观点在后面还要进行较详细的介绍，在此

① J. U. Ogbu（1995），*Community Forces and Minority Educational Strategies: A Comparative Study.*（未出版）

不再赘述。

基于单纯的阶级观点的解释美国社会只是一种幻想。因为这种观点的一个假设就是认为如果以种族或民族的分层在美国曾经存在，那么现在它已经消失了，因为从1960年代起非洲裔美国人就已经获得了与白人一样的向上层社会流动的机会。这就是说，在美国社会经济和教育领域里，种族和民族的重要性下降了或已经不存在了。他们还认为非洲裔美国人孩子的学校失败应归咎于他们的“下等阶级”地位，下等阶级的非洲裔美国人与下等阶级的白人一样不会成功。

而实际上，自60年代平权法案颁布以来，美国社会发生了重大变化，但种族仍然广泛地影响着社会生活。尽管由于改革家的呼吁和行动，一些社会障碍得到消除，但是种族依然影响了不能通过立法消除的心理的和文化的障碍。因此，在工作、教育、住房和政治参与方面的合法改变虽得到保证，但是美国白人却不会立刻放弃他们对于少数族群的认识和态度，而少数族群也不会立即放弃他们对美国白人和他们自己作为少数族群的设想。这就导致了基于社会阶级的解释也不能为解决少数族群孩子，尤其是非洲裔美国人孩子，较低的学业成就问题提供一个有效方案。

六、文化模式理论

“文化中断”和“文化差异”等理论虽然能够以主位的角度来审视当地人的文化，部分地解释弱势族群儿童学业失败的原因，却不能说明同样在文化和语言上都与主流社会有差异的少数族群，为什么有些少数族群儿童在学业上会成功。[①] 也就是说，这种现象不是对所有的弱势族群都产生不利

---

① M. A. Gibson (1991), “Ethnicity, Gender and Social Class: The Social Adaptation Patterns of West Indian Youths,” in M. A. Gibson, and J. U. Ogbu eds., *Minority Status and Schooling: A Comparative Study of Immigrants and Involuntary Minorities*, pp. 169—203. New York: Garland; S. M. M. Suarez-Orozco (1991), “Immigrant Adaptation to Schooling: A Hispanic Case,” in M. A. Gibson, and J. U. Ogbu eds., *Minority Status and Schooling: A Comparative Study of Immigrants and Involuntary Minorities*, pp. 37—61. New York: Garland; J. U. Ogbu (1991), “Immigrant and Involuntary Minorities in Comparative Perspective,” in Margaret A. Gibson and J. U. Ogbu eds., *Minority Status and Schooling: A Comparative Study of Immigrant and Involuntary Minorities*, pp. 3—33. New York: Garland.

影响，譬如，美国非裔和亚裔都面临文化非连续性的问题，在文化上都与美国主流社会之间存在着差异，但只有非裔学生在学校里受到不利影响。[①]再如，美国西南部的土著印第安人的语言和文化与主流族群的语言与文化差异很大，但他们却能取得比那些已经部分地适应了主流族群文化的儿童更好的学业成就。[②]为此，奥格布指出，少数族群不同的历史经历及其对主流社会的态度是影响他们学业成就的重要因素，他认为，从比较的观点看，传统的学校教育研究有如下不足之处："第一，这些民族志忽视了激励或抑制少数民族儿童学习的历史和更为宽广的社会因素；第二，没有关注一个群体学校教育的集体取向；第三，忽视了少数族群自己对现实生活中的学校教育的意义的理解。"[③]

在探讨少数族群学业成就低下的原因时，奥格布强调，学校和社区的社会结构之间的沟通必然会在一定程度上影响学校的教学过程。因此，只有关注学校教育与更为广大的社会文化背景之间的互动关系，我们才有可能更好地理解儿童及其家长面对主流学校所采取的适应性策略，从而更好地从文化和结构的层面上描述文化传播的过程并阐释其传播模式。由此，文化模式理论（Cultural Model Theory），也叫文化—生态理论（Cultural-ecological Theory），便应运而生。

---

① J. U. Ogbu（1974）, *The Next Generation: An Ethnography of Education in An Urbam Neighborhood*. New York: Academic Press; J. U. Ogbu（1978）, *Minority Education and Caste: The American System in Cross-cultural Perspective*. New York: Academic Press; J. U. Ogbu（1981）, "School Ethnography: A Multilevel Approach," *Anthropology and Education Quarterly* 12（1）: 3—20; J. U. Ogbu（1987）, "Variability in Minority School Performance: A Problem in Search of An Explanation," *Anthropology and Education Quarterly* 18（4）: 312—324.

② F. Erickson（1987）, "Transformationg and School Success: The Politics and Culture of Educational Achievement," *Anthropology and Education Quarterly* 18（4）: 336—355; also in Douglas E. Foley（1991）, "Reconsidering Anthropological Explanations of Ethnic School Failure," *Anthropology and Education Quarterly* 22（1）: 60—86; S. Ledloe（1992）, "Is Cultural Discontinuity an Adequate Explanation for Dropping Out?" *Journal of American Indian Education* 31（3）: 21—36.

③ J. U. Ogbu（1991）, "Immigrant and Involuntary Minorities in Comparative Perspective," in Margaret A. Gibsonand, J. U. Ogbu eds., *Minority Status and Schooling: A Comparative Study of Immigrant and Involuntary Minorities*, pp. 3—33. New York: Garland.

文化模式理论认为，在一个多元的社会中，弱势族群的形成经历以及他们适应主流社会的态度与行为，是我们理解弱势群体学业成就的关键性因素。这一理论框架不仅关注宏观的社会环境和学校机构中的各种因素，而且也注重少数民族社区内部的因素。采用这种方法进行弱势族群内部的学业成就差异的研究具有一定的解释性。它不局限于只研究学校、课堂、家庭或校园内所发生的事情，还关注诸如弱势群体的生态结构、认知结构以及学校与社会之间的互动关系等与学校相关的社会和历史因素。在奥格布看来，生态是少数族群生活的“场所”或“环境”，从宽泛的意义上说，“文化”是少数族群观察自己的世界和行为的方式。因此，他批评传统民族志研究没有从主位的角度去理解少数族群的行为方式，而是以主流社会的价值观、透过研究者自己的“文化镜片”去品评少数民族儿童的学业成就。[①]

文化模式理论主要包含两个层面的含义：一是奥格布称为制度的关于少数族群在教育政策、教学以及教育回报等方面所遭受的不公待遇或误解；另一层含义是少数族群对待主流学校教育的态度。一个族群如何、为何被称为少数族群的历史经历，也会影响该群体对学校教育的态度，奥格布把这些因素称为“社区力量”（Community Forces）。理解制度对少数族群学业成就的影响，需要全面检视少数族群在学校教育中所面临的各种障碍。[②]同一个弱势族群由于所处的社会文化环境不同，可能会采取不尽相同的调适方式，而这些“社区力量”往往是造成他们学业成就低下的重要因素。[③]

---

① J. U. Ogbu（1991）, “Immigrant and Involuntary Minorities in Comparative Perspective,” in Margaret A. Gibson, and J. U. Ogbu eds., *Minority Status and Schooling: A Comparative Study of Immigrant and Involuntary Minorities*. New York: Garland, pp.3—33.

② 根据 Ogbu 的研究，这种障碍主要包括功利性歧视（如就业和工资待遇等）、交往歧视（如社交和居住隔离等）以及象征（符号）歧视（如诋毁少数民族的文化和语言等）。

③ J. U. Ogbu（1981）, “School Ethnography: A Multilevel Approach,” *Anthropology and Education Quarterly* 12（1）: 3—20; J. U. Ogbu（1987）, “Variability in Minority School Performance: A Problem in Search of Anthropological Explanation,” *Anthropology and Education Quarterly* 18（4）: 312—324.

奥格布与西蒙斯（H. Simons）认为，社会与学校里的结构性障碍或歧视是造成少数族群儿童学业成就低下的决定性因素，但不是唯一因素。[①]奥格布发现，少数族群儿童在学业上的差异可能与他们的社区力量之间的差异相关。对社区力量的研究实质上是考察少数族群对学校教育的认识和反应。奥格布和西蒙斯认为，构成社区力量的因素主要包括：少数族群学校的对比架构（如白人区的少数族群学校）、对学校教育功利价值的信任度（如学校教育对向上流动所起的激励作用）、对学校教育的关系解释（如对学校和学校教职人员的信任度）以及对学校教育象征（符号）的信任度（如是否认为学校的课程、教学的语言等会危及少数族群的文化与语言认同）。

在验证文化模式理论时，奥格布又提出了“移民社会”（Settler Society）的概念，进一步强化了他的分类架构的阐释价值。[②]在移民社会里，主体族群由来自其他国家的移民组成，他们为寻求更好的经济、政治和社会地位而移民、定居。如美国的主体群体白人几乎都是移民，澳大利亚、加拿大、新西兰和新加坡等也都是移民社会。这些移民社会里的主体族群在信仰和期待方面有共同点，他们相信在新的家园里他们会有更多的发展机遇、认同文化和语言上的“同化”。移民社会的另一个与文化模式理论相关的特征是，移民社会里至少有两种不同类型的少数族群，即自愿迁入少数族群和非自愿迁入少数族群。奥格布在不同维度上对两者的文化模式进行了比较和分析，谭光鼎根据奥格布的分析将其归纳如下（表18-1）：[③]

---

① J. U. Ogbu, and Herbert D. Simons（1998），“Voluntary and Involuntary Minorities: A Cultural-Ecological Theory of School Performance with Some Implications for Education,” *Anthropology & Education Quarterly* 29（2）: 161.

② Ogbu, J. U. and Herbert D. Simons.（1998）. “Voluntary and Involuntary Minorities: A Cultural-Ecological Theory of School Performance with Some Implications for Education.” *Anthropology & Education Quarterly* 29（2）: 155—161.

③ Ogbu, John U.（1995a）.*Community Forces and Minority Educational Strategies: A Comparative Study.*（未见公开出版）；谭光鼎：《原住民教育研究》，五南图书出版公司 1998 年版。

表 18-1　奥格布"自愿"与"非自愿"迁入少数族群文化模式对比

族群类别 文化模式	自愿迁入少数族群 Voluntary Immigrant Minority	非自愿迁入少数族群 Involuntary Immigrant Minority
文化差异的类型	最初文化差异	继发文化差异
与主流文化的关系	不同的、有差别的文化	矛盾的、对立的文化
文化认同	既保存本民族文化，又学习主流文化以获得成功	保存本民族文化排斥主流文化，学习主流文化意味着抛弃传统
参照群体	家乡的同辈群体 积极乐观	美国白人群体 消极悲观
社会认知	社会歧视是暂时的，可以通过教育获得个人社会地位的改善	社会歧视是长期的制度化的，教育也不能改变
教育策略	鼓励学习和获得学业的成功	努力学习会遭到嘲笑、批评甚至孤立

按照奥格布的划分，自愿迁入少数族群是指那些因为向往更好的经济条件、更多的发展机会或更多的政治自由而或多或少自愿迁移到美国或其它地方的少数族群。他们的期望影响着他们的心理期待和处世方式，包括对待教育的态度。自愿迁入的少数族群受最初文化差异的影响较大，最初文化差异是指两个民族接触之前（如少数族群迁移到美国之前）就存在的差异。自愿迁入少数族群通常都把在学校里经历的最初问题和对教育系统的运转缺乏了解都归结于文化和语言的这种差异上。因此，自愿迁入少数族群并没有经历要去保护他们自己共同的特征、安全和自我价值的压力而产生对立的文化，所以他们并没有把学习取得学业成功所要求的态度和行为理解为是对他们自己的文化、语言特征的威胁。对于自己的不利处境，他们参照的不是主体族群，而是自己的故乡，即以"双重参考架构"（Dual Frame of Reference）为参照，使他们确信在客居社会里他们及其子女会有更好的发展机遇。此外，他们还能比较乐观地认为，由于自己是"老外"，因为不会讲或讲不好客居社会的语言受到冷遇是预料之中的事，不应抱怨，

而应努力工作和学习。为此，自愿迁入少数族群总结出，“在异乡新的生活环境中，教育是向上流动的最重要的途径”。[①]因此，他们不但不放弃自己的文化信仰和习惯，而且满怀希望地遵守学校各种秩序并努力战胜所有的学习困难，这种态度自然会使他们能够跨越文化障碍，取得相对较好的学业成就。

非自愿迁入的少数族群是指那些最初是违背他们意愿，例如，通过奴隶、征服、殖民统治或强制劳动等方式被带到美国或其它地方的少数族群。来到美国后，这些少数族群就被赋予了卑下的地位并被排除在主流文化之外，美国的印第安人、黑人、美国西南部的早期墨西哥人和夏威夷人都属于这一类少数族群。尽管在文化相互作用的最初阶段，两类少数族群都受到了最初文化差异的影响，但是后来非自愿迁入少数族群群体为了适应他们的次要地位就产生了继发性文化差异，也就是两个族群接触之后或者说一个特定的群体开始参与由另一个群体控制的社会产生的差异。当非自愿迁入少数族群社会地位较低时，他们就发展出与社会支配群体的社会特征对立的共同特征。他们这样做是为了回应美国白人在经济、政治、社会、生理、文化和语言领域内对他们的不公正对待。因此，非自愿迁入少数族群把这种文化和语言的差异认为是他们共有特征的维系者而予以保留，而不是作为一种障碍去克服，如果要去学习美国白人的文化和语言，就意味着学习他们的“敌人”的文化和语言，是一种损害他们社会特征、社区认可和自我价值的行为。再者，对这些少数族群来说，现实已经表明那些和白人一样出色的人并没有被白人接受，也没有得到争取更高层次上平等的工作的机会，因此，他们也就缺乏动力去按照这种被认为是不适合少数族群的方式去学习或行事。他们在学校里经历着更多的困难。他们消极地对待主流学校教育，认为主流学校不可能为少数族群学生提供向上流动或升迁的机会，因为他们深深地意识到，无论他们在学业上表现得多么优秀，

---

① M. M. Suarez-Orozco (1991), “Immigrant Adaptation to Schooling: A Hispanic Case,” in M. A. Gibson and J. U. Ogbu eds., *Minority Status and Schooling: A Comparative Study of Immigrants and Involuntary Minorities*, New York: Garland, p. 46.

也无法逃脱被边缘化和从事低等职业的命运。族群的对立心态与消极的行为模式，最终使他们陷于一种恶性循环的教育困境。[①]

奥格布的文化模式理论是在批评学校改革运动中两种主要的观点——主题文化教育和多元文化教育的基础上提出的，因此文化模式理论的可取之处就在于避免了上述两种教育主张的缺陷，并力图构建一个关于少数族群教育问题的新的解释，其贡献具体而言有以下几点：

一是文化模式理论从更广阔的历史和社会的维度分析和解释了少数族群教育问题。以往的理论虽然从不同角度探讨少数族群教育问题，但是也都存在着一些共同的倾向，比如基本上都倾向于脱离具体的环境来分析少数族群教育问题；也有一些虽认识到文化模式的重要性及其影响，但是却把它看作是在学校面临的问题，而不注意其历史的和社区的基础。文化模式理论对少数族群学业成就问题给予了历史和社会的观察，从少数族群形成的历史中追寻了造成他们学业成就不良的原因，同时也把少数族群教育问题放在了社会环境的背景中予以考察。该理论对自愿迁入少数族群和非自愿迁入少数族群的划分，就是充分考虑了少数族群群体的历史以及由此造成的不同的文化认同和族群认同对教育态度和教育策略的影响。

此外，该理论也分析了广泛存在于美国社会的种族歧视与偏见等社会因素对少数族群群体教育动机的影响，比如拒绝给予少数族群学生平等的接受良好教育权利的教育政策，通过最高工作限额或其它措施拒绝给少数族群与白人相同的与其教育成就相应的工作和报酬等。美国虽然从 1960 年代起社会提供的机会发生了重大变化，但种族仍然广泛地影响着物质生活，并造成本应通过立法就可以消除的社会障碍，也依然影响着通过立法不能消除的心理的和文化的障碍。这些障碍的存在对于解释一些少数族群孩子尤其是黑人孩子较低的学业成就问题提供了一个有效方案。

二是文化模式理论对不同的少数族群的不同学业成就问题进行了对比

---

① J. U. Ogbu (1991), "Immigrant and Involuntary Minorities in Comparative Perspective," in Margaret A. Gibson, and J. U. Ogbu eds., *Minority Status and Schooling: A Comparative Study of Immigrant and Involuntary Minorities*, New York: Garland, pp. 22—27.

研究，以解释面临同样文化和语言障碍的少数族群群体为什么存在着巨大的学业成就差异。该理论至少在以下几点上把对教育有不同看法的自愿迁入少数族群与非自愿迁入少数族群进行了区分：（1）教育在向上层社会流动中的作用；（2）对公立学校以及控制着这些公立学校的人能够给他们提供“正确教育”的信任程度；（3）教育过程如何影响他们的少数族群文化和语言特征。少数族群获得美国少数族群地位的不同方式和原因决定了他们对上述问题有着不同的看法和理解，从而影响了他们的教育策略和学业成就。

该理论认为自愿迁入少数族群来到美国是因为他们相信这种迁移会给他们带来更大的经济、政治或社会利益，他们相信：（1）良好的教育在向上层社会的流动中有着重要的作用；（2）语言和文化差异是他们达到移民目的需要战胜的障碍，而不是维系他们的共同特征；（3）他们能够信任或接受自己与学校及其工作人员的关系。这些态度和观念的结果就是自愿迁入少数族群会努力学习并在学校表现出色。

另一方面，该理论认为非自愿迁入少数族群是在违背自己意愿的情况下（例如被征服或奴隶）来到美国的，他们经历了遭受歧视的历史。因此他们相信：（1）自身贫穷的状况主要是他们的少数族群地位造成的；（2）接受良好的教育和努力工作是必需的却不是向上层社会流动的充分条件；（3）把文化和语言差异理解为共同特征的维系者而不是要战胜的障碍，把跨越这些障碍看做是对少数族群特征的伤害；（4）不信任学校和学校工作人员。这些态度和观念的结果就是非自愿迁入少数族群对教育持矛盾的看法，造成他们学习不努力也不会取得良好的学业成就。

三是文化模式理论重视少数族群自身文化价值观和教育态度的意义，肯定了少数族群学生、家长、社区在学校教育中的责任。以往针对少数族群教育的研究大多是重视学校内部因素，往往会忽视学校以外的因素，例如家庭、社区对教育行为的影响，也会忽视少数族群学生自身对学业成就的反应能力。文化模式理论是从少数族群群体的历史和社区环境来考察少数族群教育问题的，因此在解决少数族群教育问题的对策上，文化模式理论也一改过去只重视“校内因素”的学校改革运动的做法，提出要解决少数族群教育问题，除了社会、政府和学校采取相应的改变之外，少数族群学生、家长和社区也应该作出相应改变。奥格布认为基于下列三个原因应该给少数族群社区和家长提出一些建议：（1）少数族群社区应该为促进孩子们的学业成就作一些必要的改变；（2）少数族群孩子们不会也不愿只是因为学校内部的改变而取得更好的学业成就；（3）少数族群学生成绩的好坏部分取决于社区力量的差异，而不是学校力量的差异。因此，对少数族群社区而言，要对少数族群学生提供帮助（如对家庭作业进行辅导），尤其是对那些家长没有能力提供帮助的高年级学生而言，他们也有责任引导孩子端正学习态度并为之作出努力，让孩子们从社区提供的一些基础项目上获益；对于不知道该如何帮助孩子的少数族群家长，社区也要设计一些基础项目去帮助家长，让他们明白，在家里不给孩子提供必要的引导，而只是把他们送到学校是远远不够的。[①]

尽管奥格布的文化模式理论为我们理解美国少数族群教育问题提供了一个新的视角，能够在一定程度上解释美国少数族群学生学业成就的多样性，其关于少数族群学生、家长和社区为其学业成就应负责任的建议也具有一定的合理性，但是它也存在着一些理论上的局限。

第一，与其他理论一样，文化模式理论存在一个致命的问题，即都倾向于从某一个主要方面取材来解释少数族群学生的教育问题。应当承认，少数族群学生的教育直接地、强烈地受到家庭与社区文化模式的影响，但是也应当注意到同龄人的价值观、本族群的社会地位以及族群外的流行文化等因素也同样起着重要的作用，因此从文化模式角度对学生学业成就的研究也必须考虑性别、阶层和民族的相互作用。以社会阶层为例，文化模式理论忽略了美国是一个阶层社会的现实，即只重视少数族群群体文化模式对教育的影响，而忽视美国社会复杂的阶层对少数族群教育的影响，因此未能说明少数族群群体文化在不同社会阶层的不同表现。[②] 社会

---

① J. U. Ogbu（1995），*Community Forces and Minority Educational Strategies: A Comparative Study.*（未出版）

② 哈经雄、滕星主编：《民族教育学通论》，教育科学出版社2001年版，第64页。

阶层对不同民族群体的文化认同和行为方式有直接的影响，因此无论是文化解释理论还是其他理论，都要同时对其他因素加以参考、吸收，这样才能形成更具有说服力的理论。把各种因素割裂开来考查它们对教育的影响，无疑会简化对学生学业成就的分析，最终导致失去真正解决教育问题的机会。

第二，尽管文化模式理论提出了解决少数族群教育问题的对策，但它的解释却将非自愿少数族群置于一种悲观、绝望的地位，否定了非自愿少数族群接受成功教育的可能性。必须指出的是，少数族群群体的教育问题虽然明显受文化模式与价值观的影响，但是绝不是一成不变的。一个民族的文化模式以及行为方式是不断受到社会结构与文化的影响而处于变化之中的。日本社会重要的少数族群贱民的经历可以给我们这样的启示，长期以来日本的贱民在社会经济生活、通婚、教育方面都处于社会的最底层，其主要职业为手工艺工匠、流动的娱乐表演者、小商贩、园艺工和体力工（屠夫与污物搬运者）等，在1960年代早期以前，这些贱民的孩子因为学业成就差，辍学率、逃学率、犯罪率高而臭名昭著，他们也因此受到公开歧视。然而到70年代后期，随着日本社会经济的发展，贱民的生活水平和教育机会与主流民族一样迅速得到提高，贱民与主流民族学生的中学、大学学业成就的差距不再像以前那样大了，例如在一些地区，贱民高中生入学率从1965年的9.3%增长到1975年的89%，甚至在一些地方贱民高中生入学率在1980年高达95.7%，与此同时，全国高中生的入学率仅为94%。[①] 教育成就的提高使少数族群学生及其家长产生这样一种看法：教育是社会地位变化的关键，这就是他们的教育水平提高得这样迅速并令人瞩目的原因。

第三，文化模式理论虽然对不同民族群体进行了区分，但是这种分类也有简单化的倾向。在分析少数族群教育问题的时候，如果我们既考

① Nobuo Shinahara（1984）, "*Toward the equality of a Japanese minority: the case of Burakumin,*" *Comparative Education*. The Taylor & Francis,（3）: 339.

虑学生的经济、历史发展背景，又考虑美国的经济、历史发展背景；既考虑持续移民的背景，又考虑在美国不同群体面对生活所作出的适应性决策的演变过程，同时也考虑民族群体所处从属地位、歧视待遇和社会限制的影响，那么我们就会发现比单纯的民族或种族复杂得多的各种各样的群体之间和群体内个体之间的差异。研究者对美国大量的墨西哥裔学生所作的研究表明，尽管长期以来大量墨西哥裔学生学业成就很低，但是，这种情况却表明并不是所有的墨西哥裔学生成绩都差，根据学业成就的差异甚至可以将这个群体描述为五种不同的类型：近期墨西哥移民、自认为是墨西哥人的人、美籍墨西哥人、奇卡诺人和乔洛人，比如近期的墨西哥移民以及在美国已经居住了一定时间又把自己视作墨西哥人并保持相对独立的民族特性的墨西哥后代，在校学业成就往往相对较好，在许多情况下，他们的成绩都优于同属墨西哥后裔的奇卡诺人。此外，在这一问题上性别的差异也非常明显，自认为是墨西哥人的群体和美籍墨西哥人群体中女生的学业成就比其他任何种族的女孩的成绩都要好。[①] 墨西哥裔学生群体内部存在各种各样的情况，对于我们以批判的观点来检验所有的将少数族群教育问题归结为单一原因的传统解释理论有着有益的启示，也为今后的研究提出了重要的课题——如何更准确地描述各民族群体之间以及同一群体内部的差异。

此外，奥格布为此提炼出民间成功理论，用于解释不同族群学业成功与失败的原因。他认为，如果少数族群认为他们能通过教育获得成功，并确信主流社会能为他们提供向上流动的机会，他们便会设法克服因文化和语言造成的各种障碍；反之，他们就会有意识地去对抗主流学校教育。[②] 我们必须清楚，在表面上看似整齐划一的教育成功或失败现象的背后，存在

① Maira Eugenia Mature-Bianchi (1986), "Ethnic identities and patterns of school success and failure among Mexican-descent and Japanese-American students in a California High School: An ethnographic analysis," *American Journal of Education*. N/A. (1): 233.

② J. U. Ogbu (1991), "Immigrant and Involuntary Minorities in Comparative Perspective," in Margaret A. Gibson and J. U. Ogbu eds., *Minority Status and Schooling: A Comparative Study of Immigrant and Involuntary Minorities*, pp. 3—33. New York: Garland.

着极为复杂的充满矛盾的社会现实问题，单凭民间成功理论或其它任何单一的理论都无法解释少数族群学校教育成功或失败的原因。

七、政治权力理论

除奥格布从文化模式的视角出发来建构其理论框架之外，其他学者从政治、权力方面对宏观性学校教育研究进行深刻地探讨。政治权力理论（Political Power Theory）认为，从本质上看，学校是观察经济、政治和文化领域之间的辩证关系和张力的基本机构，是探求这些关系和张力的场所。阿普尔（M. Apple）、基洛克斯（H. Giroux）、莫罗（R. Morrow）和托里斯（C. Torres）、夏皮罗（S. Shapiro）等学者在反思教育民族志的同时，开始关注学校教育过程中权力关系的运行机制，探讨在各种权力结构背景下的社会运动者如何构筑文化的意义。[①] 阿普尔认为，不能因强调经济原因而忽视了文化和政治变迁过程，尤其是在讨论深深蕴含着文化与政治权力关系的教育领域。阿普尔曾指出，学校教育从本质上讲是一个政治过程，蕴含了权力的概念。[②] 在任何多元文化的社会里，学校教育不可避免地生产和再生产社会与文化差异，生产不同层面的权力结构。教育人类学对弱势族群学校教育的研究表明，主流学校教育反映与复制更为广大的社会里的权力关系，反映了社会历史过程中强势群体与弱势群体之间的互动关系，尤其在日常表述行为中，强势群体往往处于优势地位。辛格（M. Singh）等学者的研究也表明，弱势群体儿童在学校教育的起始阶段就会因其文化上的差异受到主流社会权力结构的影响。[③] 康敏斯（J. Cummins）的研究进一步指出，主流学校中教师与弱势群体儿童之间的叙述关系反

---

① Michael Apple (1982), *Education and Power*. New York: Routledge; also Henry Giroux (1983), *Theory and Resistance in Education*. South Hadley, MA.: Bergin & Garvey; Raymond Allen Morrow, and Carlos Alberto Torres (1995), *Social Theory and Education: A Critique of Theories of Social and Cultural Reproduction*. Albany: SUNY Press; S. Shapiro (1990), *Between Capitalism and Democracy*. New York: Bergin and Garvey.

② Phil Francis Carspecken (1991), *Community Schooling and the Nature of Power: The Battle for Croxteth Comprehensive*. London: Routledge.

③ M. G. Singh (1989), "A counter-hegemonic Orientation to Literacy in Australia," *Journal of Education*, 151 (1): 34—56.

映着更为广大的社会中强势群体与弱势群体之间的互动模式。[①]这种权力关系会影响弱势群体儿童的学业成就，从属群体学生的语言与文化价值往往被否认，被迫接受强势群体的语言与文化。因此，在检视弱势群体儿童学业成败的原因时，地方政治权力关系网络分布的不均衡性、地方社会与政府、地方资源配置不均以及强势与弱势群体之间的权力、地位关系均不容忽视。

八、角色身分理论

角色身分理论（Role Identity Theory）以弗洛雷斯-冈萨雷斯为代表，她的研究指出，少数族群学生不需要以牺牲其族群认同为代价来获得学业成就。一个学生只有能把其“学生身分”放在最重要位置，且其他身分可以辅助学生身分，他才能获得较高的学业成就。每个人都有多重身分和角色，每个角色身分都与一个社会地位相应，都有其存在的价值。根据不同角色身分的价值，人通常会给自己多重身分做一个等级排序，价值越高排位越高。角色身分的价值不是固定的，它是随着角色身分的排序而变化。[②]

该理论指出，对于学生来说，要想顺利完成学校教育，就必须让“学生”这个身分在生活中占据主导位置，同时多发展其他可以配合、支持学生身分的“学校相关身分”（School-related Identity）并最终形成“学生身分结合体”（School-kid Identity），从而提高学生的学业成就。该理论从表面上看只是一个针对所有学生的学业成就归因理论，并且关注点仅仅放在“少数族群”上，但与之前的相关理论相比，这一理论告诉我们除了族群因素外，在对少数族群学生学业成就进行理论归因时，更应考虑更多的因素。[③]

---

① J. Cummins（1995），“Discursive Power in Education Policy and Practice for Culturally Diverse Studies,” in David Corson ed., *Discourse and Power in Educational Organization*, pp. 191—209. Toronto, Ontario: The Ontario Institute for Studies in Education.

② Nilda Flores-Gonzalez, Puerto Rican（1999），“High Achievers: An Example of Ethnic and Academic Identity Compatibility,” *Anthropology & Education Quarterly*, 30（3）: 343—362.

③ N. Flores-Gonzalez（2002），*School Kids/Street Kids: Identity Development in Latino Students*. Sociology of Education Series, Teacher’s College Press.

九、批判性种族成就理论

批判性种族成就理论（Critical Race Achievement Theory）是把批判性种族理论引入解释非裔学生学业成就而形成的理论，其主要代表人物为加特尔（Dorinda J. Garter）。该理论认为，主流的学业成就理论一般把学生的成败归咎于他们自身，而忽略了社会结构因素对学生在学校和生活中发挥最大潜能起到了限制或阻碍作用。加特尔试图从批判性种族理论视角去解释非裔美国学生的高学业成就，并通过具体的民族志研究肯定了他的观点。[①]

批判性种族成就理论主要包括六个方面的内容：第一，学生相信，个人努力和自我负责可以引领他们走向学业成功；第二，学生把学业成就看作任何人都可以获得的非种族特征，并把这一特征融入其作为某种成员的自我感知中；第三，学生对种族主义以及种族主义对他们的现在和将来的影响持批判态度；第四，学生认为学校教育对于他们的未来具有实用性；第五，学生重视多元文化能力，把它当作获得成功所需的技能；第六，对于学校中的种族主义，学生已形成适应性的应对措施，足以保持高学业成就和强烈的种族自我认知。该理论能帮助教育者更好地理解种族、成就理念和学校行为之间的微妙关系，让他们知道如何帮助学生在被动的学习环境中取得较高的学业成就，并保持积极的种族认同。[②]

十、多因素考量理论

多因素考量理论（Multivariate Consideration Theory）主要将宏观和微观视角结合起来考察学生的学业成就，其主要代表人物为施奈德（Barbar Schneider）和李（Yongsook Lee）。他们认为，经典的学业成就归因理论多数只从一个视角来阐释问题，因此他们建构了既关注宏观社会文化因素，又考虑微观个人互动因素的理论来阐释为什么美国东亚裔学生可以获得较

---

① D. C. Andrews（2008），“Achievement as Resistance: The Development of a Critical Race Achievement Ideology among Black Achievers,” *Harvard Educational Review*, 78（3）: 466—497.

② D. J. C. Andrews（2009），“The Construction of Black High-Achiever Identities in a Predominantly White High School,” *Anthropology & Education Quarterly*, 40（3）: 297—317.

高的学业成就。[①]

他们指出，宏观方面，美国东亚裔学生在教育方面的价值观与其在母国时的社会经济地位有很大的关系。东亚裔文化一直重视教育对实现向上流动的作用，但是他们来到美国后在教育方面投入所得到的回报不如白人，他们的社会地位还是相对较低。该理论指出，在这种背景下东亚裔学生依然取得很高的学业成就，除了经济因素外，与东亚裔母文化直接相关，如维护家庭荣誉、重视自我提高等。微观方面，该理论重视宏观社会文化在微观人际关系中的互动，主要关注父母、老师和同辈群体。在这三类群体的殷切期望中，学生为自己树立了较高的学业成就目标。在宏观文化因素的影响下，东亚裔父母往往给孩子制定努力、勤奋等准则，而东亚裔家庭的紧密型结构和长辈的权威恰好又提升了父母对孩子的控制力。学生一般无法抗拒这种控制，只能顺从地完成父母的意愿。学校老师一般对亚裔文化也有所了解，所以他们对这些学生也抱有较高的学业期望。在与家长和学生的交往中，甚至在课堂上老师会把对学生的高期望表现出来。此外，在与同辈的交往中，他们往往会比较经常地攀比学习成绩、老师的表扬、同学的羡慕乃至嫉妒等等，都有可能抬高他们自己的学业期望值，继而提高他们的学业成就。[②]

十一、扣减学校教育理论

扣减学校教育的概念是社会资本理论（主要是科尔曼的理论）和“扣减同化”两个概念的结合，同时融入了现有关于“关爱与教育的相关研究”。[③] 扣减学校教育理论（Subtractive Schooling Theory）主要关注美国本土出生的少数族群学生与后来移民到美国的少数族群学生之间的学业

---

① Barbara Schneider and Yongsook Lee（1990），“A Model for Academic Success: The School and Home Enviroment of East Asian Students,” *Anthropology & Education Quarterly*, 21（4）: 358—377.

② 同上。

③ J. S. Coleman（1998），“Social Capital in the Creation of Human Capital,” *American Journal of Sociolgy*, 94（Suppl 1）: S95—S120; J. Cummins（1986），“Empowering minority students: a framework for intervention,” *Harvard Educational Review*, 56（1）: 18—36; N. Noddings（2005），*The Challenge to Ccare in Schools*. New York: Teacher’s College Press.

成就差异和共同面临的学业成就问题，其代表人物为巴伦苏埃拉（Angela Valenzuela）。该理论认为少数族群学生的低学业成就是由制度化的扣减学校教育导致的。扣减主要表现在学校课程和分流机制剥夺了少数族群学生需要的文化、族群、政治、历史资源等；同时也体现在学生与老师、辅导员和学校管理者对于关爱与教育有着不同且冲突的理解。[①] 扣减学校教育理论融合了社会资本、关爱与教育和扣减同化三个概念，为解释被隔离的、贫困的城市少数族群学生的学业成就问题提供了全新的视角。

第二节 中国少数民族学生学业成就个案研究

少数民族学生较低学业成就的现状已经成为我国少数民族教育事业发展的“瓶颈”，国外的相关理论是否能够合理地解释中国少数民族学生的低学业成就问题呢？本节将以在云南省澜沧拉祜族自治县木戛乡拉祜族的田野调查为个案，分析国外若干归因理论在解释我国少数民族学生低学业成就问题方面的启示与局限，并在此基础上提出解释和解决这一问题的本土化理论。

拉祜族是一个古老的民族，跨境而居，集中分布在中国云南省西南部，中华人民共和国成立前，保留着原始社会母系家庭残余。澜沧县是中国唯一的拉祜族自治县，也是中国政府重点扶持的贫困县，地方财政收不抵支。

以木戛乡为代表的拉祜族山区是一个亚热带雨林气候的自然生态环境，崇山峻岭，交通闭塞。拉祜山区经济仍维持在自给而不能自足的自然状态，生产以满足自身的消费为主。与此相适应的山区拉祜族的文化生态环境表现为：（1）初级农耕和半采集经济，较为原始的生产力和生产方式导致大部分拉祜族居民处于缺吃少穿的贫困状态；（2）使用拉祜族传统语言，山区拉祜族基本上是一个有语言无文字的社会；（3）山区拉祜族由于地理环境封闭

① A. Valenzuela（1999），“Subtractive Schooling: US-Mexican youth and the politics of caring,” *International Journal of Bilingual Education & Bilingualism*, 71（3）: 590—598.

和生活习俗，基本上实行族内通婚，联姻范围狭小；(4) 由于地理环境和历史的原因，山区拉祜族社区基本上处在一个传统的较为封闭的文化圈。[①] 拉祜族的历史、自然地理环境以及在很大程度上受其制约的生计方式和生活习俗，或多或少地阻碍了拉祜山区的学校教育发展。

一、西方理论解释拉祜族低学业成就的启示与局限

(一) 启示

文化中断理论、文化剥夺理论、社会阶层理论等在很多方面对我们理解拉祜族学生较低的学业成就都有着有益的启示。

1. 文化差异是影响拉祜族学生学业成就的重要因素

文化差异理论和文化中断理论都认为，由文化差异引起的文化中断和文化冲突使一些少数族群孩子在学校学习中出现了问题。就拉祜族的情况来看，文化差异也是影响其学生学业成就的重要方面，主要表现在两个方面：

一是语言差异。山区拉祜族儿童在进入学校之前，拉祜语是他们唯一的交际用语，接受的是民族的传统文化教育。当他们进入学校之后，课堂语言变为了汉语。语言更深层的影响是学生的思维方式的转变，这直接影响到少数民族学生的学习动机和学习能力。语言差异也影响了教学活动中的师生互动。

二是思想意识和价值观的差异。山区拉祜族物质生活相对贫困，又生活在封闭的传统社区，语言沟通方式和长期积累的文化资本，不利于学生在现代化学校的学习。由于 1949 年前拉祜族山区尚处于原始大家庭的社会中，他们的思想观念总体上还没有从原始公社残余制的平均主义中解放出来，商品意识淡薄，缺少对教育的强烈需求。在这种文化氛围下成长的孩子在学习态度和价值观上必然受到很大的影响，现代化的学校教育的培养目标与知识建构是为工业化社会所需求的人才服务的，学校提倡竞争意识和积极进取的人生态度，拉祜族传统文化资本并不适应现代学校的文化氛

---

① 杨红：《拉祜族女童的教育选择：一项教育人类学的回访与再研究》，中央民族大学出版社 2013 年版。

围，拉祜族学生因而难以适应现代学校校园文化的要求，他们的学业成就自然受到影响。

2. 较低的社会阶层制约着拉祜族学生的学业成就

社会阶层理论认为，少数族群和较低阶层的孩子在学校表现不好的原因，要么是他们自身缺乏能力，要么是他们的家庭环境没有给他们提供足够的准备，以适应学校的学习生活。阶级对抗理论认为，较低阶级孩子的学校失败是因为学校用主流文化来影响他们，而这却是他们不愿意接受的。因为在他们看来，接受这种教育并不能改变他们的社会地位。

大多数拉祜族家长并不会将教育作为一种投资，他们看不到教育的回报，他们对子女的低教育期望直接表现在对教育的态度和对孩子学业成就的关注上。我们在调查中发现，大多数教师认为拉祜族学生家长一般不过问孩子在学校的表现和成绩，教师和家长之间没有沟通，甚至出现了家长反对学生考高分的现象。山区拉祜族群众大多数尚未解决温饱问题，因此，他们对教育的需求当然就不如温饱需求。基础教育是一种普及的大众教育，却不能因此改变当地落后的经济状况，提高其生活质量。在拉祜族山区，落后的经济条件不具备培养外界社会所需的劳动力，而封闭的社区几乎没有就业机会，同时伴随着外界社会就业压力的增加，许多大学生、中专生也来到山区抢占本来就为数不多的就业职位。在这样的社会环境中，山区拉祜族学生试图通过教育获取就业机会，而改变其生活状况的希望就越来越小，社区中的榜样人物也十分有限，所以他们往往缺乏明确的受教育动机，导致学业成就低下。

3. 文化资本的匮乏对拉祜族学生学业成就的影响

文化资本对拉祜族学生学业成就的影响突出地表现在语言差异方面。社区、家庭所使用的语言对于拉祜族学生学习汉语文、顺利实现语言过渡具有十分重要的影响。我们在田野工作中观察到，在课外，学生之间的交谈基本上是使用拉祜语，在课堂上用汉语普通话与老师对话时显得较为困难。而那些居住在乡镇的教师和乡镇干部子弟在课上或课下都能较流利的与老师用普通话对话与交流，他们在学校里受到老师更多的肯定与表扬。这两类具有不同社会阶层和文化资本的学生在学校里的差异直接影响了他们的学业成就，前者低，而后者高。这基本应验了社会阶层与文化资本对学生学业成就的影响。

4. 学校和教育制度也是影响因素之一

学校和教育制度对拉祜族学生学业成就的影响主要表现在两方面。

一是语言教育。拉祜族山区学生入学前不懂汉语或者懂得很少，入学后需要进行双语教育，而双语教育既需要教育部门从制度上给予保障，同时也要结合拉祜族山区的实际情况，因地制宜地选择具体方式，特别要做好双语教师的选拔和培训，解决好拉祜族学生的语言过渡问题。只有解决了语言中断问题，才能改善和提高其学习能力，增强其学习信心和动力。但是由于条件和资源所限，山区拉祜族学校教育还远远不能满足对双语教育的需求。

二是教师。作为教学活动的实施者，教师是影响学生学业成就的一个关键因素。师生之间良好的互动和沟通是教学活动顺利开展的有力保障，但是在拉祜族山区由于语言差异以及民族心理的影响，师生之间缺乏基本的沟通和互动，这不仅影响了教师的积极性和工作热情，对学生参与课堂教学活动也是严重的障碍，这必然将引起拉祜族学生的学业失败。也有学者认为，教师的异文化偏见、民族偏见以及对少数民族学生的低期望等都是导致他们学业成就偏低的原因。

（二）局限

尽管西方低学业成就理论对我们解释拉祜族学业成就问题提供了有益的启示，但是也存在诸多局限和问题。

拉祜族较低的学业成就问题是多种因素共同作用的结果，无法用某一单一理论给予完全合理的解释，比如文化中断理论虽然发现了少数民族学生在进入现代化学校时出现了语言和文化的中断现象，并把原因归于学校的文化以及社会制度，却忽视了语言和文化的过渡是一个复杂而漫长的过程。虽然社会制度上的保障具有十分重要的作用，但是它并不能完全解决问题，还需要学校、家庭等微观领域的相互配合；同时这种过渡也是教学双方共同努力的结果，否则难以解释为什么同样具有语言和文化中断情况的少数民族学生在语言的过渡上却具有明显的差异性。同样文化资本理论也不能解释这种民族间的差异。例如笔者在距木戛乡20多公里的雪林佤族乡调查时发现，同是山区的佤族学生在学习汉语方面更加积极、主动，汉语水平和学业成就都比拉祜族学生高。

阶层化社会理论仅把受压制的少数民族学生的低学业成就归结为社会阶层的影响，而排斥其他因素的影响，这就会陷入片面性和机械决定论的泥潭。正如在我国并不以种族阶层或民族阶层建构社会劳动体系，但是由于历史原因，拉祜族主要聚居于云南省的边远山区，是一个相对封闭的自然经济社会，生产力发展不足造成了以族群与性别等因素交织在一起的"类卡斯特社会"，历史造成的影响在短期内难以改变。尽管我国在1950年代以来出台了民族政策，从国家政策的层面保障了各民族平等。但是光解决社会制度是不够的，还要解决少数民族地区生产力发展的问题。由于生产力水平低下，少数民族地区出现了"职业限制"的情况，但是这种职业限制并不是像奥格布所认为的那样，是少数民族长期受到主流文化社会的不公正对待、与主流族群关系紧张而造成的。它是一种隐性的职业限制，与拉祜族山区经济环境、自然地理环境以及社会发展历史等综合因素密切相关。

综上所述，我们认为西方低学业成就的各种归因理论从不同的方面对于阐释中国山区拉祜族学生的低学业成就均具有一定的合理性，但是由于不同国情的历史、社会制度、族群关系以及族群文化的差异，上述各种理论又具有一定的缺陷，不能全面解释中国山区拉祜族学生的低学业成就形成的原因。

二、山区拉祜族学生低学业成就状况的本土阐释与解决之道

对拉祜族较低学业成就问题的研究应该放在一个更为广阔的视角下

审视。在边远贫困的拉祜族山区，现代化学校文化与拉祜族社区文化相互隔绝。学校的功能主要是为培养适应外界工业化社会的人，传授的知识基本上是反映外界工业化社会的现代文明的，而山区拉祜族社区是一个传统的初级农耕和半采集的社会文化生态环境。学校传授的知识与拉祜族社区生产生活知识缺少直接的联系，同时又由于学校的教学质量偏低，中、小学毕业生很难适应县城以上的现代化工业社会市场经济对人才的需求，绝大多数不合格的毕业生毕业后不得不回到拉祜族传统社区（图 18-1）。

教育人类学的结构—功能理论模式认为，教育反映了社会的结构和要

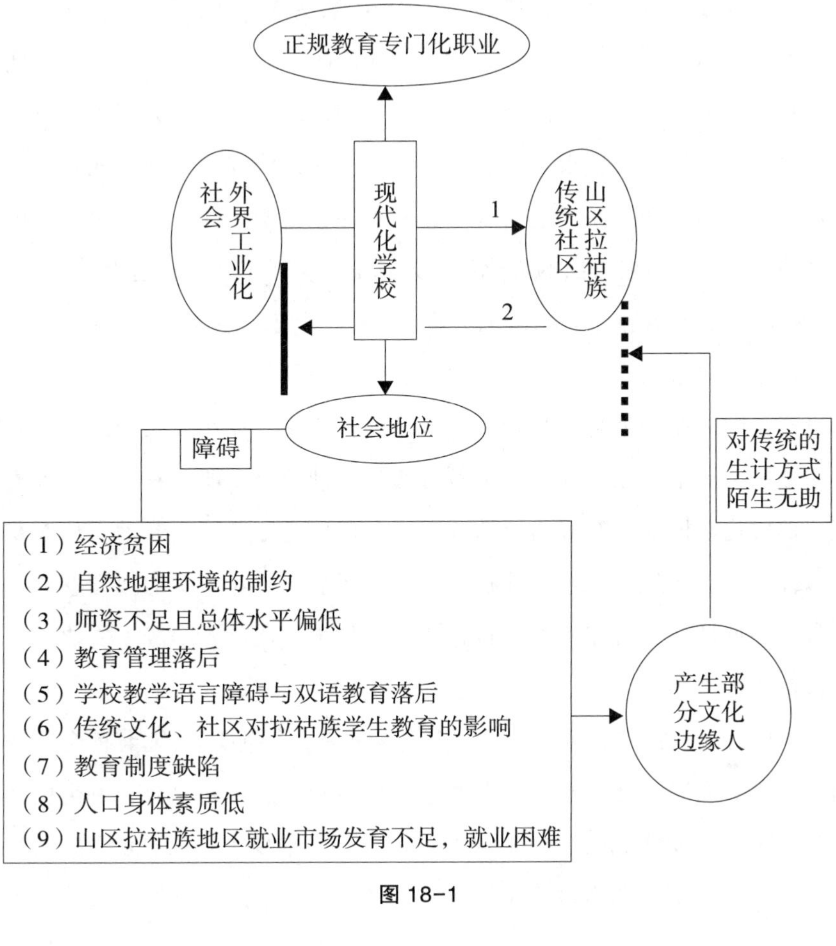

图 18-1

求，是为与之相联系的社会政治、经济服务的。受该理论模式影响的维尔森（Wilson）的技术功能主义理论认为，学校的功能是培养能适应劳动力市场需求的社会行为和认知技能的人才。现代工业社会文化时期，在正规职业教育专门化和社会地位之间存在着不可分割的纽带：纽带的一端是接受过高级训练的人所掌握的技术，另一端是标志社会地位的报酬与福利待遇，二者之间正是学校教育。

但是拉祜族山区的学校教育并不能满足工业经济社会对特殊人才的需求。图 18-1 的箭头 1 表明外界工业化社会通过现代化学校进入传统文化的拉祜族社区，但是那些低学业成就的拉祜族青少年在进入外界现代化经济社会中存在着各种巨大的障碍（图 18-1 箭头 2）。他们接受过部分现代化的教育，但又由于各种巨大的障碍，他们的学业成就低，没有达到现代工业化社会劳动力市场的需求，不得不回到传统的社区，运用孩提时代习得的传统文化知识维持艰难的生计。可是，面对传统的生计方式时，他们往往又感到陌生和无助。他们既不能融入外界工业化社会，也得不到传统社区的承认，因而对自己的文化认同感到茫然，成了“文化边缘人”。而山区拉祜族家庭要培养一个能满足工业经济社会需求、获取高额回报的学生，是他们家庭收入根本达不到的。由于教育是一种长期性、间接性、潜在性的投资，同时在一个高等教育并未普及的社会中，存在较大的风险，所以大多数山区拉祜族家长并不会将教育作为一种投资，他们看不到教育的回报。现代化学校并没有成为拉祜族学生向现代化工业社会流动，从而获取相应社会地位与经济回报的途径。这必然影响家长对子女的教育期望，这种教育的低期望又直接影响了拉祜族学生的学业成就，形成了文化、经济与教育的恶性循环。

如何打破拉祜族山区文化、经济与教育的恶性循环？随着社会经济一体化进程的发展，处于封闭状态的山区拉祜族必然与外界社会发生更多的互动，时代的发展对山区拉祜族教育提出了新的要求：一方面要提高教学质量，提升拉祜族学生进入主流社会的能力；另一方面要加强教材本土化知识的建设，为解决拉祜族群众的生计及提高其生活水平服务。

滕星教授在国外多元文化教育理论、林耀华先生“均衡理论”以及费孝通先生“中华民族多元一体格局”理论的启发下，提出了“多元文化整合教育理论”，也称“多元一体教育理论”。[①] 该理论认为，一个多民族国家在负担人类共同文化成果的传递功能的同时，不仅要负担传递本国主体民族优秀传统文化的功能，同时也要负担起传递本国各少数民族优秀传统文化的功能。多元文化整合教育，除了主体民族文化外，还要含有少数民族文化的内容。少数民族不但要学习本民族优秀传统文化，还要学习主体民族文化，以提高少数民族年轻一代适应主流文化社会的能力，求得个人最大限度的发展。主体民族成员除了学习本民族文化外，还要适当地学习和了解少数民族的优秀传统文化，以增强民族平等和民族大家庭的意识。多元文化整合教育的目的是继承各民族优秀遗产，加强各民族间的文化交流，促进多民族大家庭经济上共同发展，文化上共同繁荣，政治上相互尊重、平等友好、和睦相处，最终实现多民族国家在多元一体格局下的各民族大团结。

多元文化整合教育并不仅是外界工业社会对传统拉祜族社区的一种介入，是沟通外界文明与民族文化的桥梁（图 18-2）。同时多元文化整合教育一端联系着拉祜族学生顺利进入主流文化社会，另一端联系着继承和发扬本民族优秀的文化和传统。多元文化整合教育可以弥补现代化学校教育中少数民族学生产生的文化和语言中断问题，还有助于拉祜族学生用本民族独特的文化价值观去解释教学活动中的内容、情境与学习行为，有选择性地保留传统文化；同时学习到主流文化的价值观与社会沟通能力，逐步适应外界主流文化，以达到改善其低学业成就的目的。[②]

---

① 滕星：《民族教育概念新析》，《民族研究》1998 年第 2 期。

② 滕星、杨红：《西方低学业成就归因理论的本土化阐释——山区拉祜族教育人类学田野工作》，《广西民族学院学报（哲学社会科学版）》2004 年第 3 期。

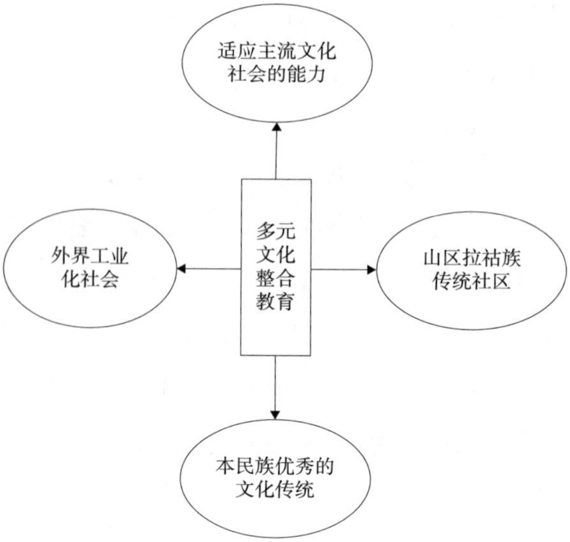

图 18-2

名词与术语

1. 遗传决定论（Theory of Hereditary Determination）：该理论认为，弱势族群的遗传智商不如强势族群高是导致弱势族群教育失败的主要原因，主要的代表人物是詹森（A. Jensen）。他在研究美国黑人学生的学业成就时指出美国黑人之所以在学业上不如美国白人是因为他们没有白人那么高的"智力"；认为地位低下弱势族群儿童学业失败主要是因为他们的文化落后和遗传基因等方面的原因所致。

2. 文化匮乏理论（Cultural Deficit Theory）：该理论认为，一些群体一直贫困是因为其代代相传的文化病态、匮乏和缺失所致，这些儿童由于其父母、家庭和社区没有为他们提供主流学校所期望的那种生活经历而在文化上缺失素养。

3. 文化剥夺理论（Cultural Deprivation Theory）：出现于 1960 年代的美国，主要观点认为：少数族裔儿童的低学业成就主要是因为家庭和社区环境没有给他们的孩子们提供足够的发展认知能力、文字能力和其他提高学业成就的技能的刺激，而这些能力和技能又是在学校中获得成功的学业成就所必需的。

4. 文化差异理论（Cutural Difference Theory）：该理论是在对遗传决定论和文化匮乏论批判的基础上提出来的。它包含着主流群体和弱势群体、主体民族和少数民族在文化层次上诸多方面的差异，同时也包括教育资源与师资力量等教学软硬件设施在主流群体和弱势群体间的差异，正是这些差异导致了弱势群体儿童学业的失败。

5. 文化中断理论（Cultural Discontinuity Theory）：又称为文化冲突理论，认为少数族群的低学业成就是由少数族群文化与主流学校教育文化之间的文化差异引起的文化中断和文化冲突使一些少数族群孩子在学校学习中出现了问题。

6. 社会阶层理论（Caste Theory）：该理论存在两种观点，即非马克思主义的阶层观点和马克思主义阶级观点。非马克思主义阶层观点认为少数族群学生学业成就较低是因为他们缺乏能力或没有平等受教育的机会；马克思主义阶级观点的解释却是用阶级对抗和文化因素相结合来解释少数族群，尤其是非洲裔美国人学生的学业成就问题，认为少数族群的低学业成就是因为较低阶级与上层阶级之间的冲突引起的。

7. 文化模式理论（Cultural Model Theory）：美国教育人类学家奥格布认为，少数族群文化和语言与美国白人控制的公立学校和占支配地位的文化语言之间的关系才是造成少数族群学生学业成就问题最重要的原因，并根据少数族群文化语言和主流文化语言的不同关系把少数族群划分为自愿迁移少数族群和非自愿迁移少数族群，正是这种不同的关系影响了少数族群跨越文化和语言障碍的能力，也因此成为成功地进行干预和采取其它措施而需要了解的东西。

8. 政治权力理论（Political Power Theory）：该理论主要从政治、权力方面对宏观性学校教育研究进行深刻地探讨，主要代表人物有阿普尔、基洛克斯、莫罗和托里斯、夏皮罗等。他们认为从本质上看，学校是观察经济、政治和文化领域之间的辩证关系和张力的基本机构，是探求这些关系和张力的场所，关注学校教育过程中权力关系的运行机制，探讨在各种结构权力背景之下的社会运动者如何构筑文化的意义。

9. 角色身分理论（Role Identity Theory）：该理论指出，对于学生来说，要想顺利完成学校教育，就必须让“学生”这个身分在生活中占据主导位置，同时多发展其他可以配合、支持学生身分的“学校相关身分”并最终形成“学生身分结合体”，从而提高学生的学业成就。

10. 批判性种族成就理论（Critical Race Achievement Theory）：该理论是把批判性种族理论引入解释非洲裔学生学业成就而形成的理论，主要代表人物为加特尔。该理论认为主流的学业成就理论一般把学生的成败归咎于他们自身，而忽略了社会结构因素对学生在学校和生活中发挥最大潜能起到的限制或阻碍作用。其内涵包括：第一，学生相信，个人努力和自我负责可以引领他们走向学业成功；第二，学生把学业成就看作任何人都可以获得的非种族特征，并把这一特征融入其作为某种成员的自我感知中；第三，学生对种族主义以及种族主义对他们的现在和将来的影响持有批判态度；第四，学生认为学校教育对于他们的未来具有实用性；第五，学生重视多元文化能力，把它当作获得成功所需的技能；第六，对于学校中的种族主义，学生已形成适应性的应对措施，足以保持高学业成就和强烈的种族自我认知。

11. 多因素考量理论（Multivariate Consideration Theory）：该理论主要将宏观和微观视角结合起来对学生的学业成就进行考量，代表人物为施奈德和李。该理论认为经典的学业成就归因理论多数只从一个视角来阐释问题，因此他们建构了既关注宏观社会文化因素，又考虑微观个人互动因素的理论来阐释为什么美国东亚裔学生可以获得学业成功。

12. 扣减学校教育理论（Subtractive Schooling Theory）：该理论认为，少数族群学生的低学业成就是由制度化的扣减学校教育导致，主要表现在学校课程和分流机制剥夺了少数族群学生需要的文化、族群、政治、历史资源等；同时也体现在学生与老师、辅导员和学校管理者对于关爱与教育有着不同且冲突的定义。

思考题

1. 以美国为代表的西方教育人类学界从文化角度解释少数族群的低学业成就的过程中，形成了哪些理论？就其中的某两个理论进行简要说明。
2. 西方的低学业成就归因理论是否能阐释我国少数民族学生低学业成就？为什么？
3. 采用哪些措施和方法可以提高少数民族学生的低学业成就？
4. 少数民族学生需要什么样的教育？
5. 简要阐述多元文化整合教育理论的内涵和对中国教育的启示。

推荐阅读书目

1. 哈经雄、滕星:《民族教育学通论》，教育科学出版社 2001 年版。

　　本书作为通论，内容包括：民族教育学基本理论，民族教育学发展史与学业成就归因理论，世界民族教育及跨文化教育理论概述，自然、社会生态环境与民族教育，文化生态环境与民族教育，民族语言与民族教育，民族心理与民族教育，民族法规与政策，民族教育体制与管理，民族幼儿教育，民族基础学校教育，民族高等教育，民族职业教育，民族师范教育，民族成人教育，民族教育学研究方法，多元文化社会与多元文化整合教育。

2. John U. Ogbu, *Community Forces and Minority Educational Strategies: A Comparative Study*, 1995.

　　本书以调查报告的形式探讨了美国公立学校里的少数民族学生的成绩多样性问题，通过区分少数族群类型以及它们的文化与美国主流文化的不同关系，解释了文化的多样性的自然属性和它对教育的意义，并在此基础上提出了文化模式理论。

3. 杜杉杉:《社会性别的平等模式——“筷子成双”与拉祜族的两性合一》，云南大学出版社 2008 年版。

　　男女平等理想好像永远处于逃遁状态，在地平线上不断闪现，似乎又可望而不可即。本书作者认为，如果将视线从潜伏于女权主义主流的形形色色乌托邦理想上移开，人们可能会惊奇地看到：男女平等社会确实存在。基于对云南拉祜族的大量田野调查，作者发现，诚如有关“筷子成双”的诸多拉祜族谚语所喻示，男女平等社会可以在两性合一的理念中有效实践。

4. 谭光鼎：《原住民教育研究》，五南图书出版公司 1998 年版。

　　本书的内容共有九章，重点是对国外少数民族教育的理论进行了文献梳理，在多元文化的脉络下阐述了文化差异对原住民教育的影响。

5. 杨红：《拉祜族女童的教育选择：一项教育人类学的回访与再研究》，民族出版社 2013 年版。

　　本书是一项教育人类学的回访与再研究。通过教育民族志的书写，书写者给我们呈现了拉祜族女童作为一个多重弱势群体在受教育过程中所面临的各种困境，其中涉及性别教育问题、城乡差距问题等。作为一本规范的教育民族志，本书通过生动详实的个案研究，展示了人们对当前学校教育、民族教育及教育的功能与意义进行的反思。本书也是国内首本对女童教育进行详实书写的教育民族志。

第十九章　国外原住民教育

原住民教育、少数民族教育是教育人类学研究的主题。一般来说原住民教育具有多重的含义，从时间上讲，指外来拓殖者到来之前原住民的传统教育、殖民者到来后对原住民实施的同化与整合教育以及当代原住民自治教育三种；从内涵上讲，指基于原住民自身文化与传统的自主与自治的教育和旨在废弃其传统文化的由他人实施的同化与整合教育。本章详细介绍了原住民概念的内涵与外延、原住民人口分布及其变化的特点、原住民的历史与现实境遇，以及美国、加拿大、澳大利亚和新西兰的原住民教育历程及现状。

第一节　原住民概述

原住民的命运与殖民主义的历史紧密关联。在西方殖民的历史过程中，原住民从所居领土的最早主人沦为保留地居民，而其传统的教育模式和内容被当作“原始”、“野蛮”或“落后”的东西而被强制取缔，代之以西方殖民教育——起初通过宗教进行“文明教化”；后来，建立远离原住民社区的寄宿学校，进行强制同化。[①] 二战后，随着原住民的民族文化自觉意识的提高和各国原住民政策的调整，原住民的教育自治与自决运动呈现出蓬勃发展之势。

一、概念解释

（一）“原住民”的“他称”与“自称”

族群概念作为话语系统，是一个被外族认识与自我认识交替互动的过

① 陈·巴特尔：《历史变迁中的加拿大印第安人教育的演变》，《民族高等教育研究》2015年第3期。

程。在这个意义上，一个族群的概念包括他称与自称，这种他称与自称的概念在不同国家、不同文化语境下大不相同。

先来看“他称”。在北美，原住民被称为“印第安人”（Indians），因1492年哥伦布抵达美洲大陆后，误以为是来到了印度（India），就把这个大陆的人称为印第安人，这是一种他称。久而久之，人们习惯了这一他称。同样是他称，“印第安人”的称谓在不同国家里也有不同的称呼。比如在加拿大他们被称为“土著人”（Aboriginal People），在美国则常常被称为“本土美洲人”（Native American）。在大洋洲，澳大利亚的原住民被称为“土著”（Aboriginals）；而新西兰人数最多的原住民则被称作“毛利人”（Maori People）。

就“自称”而言，情形也是多种多样。在加拿大，北美印第安人有50多个分支或民族，他们一直以自己的族名自称如克里人（Cree）、德尼（Dene）、奥杰布瓦（Ojibwa）、易洛魁（Iroquoians）等，且对欧洲殖民者将他们称为印第安人表示不解和不满。后来，随着国际原住民运动的发展和原住民民族自觉意识的提高，这50多个印第安民族团结起来，共同称呼自己为第一民族（First Nations），以强化自己是北美最早主人的政治认同。

此外，在原住民的他称上，还有学者根据经济与社会发展程度把全世界的原住民列在第一世界、第二世界、第三世界之后，统称为“第四世界”（the Fourth World）。在我国，大陆学者多用“土著”，而台湾学者多用“原住民”。究其原因主要在于对英文 Indigenous Peoples 和 Aboriginal People 翻译不同所致。因此，有必要从语词学的角度来探讨它的意义。

（二）“原住民”的语词学解释与法定意义

从语言学角度来看，关于原住民的英语词汇主要有三个，其主要结构是用限定词加核心词方式。它们分别是 Native People、Aboriginal People、Indigenous People。虽然这三个词的基本含义都是“原住居民”，但是仔细推敲，还是有所区别，主要不同之处在三个限定词上。“Native”英文辞典解释为“local inhabitant as distinguished from immigrants, visitors, etc. when the race to which he belongs is regarded as less civilized”（有别于移民、来访者的当地居民，尤其当其所属种族被认为文明程度较低时）。[①] 显然，这是一种蔑称，是以欧洲文化为中心的欧洲民族对其殖民地居民的称谓；“Aboriginal”英文含义是“esp of people inhabiting a land from a very early period, esp before the arrival of colonist”（特指从很早时期尤其是指殖民者到来之前就居住于某地的人），[②] 强调相对殖民者而言的“早期居民”，虽然它符合殖民者与原住民的历史关系，但是，它更多的是指殖民体系下的移民国家的原住民，不免带有主观色彩；“Indigenous”的意思为“of the people regarded as the original inhabitants of an area”（某地域上的原住居民），[③] 其内涵更为确切，而外延更广，涵盖了那些没有经历殖民历史的原住民族。

再看看汉文中的两个词汇。“土著”在汉文典籍中确实存在，在涉及“华夷”关系时，常常被“华”用来描述“夷”之文化，具有明显的歧视意味（如《史记·西南夷列传》中的“其俗或土著，或移徙”，是外来者对封闭落后社会的群体的指称或描述）；而台湾学者所用的“原住民”之称谓，含义为“世代居住于某地区的民族”。

从法律上看，原住民的法律概念伴随着原住民问题的国际化而产生与发展。1970年代，国际社会开始关注原住民问题。1977年在日内瓦召开原住民族问题的第一次非政府组织国际会议，1982年联合国设立了原住民事务国际工作组（the International Working Group for Indigenous Affairs），1993年通过了《关于原住民族权利的联合国宣言草案》，1996年联合国人权委员会通过了《原住民族权利宣言》，2000年联合国原住民问题常设论坛成立。“Indigenous Peoples”是国际法律通行的原住民概念。它最早出现于1989年国际劳工组织的《第169号公约》，而《原住民族权利宣言》通篇都用了“Indigenous Peoples”（即“原住民族”）这一称谓。

---

① 《牛津高阶英汉双解辞典》（增补第四版），商务印书馆、牛津大学出版社2002年版，第979页。

② 同上书，第3页。

③ 同上书，第757页。

（三）“原住民”概念的涵义

综合上面关于原住民的他称与自称、语词学与法学意义上的分类，本书统一使用“Indigenous Peoples”，在汉语里为“原住民族”（以下简称为“原住民”）。1986 年，联合国原住民问题工作组首任报告员 Jose R. Martinez Cobo 认为，原住民是那些被侵占和被殖民前就长期且未中断地在其领土上生活的原住社群、原住民族和原住部族，他们自认为有别于这些领土上占优势的社会其他部分，成为现行社会非主体部分，他们决意按照自己的文化模式、社会组织和法律制度，保存、发展并向后代传承其祖传领土、民族文化和民族独特性，并凭此为基础而作为民族继续生存于世。

这一定义对“原住民”的内涵作了界定：其一，原住民有被征服和被殖民的经历，其民族和社会的起源与发展同所居住的领土密不可分，这种关系持续至今；其二，原住民在所在国家处于非主体地位，受到某种形式的歧视和被边缘化；其三，原住民享有自己独特的文化模式、社会组织和法律制度，其自我认同不是外来力量，而是由国家强加的；其四，原住民传承祖先遗留的领土和民族特性，原住民始终与特定区域所居住的领土密不可分。在外延上，本章所提及的原住民是指曾为西方欧洲人所殖民的美国、加拿大、澳大利亚、新西兰的原住民族。

二、世界原住民人口及其分布

（一）“原住民”的人口数量变化态势

虽然世界上原住民的人口数量及分布情况难以精确地描述，但是，根据已有的研究成果，我们至少可以粗略地知道其人口数量及分布区域。作为最具权威的非政府间国际组织——原住民事务国际工作组 2007 年公布的统计数据为：全世界共有 5000 个原住民族群，总人口超过 3.5 亿。南北美洲、墨西哥及中美洲、北极、俄罗斯、北欧、东亚、西亚、东南亚、太平洋、西非、中非、东非、南非、澳大利亚及新西兰都有原住民居住，他们分布在 70 个不同的国家。

在欧洲殖民者入侵之前，原住民人口呈自然增长的态势。“由于受地理隔绝和交通技术的限制，1500年前的各人类社会基本上处于相对彼此隔离的状态之中。”[①] 在这一时期，与所居土地形成了千百年的地缘关系的原住民，除了因区域内部的各民族间的冲突与争斗而导致的人口变化之外，人口一直处于稳定的自然增长状态；1500年之后，欧洲殖民者的入侵导致原住民人口的锐减，有些地区的原住民人口几近灭绝。殖民者或贩运奴隶、或携带疾病、或直接屠杀，不仅使原住民人口减少，而且使其珍贵的多元文化消失，可以说，对原住民的侵害是破坏性和毁灭性的。“殖民主义入侵直接导致了土著民族的种族人口减少乃至种族灭绝，在这方面，非洲、美洲和大洋洲等地区是重灾区。”[②]

（二）“原住民”的人口分布格局

在非洲，1510—1870年间，欧洲殖民主义贩运奴隶多达3500万—4000万人，其中只有1000多万到达目的地，其余死于途中；在美洲，欧洲人的大规模移民几乎淹没了这些地区的早期主人——美洲印第安人，在其入侵后的一个世纪之内，原住民人口下降了90%—95%；在大洋洲，从1778年欧洲人初抵澳大利亚到1911年，原住民遭到大规模屠杀，人口从30万人减少到2万人。1790年代，欧洲第一批移民抵达新西兰时，他们所携带的疾病如肺结核、流感导致毛利民族人口下降了50%。20世纪以来，尤其是“二战”结束后，随着欧洲殖民主义体系的解体，原住民民族自决意识的增强，原住民族为争取自己的生存、发展权利发起了世界性的原住民运动。虽然他们仍然生活在社会底层与边缘，但是与殖民时期相比，人口呈缓慢增长之势，进而形成了前面提到的人口数量及分布格局。

三、世界原住民的历史及其现状

（一）世界原住民的历史

原住民的历史境遇和西方的殖民主义有着直接的、密切的关系，按照欧洲殖民入侵的时间，可以把世界原住民的历史分为前殖民时期、殖民时

---

① 廖敏文：《〈联合国土著民族权利宣言〉研究》，中央民族大学2009年博士学位论文。

② 同上。

期、后殖民时期这样三个阶段。

1. 前殖民阶段（1500年以前）

著名历史学家斯塔夫里阿诺斯认为，人类历史开始时存在一种统一性或共同的起源。在旧石器时代漫长的数百万年中，人类逐渐分散到地球表面的大部分陆地上。后来，冰期结束使各大洋海面升高，非洲与欧洲、南北美洲与东北亚、澳大利亚与东南亚陆续隔开。1500年是人类历史上的一个重要转折点，是从地区史到全球史的一个转折点。1500年之前，人类社会均处于不同程度的彼此隔离的状态之中。从地理环境来讲，欧亚大陆彼此更为接近，他们之间的交往与冲突更多。相比较而言，非洲、南北美洲和澳大利亚大陆彼此之间联系少而又少，人们生活在不同程度的地区孤立之中。“约6000年前，撒哈拉沙漠以南非洲也在相当大的程度上沦于与世隔绝的境地，因为那时的撒哈拉沙漠已变得非常干燥，成为阻碍人们迁移的一个巨大障碍”；“澳大利亚土著居民，从他们最后几次由东南亚移居澳大利亚到詹姆斯库克船长抵达澳大利亚，他们与外部世界没有任何联系达3万多年”；“北美洲和南美洲的居民几乎同样与世隔绝，他们最后几批从西伯利亚渡海至美洲的时间是在哥伦布航海之前约1万年时。”[①]

可见，在1500年前欧洲人到达这些非欧亚大陆之前，原住民在那里繁衍生息了成千上万年。在长期的历史发展过程中，他们形成了与各自的自然环境相适应的生活方式，建立了多元的社会组织结构，创造了各具特色的传统文化，为人类文明作出了自己的独特贡献。相对来讲，他们所处的地理位置比较孤立，与欧亚大陆各民族相比，他们与其他地区民族交往不多。因此，在前殖民阶段，各主要原住民的历史处于自然发展的阶段，他们的文化按照自己的发展轨迹按部就班地发展着。

2. 殖民主义阶段（1500—1914）

1500年后，随着欧洲殖民主义扩张序幕的拉开，人类历史从地区史进

---

① 斯塔夫里阿诺斯著、吴象婴等译：《全球通史：1500年以后的世界》，上海社会科学院出版社1999年版。

入了全球史，同时中断了各地原住民自然发展的历史。“1500年后的由欧洲殖民主义强国对其他大陆的入侵、征服和占领以及伴随的大规模殖民活动则是单向的，并且更加野蛮和残暴。就世界范围而言是全球性的，欧洲殖民主义强国先后占领了新大陆（美洲）和大洋洲，征服了整个非洲并将其瓜分殆尽，殖民主义势力渗透了亚洲和太平洋。”[①] 殖民主义全球性侵袭使原住民的生存与发展受到了极大的威胁，具体表现在以下几个方面：原住民赖以生存的土地与资源被欧洲人占领与掠夺，而作为土地主人的他们要么被跨界分离，流为跨国民族，要么被赶入保留地被孤立起来；殖民主义入侵直接导致了原住民人口减少甚至灭绝，如前所述，人口减少乃至灭绝的原因有很多，或因殖民者的奴隶贸易、或因殖民者的屠杀、或因殖民者带来的疾病；原住民的文化多样性遭到了殖民者的破坏，殖民者视自己为文明人、优越民族，而将原住民看作是原始人、落后民族，他们借助暴力、教会、寄宿制学校等工具对原住民进行同化，毁灭其多元而独特的文化，例如，优雅的美洲三大文明——玛雅文明、阿兹特克文明、印加文明就是被西班牙人无情地摧毁的。总之，在殖民阶段，由于欧洲殖民者的入侵、征服、掠夺、移民，原住民土地被占领，人口被屠杀或灭绝，文化被同化或摧毁。其结果使美洲和大洋洲的原住民被殖民者全盘欧化，非洲的原住民被殖民者分割和肢解，而亚洲的原住民则被殖民者直接或间接控制。无疑，这是原住民历史上最黑暗的时代。

3. 后殖民主义时代（1914年以后）

第一次世界大战的爆发，不仅削弱了欧洲在全球构建的殖民主义体系，而且动摇了白人至上的欧洲中心主义观念，同时引起了一场以“民族自决”为核心的民族主义运动。第二次世界大战的爆发，瓦解了西方的全球殖民主义体系，导致了亚非拉要求主权独立的民族解放运动，原住民问题因而由国内问题上升为国际社会必须面对的重要问题。1945年联合国通过的《联合国宪章》明确了以非自治领土托管和国际托管两种途径来废止殖民主义

① 廖敏文：《〈联合国土著民族权利宣言〉研究》，中央民族大学2009年博士论文。

统治，从而形成了世界原住民的三种情形的当代分布：第一种为现代典型的移民国家，如美国、加拿大、新西兰和澳大利亚的原住民，这也是本章要探讨的重点；第二种为非移民的传统多民族国家或地区中的原住民，如北欧的萨米人、俄罗斯远东及西伯利亚地区的原住民、亚洲地区国家中的原住民族；第三种为原殖民主义的国家（如英、美、法等国家）现存的殖民地及前述的联合国托管的16个非自治领土上的原住民。[①]

（二）世界原住民问题的现状

1960年代后，随着原住民权利意识的觉醒和国际社会的支持，原住民民族运动突破国家的藩篱，逐步走向国际化。首先，出现了许多国际的和区域性的原住民非政府组织如国际印第安条约理事会、世界原住民族理事会、第一民族大会、印第安人法律资料中心等，这些组织的代表参加了《原住民权利宣言草案》的工作会议，参与了《宣言草案》的制定。其次，其他非原住民的非政府国际组织也为原住民争取权利的事业作出了贡献，如原住民事务国际工作组、生存国际、文化遗存组织等。正是这些组织在原住民族和以联合国为代表的官方国际社会之间起到了重要的桥梁作用。他们将原住民族问题和原住民族的要求带到原住居民问题工作组并提交相关资料，敦促人权委员会通过《原住民族权利宣言草案》，游说各国政府在联合国大会通过宣言的正式文本。1970年代开始，联合国正式形成了原住民人权事业的机制，1982年设立原住居民事务国际工作组，参与《原住民族权利宣言草案》的起草工作，并于1994年完成了草案文本；1995年，联合国人权委员会设立了《原住民族权利宣言草案》工作组对草案文本进行审议，提出修改意见；1993年年底联合国宣布举行第一个世界原住民族国

① 这16个非自治领土是：非洲：西撒哈拉；欧洲：直布罗陀（英）；大洋洲地区：安圭拉（英）、百慕大、美属维尔京群岛、英属维尔京群岛、福兰克群岛（包括南乔治亚岛）(英、阿争夺）、开曼群岛（英）、特克斯和凯科斯群岛（英）、蒙特塞拉特（英）、圣赫勒拿（包括戈夫岛、特里斯坦—达库尼亚岛、阿森松岛）(英）；太平洋地区：美属萨摩亚（美）、关岛（美）、新喀里多尼亚（法）、皮特凯恩岛（英）、托克劳群岛（新西兰），其人口不足200万。本章不涉及这些地区的原住民。1994年，随着联合国最后一个托管地贝劳的独立，国际托管制下的原殖民地统治下的附属国人民在联合国的非殖民化努力下均已成为独立的国家。

际十年行动（1994 年 1 月—2004 年 12 月），通过加强国际合作来解决原住民族面临的现实问题，并规定每年的 8 月 9 日为世界原住民族人民国际日；2000 年联合国原住民问题常设论坛成立，研究讨论原住民族的经济和社会发展、文化、环境、教育、健康和人权问题；2004 年年底联合国宣布举行第二个世界原住民族国际十年行动（2005 年 1 月—2014 年 12 月），目标在于就世界原住民面临的现实问题进一步加强包括社会和经济发展等领域内的国际合作；2007 年经过十三年漫长的争论与斗争，联合国终于通过了《原住民族权利宣言草案》，从此世界原住民的历史翻开了新的一页。

第二节　北美印第安人的教育

一、北美印第安人的人口状况及其地域分布

（一）北美印第安人的人口状况

美洲原住民是指在哥伦布到达美洲之前就已经生活在那里的人和其他一些自我认同为原住民的人群。原住民在加拿大被称为“Aboriginal People”（土著人），而在美国被称为“Native Americans”（本土美国人）。在美国和加拿大，这些原住民常常被认为是 Indians，Red Indians，Amerindians（印第安人、红种印第安人、美洲印第安人）。普遍认为美洲印第安人是大约 2.5 万年前分多批从西伯利亚经白令海峡到达阿拉斯加，逐步向南迁徙，一直抵达美洲最南端，散布于整个美洲。本章把生活在北美大陆上的美国和加拿大的原住民指称为北美印第安人，但不包括加拿大的因纽特和梅蒂人，也不包括美国的阿拉斯加原住民和夏威夷原住民。根据 2006 年人口统计，加拿大的印第安人人口为 698025 人，占全国总人口的 2.23%，加拿大有超过 630 个由印第安人自己控制的村落社，这些村落社几乎有一半分布在安大略省和英属哥伦比亚省；根据美国 2010 年人口统计，印第安人有 2932248 人，占美国总人口的 0.9%，现有 565 个印第安部落。

在欧洲人到达美洲大陆之前，印第安人已经在这里生存了成千上万年，

形成了与其生存环境、生物物种、气候条件相和谐适应的生业方式、社会组织和文化传统。

（二）北美印第安人的地域分布

北美大陆东南部从墨西哥湾北面到西北区的南部这一区域是气候潮湿的农业区，操穆斯克根语变种的著名五大部落生活在这片区域，他们种植玉米、大豆、南瓜，还有烟草和向日葵；密西西比河和落基山之间即从今天的加拿大一直到墨西哥湾是平原印第安人的生活区域，起先靠狩猎和农耕为生，后来成为放牧野牛的游牧民族；大陆西南是片广袤的沙漠，即今天的亚利桑那和新墨西哥州一带，这里住着极少迁徙，种植玉米、豆类、南瓜的布洛印第安人和部分靠打猎、采集为生的纳瓦霍等部族；东边的落基山、西边的内华达山脉、北面的哥伦比亚高原和南面的科罗拉多高原围成的大盆地则生活着说肖肖尼语和犹他阿兹特克语的印第安人，他们在这片满是荒凉的沙漠、盐沼和咸水湖地区靠采集和捕猎为生；而加利福尼亚区居住着上百个印第安部落，文化多样、语言复杂。他们以家庭为单位，以打猎采集为主；西北海岸从加拿大英属哥伦比亚到美国加利福尼亚北段的太平洋沿岸是海岸印第安人的乐园，气候温和，资源丰富，他们过着定居的渔业生活，发展了严格等级的社会制度；哥伦比亚和弗雷泽河流域是高原印第安人的区域，他们大都生活在沿溪流和河床而建的小村庄中，靠捕鱼、打猎和采集为生。

二、北美印第安人的文化变迁及教育历程

（一）北美印第安人的文化变迁

北美大陆最早是印第安人的故乡。1492 年哥伦布抵达美洲大陆，开启了欧、美大陆相互关联的全球化历史的新阶段。继哥伦布后，欧洲白人渐次到美洲大陆贸易、探险、殖民。这一过程不仅导致了印第安人的文化变迁，也极大地改变了印第安人的命运。

根据李剑鸣教授的研究，美国印第安人和白人的文化关系史可以划分为相互联系的若干阶段：第一阶段是文化接触的开端时期，始于 1492 年欧洲人到北美进行贸易与探查，止于 1607 年英属北美殖民地的建立。这个时

期两种文化的相遇仅限于大西洋沿岸和西班牙的殖民地地区。第二个阶段始于1607年，止于1871年美国宣布不再与土著部落签订条约，这期间文化冲突愈演愈烈，白人社会在印第安人中推行渐进“开化”。第三个阶段是从1871年开始，土著部落均被美国征服，随之进入强迫同化阶段，直到1934年《印第安人改组法》的出台，强制“美国化”运动才告中止。第四个阶段从1934年印第安新政开始一直到20世纪六七十年代的文化多元主义的兴起与确立为止，特别是1975年《印第安人自决与教育援助法》和1978年《印第安人宗教自由法》两部法律的通过，标志着美国政府长期坚持的同化政策被完全废止，也标志着一种新型的印、白文化关系已经确立。①

（二）美国印第安人的教育历程

根据上述美国印白文化关系发展的历史，我们可以把美国印第安人的教育发展历程划分为以下几个阶段：

第一阶段：与白人接触前的印第安人传统教育

印第安人教育有着悠久的历史。欧洲殖民者到达美洲之前，印第安人的每个分支都有自己的教育形式。②一般来说，印第安传统教育形式以口授历史、讲故事、举行仪式、学习狩猎技术等为主。游戏也是一种教育形式，通过一些游戏模拟生产与作战时的场景，儿童在其中扮演一定的角色，从而学习这些关系部落及个体生存发展的技能。“早期印第安人虽未设学校，没有文字，没有专门的教材，但部落中各种传说故事、祖先墓地和各种象征物都可以作为印第安青年了解部落传统的教材。”③

第二阶段：欧洲白人对印第安人实施渐进的“文明开化”教育

这个阶段从1607年第一个殖民点建立，到1871年印第安各部落均被美国当局征服为止。1607年，英国人在弗吉尼亚建立了第一个永久移民点，此后，先是英国人而后是美国人就开始了对印第安人的殖民统治和殖民教

---

① 李剑鸣：《文化的边疆：美国印第安人与白人文化关系史论》，天津人民出版社1994年版。

② 王红艳：《加拿大印第安人教育述论》，《世界民族》2002年第5期。

③ 代影：《美国印第安人教育发展历程》，中央民族大学2009年硕士学位论文。

育。初期，英国殖民主义者对印第安人的教育是促其“文明开化”和“基督教化”。1776 年以后，美国政府继续英国殖民主义时期的“文明开化”和“基督教化”的教育政策，不仅设立了印第安事务委员会，还建立了所谓“开化基金”，专事文明开化之举。1802 年，美国国会每年拨款 1.5 万美元作为开展文明化工作；1820 年，国会又通过法令授权总统聘请符合条件的人员从事印第安人的教育工作，向印第安人传授文明习俗和艺术，并为此每年拨款 1 万美元。

由于经费投入和政策保障，美国政府印第安教育有了一定发展：1824 年有 24 所印第安人学校，1830 年各类印第安人学校达到 52 所，在校生 1524 人。到 19 世纪中后期，体力劳动学校有 16 所，学生 800 余人；寄宿学校和地区学校 87 所，学生 3000 人。总体而言，19 世纪中期美国的印第安教育呈“渐进”之势，但成效不太显著。

第三阶段：“强制同化”的印第安教育

这一阶段始于 1871 年美国政府宣布不再与印第安部落签订合同，止于 1934 年《印第安人改组法》的出台。美国政府对印第安人实施强迫同化政策主要是通过教育来实现的，强制同化的主要内容包括：

一是强制入学，强迫教育。1877 年印第安人事务委员会建议建立强迫公费小学制度。1891 年，所有印第安人的孩子被强迫入学，印第安部落必须保证 6—16 岁的孩子入学，家长若拒绝则被扣发补助金，甚至处以监禁。[①] 孩子入学后，被要求按照白人的方式学习生活。寄宿学校的男孩必须剪掉长发，不许身穿自己的传统服饰，学生姓名也要更改，代之以英文名字。学校禁止学生讲印第安母语，若被发现必受惩罚。

二是增加投入，保障经费。美国联邦政府对印第安人教育的投入逐年增加。教育拨款从 1877 年的 20000 美元，增加到 1885 年的 992800 美元，到 1904 年已高达 3880740 美元；而学校和学生数也从 1877 年的 150 所和 3598 人，增加到 1885 年的 200 所和 8143 人，到了 1900 年，学校数增加到

---

① 翟巧相：《美国联邦政府对印第安人教育政策的演变》，河北大学 2005 年硕士论文。

307 所，而学生数高达 21568 人。

三是设立寄宿制学校，消灭印第安文化。1860 年代，美国政府逐步取消教会对教育的控制，设立各种类型的世俗学校以实现其同化目的。1879 年宾夕法尼亚州建立的卡莱尔寄宿学校是政府为印第安人设立的是第一所保留地外寄宿学校，收容印第安学生 1000 多人。到 19 世纪末，美国政府共建立 81 所保留地寄宿学校和 25 所保留地外寄宿学校。寄宿制学校的教学内容除英语和基本的读、写、算外，还要学习科学、历史、艺术，使印第安人了解“文明”世界；学校还开设“美国史”以及职业技术类课程如农业生产、家务劳动和机械技术等科目。这些学校纪律严格，学校实行军事化管理，出操、进食堂教室，都要整队。学校制定了严格的规章制度，不准使用本族语和信奉传统仪式，违反纪律就要受到严厉处罚。

美国当局实行的强制同化教育对印第安文化造成了巨大冲击，这种无视教育主体社会需求和剥夺教育主体文化特征的种族主义教育不仅受到印第安人的抵制，而且受到主流社会的诟病。20 世纪初，美国对印第安人的强制同化政策走到了尽头。

第四阶段：基于文化多元主义的印第安教育自决的确立与成熟

这一阶段始于 1934 年《印第安重组法》颁布，经过 1972 年《印第安教育法》实施，再到 1988 年《部落所控制的学校法》通过，标志着印第安教育自决成为印第安教育的主导模式。

以寄宿制为主要模式的美国印第安教育由于以强制消除印第安文化为主要特征而长期受到印第安人的抵制。同时，由于未能实现使印第安人美国化的预想目标，再加上费用巨大，美国强制同化印第安人的教育政策受到部分白人的激烈批评。1928 年公布的《梅里安报告》标志着美国政府强制同化印第安人政策的失败，其中，在教育方面，寄宿学校的食物、住宿、医疗、学生劳动力、教师、课程和纪律等问题都成为批判的焦点。1933 年罗斯福就任美国总统后，任命科利尔为印第安事务部部长，着手实施印第安新政。1934 年国会通过《印第安人重组法》，宣布废除份地制，归还被剥夺的印第安人土地；承认印第安文化的价值，力主恢复部落制，肯定保留地制度的重要性。该法的第二部分涉及教育改革，主要包括三个方面：第一，关闭寄宿制学校，建设保留地社区全日制学校。1928后的五年里关闭了12所寄宿制学校，到了1933年又关闭了10所寄宿制学校；与此同时，全日制学校蓬勃发展，到1941年，在校生超过了寄宿制学校。第二，改革教育内容，在课程中增加印第安人历史与文化内容。第三，尝试发展职业教育，增加生活技能课程内容，以使学生适应保留地社区的生活需要。

随着1960年代美国民权运动和文化多元主义的兴起，印第安人的民族意识日益增强，文化认同不断强化，他们强烈要求由印第安人自己来控制自己的教育。社会环境的变化和印第安主体意识的觉醒促使美国政府重新考虑印第安人问题。1968年约翰逊总统提出结束早先的终止印第安部落地位的政策，把帮助印第安人实现自决作为印第安政策的新目标；1970年尼克松总统宣布鼓励印第安人的自决意识；1981年里根总统声称继续实行印第安人的自决原则；老布什总统和克林顿总统时期，美国政府承认印第安人与美国之间的关系是一种政府与政府的关系。自此，印第安人自决成为教育发展的主旋律，他们在教育方面获得了越来越多的权利，对教育的自主权和控制权大大增强。

这一时期美国印第安人的教育自决表现在以下方面：首先，通过了一系列印第安人教育专门法，从法律上确保印第安人获得教育自决权。1972年美国国会通过了美国历史上的第一个有关印第安人教育的专门法《美国印第安人教育法案》，规定美国政府不仅应特别补助保留地的儿童和学校，而且补助都市里就学的印第安儿童。1975年国会通过《印第安人自决和教育援助法》，旨在推动印第安人和印第安部落最大限度地参与印第安教育和参与联邦政府为印第安人实施的项目与服务。1978年国会通过《部落自主社区学院援助法》，强调国家应尊重过去的条约，承担相应的责任，对部落学院给予经费支持。1988年《部落管理学校法》进一步扩大了部落对教育的管理权和决策权，同时规定联邦承担更大责任，支持印第安人教育发展。1998年，克林顿总统签署《美国印第安与阿拉斯加土著教育行政命令》，要求建立印第安学生学业成就和留校情形的基本资料，并评估印第安语言文化在教育中如何有效运用的策略问题。其次，创办印第安人自己的学校。1966年纳瓦霍人成立第一所自己管理的学校，到1973年已有12所这样的学校，1975年增加到15所；不仅如此，印第安还着手控制高等教育，1968年美国印第安人第一所部落高校——纳瓦霍社区学院建立，1991年增加到24所，到1999年已有部落学院31所。第三，在教育中重视印第安人的社会需求和语言文化传统。在印第安学校和印第安学生占有一定比例的公立学校，安排有关印第安人传统文化的教学内容，学校有责任发展印第安人语言和文化，课程和教材应结合印第安人的观点，要培训印第安教师，以增加印第安教育家和其它专家。此外，学校开始强调实用技术的学习，注重培养学生的动手操作能力，以满足学生适应生活需要。一些部落学院专门开设一些以职业教育为主的课程，以提高学生适应社会的能力。

三、加拿大印第安人的教育

（一）加拿大印第安人的基本情况

印第安人在加拿大传统上被分为三个部分，即身分印第安人、条约印第安人和非身分印第安人。根据1876年的《印第安法案》，身分印第安人是指被登记的或是有资格被登记为印第安人的人，身分印第安人被分为633个村落社以替代传统的部落和血统隶属关系；条约印第安人是指他们的祖先曾经在历史上与英国殖民者及加拿大政府签订过出让土地以获得赔偿的条约，除了那些没有签订条约的地区如不列颠哥伦比亚省的印第安人外，大多数身分印第安人都是条约印第安人；非身分印第安人是指那些虽具有印第安祖先和文化隶属关系，但失去被依法登记权利的印第安人。1982年加拿大政府颁布的《印第安法》，修正了早先有关法律中剥夺印第安人身分的条款；1985年又进一步完善了《印第安法》，通过了《C-31法》，允许被剥夺印第安身分的印第安人恢复身分。随后几年中，有数万印第安人根据新法登记为印第安人。[①] 根据2001年统计，有土著血统的人口为1319890人，

---

① 王助：《加拿大土著人身分法律确认的演变及现状》，《世界民族》2007年第5期。

其中的976305人确认自己为土著人，占全国总人口的3.4%。在土著人中，印第安人608850人，梅蒂人292305人，因纽特人45070人。

（二）加拿大印第安人教育的发展阶段

加拿大印第安人的教育大体可以分为四个阶段。

1. 前接触阶段——传统印第安教育

在欧洲殖民者到达北美之前，加拿大印第安人一直延续着自己的传统教育。这种教育形式与印第安民族传统的文化理念和生存环境密不可分。传统的印第安人教育以本民族在加拿大土地上几万年的发展历史为基础，由年长者以故事的形式向儿童讲述，在传授关于历史、医药、地理、遗传和生存技能等方面知识的同时，教育儿童承担社会责任，学会社会礼仪，并能保护和帮助他人，懂得与所有的事物和谐共存。在印第安人传统教育中，社区就是他们的教室，社区成员就是他们的教师，社区里的每个成年人都有义务教育部落里的儿童，有责任保证社区里的儿童学会更好地生活。

2. 接触阶段——殖民同化教育

1603—1763年是法国人进入北美，在加拿大建立新法兰西殖民地的时期。在这期间，天主教在加拿大建立教会学校，以教化原住民的孩子。这些学校教授宗教教义、农耕知识和手工技术，以使这些孩子适应新法兰西殖民地农业社会的需要。1763年，英国在英法战争中获胜，他们取代法国，成为加拿大的统治者，加拿大历史进入北美殖民地时期（1763—1867）。之后，印第安人的教育也由先前的渐进同化转为建立寄宿制而实施强制同化。1846年政府开始致力于建立寄宿制学校，规定所有6—15岁印第安儿童都必须接受寄宿制学校教育，他们被迫远离家庭和社区来寄宿制学校就读，如果家长不主动送孩子入学，就可能受到被送到监狱的威胁。学生一律住在学校，学生十个月以上甚至好多年都无法联系家长，他们被禁止讲自己的本族语，即使在课外，彼此之间不能用母语交流。如果讲母语，而不讲英语和法语，不信仰天主教，他们将受到体罚。1894年，加拿大共有

11所寄宿制学校，到了1931年寄宿制学校遍布加拿大各地，达到了高峰，数量猛增到80所，有70%、多达8213人的7—14岁原住民儿童在这些学校就读。从20世纪60年代开始，寄宿制学校陆续关门，1979年只剩12所，1996年最后一所寄宿制学校关闭，长达一个半世纪的加拿大原住民寄宿制学校教育制度寿终正寝。

3. 联邦印第安走读学校——整合教育

1960年代，随着寄宿制学校的衰落，加拿大联邦政府开始调整印第安政策，在印第安保留地建立走读学校以替代过去的寄宿制学校。1969年联邦政府推进教育世俗化，不再与各派教会合作举办学校，印第安事务部开始直接控制寄宿制学校。与此同时，让印第安学生加入公立学校的整合政策也付诸实施。70年代，加拿大政府已经为公立学校中近60%的印第安学生提供教育经费与服务。与寄宿制学校相比，这种在保留地举办走读学校和让印第安人就近入学公立学校模式有了一定的进步。印第安学生可以参加保留地社区的生活并和父母、同胞居住在一起。很多印第安儿童就近到公立学校就读，没有隔断与家庭、社区和民族的关系，仍能在课余学习本民族的语言、知识和精神。但是，这种整合政策并没有在实质上改善印第安人教育的质量，而且由于公立学校没有采取恰当的措施来平衡和协调印第安人的特殊需要，因而这种希望通过印第安教育非部落化，从而使印第安人融入主流社会的整合模式，并没有取得成功。

4. 印第安人控制印第安教育时期

1970年代初，一部分印第安组织领导人要求自决并直接参与印第安教育体制的改革。为回应政府白皮书，1972年全国印第安人兄弟会正式提出一个里程碑式的教育政策——“印第安人控制印第安人教育”，强烈要求管理本民族的教育事务。1973年联邦政府接受了印第安人教育自治的建议，并把它作为印第安人未来教育发展的基础。这种“印第安人控制印第安教育”基于两个基本的原则——父母参与和部落控制，目的在于使教育与印第安民族的哲学与需求相联系——希望教育可以给儿童一种强烈的认同感，这种认同感可以使他们对个人价值和能力有足够的自信。[①] 经过几十年的发展，印第安人的教育有了很大的改观，基础教育升学率、义务教育的完成率和高等教育入学率有了提高，尤为重要的是教育目标开始适应印第安人的生活实际，教学内容中增加了印第安人的历史、语言和文化，各级各类学校中印第安教师所占比例不断增加，这些为印第安人文化的传承和他们社会地位的提高奠定了基础。[②]

5. 面向未来阶段——从赋权自治到能力构建

进入 21 世纪，印第安人教育着眼于面向未来，从赋权自治转向能力构建。针对现实中存在的问题，纷纷提出报告、发布方案，提出无论是在基础设施的发展、原住民教师的培训、家长及社区成员在教育上的参与，还是课程的设计和创新上，都需要培养和发展这种能力。[③] 为此，他们建议政府提供资源，以增强家长、家庭、社区的能力，让他们参与学校事务，原住民长者应参与规划与实务过程，提供咨询服务；扩增教师培育课程，增加中等学校的原住民籍教师，增设社区中的教师培育课程，提供教师资格证取得途径，在所有教师培育课程中加入原住民文化内容；涉及印第安教育的各个主体分工明确，责任到位。省政府的角色应积极与原住民合作，提供一个完整的机制，在学校中发展优质的原住民教育系统，提供具有文化相关性的课程与教育方法；联邦政府及印第安北方事务部应与原住民一起检视加拿大地方政府与联邦政府在原住民教育上的问题。由此，开启了印第安人民族教育内涵式发展的新路径。

四、北美印第安人教育发展的基本特点

从 15 世纪末欧洲白人来到美洲与印第安人发生接触，两种异质文化开始了长达五个多世纪的交往历史，"印第安问题"一直是贯穿美国和加拿大

---

① 韩炜：《试述加拿大印第安人教育自治的历史与现实》，南开大学 2007 年硕士论文。

② 陈・巴特尔：《加拿大"印第安人控制印第安教育"运动及其启示》，《民族教育研究》2009 年第 3 期。

③ 滕志妍、李东材：《从赋权自治到能力建构：加拿大原住民教育政策的新路向》，《外国教育研究》2011 年第 4 期。

印第安人教育发展的历史性问题，两国的印第安人教育因而呈现出以下特征：

第一，在发展模式上，经历了印第安人传统教育—欧洲白人对印第安人实施的教育—印第安人控制印第安教育三个不同的发展历程。在这个进程中，两种文化体系和价值观不断碰撞、冲突和融合，最终出现了印第安人教育自治与自决的新趋势。

第二，从管理体制上，印第安人教育的管理权经历了部落—联邦—省或州—部落这样的艰难历程。随着1960年代美国民权运动的发展和文化多元主义的兴起，印第安人主体意识和自决意识觉醒，美国政府通过出台一系列的印第安教育法律、法规，鼓励印第安人教育自决，允许部落重新获得教育控制权；而在加拿大，70年初印第安人发起的"印第安人控制印第安教育运动"，促使联邦政府或各省把印第安人教育管理权转到印第安各地方部落手中。

第三，在教育内容的选择上，经历了传承印第安文化—剥夺印第安文化—接纳印第安文化的过程。在接触欧洲白人文化之前，印第安人传统教育的唯一目的就是传承印第安传统文化，他们通过家庭和部落教给儿童生产技能、生活经验、宗教信仰，教育内容与生存环境、生活方式密切相关；白人到来后，无论是殖民地时期，还是联邦政府时期，先后经历了"渐进开化"和"强制同化"的教育，最终实行印第安人的教育自治，开始重视本土课程的开发，重视教育在传承印第安文化中的作用。

第三节　大洋洲原住民教育

在欧洲白人抵达美洲后的近300年后，他们又把触角伸向太平洋南端，来到今天大洋洲的澳大利亚和新西兰，把除南极洲外的世界各大洲引到了以西方文化为主导的全球化的道路上，并在这些地区推行以"欧洲中心主义"为主的西方文化，也对大洋洲原住民的教育演变产生了重要的影响。

一、大洋洲原住民的人口状况及其地域分布

（一）大洋洲原住民的人口状况

澳大利亚是大洋洲最大的国家，是一个由来自120个国家的140个民族组成的多元文化的国家。土著民是澳大利亚的最早居民，大约在6万年前，他们从东南亚乘独木舟来到这里，由北向南逐渐扩展，散布于现今澳大利亚大陆各个地方。1642年，荷兰航海家塔斯曼（A. J. Tasman）到达塔斯马尼亚岛。1788年当英国殖民者来到澳大利亚建立罪犯流放地时，这里的原住民人口估计有30多万人，分为500多个部落，人口规模100人到1000人不等。白人到来后，为了掠夺土地、资源，分别实行了屠杀、驱赶、隔离及同化等政策，加上白人带来的疾病和瘟疫，致使原住民人口锐减，到1930年代初期，仅剩下6万余人。二战结束后，随着政治经济状况的改善，人口开始回升。到了1947年人口上升为7.3万多人，1980年增加到14.4万多人，90年代初已达16万人。随后，原住民人口稳步上升，1996年为30.7万人，占全国总人口的1.8%左右。2000年，澳大利亚总人口1920万，原住民人口约38.4万，占总人口的2%。2006年，澳大利亚总人口为2070万，原住民人口约为45万人，占全国总人口的2.4%。

（二）大洋洲原住民的人口分布状况

根据分布情况，一般把澳大利亚原住民分为两大部分，一是托雷斯海峡岛民（Torres Strait Islanders），另一是澳大利亚土著人（Aboriginal Australian）。前者分布在昆士兰州约克角角端和巴布亚新几内亚之间的岛屿上；后者分布在澳大利亚大陆和塔斯马尼亚岛上，他们是澳大利亚原住民的主体。澳大利亚现在的原住民主要聚居在南部的大城市和一些地理位置偏僻的北部地区。[①]

新西兰是一个典型的移民国家。全国有人口400多万，由欧洲后裔、土著毛利人及亚裔移民组成。其中，欧洲人后裔占总人口的80%，毛利人

---

① 姜峰、刘丽莉：《澳大利亚促进民族地区教育均衡发展政策研究——〈土著民族教育（目标援助）法案〉述评》，《民族教育研究》2009年第5期。

占总人口的15%，而亚裔移民主要包括华人、印度人、日本人、韩国人、越南人等，占总人口的5%。

毛利人是新西兰的最早居民，他们属波利尼西亚人种，最早居住在亚洲的东南部。19世纪初英国入侵新西兰时，毛利人有20万之多，分为50多个部落和若干个部落联盟，主要居住在北岛各个地区。欧洲白人把疾病、瘟疫传染给毛利人，他们带来的新式武器引入使毛利部落之间仇杀加剧；英国人强占土地引发数十年“毛利战争”。这些因素导致毛利人口锐减，到1896年仅剩下4.2万人，比欧洲人初来时的20万人，减少了80%。经过毛利人不断抗争，1907年新西兰建国后，毛利人状况有所改善，人口开始回升。1970年人口有22万，占总人口的8%；1980年增至28万，占总人口的9%；2007年，新西兰总人口达到415.7万多人，其中毛利人64.4万多人，占总人口的15.49%。

二、澳大利亚原住民的教育

（一）澳大利亚原住民的历史发展与文化变迁

1. 前殖民自然发展时期（6万年前—18世纪中后期）

18世纪中后期，欧洲殖民者到达之前，澳大利亚各土著部落分散地居住在澳大利亚大陆的大部分地区，约有500多个部落，人口在30万人左右，操300多种语言，方言多达600余种。虽然在语言上具有多样性，居住也较为分散，但是在生活方式上享有很大的共同性。他们没有家养动物，也不事农耕，过着以采集和狩猎为主的游牧生活。女子采集食物，男子主要猎取大的动物和捕鱼。氏族公社和部落是其主要社会组织形式，每个部落大小不一，从几十人到数千人，每个部落都有自己固定的领地。他们的宗教是图腾式的，每个都用动物来命名，图腾一般是一种动物。他们常常把动物和土地当做他们梦幻中的神灵祖先，宗教传统世代相传。

2. 殖民前期（18世纪中后期—19世纪中期）

1788年1月26日，英国舰队在今天的悉尼湾登陆澳大利亚，把它作为流放犯人的地方，从而揭开了英国在大洋洲殖民的帷幕，同时也开始了欧洲白人和当地原住民接触、交往的历史。随着殖民规模扩大，殖民者凭借其军事及技术上的优势开始对原住民实施屠杀与驱赶政策，导致原住民人口锐减。①

3. 殖民中期（19 世纪中叶—20 世纪初）

白人的屠杀与驱赶政策使原住民命运悲惨，早在 1830 年代后期，就有一些宗教团体和慈善机构建议设立“土著人保护机构”，由土著保护者来保证土著人的权利，反对剥夺土著人财产，使他们免遭残酷暴行、压迫及非正义行为。后来，一些“土著人保护者站”陆续成立，对偏远的土著人进行保护。还有一些人建议把原住民集中到“保留地”，与白人社会相分离，由传教士和政府官员对他们进行教育与监管。1860 年，这一建议被维多利亚州采纳，以后被各个州纷纷效仿，南澳大利亚于 1880 年、昆士兰于 1897 年、西澳大利亚于 1905 年、新南威尔士于 1909 年、北部区于 1911 年相继建立土著人保留地。在保留地，土著人被迫学习欧洲人的语言，白人向他们灌输所谓文明的宗教与生活方式，破坏土著人的传统文化，禁止土著人举行传统的宗教仪式。未经许可，土著人不得离开保留地，其亲朋也无法进入；未经允许，土著人甚至不得嫁娶。这种隔离和保护政策虽然暂时避免了白人与土著人的正面冲突，但二者矛盾并未因此而得以缓解和消除。

4. 殖民晚期（20 世纪初—1970 年代）

1901 年澳大利亚联邦成立，1931 年成为独立的国家。伴随着白澳政策的推行，为实现和保持澳大利亚白人社会的纯洁性和统一性，以歧视和同化为主导的原住民政策被联邦当局采用。从 1930 年代开始，许多地方几乎所有土著混血儿被土著福利巡视员强行带离父母，然后送到教会或政府新建的收养中心抚养成人。曾经有 4 万儿童被强行从家中带走，被送到白人家庭接受同化教育，他们被称为“被盗走的后代”。这种强制同化政策一直持续到 70 年代。1949 年政府通过新的选举权条例，允许土著人享有联邦议

① 陈·巴特尔、孙伦轩、徐春阳：《“被偷走的后代”——澳大利亚原住民强制同化教育始末》，《民族教育研究》2014 年第 4 期。

会和州及地方议会选举权；1951 年政府鼓励土著人申请公民权；1967 年政府修改宪法，赋予全体土著人公民权。此外，政府还修改相关法律，给予土著民享有社会福利的权利。

5. 后殖民时期（1970 年代至今）

1970 年，澳大利亚政府废除土著儿童被强迫带离自己的家庭、父母的法律。1976 年，政府通过法令，承认土著人对澳“北部地区”大片土地享有所有权，随后，土著人兴起了要求政府归还先祖土地的运动。1992 年，澳大利亚最高法院裁定，土著拥有殖民以前对澳大利亚具有形式上的所有权。2008 年 2 月 13 日，总理陆克文（Kevin M. Rudd）代表政府就土著民在白人到来后的百年来所蒙受的苦难做出了正式道歉。与此同时，政府加大了对原住民地区的投入力度，例如，在 2006—2007 年度预算中，政府为土著人事务提供高达 33 亿澳元的拨款，在 2007—2008 年度预算中又加拨了 8.157 亿澳元，投入涵盖住房、健康、教育、就业以及文化艺术、商务计划和法律援助等方面。

（二）澳大利亚原住民教育的历史演变

1. 前殖民时期澳大利亚原住民的教育

在 1788 年欧洲白人到达澳大利亚之前，原住民的教育是以社区为本的，与他们的日常生活紧密相连。为适应生存环境和部落生活，澳大利亚土著人必须掌握四个方面的知识技能：首先，必须了解社会制度，明白个人应该履行的义务和应该采取的态度；第二，必须掌握有关自然环境的实际知识，譬如，辨别动物的足迹，寻觅狩猎的理想场所等；第三，必须学会劳动技能，譬如采集蜂蜜的技能和盖房的技能，有些技能主要是男人掌握的，有些技能则是女人掌握的，男人务必学会制造武器，女人务必学会编筐；第四，必须学习传说、礼仪和宗教知识。[1] 传统的土著教育是在户外进行的。父母和年长的亲属教孩子们怎样打猎、捕鱼、采集等。

---

① 黄日强：《澳大利亚学徒培训制度的发展轨迹》，《职教通讯·江苏技术师范学院学报》2007 年第 7 期。

2. 殖民时期澳大利亚原住民的教育

1788年欧洲人在澳大利亚建立永久定居点后，他们开始对原住民实施所谓的“文明化”。1815年作为尝试，白人在帕拉马塔为原住民儿童建立了第一所西式学校，但好景不长，1823年便关门了。1823年开始由教会为原住民建立教会学校，政府希望通过这些教会学校使原住民基督教化，从而保证白人社会在澳大利亚的秩序。教会学校可以为殖民地政府节省开支，保证土著人获得最低程度的教育，使他们融入白人文化。这些教会学校一直延续到20世纪早期，最后由保留地的原住民保护局取代。1837年英国皇家委员会组织调查澳大利亚原住民现状，建议建立保护制度。1838年政府正式采纳保护制度以控制原住民的生活，原住民孩子被迫带离家庭，接受白人的教育。教育主要由保护局或监护官员组织和提供，他们与白人儿童分校上课。许多老师没有受过专业训练，也未实施所在州的正规课程教学。这种保护制度下的教育见效甚微，原住民也不认同这种教育制度安排，因为他们不想居住在非传统的区域，更不想使自己的孩子接受否定自己固有文化的教育。

3. 二战后澳大利亚原住民的教育

第二次世界大战后，随着国内外形势的变化，强制同化政策受到质疑与挑战。从六七十年代开始，澳大利亚政府实施多元文化主义政策，包括为原住民的教育发展提供良好的环境与条件的规定。1969年推出《原住民研究资助计划》以鼓励原住民通过提高教育结果来增加就业机会；1970年支持原住民进入中学学习；1976年设立原住民教育委员会，辅助政府教育部发展原住民教育事业；1988年颁布实施《澳大利亚原住民和托雷斯海峡岛民学习基本原理法案》；1989年正式出台《国家原住民居民与托雷斯海峡岛民教育政策》，提出落实原住民在制定教育决策中的参与权、接受教育服务的平等权、参与教育的平等权、平等的适当的教育成果等四项发展目标。该政策奠定了今后澳大利亚所有原住民教育计划的基础。1991年，教育、培训、就业和青年事务部提出的《原住民教育战略性举措计划》和经内阁批准设立的《原住民教育直接资助计划》，成为联邦扶持原住民教育的关键性政策。1998 年的《高等教育资助法案》设立原住民助学金，提高原住民参加高等教育的入学率与毕业率，促进教育的公平；2000 年联邦政府出台了《原住民教育（目标援助）法案》，2004 年又对此法案进行了修订，该法案主要是通过增加拨款来支持和发展原住民教育，将目标明确地定为：向原住民提供公平、良好的教育；提高原住民在教育决策中的参与程度；为原住民发展文化教育服务等，并逐年增加对土著各级各类教育的拨款额度；2005 年出台了《澳大利亚原住民高等教育 2006—2008 年度战略计划》，从机构设置、文化传承、以人为本三个角度、七个方面促进原住民高等教育的优先发展。

三、新西兰毛利人的教育

（一）毛利人的历史发展与文化变迁

毛利人是新西兰的最早居民，他们从 10 世纪开始探索新西兰，14 世纪分批抵达新西兰。随后的几个世纪里，他们形成了自己独特的文化与社会系统。1642 年荷兰人发现新西兰，1769 年英国人登陆新西兰并开始移民新西兰。1840 年，英国与毛利人签订《怀唐伊条约》，开始其殖民统治历史。1907 年新西兰自治后，开始注意毛利人的权益问题，政府对毛利人政策发生改变，同时开始了一步一步的语言和文化的复兴。[①] 根据新西兰毛利人历史发展和新西兰族群关系的变化，可以把毛利人的文化变迁分为以下几个阶段：

第一，自然而自主发展阶段（950—1769）

在白人正式登陆新西兰建立定居点之前，毛利人已经在这里生存了 800 多年，他们是这片土地的最早主人。在英国殖民前，毛利人有 50 多个部落、20 多万人，形成部落联盟。在这些被重洋包围的孤岛上，毛利人以自己的辛勤劳动和智慧创造了独特的民族文化。[②]

第二，两种文明的接触到两种文化的冲突阶段（1840—1945）

---

① 李晶：《新西兰土著毛利人的历史与现状》，《世界民族》2006 年第 5 期。

② 同上。

1642—1777年间，先后有荷兰人塔斯曼、英国人库克、法国人德苏尔维等到达新西兰。1840年英国政府与毛利人部落首领签订《怀唐伊条约》，新西兰沦为英国的殖民地。此后，英国殖民者又通过一系列法律如《新西兰移民法》（1863）、《土著土地法案》（1862、1865、1873）等，强制没收或者强迫毛利人卖掉自己的土地。到1900年，毛利人已经失去了他们的大部分土地，只拥有土地所有权的25%。其间，毛利人不断进行抗争，包括30年的“毛利战争”、“毛利国王运动”，还多次组团奔赴英国要求英王兑现《怀唐伊条约》对毛利人拥有自己土地的承诺。

第三，毛利文化的复兴阶段（1947年至今）

1947年新西兰成为独立主权国家，“土著”一词在政府事务中被正式改为“毛利”，“土著事务部”改为“毛利事务部”，首位部长为毛利人。1960年代起，新西兰彻底改变过去的同化政策，实行文化融合策略，不断提高毛利人社会待遇，以法律形式把新西兰定位为由欧洲人和毛利人组成的双文化主体社会。与此同时，随着人口的增长，参政议政意识与能力的增强，毛利人的民族文化自觉意识不断提高，他们在争取土地资源的所有权之外，还掀起了以争取语言、教育主导权为核心的毛利文化复兴运动。1974年毛利语被正式列入新西兰中小学课程。1975年，国家议会通过《怀唐伊条约法案》，成立特别法庭，解决1975年后发生的与条约相关的索赔案件。1985年法案有所修订，法庭允许受理1840年以来的索赔案件。1987年国会通过《毛利语言法案》，宣布毛利语为新西兰官方语言之一。依据该法案，毛利儿童家长有义务教导孩子学习使用毛利语，而政府应该为他们安排学习母语的理想环境。同年，成立毛利语言委员会，从毛利人自身、政府、高等教育等多个方面，促进毛利语言的复兴。总之，毛利人通过文化复兴运动，不仅挽救了濒临灭亡的民族文化，而且为其赢得主体地位，为其未来的发展奠定了坚实的基础。

（二）新西兰毛利人教育的发展历程

1. 前殖民时期新西兰毛利人的教育

在欧洲人进入新西兰之前，毛利人已建立起一套合理且具有复杂结构的教育体系。他们虽然没有文字，但是以口口相传的方式保持社会文化的传承。毛利人重视知识与技能的结合，藉以适应生态环境。由于口耳相传，所以每个人每天既是老师，又是学生。传递给下一代的知识分为两种，一种是由特定专家交给特定传人的秘密知识，其他人不得与闻；另一种是提供一般人日常生活所需的知识。与此相应，毛利人设计了不同的教育机构。在有文字之前，毛利人就有了专门进行教育的场所司教房，还有一种用来培养未来酋长的类似于学校的地方，一些被认为有潜质的毛利儿童被挑选出来，在那里学习一些自己部族代代传承的学问。

2. 殖民主义时期对毛利人的“同化教育”

伴随着欧洲人的到来，西方传教士也来到了毛利人的社区传教。1814年英国人在新西兰建立了第一个传教点。为了更好地传播欧洲白人的文化，他们帮助毛利人创造了文字，编写了字典。1816年，欧洲人为毛利人创办了第一所教会学校，用毛利语讲授，传授基督教教义和基本读写算知识，还教习新创的毛利文字。1830年代，这类学校越来越多，很多毛利人在教会学校里学习。1840年《怀唐伊条约》签订后，殖民当局开始实施同化政策，而教育被赋予“同化”毛利人的重要使命。1847年殖民地总督颁发《教育令》，为教会学校提供资助，教导毛利孩子远离落后的毛利文化影响，及早学习比较“高明”的白人文化。对教会学校的支持在1858年的《土著学校法》里得到延续。

从1867年开始，英国殖民者开始建立土著学校，实施系统的同化政策。根据1867年《土著学校法》规定，在毛利人聚集地，毛利人可以通过捐地设置土著学校，招收毛利子弟入学，教他们学习英语。1871年颁布的《土著学校修正案》，规定英语为毛利学校的用语。1880年的毛利学校法则，规定教师必须用英语教学。到了1881年，毛利人土著学校已经有60所小学、12所中学。1879年后，土著学校的管理权由殖民政府的原住民事务部转到教育部，与公立学校共同构成了毛利人教育的双轨制系统。与公立学校相比，毛利土著学校注重职业性而忽略学术性，目的是限制毛利人向上的社会流动，剥夺他们接受高等教育机会。在女校提供的课程是：英语课程及家务课程，如烹饪、缝纫和护理知识等课程；在男校提供的课程是：英语课程及技艺课程，如木工、花草种植管理、初级农业等课程。[①] 总之，毛利学校是殖民者同化毛利人、实施殖民统治的社会工具，在土著学校系统里，欧洲人的知识、观念得到重视，而毛利人的语言被禁止，文化被贬低。其结果使毛利人陷于文化断裂及语言消亡的危机。

3. 二战后“毛利文化复兴”时期的教育

早在 1930 年代，对毛利人的同化教育政策即遭到质疑，毛利文化被有选择性地纳入到土著学校的课程当中，学校课程中涉及毛利的传统文化如神话、传说、艺术、手工、音乐等，但毛利语言不包括在内。二战后，随着毛利人不断涌入城市，在公立学校就学的毛利儿童人数不断增加。60 年代后，随着毛利文化复兴运动的开展，毛利人教育进入了一个新的阶段。

1985 年，毛利人草拟《毛利语言宣言》，要求政府给予毛利语以官方语言地位，并送交“怀唐伊特别法庭”裁决。法庭在广泛讨论与咨询的基础上宣布毛利语是一种珍贵的资产，建议政府重视毛利人的语言权利，在公共事务和传播媒介中推广监督毛利语的使用，研讨制定相关教育政策，增加毛利民族使用母语的机会和条件等。1987 年，国会通过《毛利语言法案》，宣告毛利语为新西兰的官方语言之一。

在毛利文化复兴运动中，毛利人团体建立的“语言巢”起到了重要的推动作用。1982 年，毛利人团体自筹资金建立了“语言巢”——幼儿语言养护所，由毛利家长组成教育团体和孩子一起学习母语。随着“语言巢”规模扩大和毕业生人数增加，从 1985 年毛利人开始建立毛利语小学，到 1997 年时已有 54 所毛利语小学，4000 多名毛利学生。经过毛利人不断争取，毛利语小学得到国家承认并给予经费资助。除了英语之外，毛利语小学所有课程均用毛利语授课。自 1993 年起，毛利人开始建立毛利语中学，主要接受毛利语学校的毕业生。到 1997 年发展为四所，学校带有浓厚的毛利民

---

① 高燕：《新西兰毛利人教育政策的历史发展研究与启示》，西北师范大学 2010 年硕士学位论文。

族色彩，倡导用毛利语教学；除了争取到国家立法和建立民族学校之外，毛利人要求国家公立学校应该回应毛利人的语言文化复兴愿望。

再就是双语学校的成立。1977 年政府支持的第一所双语学校成立，到 1988 年有 28 所双语学校，它们主要位于毛利乡村地区；另有 67 所小学和 18 所中学采取“双语教学班”模式推广毛利语教育。80 年代，公立学校还进行课程改革，为毛利儿童提供学习毛利语的机会，为非毛利学生提供认识毛利文化的课程。总之，毛利人文化复兴运动引发了新西兰多元文化教育的重要改革，取得了很大的成果。“他们不但向新西兰白人展示了毛利人的文化力量，也向世界各国原住民展示了一个成功的典范，证明凭藉‘族群使命感、自我认同、民族文化、社区资源’四项因素，足以挽救民族文化于衰颓，协助民族同胞以有尊严的方式融入现代社会”。①

4. 面向 21 世纪的毛利人教育

面向 21 世纪，新西兰大力推进多元化的教育改革，其中一个重要内容就是进一步推进毛利人教育的现代化。1988 年，新西兰政府发布两个重要的教育改革法案报告——《皮考特报告》(Picot Report) 和《明日学校报告》(Tomorrow’s Schools)，毛利人要求文化复兴与语言挽救、改革课程的诉求都得到回应。1989 年颁布《教育法》，1994 年颁布《面向 21 世纪的教育》规划文件，都把提高毛利人教育发展水平与质量作为新西兰教育的重要内容，并设立了两大目标：第一，完善教育体系，使毛利人与其他族群享有同等参与教育和提高教育成就的机会；第二，切实解决毛利人在学习中遇到的如何适应主流社会价值观和如何以母语为教学媒介的问题。“至此，作为新西兰最大的少数民族——毛利人的教育被逐步提上日程，并认为毛利人的成功就是新西兰的成功。”②

---

① 谭光鼎：《台湾原住民教育——从废墟到重建》，台北师大书苑有限公司 2002 年版。

② 高燕：《新西兰毛利人教育政策的历史发展研究与启示》，西北师范大学 2010 年硕士学位论文。

1999年，新西兰历史上第一个系统全面的毛利教育政策——《毛利成功——优先发展教育政策》(Maori Success — A Key Priority)颁布实施。该政策提出三个目标：第一，提高毛利人的主流教育的质量；第二，支持高质量的毛利学校教育；第三，支持更多的毛利人参与教育。2000年又对毛利人参与各级（学前到大学）各类学校目标予以具体化，制定具体指标体系。这项政策认为毛利人教育成功与否责任在于教育部，教育部为此制定了一系列实现这些具体目标的策略和措施。毛利人的教育状况因而得到了很大的改善，他们在各个教育领域里的参与率都有了增加，学前教育参与率增加到90%，高等教育参与率也高于任何其他民族，而且保持率有所增加。但是，在毛利人各级各类学校的毕业率方面、在完成各级各类教育的质量方面以及毛利语师资的培训方面仍然面临很大的挑战，因此，新西兰政府2005年重申1999年的毛利教育优先发展目标，并提出学前教育、中小学教育、高等教育等三个层次的具体策略；尤为重要的是重视文化因素在教育质量提高中的作用，认为毛利学生的背景、文化和语言不是教学和学习的障碍，而是促进教学和学习的重要资源，因此，要倡导学校同部落、部族及家庭建立良好关系，支持毛利学生在学业上的成功。

（三）新西兰毛利人教育的前景展望

2008年，为全面振兴毛利人的教育事业，新西兰教育部出台了《加大毛利教育管理力度（2008—2012）》(Ka Hikitia—Managing for Success 2008—2012）战略规划，强调作为新西兰公民，毛利人人人享有受教育权，并在教育中取得成功。

其具体目标是：毛利人同其他人一起决定教育的途径及成功学习的途径；毛利学生充分认识到自身文化的独特性及文化潜力；毛利学习者成功参与毛利人生活，并为此作出贡献；毛利学习者获得广泛的技能及知识，参与新西兰及世界事务并为此作出贡献。

其战略重点有四：第一，学前教育和小学一年级教育要求每一位毛利人儿童都接受高质量的早期教育；有效地使儿童从幼儿园向小学过渡；打好坚实的阅读和数学基础；建立基于学习的、有效的家庭—学校的合作关系

（home-school partnerships）。第二，青少年教育，尤其是九至十年级教育，对毛利族九至十年级学生的有效教学；给予自身的专业发展；在决定继续学习的途径时，提高学生的参与能力；增进家庭与学校在促进学生出勤率、参与率和学业成就的伙伴关系。第三，加强以毛利语言教学的学校；对“毛利语”（使用这种语言的人大约有一半不到25岁）的教学；提供高质量的教师。第四，加强教育部和具体执行部门在毛利人教育方面的领导力；组织自信的人为毛利人教育工作；增加结果的说明性、解释性；在对毛利人学生的监测和报告数据与教育策略所定结果不一致时，找到影响因素，重新调整政府投资，支持进一步的改革。

由于政策把毛利人教育质量问题提高到关系国家教育质量的高度，包括重视毛利语言与文化在提升新西兰全民教育质量中的作用，强调把开发毛利人潜能、提高他们的自信心作为教育质量提高的重要因素。随着这些政策的实施，毛利人参与各级各类教育的数量有了很大的增长，新西兰的教育质量也将会有很大程度的提升。

名词与术语

1. 原住民：领土被外族侵占和被殖民前就长期且未中断地在那里生活的原住社群、原住民族和原住部族，他们自认为有别于这些领土上占优势的社会其他部分，成为现行社会非主体部分，他们决意按照自己的文化模式、社会组织和法律制度，保存、发展并向后代传承其祖传领土、民族文化和民族独特性，并凭此为基础而作为民族继续生存于世。

2. 原住民教育：从时间上讲，原住民教育指外来拓殖者到来之前原住民的传统教育、殖民者到来后对原住民实施的同化与整合教育以及当代原住民自治教育；从内涵上讲，指基于原住民自身文化与传统的自主与自治的教育及旨在废弃其传统文化的由他人实施的同化与整合教育。

3. 北美印第安人：哥伦布到达美洲之前就已经生活在南北美洲的人类群体、他们的后裔以及其他一些自我认同为原住民的人群。在美国和加拿大，这些原住民常常被认为是 Indians，Red Indians，Amerindians（印第安人，红种印第安人、美洲印第安人）。普遍认为美洲印第安人是大约 2.5 万年前分多批从西伯利亚经白令海峡到达阿拉斯加，逐步向南迁徙，一直抵达美洲最南端，散布于整个美洲。

4. 被盗走的后代：1901 年澳大利亚联邦成立，1931 年成为独立的国家。伴随着白澳政策的推行，为实现使澳大利亚白人社会的纯洁性，以歧视和同化为主的原住民政策被联邦当局采用，旨在保持澳大利亚社会的统一性。从 1930 年代开始，许多地方几乎所有土著混血儿被土著福利巡视员强行带离父母，然后送到白人家庭、教会或政府新建的收养中心抚养成人，他们被称为“被盗走的后代”。这种强制同化政策一直持续到 70 年代。

5. 毛利人：新西兰的最早居民，他们属波利尼西亚人种，最早居住在亚洲的东南部。他们从 10 世纪开始探索新西兰，14 世纪分批抵达新西兰。随后的几个世纪里，形成了自己独特的文化与社会系统。1642 年荷兰人发现新西兰，1769 年英国人登陆新西兰并开始移民新西兰。在 19 世纪初英国入侵新西兰时，毛利人有 20 万之多，分为 50 多个部落和若干个部落联盟，主要居住在北岛各个地区。1840 年，英国与毛利人签订《怀唐伊条约》，开始其殖民统治历史。由于欧洲白人将疾病、瘟疫传染给毛利人，加上部落之间仇杀和毛利人与英国殖民者之间战争，毛利人人口锐减，到 1896 年毛利人仅剩下 42000 人，比欧洲人初来时的 20 万人，减少了 80%。1907 年新西兰自治后，开始注意毛利人的权益问题，政府对毛利人政策发生改变，毛利人状况有所改善，人口开始回升，同时其语言和文化一步一步得以复兴。

思考题

1. 简述原住民、世居民、少数民族三个概念的区别与联系。
2. 简述西方殖民历史对原住民社会、文化及教育的影响。
3. 简述美国印第安人与白人文化关系历史及其印第安教育的演变。
4. 简述加拿大“印第安人控制印第安教育”运动的主要内容及其意义。
5. 简述“被偷走的后代”——澳大利亚原住民强制同化教育的后果。

6. 简述新西兰毛利人文化复兴运动及其母语教育的发展。
7. 简述21世纪初大洋洲原住民教育的动向及其主要特征。

推荐阅读书目

1. 斯塔夫里阿诺斯著，吴象婴、梁赤民译:《全球通史：1500年以后的世界》，上海社会科学院出版社1999版。

　　本书主要讲述了世界历史的进化、世界文明的发展及其对现代社会的影响，作者着眼于全球，侧重于那些有重要影响、促进历史发展的历史事件。全书包括原始社会、欧亚大陆的古代文明、欧亚大陆的原始文明、欧亚以外的世界、地区分割后的世界、西方世界的崛起、西方人统治的世界、西方的衰落与成功等八个主要的部分。

2. 迪克·加尔诺著，李鹏飞、杜发春编译:《印第安人——加拿大第一民族的历史、现状与自治之路》，民族出版社2008年版。

　　本书主要内容包括：古代美洲文明与加拿大第一民族的历史梗概，加拿大第一民族与早期欧洲定居者的接触、交往和毛皮贸易关系概况，1871年到1921年制定的11部包括安大略北部、草原省和北方领土的广大地区的条约，强迫第一民族让出自己的土地，到保留地去居住，给予一定的渔猎权等。

3. 威尔科姆·E. 沃什伯恩著、陆毅译:《美国印第安人》，商务印书馆1997年版。

　　本书作者简明扼要地梳理了新世界的许多印第安人部族和民族在欧洲的殖民主义者及其后裔发生毁灭性冲突以前、中间和以后各阶段的性质和经历，作者并不重点关注每个印第安人部族的特征和历史细节，而是着重阐述那些最能说明印第安人部族特性的主要信仰和行为方式。

4. 赵晓寰、乔雪瑛:《新西兰：历史、民族与文化》，复旦大学出版社2009年版。

　　本书集中展示新西兰各民族的历史文化传统、各民族的交往和融合的历程，以及各民族在经济、文化、教育等领域的现状，并在此基础上探讨新西兰民族和移民政策的演变。

5. 约翰·根定著、福良琼译:《澳新内幕》，上海译文出版社 1979 年版。

本书详细记录了白人是怎样毫无人道地消灭土著的。

6. 李剑鸣:《文化的边疆: 美国印第安人与白人文化关系史论》，天津人民出版社 1994 年版。

本书对自殖民地时期以来美国印第安人与白人两大文化系统接触、冲突及其互动的复杂历史作出了总体考察，其中关于白人社会对印第安人的文化征服（“文明开化”）以及印第安人社会文化的回应与变迁的讨论，尤具卓识。

7. 杨贵洪:《澳大利亚多元文化主义研究》，西南交通大学出版社 2007 年版。

作者将澳大利亚多元文化主义置于世界格局变迁、世界人口流动和全球化进程的大背景下，置于澳大利亚的历史发展长河中进行系统阐述。在对当代世界的文化多样性问题和多元文化主义从理论上进行总体探讨的基础上，作者从战后移民发展与澳大利亚社会人口和民族文化构成的变迁入手，紧紧围绕澳大利亚文化多样性的形成与发展，以及澳大利亚处理文化多样性的理论与政策演变等问题，动态地考察澳大利亚多元文化主义由多元文化社会现实、多元文化社会思潮再到多元文化社会政策的客观发展过程，对澳大利亚民族文化多样性的产生，政府对付民族文化多样性的理论与政策的演变，多元文化主义的产生、发展及其影响等问题进行系统的探讨。

8. 吴明海:《中外民族教育政策史纲》，中央民族大学出版社 2006 年版。

本书全面阐述了中国历代中央政府民族教育政策的发展历程，以及美国、加拿大、俄罗斯、印度、巴西、英国、澳大利亚、南非、印度尼西亚、马来西亚的民族教育政策的发展历程。

9. 陈·巴特尔、Peter Englert :《守望·自觉·比较——少数民族及原住民教育研究》，中央民族大学出版社 2009 年版。

本书按照宏观、微观和比较逻辑分为上中下三篇。上篇共有 6 篇论文，从 21 世纪社会、经济、文化发展的宏观背景出发，对中国民族高等教育的发展战略、民族院校研究生教育思想的转变、民族学院的组织特性进行了探讨；中篇共有 7 篇论文，以蒙古民族作为个案，把蒙古民族教育的演变置于历史发展、文化变迁和族际交往的时空中进行了梳理；下篇共有 6 篇论文，把研究视野扩展到国外，对于与中国世居少数民族具有很多共同性的加拿大印第安人和新西兰毛利人的教育自治与语言复兴运动进行了论述，还对中国与加拿大少数民族高等教育发展模式进行了比较，以期为中国少数民族教育研究开辟一个新的领域。

第二十章　流动人口与移民的教育

本章将从人类学视角关注当代的人口迁徙现象及其给教育所带来的特殊影响。第一节厘清“流动”和“移民”概念，然后介绍人口流动和移民的类型和各自特征。第二节，主要论述在全球化的国际背景下，人口跨国流动带来的教育挑战，并集中以加拿大、美国等国家为例，介绍华人移民及其子女的教育问题。第三节主要讨论中国的人口流动和移民所遇到的教育困难，所用案例以跨省市流动的若干少数民族群体为主。第四节总结本章的主要观点，反思人口的跨地域、跨文化流动给教育可能带来的影响和意义。

第一节　人口的流动和移民

一、流动人口与移民的概念

人口的流动和移民，均指人口的分布在空间上发生变化。在国际上，学术界以“migration”（通常译为“移民”）来统称这一现象，又以“immigration”和“emigration”来标示移民的方向，即“流入”和“流出”。在中国，鉴于政府对人口实行严格的户籍制度管理，有流动权不一定意味着有定居权。政府部门和学术界将不以永久居留为目的的人口迁徙称为“流动”，例如进城务工的农民工群体，往往被称为“流动人口”，而将有定居权的人口迁徙称为“移民”，例如三峡库区的政策性人口集体迁徙，被称为“库区移民”。二者的区别在于：前者的户籍所在地不发生变化，经过一段时间的迁徙流动之后，最终可能会回到自己的户籍所在地定居；而后者是一种永久性的异地定居和户籍地域身分的改变。[①]不过，随着中国社会的发展，“移民”和“流动”之间的界限日益模糊，原因在于，当今人口迁徙的频率和便捷性非以前任何时代能比，不少没有户籍的“流动人口”选择在非户籍地（主要是沿海大中型城市）永久定居下来，通过自身以及下一代的努力，转变身分，争取为当地社会制度所接纳。与此同时，户籍制度对人口自由迁徙的约束渐成诟病，部分城市出于留住人才和经济发展的需要，也在积极探索户籍制度改革，通过各种变通方式，吸引流动人口，尤其是受过高等教育的和具有一定的专业技能的流动人口，帮助他们顺利转变为“移民”。

的确，随着交通和通信技术的发展，当今社会的人口迁徙比以往任何一个历史阶段都来得容易。一名选择进城打工的青年农民，可能积累了一定的存款之后，选择回家经营小生意；可能发生了一段异地恋，决定永久性地安家在城市；也可能在定居多年后因为子女在城市的教育问题无法解决，又决定举家搬回家乡的小城镇居住。国际的移民研究成果也在不断指出，移民行为在全球化的视野下，已经不是一种固定不变的行为模式，它正变得日益复杂，形式和路径也更加灵活多样。“短时间迁徙为流动，长时间迁徙为移民”的二分法已无法准确体现人口迁徙的复杂特征，而以“户籍”为分割二者的政治藩篱也正不断受到挑战。联合国编纂的《国内迁移衡量办法》（1970）对移民的定义是：“通过迁移改变其常住地的人；或在迁移期间至少一次有一定最低距离限度的从某地移动到另一地的人。”[②]显然这个定义主张以地域变化作为界定移民概念的单一变量。中国的“流动人口”和“移民”概念之分，随着时代的变革，最终也需要统一为“移民”单一概念。

不过，为了顺应当前学术界的论述习惯，本章在讨论国内的人口迁移行为时，仍然分别使用“流动”和“移民”两个概念；同时，在论述国际背

---

① 刘志山：《移民文化及其伦理价值》，商务印书馆 2010 年版，第 3 页。

② 国家人口和计划生育委员会流动人口服务管理司：《流动人口理论与政策综述报告》，中国人口出版社 2010 年版，第 4 页。

景下的跨境人口流动现象时，统一使用“移民”（migration），以符合国内外不同的表述习惯。

二、人口流动和移民的出现

导致人口流动和移民的原因非常复杂。从个体角度，迁移者的个人期待和人生规划、家庭、性格、经济条件、政治诉求、文化归属等因素均可能导致迁徙。失望理论（Disappointment Theory）认为，移民对自己生活现状的失望是导致他们迁徙的主要原因，这种失望可能和他的教育状况、工资收入、就业情况等息息相关。[①]同时，从经济角度，也有研究者提出了“目标收入理论”（Income Target Theory），即移民个体从一个地方迁移到另一个地方是为了实现一定的经济收入目标。这种移民行为的持续期限以其是否实现了原定的经济目标为准。一旦目标达成，他们即结束移民状态，返回家乡。[②]与“目标收入理论”相似的“个体成就理论”提出，移民行为的主要动机是个体对实现自我价值的不懈追求。例如，从1990年代以来方兴未艾的中国向加拿大、澳大利亚、新西兰、美国等国家的技术移民和投资移民。这些人受过高等教育，拥有专业技术或商业背景，在国内已经有一定的经济收入和社会地位。他们选择移民海外，主要原因之一是希望获得更大的发展空间，接受更前沿的教育，开创更有挑战性的事业。[③]

在一定程度上，失望理论和目标收入理论、个体成就理论存在矛盾之处，因为后二者主要强调迁徙的动机是追求经济或者事业上的成功。这种理论解释的冲突，在一定程度上反映了移民行为的复杂性。不少学者指出，随着跨地域、跨境流动的日益便捷性，当今的移民现象更多情况下是个体决策行为。鉴于个体在决策过程中受到个人、家庭乃至社会因素的多重影

① J. Small, “The Dynamics of Return Migration,” *The Caribbean Journal of Social Work*, 2005（4）: 122—136; A.Constant, & D. S. Massey, “Return migration by German guestworkers: Neoclassical versus new economic theories,” *International Migration*, 2002, 40（4）: 5—38.

② Devoretzd & Maz, “Triangular Human Capital Flows Between Sending, Entrepôt, and Rest-of-the-World Regions,” *Canadian Population Studies*, 2002, 29（1）: 53—69.

③ 丁月牙：《回流移民再融入的生活史研究——以加拿大回流北京的技术移民为例》，《华侨华人历史研究》2012年第4期。

响，因此，人口迁徙现象的复杂性和多变性是不可避免的，这也增加了研究的难度和挑战性。从各类研究结果来看，就个体层面，家庭、年龄、性别、性格、个体（或家庭）经济状况、社会关系网络、人力资本、身分归属或文化诉求等等均有可能成为促使个体迁移行为发生的内在动因。就宏观层面，社会经济、政治和文化因素是促成人口迁移的重要的外在环境因素。例如，政治类移民有 1980 年代末东德人迁往西德，经济类移民的典型案例有我国改革开放以来西部地区和农村地区大量劳动力向东部发达城市的迁移，而文化类移民可从回归以色列的犹太人身上找到影子。不过，需要指出的是，人口流动和移民行为是一个主客观多因素综合作用的结果，对不同的移民个体，各因素所产生的影响效度也不同，同样，经济、政治和文化类移民行为的发生，也是以某一因素为主，兼有其他因素的相互交织，不适合简单地进行单因素归因。

三、人口流动和移民的路径和理论模型

尽管我们强调人口流动和移民的发生是复杂多样的，但是一直以来，研究者仍然致力于发现这些复杂现象下的一些共性特征，寻找规律，探索本质。对于迁徙的路径特征，研究者发现主要存在以下几种模式：

（一）单向流动

这种迁徙行为是单向的、一次性的，个体从原居地 A 迁移至目的地 B 后，定居下来，不再进一步迁移。例如 19 世纪末 20 世纪初期移民到海外的最早一批中国人，大多数由于当时的交通条件和经济条件所限，一去数十年，不能返回故里。今天，一些政府出面组织的有目的性的社区集体搬迁和安置工程也属于典型的单向一次性移民行为。不过，在现代社会，这种单向的一次性迁移行为正在日渐减少，现代交通工具的发达让移民得以在出发地和原居地以及第三地之间频繁往返，于是出现了所谓的“双向流动”和“多向流动”。

（二）双向流动

移民的双向流动路径主要是指现代社会，当个体从原居地 A 迁移到目

的地B之后，并没有就此彻底告别自己的原居地，而是借助于现代交通和通信工具，和原居地保持密切的社交互动以及文化和经济联系，建立并用心经营在移居地和原居地之间的跨地域社会关系网络。这种“双向流动”可以有各种不同的表现方式，除了移民者个体不定期地直接返回原居地居住、生活、探亲外，它还包括资金、信息和技术通过移民个体在原居地和移居地之间建立起双向的流动，例如向家乡的汇款、创办跨国家族企业、和原居地的企业建立技术合作与文化交流等等。

与移民的单向流动和双向流动有关的著名理论是“人力外流”（Brain Drain）和“人力环流”（Brain Circulation）理论。[①]1950年代，由于移民输出国的知识分子和技术工人大量移居到美国等发达国家，导致输出国蒙受了巨大的人力资源损失，被称为“人才流失”现象。与“人才流失”相对应的概念是“人才增益”（Brain Gain），特指发达国家因接收了这些高级技术移民而实现的人力资本获利。人才流失和人才增益曾作为重要概念用于解读20世纪后半叶以来形成的新的更为隐蔽的全球不平等。

“人才环流”形成于1990年代。在一项对高级知识技术移民的研究中，研究者发现，在全球化背景下，人才流动更多的是一种“人才环流”，而不是“人才流失”现象。所谓的“人才环流”，特指那些具有可市场化的专业技能和国际经验的高级专业技术移民的流动，他们倾向于在一个（或者多个）国家做短期的居留或商业性访问，他们拥有当地所需的技能，当当地市场的刺激和个人的期望值达到一种平衡状态时，人才环流现象就会发生。如果说人才流失是发展中国家向发达国家人才输出的单向流动，那么人才环流则在发展中国家和发达国家之间建立了一个人才多向流动的桥梁。由人口的迁徙和移民而引起的人力资本流动是人才环流理论的核心。

立足于移民单向流动的人才流失理论认为，跨国移民使输出国（主要是发展中国家）永久性地失去了他们的人才。但是，80年代以来的很多研

---

① X. Cao, “Debating ‘brain drain’ in the context of globalization,” *Compare*, 1996, 26（3）: 269—283.

究发现，现在的技术移民很少会在国外永久性地定居下来。他们倾向于在一个国家工作三到五年，然后再移居到另外一个国家或者返回原籍国。所以，人才环流作为一个新发展起来的理论框架，对于重新构建和检视人力资本的跨国流动，是十分必要的。在人才流失理论框架下，全球人力资源市场处于分割状态，人才流动体系自我封闭；而人才环流理论则认为，全球人力资源市场是一体化的，人才可以在这个市场里进行开放的、自由的流动。在人才流失理论框架下，各国政府往往把人才政策的焦点放在限制移民的流动上；而人才环流理论则认为，留住人才的关键在于把自己的就业和社会环境建设好，争取在人才的流出和回流间获得双赢。[①]

（三）多向流动

鉴于现代移民类型的日益复杂，21 世纪初，DeVoretz 等人注意到移民行为已经不仅仅限于单向或者双向流动，他们抛弃了传统的线性分析模式，研究了“多向流动”路径的可能性并提出移民跨国流动的三角模型（Triangular Model）。[②]

以跨境移民为研究对象，在三角模型中，原居地、移民地和第三地构成了三个基本点。移居地不再是移民流动的终点站，但是它所提供的移民服务对移民的流动有重大影响。移民在移居地进行一定阶段的资本积累之后，会考虑进行新的选择：停留、回流还是转向第三地。影响他们选择的基本因素在于已获得资本、可携带资本以及三类国家或者地区所提供的潜在资本回报率。因此，去留问题实际上变成一种投资决策，取决于移民对人力投资的潜在回报评估。三角模式说明，移民跨国流动不是单向直线型的，在不同的阶段有不同的去向。三角模式同样也适用于解释中国国内不少农民工的流动路径：在一个城市生活一段时间之后，他们将根据自己在这个城市的资本积累状况，决定继续留在这里，还是回乡，或者去一个新的城市。

① 丁月牙：《全球化时代移民回流研究理论模式评述》，《河北大学学报（哲学社会科学版）》2012 年第 1 期。

② DeVoretz & Maz, “Triangular Human Capital Flows between Sending, Entrepôt, and Rest-of-the-World Regions,” *Canadian Population Studies*, 2002, 29（1）: 53—69.

不难看出，三角模型源于国际移民理论中颇具影响力的新自由主义经济学派。该学派主张移民市场导向决定论，认为移民现象实际上是市场力量作用的结果，强调经济理性影响移民行为。对于移民个体而言，移民是个体、家庭乃至家族的“生意”决策，从根本上说是宏观社会背景下的“草根”投资行为。在这种情况下，移民的方向既不是单向的，也不是双向的，而是取决于“投资”的方向。

四、人口流动和移民与教育

流动和移民不仅给全球以及地区的经济、文化和社会发展带来了极大的影响，同时增加了教育问题的复杂性。从研究现状看，人口的流动和移民行为至少会对教育领域内的三大主体带来影响：

（一）受教育者

人口的流动或者移民，给受教育者带来的影响是显而易见的。首先，迁徙必然带来学习环境的变化，包括语言、教学方式和学习内容、师生关系、同学关系以及校园文化在内的多种变化。这些变化对受教育者的学习适应能力带来了直接的挑战。此外，家庭迁徙所引起的家庭经济地位变化、父母工作变更、家庭对新环境的适应以及在新环境下社会关系网络的重建等等，也会对受教育者的学习适应产生影响。过于剧烈的环境转换还可能导致“文化休克”现象，即在异文化环境下，面对文化差异和文化冲突而产生的焦虑、不适应、失落和孤独感。受教育者面对新的教育和社会文化环境，如何进行有效的文化适应、语言转换和心理调适，是流动和迁徙中的受教育者所需要面对的主要问题。

（二）教育者

人口流动和移民的出现也给教育机构和教师带来挑战。来自移民或者流动人口家庭的学生的比例增加让校园日益呈现出一种文化多样性的格局。不同文化背景和成长经历的学生带来了不同的母语、价值观和世界观、学习习惯和行为方式，在课堂上和教师互动的方式也各有特点，心理特征也会有所差异。面对这些文化多样性的学生群体，教师如何安排自己的教学策略，如何选择自己的教学内容，参考资料的准备应该如何体现多元价值观等，都是教师需要考虑的问题。有研究表明，在加拿大，国际学生和移民学生群体的增加给大学校园的文化环境带来了很大的变化，但是教师由于缺乏对多样化学生群体的了解和认同，往往不同程度地存在“色盲”（Color Blind）和“差异即劣势”（Difference as Deficit）的倾向。[①]

（三）教育制度安排

对政府、学校以及社团等非正规教育机构等教育提供者而言，流动人口和移民所带来的多元化因素，促使他们对原有的教育政策和制度进行反思和进一步改革。例如，在中国，义务教育阶段，教学经费的拨付、学校对学生的接收往往和学生户籍所在地挂钩，导致大部分随父母流动到城市的学龄儿童无法正常进入公立学校就读，迫使政府机构对该制度安排进行调整。而随父母迁徙的高中生的“异地高考”问题，目前也正成为社会讨论的热点。在西方社会，移民子女的到来也督促了政府采用多元文化教育等方式来调整和改革当地的教育制度，各类非正规教育机构也纷纷开展语言培训、就业技能培训等教育项目，帮助移民融入当地社会。不过，这种制度的调整和改革涉及从价值观的认识层面到教学的实践等各个层面，无法避免文化和政治利益的博弈，因而是一项长期的艰巨任务。

第二节　西方国家的移民教育

一、西方移民简况

赫尔德（D. Held）等把人类移民历史分为三个阶段：前现代阶段（Premodern）、现代阶段（Modern）和现今时代（Contemporary）。[②] 在前现代阶段，大规模移民主要发生在亚洲，对国家和民族的形成有不可忽视的

① S. Guo & Z. Jamal, “Nurturing cultural diversity in higher education: a critical review of selected models,” *Canadian Journal of Higher Education*, 2007, 37（3）: 27—49.

② D. Held, A. McGrew, D. Goldblatt, & J. Perraton, *Global Transformations: Politics, Economics, and Culture*. Stanford, CA: Stanford University Press, 1999.

作用。现代阶段移民从 15 世纪开始，主要指欧洲殖民者对北美的占领、从非洲到北美的强制性奴隶贩运以及 19 世纪下半叶的亚洲苦力贩运。现今时代移民指的是二战之后人类的迁徙活动，主要流向北美、欧洲、澳大利亚和中东富有国家。虽然前几年的世界金融危机对全球的移民数量有所影响，但最近几年每年还是有 400 多万人永久性移民到经合组织国家。①

传统的移民输入国，比如美国、加拿大和澳大利亚，大多是英国和法国殖民者在新大陆建立的。17 世纪至 20 世纪上半叶，这些国家都曾大力从英法和东欧国家引进移民。在很长的一段历史时间里，从其它国家，特别是像中国和印度等亚洲国家来的移民都不受欢迎。1885—1923 年间，加拿大政府为了阻止中国移民，曾给中国人特别设置了一个人头税（Head Tax）。1908—1947 年间，加拿大还曾经出台一项直航条约（Continuous Journey Act），阻止同属英联邦的印度人合法进入加拿大。但是，这种明显排斥有色人种的情况在 1970 年左右有了很大的改变。为了加强在国际市场上的竞争力，也因为较低甚至是负增长的生育率，加拿大和澳大利亚等传统移民输入国不约而同地改变移民政策，开始大力引进世界各地人才。近几年，加拿大每年接收近 25 万移民，其中一半以上是技术移民。中国、印度、菲律宾等亚洲国家成为了加拿大的最大移民资源国。②

西欧的移民史完全不同。虽然有些国家（比如法国）有很久的移民史，其它很多国家在 20 世纪的前 40 年都是移民输出国。但是这一情况在 20 世纪下半叶发生了改变。1945—1950 年间，战后重建引发了大批劳工从南欧以劳务输出方式移民到法国、德国、荷兰等国。1960 年以后，土耳其、印度、巴基斯坦等国家大量劳工迁移到丹麦、挪威和瑞典等国。同时，英国、法国和荷兰也经历了一段殖民后的移民潮。很多移民从加勒比海沿岸、南亚和东亚地区涌入这些国家。1970 年的石油危机曾经大大减少了前往欧洲

---

① Organisation for Economic Co-operation and Development, *International Migration Outlook 2015*. OECD Publishing, 2015.

② Citizenship and Immigration Canada, *Annual Report to Parliament on Immigration（2015）*. Retrieved from http: //www.cic.gc.ca/English/resources/publications/annual-report-2015/index.asp.

的劳务移民。但是，1980 年欧洲经济复苏后，劳务移民潮又起。随后，欧盟成立后又引发了大规模的欧洲国家之间的移民，特别是从东欧到西欧的移民。[①] 目前，欧洲大约有 300 万各种移民（永久和非永久移民），其中五分之一选择英国。他们中的大多数都是从欧盟外涌入欧洲的。[②] 和以前的劳务移民不同的是，新一轮的移民大多从事专业和管理工作。

二、移民教育

移民，特别是专业移民登陆后，常常发现自己的学识和工作经历在新的国家找不到用武之地，很多专业人士不得不从事低薪的社会底层工作。为了帮助移民更顺利地进入劳动市场，一些移民输入国对新移民提供非正规培训。移民自己也经常选择进入移民接收国的学校重新接受教育，获取当地文凭，以增加自己的就业机会。在此，我们重点介绍移民输入国为移民提供的非正规教育（移民培训和再教育）以及移民特别是二代移民接受正规学校教育的情况。

（一）移民培训和再教育

传统的移民输入国对新移民提供安居辅助服务，包括语言培训、工作技能培训和跨文化适应能力培训。在加拿大，政府通过合同方式将移民安居辅助和培训工作“外包”给移民安居服务机构（Settlement Services Agencies）。拿到政府合同的通常是大型的多元文化服务机构，这些机构有时还会将有些服务进一步“转包”给符合资质的为特定种族 / 民族服务的小型服务机构。[③] 此外，一些社区中心、教堂甚至图书馆也提供移民安居和语言以及就业培训服务。这些服务和培训一般是免费的，有些培训项目还在培训期间提供免费托儿服务。一个典型的例子是由联邦政府提供的新移

---

① A. Health, C. Rothon, and E. Kilpi, “The second generation in Western Europe: Education, unemployment and occupational attainment,” *The Annual Review of Sociology*, 2008, 34（1）: 211—235.

② M. Chorley（2013）, “One in five of the 3 million immigrants in the European Union chooses to settle in Britain,” *Daily Mail*. Retrieved from http: //www.dailymail.co.uk/news/article-2299924/One-3million-immigrants-European-Union-chooses-settle-Britain.html.

③ K. Sadiq, *The two-tier settlement system: A review of current newcomer settlement services in Canada*, CERIS working paper No. 34, 2004.

民语言培训项目，新移民在接受语言评估后可以免费参加培训，内容为英语、法语（魁北克省），帮助新移民尽快适应加拿大的生活，尽早融入加拿大社会。[①]

加拿大政府的移民服务体系始于 1947 年。其实，二战之前，已经有为数不多的几个移民服务专业机构，包括少数族裔组织、慈善机构或者宗教机构。1974 年加拿大联邦政府设立了官方的移民安居服务项目，开始向移民服务机构提供项目资金支持。[②]1995 年，通过联邦和省政府的协议，加拿大联邦政府将资助移民服务的责任下放给省政府，每年给各省拨款，由省政府自行决定拨款用途。[③] 目前联邦政府进一步改变政策，计划再度统一管理移民服务。最近联邦政府取消了与卑诗省（British Columbia）和曼尼托巴省（Manitoba）的移民服务协议，直接负责提供各地的移民服务。这一政策的变化主要与近几年移民的分布变化有关。原先，安大略省（Ontario）是接收移民的主要省份，目前，更多的移民则选择到西部省份登陆。[④]

值得一提的是，在政府建立移民服务体系之前，加拿大成人教育者就已经开始给新移民提供各种培训了。早在 1891 年，前沿学院（Frontier College）就已经开始给新移民提供识字教育，帮助伐木工人了解如何在加拿大工作。目前新移民培训项目则更趋多元化。2008 年，一份给加拿大人力资源和技术培训部提供的报告里列举了加拿大当前向新移民提供的多种短期（16 周以下）培训项目：就业准备、学习经历的评估和认可、资历认证、加拿大文化导引、专业语言培训、加拿大专业管理介绍、证书升级进修（课堂教育）、资格认证辅导、资格认证考试、有薪和无薪的工作实习、

---

① Citizenship and Immigration Canada, *Language classes funded by the Government of Canada*（2014）. Retrieved from http: //www.cic.gc.ca/english/newcomers/live/language.asp.

② Canadian Council for Refugees, *Best settlement practices: Settlement services for refugees and immigrants in Canada*（1998）. Retrieved from http: //ccrweb.ca/bpfina.htm.

③ K. Sadiq, *The two-tier settlement system: A review of current newcomer settlement services in Canada*. CERIS working paper No.34, 2004.

④ T. Cohen, *Feds to centralize immigrant settlement services*. Retrieved from http: //article.wn.com/view/2012/04/12/Feds_to_centralize_immigrant_settlement_services/.

导师与专业人士搭桥、导师与顾主搭桥。这些培训经常集中在劳动力市场比较紧缺的专业上。[①]

其他移民输入国，大多数也提供与加拿大相似的移民培训服务。比如，在澳大利亚，移民可以接受免费的成人移民英语培训。2012 年 2 月，澳大利亚宣布了一项为期三年的网上英语教学试用项目。[②] 和加拿大一样，澳大利亚也给移民提供与市场需求息息相关的就业培训服务。例如，澳大利亚目前工程师严重短缺，政府就出台了一个针对移民工程师的培训项目，集中培训移民找工作的技巧、交流能力和工程技术水平，并介绍澳大利亚的公司文化。经过 80 个小时的课堂培训后，参加培训的移民将有机会到某一公司进行无薪实习 12 周。新西兰的英语培训则完全是商业化的。移民自己需要负担所有费用。有些移民在登陆新西兰前需要提前付给新西兰劳动部英语培训费作为他们获得签证的前提条件。这些移民抵达新西兰后到指定的培训地点参加培训。[③] 移民可以参加任何培训课程，前提是需要交纳注册费。

除了参与专门针对移民的培训项目，移民往往还返回高等院校再学习，以提高他们的就业机会。Anisef、Sweet 和 Adamuti-Trache 根据他们对 2000—2004 年加拿大的移民调查数据统计，分析了重返校园对移民就业在短期内的影响。他们把移民再学习分为四种类型：第一种叫再循环型（Recycling），移民到社区大学、职业学院和职业学校等非综合性大学接受和工作有直接关系的培训；第二种叫深造型（Value-Added），到大学里进修同一专业；第三种是新起点型（Starting Anew），到大学里新修一门专业；第四种是非参与型（non-participation），指没有再在加拿大学校上学的移

---

① SP Consulting and the Whetstone Group（2008）, *Financial assistance for immigrant training (FAIT) final report*. Prepared for HRSDC.

② Minister of Immigration and Citizenship（2012）, *Virtual English Tuition for New Migrants*. Retrieved from http: //www.minister.immi.gov.au/media/cb/2012/cb18236.htm.

③ Tertiary Education Commission（2010）, *English for Migrants*. Retrieved from http: //www.tec.govt.nz/Funding/Fund-finder/English-for-Migrants/.

民。Anisef 等人选择了 3000 位 25—49 岁的研究对象，他们在移民前均取得了本科学位，58% 在移民后的四年内又重新返回了学校。其中 46% 是返回大学接受高等教育：29% 属于再循环型，8% 属于深造型，9% 属于新起点型。另有 19% 的人打算到学校读书，22% 的人没有再读书的打算。Anisef 等人的分析表明，所有的移民来到加拿大之后，工作状况随时间的推移都有所改观。改观最显著的是深造型和新起点型。这两个类型的移民工作和地位也在毕业后相对有所提高。[①] 在另外一篇文章里，Anisef 等人分析了制约移民重返高等教育的因素：语言的熟练程度、因语言不熟练而导致的较低的学业成功率、对移民成绩单和过去的工作经验不公正的评估、经济困难、对加拿大高等教育体制不熟悉、缺少经济资助、政府和有关部门不到位的服务、文化冲突、有限的社会资源，等等。[②]

（二）移民培训和再教育的问题

研究者普遍认为，移民培训和再学习有助于移民提高生活和工作技巧，但是也有教育批评家对此表示质疑。[③] 其中，特别对政府移民培训项目的影响和受益群体表示异议。吴曙儿对一项移民就业培训和服务项目所作的研究表明，有些移民就业项目实际上起到了双重作用：一方面，它帮助一些移

---

① P. Anisef, R. Sweet, and M. Adamuti-Trache, *Impact of Canadian postsecondary education on recent immigrants'labour market outcomes*. CERIS Working Paper No.76, 2010.

② P. Anisef, L. Lo, R. Sweet, D. Walters, M.Adamuti-Trache, K. Phythian, and S. Grabke, *Economic adjustment of adult immigrants and the role of post-secondary educational institutions*. Prepared for Canadian Council on Learning, 2009.

③ K. M. Grahame, "Asian women, job training and the social organization of immigrant labor markets," *Qualitative Sociology*, 1998, 21（1）: 75—90; R. Ng, *The politics of community services: Immigrant women, class and state*（2nd ed.）. Toronto, ON: Garamond Press, 1996; R. Ng, & H. Shan, "Lifelong learning as ideological practice: An analysis from the perspective of professional immigrant women," *The International Journal of Lifelong Education*, 2010, 29（2）: 169—184; H. Shan, "Shaping the re-training and re-education experiences of immigrant women: The credential and certificate regime in Canada," *The International Journal of Lifelong Education*, 2009, 28（3）: 353—369; B. Slade, "The Ideological Construction of 'Canadian Work Experience' : Adult Education and the Reproduction of Labour and Difference," in S. Carpenter and S. Mojab eds., *Educating from Marx: Race, Gender and Learning*. New York, NY: Palgrave Macmillan, 2011; B. Slade, "'From high skill to high school' : Illustrating the process of deskilling immigrants through reader's theatre and institutional ethnography," *Qualitative Inquiry*, 2012, 18（5）: 403—413.

民特别是妇女找到了工作；而另一方面，移民通过这些项目找到的通常是社会底层的低薪工作。从一定意义上讲，这个项目利用了移民特别是移民妇女找工作的迫切性来满足底层就业市场对低薪工人的需求。[①] 吴进一步指出，政府常常规定了这种就业项目帮助移民找到工作的数额，这在一定程度上导致了项目工作人员只专注于找到工作的数量，而不是质量。[②]Slade 研究了一项由多伦多教育局承办的搭桥培训项目。这个项目的目的是帮助有大学学历和国际工作背景的新移民找到工作。项目大致有两个内容：第一部分是为期 18 周的课堂培训，包括英语、公民教育和未来设计，完全按照给没有工作经验的本地青年开设的高中课程来设计；第二部分是 13—15 周的无薪工作实习，主要是移民自己做市场调查，锁定 10 个可能雇主，培训老师给这些可能雇主打电话，安排实习。据 Slade 估计，通过这个项目，每年移民免费为加拿大雇主贡献了近 192 万小时的工作。[③]

教育批评者对移民接受再教育的状况也持有异议。[④] 单红霞的一项移民妇女研究发现，从中国来加拿大的职业妇女往往通过重返校园或参与培训取得加拿大认可的学历和证书，提高自己在劳动市场上的竞争能力。她们

---

① R. Ng, *The politics of community services: Immigrant women, class and state*(2nd ed.). Toronto, ON: Garamond Press, 1996.

② K. M. Grahame, “Asian women, job training and the social organization of immigrant labor markets,” *Qualitative Sociology*, 1998, 21 (1): 75—90.

③ B. Slade, “The Ideological Construction of ‘Canadian Work Experience’ : Adult Education and the Reproduction of Labour and Difference,” in S. Carpenter and S. Mojab eds., *Educating from Marx: Race, Gender and Learning*. New York, NY: Palgrave Macmillan, 2011; B. Slade, “ ‘From high skill to high school’ : Illustrating the process of deskilling immigrants through reader’s theatre and institutional ethnography,” *Qualitative Inquiry*, 2012, 18 (5): 403—413.

④ S. Guo, & P. Andersson, “The Politics of Difference: Non/Recognition of Foreign Credentials and Prior Work Experience for Immigrant Professionals in Canada and Sweden,” in P. Andersson and J. Harris eds., *Retheorising the Recognition of Prior Learning*. Leicester, UK: NIACE, 2006; K. M. Grahame, “Asian women, job training and the social organization of immigrant labor markets,” *Qualitative Sociology*, 1998, 21 (1): 75—90; R. Ng, , & H. Shan, “Lifelong learning as ideological practice: An analysis from the perspective of professional immigrant women,” *The International Journal of Lifelong Education*, 2010, 29 (2): 169—184; H. Shan, “Shaping the re-training and re-education experiences of immigrant women: The credential and certificate regime in Canada,” *The International Journal of Lifelong Education*, 2009, 28 (3): 353—369.

再学习的经历显示，加拿大正处于一个西方学历和证书主导的时代。由于各个专业领域都竞相提高入行标准，西方学历和证书的市场价值在无形中飙升，同时发展起来的是个日益炙手的培训市场。问题在于不是每个人通过再学习就能找到相关工作，而且在选择再就业方向时，很多本来从事理工科的专业妇女（比如工程师）选择了传统妇女职业（经常是幼教和社会工作者）。一定程度上讲，通过重返校园和再学习，移民在劳动力市场上经历了再分布，进一步加深了加拿大就业市场上劳动力分布的性别不平衡。①

二、移民二代教育

移民的子女，或称“移民二代”，在教育方面和新移民的经历大相径庭。在体制上，政府没有为移民二代提供特殊的政策。移民的孩子和本土出生的孩子一视同仁，被纳入同一教育体系。移民二代教育研究主要侧重于比较各个族裔学生之间的学业成就和受教育程度，目的在于发现影响学生学习的因素。移民二代教育的研究在美国最活跃。本节同时也讨论了加拿大和欧洲一些国家移民二代的教育情况。②

（一）二代移民的教育情况

由于各移民输入国的移民历史和移民人口构成有所不同，移民二代的教育情况也有所差异。在北美，人们普遍认为亚裔二代比白人学生的平均成绩要好得多，而非裔和西班牙裔的成绩则与白人的成绩差距颇大。③美国2000年的统计数据表明，50%在美国出生的25—34岁的亚裔美国人最少拥有一个本科学位——当时全国平均比率只有28%。④更引人注目的是，

---

① H. Shan, “Shaping the re-training and re-education experiences of immigrant women: The credential and certificate regime in Canada,” *The International Journal of Lifelong Education*, 2009, 28（3）: 353—369.

② 周敏、黎熙元：《族裔特性、社会资本与美国华人中文学校——从美国华人中文学校和华裔辅助性教育体系的发展看美国华人移民的社会适应》，《世界民族》2005年第4期。

③ A. Portes, and D. Macleod, “Educational progress of children of immigrants: The roles of class, ethnicity, and school context,” *Sociology of Education*, 1996, 69（4）: 255—275; L. Steinberg, *Beyond the classroom: Why school reform has failed and what parents need to do*. New York, NY: Simon & Schuster, 1996.

④ Pew Research Center, *The Rise of Asian Americans*. Retrieved from http: //www.pewsocialtrends.org/2012/06/19/the-rise-of-asian-americans/.

亚裔美国青年经常成为高中毕业典礼上的演讲者和学术竞赛的获奖者。他们进入名校的比率也特别高。举例来说，亚裔美国人占加州人口的12%，但是他们占加利福尼亚大学在伯克利、洛杉矶和尔湾（Irvine）分校学生的30%。另外，亚裔学生占麻省理工学院本科生的28%，斯坦福大学的25%，哈佛的19%以及耶鲁大学的17%。当然不是所有亚裔学生入名校的几率都很高。举例来说，华裔和韩裔比老挝裔的亚裔进入名校的几率要高得多。[①]

在加拿大，Abada、Hou和Ram通过分析2002年种族多元化的社会调查数据，集中研究了移民后代高等教育与种族的关系。他们的分析表明，除非裔和菲律宾裔外，很多族裔移民的社会地位一代比一代有所提高。在家庭背景、社会资源和族裔资源都等同的情况下，亚裔移民后代（菲律宾裔除外）的学业成就优于许多欧洲移民后代。另外，父母的受教育程度直接影响第二代意大利和葡萄牙移民接受并完成高等教育的概率。换句话说，在加拿大，族裔背景是影响受教育程度的一个重要因素。[②]

希思（A. Heath）等查阅了奥地利、比利时、英国、丹麦、法国、德国、荷兰、挪威、瑞士和瑞典等十个西欧国家移民二代的教育和就业情况，这些移民二代的父母大多是1973年前从希腊、意大利、葡萄牙、南斯拉夫、土耳其、摩洛哥、阿尔及利亚、印度，以及加勒比海沿岸国家移民来的。三位研究者发现，这些移民二代在学习和就业两方面都面临巨大困难。总体来讲，从不发达的欧洲国家来的移民二代，特别是在比利时、德国和荷兰的土耳其人，在比利时、法国和荷兰的北非后裔，在英国的加勒比海移民后裔和巴基斯坦移民后裔，以及在荷兰的苏里南人，劣势更为显著。[③]

---

① M. Zhou, and S. S. Kim, “Community forces, social capital and educational achievement: The case of supplementary education in the Chinese and Korean immigrant communities,” *Harvard Educational Review*, 2006, 76（1）: 1—29.

② T. Abada, F. Hou, and B. Ram, “Ethnic differences in educational attainment among the children of Canadian immigrants,” *Canadian Journal of Sociology*, 2009, 34（1）: 1—18.

③ A. Health, C. Rothon, and E. Kilpi, “The second generation in Western Europe: Education, unemployment and occupational attainment,” *The Annual Review of Sociology*, 2008, 34（1）: 211—235.

（二）影响移民二代教育的因素

关于受教育程度和学业成就的研究常常会涉及学生家庭的社会阶层。一般认为，学生家长的社会经济地位和受教育程度对学生的受教育程度和学业都有影响。移民二代教育的研究还表明，族裔背景可能对不同种族的移民后代的学业成就有不同的影响。可能影响移民二代教育情况的其它因素还包括文化背景、性别、年龄、父母移民身分、族裔社区特有的辅助教育以及学生的民族文化认同等。这些因素对不同种族的移民后代影响程度和影响方向又往往有所不同。

弗利尼（Fuligni）在美国的一项研究旨在找出家庭背景、父母态度、同龄人帮助以及移民二代学生自己的态度和行为对他们学业成就的不同影响。有大约1100名来自拉丁美洲、东亚和欧洲的移民学生参加了此项研究，弗利尼发现这些移民学生的数学和英语成绩普遍要好于本土学生。学生的成绩和他们的家庭背景关系很小，却和学生家长、学生自己以及他们的朋友对学业的重视程度有很大的关系。[①]Feliciano根据一组国际和美国的数据分析，认为原居住国的教育水平对移民二代的学业成绩有影响。[②]Brandon的一项早期研究发现，亚裔美国女生与亚裔男生比起来，能在更短的时间里获取高等学位。这一发现在华裔后代中最为明显。[③]Bean等人的研究发现移民父母的移民身分（合法移民和非法移民）对墨西哥移民二代的学业有很大影响。[④]

人们普遍认为，亚洲学生学业成就优秀主要归功于儒家传统对学业、家庭荣誉、管教的重视和尊敬权威人士的习俗。Zhou 和 Kim 的一项研究发

① A. Fuligni, “The academic achievement of adolescents from immigrant families: The roles of family background, attitudes, and behavior,” *Child Development*, 1997, 68（2）: 351—363.

② C. Feliciano, “Does selective migration matter?Explaining ethnic disparities in educational attainment among immigrants’ children,” *International Migration Review (IMR)*, 2005, 39（4）: 841—871.

③ P. R. Brandon, “Gender differences in young Asian Americans’educational attainments,” *Sex Roles*, 1991, 25（1/2）: 45—61.

④ F. D. Bean, M. A. Leach, S. A. Brown, J. D. Bachmeier, and J. R. Hipp, “The educational legacy of unauthorized migration: Comparisons across U.S.-Immigrant groups in how parents’status affects their offspring,” *International Migration Review*, 2011, 45（2）: 348—385.

现，移民在出国前普遍拥有的偏高的社会地位以及移民后具有种族特点的社会结构对移民二代的学业成功都有正效应。[①] 经过比较中国和韩国社区的辅导教育，Zhou 和 Kim 认为，民族文化和社会的结构分不开。两个社区存在的大量的辅导补习教育既是文化的表现，也是社会结构对移民二代的具体支持。

冯·贝洛认为，社会背景在德国比在其他发达国家对于年轻人的受教育程度有更大的影响。[②] 土耳其和意大利移民二代明显不如德国本土学生获得的专业和教育证书多。冯·贝洛认为，这和他们父母的教育水平有关系。在德国一项对传统工人移民二代的教育研究里，Kristen 和 Granato 则发现家庭的教育和社会阶层可以解释土耳其裔移民后裔完成高中学业的程度，但无法解释意大利裔青年的高中毕业情况。[③]

Støren 和 Helland 的一项研究集中比较了挪威本土和少数移民及移民二代的高等教育完成情况。这一研究表明，父母的受教育程度对本地居民比对移民的影响要大。另外，少数移民女孩的受教育程度和母亲的受教育水平以及父母工作情况有很大的关系。[④] 在另一项研究里，Støren 发现，不管父母的教育背景如何，移民二代比本土学生在择校方面志向更高。[⑤]Fekjær 根据对 1965—1980 年挪威注册数据的研究，探讨了社会背景对移民和本土人教育的影响。他们研究表明，社会背景很大程度上解释了为什么土耳其

---

① M. Zhou, and S. S. Kim, “Community forces, social capital and educational achievement: The case of supplementary education in the Chinese and Korean immigrant communities,” *Harvard Educational Review*, 2006, 76（1）: 1—29.

② S. von Below, “What are the chances of young Turks and Italians for equal education and employment in Germany? The role of objective and subjective indicators,” *Social Indicators Research*, 2007, 82（2）: 209—231.

③ C. Kristen, and N. Granato, “The educational attainment of the second generation in Germany,” *Ethnicities*, 2007, 7（3）: 344—367.

④ L. A. Støren, and H. Helland, “Ethnicity differences in the completion rates of upper secondary education: How do the effects of gender and social background variables interplay?” *European Sociological Review*, 2009, 26（5）: 585—601.

⑤ L. A. Støren, “Pursuing educational ambitions?Higher education enrolment and the choice of study programmes among immigrant and non-immigrant youth in Norway,” *Irish Educational Studies*, 2011, 30（2）: 159—177.

和巴基斯坦移民二代教育程度低下，但不能解释为什么印度移民二代的教育程度较高。[①] Fernández-Kelly 进一步指出，移民在移民前的社会地位和社会知识及资源（比如教育和自我定义）对移民二代的行为都有影响，在一定程度上能够降低生活在贫困当中的移民二代所受到的社会背景的不利影响。[②]

同化论者常常认为，移民越是能够认同主流文化、融入主流社会，就越能够提高受教育程度，改善就业状况。事实往往要比这要复杂得多。有研究显示，融入主流文化对移民和移民后代既有正面的影响，也有负面的影响。深层次的文化融合往往表现在移民在家里用英语的频率。有人认为这对移民二代的学业成就有正面影响。当移民父母能够给孩子的学业给予帮助，监督他们学业的进展，和他们在家里用英语交流，这些二代学生的学业进取心会更强，学业成就也相对较好。同时，研究发现，当孩子在语言、穿着、行为和态度上融入主流文化，疏远本族文化时，可能会导致家庭冲突，也可能使孩子有更多的叛逆行为。换言之，一味地融入主流文化，或疏远自己的民族文化，对孩子的发展可能是个危险因素。这种倾向可能导致学生的学习动力和学业成就下降。[③] 文化认同也不可能是简单的认同或拒绝某一个文化的行为和心理。Roseblum、Zhou 和 Gentemann 的一项美国城市大学第二代移民学生的研究发现，移民学生在入学时对学生种族多元化表现出强烈兴趣。但是追踪调查显示，当受访者到了大学三年级时，他们一方面批评国际学生自成团体，另一方面自己却又不愿意和第一代美国人接触。[④]

---

① S. N. Fekjær, "New differences, old explanations, Can educational differences between ethnic groups in Norway be explained by social background?" *Ethnicities*, 2007, 7（3）: 367—389.

② P. Fernández-Kelly, "The back pocket map: Social class and cultural capital as transferable assets in the advancement of second-generation immigrants," *The Annals of the American Academy of Political and Social Science*, 2008, 620（1）: 116—137.

③ T. Urdan, and C. Munoz, "Multiple contexts, multiple methods: A study of academic and cultural identity among children of immigrant parents," *European Journal of Psychology of Education*, 2012, 27（2）: 247—265.

④ K. Roseblum, Y. Zhou, and K. Gentemann, "Ambivalence: Exploring the American university experience of the children of immigrants," *Race, Ethnicity and Education*, 2009, 12（3）: 337—348.

第三节　中国流动人口的教育

一、中国流动人口概况

改革开放以来，我国出现了大规模的人口流动和迁移。流动人口成为中国在现代化、工业化和城市化进程中的一个重要而特殊的群体。根据2011年第六次全国人口普查结果，居住地与户口登记地不一致且离开户口登记地半年以上的人口为26139万人，其中市辖区内人户分离的人口为3996万人，不包括市辖区内人户分离的人口为22143万人。同2000年人口普查相比，居住地与户口登记地不一致且离开户口登记地半年以上的人口增加了11700万人，增长81.03%，其中不包括市辖区内人户分离的人口增加10036万人，增长82.89%。[①] 该统计数据表明，改革开放以来，流动人口数量庞大且仍然处于不断增长之势。《中国流动人口发展报告》显示，目前我国流动人口的流动状况具有以下特征：

第一，新生代农民工是流动人口的主体。截至2011年，我国流动人口总量已经超过2.2亿，占全国人口的17%。其中有将近一半的群体是“80后”，流动人口平均年龄为28岁。第二，人口流向发生转变，由东南沿海单向集中转变为多向集中，国家重点培育的城市群和城镇化较高的地区成为新的流向地。具体来说，中西部的劳务输出大省出现了人口回流现象，这在很大程度上是由于东部地区的劳动力、土地等生产要素的成本逐渐上升，同时资源加工型产业和劳动密集型产业也在逐渐向中西部地区转移。预计未来十年，流动人口将主要向国家重点培育的城市群和城镇化较高的地区转移。第三，流动人口趋于稳定，家庭整体流动成为趋势。随着家庭整体流动的实现，流动人口的就业和生活都逐渐稳定。第四，大部分流动人口没有参加各类社会保险，流动人口的权益得不到相应的维护。据统计，不到30%的流动人口在流入地参加了养老保险、医疗保险、工伤保险、失

---

① http: //www.stats.gov.cn/zgrkpc/dlc/yw/t20110428_402722384.htm.

业保险、生育保险和住房公积金（“五险一金”）等社会保险。仅有51.3%流动人口签订有固定期限的劳动合同。第五，流动人口有融入流入地的强烈意愿，但是他们缺乏参与当地社会生活的渠道，他们的社会交往对象主要是家族亲属、同乡和同学。第六，流动人口平稳增长，在21世纪中叶将趋于稳定。我国农村人口向城镇流动的速度趋于平稳，预计到2020年我国的城镇化率将达到60%左右。[①]

二、流动人口子女教育问题

流动人口是伴随着工业化和现代化而出现的社会现象。流动人口向城市转移的同时，满足了城市对劳动力的需求，促进了城市的经济繁荣与发展，但同时也引发了一定的社会问题。其中，流动人口子女的教育权益保障，成为与人口流动相伴生的一个被备受关注的社会话题。

流动人口子女教育问题的出现，首先和流动人口的流动模式紧密相关。流动人口的迁移距离呈现为跨省和省内跨区域流动的特征，且多数人口的流动方式以家庭为单位，半数以上流动人口在流入地居住时间超过三年，[②]因此，其子女随父母同时流动，还是选择留在户籍所在地，都会给他们的教育带来不同的影响。同时，中国当前的户籍管理制度、社会福利保障体制以及教育政策和实践等等并未能及时根据大量流动人口的涌现而进行适当调整，进一步导致了流动人口子女教育权益无法得到有效的保障。此外，该问题的产生又与教育领域内教育机会不均等、教育资源分配不公以及教育质量发展不均衡等问题息息相关。

根据流动人口子女是否随迁，可以将流动人口的子女教育区分为流动儿童的教育和留守儿童的教育。流动儿童指随父母一起流动到城市并在城市接受教育的学龄儿童。留守儿童是指由于父母双方或其中一方外出务工后仍然继续留在户籍所在地，独立生活或由其他监护人监护的儿童。

---

① 国家人口和计划生育委员会流动人口服务管理司：《2011中国流动人口发展报告》，中国人口出版社2011年版。

② 同上书，第3—4页。

（一）流动儿童教育

流动儿童教育问题是农村人口大规模向城市流动所衍生的问题。[①]改革开放以来，在我国的城市化进程中，大量的农村剩余劳动力开始涌入城市，流动儿童教育问题正是这个过程中衍生出来的问题。

1. 流动儿童教育问题

流动儿童的教育问题主要是入学难、升学难、学业成就低以及大龄流动儿童在继续教育过程中面临的困难。自1996年颁布《城镇流动人口中适龄儿童少年就学办法（试行）》以来，政府陆续出台了相应的政策法规来解决流动人口子女教育问题，明确规定了“两为主”的政策：以流入地政府为主，以公办学校为主。自此，流动人口子女的入学形式主要包括：第一，进入正规公立学校，需要缴纳一定的借读费；第二，进入正规民办或私立学校，需要缴纳较高的费用；第三，进入打工子弟学校，但是这类学校主要建在城乡结合部，学校的各项收费虽然比较低，但是学校各项基础设施相对简陋，教师的学历水平相对较低，教学质量也得不到保证。[②]目前，流动人口子女上学难的问题已经得到一定缓解，但是如何“上好学”的问题仍然存在。然而，家庭的流动是造成流动人口子女的教育流动的重要原因，这也使得部分流动儿童面临着失学或辍学。

流动儿童在流入地接受教育，但是在完成义务教育之后面临的是继续教育的问题，包括上高中、大学，或是“子承父业”，像父母一样开始打工。参加中考并且能顺利进入高中的大龄流动儿童人数比例较低。同时，大龄流动儿童也被认为是“高考移民”，他们如果要参加高考就必须回到户籍所在地。[③]高考升学制度规定学生必须在户籍所在地参加高考，这使得想要参加高考的流动人口子女必须转学回到户籍所在地继续读书，这在很大

---

① 范先佐：《人口流动背景下的义务教育体制改革》，中国社会科学出版社2011年版，第23页。

② 龚文君：《给农民工子女一张心灵的课桌——实现城市流动人口子女教育的机会平等》，《社会科学论坛》2006年7期。

③ 范先佐：《人口流动背景下的义务教育体制改革》，中国社会科学出版社2011年版，第173页。

程度上阻碍了流动人口子女在流入地的继续教育。国务院办公厅在2012年9月1日出台了关于流动人口子女异地高考的文件，要求各自在2012年12月31日前出台关于流动人口子女异地高考的具体办法。异地高考的政策在一定程度上为流动人口子女接受高等教育提供了条件，但异地高考政策在具体实施过程中将衍生哪些问题，如何解决，以及能否突破户籍制度的桎梏，还有待时间的检验。

目前，大多数流动儿童的学业成就处于“中”或“差”的水平，而且不能按要求完成作业、上课听课不认真、在课堂上不能积极发言等现象较为常见。① 流动儿童的学业成就受到多种因素的影响：第一，个人层面，学业成绩不可避免地会受到个人因素的影响，例如，求知欲不强、学习方法不科学、学习自觉性较差等，都会在不同程度上影响流动儿童的学业成就。第二，学校层面，学校环境不理想、教学设备简陋、师资力量不稳定等。第三，家庭层面，父母文化程度较低，难以在学习上提供具体的指导；大多数的流动儿童父母从事的是体力劳动，他们的家庭收入比较低，难以为孩子的学习提供较好的环境和条件；另外，部分流动儿童的父母之间的关系比较紧张，这在很大程度上影响流动儿童的心理，使孩子难以专心学习。② 第四，转学会影响流动儿童的学业成就，转学次数越多，学业成绩就越有可能下降。③ 第五，城乡文化和教育水平的差异是造成流动儿童在流入地学校的学业成就低的一个重要因素。从整体上看，我国农村地区学校的办学条件、师资水平、教学质量等都普遍低于城市。因而，长期生活在农村并在农村接受基础教育的流动儿童，在接受流入地的城市学校教育的过程中会出现一定的文化适应和学习适应问题，并影响其学业成就。

大龄流动儿童一般指年龄15—17周岁的流动人口子女。有调查显示，1997年北京市1/3的流动儿童少年在达到初中毕业年龄以后，就完全放弃

---

① 冯金兰：《流动儿童学业成绩及其影响因素分析——以南京市SZ中学为例》，南京师范大学2011年硕士学位论文。

② 同上。

③ 张绘、龚欣、尧浩根：《流动儿童学业表现及影响因素分析——来自本经的调研证据》，《北京大学教育评论》2011年第3期。

了学业，选择务工经商，他们就业的行业主要分布在商业餐饮服务或其他服务性行业。[①]还有调查显示，在失学的12—14周岁流动人口子女中，有超过60%的人已经开始工作。[②]这部分流动青少年在社会上务工经商，走上了父辈的道路。目前，这部分流动青少年的继续教育问题还没有得到相应的关注。

2. 流动儿童教育问题产生的原因及对策

影响流动儿童教育的原因是多方面的，根本原因是城乡社会、经济发展存在较大的差异。在社会制度方面，我国城乡二元分割的户籍制度是影响流动儿童教育的重要原因。虽然户籍制度在限制人口流动方面的功能逐渐弱化，但依然对身分、就业、教育等起到一定的限制作用，并在一定程度上制约了流动儿童相关教育政策的制定，导致流动儿童难以享有与流入地儿童同等的教育机会与权利，即同城待遇，实现城乡一体化管理。

在教育体制方面，现有的义务教育体制难以适应市场经济的发展与要求是造成流动儿童教育问题的重要原因。我国目前的义务教育实行的是城市与农村管理体制上的"双轨制"，义务教育户籍管学籍，是造成流动儿童教育问题的直接原因。[③]有的研究者提倡建立以居住地管理取代户籍管理的教育体制，将流动儿童就学纳入城市公办学校的招生计划。[④]同时，我国城乡教育在教育资源、师资力量、基础设施方面的差距，也在一定程度上使流动儿童在流入地学校面临学习和文化上的适应问题以及社会融入问题。加强对农村教育的投入和建设，提高农村教育质量，可以在一定程度上为"准备流动"的儿童提供教育上的有效过渡。值得一提的是，城市中的优质教育资源是吸引流动人口将其子女带到城市就读的一个重要原因。如果农村地区拥有与城市一样的优质教育资源，就可能在一定程度上缓解流动人

① 段成荣、周皓：《北京市流动儿童少年状况分析》，《人口与经济》2001年第1期。

② 段成荣、梁宏：《关于流动儿童义务教育问题的调查研究》，《人口与经济》2005年第1期。

③ 范先佐：《人口流动背景下的义务教育体制改革》，中国社会科学出版社2011年版，第25页。

④ 韩嘉玲：《流动儿童教育与我国的教育体制改革》，《北京社会科学》2007年第4期。

口子女的教育问题。

从家庭背景因素分析，流动儿童家长的社会经济特征等因素也在一定程度上影响了流动儿童的教育。例如，流动儿童家长的文化程度和工作性质等使他们难以给孩子提供教育辅导；由于家庭经济收入所限，流动儿童家长难以承担流入地高昂的学费和借读费等教育费用。在个人层面上，流动改变了流动儿童的生活环境和学习环境，面对城市生活、学校和新的教师与同学，流动儿童都可能面临适应问题。

流动儿童的教育问题是长期性、全局性的重大问题，当务之急是要保障流动儿童受教育的相关权益。对此，主要的政策建议有：第一，在社会经济层面，要促进我国贫困地区的经济发展，缩小城乡差距，为流动人口子女教育提供相应的保障；第二，在户籍制度层面，实现户籍制度的城乡一体化，将“户籍人口”改为“常住人口”，将流动儿童的教育纳入到其所在的流入地的学校教育考核中；[①] 第三，在教育体制层面，应该对我国现有教育体制进行改革，政府应该作为流动儿童接受义务教育的首要责任人，实行“以流入地政府管理为主、以公办中小学为主”的方针，合理地分摊流动人口子女的教育成本；第四，在办学体制层面，以公办学校为主，相应地调整义务教育的格局，对公共教育资源进行合理配置，降低民办学校的办学门槛，鼓励和支持民办学校发展。[②]

（二）留守儿童的教育问题

留守儿童的概念界定有几个主要的特征：第一，父母双方或一方外出是界定留守儿童概念的首要因素；第二，父母外出时间，有的学者以每年在外半年以上加以限定，有的则以每年在外四个月以上加以限定；第三，儿童目前的居住地是其“留守”状态的体现，如留在家乡、留在户籍所在地等；第四，儿童年龄，已有研究中对留守儿童年龄的使用差别较大，有的将留守儿童的年龄界定为“14 周岁及以下”，也有研究将年龄界限进一

---

① 段成荣：《要重视流动儿童少年的教育问题》，《人口学刊》2001 年第 1 期。

② 范先佐：《人口流动背景下的义务教育体制改革》，中国社会科学出版社 2011 年版，第 25 页。

步放宽到16周岁或者18周岁。[①] 段成荣、周福林以2000年第五次全国人口普查抽样数据为依据测算，早在2000年，农村留守儿童的数量就已有1981.24万之多。[②]

1. 留守儿童教育问题

留守儿童和流动儿童面临着完全不同的境况。父母长时间外出所导致的监护和亲情缺失，对留守儿童的身心成长造成了巨大的影响。父母外出打工，留守儿童和父母只能通过电话等间接的方式来沟通交流。电话是亲子间的主要联系方式，大部分留守儿童和父母之间的联系比较少，有调查显示，一半的父母每隔两周才会给留守儿童打一通电话。[③] 而且，许多农村家庭没有电话，有些父母只能打电话到亲戚、朋友、邻居家，或者是村里的小卖部和大队部等。[④] 一些研究表明，长时间不在父母身边成长会给留守儿童的情感和人格发展带来不良的影响，比如有些留守儿童会比较内向、孤僻、冷漠、任性等。[⑤] 这种特殊的心理特征，进一步衍生了教育上的诸多问题。

目前对于留守儿童教育方面的研究比较广泛，包括学习动机、学习态度、学习自觉性、学业求助行为等。有研究表明，大部分留守儿童的学业成就表现较好，对待学习的态度也比较认真。留守儿童学习上的困难主要体现在心理和精神方面，主要是没有人督促和思念父母导致精力分散。[⑥] 也有调查显示，只有10%的留守儿童学业成就优秀，大部分留守儿童的学业成就中等偏下。[⑦] 还有的研究表明，留守儿童的学习目的不够明确，没有养成良好的学习习惯，不能按要求、按时地完成作业，有时还会出现逃学和

---

① 叶敬忠:《留守中国：中国农村留守人口研究》，社会科学文献出版社2010年版，第7页。

② 段成荣、周福林:《中国留守儿童状况研究》,《人口研究》2005年第1期。

③ 吕绍清:《留守还是流动——“民工潮”中的儿童研究》，中国农业出版社2007年版，第84页。

④ 同上书，第85页。

⑤ 周福林、段成荣:《留守儿童研究综述》,《人口学刊》2006第3期。

⑥ 吕绍清:《留守还是流动——“民工潮”中的儿童研究》，中国农业出版社2007年版，第152—155页。

⑦ 李金涛:《农村“留守现象”亟待关注》,《中国改革（农村版）》2003年第6期，第49—50页。

辍学的现象。[①] 有的调查表明，隔代抚养会给留守儿童的学业发展带来负面影响，因为祖父母的受教育程度相对较低，加上“隔代溺爱”，对儿童的管教宽松，他们很难给留守儿童的学习提供具体的指导。[②]

留守儿童比较集中的乡村学校容易面临安全问题的挑战。这些安全问题主要包括：（1）容易出现溺水、触电等意外事故，危及儿童的生命安全；（2）容易被社会不法分子攻击、欺负和侵害；（3）留守儿童可能会采用投河、服毒等方式自杀；（4）可能会因为伤害他人或者偷窃等而走上违法犯罪的道路。[③] 因此，重视学校、社区、家庭三方面的合作，对留守儿童进行安全教育，应该成为学校教育中一项不可忽视的重要内容。

应该关注大龄留守儿童的失学、辍学问题。有研究表明，初中阶段以后留守儿童失学、辍学的比例呈现一定的上升趋势。段成荣等根据 2000 年第五次全国人口普查表抽样数据计算，在 15—17 周岁的农村留守儿童中，约有 80% 左右的儿童进入学校接受教育。一部分大龄留守儿童初中未毕业即离开学校，进入劳动力市场。他们的就业层次低，工作不稳定，容易面临失业危险，又很少签订劳动合同，且他们的心智不成熟，对社会认识不充分。因此，如何保障大龄留守儿童的合法权益尤为重要。[④]

2. 留守儿童教育问题的形成原因及对策

留守儿童教育问题是多种因素共同作用的结果。在家庭方面，由于父母外出务工直接导致父母责任缺位和家庭教育功能缺失。在学校教育方面，学校在管理制度上对留守儿童的心理健康方面的关注不够，许多留守儿童染上不良恶习；而且学校的干预能力有限，无法完全代替父母为留守儿童提供亲情呵护。[⑤] 在教育体制方面，属地化教育管理体制将学生的学籍与户籍挂钩，限制了留守儿童的教育选择权，阻碍了留守儿童的随迁就读。在社

---

① 李秀英：《农村“留守学生”调查与思考》，《中国妇运》2004 年第 10 期，第 36 页。

② 段成荣、杨舸、王莹：《关于农村留守儿童的调查研究》，《学海》2005 年第 6 期。

③ 许传新等：《流动与留守子女教育比较研究》，现代教育出版社 2011 年版，第 42 页。

④ 段成荣、杨舸、吕利丹：《中国大龄农村留守儿童现状》，《中国青年研究》2008 年第 10 期。

⑤ 贾勇宏：《人口流动中的教育难题——中国农村留守儿童教育问题研究》，中国社会科学出版社 2013 年版，第 222 页。

会制度方面，城乡二元社会制度在根本上影响了留守儿童的随迁就读。

留守儿童是伴随着我国大规模的人口流动所产生的一个特殊的社会群体，留守儿童问题的解决需要整个社会的共同努力。首先，解决留守儿童问题依赖于整个社会的经济发展和户籍制度的改革，以及政府对流动儿童的相关政策；其次，农村学校应该承担起相应的责任，加强对留守儿童的监护。[①]

第四节　跨地域、跨文化人口流动和移民与教育的未来

在全球化的今天，由于通信技术和交通工具的发展，人类的跨文化、跨地域流动达到了前所未有的频率、深度和广度，这不仅影响到区域乃至全球的人口分布和结构，而且在一定意义上已经并将继续深刻影响人类社会未来的发展方向。它改变文化分布格局，重构文化认同和社会关系网络，导致知识构建和价值观体系由单一向多元化的发展，人们对民族、文化、国家等概念也因而有了全新的认识和理解，这将进一步改变教育的未来发展空间。

一、教育的族群疆界："民族"的解构

1990年代以来研究移民的热门理论，非"跨国主义"莫属。跨国主义理论内容丰富，涵盖面甚广，其中有一个重要的子概念：跨国社会空间（transnationalism as social space），这个概念主要得益于地理学家的贡献。他们发现，在全球化背景下，跨地域、跨国境的人口迁移日益频繁，移居地和原居地之间的空间距离感被大大缩短，结果之一便是人们对空间的理解发生了变化。由于新的通信技术的发展和人口的频繁流动，近在咫尺的旁人可能是陌生人，而远在千里之外的他者却是最亲密的人。移居者在积极融入移

① 吕绍清：《中国农村留守儿童问题研究》，《中国妇运》2006年第6期。

居地的同时，不再需要割裂与母文化的紧密关系。相反，随着跨地域的社会关系网络的建立和维持，因传统文化而形成的复杂的血缘关系得到一种新的延续方式，它可以把留在国内的亲人和远渡重洋的移民紧密联系在一起，并在必要的时候召唤移民回归以履行他对家族、家庭的责任和义务。在这个过程中，一种新的认同逐渐脱离了地域和文化限定，从单一走向多元、从对立走向共存。于是，一个新的社会空间被移民者建构，它不再以特定的时空界限为基础，而是将几个不同边界融合进一个单一的社会场域。①

费斯特（Faist）进一步将跨国社会空间阐述为“延跨多个国界的纽带、网络和组织中的状态、组织的网络这三者的综合体”。② 他认为，跨国社会空间标志着一种动态的社会进程，而不是静态的关系和状况的空间。跨国社会空间作为一种突破单一国家政治控制的新空间，改变了原来基于地缘政治关系的各种社会解释，也进一步改变了对民族的定义。共同的地理生活空间、共同的文化等原本作为界定民族形成的核心元素，现在似乎不再重要。郭世宝在研究加拿大华人移民时发现，现在的华人移民群体来自不同的地域、国家，语言也不一定是汉语，饮食习惯和宗教信仰等也各有差异，但这并不妨碍他们作为华人移民群体在加拿大的存在。在这个空间中，移民通过各种网络关系协商外来的新思想和新语汇，通过部分地改变自己的文化规范来进行文化比较和互动。③ 因此，跨国社会空间又是一个文化再协调的空间，也是一个文化糅杂的空间，为不同的意义模式之间达成协议提供了机会，实现了文化的对话与调和，而不是抛弃或者分裂。对于跨地域、跨国境流动的个体来说，文化的差异是相对的，不具备区分族群的绝对功能。文化差异不再是外界所定义的固化的族群界限，而是在文化冲突场景下的个体的体验和判断。

格雷（Gray）认为，跨国空间更加准确地反映了一个基本事实：一方

---

① B. Yeoh, K. D. Willis, and S. M. A. K. Khader, “Introduction: Transnationalism and its Edges,” *Ethnic and Racial Studies*, 2003, 26（2）: 207—217.

② T. Faist, *The Volume and Dynamics of International Migration and Transnational Social Spaces*. Oxford, UK: Oxford University Press, 2000: 191.

③ H. Bhabha, *The Location of Culture*. London: Routledge, 1994: 2—5.

面，全球化浪潮让民族之间的政治、经济和文化疆界变得模糊，跨越边界是可能的；另一方面，民族及其界限在现实生活中仍然存在，使跨国主义的出现成为必要的，也是必然的。因此，跨国空间在解构的同时也在建构着“民族”这一定义。①

二、教育的文化疆界和政治疆界

跨地域、跨文化人口流动和移民行为的日益频繁，不仅对移民和流动人口子女的教育问题提出了挑战，也促使我们对当下学校教育的文化立场和文化策略进行反思。

首先，教育对象的族群界定将更加复杂，更加难以简单化地界定与划分。教师和教育工作者因此需要具有更强的跨文化敏感意识和相应的跨文化沟通与教学技巧。频繁的人口流动带来了学生构成的多样化以及学校和课堂文化的多元化。课堂在传授本土知识的同时，需要顾及全球化和地方化的同存，尊重并重视教育对象身上所具有的更加开放、更加多元的异文化接纳能力和生活经验。教师对学生的跨文化适应能力、态度和技能的培养，应不再限于流动人口、少数民族子女或者移民子女，同时也应将来自主流群体的学生包含在内，因为这些成长于全球化和互联网时代的年轻人，不仅要学会在多元化、网络化的社会中如何与来自四面八方的外来者相处，他们自己也极有可能会成为跨文化群体中的一员，在一个异文化的社会环境中生活与工作。通过教育，受教育者（无论是主流民族还是少数族群）——未来社会的所有公民习得跨族群、跨文化、跨地域、跨国境的生存、交往与发展的技能和知识，获得在国际范围内得到广泛承认的学历和从业资格证书。在今后的教育发展中，这将成为评价教育竞争力、人才竞争力的重要指标。

其次，全球化、互联网科技以及跨地区、跨境人口流动所带来的政治意义是去领土化——国与国之间的领土界限和地理距离的存在意义逐渐被跨地域、跨空间的社会关系网络所弱化。传统的空间定义在地理维度之外，

---

① Breda Gray, *Women and the Irish Diaspora*. London: Routledge, 2003.

增加了文化心理维度，使得空间的存在越来越多地依赖于个体所构建的跨地域生活方式以及个体对文化共享的心理体会和感受。研究发现，这种跨地域社会关系网络的构建，可以跨越遥远的地理距离和空间，将此岸和彼岸、缺场和在场紧紧连结在一起。[①] 这必然导致学校在培养公民意识和国家认同上所面临的情况和以往有所不同。

现代社会，交通运输的发展带来了人群跨地域、跨文化流动的便捷性和频繁性，通信科技的发展则让信息交流和文化分享得以突破地域、族群、国家的疆界。随着人们这种跨地域、跨文化流动的规模和频率不断加大，个体对文化、对国家的认同也出现了微妙的变化。有研究发现，在全球化背景下，跨国移民的母文化背景不仅不会阻碍移民融入新的社会，它所提供的情感支持和跨国社会网络资源还有助于移民更好地应对来自新环境的经济压力和文化差异，有利于他们成功适应当地社会。反过来，这又会促使他们更加积极参与和维持其原有的对母文化的情感纽带。[②] 移民不再需要为了融入当地社会而割裂自己和母文化的关系。在这个过程中，不同的文化认同可以通过个体跨地域流动的社会生活被灵活地整合在个体的自我概念中，认同逐渐突破原来的地域和文化疆界的单一性限制，有可能发展成为多元认同，且处于动态的发展变化之中。某些学者所定义或描述的跨国认同[③]、双文化认同[④] 和认同叠加[⑤] 概念，均属于这种现象。

这种跨文化、跨族群、跨地域、跨国家人口流动现象的日益增多，以及随之出现的文化共享和认同多元等现象，促使一些学者开始反思学校的课程设置。有人提出在学校的公民课程或社会课程中，需要用一种新的概

---

① M. P. Smith, *Transnational Urbanism: Locating Globalization*. Malden, MA and Oxford: Blackwell Publishers, 2001: 164.

② J. Itzigsohn, C. D. Cabral, E. H. Medina, & O. Vazquez, "Mapping Dominican Transnationalism: Narrow and Broad Transnational Practices," *Ethnic and Racial Studies*, 1999（2）.

③ C. Dwyer, "Migrations and diasporas," in P. Cloke, P. Crang & M. Goodwin eds., *Introducing Human Geographies*. London: Arnold Publishers, 1999: 287—295.

④ A. Eytan, "Globalisation and biculturalism," *British Journal of Psychiatry*, 2004（4）.

⑤ N. Sussman, "Testing the cultural identity model of the cultural transition cycle: Sojourner's return home," *International Journal of Intercultural Relations*, 2002（4）.

念框架来重新设计，例如，是否可以用“合一国家认同”来取代对单一国家认同的培养，即以培养具有跨国、跨文化的多元认同能力和认同意识的公民为教育之首要任务，以适应人类社会不断全球化的需要。[①]“合一国家认同”实际上提倡了这样一种理念：国家认同可以是多元合一的，就像一些移民拥有一个以上的公民身分和多个国家的护照一样，民族文化认同也是可以多元并存的。在这方面，个体在适应环境的过程中所表现出来的复杂性和能动性往往超出了研究者原先对认同的单一性、排他性的假设。教育需求改变了沿用已久的“我们—他们”这种非此即彼的二元认识论，帮助学生们去构造了一个全纳的“我们”。仅就当前国际形势中不断激化的民族冲突而言，该主张也是有现实意义的。更进一步说，它强调了人作为社会人，需要拥有建构族群和文化认同的权利，需要拥有文化个性和自我表达的自由和权利。这些都将对学校中的课程设置、教育内容以及其他教学活动的文化立场和认同培养的策略提出挑战。

名词与术语

1. 流动人口：指不以永久居留为目的的人口迁徙，例如进城务工的农民工群体。

2. 移民：指将有定居权的人口迁徙。

3. 流动儿童：指随父母一起流动到城市并在城市接受教育的学龄儿童。

4. 留守儿童：指未能和父母一起流动到城市，而是选择留在户籍所在地继续接受教育的学龄儿童。

思考题

1.“移民”和“人口流动”这两个概念之间应如何界定，二者最典型的区别是什么？

---

① R. Ghosh & A. Abdi, *Education and the Politics of Difference: Canadian Perspectives*. Toronto: Canadian Scholars’ Press, 2004: 88.

2. 西方国家成人移民重回学校接受继续教育的主要原因是什么？继续教育反映了移民在当地面临着什么样的社会现实？
3. 西方国家对成人移民进行安居服务培训的目的是什么，这种培训项目有什么样的社会作用？
4. 影响移民二代学业成就的因素有哪些？
5. 国内留守儿童教育面临的主要问题有哪些？根本原因是什么？如何改善？
6. 西方的移民培训有什么社会作用，影响移民二代教育的因素有哪些？

推荐阅读书目

1. 吴敬忠、潘璐:《别样童年：中国农村留守儿童》，社会科学文献出版社2008年版。

   本书作者深入而全面地调查了农村劳动力输出最为集中的省区的留守儿童的生活，力图客观而真实地展示出当前农村留守儿童的生活全景。

2. 贾勇宏:《人口流动中的教育难题——中国农村留守儿童教育问题研究》，中国社会科学出版社2013年版。

   作者就我国中部地区三省九县（市）农村留守儿童教育问题进行了田野调查，并基于田野数据系统阐释了农村留守儿童教育存在的问题和解决策略。

第五篇

教育人类学的实践

第二十一章 教育领域中的人类学知识普及

社会发展和学校教育的多样性以及人类学学科的特点，决定了各级学校里需要普及人类学知识。我国的一些大中小学开展了人类学知识普及教育，积累了一些经验，但是，总体而言，在课程设置中还是缺乏人类学的理念和内容，相关的教师培训也很缺乏。人类学知识在教育领域中的普及涉及人类学与教育的关系问题，既是人类学学科发展中不可缺少的一个重要部分，也是教育人类学领域需要思考的一个重要议题。在基础教育和高等教育领域，人类学知识的普及已经被证明具有不可替代的作用，既符合教育的本真追求，也有助于完成社会发展对教育提出的要求。

第一节 教育领域中为什么要普及人类学知识

在教育史上，关于教育目的的主张主要有两种，一是个人本位论，二是社会本位论。前者认为教育的目的是促进个人成长，后者认为教育的目的是推进社会发展。在当今时代，更多人走“中间”之道，将两者辩证地结合起来，即认为教育既要促进个人成长，也要推进社会发展；人类学在实现教育目的的过程中起着重要作用。人类学是对人类的所有创造物——产品、知识、信仰、艺术、道德、法律、风俗和社会关系——进行研究的一门学科。[1] 人类学既可以帮助学生了解人，包括自我和他人；又可以帮助学

① 王铭铭：《人类学是什么》，北京大学出版社2002年版，第8页。

生了解社会，包括自己所在社会和他者社会。可以从如下几个方面来进行具体分析，说明人类学在促进人成长和社会进步方面与教育的本真旨趣是一致的。

一、社会的多样性及其对教育的要求

当社会越来越多样时，来自不同文化背景的人们之间更为频繁地接触，甚至在一起工作和生活，人们需要对彼此的差异、文化和习俗有更多的、恰当的理解——既包括身体的，也包括文化的。帮助人们提高这种理解能力的一个重要途径即是学习人类学，运用人类学的知识和分析方法。

不言而喻的是，多元文化应该是未来社会的一个重要价值取向。对于文化背景不同的人来说，人与人之间容易出现误解、分歧、冲突和歧视，乃至仇恨，一个原因就是彼此之间不够了解。处于同一文化背景下的人们彼此之间则相对容易理解并达至相互尊重和关照。

人类学可以很好地帮助教师和学生认识和处理文化差异方面的问题。解决文化差异的主张有很多种，如文化一元化或熔炉论、多元化论等。文化一元化观点或文化熔炉论认为，随着社会的发展，各种不同的文化不可避免地会整合到社会主流文化中，文化同质化是历史的必然。很明显，这要求其他文化处于从属于美国文化的地位，因而不利于其他文化的发展。文化多元化论在强调各种文化共存的同时，也强调各种文化之间的彼此联系，要求促进不同文化和谐地共同发展。显然，这种主张与社会发展的最终要求是一致的。

费孝通先生提出了“各美其美、美人之美、美美与共、天下大同”的观点。具体而言，“各美其美”是指各个民族有自己的价值标准，各自有一套自己认为好的东西；“美人之美”是指通过民族间平等的交往，发现并认可别的民族觉得好的东西；“美美与共，天下大同”是指不仅能容忍不同价值标准的存在，进而还能够赞赏不同的价值标准，达到不同价值标准融合的结果，这样离形成共同的价值就不远了。[①]

① 费孝通：《人的研究在中国——个人的经历》，《读书》1990年第5期。

联合国教科文组织在《世界文化报告 1998——文化、创新与市场》（*World Culture Report 1998—Culture, Creativity and Market*）中指出，“各种复杂的系统从其多样性中汲取力量，生物从其基因的多样性中汲取力量；生态系统从生物的多样性中汲取力量；人类社区从文化的多样性中汲取力量。”[①] 报告还从多个方面具体阐述了文化多样性的价值：第一，文化多样性作为人类精神创造性的一种表达，它本身就具有价值；第二，它为平等、人权和自决权原则所要求；第三，类似于生物多样性，文化多元性可以帮助人类适应世界有限的环境资源，在这一背景下，多元性与可持续性相连；第四，文化多元性是反对政治和经济的信赖与压迫的需要；第五，从美学上讲，文化多元性呈现一种不同文化的系列，令人愉快；第六，文化多元性启迪人们的思想；第七，文化多元性可以储存好的和有用的做事方法，储存这方面的知识和经验。[②] 因此，主张多样文化的和谐发展是有多方面意义的。

教育对文化的发展具有多个方面的作用，既可以促进文化朝着多元化的方向发展，又可以促进文化朝着一元化的方向发展。在文化之间的交流日益频繁的当今时代，在很多情况下，教育被有目的地作为文化侵略的工具，对文化侵略发挥着显性的促进作用。美国曾经负责教育文化事务的助理国务卿库斯（Coombs）就把教育文化交流及扶助称为“对外政策的第四维”。[③] 美国政府就以“资助第三世界国家发展”等为名，派遣本国教师、传教士去第三世界国家进行教育活动，并向这些国家赠送大量的图书资料。

为此，教育应该进行相关方面的改革。首先，教育中的各种文化要素是多种多样的，而不是单一的或者说不应该是单一的。教育本身是一种文

① 联合国教科文组织著、关世杰等译：《世界文化报告 1998——文化、创新与市场》，北京大学出版社 2000 年版，序言。

② 同上。

③ Philip H. Coombs, *The Fourth Dimension of Foreign Policy: Educational and Affairs*, New York, 1964. 引自于炳贵、郝良华：《全球化进程中的国家文化安全问题》，《哲学研究》2002 年第 7 期。

化，无论是教师、学生、教育内容，及至教育活动，都是文化的存在。不过，这些因素并不是单一文化形态的，而分别具有不同的文化特征。以学生为例，在多元文化的视野中，“学生”不是一个普遍的概念，而是与具体的社会文化背景相联系的。不同社会文化背景下的学生，在接受学校教育之前，在知识、情感、态度与价值观方面具有不同的基础；进入学校教育之后，在身心发展方面具有不同的过程与目的。学校要因人施教。但是，根据有关研究，学校教育在很多方面不是多元文化的，而只符合主流民族学生，或不适合非主流民族学生。从这个意义上而言，学校教育就剥夺了后者接受教育的权利。因此，树立多元文化的教育观对于促进所有学生的发展、提高教育教学质量是非常必要的。

其次，教育要促进多元文化的发展。根据多元文化的理念，教育要保存、传承与更新的是多种多样的文化。为此，在教育目的、课程设置、学业评价等方面要融入多元文化的理念，以切实促进多元文化的发展。

第三，开设多元文化的学校课程。课程是根据教育目的对教育内容的编排与教学方式的安排，是教育中至关重要的一个因素。因此，课程是否体现多元文化的理念是非常重要的。多元文化的课程改革可以从两个方面着手，一方面，开设专门的多元文化教育课程，向学生介绍不同的文化及其价值，培养学生的多元文化素养。目前，美国的一些小学、中学和大学均开设了这样的课程。例如，在斯坦福大学，原先在本科一年级开设的有关文化的课程有《西方文化》，现在则而以《文化、观念与价值》取而代之，增加了有关性别文化和不同种族文化的知识。另一方面，在其他学科的教学中，例如在历史、社会、语文等课程的教学中，渗透多元文化的理念，融入有关多种文化的内容。在理科的教学中也可以开展多元文化教育。例如，美国的 McGraw-Hill 公司于 1999 年出版的高中物理教材《物理：原理与问题》（*Physics: Principles and Problems*）中设置了一个“文化多样性”的栏目，以物理内容和多元文化的双重视角，展示科学是不同文化背景的人的实践活动，例如在有关“手推车”的内容中，既介绍它是在欧洲发明的，也介绍中国曾经发明过类似的简单机械，被称为“木牛”。[①]

二、学校教育本身的多样性

来自不同文化群体的人们在价值观念、认知取向、认知方式、道德情感、人际交往等方面的发展是不同的。就认知取向而言，布鲁纳（J. S. Bruner）早在1960年代综合当时的有关研究成果在其《文化与认知的成长》一文中就指出，智力在很大程度上是一定文化所提供的“工具”的内化。[②]布鲁纳得出此结论的根据主要是人类学、社会学等学科领域的有关研究成果。人类学和社会学等学科根据大量的实证研究认为，不同文化背景的学生在认知取向方面具有非常不同的特点。例如，有研究发现，在数学科目的学习方面，与西方发达社会强调学生学习抽象的和理论性的数学知识相比，利比里亚的佩里地区则比较强调学生估算能力的培养。由于大米是佩里非常重要的一种粮食，在市场上能够精确地估计出交易的大米的量就成为佩里人必须掌握的一项非常重要的技能。所以，佩里地区很强调培养学生形成估算大米的能力。对于某一堆大米，佩里的孩子一般在只看一次的情况下，就能精确地说出这堆大米有多少杯。[③]

对于大多数西方社会的学生来说，佩里孩子的估算能力简直是匪夷所思。当然，西方社会的学生诸如计算机操作等方面的能力，可能也是佩里的孩子在接受与西方社会的孩子相同的教育后仍然难以达到的，因为在不同的文化里，学习内容有很大区别。人类学实证研究表明，不同社会的人们具有不同的人格特征。例如，米德根据她在新几内亚的阿拉佩什族、蒙杜古马族和德昌布利族的田野工作发现，不同民族的男女两性青少年在人格特征发展的很多方面是迥然不同的，米德据此得出结论

① 陈娴、陆瑾：《文化多样性在美国高中物理教材中的体现》，《物理教师》2003年第9期。

② 《文化与认知的成长》，见布鲁纳著、邵瑞珍等译：《布鲁纳教育论著选》，人民教育出版社1989年版，第293页。

③ S. Juan, “Anthropological Study of Education of Indigenous Peoples,” in Torsten Husén, T. Neville Postlethwaite, *International Encyclopedia of Education.* Kidlington: Elsevier Science Ltd, 1994, Vol.3: 1753.

认为，这是由完全不同的社会条件所造成的。[①] 米德要说明的是，男女两性的性别特征不是固定的，而是由社会文化决定的。但是，仔细分析米德的研究资料，换一个角度可以发现，由于不同民族的文化不同，因而不同民族的青少年在人格发展方面也具有很大的差异。就情感方面而言，米德也有研究成果可以说明不同文化背景中的青少年的情感发展在很多方面是不同的。例如，她根据对萨摩亚地区青年的研究发现，不同于美国主流社会中的青少年具有骚动不安的青春期，萨摩亚地区的少女们则轻松愉快地度过了青春期，"青春期的姑娘是不会受到任何心理折磨的"。[②] 米德据此得出结论认为，不同民族的青少年在情感方面的发展具有非常不同的特征。其深层原因正如著名的人类学家博厄斯所指出的，"以往我们归诸人类本性的东西，绝大多数不过是我们对于生活于其中的文明施加给自己的各种限制的一种反应。"[③] 所以，教师应该了解有关文化对学生发展的影响方面的知识。

LJJ 是名小学五年级的学生。这个春天，她随南下打工的爸爸妈妈到了广州，进入当地的一所学校上学。新学校与以前很不一样的学习和生活使她很兴奋。南北两地在地理环境、风土人情等方面的巨大差异也使她很好奇。但是，最近她很不开心，原因是被老师狠狠地批评了。这是由一篇作文引起的。在一次语文课上，语文老师布置了题目为《家乡的春天》的作文作业。听到老师布置这个作业，LJJ 很高兴。因为她发现广州的春天与她以前所见到的春天是很不一样的，这样她可以写一个和班上其他广州本地的同学不可能会写的春天了。于是，她描绘了一个雪花飘舞、可以打雪球和滑雪的春天。写完后，她迫不及待地将作文交给了老师，并期待着老师的赞许（因为她相信别的同学肯定不会这样写的）。结果语文老师看了她的作文后，认为是"胡说八道"。即使她坚持说"我的家乡就是那样的"，老师还是让她写一个"鸟语花香"、"野外春游"的春天。因为，在这位广州土生土

---

① 米德著、宋践译:《三个原始部落的性别与气质》，浙江人民出版社 1988 年版，第 266 页。

② 米德著、周晓虹等译:《萨摩亚人的成年》，浙江人民出版社 1988 年版，第 158 页。

③ 同上书，博厄斯序。

长的老师看来，“雪花飘舞”是用来描写冬天的，“打雪球和滑雪”那是“冬天里的事”；而春天应该有“鸟语花香”，应该是适合“野外春游”的。

实际上，LJJ对其家乡的春天的描写并非胡说八道，而她的语文老师根据自己的经验对她的作文所作的评价也并非没有道理。问题在于这位语文老师只从自己的角度来考虑问题，而没有理解北方的地域文化特征，因而没有能够恰当地理解来自于北方的学生的作文。而且，这位老师还将自己所理解的“家乡的春天”强加于学生，这对于学生形成恰当的地域文化认同是非常不利的。人类学为中小学教育提供了如何看待人类知识的新视角，其学科内容也是中小学可以传授的。

第二节　美国教育中的人类学知识普及

在美国教育领域，人类学知识在教育领域的普及主要是由人类学界推动的。那么，为什么要把人类学知识整合进学校教育之中？美国人类学协会从以下五个方面进行说明，第一，人类学能够为学生和教师理解这个迅速变化的世界中的自己和他人提供一个好的途径，例如，人类学有关种族、民族性、文化、国籍与学生形成对不同群体的认同是紧密联系在一起的；第二，这些概念对学校教学有关各族群、民族冲突内容及形成学生正面的跨群体关系是重要的；第三，人类学也可以为学校教育提供有用的方法论方面的工具，例如，在收集包括学生、家长和不同背景工作人员的不同利益相关者的观点方面；第四，人类学是学生学习非西方文化时要用到的非常重要的资源；第五，考古学方面的课程、录像带、互动性的博物馆展览是年轻人了解过去的很有成效的途径。①

一、美国教育中的人类学知识普及的发展阶段

第一阶段：融入其他学科阶段（1960年代之前）

---

① Why Should Anthropology Be Integrated In Schools?［EB/OL］,［2013-1-22］http://www.aaanet.org/cmtes/commissions/aec/Integration-into-Schools.cfm.

在美国，有关人类学的内容开始出现在课程中，主要是与地理、史前史和对美国原住民的有关研究联系在一起的。1916 年，全国教育协会（NEA）社会课委员会在一份很有影响的报告中重新界定了教育中人类学所涉及的范围。此后，历史学科、政治学及公民教育都包含了人类学的内容。[①] 因此，这一阶段美国教育领域中普及人类学知识主要是通过渗透于其他学科而实现。

第二阶段：课程和机构建设（1960 年代）

在美国，让人类学在大学预科教育中发挥更大作用的主要措施出现在 1960 年代。在当时的社会大背景下，教育工作者对文化和民族的多样性问题越来越敏感，他们对多元文化教育和全球化教育给予了更多的关注，越来越多且越来越慎重地使用人类学的概念和资料。当时，有几个主要由政府出资资助的重要项目对推进人类学在中小学的教学起到了重要作用。其中，最大的三个项目分别是："人类历史的模式"，这是关于高校人类学课程的课题，由国家自然科学基金会（NSF）资助、美国人类学协会（AAA）开展的；"人：一门研究的课程"，是关于初等教育和中等教育中人类学课程的课题，是由国家自然科学基金会资助、马萨诸塞州的剑桥教育发展中心开展的；"人类学系列课程"，是关于初等教育和高等教育中人类学课程的课题，由佐治亚大学开展，后来美国人类学协会也参与其中。这些研究试图用民族志的方法，包括运用电影中的例子，以扩大社会课的范围。这就需要额外的时间、人力和物力。但是，由于教师没有得到人类学方面的培训，课题没有取得很好的效果。当联邦政府提供给课题的资金减少时，课题能够发挥的作用也随之下降。但是，从课题所开展的情况及其结果来看，学生是喜欢人类学的，教师可以用人类学知识培养学生批判思考的能力。课题的开展也淡化了教科书中的种族主义和民族中心主义。

60 年代，为促进人类学在教育领域中的普及，美国人类学界在组织和机构建立方面做出了卓有成效的工作。1968 年成立的人类学和教育委员会

---

① 胡森主编、涂元玲译：《教育大百科全书》（教育人类学卷），西南师范大学出版社 2006 年版，第 3 页。

（CAE）设立了人类学教学分会，为大学预科中的人类学教育提供了支持，但是这个协会的中心工作是从事研究。为促进公立学校中人类学的教学，美国人类学协会设立了课程研究委员会，50年代后期开发和传播课程教材。美国人类学协会准备以此让人们更充分地认识到人类学在高等教育中的价值。哈佛大学的教育发展中心开始为初等教育阶段的高年级开发教材。按照吉尔林（Gearing）的观点，这两项工作最终促成了大学预科人类学教材的产生。教育发展中心的教材是《人：一门研究的学科》（*Man, a Course of Study*, MACOS），用于初等学校中的高年级学生。在这本教材中明确地提出了“人是什么”这个问题。教育的主要目的是让学生观看使用自然的声音描述的没有叙述的电影，对莱茨奥克的爱斯基摩人小社区的生活进行广泛和深入的分析，充分、深入地讨论“人是什么”。美国人类学协会的课程研究委员会开发的教材是《人类历史的模式》（*Pattern of Human History*），是为高中学生设计的（八至十二年级），用更加深奥的理论回答“人是什么”。除了为公立学校设计课程、提供教学指导外，人类学家对课程的实施及其对若干学校的影响进行了民族志研究。后来，这些研究成果都促进了公立学校中人类学课程的发展。人类学课程进入到公立学校中产生了一定的影响，如更多的教育者对人类学产生了兴趣。在一些地方，这些教师自己组织成立协会，以跟上人类学学科的发展。

60年代，出现的主要问题是教学材料的选择空间小、教师人类学背景薄弱、用于宣传和教师培训的资金缺乏，这些方面严重影响了人类学知识在教育领域的普及。[①] 另外，由于对人类共性强调和对多样性的接纳，人类学课程的实施与促进统一民族文化的形成和不引起争议的民族自豪感的发展相互矛盾。而且，由进化论引起的持续的担忧和在一些人们心目中存在的文化唯物主义的观念，对学校董事会和广大教师将人类学运用到教育中产生了阻碍作用。一些课题，如关于初等教育课程的课题“人：一门研究的课程”成为地方甚至全国争论的焦点问题。

---

① M. J. Rice, “Curriculum Artefacts: The Remains of Three Anthropology Projects—Anthropology in Pre-College Education,” in R. O. Selig and P. J. Higgins eds, *Practicing Anthropology*, 1986.8（3-4）: 6-19.

第三阶段：加强教师培训（1970年代）

70年代，在大学预科进行人类学教学引起了相关人员的兴趣。早期的研究表明，虽然人类学课程方面的材料非常好，但是由于教师缺乏人类学修养，课程实施的效果并不好。这次对人类学的重新关注主要集中于教师的在职培训，这类培训项目至少有17个。开展这些培训恰好是在公众关注教育改革、而人类学界正在关注大学招生人数减少的时期。大部分培训得到国家自然科学基金会或全国人文科学基金会（NEF）的资助，主要内容是将博物馆工作者和大学教师集中在一起，学习人类学知识和教学方法。在联邦政府资助减少的时候，一些培训项目依靠来自其他方面的资助而勉强维持着。但是，所有的培训项目开展的时间都不到10年。

这些师资培训项目中开展得最为成功的是在美国首都华盛顿的乔治·华盛顿大学/史密森文化机构开展的“用于教师课程的人类学”。这一项目停止以后，保存下来的有史密森自然历史博物馆的人类学教师资源中心和《人类学笔记》。《人类学笔记》是由史密森文化机构资助的服务于教师的一份简讯。80年代早期，在联邦政府提供的资金进一步减少时，人类学教师资源中心和这些新出的简讯使大学预科的人类学教育得以持续发展，甚至得到进一步普及。

《人类学笔记》致力于人类学知识的传播，尤其是在中小学领域。它有三个使命：一是在更大范围内传播人类学的最新研究成果，帮助读者了解该领域的最新进展；二是人类学的教学人员把人类学知识整合进更多的课程领域，并使用新的资料、方法和资源；三是在对人类学在更大范围——尤其是学校里的传播感兴趣的人类学家、考古学家、教师和博物馆人员及其他相关专业人员之间建立全国性网络。[①] 为实现这一使命，《人类学笔记》每期发表一篇深度论文，总结与课堂教学主题密切相关的人类学研究成果。另外，每一期还有一个叫做“教师角”（Teachers Corner）的板块，主要是

---

① R. O. Selig, “Smithsonian publications bring anthropology to the classroom,” *The Social Studies*, May/Jun 1998, Vol.89（3）: 102—106.

关于教学和新的有关资源的评述，或是发布针对教师与学生的暑期田野调查的日志。

乔治·华盛顿大学和怀俄明大学人文学科委员会在全美自然科学基金会和怀俄明大学的资助下，基于《人类学笔记》的理念，先后于1978—1982年间、1984—1985年间实施了相应的教师培训计划，《人类学笔记》实际上就是对这些计划的持续反思。这两项教师培训项目有四个主要目标：帮助教师打下扎实的人类学基础；帮助教师把人类学学科整合进教学之中；帮助教师更好地把社区资源运用于人类学教学中；在教师、人类学家和对促进更多大学预科人类学教学有兴趣的博物馆教育者之间建立网络。

在70年代和80年代，促进大学预科中人类学课程发展的工作集中于师资培训和其他的一些事务方面。好几个这样的课题受到了全国自然科学基金会（NSF）和全国人文科学基金会（NEF）的资助。从整个国家范围来看，重点已经从课程改革转向了师资培训。

第四阶段：多方面发展（1980年代以来）

80年代以来，社区学院人类学协会开展了在大学预科里普及人类学知识的工作。由于公众对人类学越来越多的关注和了解，美国人类学协会1988年设立了一个“人类学教学专门小组”，不仅负责大学人类学课程，还负责初等和中等学校的人类学课程。美国考古学协会和历史考古学协会也成立了教育委员会，并成立了一个跨协会小组，交流观点，合作开展研究。其成果之一是教育资源论坛，巡回展出教育中所用的材料；另一成果是在杂志《考古学》中开辟了“课堂教学中的考古学”专栏。

80年代中期，大学预科中的人类学教学受到回归基础运动的冲击，没有得到人类学组织的领导。1988年，美国人类学协会通过官方政策支持大学预科中的人类学教育。当时，正是政府重新采取措施鼓励学生学习自然科学和社会科学的时期，也是开始意识到课堂教学需要适应学生文化背景多元化要求的时期。

美国人类学协会首先调查了人类学教育在各州的大学预科中所处的地

位，涉及师资培训、教师资格鉴定和课程等方面。调查表明，人类学在学校教育中占有相当大的比重。1989 年，美国有 43% 的州要求在有关教师资格鉴定的课程中至少有一门人类学课程，38% 授予学位的大学要求在教师职前培训中至少有一门人类学课程。人类学同样出现于初等教育和中等教育师资的培训中。在初等学校课程中，人类学基本上被合并到社会课中，而在中等学校课程中，人类学常常是被合并到古代历史课中，或者是被立为一门独立课程。56% 的州（28 个）颁布政策，授予地方学校或者地方学区自己选择是否开设人类学课程的权力。有两个州——明尼苏达州和新泽西州——将人类学列为高等学校的必修课。各州将人类学纳入课程中的学校的比例很不相同，在阿拉斯加有高达 40% 的学校将人类学纳入课程中，在北达科他州则只有 3% 的学校。在开设人类学的学校中，报名学习的学生比例都普遍比较低，在阿拉斯加和康涅狄格州的学校中最高的比例也只有 1%。而在实际中是否教授人类学，几乎完全取决于教师的意愿。

在美国，在大学预科教育中进行人类学教学目的有两个方面：一是丰富社会课和历史课的内容，二是培养学生对其他文化和种族的接纳态度。美国人类学协会的调查表明，大多数大学预科中的人类学教学是在非人类学课程的教学中进行的，从事人类学教学的许多教师对人类学一无所知。这表明，人类学教学中存在的问题部分是循环形成的：教师不了解人类学是因为没有经常教人类学，人类学的教学没有被经常开展是因为教师不了解人类学。

目前，在美国的大学预科教育中，人类学通常被作为社会课的一部分，有时也被作为生物学科的一部分。人类学被看作一门独立的学科通常是在高校的选修课中。而且，在美国，学校教育中人类学的地位存在着相当大的地域差别，如在西部地区和美国印第安人比较多的地方，对人类学的强调要更多一些。

一般来说，美国人类学界把人类学划分为文化人类学、考古学、体质人类学和语言人类学四个分支。但是在教育实践中，因具体的教育实践而各不相同。例如，在教师职前培训的人类学课程中，最可能学习的是文化人类学。在大学预科，相对来说，考古学普遍被作为人类学的一个重要部分。考古学之所以对教师具有吸引力，是因为考古学适合于开展实践活动和田野工作，可以激发年轻人的兴趣和想象力。考古学也能用于训练学生批判性的思考能力。而且，考古学经常是以一两个单元或练习的形式出现的，而不是以一门课程的形式出现的，从操作层面来说，更容易进行内容的编排和实施。考古学方面的组织机构开始对公众进行关于考古学的教育，以促进公众对考古学的支持和加强考古学资源的保护。历史考古学协会、美国考古学协会和美国国家野生动物园服务中心现在都开始在教师的职中培训和各种教学材料方面给予资助。在国家公园服务中心的出版物《考古学中的教育》中，可以举出1200多个这种例子。体质人类学在学校教育中的地位也有上升，不仅是在名称上，而且为反对自然科学神创论、支持进化论作出了一些贡献。在美国，全国自然科学教育中心已经总结了人类学对进化论教学的促进作用，教科书中有关人类学方面的内容的处理因而更为缜密。比较而言，语言人类学在学校教育中的地位仍然很低。

二、未来发展展望

在中等教育里面，人类学可能在更大范围内被作为一门选修课，但是由于资源有限，而各种要求又多，教学的发展非常缓慢。可是，实际上，将人类学作为社会研究课的一部分来开展可能会更好地促进人类学的发展，特别是在那些当多元文化教育和全球化教育越来越受关注的国家。

对在学校教育中开展人类学教育有兴趣的人类学家和教育工作者面临着许多问题。例如，将人类学作为独立的一门课程或一个单元来教学时将需要投入多少资源？在这一领域中的进展可能是缓慢的，但是只要人类学在学校课程中的地位是隐性的，那么公众就难以认可人类学的研究及其贡献。另一个问题涉及在哪一阶段教育中可以最好地进行人类学概念和内容的教学——中等教育阶段，通常对人类学进行更为详细的讲解；或者是在初等教育阶段，学生通常充满着更大的好奇心，更容易接受差异。与此相关的一个问题是，如何在强调人的相似性和讲解人的多样性教学之间达到平衡。一些人害怕强调人的多样性不是促进对差异的容忍、欣赏和理解，而可能会加剧分裂和促进民族中心主义的发展。

严格来说，人类学家和教育工作者面临的一个最严重的问题可能是，人类学与政府所支持的大学预科教育体系的目标是否能实质性地保持一致。一项对美国各州社会研究专家的调查表明，他们不认为人类学学科是有争议的；但是在人类学家的记忆中，人类学课程研究方案 60 年代曾在公众中引起争议。美国曾出现对多元文化教育的强烈反对，要求回归更为统一的单一文化课程。假如这种趋势继续发展下去，人类学在学校教育中谋取并维持一席之地将会变得更加困难。

第三节 中国的人类学知识普及

一、现状分析

（一）高等教育领域

1913 年年初，教育部在大学规程中规定：文科哲学门、历史学门和地理学门设人类及人种学课程，文科文学门和理科动物学门设人类学课程，高等师范学校的本科历史地理部在第三学年开设考古学概要和人类学概要各一个学期，每周 3 课时。[①] 这是目前所知最早的人类学课程进入中国正规教育的记录。[②]

当前，我国有人类学院系的相关院校面向非人类学专业开设人类学课程。例如，北京大学、中央民族大学、北京师范大学、四川大学、西南大学在全校开设人类学公共选修课。

---

① 王建民：《中国民族学史》（上），云南教育出版社 1997 年版，第 84—85 页。

② 胡鸿保：《中国人类学史》，中国人民大学出版社 2006 年版，第 35 页。

（二）基础教育领域

从中国百年中小学教科书全文数据库[①]、北京师范大学图书馆馆藏民国图书库、北京教育学院藏民国时期中小学教材及相关研究来看，90年代之前还没有开设人类学课程的学校。1996年6月出版的小学教师进修高等专科教育小学教育专业教材《人文社会科学基础》首次确认了人类学的学科地位，第6章至10章中概括地介绍人类学在20世纪的变革及其科学意义、发展趋势、学科建设和跨学科研究等问题。[②]在探索中发展的中国人类学，既要继续重视基础理论建设，又要关注世界人类学发展趋势，扬长避短，着重发展应用人类学。[③]这是我国师资培训中将人类学知识作为培训内容的屈指可数的情况。

目前，在一些开设国际文凭课程的学校中，在高中阶段开设人类学课程。国际文凭课程（International Baccalaureate, IB）是一种目前在60多个国家或地区通用的大学入学考试证书，主持相关考试并颁发文凭。国际文凭组织（International Baccalaureate Organization, IBO）是一所私立的非政府机构，1968年在瑞士成立，初衷是满足欧洲范围内高度跨国流动的人才的需求，以及国际学校和国际组织的需要，尤其是为那些因其父母工作地点不固定（如联合国等世界性组织）而在不同国家转学的学生提供能够在国际间通行的课程。高中阶段的DP（Diploma Program）课程规定要开设人类学课程。目前国内开设IB课程的学校主要有三类：一是公办学校，这种类型的学校屈指可数，如上海中学、北京55中学等；二是民办学校，如北京私立汇佳学校、广东碧桂园学校、北京乐成国际学校等；三是外籍人员子女学校，这是目前IB课程开设比较普遍的学校，如北京京西学校、北京顺义国际学校、上海美国人学校、广东美国人学校等。

IB课程的DP课程共包括六个学科组，在“个人和社会”学科组中，

---

① Http: //www.pep.com.cn [EB/OL], 2012-8-12.

② 国家教委师范教育司组织编写：《人文社会科学基础》，首都师范大学出版社1996年版。

③ 容观夐：《中山大学人类学教学和研究述略》，《广西民族学院学报（哲学社会科学版）》2001年第9期。

有社会和文化人类学，与商业和管理学、经济学、地理学、哲学和心理学等并列。在该课程中，关于社会和文化人类学的规定如下：社会和文化人类学是比较研究文化与人类社会的学科，目的是从整体的角度研究人类社会的差异性。开设该学科的目的是让学生了解社会与文化人类学发展的背景和历史；培养学生的有关能力，使他们了解和分析社会中存在的偏见；培养学生意识到自己在地区及全球各地区之间的关系。课程主要内容有：人类学是什么、社会和文化组织、（适用于一般水平）观察与评论练习、（适用于高水平）人类学理论观点、（适用于高水平）实地研究。①

二、问题与展望

在我国的基础教育中，课程和教材长期以来缺乏人类学的有关理念，例如，讲民族文化的时候，讲的都是汉族文化。不过，在新一轮课程改革中，已经有解决诸如上述问题的一些理念和做法，也开设了相关的课程，如社会课。受国际教育理念的影响，北京、上海等部分地区开设国际理解教育课程，北京市还编制了系统的地方教材，但是这些代替不了人类学本身，尤其是不能帮助学生了解作为一门成熟学科的人类学。

当然，国家课程的改革需要一个过程，新课程改革为当前中小学自主开设与人类学有关的课程提供了机遇。从管理体制来说，课程管理已经改为国家课程、地方课程和学校课程的管理体系，这为在地方课程和学校课程中开设人类学的课程提供了可能性。另外，目前的社会课教学中，也可以引入人类学的内容。事实上，在鼓励高中多样化发展和自主开设有关课程的背景下，很多学校根据当前社会发展对基础教育的要求，在学校层面给学生开设众多的校本课程，如中国人民大学附属中学、北京四中、上海中学等名校开设的校本课程多达几百种，其他的普通中学也能开设几十甚至上百种校本课程。因此，就大环境而言，自主开设人类学课程没有制度上的障碍。

---

① Social and cultural anthropology [EB/OL], http: //www.ibo.org/diploma/curriculum/group3/socialandculturalanthropology.cfm, [2012-12-22].

但是，根据美国的经验，在教育领域普及人类学知识，教师培训和课程内容的选择是两个重要的条件。教师培训更为重要，教师若具有相关的人类学素养，更能根据基础教育发展的要求和学生身心发展的特点编制课程，编写教材。因此，人类学和教育学界给予更多的关注，在教师培训方面给予支持，是我国基础教育普及人类学知识的重中之重。

名词与术语

1. 人类学知识：关于人类学的基础性认识，包括人类学的学科视野、研究方法论、主要理论流派、重要代表人物及基本观点。

2. 人类学课程：在大中小学开设的普及人类学的课程，从实施形式方面包括讲授、参观考察等各种活动、研讨等。

思考题

1. 结合实践，分析在教育领域普及人类学知识的必要性。
2. 美国教育领域人类学知识普及的基础是什么？
3. 关于在我国中小学开设人类学课程，你有什么设想？

推荐阅读书目

1. 王铭铭：《人类学是什么》，北京大学出版社 2002 年版。

   本书是一部人类学入门书，从介绍人类学研究的“他者的目光”出发，阐述人类学如何分析日常生活，如何分析人的文化行为和价值理念，社会结构是如何形成的，最后分析人类学的基本认识与价值。

2. 博厄斯著、刘莎等译：《人类学与现代生活》，华夏出版社 1999 年版。

   作者从历史特殊论、文化相对论的立场出发，论述了人类学是什么，并用人类学立场分析了种族、民族主义、国际主义、教育、文化和社会等问题，并提出文化相对主义的观点，反对种族主义。

3. 马尔库斯、费彻尔著，王铭铭等译：《作为文化批评的人类学——一个人文学科的实验时代》，生活·读书·新知三联书店1998年版。

本书作者马尔库斯和费彻尔是人类学后现代思潮的主要代表人物。本书主要分析了社会人文科学的普同论和相对论之争，并探讨了民族志方法论与文化批评方面的内容。

参考文献

（按第一作者姓氏音序排列）

埃里克森著、孙名之译:《同一性与青少年危机》，浙江教育出版社 1998 年版。

本尼迪克特·安德森著、吴叡人译:《想象的共同体：民族主义的起源与散布》，上海人民出版社 2005 年版。

巴纳德著、王建民等译:《人类学历史与理论》，华夏出版社 2006 年版。

费雷德里克·巴斯主编、李丽琴译:《族群与边界》，商务印书馆 2014 年版。

弗雷德里克·巴特等著、高丙中译:《人类学的四大传统——英国、德国、法国和美国》，商务印书馆 2008 年版。

白杰瑞（Gerard A. Postiglione）主编，滕星、马效义等译:《文化教育与发展——全球视野下的中国少数民族教育》，中央民族大学出版社 2011 年版。

班红娟:《国家意识与地域文化：文化变迁中的河南乡土教材》，民族出版社 2012 年版。

班克斯著、荀渊译:《文化多样性与教育：基本原理、课程与教学》，华东师范大学出版社 2010 年版。

宝乐日:《土族、羌族语言及新创文字使用发展研究》，民族出版社 2011 年版。

齐格蒙特·鲍曼著、邵迎生译:《现代性与矛盾性》，商务印书馆 2003 年版。

科林·贝克著、翁燕珩等译:《双语与双语教育概论》，中央民族大学出版社 2008 年版。

本尼迪克特著、吕万和等译:《菊与刀》，商务印书馆 1990 年版。

C. 波德莱尔著、郭宏安译:《现代生活的画家》，上海译文出版社 2011 年版。

戴维·波普诺著、李强等译:《社会学》（第 11 版），中国人民大学出版社 2007 年版。

博厄斯著、刘莎等译:《人类学与现代生活》，华夏出版社 1999 年版。

O. F. 博尔洛夫著、李其龙等译:《教育人类学》，华东师范大学出版社 1999 年版。

布鲁纳著、邵瑞珍等译:《布鲁纳教育论著选》，人民教育出版社 1989 年版。

常士訚、高春芽、吕建明主编:《多元文化与国家建设》，天津人民出版社 2012 年版。

赫勃尔特·茨达齐尔著、李其龙译:《教育人类学原理》，上海教育出版社 2001 年版。

崔录、李玢:《现代教育思想精粹》，光明日报出版社 1987 年版。

邓红:《乡村少数民族儿童的学校生活：甘肃民族地区农村学校教育的田野考察》，民族出版社 2014 年版。

邓艳红主编：《小学班级管理》，华东师范大学出版社 2010 年版。
C. 恩伯、M. 恩伯著、杜杉杉译：《文化的变异——现代文化人类学通论》，辽宁人民出版社 1988 年版。
范国睿：《教育生态学》，人民教育出版社 2000 年版。
范先佐：《人口流动背景下的义务教育体制改革》，中国社会科学出版社 2011 年版。
费孝通：《乡土中国》，生活·读书·新知三联书店 1985 年版。
费孝通：《中华民族多元一体格局》，中央民族大学出版社 1999 年版。
费孝通：《文化与文化自觉》，群言出版社 2010 年版。
费耶阿本德著、陈健等译：《告别理性》，江苏人民出版社 2002 年版。
芬伯格著、陆俊等译：《可选择的现代性》，中国社会科学出版社 2003 年版。
冯跃：《教育的期待与实践：一个中国北方县城的人类学研究》，民族出版社 2009 年版。
冯增俊：《教育人类学》，江苏教育出版社 1995 年版。
冯增俊：《教育人类学教程》，人民教育出版社 2005 年版。
J. G. 弗雷泽著、徐育新等译：《金枝》，中国民间文艺出版社 1987 年版。
弗里斯比著、卢晖临等译：《现代性的碎片》，商务印书馆 2003 年版。
厄内斯特·盖尔纳著、韩红译：《民族与民族主义》，中央编译出版社 2002 年版。
戈登著、马戎译：《美国生活中的同化：种族、宗教和族源的角色》，译林出版社 2015 年版。
欧文·戈夫曼著、冯钢译：《日常生活中的自我呈现》，北京大学出版社 2008 年版。
格尔茨著、赵丙祥译：《十九世纪巴厘剧场国家》，上海人民出版社 1999 年版。
格尔茨著，王海龙、张家宣译：《地方性知识——阐释人类学论文集》，中央编译出版社 2004 年版。
格里格、津巴多著，王垒等译：《心理学与生活》（第 16 版），人民邮电出版社 2003 年版。
戴维·格伦斯基主编、王俊等译：《社会分层》，华夏出版社 2005 年版。
关凯：《族群政治》，中央民族大学出版社 2007 年版。
郭建如：《西部民族贫困地区农村义务教育财政、资源配置与效益研究》，民族出版社 2010 年版。
郭建如：《中国农村义务教育财政体制变革与义务教育发展》，民族出版社 2010 年版。
国家环境保护局宣教司教育处：《中国环境教育的理论和实践（1985—1990）》，中国环境科学出版社 1991 年版。
国家人口和计划生育委员会流动人口服务管理司：《流动人口理论与政策综述报告》，中国人口出版社 2010 年版。
国家人口和计划生育委员会流动人口服务管理司：《中国流动人口发展报告》，中国人口出版社 2011 年版。

哈贝马斯著、曹卫东译:《后民族结构》,上海人民出版社 2002 年版。
哈贝马斯著、曹卫东等译:《现代性的哲学话语》,译林出版社 2004 年版。
哈经雄、滕星主编:《民族教育学通论》,教育科学出版社 2001 年版。
詹姆斯·汉斯林著、林聚仁等译:《社会学入门:一种现实分析方法》,北京大学出版社 2007 年版。
迈克尔·A. 豪格、多米尼克·阿布拉姆斯著,高明华译:《社会认同过程》,中国人民大学出版社 2011 年版。
黑格尔著、张企泰等译:《法哲学原理》,商务印书馆 1982 年版。
黑格尔著、王造时译:《历史哲学》,上海书店出版社 1999 年版。
侯钧生:《西方社会学理论教程》,南开大学出版社 2006 年版。
胡鸿保:《中国人类学史》,中国人民大学出版社 2006 年版。
T. 胡森、T. N. 波斯尔斯韦特主编,石中英审译,涂元玲译:《教育大百科全书·教育人类学》,西南师范大学出版社 2006 年版。
胡玉萍:《美国当代少数族裔教育理论与政策研究》,民族出版社 2015 年版。
怀特著、沈原等译:《文化的科学——人类与文明研究》,山东人民出版社 1988 年版。
黄淑娉、龚佩华:《文化人类学理论方法研究》,广东高等教育出版社 2004 年版。
黄政杰、李隆盛主编:《乡土教育》,(台北)汉文书店 1995 年版。
黄忠敬:《知识·权力·控制》,复旦大学出版社 2003 年版。
埃里克·霍布斯鲍姆著、李金梅译:《民族与民族主义》,上海人民出版社 2000 年版。
安东尼·吉登斯著,赵旭东、方文译:《现代性与自我认同》,生活·读书·新知三联书店 1998 年版。
安东尼·吉登斯著、赵旭东等译:《社会学》(第四版),北京大学出版社 2003 年版。
何塞·加里多著、万秀兰译:《比较教育概论》,人民教育出版社 2001 年版。
贾春增:《外国社会学史》,中国人民大学出版社 2000 年版。
贾勇宏:《人口流动中的教育难题——中国农村留守儿童教育问题研究》,中国社会科学出版社 2013 年版。
夸美纽斯著、傅任敢译:《大教学论》,人民教育出版社 1984 年版。
康德著、瞿菊农译:《教育论》,商务印书馆 1926 年版。
康德著、庞景仁译:《未来形而上学导论》,商务印书馆 1978 年版。
康德著、何兆武译:《历史理性批判文集》,商务印书馆 1991 年版。
库伯曼、哥德哈特著,滕星等译:《理解人类差异》,中央民族大学出版社 2011 年版。
奈杰尔·拉波特、乔安娜·奥弗林著,鲍雯妍、张亚辉译:《社会文化人类学的关键概念》(第 2 版),华夏出版社 2006 年版。
拉德克利夫-布朗著、夏建中译:《社会人类学方法》,华夏出版社 2002 年版。
M. 兰德曼著、阎嘉译:《哲学人类学》,贵州人民出版社 2006 年版。

罗伯特·莱顿著，罗攀、苏敏译:《他者的眼光——人类学理论导论（修订版）》，华夏出版社2008年版。
李安宅:《〈仪礼〉与〈礼记〉之社会学研究》，上海人民出版社2005年版。
李红婷:《无根的社区，悬置的学校——湖南大金村教育人类学考察》，民族出版社2011年版。
李剑鸣:《文化的边疆：美国印第安人与白人文化关系史论》，天津人民出版社1994年版。
李书磊:《村落中的“国家”——文化变迁中的乡村学校》，浙江人民出版社1999年版。
李素梅:《中国乡土教材的百年嬗变及其文化功能考察》，民族出版社2010年版。
李亦园:《人类学的视野》，上海文艺出版社1996年版。
李亦园:《人类学与现代社会》，水牛书局1992年版。
李政涛:《教育人类学引论》，上海教育出版社2009年版。
利奥塔尔著、车槿山译:《后现代状态：关于知识的报告》，生活·读书·新知三联书店1997年版。
联合国教科文组织编、关世杰等译:《世界文化报告1998——文化、创新与市场》，北京大学出版社2000年版。
联合国教科文组织:《多语并存世界里的教育》，联合国教科文组织2003年版。
联合国教科文组织、世界文化与发展委员会编，张玉国译:《文化多样性与人类全面发展——世界文化与发展委员会报告》，广东人民出版社2006年版。
联合国经济和社会事务部人口司:《2014年世界人口状况简要报告》，联合国，2014年。
列维-斯特劳斯著、张祖建译:《结构人类学》（第二卷），中国人民大学出版社2006年版。
詹姆斯·林奇著、黄政杰主译:《多元文化课程》，（台北）师大书苑有限公司1994年版。
林耀华:《民族学研究》，中国社会科学出版社1985年版。
林耀华:《民族学通论》，中央民族大学出版社1997年版。
刘少杰:《国外社会学理论》，高等教育出版社2006年版。
刘玉玲:《教育人类学》（第2版），扬智文化事业股份有限公司2006年版。
刘震编著:《〈学记〉释义》，山东教育出版社1984年版。
刘志山:《移民文化及其伦理价值》，商务印书馆2010年版。
鲁洁主编:《教育社会学》，人民教育出版社1990年版。
罗慧燕:《教育与社会发展》，民族出版社2009年版。
罗吉华:《文化变迁中的文化再制与教育选择——云南勐罕镇中学傣族和尚生的个案研究》，民族出版社2011年版。
吕绍清:《留守还是流动——“民工潮”中的儿童研究》，中国农业出版社2007年版。
吕永红:《民族、国家与制度：历史制度主义视域下的民族区域自治制度研究》，世界图书出版公司广东有限公司2014年版。
马林诺斯基著、费孝通译:《文化论》，华夏出版社2002年版。

马戎:《西方民族社会学的理论与方法》，天津人民出版社 1997 年版。
马戎:《民族社会学——社会学的族群关系研究》，北京大学出版社 2004 年版。
马戎:《民族社会学导论》，北京大学出版社 2005 年版。
马戎、周星主编:《中华民族凝聚力的形成与发展》，北京大学出版社 1999 年版。
马效义:《新创文字在文化变迁中的功能与意义阐释：以哈尼、傈僳和纳西族为例》，民族出版社 2011 年版。
W. F. 麦凯、M. 西格恩著，严正、柳秀峰译:《双语教育概论》，光明日报出版社 1989 年版。
约翰·J. 麦休尼斯著、风笑天译:《社会学》(第 11 版)，中国人民大学出版社 2009 年版。
玛格丽特·米德著、宋践译:《三个原始部落的性别与气质》，浙江人民出版社 1988 年版。
玛格丽特·米德著、周晓虹等译:《萨摩亚人的成年》，浙江人民出版社 1988 年版。
乔治·H. 米德著、赵月瑟译:《心灵、自我与社会》，华夏出版社 1999 年版。
戴维·米勒、韦农·波格丹诺、邓正来主编:《布莱克维尔政治学百科全书》，中国政法大学出版社 2002 年版。
巴蒂斯塔·莫迪恩著，李树琴、段素革译:《哲学人类学》，黑龙江人民出版社 2005 年版。
杰里·D. 穆尔著、欧阳敏等译:《人类学家的文化见解》，商务印书馆 2009 年版。
欧群慧:《云南省黎明市孟波镇中学多元文化教师民族志研究》，民族出版社 2011 年版。
裴斯泰洛齐著、夏之莲等译:《裴斯泰洛齐教育论著选》，人民教育出版社 1992 年版。
彭兆荣:《人类学仪式的理论与实践》，民族出版社 2007 年版。
钱民辉:《教育社会学——现代性的思考与建构》，北京大学出版社 2004 年版。
渠敬东:《现代社会中的人性及教育：以涂尔干社会理论为视角》，上海三联书店 2006 年版。
瞿葆奎主编:《教育学文集·教育研究方法》，人民教育出版社 1988 年版。
瞿葆奎主编:《教育基本理论之研究》，福建教育出版社 1998 年版。
任凯、白燕:《教育生态学》，辽宁教育出版社 1992 年版。
瑞泽尔著、谢立中等译:《后现代社会理论》，华夏出版社 2003 年版。
塞维斯著、黄宝玮等译:《文化进化论》，华夏出版社 1991 年版。
斯蒂芬·K. 桑德森著、高永平译:《宏观社会学》，中国人民大学出版社 2013 年版。
桑新民、陈建功:《教育哲学对话》，河南教育出版社 1999 年版。
阿马蒂亚·森著、李风华译:《身分与暴力：命运的幻象》，中国人民大学出版社 2009 年版。
N. Ken Shimahara、Ivan Z. Holowinsky、Saundra Tomlinson-Clarke 主编，滕星等译:《全球视野：教育领域中的族群性、种族和民族性》，民族出版社 2010 年版。
舒新城编:《中国近代教育史资料》，人民教育出版社 1981 年版。

司洪昌:《嵌入村庄的学校——仁村教育的历史人类学探究》，教育科学出版社 2009 年版。
詹姆斯・斯科特著、郑广怀等译:《弱者的武器》，译林出版社 2007 年版。
宋蜀华、白振声主编:《民族学理论与方法》，中央民族大学出版社 1998 年版。
孙杰远:《教育促成人力资源生长：基于现场和模型的研究》，广西师范大学出版社 2009 年版。
爱德华・B. 泰勒著、连树声译:《原始文化》，上海文艺出版社 1992 年版。
谭光鼎:《原住民教育研究》，五南图书出版公司 1998 年版。
谭光鼎:《台湾原住民教育——从废墟到重建》，（台北）师大书苑有限公司 2002 年版。
陶立璠:《民俗学概论》，中央民族学院出版社 1987 年版。
陶行知:《陶行知教育文集》，四川教育出版社 2005 年版。
乔纳森・H. 特纳著、邱泽奇等译:《社会学理论的结构》，华夏出版社 2006 年版。
约翰・特纳著、杨宜音等译:《自我归类论》，中国人民大学出版社 2011 年版。
斐迪南・滕尼斯著、林荣远译:《共同体与社会：纯粹社会学的基本概念》，商务印书馆 1999 年版。
滕星:《文化变迁与双语教育——凉山彝族社区教育人类学的田野工作与文本撰述》，教育科学出版社 2001 年版。
滕星、张俊豪:《多民族文化背景下的教育研究》，民族出版社 2009 年版。
滕星、张俊豪:《教育的人类学视野》，民族出版社 2009 年版。
滕星、王铁志:《民族教育理论与政策研究》，民族出版社 2009 年版。
滕星:《教育人类学的理论与实践——本土经验与学科建构》，民族出版社 2009 年版。
滕星:《多元文化教育：全球多元文化社会的政策与实践》，民族出版社 2009 年版。
滕星:《多元文化社会的女童教育》，民族出版社 2009 年版。
滕星:《书斋与田野——滕星教育人类学访谈录》，民族出版社 2010 年版。
滕星:《中国乡土教材应用调查研究》，民族出版社 2011 年版。
滕星、海路:《人类学视野中的教育研究》，民族出版社 2011 年版。
滕星、王远新:《中国少数民族新创文字应用研究》，民族出版社 2011 年版。
滕星、巴战龙、欧群慧:《经济文化类型与校本课程建构》，民族出版社 2012 年版。
滕星、王远新:《中国少数民族新创文字研究论文选集》，民族出版社 2012 年版。
滕星主编:《乡土知识与文化传承：中国乡土知识传承与校本课程开发研讨会论文集》，民族出版社 2013 年版。
滕星主编:《在田野中成长——教育人类学田野日志》，民族出版社 2015 年版。
涂尔干著，渠东、汲品译:《宗教生活的基本形式》，上海人民出版社 1999 年版。
涂尔干著、渠东译:《社会分工论》，生活・读书・新知三联书店 2000 年版。
涂尔干著、李康译:《教育思想的演进》，上海人民出版社 2003 年版。
图海纳著，狄玉明、李平沤译:《我们能否共同生存？——既彼此平等又互有差异》，商务印书馆 2003 年版。
托克维尔著、董果良译:《论美国的民主》，商务印书馆 1988 年版。
王斌华:《双语教育与双语教学》，上海教育出版社 2003 年版。
王洪玉:《甘南藏汉双语教育历史与发展研究》，民族出版社 2015 年版。
王建民:《中国民族学史》，云南教育出版社 1997 年版。
王鉴:《民族教育学》，甘肃教育出版社 2002 年版。
王铭铭:《想象的异邦: 社会与文化人类学散论》，上海人民出版社 1998 年版。
王铭铭:《人类学是什么》，北京大学出版 2002 年版。
威利斯著、秘舒等译:《学做工: 工人阶级子弟为何继承父业》，译林出版社 2013 年版。
温润芳:《社会变迁中山西乡土教材的编纂与应用研究》，民族出版社 2013 年版。
文军:《西方社会学理论: 经典传统与当代转向》，上海人民出版社 2006 年版。
翁乃群主编:《村落视野下的农村教育——以西南四村为例》，社会科学文献出版社 2009 年版。
沃特森著、叶兴艺译:《多元文化主义》，吉林人民出版社 2005 年版。
乌申斯基著、郑文樾译:《人是教育的对象: 教育人类学初探》，人民教育出版社 1989 年版。
吴杰:《台湾乡土教育历史与模式研究》，民族出版社 2013 年版。
吴康宁:《课堂教学社会学》，南京师范大学出版社 1999 年版。
吴康宁:《教育社会学》，人民教育出版社 2001 年版。
吴永军:《课程社会学》，南京师范大学出版社 1999 年版。
伍兹著、何瑞福译:《文化变迁》，河北人民出版社 1989 年年版。
克里斯托夫・武尔夫著、张志坤译:《教育人类学》，教育科学出版社 2009 年版。
夏建中:《文化人类学理论学派——文化研究的历史》，中国人民大学出版社 1997 年版。
熊川武等主编:《教育研究的新视域》，辽海出版社 2003 年版。
徐光兴:《跨文化适应的留学生活: 中国留学生的心理健康与援助》，上海辞书出版社 2000 年版。
许传新:《流动与留守子女教育比较研究》，现代教育出版社 2011 年版。
薛艺兵:《神圣的娱乐——中国民间祭祀仪式及其音乐的人类学研究》，宗教文化出版社 2003 年版。
杨红:《拉祜女童的教育选择——一项教育人类学的回访与再研究》，民族出版社 2013 年版。
杨研:《地域主义与国家认同: 民国初期省籍意识的政治文化分析》，天津人民出版社 2007 年版。
叶敬忠:《留守中国: 中国农村留守人口研究》，社会科学文献出版社 2010 年版。
叶舒宪:《中国神话哲学》，中国社会科学出版社 1992 年版。
艾力・伊明:《多元文化整合教育视野中的维汉双语教育研究: 新疆和田中小学双语教育

的历史、现状与未来》，民族出版社 2011 年版。
易思羽:《中国符号》，江苏人民出版社 2005 年版。
袁同凯:《走进竹篱教室：土瑶学校教育的民族志研究》，天津人民出版社 2004 年版。
袁同凯:《教育人类学简论》，南开大学出版社 2013 年版。
詹栋梁:《教育人类学》，五南图书出版公司 1993 年版。
张爱琴:《民族地区发展与乡土教材开发——宁夏回族社区教育人类学田野调查》，民族出版社 2013 年版。
张慧真:《教育与族群认同——贵州石门坎苗族的个案研究（1900—1949）》，民族出版社 2009 年版。
张俊豪:《多元文化视野中的民族院校》，民族教育出版社 2011 年版。
张苗苗:《社会变迁中的壮文教育发展》，民族出版社 2011 年版。
张诗亚:《西南民族教育文化溯源》，上海教育出版社 1994 年版。
张霜:《民族学校教育中的文化适应研究——贵州石门坎苗族百年学校教育人类学个案考察》，民族出版社 2012 年版。
张文勋、施惟达、张胜冰:《民族文化学》，中国社会科学出版社 1998 年版。
章志光:《社会心理学》，人民教育出版社 1998 年版。
钟启泉等主编:《为了中华民族的复兴，为了每位学生的发展——基础教育课程改革纲要（试行）解读》，华东师范大学出版社 2001 年版。
周德祯:《教育人类学导论：文化观点》，五南图书出版公司 1999 年版。
周勇:《少数人权利的法理：民族、宗教和语言上的少数人群体及其成员权利的国际司法保护》，社会科学文献出版社 2002 年版。
朱晓宏:《公民教育》，教育科学出版社 2003 年版。
庄孔韶:《教育人类学》，黑龙江教育出版社 1989 年版。
庄孔韶主编:《人类学通论》，山西教育出版社 2002 年版。
庄孔韶主编:《林耀华先生纪念文集》，民族出版社 2005 年版。

Apple, Michael W., *Education and Power*. Routledge & Kegan Paul Inc., 1985.
Apple, M. W. & L . K . Christian-Smith eds., *The Politics of the Textbook*. New York: Routledge, 1991.
Baker, D. P., and G. K. Letendre, *Comparative Sociology of Classroom Processes, School Organization, and Achievement*. Springer US, 2000.
Banks, J. A., *Multiethnic Education: Theory and Practice*. Boston: Ally and Bacon, 1989.
Banks, J. A., and M. G. E. Banks, *Multicultural Education: Issues and Perspectives*. Simon & Schuster, 1989.
Banks, J. A., *Cultural Diversity and Education: Foundations, Curriculum and Teaching*.

Boston: Allyn and Bacon, 2001.

Banks, J. A., and C. A. McGee Banks eds., *Handbook of Research on Multicultural Education*(2nd ed.). San Francisco: Jossey-Bass, 2004.

Banks, J.A., *Cultural Diversity and Education: Foundations, Curriculum, and Teaching*(5th ed.). New York: Pearson Education, Inc., 2006.

Banks, J. A., *Educating Citizens in a Multicultural Society*(2nd ed.). New York: Teachers' College Press, 2007.

Banks, J. A., *An Introduction to Multicultural Education*. Boston: Allyn and Bacon, 2008.

Banks, James A., A. Cherry and Mcgee Banks, *Multicultural Education: Issues and Perpectives*, 2nd ed.. Boston: Allyn and Bacon, 1993.

Barth, Fredrik ed., *Ethnic Groups and Boundaries*. London: George Allen & Unwin, 1969.

Battiste, Marie and Jean Barman, *First Nations Education in Canada: The Circle Unfold*. Vancouver: UBC Press, 1995.

Berry, J. W., and D. Sam, *Acculturation and Adaptation*. Boston: Allyn & Bacon, 1997.

Blount, Ben, *Language Socialization Across Cultures*. Cambridge University Press, 1986.

Boas, F., *Race, Language, and Culture*(5th ed.). University of Chicago Press, 1995.

Bogdan, R. C., and S. K. Biklen, *Qualitative Research in Education: An Introduction to Theory and Methods*(3rd ed.). Allyn & Bacon: A Viacom Company, 1998.

Brislin, R.(ed.), *Applied Cross-cultural Psychology*. New bury Park, CA: Sage, 1990.

Carrie, F., Class Construction: *White Working-Class Student Identity in The New Millennium*. State University of New York at Buffalo, ProQuest, UMI Dissertations Publishing, 2005.

Carspecken, P. F., *Community Schooling and the Nature of Power: the Battle for Croxteth Comprehensive*. Routledge, 1991.

Cazden, C., Vera John, and Dell Hymes eds., *Functions of Language in the Classroom*. New York: Teachers College Press, 1972.

Cohen, Anthony P., *Self-consciousness: an Alternative Anthropology of Identity*. London: Routledge, 1994.

Colin, G. Calloway, *First Peoples: A Documentary Survey of American Indian History*. New York: Bedford/St. Martin's, 2004.

Corner, Trevor ed., *Education in Multicultural Societies*. New York: St. Martin's Press, 1984.

Deloria, Philip J., and Neal Salisbury, *A Companion to American Indian History*. Massachusetts / Oxford: Blackwell, 2002.

Denzin, Norman K., Yvonna S. Lincoln, and Linda Tuhiwai Smith, *Handbook of Critical and*

Indigenous Methodologies. Sage Publication, Inc., 2008.

Dickason, Olive Patricia and David T. Mcnab, *Canada's First Nations: A History of Founding Peoples from Earliest Times*. Oxford: Oxford University Press, 2002.

Emerson, M. R., R. I .Fretz, and L. L. Shaw, *Writing Ethnographic Fieldnotes*. Chicago: The University of Chicago Press, 1995.

Epstein, A. L., *Ethnos and Identity: Three Studies in Ethnicity*. London: Tavistock, 1978.

Eriksen, T. H., *Ethnicity and Nationalism* (2nd ed.) . New York: Pluto Press, 2002.

Faist, T., *The Volume and Dynamics of International Migration and Transnational Social Spaces*. Oxford: Oxford University Press, 2000.

Feld. S., and K. H. Basso, *Senses of Place*. Seattle: University of Washington Press, 1996.

Geertz, Clifford, *The Interpretive of Cultures*. New York: Basic Books, Harper Torchbooks, 1973.

Ghosh, R., and A. Abdi, *Education and the Politics of Difference: Canadian Perspectives*. Toronto: Canadian Scholars' Press, 2004.

Gibson, M. A. E., and J. U. E. Ogbu, *Minority Status and Schooling: A Comparative Study of Immigrant and Involuntary Minorities*. Garland Science, 1991.

Gilmore, P., and A. A. Glatthorn, *Children in and out of School: Ethnography and Education*. Center for Applied Linguistics, 1982.

Goodman, Kenneth, and Yetta Goodman *Reading in the Bilingual Classroom: Literacy and Biliteracy*. Rosslyn, VA: National Clearinghouse for Bilingual Education, 1979.

Gray, Breda, *Women and the Irish Diaspora*. London: Routledge, 2003

Grimes, M., *Beginnings in Ritual Studies*. Washington D.C.: University Press of America, 1982.

Grindal, B. T., *Growing up in Two Worlds: Education and Transition Among the Sisala of Northern Ghana*. Holt, Rinehart and Winston, 1972.

Hall, Stuart, and Du Gay, et al., *Questions of Cultural Identity*. Sage, 1996.

Haskins, R., and D. Macrae eds., *Policies for America's Public Schools: Teachers, Equity and Indicators*. Norwood, NJ: Ablex, 1988.

Heath, S. B., *Ways with Words: Language, Life, and Work in Communities and Classrooms*. Cambridge: Cambridge University Press, 1983.

Hechter, Michael, *Internal Colonialism: The Celtic Fringe in British National Development, 1536—1966*. Berkeley: University of California Press, 1975.

Husén, Torsten, and T. Neville Postlethwaite, *The International Encyclopedia of Education*. Pergamon, 1994.

Jackson, P. W., *Life in Classrooms*. Teachers' College Press, 1990.

Keeves, J. P., *Educational Research, Methodology and Measurement: An International Handbook*. Pergamon, 1988.

Kellas, James G., *The Politics of Nationalism and Ethnicity*. New York: St. Martin's Press, 1991.

Kimball, S. T., *Culture and the Educative Process: An Anthropological Perspective*. Teachers' College Press, 1973.

Kivisto, Peter, *Multiculturalism in a Global Society*. Oxford: Blackwell Publishing Co., 2002.

Kneller, George F., *Educational Anthropology: An Introduction*. John Wiley & Sons Inc., 1965.

Kottak, C. P., *Mirror for Humanity: A Concise Introduction to Cultural Anthropology*. New York: McGraw-Hill, Inc., 1996.

Ladson-Billings, G., *The Dreamkeepers: Successful Teachers of African American Children*. New York: Jossey-Bass.1994.

Leacock, E. B. E., *The Culture of Poverty: A Critique*. Simon and Schuster, 1971.

Levinson, B. A. E., and A. Others, *The Cultural Production of the Educated Person.Critical Ethnographies of Schooling and Local Practice*. State University of New York Press, State University Plaza, 1996.

Levinson, Bradley A. U., and Mica Pollock eds., *A Companion to the Anthropology of Education*. Wiley-Blackwell, 2011.

Lynch, J., *Multicultural Education: Principles and Practice*. Routledge & Kegan Paul, 1986.

Lynch, James, Celia Modgil, and Sohan Modgil eds., *Cultural Diversity and the Schools*. London: Falmer Press, 1992.

Margolis, E., *The Hidden Curriculum in Higher Education*. New York and London: Routledge, 2001.

McRobbie, A. ed., *The Culture of Working-Class Girls in Feminism and Youth Culture*. New York: Routledge, 2000.

Mead, M., *Coming of Age in Samoa*. William Morrow, New York, 1961.

Naroll, R., and R. Cohen, *A Handbook of Method in Cultural Anthropology*. New York: Columbia University Press, 1970.

Nies, Judith, *Native American History*. New York/Toronto: The Random House Publishing Group, 1996.

Ogbu, John U., *Minority Education and Caste: The American System in Cross-cultural Perspective*. New York: Academic Press, 1979.

Penetito, Wally, *What's Maori About Maori Education?* Wellington: Victory University

Press, 2010.

Philips, S. U., *The Invisible Culture: Communication in Classroom and Community on the Warm Springs Reservation*. Waveland Pr. Inc., 1992.

Postlethwaite, T. Neville, *International Encyclopedia of National Systems of Education*. Pergamon, 1995.

Read, Peter, *Rape of the Soul so Profound—The Return of the Stolen Generations*. Sydney: Allen & Unwin, 1999.

Reynolds, Maynard C. ed., *Knowledge Base for the Beginning Teacher*. Oxford: Pergamon Press, 1989.

Roberts, David Andrew ed., *The Great Mistakes of Austraian History*. Sydney: University of New South Wales Press Ltd., 2006.

Shapiro, H. S., *Between Capitalism and Democracy: Educational Policy and the Crisis of the Welfare State*. Bergin & Garvey, 1990.

Simon, Judith, and Linda Tuhiwai Smith eds., *A Civilizing Mission?: Perceptions and Representations of the New Zealand Native Schools System*. Auckland: Auckland University Press, 2001.

Singleton, John, *Nichu: A Japanese School*. New York: Holt, Rinehart and Winston, 1967.

Smith, Anthony, *The Ethnic Origins of Nations*. Oxford: Blackwell, 1986.

Smith, E. R. and D. M. Mackie, *Social Psychology*. New York: Worth Publisher, Inc., 1995.

Smith, Linda Tuhiwai, *Decolonizing Methodologies: Research and Indigenous Peoples*. Dunedin: University of Otago Press, 1999.

Smith, M. P., *Transnational Urbanism: Locating Globalization*. Malden, MA and Oxford: Blackwell Publishers, 2001.

Spindler, George D. ed., *Education and Anthropology*. Stanford: Stanford University Press, 1955.

Spindler, George ed., *Doing the Ethnography of Schooling: Educational Anthropology in Action*. New York: Holt, Rinehart and Winston, 1982.

Spindler, George D., *Education and Culture: Anthropological Approaches*. New York: Holt, Rinehart and Winston, 1963.

Stern, D., and D. Eichhorn eds., *Adolescence and Work: Influence of Social Structure, Labor Markets and Culture*. Erlbaum, Hillsdale: New Jersey, 1989.

Sutton, Mark Q., *An Introduction to Native North America*. Allyn and Bacon, 2000.

Torres, C. A, and R. A. Morrow, *Social Theory and Education: a Critique of Tories of Social and Cultural Reproduction*. State University of New York Press, 1995.

Trueba, H. T., G. P. Guthrie, and K. H-P Au eds., *Culture and the Bilingual Classroom:*

Studies in Classroom Ethnography. MA: Newbury House, 1981.

Weiler, J. D., *Codes and Contradictions: Race, Gender Identity and Schooling*. Albany: State University of New York. 2000.

Weis, L., *Working Class Without Work: High School Students in a Deindustrializing Society*. New York: Routledge, 1990.

Weis, L., *Class Reunion*. London: Routledge, 2004.

Willis, Paul E., *Learning to Labor: How Working Class Kids Get Working Class Jobs*. New Columbia University Press, 1981.

Wulf, Christoph, *Anthropology of Education*. Münster: LIT Verlag, 2002.

Wulf, Christoph, *Anthropologie-Geschichte, Kultur, Philosophie*. Hamburg: Rowohlt Taschenbuch Verlag, 2004.

Wulf, Christoph, Jörg Zirfas (Hrsg.), *Die Kultur des Rituals-Inszenierungen, Praktiken, Symbole*. München: Wilhelm Fink Verlag, 2004.

Young, Iris Marion, *Justice and the Politics of Difference*. Princeton and New Jersey: Princeton University Press, 1990.

后　记

“把种子埋在土里，将知识传给后人”是我的导师，国际著名的民族学家、人类学家、社会学家、民族教育家，我国人类学、社会学的一代宗师、两学泰斗林耀华先生在传道授业中所秉持的理念。作为学界后人，我们应秉承前辈遗志，弘扬学术精神，因此，有了这本呈现在读者面前的教材《教育人类学通论》。

本着“国际视野、关注本土”的编写理念，我们诚邀来自北京大学、北京师范大学、中央民族大学、南开大学、中国教育科学研究院、国家教育行政学院、国家民族文化宫博物馆、北京外国语大学、北京语言大学、北京市委党校、北京市社会科学院、北京教育学院、首都师范大学、天津师范大学、云南大学、广西师范学院、河海大学，美国内华达大学（University of Nevada，Las Vegas）、得克萨斯理工大学（Texas Tech University）等国内外著名高校、研究机构长期致力于教育人类学研究的专家和中青年学者执笔。他们的研究领域涉及人类学、民族学、社会学、教育学、语言学、历史学等学科。具体来说，各章执笔人分别是：

第一章，陈学金、滕星

第二章，桑国元、涂元玲、张俊芳、杨会、李恬

第三章，滕星、罗银新、虎技能、杨小英、章光洁

第四章，杨会、高韩尔·艾地西、王婧、朱姝、张俊芳

第五章，王国祥、张俊豪、滕星

第六章，袁同凯、温馨、朱筱煦

第七章，桑国元、杨会

第八章，敖俊梅

第九章，张霜、石心

第十章，张志坤

第十一章，罗吉华、欧群慧、孔丽娜

第十二章，海路、滕星、英吉卓玛

第十三章，朱姝、杨琦雪

第十四章，沈洪成、钱民辉

第十五章，闫晓庆、司洪昌、高政

第十六章，马效义、滕星

第十七章，关凯、章光洁

第十八章，胡玉萍、杨红、杨琦雪、袁同凯、滕星

第十九章，陈·巴特尔

第二十章，丁月牙、单红霞、熊和妮

第二十一章，涂元玲

全书的编写体例由我拟定，并吸收浙江大学庄孔韶教授、北京大学钱民辉教授、北京师范大学郑新蓉教授、中央民族大学张海洋教授、潘蛟教授、苏德教授等人在书稿框架专题论证会上的见解。同时，南开大学袁同凯教授、陈·巴特尔教授，中央民族大学的关凯教授、祁进玉教授、张俊豪教授，北京师范大学巴战龙副教授、桑国元副教授等人对教材的编写也提出了富有建设性的意见。在此，对上述各位同仁致以诚挚的谢意！正是由于大家的群策群力，这本教材的框架和内容突显出浓郁的教育学和人类学的韵味。

教材的编写工作历时十年有余，从初稿到成书，历经十余稿，可以说十年磨一剑。在此特别感谢南开大学袁同凯教授在百忙之中撰写了第六章“国内外学校教育的民族志研究”，并对第十八章“西方少数族群低学业成就理论”作了认真修改，使得该章从体例到内容都更加的完善和厚实。同时也要特别感谢北京大学钱民辉教授、南开大学陈·巴特尔教授、中央民族大学关凯教授、国家教育行政学院司洪昌教授、首都师范大学张志坤教授、北京教育学院涂元玲教授等人亲手撰写书稿，使得书稿层次清晰，言

简意赅，观点明确。

在编写的过程中，我的教育人类学研究团队做了大量基础性的工作，其中陈学金博士、章光洁博士、杨小英博士、罗银新博士先后承担了教材编写的秘书工作，主要负责教材编写过程中的联络和协调工作，使编写工作得以顺利进行。在教材编写后期，罗银新博士还担任了我的研究助手，协助我完成了教材的统稿和校对工作，直至成书。此外，教育人类学研究团队中的其他成员：黄宁宁、闫晓、高韩尔·艾地西等同学也参与了教材的编排工作。正是在所有人员的共同努力之下，《教育人类学通论》一书才得以顺利地编排出版。在此，对他们的辛苦付出一并表示感谢！

此外，教材编写工作得以顺利完成，离不开中央民族大学的鼎力支持。2012 年我获批“中央民族大学自主科研项目（新兴与交叉学科研究）‘教育人类学的理论、方法与应用研究’（项目编号：1112KYXJ03）”的课题，从而保障了教材工作得以顺利的研究与编写。在此，我代表全体参编人员深表敬意和谢意！同时，还要特别感谢中央民族大学教育学院的全体同仁对教材编写工作的支持。

最后，我代表所有参编人员向教材所引用文献的原作者表示诚挚的谢意，正是你们认真的学术研究，为我们提供了编写的数据，从而使得编写工作得以顺利地进行。作为一本集大家所成的教材，编写过程中必定要引用到相关研究者的学术研究成果，在每章的撰写中，我们都力求尽可能地注释，但仍难免会有遗漏之处，若是由于我们的疏忽而未能注释之处，还望原作者谅解，并能与我们取得联系（jiaoyurenleixue@163.com），教材再版时，我们将对遗漏之处进行及时的修正。与此同时，虽然我们对这本教材的编写做了很多的努力，但由于编者水平所限，教材中难免存在瑕疵，恳请方家和广大读者批评指正。

滕　星

2016 年 6 月于中央民族大学独树斋